中國地域文化通覽

湖南卷

主　编　袁行霈　陈进玉
本卷主编　于来山

中華書局

图书在版编目(CIP)数据

中国地域文化通览. 湖南卷/袁行霈,陈进玉主编;于来山本卷主编. —北京:中华书局,2014.6
ISBN 978-7-101-09028-4

Ⅰ.中… Ⅱ.①袁…②陈…③于… Ⅲ.文化史-湖南省
Ⅳ.K203

中国版本图书馆 CIP 数据核字(2012)第 270581 号

题　　签　袁行霈
篆　　刻　刘绍刚

书　　名　中国地域文化通览·湖南卷
主　　编　袁行霈　陈进玉
本卷主编　于来山
责任编辑　许旭虹
美术编辑　毛　淳　许丽娟
出版发行　中华书局
(北京市丰台区太平桥西里 38 号　100073)
http://www.zhbc.com.cn
E-mail:zhbc@zhbc.com.cn
印　　刷　北京瑞古冠中印刷厂
版　　次　2014 年 6 月北京第 1 版
2023 年10月北京第 5 次印刷
规　　格　开本/700×1000 毫米　1/16
印张 37¾　插页 10　字数 550 千字
国际书号　ISBN 978-7-101-09028-4
定　　价　170.00 元

《中国地域文化通览》组委会、编委会

《中国地域文化通览·湖南卷》组委会、编委会

南岳衡山

武陵源

炎帝陵

舜帝陵

麓山寺

汝城濂溪书院

岳麓书院

四羊方尊

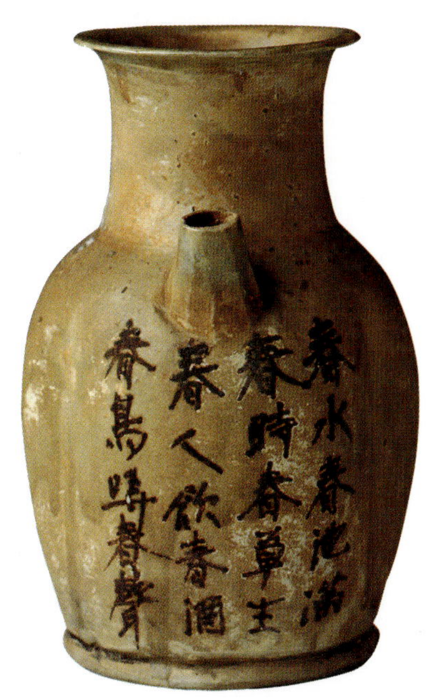

长沙窑出土釉下多彩瓷器

长沙马王堆汉墓出土文物非衣

夏永《岳阳楼图》

张远《潇湘八景图》之“山市晴岚”，绢本设色，纵19.3厘米，横519厘米，上海博物馆藏

湘绣　异绣童子

浏阳菊花石雕1号

湘剧《白兔记》剧照

汝城香火龙舞

苗族盘瓠龙舟旱地划　盘瓠祭

侗族大雾梁歌会

湘西土家族毛古斯舞　围打

总绪论

袁行霈

早在《尚书·禹贡》和《山海经》中已有关于中国地域的描述，包括九州的划分，各地的土地、山川、动物、植物、农产、矿产，还记载了一些神话，这两部书可以视为地域文化的发轫之作。此后出现了许多地理书籍，其中以东汉班固的《汉书·地理志》和北魏郦道元的《水经注》影响最为深远。前者记载了西汉的区划、户口、物产、风俗等，后者通过对《水经》的注解，记录了许多河流及沿岸的风物，保存了丰富的地理和人文信息。

本书对中国地域文化的研究，重视古代的传统，但就观念、方法、论述的范围、传世文献和考古资料的运用诸方面而言，都跟古代的舆地之学有很大区别。本书注重中国文化的空间分布和地域差异，将历时性的考察置于地域之中，而重点在于各地文化的特点和亮点，以及各地文化资源的开发利用。

近二十年来国内学术界出现了不少新的学术生长点和热点，地域研究便是其中之一。本书仅从“地域”这个特定的角度切入，至于中国文化的一般问题则不在本书探讨的范围之内。本书限于传统文化的范围，然而希望以古鉴今，面向未来，有助于当前和今后的文化建设。

第一节　多源同归与多元互补

中国文化的多个发源地　多源同归　以汉族为主体的各民族文化　多元互补

中国文化明显地呈现出地域的差异，这些差异乃是统一的中国内部的地域差异[①]，是中国文化多样性的表现。

中国文化具有多个发源地：

黄河流域。黄河发源于青海巴颜喀拉山脉西端卡日扎穷山的北麓，其干流流经四川、甘肃、宁夏、内蒙古、陕西、山西、河南、山东，全长 5464 公里，流域面积 75.24 万平方公里[②]。黄河有众多的支流，这些支流为中华民族的先民提供了优越的生存环境，特别重要的有渭河、汾河、伊洛河、湟水、无定河，在这些支流的两侧分布着数量众多的古文化遗址，例如黄河上游的马家窑文化，黄河中游的仰韶文化—中原龙山文化，黄河下游的大汶口—龙山文化，证明黄河是中国文化最重要的发祥地[③]。标志着中国文化肇始的夏代[④]，文化已相当发达的商代和周代，这三个王朝的疆域均位于黄河流域，可见黄河在中国文化史上的重要地位。

长江流域。长江发源于青海唐古拉山脉最高峰各拉丹东峰的西南麓，其干流流经四川、西藏、云南、重庆、湖北、湖南、江西、安徽、江苏、上海，全长 6397 余公里，流域面积达 180.85 万平方公里[⑤]。其间分布着许许多多古文化遗址。20 世纪以来新的考古资料证明，长江上游的三星堆文化，长江中游的屈家岭文化，长江下游的河姆渡文化和良渚文化，在陶器、青铜器、玉器的制作，以及城市的建筑等方面都已达到相当发达的程度[⑥]。老子、庄子、屈原的出现，以及近年来在湖北、湖南出土的大量秦汉简帛和其他文物，证明了当时的楚文化已达到可以与黄河流域的文化并驾齐驱的辉煌程度。毫无疑问，长江跟黄河一样，是中国文化的摇篮。

此外，辽河流域文化、珠江流域文化，都可以追溯到很早，而且特点鲜明，对中国文化的发展起了重要的作用，这两大流域也应视为中国文化的发祥地。

总之，黄河、长江是中国文化的主要发祥地，在历史长河中，又广泛地吸取了其他地区的文化因素，逐渐交融，深度汇合，就像“江汉朝宗于海”一样，随着中国大一统局面的建立、巩固和发展，发源于不同地区的文化先后汇为中国文化的大海，我们称之为多源同归[7]。

中国文化又是多元互补的文化，以汉族为主体，自周、秦到明、清，在各个历史阶段随着民族间的交往、融合，吸取了少数民族的文化因素，56个民族共同创造出中华民族灿烂辉煌的文化。中国的疆域是各族共同开拓的，少数民族对东北、北部、西北、西南边疆的开发做出了重要的贡献[8]。

汉族的先民主要生活在黄河中下游地区，一般说来仰韶文化和龙山文化是汉族先民的文化遗存。传说黄帝之后的尧禅让于舜，舜或出自东夷[9]；舜禅让于禹，禹或出自西羌[10]，这表明了上古时期民族融合的趋势。汉朝以后，“汉”遂成为民族的名称，汉族的文化也成为中华民族文化的主体。

汉族在发展过程中，吸取了各少数民族的文化成分以丰富自己。赵武灵王推行胡服骑射，唐代吸取今新疆一带少数民族的音乐歌舞，都是很好的例证。中国古代的政治家、作家、书法家、画家中，出身少数民族的可以举出不少。例如唐代的宰相长孙无忌其先出自鲜卑拓跋部，元代著名作家萨都剌是回回人，元代著名书法家康里巎巎是色目康里部人，清代的著名词人纳兰成德是满族人，他们为中国文化的发展做出了重要贡献。另一方面汉族又对各少数民族文化产生重大的影响，有的少数民族入主中原时托黄帝以明正朔，如鲜卑拓跋部建立北魏，自称是黄帝之子昌意之后[11]。北魏孝文帝推行的改革，促进了鲜卑人与汉人的融合[12]。一些曾经入主中原的少数民族，如蒙古人在很大的程度上自觉学习汉人的文化。元朝至元四年（1267）正月，世祖下令修建曲阜孔庙，五月又在上都（今属内蒙古自治区）新建孔子庙[13]。元朝开国功臣耶律楚材，为保存汉族典章制度与农耕文化做出卓越的贡献[14]。满人入主中原前，努尔哈赤、皇太极在政权建设、社会发展等方面就已注意吸收汉文化，学习儒家典籍[15]，入关以后对汉族文化的吸取就更多、更自觉了，《全唐诗》和《四库全书》的编纂就是最好的证明。

各民族的文化互补，是中华文化不断发展的重要动力，也是形成中华民族凝聚力的重要因素。例如，内蒙古等北方草原的游牧文化雄浑粗犷，与汉族的农耕文化可以互补[16]。新疆各族的文化，以及新疆在丝绸之路上对中外文化交流所起的作用十分重要。藏传佛教影响广泛，藏族文化丰富多彩，在中华民族文化中的地位值得充分重视。壮族在少数民族中人数最多，其文化品格和文化成就同样值得充分重视。

总之，各地的文化交融，以及汉族与少数民族的文化交融，使中国文化既具有多样性又具有统一性。多元互补，乃是中国文化的一大特点，也是中国文化进一步发展繁荣的坚实基础。

第二节　文化中心的形成与转移

地域文化发展的不平衡　中心形成与转移的若干条件：经济的水平　社会的安定　教育、藏书与科技　文化贤哲的引领作用

某一地区在某一时期内文化发展较快，甚至居于中心地位，对全国起着辐射作用。而在另一时期，则发展迟缓，其中心地位被其他地区所取代。地域文化发展的不平衡，文化中心的转移，是常见的现象。下面举例加以说明：

陕西西安及其附近本是周、秦、汉、唐的政治文化中心，这几个统一王朝的辉煌，在不胜枚举的文化遗址和出土文物中都得到证实，周原出土的青铜器，秦始皇陵的兵马俑，众多的汉家陵阙和唐代宫阙、墓葬遗址，都是中国的骄傲。包括正史在内的各种文献资料，如诗歌、文章、书法、绘画，也都向世人诉说着曾经有过的辉煌。司马迁、班固等则是这片土地哺育出的文化巨人。但到了元代以后，特别是明清以来，这里的文化已经难以延续昔日的光彩。

河南原是商代都城所在，殷墟出土的甲骨文，证明了那时文化的

兴盛。东周、东汉、曹魏、西晋等朝定都洛阳，河南成为全国文化的中心。到了唐代，河南则是文学家集中涌现的地方，唐代著名诗人几乎一半出自河南，杜甫、韩愈、岑参、元稹、李贺、李商隐等人，为唐诗的繁荣发展做出了重大贡献。北宋定都开封，更巩固了其文化中心的地位，张择端的《清明上河图》反映了汴梁的繁华。但在南宋以后，河南的文化中心地位显然转移了。

由上述陕西与河南的变化，可以看出政治中心与文化中心之间的关系。政治中心的迁移，特别是那些维持时间较长的政治中心的迁移，往往造成文化中心的迁移。

山东在先秦是中国文化的中心。曲阜是孔子的故乡，邹城是孟子的故乡，对中国文化影响至深至巨的儒家即植根于此。虽然经过秦始皇焚书坑儒，山东在两汉仍然是儒家思想文化的中心之一，伏生、郑玄这两位经学家都是山东人。但魏晋以后，山东的文化影响力逐渐衰落，儒学的中心也逐渐转移到别的地方。唐代高倡儒学复兴建立儒家道统的韩愈，北宋五位著名的理学家周敦颐、张载、邵雍、程颢、程颐，南宋将理学推向高峰的朱熹、心学家陆九渊，以及明代的心学家王阳明，均非出自山东。

北京一带在春秋战国时期是燕国都城所在，汉唐时称幽州，是边防重镇，与陕西、河南相比，文化显然落后。后来成为辽、金、元、明、清的首都，马可波罗记载元大都之繁华，令人赞叹。元杂剧前期便是以元大都为中心的，元杂剧的杰出代表关汉卿、王实甫，以及其他著名剧作家马致远、杨显之、纪君祥、秦简夫都是大都人。明清两代建都北京，美轮美奂的紫禁城、天坛、圆明园、颐和园，标志着中国古代建筑的辉煌成就。朝廷通过科举、授官等途径，一方面吸纳各地人才进京，另一方面又促使精英文化向全国各地辐射，北京毫无争议地成为全国文化的中心。

上海原是一个渔村，元代开始建城，到了近代才得到迅猛的发展，19 世纪中叶已经成为国际和国内贸易的中心，随后又一跃而成为现代国际大都会。各种新兴的文化门类和文化产业日新月异地建立起来，并带动了全国文化的发展。

广东文化的发达程度原来远不及黄河与长江流域其他地方，但到了唐代，广州已成为一个大都会，到了近代，广东在思想文化方面呈现明显的优势，黄遵宪、康有为、梁启超、孙中山等人都出自广东。

文化中心形成和转移的原因十分复杂，需要从多方面探讨。

首先，是由经济发展的水平所决定的。

经济的发达虽然不一定直接带来文化的繁荣，但经济发达的地区文化水平往往比较高。最突出的例证便是江苏和浙江。这两个地区在南朝已经开发，宋代以后以太湖为中心的地区，乃至浙江东部的宁波、绍兴，成为重要的粮食产区。到明清两代，随着精耕细作的农业技术广泛应用，粮食产量大幅增加。在松江、太仓、嘉定、嘉兴等地，棉花耕种面积扩大，棉纺织业迅速发展；植桑养蚕缫丝成为新兴的副业，湖州成为丝织品最发达的地区[17]。农副业的发展带动了商业和市镇的繁荣，以及新兴市民的壮大。经济的发展与经济中新因素的成长，促成了江苏和浙江文化的繁荣，以及文化中新气象的出现。明代王阳明后学中的泰州学派开启了早期启蒙思想的潮流，明末以“公”“正”为诉求的东林党具有代表江南地区士人和民众利益的倾向，其领袖顾宪成、高攀龙都是江苏无锡人。明中叶文人结社之风颇盛，如翟纯仁等人在苏州的拂水山房社，汪道昆、屠隆等人在杭州的西泠社，以及张溥在常熟、南京的复社，都在政治文化领域开启了新的风气，社会影响很大。至于文学方面，明清两代江苏和浙江文风之盛更是人所熟知的。著名的文人，明代有文徵明、徐渭、冯梦龙、施耐庵、吴承恩，清代有钱谦益、顾炎武、朱彝尊、沈德潜、郑燮、袁枚、龚自珍、李渔、洪昇等。江浙也是明清以来出状元最多的地方。

然而，文化的发展与经济的发展不一定同步，文化的发展除了受经济的制约外，还有其自身的规律。例如，在清代，晋商特别活跃，金融业发展迅猛。但是在这期间山西文化的发展却相对迟缓，如果与唐代的辉煌相比，已大为逊色。又如，北宋时期，关中的经济已经远不如唐代，但张载却在这里教授生徒，传播儒学，“为关中士人宗师”[18]，关中成为儒学的中心之一。

其次，与社会稳定的程度有很大关系。

东汉首都洛阳，经过一百六十多年的经营，是当时的文化中心。中平六年（189），东汉灵帝病死，并州牧董卓借机率军进入洛阳，废黜少帝刘辩，立九岁的陈留王刘协为帝，是为汉献帝。献帝初平元年（190），在东方诸侯的军事压力下，董卓迁天子于西都。迁都之时，图书文献遭到了极大破坏[19]，东汉王朝在首都积累的文化成果毁于一旦[20]。

南朝齐梁二代文学本来相当繁荣，分别以齐竟陵王萧子良、梁武帝萧衍和昭明太子萧统、梁简文帝萧纲为首的三个文学集团，对文化的发展起了很大的推动作用。齐永明年间周颙发现汉语有平上去入四种声调，“竟陵八友”中的沈约等人根据四声以及双声叠韵，研究诗句中声、韵、调的配合，创制了“永明体”，进而为近体诗的建立打下基础。成书于齐代末年的刘勰所著《文心雕龙》则是中国文学批评史上最系统的著作。由于萧衍、萧统、萧纲父子召聚文学之士，创作诗歌，研究学术，遂使建康成为文化中心。萧统所编《文选》影响尤为深远。可是经过侯景之乱，建康沦陷，士人凋零，江左承平五十年所带来的文化繁荣局面遂亦消失[21]。

与此类似的还有唐朝末年中原一带的战乱对文化的破坏。唐代的首都长安是当时最大的国际都会，居住着许多外国的留学生、商贾、艺术家。在宗教方面，除了道教和佛教，祆教、景教和摩尼教也都得以传播，长安显然是当时的文化中心。到了五代，长安的文化中心地位消失了，而四川因为相对安定，士人们相携入蜀，文化也随之发达起来，俨然成为一个新的文化中心。后蜀主孟昶时镌刻石经[22]，后蜀宰相毋昭裔在成都刻印《九经》《文选》《初学记》《白氏六帖》，对四川文化的发展影响很大[23]。尤其值得注意的是词的繁荣，后蜀赵崇祚所编《花间集》，选录 18 家“诗客曲子词”，凡 500 首，其中 14 位作者皆仕于蜀。《花间集》是最早的文人词总集，奠定了以后词体发展的基础[24]。

我们也要看到，社会变革期往往伴随着社会的不稳定，以及各种思想和主张的激荡，这反而会促进文化的发展，并形成若干文化的中心，如在春秋战国时期，鲁国是儒家的中心，楚国是道家的中心。这从另一个方面提醒我们文化发展的复杂性。

复次，文化中心的形成与教育水平、藏书状况、科技推动有很大关系。

书院较多的地区，私人讲学之风兴盛的地区，蒙学发达的地区，往往也成为文化中心，突出的例子是明代的江西、浙江。据统计，明代江西有书院 51 所，浙江有书院 36 所，这些地方也就成为文化中心[25]。

文化的发达离不开书籍，书籍印刷和图书收藏较多的地区，往往会形成文化中心。例如四川成都是雕版印刷最早流行的地区之一，唐代大中年间已有雕版书籍和书肆[26]。唐末成都印书铺有西川过家、龙池坊卞家等[27]。此后，一直到五代、宋代，成都都是印刷业的中心之一，这对成都文化的发展起了重要作用。又如浙江、福建也是印刷业的中心，到了五代、宋，达到繁盛的地步。这两个地区在宋代人才辈出，显然与此有关。明清两代私家藏书以江浙一带为最盛，诸如范钦天一阁、毛晋汲古阁、黄虞稷千顷堂、钱谦益绛云楼、徐乾学传是楼、朱彝尊曝书亭、瞿绍基铁琴铜剑楼、陆心源皕宋楼、丁丙八千卷楼都在江浙，这对明清时期江浙文化的发展无疑起了巨大作用。

科技带动地域文化发展的例子，可以举李冰父子在四川修建都江堰为例。这项工程创造性地运用了治水的技术，将蜀地造就为“天府之国”，文化也随之发达起来[28]。

最后，要提到文化贤哲或学术大师的引领作用。

山东曲阜一带，如果没有孔子就难以形成文化中心，这是显而易见的。北宋思想家邵雍之于洛中，也是一个显著的例子，《宋史·邵雍传》曰：“人无贵贱少长，一接以诚，故贤者悦其德，不贤者服其化。一时洛中人才特盛，而忠厚之风闻天下。”[29]南宋思想家朱熹长期在福建、江西讲学，“诸生之自远而至者，豆饭藜羹，率与之共”[30]。此外，宗教史上如慧能之于广东；思想史上如王阳明之于贵州，王艮之于泰州，都有重大的影响。文学史上也是如此，黄庭坚之于江西，杨慎之于云南，也都有重大影响。明代吴中出现了文徵明等一批兼通诗文、书画的著名文人，形成文化中心[31]。

第三节 地域文化的差异、交流与融合

南北之间的差异 东西之间的差异 沿海与内地之间的差异 文化交流融合的途径：移民、交通与商贸、科举与仕宦

《诗经》与《楚辞》代表了先秦北方与南方两种不同的文化风格，《诗经》质朴淳厚，《楚辞》浪漫热烈。关于先秦南北思想文化的差异，王国维的论述具有启发性："我国春秋以前，道德政治上之思想，可分之为二派：……前者大成于孔子、墨子，而后者大成于老子。故前者北方派，后者南方派也。"[32]关于南北朝文风的差异，《隋书·文学传序》已经给我们重要的提示："江左宫商发越，贵于清绮；河朔词义贞刚，重乎气质。"[33]这种差异在南朝民歌和北朝民歌之间表现得十分清楚。唐代禅宗有"北渐"、"南顿"二派。中唐时期第一批学习民间词的作家，他们的作品往往有一种南方的情调。晚唐五代，词的两个中心都在南方。宋代理学的四个主要学派：以周敦颐为首的濂学，以程颢、程颐为首的洛学，以张载为首的关学，以朱熹为首的闽学，都带有地域性。在元代盛行的戏曲，无论就音乐而论还是就文学风格而论，都显然存在着地域的差异。四折一楔子的杂剧是在北方兴起的一种文艺形式，杂剧创作与演出的中心在大都。稍晚，南方有一新的剧种兴盛起来，这就是南戏。它在两宋之际产生于浙江温州一带，先流传到杭州，并在这里发展为成熟的戏曲艺术，至元末大为兴盛。由宋元南戏发展出来的明代传奇，有所谓四大腔：海盐腔、余姚腔、弋阳腔、昆山腔，都是南方的唱腔。由苏州地区兴起的昆曲，在明末清初达到成熟阶段，成为全国最大的剧种。清中叶至鸦片战争前后，形成五大声腔，除原有的昆腔外，还有高腔（由弋阳腔演变而成，湘剧、川剧、赣剧、潮剧中都有此腔）、梆子腔（即秦腔，源于陕西和山西交界处，流行于北方各地）、弦索腔（源于河南、山东）、皮黄腔（西皮、二黄的合流，西皮是秦腔传入湖北后与当地民间曲调结合而成，二黄是由吹腔、高拨子在徽班中演变而成），这些声腔都具有明显的地方特色。乾隆年间四大徽班入京，与来自湖北的汉调艺人合作，同时吸收昆曲、秦腔的因素，又部分地吸取京白，遂孕育出风靡全

国的京剧[34]，这是地域文化交融的绝佳例证。

东北三省与关内相比，也有自己的特色：粗犷、雄健、富于开拓性。内蒙古的草原文化自然、粗犷，在狩猎、畜牧中形成的与马有关的种种文化很有特色。宁夏回族的宗教、建筑、瓷器等等，都具有独特的民族风情。

东西之间文化的差异首先表现为民族的差异，西部多有少数民族聚居，这些民族的文化各有自己的特色，为中华民族文化增添了亮丽的色彩。其质朴、自然的风格，其文化与大自然的融合，都令人向往。在歌曲和舞蹈方面，更是多姿多彩，显示出少数民族独特的天赋。一些大型的民族史诗，如藏族的《格萨尔王传》、蒙古族的《江格尔》、壮族的《布罗陀经诗》、柯尔克孜族的《玛纳斯》等；还有一些创世纪神话叙事诗，如彝族的《阿细的先基》、瑶族的《密洛陀》、侗族的《侗族祖先从哪里来》、苗族的《苗族史诗》、拉祜族的《牡帕密帕》、阿昌族的《遮帕麻与遮米麻》、哈尼族的《奥色密色》、佤族的《西冈里》等等[35]，都是非常珍贵的文化遗产。

沿海与内地的文化差异也值得注意。早在秦汉时期，齐地多方士，他们讲神仙方术、海外三山，徐福被秦始皇派遣，率领童男童女数千人出海求仙，是颇有象征性的事件。东南沿海与国外的交往较早，南朝、隋唐时期这一地区与印度洋的商旅往来已相当频繁。宋元时期，江苏、浙江、福建、广东都有对外口岸，经这一带出口的瓷器，远销南亚、西亚，直到东非。而明代以后成为中国重要粮食的玉米、马铃薯、番薯等美洲作物，以及在中国广泛种植的烟草，一般认为都是经由东南沿海传入的。明万历年间意大利的耶稣会传教士利玛窦首先到达澳门，再进入内地传教，同时带来西方的科学技术。近代以来，广州、上海、天津等对外口岸在中外文化交流中发挥了重要作用。和内地相比，沿海地区的文化更具开放性和创新性。

文化交流融合有几种途径。

首先是移民，特别是大规模的移民潮。西晋末年、唐末五代以及北宋末年，大批中原的汉族迁徙到江南，对江南经济、文化产生了巨大的作用，移民所带来的文化与当地原有的文化交流融合，使当地文化出现新的特色。闽西和广东梅州客家人聚族而居的土楼（围龙屋），成为当地文化的独特景观。河北、山东一带人民闯关东，推动了东北原住民文化的发展。清代初年“湖广填四川”，促进了西南文化的发展，巴渝会馆的发达，川剧的形成都与移民有关。广西的文化与来自外地的移民和文化名人如柳宗元有关。台湾的文化与闽、粤的移民有极其密切的关系，这表现在民间信仰、建筑风格、生活习惯等许多方面。明末清初是移民台湾的高潮。香港的文化与广东移民有密切的关系，考古发掘证明了香港、澳门与珠江下游地区古代居民之间的关系和交往[36]。

交通与商贸也是各地文化交流融合的重要渠道。汉代以后丝绸之路的开通，对于所经中国内地之间的文化往来，以及中国与中亚、南亚、西亚，乃至欧洲、北非的文化往来，所起的作用显而易见。仅就甘肃河西走廊而言，那是丝绸之路上十分繁忙的一段，在汉唐时的地位类似近代的珠江三角洲和长江三角洲。隋代开通了纵贯南北的大运河，对沟通南北经济、文化起到巨大的作用。唐朝的政治中心在长安，但其经济却在很大程度上依赖江南，运河就成为其经济命脉。沿着运河出现了诸如杭州、苏州、扬州等经济与文化的中心。至于长江航道在交通运输上的作用，及其在文化传播方面的作用更是明显。李白离开家乡四川，沿长江而下，在一生中几乎走遍大江上下，留下许多诗篇。长江沿岸的重庆、武汉、九江、南京、扬州之所以文化发达，得益于这条大江者实在不少。长江流域的洞庭湖与鄱阳湖，以及湖边的黄鹤楼、岳阳楼，还有长江支流赣江边上的滕王阁，成为凝聚着浓厚诗意的地方。明清时期，随着徽商、晋商、粤商、宁波帮等几个活跃的商帮的足迹，文化也得以交流、传播。

科举与仕宦是文化融合的另一条重要渠道。各地的举子进京赶考，考中的或留京任官，或外放任职，考不中的则返回家乡，大批的举子往来于京城和各地之间，成为传播文化的使者。清代钱塘人洪昇，在北京做了约二十年太学生，与京中名流王士禛、朱彝尊、赵执信等人互相唱和。康熙二十七年（1688），其《长生殿》在京城盛演，轰动一时。清代北京的宣南成为进京举子汇聚之地，举子的来来往往，形成文化凝聚与辐射的局面，造就了独特的宣南文化。官员的升迁和贬黜也是文化交流融合的渠道，最突出的例子便是韩愈和王阳明。韩愈贬官潮阳，给当时文化尚不发达的潮州带来了中原文化。王阳明贬官贵州龙场驿，创办龙冈书院，开创了贵州一代学风，他的“知行合一”学说便是在贵州提出来的。此外，李德裕、苏轼等人贬官海南，对当地的文化教育影响巨大。再如清代黑龙江、新疆有许多被流放的官员，其中不乏高级文化人士，他们对当地文化的发展起了重要作用。

第四节　研究地域文化的意义与本书的宗旨

保护地域文化的多样性　地域文化与区域经济　按行政区划分卷　文献考订与田野调查　与地方志的区别　学术性、现实性与可读性的统一　本书的宗旨与体例

地域文化是按地域区分的中国文化的若干分支。研究地域文化，实际上就是研究文化的空间分布及其特征。研究中国文化如果忽视对其地域性的研究，就难以全面和深入。地域性是中国这个幅员辽阔的大国的特点，是中国文化丰富多彩的重要表现。热爱祖国不是空泛的，首先要热爱生于斯长于斯的家乡。如果对自己家乡的历史文化都不清楚，那么热爱祖国就会落空。有些地区的传统文化正在逐渐削弱甚至濒临消亡，亟待政府采取切实措施加以保护。在文化建设的过程中切忌抹杀地域的特点，避免千城一面、万村一形。如果不论走到哪里看到的是同一种建筑，听到的是同一种戏曲，品尝的是同一种口味，体验的是同一种民俗，既没有关西大汉的铜琶铁板，也没有江南水乡的晓风残月，我们的生活将多么单调，中国展现给世界的形象将多么苍白！在坚定维护国家政治上统一的同时，必须保护各地文化的多样性，保护地域文化的特点，尊重人民群众多种多样的文化需求。这可以视为中国文化发展的战略性举措。地域文化又是港、澳、台人民以及海外华侨、华人寻根的热点，弘扬传统的地域文化有助于祖国的和平统一。从全球的眼光看来，中国这样幅员广阔的大国，如果失去了文化多样性，必然会减弱中国对世界的吸引力。

我们提倡文化的大局观，要站在全国看各地。只有将各地文化放到全国之中，才能更清楚地认识各地文化的特点；只有清楚地看到各地文化的特点，才能更深刻地认识中国文化的面貌。在弘扬地域文化特点的同时，要促进地域之间的文化交流，以推动各地文化共同繁荣。各地文化是互相联系互相渗透的，是在互动中发展的。如果画一幅中国地域文化地图，其中每一板块的变化都会造成整幅地图的变化。没有孤立的安徽文化，没有孤立的河北文化，没有孤立的云南文化，也没有孤立的西藏文化。某一地域文化的发展，都要依靠其他地域，并牵动其他地域。政府在致力于地域经济均衡发展的同时，也要致力于地域文化的均衡发展。再放大一点，在经济全球化的趋势下，国内某一地域文化的发展，也会受到国际因素的影响，上海、天津、福建、广东等沿海地区文化的发展，足以证明这一点。

地域文化的发展对地域经济的依赖和促进是十分明显的，但文化与经济不是搭台与唱戏的关系，应当互相搭台，一起唱戏。发展文化不仅是发展经济的手段，其本身就是目的，因为人民群众的需求以及社会的进步，不仅表现为经济的发展，也表现为文化的繁荣。文化长期滞后于经济快速发展的现状必须改变。发展经济与推动文化，要双管齐下，相互促进。小康社会的指标不仅是经济的，也是文化的。保护地域文化不可追求形式，不可急功近利，要吸取精华剔除糟粕。那种不管好坏，盲目炒作地方名人（包括小说中的人物），简单地打文化牌以拉动经济的风气不可助长。

区域经济的发展已经引起各级领导和全社会的注意，地域文化的发展也应提到日程上来。各地还存在大量文化资源有待开发、研究、利用。《中国地域文化通览》的编撰，就是对我国文化资源的一次普查。我们考察的重点在于各地文化的历史进程、特点、亮点及其形成的原因，各地文化发展的有利条件和制约因素，并力图说明各地文化在整个中国文化发展中的地位、作用，其与邻近地区相互交流相互影响的关系，并着重描述那些对本地和整个中华民族的进步产生过重大影响的标志性成果，彰显那些对本地和中国文化的发展做出重大贡献的人物。我们希望本书能为各地文化建设确立更明确、更自觉的目标提供一点帮助。

关于地域文化，目前已有许多研究成果，但大多是将全国分为几个区域，以先秦的诸侯国名或古代的地名来命名，如河洛文化、燕赵文化、吴越文化、齐鲁文化、荆楚文化、关陇文化、岭南文化等等。也有从考古学的角度，将中国文化分为几个大文化区系的[37]。以上的研究都有学术的根据，也都取得了可观的成就，是我们重要的参考。

本书拟从另一个角度切入，即立足于当前的行政区划，每一个省、自治区、直辖市各立一卷，港、澳、台也各立一卷。本书可以说是中国分省的文化地图。按照行政区划来写《中国地域文化通览》，也是有学理根据的。中国从秦代开始实行郡县制，大致确立了此后两千多年行政建置的基本框架。这既有利于维护大一统的局面，也因为一个行政区划内部的交流比较频繁，从而强化了各行政区划的文化特点。按行政区划分卷，对各地更清楚地认识本地的文化更为方便。其实，今日的行政区划是历史沿革的结果，这种分卷的体例与上述体例可以相互补充，相得益彰。大体说来，所谓齐鲁文化就是山东文化，燕赵文化就是河北文化，三秦文化就是陕西文化，蜀文化就是四川文化，徽文化就是安徽文化，晋文化就是山西文化，吴文化就是江苏文化，越文化就是浙江文化，仍然是与行政区划吻合的，只不过用了一个古代的称呼而已。如果从考古学的角度，研究文化的起源，当然不必顾及目前的行政区划；然而要对包括全国各地的文化分别加以描述，并且从古代一直讲下来，则按照当前的行政区划更为便利。何况，内蒙古、新疆、西藏是中国领土不可分割的一部分，研究中国的地域文化必须包括在内，按照当前的行政区划就不会将这些地区忽略了。

按行政区划编纂当地的文献早已有之，这属于乡邦文献。有的文献所包括的区域比省还小，如汉晋时期的《陈留耆旧传》、《汝南先贤传》、《襄阳耆旧传》等，记录了一郡之内的耆旧先贤。唐人殷璠所编《丹阳集》只收丹阳人的作品，属于地域文学集的编纂。宋人董弅所编《严陵集》，是他任严州（今浙江建德、淳安一带）知州时所编与当地有关的文集。宋人孔延之所编《会稽掇英总集》也属于这一类。近人金毓黻所编《辽海丛书》，张寿镛所编《四明丛书》都是如此。

研究地域文化，必须重视文献资料，特别是乡邦文献，包括各地的方志、族谱、舆图等。文献的搜集、考订和分析，是必不可少的基础性工作。编撰地域文化通览的过程，也就是搜集和整理有关文献的过程。然而文化绝不仅仅体现在文献中，还体现在人们的日常生活中，那是活生生的、每日每时都显现着的。文化除了思想、学术、文学、艺术等内容之外，还包括风俗习惯、衣食住行的方式等等，这乃是社会的各个阶层，尤其是广大民众所创造的。研究地域文化不仅要重视宫廷文化、士大夫文化、精英文化，还要重视平民文化、民间文化、民俗文化。研究地域文化在重视文献的同时，必须注重实地考察，从日常生活中寻找资料。只有将文献资料和实地考察结合起来，并利用新的考古资料，才能见其全貌。

本书跟地方志不同，地方志虽有历史的回顾，但详今略古，偏重于现状的介绍，包括本地当前的自然环境、资源、物产、社会、政治、经济、文化等方面的情况和数据，是资料性的著述。《中国地域文化通览》则是专就传统文化进行论述，下限在 1911 年辛亥革命，个别卷延伸到 1919 年“五四运动”。地方志偏重于情况的介绍，注重资料性、实用性、检索性，《中国地域文化通览》则是研究性著作，强调在大量可信资料的基础上，纵横交错地展开论述，要体现历史观、文化观，总结文化发展的历史经验和规律，史论结合。

《中国地域文化通览》以学术性、现实性、可读性三者的统一为目标。

所谓学术性，简单地说就是符合学术规范，立足学术前沿，注重多学科的交叉融合。本书是一部学术著作，而不是通俗读物，更不是旅游手册。要以实事求是的态度，在认真钻研资料的基础上，力求对事实做出准确的描述、分析与概括。概括就体现为理论。

所谓现实性，就是立足现实，回顾历史，面向未来，希望能对本地文化的发展提供启发。立足现实，是从实际出发，关注当前经济社会文化的发展；回顾历史，是总结经验，以史为鉴；面向未来，是注意文化的发展方向，促进文化建设，促使中国文化以丰富多彩的姿态走向世界。地域文化是国情的重要部分，希望这套书能够成为中央和地方各级政府了解各地历史文化、风土人情的参考，成为因地制宜发展文化的参考。文化的主体是人，以人为本离不开对文化的深入理解。为政一方，既要了解当地的经济资源，也要了解当地的文化资源；既要了解现状，也要了解历史，这样才能最大限度地发挥地域的优势。

所谓可读性，就是要吸引广大读者，让一般读者看了长知识，专家学者看了有收获，行政领导看了受启发。在文字表达上，力求准确、鲜明、生动。

本书各卷都分为上下两编，上编对本地文化作纵向的考察，下编则对本地文化分门别类重点地作横向的论述，纵横结合，以期更深入细致地阐明各地文化的状况。各卷还有绪论，对本地文化从理论上加以探讨。本书随文附有大量插图，图文并茂，以增加直观的感受。

本书的编撰带有开拓性和探索性，我们自知远未达到成熟的地步，倘能对中国地域文化的研究，对中国文化的健康发展，起一点促进作用，参加编撰的大约500位学者将会深感欣慰。

2010年6月2日初稿
2010年9月10日第7次修改
2010年12月12日第11次修改
2011年12月26日第12次修改

【注释】

①参见《世界地图集》中华人民共和国概况，中国地图出版社2004年版，第228页。

②《中国自然地理图集》，中国地图出版社2010年版，第221页。

③参见侯仁之主编《黄河文化》第一编第一章第四节，华艺出版社1994年版，第29页。袁行霈、严文明、张传玺、楼宇烈主编《中华文明史》第一卷第一章《中华文明的曙光》，北京大学出版社2006年版，第67—73页。

④20世纪的考古发现，特别是二里头文化的发现，证实了夏朝的存在。参见袁行霈、严文明、张传玺、楼宇烈主编《中华文明史》第一卷第二章《中华文明的肇始》，北京大学出版社2006年版，第95—127页。

⑤《中国自然地理图集》，中国地图出版社2010年版，第222页。

⑥ 关于长江流域旧石器和新石器时期的遗址，考古学界有许多发掘报告和研究成果。季羡林主编《长江文化研究文库》中《长江文化议论集》收有陈连开、潘守永《长江流域是中华文明的重要发源地》一文，对此有简明的综合介绍，湖北教育出版社 2005 年版，第 21—41 页。另外，此文库中严文明《长江文明的曙光》，李天元、冯小波《长江古人类》，赵殿增、李明斌《长江上游的巴蜀文化》，张之恒《长江下游新石器时代文化》均有综合性的介绍，本文均有参考。关于这些文化的年代，考古界的说法不尽一致，大致距今都在三千年以上，早的可达五六千年以上或更早。

⑦ 苏秉琦有“多源一统”的说法，见其《关于重建中国史前史的思考》，《考古》1991 年第 12 期。此所谓“多源同归”的提出受其启发，又与之不尽相同，更强调各个源头的文化之间动态的交融、汇合。

⑧ 参见《中国大百科全书·民族》“中华民族”条，中国大百科全书出版社 1986 年版，第 573—574 页。

⑨《孟子·离娄下》：“孟子曰：舜生于诸冯，迁于负夏，卒于鸣条，东夷之人也。”杨伯峻《孟子译注》，中华书局 1960 年版，第 184 页。

⑩ 汉陆贾《新语·术事第二》：“大禹出于西羌。”中华书局《诸子集成》本，1954 年版，第 4 页。《史记·六国年表》：“禹兴于西羌。”中华书局点校本，1962 年版，第 686 页。

⑪《魏书》卷一《帝纪第一·序纪》：“昔黄帝有子二十五人，或内列诸华，或外分荒服。昌意少子，受封北土，国有大鲜卑山，因以为号。……黄帝以土德王，北俗谓土为托，谓后为跋，故以为氏。”中华书局点校本，1974 年版，第 1 页。

⑫ 参见田余庆《北魏孝文帝》，《中华文明之光》上，北京大学出版社 2004 年第 2 版，第 338—344 页。

⑬《元史》卷六《世祖本纪》：至元四年正月“癸卯，敕修曲阜宣圣庙”，“五月丁亥朔，日有食之，敕上都重建孔子庙”。中华书局点校本，1976 年版，第 113、114 页。

⑭ 见《元史》卷一百四十六《耶律楚材传》，中华书局点校本，1976 年版，第 3455—3464 页。

⑮ 参见史革新《略论清朝入关前对汉文化的吸收》，《炎黄文化研究》第 2 辑，大象出版社 2005 年版，第 158—169 页。

⑯ 参见苏秉琦《苏秉琦考古学论述选集》，文物出版社 1984 年版。

⑰ 参见袁行霈、严文明、张传玺、楼宇烈主编《中华文明史》第四卷，北京大学出版社 2006 年版，第 26—33 页。

⑱《宋史》卷四百二十七《张载传》，中华书局点校本，1977 年版，第 12724 页。

⑲《后汉书》卷七十二《董卓传》云：董卓“尽徙洛阳人数百万口于长安，步骑驱蹙，更相蹈藉，饥饿寇掠，积尸盈路。卓自屯留毕圭苑中，悉烧宫庙、官府、居家，二百里内无复孑遗。又使吕布发诸帝陵及公卿已下冢墓，收其珍宝”。中华书局点校本，1965 年版，第 2327—2328 页。

⑳《后汉书》卷七十九上《儒林列传》云：“初，光武迁还洛阳，其经牒秘书载之二千余两，自此以后，参倍于前。及董卓移都之际，吏民扰乱，自辟雍、东观、兰台、石室、宣明、鸿都诸藏典策文章，竞共剖散，其缣帛图书，大则连为帷盖，小乃制为縢囊。及王允所收而西者，裁七十余乘，道路艰远，复弃其半矣。后长安之乱，一时焚荡，莫不泯尽焉。”中华书局点校本，1965 年版，第 2548 页。

㉑ 关于侯景之乱，参见《梁书》卷五十六《侯景传》，中华书局点校本，1973 年版，第 841—861 页。

㉒ 宋范成大《石经始末记》引《石经考异序》云：“按赵清献公《成都记》：伪蜀相毋昭裔捐俸金，取九经琢石于学宫……依太和旧本，令张德钊书。国朝皇祐中田元均补刻公羊高榖梁赤二传，然后十二经始全。至宣和间，席文献又刻孟轲书参焉。”见孔凡礼辑《范成大佚著辑存》，中华书局 1983 年版，第 159—160 页。

㉓ 参见张秀民著、韩琦增订《中国印刷史》上，浙江古籍出版社 2006 年版，第 32 页。

㉔ 参见袁行霈主编《中国文学史》第二卷，高等教育出版社 1999 年版，第 450 页。“诗客曲子词”之说见于欧阳炯《花间集叙》。又，《四部丛刊》影宋抄本《禅月集》昙域《后序》曰：“众请昙域编集前后所制歌诗文赞，日有见问，不暇枝梧。遂寻检稿草及暗记忆者约一千首，乃雕刻成部，题号《禅月集》。”《四库全书总目提要》卷一百五十一《禅月集》曰：“昙域《后序》作于王衍乾德五年，称‘检寻稿草及暗记忆者约一千首，雕刻成部’。则自刻专集自是集始。”（中华书局影印本，1965 年，第 1304 页）亦可见蜀地文化的发展状况。

㉕ 参见曹松叶《宋元明清书院概况》（续），《国立中山大学语言历史学研究所周刊》第 10 集第 113 期，1930 年版，第 7 页。

㉖ 柳玭《柳氏家训序》：“中和三年癸卯夏，銮舆在蜀之三年也。余为中书舍人，旬

休，阅书于重城之东南，其书多阴阳杂记、占梦、相宅、九宫、五纬之流，又有字书、小学，率雕板印纸，浸染不可尽晓。”见《旧五代史》卷四十三《唐书》十九《明宗纪》附《旧五代史考异》引，中华书局点校本，1976年版，第589页。

㉗ 参见张秀民著、韩琦增订《中国印刷史》上，浙江古籍出版社2006年版，第22页。

㉘《史记》卷二十九《河渠书》曰："蜀守冰凿离碓，辟沫水之害，穿二江成都之中。……至于所过，往往引其水益用溉田畴之渠，以万亿计，然莫足数也。"中华书局点校本，1962年版，第1407页。

㉙《宋史》卷四百二十七《邵雍传》，中华书局点校本，1977年版，第12727页。

㉚《宋史》卷四百二十九《朱熹传》，中华书局点校本，1977年版，第12767页。

㉛《明史》卷二百八十七《文徵明传》云："吴中自吴宽、王鏊以文章领袖馆阁，一时名士沈周、祝允明辈，与并驰骋，文风极盛。徵明及蔡羽、黄省曾、袁袠、皇甫冲兄弟稍后出。而徵明主风雅数十年，与之游者王宠、陆师道、陈道复、王穀祥、彭年、周天球、钱穀之属，亦皆以词翰名于世。"中华书局点校本，1974年版，第7363页。

㉜《屈子文学之精神》，见《王国维遗书》第五册《静安文集续编》，商务印书馆，1940年版，第31—32页。

㉝《隋书》卷七十六，中华书局点校本，1973年版，第1730页。

㉞ 参见袁行霈主编《中国文学史》第四卷，高等教育出版社1999年版，第342—343页。

㉟ 参见《中国大百科全书·中国文学》，中国大百科全书出版社1986年版，第697页。

㊱ 香港特别行政区民政事务局与中国社会科学院考古研究所联合，在新界与大屿山岛之间的马湾岛东湾仔北，发现新石器时代中晚期至青铜时代早期的居址、墓葬和大批文物。被评为1997年全国十大考古新发现之一。见邹兴华、吴耀利、李浪林《香港马湾东湾仔北史前遗址发掘简报》，《考古》1997年第6期。关于澳门的考古发现，参见邓聪、郑炜明《澳门黑沙》，香港中文大学出版社1996年版。

㊲ 苏秉琦把现今人口分布密集地区的考古学文化分为六大区系：以燕山南北长城地带为重心的北方，以山东为中心的东方，以关中（陕西）、晋南、豫西为中心的中原，以环太湖为中心的东南部，以环洞庭湖与四川盆地为中心的西南部，以鄱阳湖—珠江三角洲一线为中轴的南方。见《中国文明起源新探》，三联书店1999年版，第35—36页。

目 录

附 录

图片目录

彩 页

插 图

绪 论

作为中国地域文化一个重要组成部分的湖南文化，既与其他地域文化有许多共性，也有其独特的个性。这种个性的形成，是与本地域所处的自然地理环境及社会历史人文环境等密不可分的。湖南文化正是在一个特定的时间（历史）与空间（地理）双重环境下形成的地域文化系统，并具有其自身独特的发展轨迹和文化精神。

第一节 湖南文化形成发展的自然地理环境

湖南的自然地理环境 湖南的自然地理环境与文化特征

湖南是中国南方的一个内陆省份，湘江是贯通全省南北的最大河流，至迟在汉代已经被简称为“湘”。在隋代之前，由于湖南地处偏远，作为一个独立的政治区划尚未确立，湖南的版图或分或合，变易不定，名称也变化不一。至唐代，随着政治经济中心的逐渐南移，湖南在全国的地位日益提高，在当时的各种文献中，就常常出现“湖南”、“湖湘”的称呼，前者之得名是因其位于洞庭湖之南；后者之得名则是“洞庭湖”与“湘江”简称的组合。从此，前者便逐渐成为湖南地理行政区划的名称，后者则成为湖南的主要代称之一。

湖南地处东经 108°47′—114°15′，北纬 24°38′—30°08′之间，东西直线距离最宽 667 公里，南北直线距离最长 774 公里，全省土地面积 21.18 万平方公里，占全国国土面积的 2.2%，在全国省、市幅员中位居第 10 位。湘北为洞庭湖平原，海拔多在 50 米以下。东、南、西三面环山，峰峦起伏：东有幕阜山、罗霄山脉，南有南岭山脉，西有武陵山脉、雪峰山脉，海拔分别从 500 米至 1500 米不等，境内最高峰——壶瓶山主峰海拔 2098.7 米。湘中为丘陵与河谷盆地相间地貌。全省形成从东、南、西三面向北倾斜开口的马蹄形状。

湖南境内水源丰富，水系众多。洞庭湖为全国第二大淡水湖，因长期泥沙淤积和人工围垦，据 1997 年公布的资料，尚有水面约 2625 平方公里。主要河流有湘江、资江、沅江和澧水四水，境内流程长达 2200 多公里，支流 5000 余条，分别从西南向东北流入洞庭湖后经岳阳城陵矶注入长江。河湖密布，水网纵横，淡水面积达 1.35 万平方公里。地貌以山地、丘陵为主，山地面积占全省总面积的 51.2%，丘陵及岗地占 29.3%，平原占 13.1%，水面占 6.4%。境内土壤以红壤土、黄壤土为主，约占全省总面积的一半多。适合水稻生长的田土约占 20%。

湖南居亚欧大陆东南部，境域之东南边境距海洋约 400 公里，受东亚季风环流影响，为大陆型中亚热带季风湿润气候。气候特点主要有三：其一，光、热、水资源丰富，三者的高值期基本同步；全省 4 至 10 月期间的总辐射量占全年总辐射量的 70%—76%，降水量则占全年总降水量的 68%—84%。其二，气候年内与年际的变化较大，夏季酷热而冬季寒冷，春温多变，秋温陡降，春夏多雨，秋冬干旱；气候的年际变化较大，极大值与极小值的地区差值比平均值的地区差值大 1.29 倍；雨量最多年份与最少年份相差 1460 毫米，最多年份几乎为最少年份的 3 倍。其三，气候垂直变化最明显的地带为三面环山的山地，尤以湘西与湘南山地更为显著。

湖南全省年日照时数为 1300—1800 小时，是同纬度中光能比较充分的省份，热量丰富，全年平均日照百分率，湖区可达 40% 以上，其他各地一般在 30%—40% 之间。夏秋季节日照率大于春冬季节。年气温高，夏热期长，积温多，生长季节长。年平均温度在 16℃—18℃之间，自东南向西北逐渐降低。东南西三面环山向北敞开的地貌特性，使冷空气得以长驱直入，故一月份平均温度在4℃—7℃之间。气温分布的总趋势是南高北低，等温线大致呈东西走向。夏季在副热带高压的控制下，气温高；七月平均温度在27℃以上，等温线呈南北走向。

湖南就地貌特征而言，类型繁多，有山区、丘陵、平原、湖泊、河川；就气候特征而言，则春夏秋冬四季分明。这样的地理气候环境，非常适合各类物种的生长，从而使居住在域内的湖南各族人民，建构了农耕渔猎等多种多样的生产方式和生活方式，进而在此基础上形成和创造了众多的文化样式。这些生存方式大致可以归纳为三大地域文化类型：其一为滨湖（洞庭湖）平原地区，是较为典型的稻作农耕兼及渔业的生存方式与文化类型；其二为以湘江流域为中心兼及资江、沅江、澧水中下游部分地带的丘陵盆地相间地区，是稻作农耕与渔猎混杂的生存方式与文化类型；其三为湘东、湘南、湘西山区，是以旱土农作兼及狩猎的生存方式与文化类型。例如，旧时湘南地区的“过山瑶”不断“过山”迁徙的生活习俗，就明显地与其山地生产与生存方式有关。

湖南虽然号称“鱼米之乡”，但就整体而言，生存条件是较为艰难的。例如，境域内多为高山丘陵、急流险滩，交通极为不便；“七山一水二分田”，又使得人们赖以生存的土地资源较为贫乏，一些地区的人只能依靠艰辛的劳作在瘠薄的山地或少量的水田中获取仅仅能够糊口，甚至糊口也很难的农作物。

贫乏的土地资源促使人们不得不精耕细作，精打细算，湖南人也因此更为勤劳笃实；长期处在艰难的生存环境中，为求得生存，孕育出了湖南民众吃苦耐劳的品格和坚忍不拔的性格；钟灵毓秀的山山水水，使得湖南子弟的思维更为敏捷，更为灵动浪漫；域内地貌环境之间的剧烈反差，又孕育着湖南人激越冲闯的文化思想；周遭被山水所阻隔封闭的地理环境，培养了湖南人的独立意志，但同时又显得较为保守。

第二节 湖南文化的发展轨迹

湖南文化的萌芽　湖南文化初步发展　湖南文化的进一步发展　“湖湘学派”的形成和湖南文化的基本定型　湖南文化的继续发展与兴盛　近代湖南文化的繁荣

远在旧石器时代，湖南就已有人类活动。20 世纪 80 年代中期开始，考古工作者在全省各地陆续发现旧石器地点 40 多处，时间分别为距今大约 1 万至 20 万年不等。距今 1 万多年前，人类进入了新石器时代。至今，湖南已经发现新石器时代的文化遗址一千多处，分布的地域遍布全省各地，其中澧水中下游和洞庭湖区的新石器遗址发掘得最多，发展的序列也最为清楚，比较典型的有澧县彭头山遗址、澧县八十垱遗址、石门皂市下层遗址等。自 1993 年以来的多次考古发掘，在湖南道县玉蟾岩的新石器时代遗址中发现了迄今所见世界上最早的原始古栽培稻，经科学测定，确定这些稻谷距今约有 1.5 万年至 1.8 万年。这一发现，为湖南可能是中国乃至世界稻作文明之源提供了初步的实物证据。

在夏商周时期，湖南大地原有的土著人类在继续创造和发展着本土文化；同时中原地区通过军事、政治、经济等途径不断对湖南文化产生影响。夏王朝建立之前后，传说中的几位著名的氏族部落首领，如尧、舜、禹都与湖南有着或多或少的关系；尤其是舜，更是死于湖南，葬于宁远县的九疑山。这表明，华夏中原地区与荆楚地域之间已经有了文化的互动交流。商王朝在征伐荆蛮的战争中，其军事及政治势力一度接近或进入湖南。至今，湖南各地出土了大量殷商时期的青铜器。这些青铜器既与出土于中原地区的样式形制风格接近，又具有自身独特的地域特色，其中有些器物比中原所出土者样式更为精美，形制更为庞大。例如，在宁乡县黄材炭河里遗址出土了大量青铜器，其中的“人面纹方鼎”，四面皆以人的面孔为纹样，在现在可见的商周器物中尚属孤例；“四羊方尊”以四只立体山羊构成，整体纹饰繁复细腻，巧妙精致，为国内绝无仅有的珍品。相传周昭王曾经南巡到长沙与湘潭之间的昭山，盘桓多日，后殁入山下深潭，故潭名“昭潭”，山名“昭山”。此外，各地出土了数量更多的周代陶器和青铜器，既证实了湖南本土先民与周王朝有着密切交流，也表明湖南的本土文化有了更大的发展。

春秋战国，湖南的社会经济文化进入了初步发展阶段。据史籍记载及考古材料证实，在春秋战国时期乃至更早以前，湖南大地主要居住着五个古老的民族或部族群，即越人、蛮人、濮人、巴人和楚人。古越人最早分布于湘江流域和资水中下游地区。在春秋晚期至战国中期楚人进入湖南以后，居住在湘北和湘中地区的越人群体南迁于湘江中上游的湘南地区。秦汉以后部分向西南和南方迁徙，部分仍然留在湘南，成为现今湖南侗族的先民。蛮人一般认为是殷商至西周时期的“荆蛮”，即曾经与炎、黄两大部族集团逐鹿中原的“三苗”后裔，广泛分布于长江中游和洞庭湖沿岸地区。春秋战国时期在楚人的不断征伐挤压下，部分被融合进楚民族，部分则从滨湖平原溯沅水、澧水向湘西和湘西南迁徙，成为现今湖南苗、瑶民族的先民。濮人是当时散居在汉水流域及湘西北地区的一个方国部落群。聚居在湘西的濮人后来成为秦汉时期史籍中所记载的“武陵蛮”和“五溪蛮”的主要民族构成部分，与前述“蛮人”一道，成为现今湘西和湘西南苗、瑶等少数民族的族源之一。巴人相传起源于鄂西清江流域，周初受封建立巴子国，其领地大致为鄂西和川东一带。战国中后期（约前 316）巴国被秦国所灭，川东失国的巴国遗民大批流徙进入湖南，散居于湘西北和湘西的蛮人、濮人居住地区。这一民族，也成为秦汉时期的“武陵蛮”和“五溪蛮”构成部分，并成为现今湘西土家族的族源。

楚人是远古时期进入湖南大地较晚的一个民族。与湖南有关的楚人包括两部分，其一即前述自夏、商时代一直居住在洞庭湖区的湖南土著民族“荆蛮”而后被融合进楚民族的一部分；其二为春秋战国时期作为征服者不断从长江以北楚国腹地南下湖南的楚人。这一部分楚人包括楚国的王族和贵族、派遣的地方行政官员、南征的士兵、部分移民和商人及其家属等，还包括部分被楚灭国和同化后被强制南迁的江北方国居民。春秋以前，楚人主要分布在湘中、湘西北和湘东北地区；自吴起相楚征湘后，逐渐分布到湖南各个地区，其中以长沙为中心的湘中地区最为集中。东周时期，楚国日益强大。公元前 704 年，熊通自立为楚武王后，即对濮族大举进攻，并占有其地。楚国的军事政治势力开始占有汉水流域并从西路进入湖南的湘西地区。公元前 689 年以后，楚文王即位。楚国从南路进入湖南，并建立了战略据点罗子国城（今汨罗市西北）。此后，史籍中虽然记载楚国不断地向周边征战并扩大版图，但在这一时期，楚国究竟是否进入了湖南内地，以及进入了多深的地域，并没有明确的记载。多年来，在湖南的境内发现了不少属于春秋时期的楚文化墓葬和遗存，但全都分布于湘、资、沅、澧四水的交通要道上。这说明楚文化的进入，对湖南本土社会经济文化的发展确实有一定影响。

秦王朝建立后，施行了有利于封建集权专制的郡县制，湖南地区也在政治、经济、文化诸领域逐渐与中原地区融为一体，成为统一的多民族国家不可分割的组成部分，并为湖南地域的社会经济文化的持续稳定发展奠定了坚实的基础。

两汉时期，湖南地区的社会政治、经济、文化获得了较大的发展。北方、中原及各个地域的大量移民涌入湖南，并带来了他们各自的文化包括生产技术在内的各种文化。整个秦汉时期，全国的户口数及人口数呈现出一种由低到高再到低的消长起伏状况，而湖南地区则呈现一种大幅度、稳定性的增长趋势。据史载，西汉元始二年（公元 2 年）湖南人口数为 71 万多，到东汉永和五年（140）时增长到 281 万多，一百余年间，人口增长将近三倍。这既有本地人口的自然增长，也包括大量因战祸天灾而迁徙入湘的北来移民。随着大量移民的进入，湖南地区人口的民族成分开始发生较大的变动。迁入的主要是中原人和原来楚地的住民，他们与那些还留在湖南各地的土著住民融合，逐渐形成了湖南境内新的主体民族——汉族。随着长沙国的建立，形成并促进了以长沙为中心之湖南地域内的政治、经济、文化的全面发展，并为后世湖南作为一个独立的行政区域奠定了初步的基础。这从长沙马王堆汉墓出土的帛书《地形图》和《驻军图》得到证实。这一时期，作为广义荆楚地域文化产物的道家思想得到了飞跃的发展，形成了有别于先秦道家的“黄（帝）老（子）道”，被学术界称为“秦汉新道家”。黄老道甚至成为西汉王朝官方的治国指导思想。长沙马王堆汉墓同时出土有关于黄老道的著作，墓葬主人的身份为汉初长沙王丞相轪侯利苍及其家属，表明这些著作中的思想应该在一定程度上影响和丰富了湖南思想文化的发展。战国末期，伟大的爱国主义诗人屈原（前340？—前278？）被流放到湖南并悲壮殉身于湖南；一百余年后，西汉著名的思想家贾谊（前200—前168年）也被贬谪到湖南任长沙王太傅，湖南因此被称为“屈贾伤心之地”。屈、贾二人在湖南创作了一些流芳千古的文赋歌辞，蕴涵着深厚的爱国情操和忧患意识，千百年来深深地影响着湖南人，并成为湖南人取之不尽的精神文化资源。

三国时期，湖南地区成为吴、蜀两国争夺的战场。至魏晋六朝时期，也遭受过多次战祸兵燹，出现过“湘土荒残”的状况。这不能不对湖南的社会经济造成负面的影响。但是，相对于中原而言，湖南地区社会仍然较为稳定，故北方及中原的移民继续不断迁入，湖南的社会经济虽然缓慢但仍在持续发展。这一时期，形成并流行于北方及中原地区的道教，以及由印度传入中国的佛教也陆续传入了湖南，在交流融汇中给湖南文化带来了新的文化基因，促进了湖南文化的发展；当然它们在湖南文化的孕育下，也获得了新的生机进而促进了自身的发展。例如，著名道教人物魏华存在南岳修道十六年，传播上清经录，成为道教上清派的宗师，直接促进了中国道教上清派的产生。

隋唐时期，随着国家由分裂重新走上统一，中国社会的政治、经济进入了空前繁荣的发展时期。湖南地区也与全国保持着同样的发展态势。此时，湖南作为一个独立的、具有重要政治战略意义的行政地域概念及人文地理概念，已经在人们的头脑中开始形成。这种印象的形成，当然是与湖南地域的社会政治、经济、文化已经有了长足发展的客观存在分不开的。这一时期，湖南的物质文化不断进步，各地兴修和扩建了许多水利灌溉工程，如常德开白马渠。耕犁也进一步完善和定型化。这一时期，湖南的精神文化的发展也是令人瞩目的。首先是文学艺术，本地籍作者有刘蜕、李群玉、胡曾、曹松、释齐己、欧阳询、释怀素等，外省籍则有著名文学家李白、杜甫、柳宗元、刘禹锡、李翱、元结等在湖南也有较多的活动。其次是哲学、史学、地学等方面产生了一些有影响的著作，如邓粲撰《晋纪》、《元明纪》，罗含撰《湘中记》、《更生论》，欧阳询的《艺文类聚》，欧阳凯的《五代史初要》，覃季子的《覃子史纂》，卢拯的《湘中山水记》，李冲昭的《南岳小录》等等。在宗教方面，佛教则在此期间形成了湖南第一个人才群体，并且多开宗创派的人物。如天台宗的先驱慧思和实际创始人智顗，曾在南岳活动过；净土宗的三祖承远、四祖法照也曾在南岳活动过。以佛教“南岳怀让系”及“青原行思系”为主体所形成的“江湖禅宗网络”，及在两系基础上形成的禅宗五宗，即沩仰宗、临济宗、曹洞宗、云门宗、法眼宗，更是对全国乃至海外的佛教禅宗的发展产生重要影响。这一时期，湖南文化已开始以地域思想文化特色而崭露头角了。

宋王朝在公元960年建立后不久，即逐步消灭了南方包括湖南“马楚”在内的地方割据政权，并着力经营南方。例如，宋神宗熙宁五年(1072)，朝廷派蔡煜、章惇对湘中的梅山地区进行开发，新置新化、安化两县，史称“开梅山”。南宋时期，北方的广大疆域沦入金人之手，湖南更是成了南宋王朝所倚赖的重要地区。例如，著名的爱国主义将领、词章大家辛弃疾，在任潭州知州兼湖南安抚使期间，于长沙建立了练兵基地，创建了一支当时最精锐的地方军队——飞虎军。宋代尤其是南宋时期，湖南的手工业、商业及交通，都得到了较大的发展。当时几乎所有的著名学者都来过湖南，为湖南的文化发展作出了贡献。这一政治、军事、经济、文化局面的出现，为湖南文化的崛起奠定了扎实的基础。由此，湖南出现了像周敦颐这样在中国古代学术史上具有划时代影响的本土学者，他撰写的《太极图说》和《通书》，成为理学的奠基之作，他也被推崇为宋代理学的创始人。原籍福建、流寓而定居湖南的胡安国、胡寅、胡宏父子，开创了以“经世致用”为核心理念、以理学为基本内容、以兼收并蓄综合创新为学术特征，并致力于弘扬民族精神的“湖湘学派”。湖湘学派的这些特征，为往后湖南文化的发展确立了基本架构。

两宋时期有中国学术史上的“濂”、“洛”、“关”、“闽”四大理学学派。“濂”学指以北宋周敦颐为首的学派，因其为湖南营道（道县）人并讲学于濂溪而得名；“洛”学指以北宋程颢、程颐为首的学派，因其居住并讲学于洛阳而得名；“关”学指以北宋张载为首的学派，因其讲学于关中而得名；“闽”学指以南宋朱熹为首的学派，因其主要在福建建阳考亭书院等地讲学授徒而得名。这四个学派，有三个与湖南有关系。“濂”学为湖南人周敦颐所创；“洛”学的创始者二程兄弟为周敦颐的弟子；“闽”学的创始者朱熹青少年时代曾从胡安国之侄胡宪求学多年，后又曾多次因出仕或讲学来到湖南，与湖湘学派的杰出传人、著名学者张栻交游并会同讲学于岳麓书院。

元朝是一个由社会文明相对落后的游牧民族入主中原所建立的王朝。这一时期，民族矛盾、阶级矛盾乃至文化冲突都非常激烈，导致整个社会的发展状况极不稳定。与全国的情况一样，湖南地区的社会政治、经济、文化发展都陷入了一个历史的低谷期。但元代统治者重视水利建设，对荆江和洞庭湖进行过整治，使洞庭湖南北成为全国重要产粮区。在文学艺术和学术方面，出现了欧阳玄、冯子振、陈泰、李祁等名家，李道纯对道教的研究也较有影响。

明王朝建立后，采取了一系列的措施加强中央集权，整顿吏治，恢复生产，湖南的社会经济文化也与全国一样开始复苏并得以发展。这种复苏与发展是多方面的，尤其体现在农业生产的发展上，“湖广熟，天下足”取代了宋代的“苏湖熟，天下足”，表明湖南、湖北已经取代以苏州、湖州为中心的长江三角洲地区而成为中国粮食生产的重要基地。湖南的城市经济主要是手工业和商业也在这一时期得到了一定的发展。社会经济的发展必然带动各个文化领域的发展。明代对湖南社会文化的发展产生重要影响的新因素之一是大量移民的迁入。元末明初的连年战乱和兵燹，使得湖南境内的居民大批逃亡外省，主要是逃往四川。随后，外地人主要是江西人，以从征、屯垦、宦游和经商等方式大批涌入湖南。此即民间相传的“江西填湖广，湖广填四川”的说法。大量的移民既引进了不同的地域文化特质，又带来了新的人种血缘基因。多元异质文化的交汇融合，无疑能够有力地促进湖南文化的发展。在精神文化方面，明代著名心学名家陈献章的弟子湛若水，以及王阳明的众多弟子在湖南十分活跃，有“楚中王门”之称，并直接影响到王夫之的父亲和兄弟。文学艺术方面的作者有刘三吾、夏原吉、王伟、李东阳、何孟春、杨一清、郭都贤等。

与元朝不同，清朝统治者积极学习和主动吸收汉民族文化，推崇儒学，重视学校和科举之业，中国封建文化经历了又一个繁荣时期。这一时期对湖南文化发展产生重要影响的积极举措，主要有单独建立湖南省的行政建制，以及对部分少数民族地区的“改土归流”。前者使湖南文化以更加鲜明的地域特色展现在世人面前，后者在客观上促使了湖南少数民族文化的发展。在清代前期，出现了以王夫之为代表的一个人才群体。王夫之以“六经责我开生面”的创新精神，对于中国传统的学术，特别是宋明理学进行了全面的批判总结，把中国古代的唯物主义思想发展到最高峰。此外，他在经学、史学、文学等方面的成就，也是十分突出的。清代中期湖南也出现了一批以考据知名的汉学家，如王文清、刘权之、吴思树、罗登选、王万澍等。他们虽然治汉学，但并不埋头考据，同时重视经世致用。而邓显鹤的文献学和严如熤的地理学成就，也是令人瞩目的。文学艺术方面的作者，则有陈鹏年、张九钺、唐仲冕、吴檀、欧阳辂、郭步蕴等。

湖南文化的特色彰显于世并对中国社会的发展产生重要影响，还是自晚清以后开始的。自鸦片战争至辛亥革命前后的短短的七十余年间，湖南先后出现了四个人才群体，即：嘉庆、道光年间以陶澍、贺长龄、魏源等为代表的人才群体；道光、咸丰年间以曾国藩、左宗棠、胡林翼、郭嵩焘为代表的湘军集团人才群体；戊戌期间以谭嗣同、唐才常为代表的维新变法人才群体；辛亥革命时期以黄兴、宋教仁、蔡锷为代表的革命人才群体。上述四个群体是湖南英才的杰出代表。近代以来，一大批深受传统文化影响的湖南人，以天下为己任，纵横捭阖，叱咤风云，谱写了波澜壮阔、慷慨激昂的光辉篇章。他们在各个时期的功业，极大地推动了中国社会的历史进程。这方面的情况，本书下编辟有专章介绍，此不详述。

第三节　湖南人文化精神的来源及特点

湖南人文化精神的来源　湖南人文化的主要特点

大致而言，湖南文化精神的来源及内涵可以从民族文化、政治思想及学术思想三个层面进行考察，每个层面又各分为两个并列生成发展的子系统。

民族文化层面包含子系统：

其一是“古越荆楚”文化系统。这一文化系统导源于远古湖南大地的“古越”、“三苗”等部族并形成独具特色的荆楚文化系统。这是湖南大地的古老原住民和在各个历史时期先后迁徙到湖南的少数民族所共同创造和积淀形成的文化系统。在宋代以前，湖南的部分偏远地区，例如湘西、湘南地区还被视为蛮荒之地，少数地区尚未被纳入中原王朝行政区划的直接治理下，当然也就较少受到汉民族主流文化的深度熏染，因而才有宋神宗熙宁五年（1072）蔡煜、章惇开梅山，以及清雍正年间的改土归流。表明这一文化系统在某种意义上说从远古直至宋代甚至更晚，仍是湖南境内某些地域的区域文化。由于历史上长时期在汉民族及封建王朝前处于生存空间、政治话语和文化话语（如“夷夏之防”）的弱势地位而被边缘化，使得这一子系统文化具有顽强求生、敢于冒险、叛逆主流、独立不羁的草野精神特质，是湖南文化强悍、坚韧、耐艰苦、不怕死的士风民习，独立不羁、自我意识强烈、不肯轻易服人的精神内核的重要来源之一。

其二是以汉民族为代表的主流民族文化系统。这一文化系统导源于炎黄文化、舜文化等远古文化，并在汉代以降逐渐定型。这一文化系统产生于先秦，唐宋以降，中央政府加强了对湖南的开发，尤其是南宋王朝偏安一隅后，湖南文化得到了长足的发展。作为理学学派之一的湖湘学派正是在这一特定的社会政治历史背景下产生和发展的。作为中华民族文化主流的汉民族文化，有着较古代“苗蛮”等少数民族文化更为成熟的特质和更为宽广的视野。

政治思想层面包含有如下两个子系统：

其一是庙堂政治思想文化系统。这是居于正统地位的官方（儒法并构）文化系统，也是古代全中国社会政治领域的主流文化系统。其文化特征较为精致成熟。其载体是自秦汉以降朝廷派遣并深入湖南各地的各级政权机构和官吏，以及受儒家（包括法家）文化影响的士大夫等，包括政府政令、儒家典籍的教化影响等。自秦汉绵延到唐宋时期，许多由朝廷派遣到湖南任职的官员，首先做的工作就是所谓移风易俗，这在许多士大夫官吏的文集记载其莅职湖南的施政措施中经常见到。其目的就是试图对湖南一些地区的某些土著思想文化进行改造并使其“王化”。

其二是江湖思想文化系统。这是构成湖南社会世俗文化层面的大众文化或草根文化系统，是一个相对独立的社会潜流文化系统。湖南的土著少数民族很多，其文化特质必然具有草莽野性气息。湖南人“吃的亏，霸得蛮”的思想行为和气质，反映在文化特质上必然具有其鲜明的个性，直至近代，还在许多人的身上展现出来，有时甚至发展成为对旧时的所谓正统的传统进行革命的思想来源之一。

思想文化层面包含有如下两个子系统：

其一是儒家文化系统。这一文化系统在唐宋以前的湖南地区，基本上找不到明显而又突出的代表人物，当然并不能说其影响就不存在，其影响面及程度与上述汉民族文化的影响情况大致重叠。直至北宋周敦颐具有浓郁儒道思想合流特征的濂溪学派的兴起，南宋时期湖湘学派的兴起，以及朱（熹）、张（栻）会讲于长沙岳麓书院，湖南才在传统主流文化中争得了有影响的一席之地。这一文化系统从宋代迄明、清一脉相传进而影响到近现代。该文化系统的精神特质是，有着大一统的国家观、经世致用的实学思想、强烈的社会责任感以及深厚的忧患意识等。

其二是道家文化系统。道家文化的发源地是包括湖南在内的荆楚地区。在湖南大地，这一文化系统的特征在先秦时期就已经显现。其精神特质是彻底地追求精神自由，有着浓郁的诗性特征，如庄子的道家思想境界。这种思想特征的影响直至近现代。近代为了改造社会，为了践行维新或革命的理想，不少人为了追求自由慷慨赴死，如谭嗣同；不少人为了唤醒世人不惜滔海自杀，如陈天华、杨毓麟等。湖南具有这样难以为常人所理解之行为的人较之其他地区为多，既可以追溯到先秦的屈原，也与彻底地追求精神自由的思想气质密切相关。

湖南文化有如下几个方面的特点：

其一为无所依傍、浩然独往。有人认为“湖南文化的特质，可以用一个‘蛮’字来概括”①。这个“蛮”字主要指湖南人所具有的独立不羁、不肯调和、不肯轻易服人、无所依傍、浩然独往的精神特征。辛亥志士杨毓麟将这种精神特征概括为“独立根性”四个字，认为这种精神是湖南文化的“根性”即根本特性。他说湖南文化“其岸异之处，颇能自振于他省之外”。如周敦颐“师心独往，以一人之意识经纬成一学说，遂为两宋道学不祧之祖”，王夫之“以其坚贞刻苦之身，进退宋儒，自立宗主”，郭嵩焘“谈海外政艺时措之宜，能发人之所未见，冒不韪而勿惜”，“至于直接船山之精神者，尤莫如谭嗣同，无所依傍，浩然独往，不知宇宙之圻埒，何论世法！其爱同胞而惎仇虐，时时迸发于脑筋而不能自已。是何也？曰：独立之根性使然也”②。

这种“独立根性”在荆楚文化中处处可见。荆楚人并不在乎别人称其为“蛮夷”，反而宣称“我蛮夷也”，表示了对中原王朝的蔑视，显示了强烈的自我意识和独立精神；楚人敢于自己称王而不待周王朝的封号，更是自我意识的强烈表现。这种“独立根性”的文化精神，在湖南这块热土上代代传承，经历数千年的漫长岁月而不息。周敦颐、王夫之、魏源、曾国藩、左宗棠、郭嵩焘、王闿运等等，他们的行事、性格中无不深深浸染着这种“独立根性”。

其二为心怀天下、勇于献身。伟大爱国主义诗人屈原虽不是出生在湖南，但他充满爱国激情的许多诗篇产生于湖南，他以身殉国的壮举完成于湖南，他的思想和行为对湖南文化精神的形成和发展产生了很大的影响。西汉初期政治家贾谊受到朝廷排挤，被贬来到长沙。他想起与自己经历相同的屈原，写下了《吊屈原赋》，并借此倾诉了自己报国无门的愤怒和忧伤。湖南被称为“屈贾伤心之地”，这种“伤心”其实就是基于爱国之深情的忧伤。屈、贾二人的忧民爱国，对后世湖南文化产生了深远的影响。

随着南宋时期湖湘学派的创立及其传播，湖南文化爱国主义传统进一步发扬光大。湖湘学派的奠基人胡安国在向宋钦宗所上的《时政论》中就坚决主张抗金收复失地。其子胡宏在上宋高宗书中对金南侵而朝廷步步退让极为不满，甚至痛斥最高统治者“顾虑畏惧”。胡宏的弟子张栻曾追随其父亲张浚北伐。南宋末年，蒙古人南下进攻长沙，在湖南安抚使李芾的率领下，长沙军民包括潭州书院、湘西书院、岳麓书院的数百学生义无反顾地投入守城战斗，坚守半年之久，最后矢尽粮绝，李芾和学生及许多官兵都壮烈殉国。

在明末的抗清斗争之中，南宋抗金名将吴猎的后裔、岳麓书院山长吴道行眼看明朝大势已去，自己空有报国之志而无力回天，最终绝食死于岳麓山。著名思想家王夫之则毅然于衡山举义兵抗清，失败后又埋首著述，完成“六经责我开生面”的重任，以寄家国之仇，终生不做清王朝统治下的臣民。

进入近代，随着西方列强侵入中国，民族矛盾急剧上升，湖南文化的爱国主义传统更加发扬光大。这主要表现在三个方面：其一，近代湖南士人将挽救国家民族的危亡当作自己神圣职责与使命；其二，近代湖南士人为了挽救国家和民族的危亡，焕发出了一种百折不挠和勇于献身的奋斗精神；其三，近代湖南士人为了最终达到挽救国家民族危亡的目的，注重把抵制外国侵略与学习西方有机结合起来。如魏源，面对中国封建王朝的种种衰世迹象萌生了变革拯世意识，他在《海国图志》中开宗明义地揭示该书是“为师夷长技以制夷而作”，他不仅主张将西方长技用于军事，还主张将之用于国计民生。魏源的思想是洋务运动的理论先驱。曾国藩、左宗棠等湖南人士接受了“师夷长技以制夷”的思想，在中国开始了学习西方科学技术以“求强、求富”的洋务运动，洋务运动的实践，对于抵御帝国主义侵略和开启经济社会近代化的发展起了积极作用。特别是左宗棠，不仅是洋务运动的重要人物，而且在古稀之年还率兵出师新疆，为维护祖国统一、领土完整作出了卓越贡献。甲午战败，天下震动，湖南志士大批涌现，积极投入改革的浪潮。谭嗣同是这批志士中的杰出代表，面对国家“瓜分豆剖”、“亡国灭种”的严峻局势，他毅然走在国人的前列奋起救国。戊戌政变时，他本可逃过劫难，但却甘愿受死，慨然表示：“各国变法，无不从流血而成，今日中国未闻有因变法而流血者，此国之所以不昌也。有之，请自嗣同始！”[③]以自己的鲜血唤起民族的觉醒，表现了大义凛然的爱国主义情操。

其三为关注现实、体用结合。所谓经世致用，又称通经致用，即理论与实践结合以经邦济世，这是中国儒家的一种优良作风。湖南文化更是具有经世致用的突出特征。这种经世致用作风的源头可以上溯到先秦汉唐时代。宋代，随着湖湘学派的创立，湖南文化经世致用的作风正式形成，并在后世不断发扬光大。宋代湖湘学派开山者胡安国治《春秋》

数十年，其目的是“康济时艰”；胡宏兄弟继承其家风，主张从事学术的目的是“明体”以致用，而“致用”就是要“致”现实的政治、经济即治国安邦得民的大“用”；稍后的张栻更是把“传道以济斯民”作为宗旨贯穿于岳麓书院的整个教学活动中。在这种作风的影响下，湖湘学派培养出来的人才，都是具有实干精神的人物，如吴猎、赵方、彭龟年、游九言、游九功等人，他们或成为经邦济世的能员大吏，或成为卫国杀敌的良将英才。

南宋以后，湖南文化经世致用作风得到进一步发展。明代王阳明的心学主流虽然陷入空疏一路，但王学在湖南的传播却具有浓郁的经世济用的特点。张元忭等王门学者在湖南讲学，注重经世致用，反对空谈，倡导躬行实践，这都与正宗的王门心学有较大的距离。清初湖南文化讲究实学，王夫之是代表人物，他的理论追求和济世实践，正是经世济用的最好范例。清中叶乾嘉时代考据学盛行，学者们钻入故纸堆而把社会现实问题置于一边，湖南的汉学家虽也讲考据，但他们却能注意将考据研习经史与通晓时务结合起来。如王文清治汉学，不囿于经史训诂，而是兼及礼、乐、兵、农等有关国计民生的实学，以使学生能通经致用。陶澍不仅是一位推行政治经济改革的名臣，也是一位倡导经世致用的大学者，他与魏源、贺长龄等人一起身体力行，不仅在盐政、河政、漕运的改革方面有很大的成绩，还形成了一个影响很大的经世学派，对后来的湖南文化产生了极大的影响。

第一次鸦片战争以后，中国社会政治危机和民族危机一步步加深，这促进了湖南文化中经世致用作风的蓬勃发展。以曾国藩为代表的经世学派是陶澍倡导的经世致用作风的积极践行者，曾国藩在桐城派提出的“义理、考据、辞章”的基础上，加上“经济”二字，在理论上将经世致用的主张提高了一步。又如左宗棠在青年时代就十分重视经世之学，特别注重地理学、兵学和农学。他曾撰《舆地图说》，于山川、道里、疆域沿革和历代兵事莫不悉心研究探讨。他又买田于湘阴东乡柳庄，不仅精研近人有关著述，且以古农法耕柳庄之田，在湘阴首倡种茶之风。这种务实作风，奠定了他日后的经世功业。

在经世致用作风的熏陶下，近代以降湖南还产生了一大批经邦济世的人物，他们在政治、经济、军事、外交、科学、学术等方面都有不俗的表现，为世人所称道。

其四为实事求是、求真务实。实事求是也是湖南文化精神的明显特征。在岳麓书院讲堂的上方悬挂着一块“实事求是”的匾额，仿佛在昭示着湖南学人不断保持和发扬这一优良传统。“实事求是”出自《汉书·河间献王传》，唐人颜师古解释为“务得事实，每求其真也”。在湖南文化的传统中，实事求是不仅体现为一种学风，更重要的是，它还与勤勉笃实、注重实践的务实精神结合起来，成为湖南人求学问道、经邦济世的自觉追求。

湖南文化的求真务实精神由荆楚文化发展而来，到宋代周敦颐以后，不仅成为湖南学人的哲学观念，并且成为他们的生活准则。周敦颐《通书》阐述了“诚”的思想，他说：“诚者圣人之本。”“大哉乾元，万物资始，诚之源也。”这里所说的“诚”，实际上就是“实事实理”。王船山继承和发展了周氏“诚”的思想。他认为“诚”就是客观存在，“诚者，实有者也”[④]；他还认为“诚”就是忠实于客观事物，即“忘乎己而一于理”[⑤]。这些都是实事求是学风的具体表现。

王夫之之后，湖南学人继续发扬务实求真之风。魏源提出“以事实程实功，以实功程实事”[⑥]，正是湖南学人实事求是的最好体现。乾嘉之际江浙一带的考据家如戴震等人，他们做学问虽讲“实事求是，不偏主一家”[⑦]，但他们只是埋头于故纸堆而不问现实，与社会实践是相当隔膜的。曾国藩对这种现象很是不满，他说：“近世乾嘉之间，诸儒务为浩博，惠定宇、戴东原之流钩钻诂训，本河间献王之旨，薄宋儒为空疏。夫事者，非物乎？是者，非理乎？实事求是，非朱子即物穷理乎？”[⑧]曾国藩正是有了这种实事求是的理性认识和自觉追求，并将其贯彻到他的社会实践中去，才能在政治、军事、治学等方面有所作为。左宗棠一生，前40年孜孜于有关国计民生的实学，后30余年则将其所学大展鸿图于实践之中。他对实事求是的体会尤为深刻，直到临终他还在遗折中写道：“上下一心，实事求是，则臣虽死之日，犹生之年。”[⑨]

湖南文化主张务实践履、倡导实事求是的精神也深深影响了毛泽东，并成为毛泽东毕生践行的学风。

其五为兼收并蓄、改革创新。湖南文化中蕴藏着一种兼收并蓄、博采众长的创新精神。在长期的历史发展过程中，湖南文化兼收并蓄、博采众长的文化融合主要通过以下四个方面实现：其一，不同民族文化之间的沟通与融合，如上古时代以舜为代表的华夏文化与三苗文化、先秦时越文化与楚文化以及后来湖南境内汉、苗、瑶、侗、土家等民族之间的沟通与融合。其二，不同地域文化之间的沟通与融合，既包括湖南内部不同的地域文化，也包括湖南文化与中国其他地域文化之间的沟通与融合。其三，不同学派之间的沟通与融合，如法家、道家、儒家以及佛教与道教、宋学与汉学之间的沟通与融合。其四，湖南文化与外国文化之间的沟通与融合。

兼收并蓄、博采众长才能创新。北宋理学的开创者周敦颐，立足儒学而又大量吸收、融合佛教与道教的思维成果，其思想体系从理论构架到范畴、命题，都有着对佛道之学的改造和利用，并能会通诸家而推陈出新。南宋时期，胡宏、张栻等学者以碧泉书院、岳麓书院为基地著书立说授徒讲学，形成了盛极一时的湖湘学派。湖湘学派的一个重要的学风特点即兼收并蓄。胡宏并非湘人而是闽人，他和父亲胡安国开创了湖湘学派，这与他们能广泛汲取其他理学学派的思想是分不开的。张栻曾与朱熹、吕祖谦等学者以书信的方式就理学的一些学术问题进行过广泛的讨论，并与朱熹在岳麓书院有过著名的“朱张会讲”，开创了不同学派会讲的先河；张栻在本体论、心性论、修养论等许多方面接受吸收了朱熹、吕祖谦等人的观点。后来的岳麓诸儒也不囿于学派门户之见，择善而从，力求兼取众家之长。在岳麓书院讲坛上，来自不同地域、不同学派的学者都能够放言高论，传播其学说。这种状况与当时其他一些学派之间互相排斥、壁垒森严的情状形成了鲜明对比，显示了湖南文化和湖湘学派的博大胸怀。明清之际王夫之集千古之智、众家之长，对传统儒学进行了全面的清理总结，还对佛、道两家进行深入考察研究，将各家融治会通，从而别开生面，把湖南文化乃至整个中国古代哲学推到了一个新的高度。

近代以来，随着湖南文化向近代的转型，其兼收并蓄、博采众长的创新精神得到了进一步的发扬。以魏源、曾国藩、郭嵩焘、谭嗣同等为代表的一大批湖南学人面对危机四伏的社会局面，莫不试图有所作为以拯危局。他们在继承传统文化的同时，清醒地意识到必须超越传统，积极向西方学习，实现国家的近代化。如前述魏源大胆突破“夷夏之防”的传统观念，提出了“师夷长技以制夷”的主张；曾国藩将“师夷”的主张付诸实施，筹办洋务，引进西方先进科学技术；郭嵩焘作为近代中国第一位驻外使节，对西方的历史文化、政治、经济、科学技术进行了深入的考察研究，并且不怕冒天下之大不韪，大力宣扬传播西学。维新志士谭嗣同则以“通”为思想学术宗旨，熔铸古今，萃取中西，全方位地吸纳中国传统的儒、墨、道各学派及佛学、西学的思想，建构了其《仁学》的思想体系。这都是湖南文化兼收并蓄、博采众长的创新精神特征的最好体现。

其六为自强不息、坚韧不拔。湖南人不畏艰苦的精神风气，是指自强不息、坚韧不拔的奋斗精神。在谈到这种精神时必须提及尧舜时代的三苗。三苗是蚩尤九黎的后裔，他们原本生活在黄河中下游一带，在争夺生存空间的斗争中失利，但他们仍然顽强地作为一个整体而保持了部族的凝聚力，并在新的部族首领的带领下，不畏艰辛，不避艰险，经过长达数百年的辗转迁徙，最后来到了以湖南武陵为起点的西南山区，开始了新的发展阶段。这种自强不息，不畏艰辛，面对恶劣的自然社会环境而从不屈服的奋斗精神，也是后来作为湖南文化一个源头的荆楚文化所秉持。这种精神到了近代被陈独秀誉为“湖南人的精神”。他说：“湖南人底精神是什么？‘若道中华国果亡，除非湖南人尽死’。”并且指出：“湖南人这种奋斗精神，却不是杨度说大话，确实可以拿历史证明的。”接着，他举出王夫之是“何等艰苦奋斗的学者”，曾国藩、罗泽南是“何等‘扎硬寨’、‘打死战’的书生”，黄兴和蔡锷是“何等坚忍不拔的军人”，“我们欢迎湖南人底精神，是欢迎他们的奋斗精神，欢迎他们奋斗造桥的精神，欢迎他们造的桥，比王船山、曾国藩、罗泽南、黄克强、蔡松坡所造的要雄大精美得多。”[10]陈独秀的这些话，比较充分地揭示了湖南人精神的内涵和作用。

【注释】

① 罗敏中:《论湖湘文化之源及其“蛮”的特质》,《湖南师范大学学报》1997年第5期。

②《杨毓麟集·新湖南》,岳麓书社2008年版,第33页。

③ 梁启超:《谭嗣同传》,《谭嗣同全集》下册,中华书局1981年版,第546页。

④《船山全书》第二册,岳麓书社1988年版,第313页。

⑤《船山全书》第十二册,岳麓书社1988年版,第15—16页。

⑥ 魏源:《海国图志》,中州古籍出版社1999年版,第68页。

⑦ 钱大昕:《潜研堂文集》卷三十九《戴先生震传》,《四部丛刊·初编·集部》,民国十八年(1919)上海商务印书馆影印嘉庆丙寅刊本。

⑧《曾文正公全集·书札·复夏弢甫》,光绪二年湖南全忠书局本。

⑨ 转引自杨东梁《左宗棠评传》,湖南出版社1985年版,第84页。

⑩ 陈独秀:《欢迎湖南人的精神》,《船山学刊》1999年第1期。

上编

第一章

远古和先秦时期

有了人类，就有了人类的历史和文化。湖南境内最早的人类活动，出现于 20 多万年至 10 多万年前，即中更新世的后期。湖南的先民同各地各民族的先民们一样，曾经历了漫长的原始时代，创造了丰富的旧石器文化和新石器文化，并且于旧石器时代末和新石器时代之初，即距今 1 万年至八九千年前，率先发明了人工种植稻谷。这是湖南历史的开端，也就是湖南文化的最早萌发的源头。

夏、商、西周三代，由于楚国尚未兴起，在湖南地区可称为“先楚”时代。此时，湖南虽属《禹贡》“九州”的荆州之域，中原王朝和华夏族势力也不断进入，但这一地区大体仍处于“蛮夷”聚居的“要服”和“荒服”之列。在这一千多年间，一方面，湖南各族群学会了制造和使用青铜器，从新石器时代过渡到金属器时代；另一方面，从湖南境内各族先民的主体部分看，在楚国兴起及其势力进入湖南之前，湖南还处于原始时代末期和原始氏族社会缓慢解体的阶段，与中原地区的发展存在明显差异。

西周后期和春秋战国时代，楚国日益强盛，楚文化的地域范围日趋扩大，其军事、政治势力越过长江、洞庭，逐步由西而东、自北向南，据有了大江南北的广阔地域，楚国成为中国南方的赫赫大国。湖湘大地完全归入楚国版图和楚文化的范畴，湖南及其地域文化成为楚国和楚文化的重要组成部分。在楚国时代，湖南境内各族原始氏族制度开始解体，逐步跨入了封建社会的历史进程。在这数百年间，以楚人为主体的湖南各民族所创造的丰富而灿烂的楚文化，是湖南文化的重要渊源，对后来湖南乃至整个中国历史和中华文明的发展，都产生了极大的影响。

第一节　湖南原始文化

湖南旧石器文化　湖南新石器文化　湖南的远古传说

20世纪80年代中期以前，湖南的旧石器文化考古还是一片空白。长时期内学术界一直以湖南发现的最早新石器文化遗址的年代，作为湖南人类活动和“史前”历史的开端。由于旧石器文化遗址的发现，湖南人类历史的开端才从新石器时代上推到了旧石器时代。

1987年5月，在全省文物普查中，首先在新晃县发现旧石器地点多处。随后进行了试掘，出土旧石器20余件。同年，又相继在怀化、芷江、辰溪、黔阳、澧县、石门、津市、临澧、桑植、安化、浏阳等地，发现旧石器地点数十处。至今在全省范围内，已发现旧石器文化遗址上百处，出土的旧石器标本数以千计。分布地域以澧水和沅水流域为主，其次为湘、资二水流域。从地层关系判断，这些遗址的年代，上限在20万年至10万年前以上，下限不晚于1万年前。以下为湖南境内几处具有代表性的旧石器文化遗址。

芷江县小河口旧石器遗址。处于沅水上游㵲水河右岸的二级阶地上。面积约5000平方米，清理240平方米。文化堆积层厚1—2米。共出土石器129件，有砍砸器、刮削器、小尖状器，以及石砧、石锤、石核，还有石片和未加工的砾石原料。其中以砍砸器居多。石器的原料均为砂岩或石英岩砾石。多以锤击法朝一面打击而成，未发现有第二次加工的痕迹。其时代应为旧石器时代晚期，距今约5万年到1万年。

“石门人”和石门燕儿洞旧石器遗址。燕儿洞遗址位于澧水支流渫水河畔，其东南距县城约20公里。由两个洞穴组成。在1992年的试掘中发现一件人类右侧股骨中部残段化石。这是湖南第一次发现的人类化石，也是迄今为止湖南境内所发现的唯一的古人类化石。经测量，股骨髓腔矢径指数较北京猿人大得多，而与山顶洞人的该项指数相近。各种特征则与现代人接近，应属于“智人”化石。考古界称之为“石门人”。生活年代约距今 5 万至 1 万年前。伴随出土的文化遗物，主要为打制石器，其次为骨器。考古年代属旧石器时代晚期。

澧县鸡公垱旧石器遗址。位于澧县县城南约 3 公里处的洞庭湖西岸平原的南缘、澧水右岸的二级阶地。发掘 200 平方米。文化遗物出土于阶地上部网纹红土堆积中。石器类型有石核、石片、砍砸器、刮削器、尖状器、大尖状器、石球、石锤、石砧等。根据地貌地层以及文化遗物判断，鸡公垱遗址的地质年代约为晚更新世的早期，文化时代属旧石器时代中期，即距今 10 万年以前。

浏阳市永安镇旧石器文化遗存。1991 年 8 月，在浏阳永安镇中学基建工地发现一批打制石器。其中较典型的有大尖状器和砍砸器，石质为石英细砂岩。经湖南省和长沙市考古人员实地考察，其出土地层为第四纪网纹红土，地质年代属中更新世晚期或晚更新世早期。据此考古界初步认定，其相对年代距今 20—15 万年，甚至可能更早一些。

湖南境内所发现的旧石器遗址和遗存，从地质上判断，最早为中更新世后期，最晚的在更新世晚期与全新世之交。就文化时代分期而言，最早的属旧石器时代早期的后一阶段，最晚的属旧石器时代晚期和向新石器时代的过渡期。其历史年代约始于 20—10 万年以前，而迄于距今 1 万年前左右。

湖南各地旧石器遗址出土的石器，整体上不仅具有旧石器文化的基本因素，而且表现了我国南方旧石器文化的某些共同特征。例如，石器制造以锤击法和单面多次打击为主，器型以砍砸器、刮削器、尖状器和石片居多，原料多为河床砾石等。但不同地区又各有特点，特别是沅水中上游和澧水中下游两大地区之间，文化面貌上的差异更为明显。如石器原料，沅水中上游地区纯粹是河床砂岩、石英岩砾石，澧水中下游地区除砂岩、石英岩砾石外，还有燧石。沅水中上游石器类型组合单调，而澧水中下游石器的品类较多；大三棱尖状器是澧水中下游旧石器遗址的最典型器物，沅水中上游地区则未发现大尖状器。

从已发现的文化遗址和遗存来看，旧石器时代湖南境内的古人类，在生产和生活状况方面与其他地方的古人类大致相同。粗糙的砍砸器、刮削器和尖状器等石制工具，再加上木棒，显然只能适用于采集和狩猎，原始农业和牲畜饲养业当时还不可能产生。各处遗址均未发现房屋建筑遗迹，旧石器时代中期以后的个别遗址土层中有红色火烧土颗粒，但未发现灰坑。说明取火用火尚未成为当时人们日常生活的普遍现象，湖南的古人类当时还过着穴居野处、茹毛饮血的原始生活。他们以血缘关系和杂婚为基础，组成一些不大的原始群体。这些原始群体，栖息于河流两岸的阶地和山丘洞穴中，以简单粗糙的石器和木棒为工具，游荡于附近的树林和灌丛之中，采集果子，挖掘植物块根，猎取禽兽，又常来到河边，在浅水和溪流中捕捉鱼虾和捡拾贝类以充食物。他们还得依赖群体的力量，驱赶猛兽，同大自然中的各种天敌作斗争，保卫自己，求得生存。湖南的古人类，就是如此度过数万年乃至数十万年的漫漫岁月，为开拓和征服三湘四水，为创造湖湘古老的文明，在历史上迈出了最初的也是最艰难的一步。

距今1万年前左右，湖南开始从旧石器时代进入新石器时代。这一时代的基本特征，是出现了经二次加工的磨制石器和陶器，产生了原始农业和家畜饲养业。目前湖南境内已发现的新石器时代文化遗址达1000多处。不仅数量多，而且分布范围很广，遍布全省各地。与中原和邻近其他省比较，湖南新石器文化既反映出一些共同的发展规律，又具有自身的特点。根据考古发掘资料，湖南的新石器文化可分为澧水中下游和洞庭湖西部地区，湘、资二水中游和湘中区，沅水中上游和湘西区，以及湘东、湘南等几大区域。由于所处自然环境的差别，以及受周边地区不同文化系统的影响，湖南各地的新石器文化的内涵和风格往往又各有特点，发展不平衡。其中澧水中下游和洞庭湖西部，新石器文化遗址发掘的最多，发展序列最清楚，故考古学界和史学界参照这一地区的考古文化发展的序列，将湖南新石器文化分为早期新石器文化（或称前大溪文化）、大溪文化、屈家岭文化和长江中游龙山文化四大阶段。

道县玉蟾岩遗址。位于道县西北20公里寿雁镇，为洞穴遗址。先后经三次发掘，1995 年被列为全国十大考古新发现之一。遗址文化堆积层厚 1.2—1.8 米。出土遗物主要为打制石器，骨、角、牙、蚌制品及大量动物遗骸，呈现出旧石器文化向新石器文化过渡的特征。时代约为 1 万多年前。发掘过程中，出土了火候很低、质地疏松、外表呈黑褐色的陶器碎片。经中国和以色列联合考古队考察鉴定，其年代最后确定为 1.8 万年前。这是世界上发现的最早的陶片。在发掘中先后两次发现有稻谷遗存。经专家鉴定为人工栽培稻种，尚保留了野生稻、籼稻及粳稻的综合特征。这是目前世界上发现的最早的人工栽培水稻标本，刷新了人类最早栽培水稻的历史纪录，可视为湖南和中国南方稻作农业最初的发端。

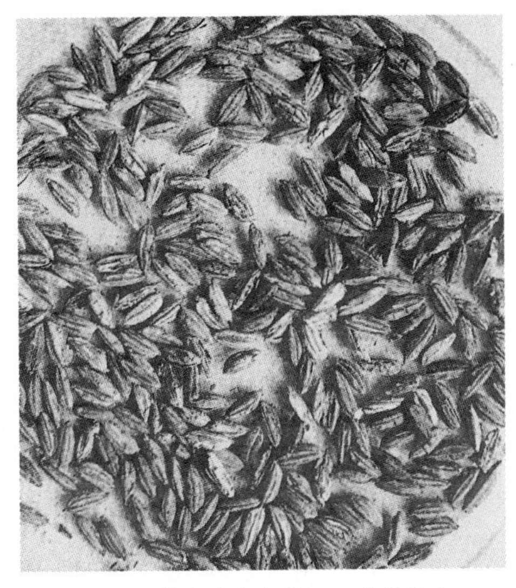
图上 1-1　玉蟾岩出土文物——水稻稻壳

澧县彭头山遗址。位于洞庭湖西北边缘，据采集的陶片碳素年代测定，距今为 9100—8250 年。经发掘，发现部分房屋遗址，并在居住区周围发现成批墓葬。出土大量陶片，且有近百件可供修复的器物。陶器以夹砂碳为主，胎黑色，外表红褐相间，多饰绳纹、戳印纹、刻划纹，还有相当数量的器表通体饰红陶衣。主要器类是釜、罐、高领罐、双耳罐、深腹罐、碗、盘、支座等，在晚期地层中还有一定数量的三足器。出土的石器有三类，即磨制石器、燧石器和打制石器。

石门县皂市下层遗址。该遗址堆积层分五层，第五层为新石器文化遗址。其年代，经碳 14 测定并参考树木年轮校正年代，距今 7900—7200 年。出土的石器有砾石类和燧石类。砾石类，多为青色长岩和砂质灰岩，一般都经打磨，有石斧、石锛、石凿、网坠、盘状器、砺石等；燧石类，除少量可见压制痕迹外，其他均系打制而成，有细石核石片、小石片、刮削器等小型燧石工具。

八十垱聚落遗址。位于澧县城北约 20 公里处的梦溪乡五福村，澧水支流涔水之阳，澧阳平原北部边沿地带。经碳14测定，年代约距今7540—7100年，稍晚于彭头山遗址和皂市下层遗存。该遗址最重要的是发现了聚落的外围墙和围沟遗迹。说明当时该地社会经济发展已达相当水平，集中定居的人口数量较多，已形成初具规模的村社和聚落。

洪江市（原黔阳县）高庙文化遗址。位于洪江市安江镇东北约5公里的岔头乡岩里村，沅水中游北岸一级台地上，分布面积约3万平方米。其下层称“高庙文化”，年代上限距今约7800年，下限大致距今6800年左右。陶器装饰是高庙文化最突出的特征之一。在罐类器的颈、肩部，钵、盘和簋形器的上腹部，通常都饰有由戳印篦点纹组成的各种图案，最具代表性的是形态各异的凤鸟纹、獠牙兽面纹和八角星纹等。绝大部分器物的腹部都饰有绳纹。高庙文化陶器装饰的另一特色，是填彩与彩绘艺术的出现。在部分陶器上戳印的凤鸟纹和兽面纹，其凹下的图案部分被填涂上朱红色或黑色的矿物颜料。有一件白陶簋的外底还彩绘有太阳的图案。应是当时人类用于宗教礼仪活动的“艺术神器”[①]。该遗址发现大面积的居住遗迹，均为挖洞立柱的排架式木结构地面建筑，长方形两开间和三开间，方向朝东或朝东南，面积20—40多平方米不等，有的还设置有专门的厨房。

综观已发现的湖南早期新石器文化遗址的考古资料，在距今1万年到八九千年前，湖南的原始先民逐步进入了新石器时代，生产力的水平已较旧石器时代有显著提高。渔猎和采集虽仍占重要地位，但以栽培稻谷为主的原始农业和牛、猪等动物的饲养业已经产生。人们开始学会建筑房屋，储备和加工食物，从茹毛饮血、穴居野处，逐步过渡到炊煮熟食、常年定居的原始农耕生活。从社会组织看，氏族部落制度可能已产生，人们以氏族或大家族为单位聚居，开始形成人数较多的稳定的聚落。高庙文化遗址所发现的大规模祭祀场所，以及饰有凤鸟、獠牙兽、太阳、星象图案的用于祭祀的“神器”，说明当时湖南先民已产生了原始宗教信仰和对自然神祇及人死后“灵魂”的崇拜。高庙文化的这种宗教信仰及宗教艺术，对邻近地区乃至整个中国的古代文明产生了深远影响。特别是凤鸟、獠牙兽与八角星等神像图案，后来逐步向长江中下游、黄河流域以至更遥远的辽河流域“流布和辐射”，由此“发展成为日后多源一体的中国古代文明的共同精神支柱——龙凤信仰和肇始于观象授时的八卦宇宙观”②。

在距今 6500 年前左右，湖南进入新石器时代的大溪文化阶段。湖南境内所发现的大溪文化遗址，最为集中的是澧水中下游和洞庭湖西北边缘地带。此外，在沅水流域的常德和怀化地区，湘江中下游岳阳、长沙和株洲地区，以及湘南，也都发现有属于大溪文化范畴或接近大溪文化的新石器文化遗址。

澧县梦溪三元宫遗址。为澧水中下游和洞庭湖区大溪文化最具代表性的遗址之一。文化层分早、中、晚三期。早、中期属大溪文化范畴。出土的陶器，早期以泥质红陶为主，陶器表面多磨光，施以红陶衣。纹饰种类较少，主要为刻划纹、戳印纹和粗弦纹。器形也较简单。陶制生产工具有陶纺轮，生活用具多为圈足碗、圜底釜、圆腹直口圜底锅、敛口圆腹圜底钵、直腹圜底尊、矮颈罐、器盖等。未见三足器和平底器。全部为手制。中期仍以泥质红陶为主，但出现了较多的泥质灰陶，还有极少的泥质黑陶和泥质白陶，并出现彩陶。陶器的种类增多，有碗、盆、罐、豆、釜、尊、瓮、杯、漏壶、器座、器盖、陶球、圆陶片、陶纺轮等，出现了三足器（鼎类）和平底器。

城头山遗址。位于澧县城西北约 12 公里处。最重要的是在 1978 年和 1996 年，分别发现了中国最早的古城址和古稻田。古城建造在由澧水及其支流冲积而成的澧阳平原西北部，一个叫徐家岗的平头岗地的南端。现地面可见夯土城墙和环绕城墙的护城河遗迹。在解剖东城墙时，在第一期城墙和最早的文化层之下生土之上露出青灰色纯净的静水沉积，有很强的黏性，参与发掘的当地农民认为这是稻田泥土。这层泥土表面经平整之后，显现出清晰的因一干一湿而形成的龟裂纹。从挖取的部分土样中拣选出稻梗和根须，同现在的稻田中所提取的样本的比较，几乎

图上 1-2　城头山出土文物——陶盆

没有区别。从剖面观察，可以看出一根根往下伸展的根须或留下的根须痕迹，可辨出当时采用的是撒播技术。这表明城头山的古稻田不仅在国内，而且在全世界范围内，都是已经发掘出来的年代最早的稻田。

长沙南托大塘遗址可作为湘江流域和湘中地区相近于大溪文化的新石器文化的代表。其文化面貌与分布在湘西北澧水流域及湖北江汉平原的大溪文化有相似之处，但又不尽相同。

泸溪浦市遗址和麻阳火车站遗址。是沅水中上游和湘西地区具有代表性的大溪文化时期的遗址。

根据已发掘的考古资料分析，进入大溪文化阶段后，湖南各地的先民的生产力普遍都有提高。石器制作较前精致，以燧石为原料打制、磨制的石器增多，并增添了不少新的类型的生产工具，如石铲、石杵、石锄、石镰等，有的已有第二步加工的痕迹。陶器虽仍是手制，但已普遍流行泥条盘筑法，晚期出现慢轮修整。前期以泥质或夹砂红陶为主，中期以后出现灰陶、黑陶、白陶和彩陶。从器型看，种类增多，出现了豆、尊、杯、壶、碗等新的器皿。后期出现了三足器和平底器。专门用于农耕的石锄、石镰、石铲、石杵等工具大批出土，三元宫遗址发现大量稻草、谷壳遗迹，城头山发现古稻田，在与三元宫遗址时代相当的华容车轱山早期遗存的灰坑中，还发现成片的炭化大米。这些材料充分说明，进入大溪文化阶段以后，湖南的先民们已开始在河湖平原及谷地广泛种植水稻，原始农业和农耕稻作文明获得进一步发展。发现大批牛、猪、羊遗骨，有的遗址还出土了狗形泥塑，说明牲畜的饲养业也有发展。陶纺轮是用来进行纺线的，它的出现和日趋增多，说明在大溪文化阶段，为了御寒或捕鱼的需要，湖南先民已开始从事纺线编结等原始的纺织劳动。一般女性墓的随葬品都较男性墓丰富。未成年人多葬于女性墓侧。这可能是当时湖南先民们过着以母系为中心的母系氏族公社生活的一些反映。

大约距今 5000 年前，湖南的新石器文化进入屈家岭文化阶段。湖南屈家岭文化遗址比较集中的地区仍然是在澧水中下游和洞庭湖西北边缘。发现较早且具代表性的有澧县三元宫遗址晚期遗存、安乡划城岗遗址中期遗存、华容长岗庙遗址等。20 世纪八九十年代以来，在湘中、湘西和湘南，也都发现了一些相当于屈家岭文化时期的新石器文化遗址。

三元宫遗址晚期遗存随葬物中生产工具有石铲、石锛、陶纺轮。质地有玉、石、陶三种。石器多数有长期使用的痕迹，其中穿孔石铲、小玉斧、小玉锛等，制作很精细。

澧县宋家台遗址，最有价值的是发现了一组保存较好的屈家岭文化的红烧土房基面和房屋遗迹。如此大面积的又保存较好的红烧土房基面，在长江中游屈家岭文化中是罕见的，为研究湖南和整个长江中游地区屈家岭文化时期的建筑技术、生产水平，以及所反映的社会组织和经济关系等，提供了可贵的考古资料。

湘乡岱子坪遗址是湘中地区发现最早又具有代表性的屈家岭文化阶段的新石器文化遗址。它代表的应是一种相当于屈家岭文化，但又同华南石峡文化关系密切的，具有地区特色的湘中新石器文化。

怀化市高坎垅遗址可作为沅水中上游和湘西地区，经正式发掘的属屈家岭文化范畴的新石器文化的代表。共清理成人墓葬 49 座，小孩瓮棺葬 2 座。

20 世纪 80 年代文物普查中，郴州地区的永兴、安仁、桂东等县，发现了相当于屈家岭文化时期的新石器文化遗址。这批遗址均分布在湘江水系上游的河流和小溪两岸的台地山坡及山顶部。发现的遗物主要有：石斧、石凿、石锛、石球、石环、石箭镞、石刀、陶釜、陶壶、陶珠、陶网坠等。石器质地以河卵石、石灰石为主。陶器以泥质灰陶为多，有少量红陶、黑陶。陶片纹饰有粗刻划纹、戳印纹等。少数陶器标本可上溯到大溪文化时期。

屈家岭文化时期，湖南境内的澧水中下游和洞庭湖区、湘中、湘西、湘南等几大区域的新石器文化呈现出比较明显的地方性差别。但同时它们与屈家岭文化均有不同程度的联系，大体仍可归为长江中游新石器文化的范畴。依据考古资料判断，屈家岭文化时期，湖南地区的石制生产工具又有所改进，种类也有增加。例如，石铲双面穿孔，可以加上木柄增添力度并系得更牢固；出现了磨制精致、便于钻孔、切割的小型锛、凿等加工工具，以及适用于砍伐森林、开辟荒地的大型石斧和有肩石斧等新的工具。陶器虽仍多为手制，但已出现慢轮修整。还出土了玉铲、玉斧等玉制工具。这些新的因素无疑进一步提高了生产力的水平。由于生产力的提高，原始农业和家畜饲养业获得了新的发展。洞庭湖边缘和河谷地带，以种植水稻为主的粮食生产进一步扩大，产量增多。大型缸、罐、尊的大批出土，说明谷物和其他食品的贮存已成普遍现象。有些精致的小陶器，如小瓶、小壶和杯等，显然属于酒器，表明粮食已有剩余，可以酿酒。大型石斧和有肩石斧的使用，使一些丘陵和山坡地得到了开发。出土的陶、石纺轮，形式多样，数量增加，并用来作随葬品，说明原始纺织业也有了一定程度的发展。宋家台房屋遗址的发现，表明湖南先民们的房屋建筑技术已大有进步。

大约公元前 2400 年左右，湖南的新石器文化进一步发展到了长江中游龙山文化阶段。湖南境内已发现和发掘的这一阶段的文化遗址、墓葬，总数在 100 处以上。原大溪文化和屈家岭文化遗存密集的澧水中下游和洞庭湖西部，仍较为集中。但分布范围已更广，不仅湘中地区明显增多，在湘西、湘东和湘南地区也都发现一些属于或相当于长江龙山文化的遗址。

安乡划城岗遗址晚期文化遗存发现房址 1 座，发掘灰坑 3 个和 16 座墓葬。具有代表性的器物有扁圆腹壶、厚胎喇叭形杯、平底出边碗、粗大圈足盘等。本期出现的鬶，细长颈，前端捏成短流，颈下接鋬。这种鬶是长江中游地区龙山文化最具特征的器物。

华容车轱山晚期遗存文化层堆积厚，出土物丰富。石器、陶器的数量均比早期（屈家岭时期）多。器型既有厚胎粗大的缸、瓮、罐、又有小巧薄胎的杯、碗、盖。盆形大鼎、扁宽“麻面”鼎足盘、圈足盘、绳纹罐、长颈壶、鬶为最具代表性的器物。

岱子坪遗址二、三期是目前经正式发掘的长江中游龙山文化最南端的一处遗存。第二期属这一文化的较早阶段，同屈家岭文化有明显的联系，第三期的时代稍晚。

安仁南坪何古山遗址在相当于长江中游龙山文化时期，湘江中上游和湘南地区存在一种具有明显的地方特点的新石器文化。在地面还采集到铜戈一件，呈椭圆形，援上有圆点纹和几何纹。

靖州斗篷坡遗址是沅水中上游南部地区相当于龙山文化阶段的有代

表性的新石器文化遗址。出土的石器，有斜刃石斧、扁平穿孔石斧、长条形石刀、石箭镞等。陶器以夹砂褐陶居多，有一部分夹砂红陶和夹砂灰陶。纹饰以绳纹和刻划纹为主，有部分曲折纹、网状纹、弦纹、瓦棱纹及篮纹。这同其他地区龙山文化遗址也有区别。

龙山文化阶段，即新石器时代晚期，湖南境内的文化遗址大多数不同程度地表现出长江中游龙山文化的一些基本特征，可以归于同一文化范畴。而湖南这一时期的文化遗存，同前一期屈家岭文化有着密切的联系，不少遗址都是龙山文化遗存叠压在屈家岭文化遗存之上。如划城岗、车轱山、岱子坪等遗址均如此。从器物的器型和风格也可以明显看出从屈家岭文化到龙山文化的发展演化。但同时，湖南境内还有另具特点的属于其他文化范畴的文化遗址。这包括湘中和湘南地区以印纹硬陶为代表的文化遗存，沅水中上游地区（特别是其南部）不见鼎、鬶等三足器的文化遗存。

长江中游地区龙山文化时期，湖南出土的石器，磨制和通体磨光的大大增加，并且出现了不少新的生产工具，如穿孔石刀、石锄、穿孔耘田器、石矛等。出土的陶纺轮及石制的渔猎工具网坠、弹丸、石球、石镞等数量较前一时期大为增多，制作更精细。如箭镞，一般形体小，有棱、有铤。出土的玉器也有增加。陶器依其用途向两个极端分化，既有粗糙、厚重的炊器、容器，如缸、罐、尊、鼎等，又有小型精致薄胎的食器，如各种形式的壶、杯、碗、盂、瓶，还有新出现的澄滤器和制作精巧的陶鸟、陶环、各种玉器等玩具和装饰品。这些都说明，当时湖南各地的生产力在前一期的基础上普遍又有提高，原始农业有进一步的发展，石器、玉器加工，制陶和纺绩等手工生产的规模扩大，技术有新的进步，并开始向专门化发展。但渔猎仍不失为人们谋生的一个重要手段。

据考古学界的综合分析，所发掘的这一时期墓葬，凡是以石斧、石铲及其他石制的农耕和渔猎工具随葬的，就不会同时又出土纺轮；而凡有纺轮随葬的，其墓主必为女性，以石制工具随葬的，其墓主则显然是男性。这表明男子已完全在农耕、渔猎及陶石器制作等生产活动中占支配地位，当时已有了男耕女织的明确分工。

从划城岗遗址所发现的房屋遗迹看，房屋结构基本呈方形，面积不过10平方米左右，有长期使用过的灶坑。其他遗址发现的房屋遗迹，大致也相似。这类房屋，已不同于屈家岭文化时期由多间房子组成的那种家族或大家庭的住房，而显然是一夫一妻制小家庭的房屋。这说明龙山文化时期，湖南的先民们的社会基本单位，已由父系家族和父系大家庭，逐步向一夫一妻制的小家庭过渡，并且这种小家庭在经济生活中已有了一定的独立性。这一时期的墓葬中随葬品数量多少的悬殊更为普遍，表明私有财产和贫富分化在继续发展。但墓葬密集的公共墓地的存在，说明以公有制为基础的氏族组织尚未完全瓦解。

在传说中，大致与炎、黄二帝同时，中国远古还有一位赫赫有名的历史人物，即蚩尤。《龙鱼河图》载："黄帝摄政，有蚩尤兄弟八十一人……威震天下。"所谓81个兄弟，应是81个氏族部落，他们以蚩尤为首领组成一个强大的部落联盟。史称九黎。故《国语·楚语》注曰："九黎，蚩尤之徒。"《战国策·秦策一》高诱注曰："蚩尤，九黎民之君也。"

从现在掌握的史料分析判断，蚩尤九黎族最初的发迹地和生活地区，是在黄河下游平原。《逸周书·尝麦篇》载："昔天之初……命蚩尤宇于少昊，以临四方。"就是说蚩尤最早的时候，是住在原东夷集团首领少昊氏的地域内，即今山东西部、河南东部及济水和黄淮流域一带。唐徐坚等《初学记》引《归藏启筮》云："蚩尤出自羊水……登九淖以伐空桑，黄帝杀之于青丘。"《山海经·大荒北经》载："蚩尤作兵伐黄帝，黄帝乃令应龙攻之冀州之野。"宋罗泌《路史·蚩尤传》载："蚩尤作乱，出羊水，登九淖，以伐空桑，逐帝（指炎帝）而居于浊鹿（即涿鹿）。"又云：黄帝"战执蚩尤于中冀而诛之，爰谓之解，今之解州"。宋沈括《梦溪笔谈》载："解州盐泽，卤色正赤，俚俗谓之'蚩尤血'。"《古今姓氏辨证》载"轩辕去蚩尤之凶，迁其民善者于邹屠之地"，遂以地名族，复姓邹屠，后分为邹、屠二姓。所说的"羊水"，系指今山西省东南上党境内羊头山之水，传说为蚩尤诞生地。"空桑"，在今河南省陈县。"青丘"，在山东广饶县北。"冀州"和"中冀"，即今华北平原。"解州"，今山西解县。"邹屠之地"，在今山东境内。这些地名和地域均处黄河下游，蚩尤九黎集团登上历史舞台后，正是长期生活与活动于这一地区。

据传说，在距今5000多年前，蚩尤九黎首先与自甘陕高原沿黄河东下的炎帝部落发生接触和冲突，导致两大部落在华北平原涿鹿一带发生激烈战争。结果是蚩尤大败炎帝，占有了炎帝部落在黄河下游所据有的全部地域。继而，蚩尤九黎又同东下的黄帝部落发生接触和冲突，再次在华北平原发生激烈战争。开始黄帝在战争中屡遭惨败，后来黄帝“征师诸侯”，炎、黄两大部落联合，与蚩尤决战于“涿鹿之野”，始“擒杀蚩尤”[③]。一部分九黎族人，如被迁居“邹鲁之地”的“善者”，臣服于黄帝，后来逐步融合到以炎、黄为代表的华夏联盟中去了。但蚩尤九黎的大部分族人，战败后被迫退出黄河下游平原，向南和向西迁徙，在长江中下游和鄱阳湖、洞庭湖南北，同当地原有“蛮、越”族结合，组成新的部落联盟。这就是后来的“三苗”和“三苗国”，是湖南和西南苗瑶民族的最初的先民。

湖南和西南各地的苗、瑶民族，至今仍普遍奉蚩尤为先祖，世代相承保留了许多有关蚩尤及其被杀和部族南迁的古歌、传说和祭祀遗俗。如滇东北苗族流传的《蚩尤（格蚩爷老）歌》，贵州关岭苗族的《蚩尤神话》，云南文山州苗族“踩花山”、挂“蚩尤旗”，祭祀祖先蚩尤。湘西及其邻近地区的苗语东部方言的苗族，称蚩尤为“剖尤”，即“蚩尤公公”，杀猪祭祖时首先必须供奉“剖尤”。在湖南苗瑶族地区，至今广泛流传的“梅山神”崇拜和“梅山教”，是以蚩尤为其开山始祖，并称巫师作法时所戴的面具就是祖公蚩尤像。湖南新化和安化县，古称“梅山蛮”地，即苗瑶民族先民聚居地区。在两县交界的大熊山区，有一块400多米长的山坡地，历代称之为“蚩尤屋场”。这说明，远古蚩尤九黎族南迁时，进入了湖南，其中的一支曾长时间栖息和生活于大熊山地区，秦汉时的“长沙蛮”和宋代“梅山蛮”，应是他们的后裔。南下和进入湖南的蚩尤九黎族，后来有一部分融合为汉民族，但大部分则由“三苗”、“荆蛮”和“蛮”，发展成为湖南及西南地区的苗、瑶等民族。

炎帝，号神农氏，为远古传说中的一个强大的氏族部落首领。相传炎帝生于姜水，与黄帝生长地岐水相邻。炎、黄两大氏族部落，都源于中国西部陕甘一带，可能有血缘关系。他们先后沿黄河东下，发展为中原地区华夏部落联盟。

蚩尤战败后，黄帝与炎帝又发生战争，“诛炎帝而兼其地”，成为华夏联盟之首和黄河中下游平原的主宰[④]。从此，炎帝部落大部分成员与黄帝部落逐步融合成为华夏族。但有一部分炎帝族人则离开黄河流域南下，迁徙到长江中游和洞庭湖南北。其首领很可能仍以“炎帝”相称。于是，中国南方也有了炎帝（又称“赤帝”），甚至“父老相传”，相传湖北随县厉乡的烈山为“神农所生处”[⑤]。黄帝对南方的炎帝族人及其后裔，又继续进行“征伐”。《孙子兵法 · 黄帝伐赤帝》载：“孙子曰：黄帝南伐赤帝……战于反山之原。”《大戴礼记 · 五帝德》的记载，是说黄帝与赤帝战于“版泉之野”。“反山之原”即“版泉”，又作“阪泉”。据近人考证，阪泉应在南方[⑥]。又据《史记 · 五帝本纪》记载，黄帝“征”天下“不顺者”，曾“南至于江，登熊湘”。即越过长江，直达洞庭湖的湘山或以南的大熊山（今新化县北、安化县南）。

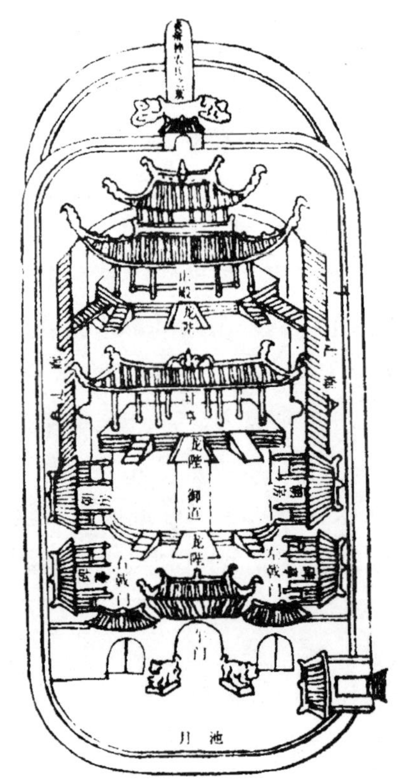

图上 1-3　道光十八年《炎陵志》载炎帝神农氏陵寝图

正是由于黄帝的追逐征伐，炎帝部分族人和某些支系，亦越过长江、洞庭，深入湖南境内。随着炎帝族人及其后裔的进入，在湖南也有了“炎帝”，也就留下了有关炎帝的传说与遗迹，炎帝陵是其中最有代表性的遗迹。

《帝王世纪》载：炎帝神农氏“在位一百二十年而崩，葬长沙”。这是关于炎帝陵墓在湖南的最早记载。宋罗泌《路史》载：炎帝“崩”，“葬长沙茶乡之尾，是曰茶陵，所谓天子墓者，有唐尝奉祠焉”。罗泌之子罗苹注：“炎陵今在麻陂……所葬代云衣冠。”有炎帝庙，“在康乐乡鹿原陂上，乾德五年建”。《路史》又云：炎帝神农氏后裔，“自庆甲、徕，俱兆茶陵”。罗苹注：“今陵山尚存二百余坟，盖妃后亲宗子属存焉。”南宋王象之《舆地纪胜》载：“炎帝墓，在茶陵县南一百里康乐乡白鹿原……炎帝庙在陵侧。”明嘉靖《衡州府志》载：“酃县。神农氏炎帝庙在县康乐乡。宋乾德五年建庙，以祝融配食……后经兵火，庙废陵存。本朝重修庙宇。”

“白鹿原”即“鹿原陂”，又称“麻陂”，原属茶陵县地，宋嘉定四年（1211）析置酃县后，属酃县，即今炎陵县塘田乡鹿原坡。茶陵县在秦、两汉时分别为长沙郡和长沙国辖地，故曰“长沙茶乡之尾”，或统称为“长沙”。

从以上记载看，湖南酃县早在东汉前已有炎帝陵墓，但世代相传为衣冠冢。唐朝时曾经常奉祀炎帝陵。酃县还有炎帝庙，始建于宋乾德五年（967），距今已有一千多年历史。自宋代以后，历朝对酃县的炎帝陵庙祭祀不绝。炎帝神农氏的后裔庆甲、徕等曾迁居茶陵、酃县一带，并获得发展，留下200多座古坟。这说明，南下的炎帝神农氏部落的某一支系成员及其后裔，确实进入了湖南，居住于茶陵、酃县一带，死后安葬于此地。所谓炎帝陵墓，应是神农氏后裔为奉祀其先祖而设置的衣冠冢，或是这支南迁的炎帝神农氏后裔中某位自称“炎帝”的首领的坟墓。

又据衡湘间传闻，炎帝号厉山氏（或作列山、烈山），曾“都于长沙”，“以长沙为厉山国”⑦。《世本》曰：炎帝“都于陈”，即今河南宛丘地。《路史》亦载：炎帝“都于陈”。但又云：“盖宇于沙，是为长沙。”即是说炎帝曾居住在长沙地区。故王万澍认为：炎帝“或初在陈，继徙长沙”⑧。虽说炎帝在长沙建立了“厉山国”一说根据还不足，但完全可以肯定，长沙地区应是炎帝族人及其后裔曾经生活与活动的地区。正因为如此，炎帝才可能“葬长沙茶乡之尾”。

炎帝部落是我国最早进入农耕的部落，故炎帝又世称“神农氏”。由于炎帝族人及其后裔进入湖南，在湖南各地也就留下了不少关于炎帝神农氏制作耒耜，种植五谷，创始农耕的传说。如《管子》载：“神农作树五谷淇山之阳。”《逸周书》云：“天雨粟，神农遂拾而种之。”一说“淇山之阳”，即河南禹县箕山之阳。一说“淇山”又称“淇田”，即湖南南端的骑田岭。桂阳县北有“淇江”，而淇江之阳有嘉禾县。据记载：“嘉禾，故禾仓也。炎帝之世，天降嘉种，神农拾之以教耕作，于其地为禾仓也。后以置县，徇其实曰嘉禾县。”[⑨]根据传说，湖南骑田岭下的嘉禾县，就是“天雨粟”神农氏最初教民耕种的地方。又传，炎帝神农之裔赤制氏，作耒耜于耒山。《大明一统志》载：“耒水出郴州耒山。”湖南郴州有“耒山”、“耒水”，均因神农后裔制作耒耜而得名。而耒阳县则因处耒水之阳而得名。还有，炎帝臣赤冀氏作杵臼于舂溪。湖南秦汉时置舂陵乡、舂陵县，即今宁远县地。《水经注》云，舂陵“盖因舂溪为名”。故《衡湘稽古》曰：“赤冀作杵臼于舂陵。”

大约与炎帝部落南迁的同时，祝融部落的部分成员也南下进入湖南。祝融部落亦源于我国西北黄土高原，与炎帝部落有亲缘关系，后进入中原地区。当炎帝部落被黄帝部落击败并被追逐时，祝融部落也随同炎帝部落南迁长江流域。故《山海经·海内经》有载：“炎帝之妻，赤水之子听该生炎居，炎居生节并，节并生戏器，戏器生祝融。祝融降处江水。”所谓“江水”即指长江。

在南迁中，祝融部落逐步从炎帝集团中分离出来，并转而投靠黄帝部落。黄帝氏对祝融氏则加以重用，令其居火正，管理南方。《管子·五行》载：“黄帝得祝融而辨于南方。”《路史·后纪四》曰：“祝融为黄帝司徒，徙居江水。”《史记·楚世家》的记载更详。司马迁云：“高阳生称，称生卷章，卷章生重黎。重黎为帝喾高辛居火正，甚有功，能光融天下，帝喾命曰祝融。”“吴回生陆终，陆终生六子”，后繁衍成祝融八姓，即八大支系。这些支系分布于河南、湖北等地。其中季连芈姓之后，“或在中国，或在蛮夷”。这就是说，祝融氏后裔有一部分南徙后杂处于“蛮夷”之中，很可能逐步同南方“蛮夷”融合了。

由于祝融氏的南迁，在湖南也就产生和留下了不少有关祝融的传说和遗迹。祝融被奉为南方的神，与炎帝相配。故宋初建炎陵庙时，“以祝融配食”。衡山的主峰岣嵝峰，因祝融“葬衡山之阳，是以谓祝融峰也”。又据《水经注》卷三十八载：“岣嵝……南有祝融冢。楚灵王之世，山崩毁其坟，得营丘九头图。”《大清一统志》卷二百八十一载：“祝融墓，在衡山县祝融峰上。”衡山是否有祝融墓，至今未有文物考古材料的证明，还只能作为一种传说。

三苗，又称“有苗”、“苗民”，或称“三苗国”。在先秦和秦汉以后各种典籍中多有记载，并且一般均把它与蚩尤九黎联系起来，应是由其后裔发展和组成的部落联盟。年代大约与尧、舜、禹三代同时，即距今四五千年左右。《战国策·魏策》载："昔者三苗之居，左彭蠡之波，右洞庭之水，汶山在其南，衡山在其北。"《史记·五帝本纪》："三苗在江淮、荆州。"《通典·州郡十三》："潭州，古三苗之地"，"岳州在苍梧之野，亦三苗国之地"。明代周昕《名义考》："三苗建国在长沙，而所治则江南荆、扬也。"清蒋廷锡《尚书地理今释》："三苗，今湖广武昌、岳州二府，江西九江府也。"当时的三苗和三苗国，大致处于江淮、江汉平原和长江中游南北、洞庭和鄱阳（彭蠡）之间，即今河南南部、安徽西南部和湖北、湖南、江西三省之地。说三苗建国于长沙，即长沙为三苗国的都城，还缺乏史料和考古发现的佐证，但至少说明当时的湖南是三苗部落联盟分布和活动的重要地域，洞庭湖区至长沙一带应是三苗的中心地。

根据传说，三苗与欢兜的关系十分密切。欢兜，又作欢朱、丹朱。帝尧以子丹朱"不肖"，将天下禅让给帝舜，三苗之君同情丹朱，非议尧之所为。尧杀三苗之君，而将丹朱流放于丹水。三苗余众也迁居丹水，与丹朱势力结合，共同对抗帝尧。结果引发华夏部落与三苗部落的第一次战争。《帝王世纪》云，帝尧时，"有苗氏处南蛮而不服"。《庄子·盗跖篇》载："丹朱与南蛮旋举叛旗，尧乃战于丹水之浦。""有苗"、"南蛮"，所指的也就是三苗。丹水，即汉水北部的支流丹江。这次战争发生于江汉平原以北，今湖北西北和河南西南一带。最后，以三苗和丹朱联盟的失败而告终。于是帝尧采纳舜的建议，"放欢兜于崇山，以变南蛮"，"迁三苗于三危，以变西戎"[10]。

同尧的战争失败后，欢兜（丹朱）族人再次被迫往南流徙。关于"崇山"的方位，注家说法不一。南朝宋裴骃《史记集解》云："崇山，南裔也。"肯定崇山在南方，但具体地址不详。今张家界市境内有"崇山"，并有不少关于欢兜的传说。明万历《慈利县志》卷十二载："欢兜墓"在大庸崇山，"舜放欢兜于此，死后遂葬于山上"。清同治《直隶澧州志·陵墓》载："崇山绝顶有巨垄，相传为欢兜冢。"民间还传说，大庸的崇山曾建有"欢兜庙"，发现一个"欢兜鼎"[11]。另外，湘西花垣县也有崇山，明初曾设崇山卫于此。由此判断，欢兜的族人很可能被迫迁徙到今天湖南西部张家界市和湘西土家族苗族自治州境内，后来融合于“南蛮”，成为当地苗族的来源之一。湘西苗族中仍有一支苗族的苗姓为“仡欢”，他们世代奉驩兜为自己的先祖，应是欢兜族的直接后裔⑫。

尧“战有苗”和舜“迁三苗”、“放欢兜”以后，南方三苗部落虽一度被削弱，但依然存在，并且逐渐发展和强盛起来。于是以舜、禹为代表的华夏集团，又多次“征伐”三苗，双方进行了长期的战争。最后还是以三苗部落的失败告终。据《墨子·非攻下》载：“昔者三苗大乱，天命殛之……帝高阳乃命玄宫，禹亲把天之瑞令，以征三苗。”结果，“搤矢有苗之祥，苗师大乱，后乃遂几”。大概是以箭射中了三苗的统帅和首领，致使“苗师大乱”，被屠杀殆尽。《古本竹书纪年·五帝》载：“三苗将亡，天雨血，夏有冰，地坼及泉，青龙生于庙，日夜出，昼日不出。”这反映了禹征三苗战争的残酷性，给三苗造成巨大损失和灾难。

经过同华夏集团的长期激烈的战争，三苗部落的势力被分化瓦解和大大削弱了。其成员除在战争中被屠杀之外，一部分可能归附于夏、商王朝，以后逐渐同华夏族融合了。但三苗的大部分成员，仍避居从荆山到武陵的山林溪洞间。这些三苗的后裔，又逐步繁衍和发展起来，商、周之际成为势力强大的“荆蛮”。

帝舜在摄位期间，辅佐帝尧取得了对南方三苗和驩兜部落战争的胜利。但至其晚年，南方三苗集团的势力又发展和强盛起来，双方发生了新的战争。最后，帝舜本人葬身南国。《尚书·舜典》载：“舜生三十征庸，三十在位，五十载陟方乃死。”《尚书孔氏传》云：“方，道也。舜即位五十年，升道南方巡守，死于苍梧之野而葬焉。”《史记·五帝本纪》载：“（舜）南巡狩，崩于苍梧之野，葬于江南九疑，是为零陵。”这里所说的“苍梧”，即九疑山一带，今属湖南宁远县地。帝舜墓葬称“零陵”，西汉因置零陵郡，宁远为其属地。所谓“陟方”、“南巡狩”，其实就是征伐三苗。故汉郑玄说：“舜征有苗而可死”⑬。

马王堆汉墓出土的《地形图》，着重标明了九疑山的位置和山形，在九个山形符号之旁特别注有“帝舜”二字。这说明，西汉初年人们对于帝舜葬于湖南九疑山的传说，已深信不疑。但关于帝舜陵墓的具体地点，实难详考。《山海经》、《水经注》说，帝舜葬于九疑山之“阳”。裴骃《史记集解》引《皇览》云：“舜冢在零陵营浦县”（应是营道县，即今宁远县）。均未说明具体地点。唐宋以后诸家作过一些考证，但说法不一。《元和郡县图志》、《方舆胜览》说舜陵在女英峰，元次山《九疑山图记》谓在三分石（一作三峰石），吴绳祖《九疑山志》则认为当在舜源峰。

九疑山自古有舜庙。《九疑山志》载：“舜庙在大阳溪，盖三代时祭于此。”即肯定夏、商、周已有舜庙，地点在大阳溪。《九疑山图记》亦云“舜庙在大阳溪”，但同时说明“今不知何处”。这就是说，唐代的人对于先秦以前的舜庙和所谓“大阳溪”，实际上已经无法考证。从史料看，汉代曾于九疑山建舜庙，地点在三峰石的玉琯岩。据《水经注·湘水》卷三十八载：九疑山之东北“今道县（即宁远县地）界又有舜庙，县南有舜碑。碑是零陵太守徐俭立”。又民国《宁远县志》引《名胜志》云：“汉舜祠在宁远县，去舜峰四十里，汉零陵太守徐俭立碑祠后。”《九疑山志》云：“舜祠在玉琯岩前，秦汉以来祭舜于此。”汉许慎《说文解字》第五篇上“琯”字下释曰：“舜之时，西王母来献其白琯，前零陵文学姓奚，于冷道舜祠下得笙、玉琯。”玉琯岩即得名于此。至唐代，汉舜庙已毁。据记载，唐僖宗时（874—888），“长沙胡曾任延唐（原冷道）令，复请立庙于玉琯岩下，有《敕建舜庙碑记》”。宋初，刺史王继勋“奉诏重修”。至元、明之际，唐、宋的舜庙，又“皆湮灭无存”⑭。今舜源峰下遗址犹存的舜庙，始建于明初。据记载，洪武四年（1371），遣编修雷燧致祭舜陵，“乃迁庙于舜源峰下”。后正德十六年（1521）、万历三年（1575）、清康熙五十四年（1715）和雍正三年（1725），又多次增修扩建。1935 年（民国二十四年），始“毁于火”⑮。

据传说，帝舜“南巡”时，曾途经南岳衡山，因此衡山留有帝舜的遗迹。如衡山有宝露坛。传说帝舜将高辛氏盛甘露的玛瑙瓮“迁于衡山”，“故南岳有宝露坛。舜于坛下建望月馆以望月。南巡至衡，百辟皆得宝露之赐”⑯。衡山还有舜南巡驻跸处：“安上峰有舜庙、舜溪、舜井、舜洞，传舜巡狩驻跸于此。”⑰

相传舜南巡还曾抵道县，故道县也有舜庙。《后汉书·郡国志》引《营阳郡记》曰：“营浦县南三里余，有舜南巡止宿处，今立庙。”《大清一统志》记此庙为唐元结建。营浦县，汉置，今道县地。又湘潭有“韶山”、“韶峰”，据传说亦系“舜南巡，奏韶乐于此，故名”[18]。当帝舜南巡和葬身九疑之后，其随行的宗亲族人可能不少，他们也进入或留居湖南。于是湖南又产生和流传着同娥皇、女英二妃和舜子叔均、舜弟象等有关的传说和遗迹。如洞庭君山、湘阴的二妃墓、黄陵庙和湘妃庙，九疑山之阴的叔均墓，象的封地“有鼻”（又作有卑）所在的泉陵应阳县（今道县地）有“有鼻墟”等。

据记载，夏禹治水和以后“南巡”征三苗，都曾渡过长江，直抵南方苍梧，进入湖南境内。故衡湘大地，留下许多有关夏禹的遗迹和传说。

衡山《禹碑》最早的文字记载，见于两晋和南北朝时期。晋罗含《湘中记》：“岣嵝山有玉牒，禹按其文以治水，上有禹碑。”[19]南朝宋徐灵期《南岳记》：“云密峰有禹治水碑，皆蝌蚪文字。”“夏禹导山通渎，刻石名山之巅。”[20]二者所记地点不同，一说在岣嵝峰（即祝融峰），一说在云密峰。其后，唐代韩愈《岣嵝山》诗，说有神禹碑，在岣嵝峰，南岳道士曾偶然见之，他“千搜万索”，但没有找到[21]。

南宋绍兴年间（1131—1161），陈田夫《南岳总胜集》（卷上）载：云密峰，“峰半有禹碑，禹王至此……皆蝌蚪之书”。并说昔有樵者见之，“碑上双睛掣电，字石光莹，目不可正视，怖畏走之不已”。此后“了无见者”。再次说衡山“禹碑”在云密峰。十余年后，乾道三年（1167），朱熹、张栻二人同游南岳，也曾寻访“禹碑”踪迹，未获结果。后朱熹作《韩文考异》，断言韩愈之诗，为传闻之误，即完全否定南岳有“禹碑”。

数十年后，南宋嘉定、绍定（1208—1233）年间，张世南《游宦纪闻》载：何贤良（名致，字子一）嘉定五年（1212）游南岳，至祝融峰下，遇一樵夫说见过一石碑，有数十字，何推测为“禹碑”，于是请樵夫作前导，“过隐真屏，复渡一二小涧，攀萝扪葛”，找到石碑。读之得石篆五十余，外癸酉二字俱难识。他当即用纸拓摹。过长沙时，乃摹刻于岳麓书院后山石之上。又《舆地纪胜》载：“（禹碑）在岣嵝峰，又传在衡山县云密峰。宋嘉定初，蜀士因樵者引至其所，以纸拓碑，凡七十二字，刻之夔门，随亡去。后佥事张季文自长沙得之。云自嘉定中，何致子一摹刻于岳麓书院，皆蝌蚪文，凡七十七字。”据考证，此碑亦为“后人所刻，原非故物”。从字迹看“似晋唐人笔法”㉒。即认为是晋代或唐代人所摹刻的。1986 年已于云密峰的望日台旁，重新发现了这块《禹碑》。

岳麓山的《禹碑》，又称《禹王碑》。南宋以后，也曾长期被“没于榛莽不见”。至明嘉靖九年（1530），“从石壁间搜获，流传海内，遂为神物”㉓。

关于《金简玉书》的传说，据《水经注·湘水》（卷三十八）载：“禹治洪水”，登南岳，“血马祭山，得金简玉字之书”。清乾隆《南岳志》卷一引《湘中记》云：“岣嵝山有玉牒，禹按之以治水。”所谓《金简玉书》或《玉牒》，只是一种民间流传的神话，当然不可能真有其物。

根据传说，衡岳还留有其他禹迹。如：

金简峰。据《南岳总胜集》记载，金简峰系禹王梦苍水使者，“帝君授金简玉书，因而名之。”

白马峰。为禹“血马祭天”处。据《南岳总胜集》载：“昔夏禹于此杀白马祭天，仰天而啸，梦绣衣童子……授金简玉文，因而名焉。又曰仰天台。”

禹祭舜处。据记载：“在县西三里许巾紫峰紫巾台。台径三丈。禹南巡登此，望九疑以祭舜。”㉔

禹藏书处在衡山金兰台。据记载：“金兰台，在衡山县黄庭观右。相传神禹藏书处。”㉕

大禹拖船坳。又称“禹迹溪”。据记载：“在湘江西岸，麓山左”，“距大江五里”，为“大禹疏凿开山之径”㉖。

第二节 湖南青铜文化

商代青铜文化　西周青铜文化

湖南境内发现的商代文化遗址已近 1000 处。最早发现和面积最大的是石门县皂市遗址。其他比较重要的，还有石门宝塔、澧县斑竹、宁乡炭河里、岳阳铜鼓山、汨罗狮子山、益阳羊角、衡阳金山岭、安仁何古山、零陵菱角塘、辰溪潭湾、泸溪市、麻阳兰里等数十处遗址。

各商代遗址出土的石斧、石锄、石铲、铜斧等均属农业生产工具，说明商代的湖南各族居民的经济生活是以锄耕和“刀耕火种”的农业为主的。石斧、铜斧以及各种类的石刀，主要是用于砍伐山林，然后放火烧荒，以种植谷物。它们的大量出土，表明商代时在湖南的丘陵和山区，“刀耕火种”是一种普遍的耕作方式。从新石器时代开始，湖南已逐步推广水稻的种植。但同时也种植小米（即粟），特别是在丘陵山地种植较多。宁乡黄材寨子山出土的“大禾”人面方鼎，就反映铸鼎的那一年，“禾”（即小米）获得了大丰收。此鼎很可能就是为祭祀天地、庆贺小米大丰收而铸造的。安仁何古山遗址上层出土的铜牌，以谷粒形为纹饰，也反映了小米生产的发展及其在山区居民生活中的重要地位。

湖南出土的商代青铜器物，多以牲畜为饰，反映了牲畜饲养业的发展。如中华人民共和国建立前出土的四羊方尊，其腹部以四只羊的前半身为饰，羊头上双角盘曲，颌下有肉髯，神态安详，形象逼真。从弯角看，似为绵羊，从有须髯看，又像山羊，但无论属何羊种，均系家羊。又如长沙跳马涧出土的两羊尊，是以两只羊的前半身，背负一圆尊，头角弯曲，颌下无须。此外湖南出土的商代铜器中，还有不少用羊首作装饰。以羊为饰的盛行，说明湖南地区商代已饲养着大量羊群。1977 年衡阳市包家台子出土的牛尊，整体为一水牛形象。湖南出土的商代大铜铙、兽面纹尊等一些青铜器上，也常用牛首为饰。水牛怕冷，原是南方动物。看来湖南地区在商代已比较普遍地饲养水牛。当然只作为肉食，还不可能用于犁耕。1981

图上 1-4　人面纹方鼎

年湘潭县九华乡出土的豕尊，两眼圆睁，两耳招风，嘴筒粗短，犬齿外露，脊线平直，中躯宽圆，后躯丰满，是形象逼真的老年雄性家猪。古代常以雄性家猪作祭祀用，此尊可能是祭祀用牲的代替物。此类豕尊的出现，说明在商代湖南各族居民已习惯于养猪和用猪做供品。

湖南商代遗址出土有不少网坠、石镞和铜箭镞，以及铜鱼钩、矛等渔猎工具，说明渔猎在商代湖南各族居民的生活中仍占有重要地位。

自商代中期进入青铜器时代后，湖南地区有关铜的冶炼和铜器铸造技术获得了迅速发展。至今湖南境内虽未发现商代的冶炼和铸铜遗址，但从已出土的大批商代青铜器的造型、纹饰、冶铸等方面所显示出的地方性特点看，其中绝大多数都应是湖南本地铸造的。此外，湖南出土的商代青铜器，其造型的生动逼真，纹饰的精致奇特，形体的宏大浑重，在国内都属少见，有的甚至是全国独一无二的珍品。这也反映商代后期湖南铜器铸制工艺在全国是居于前列的。

从出土的陶器看，大多为轮制，也有手制的，但都经慢轮修整；一般火候高，陶胎厚薄均匀。由于南北文化因素的交流融合，陶器的器型和纹饰更加多样化。既有中原商文化特征的器型和纹饰（如鬲、斝、甗、大口尊和粗、细绳纹），又有湖南土著文化特有的一些器物和纹饰（如大口缸、豆、盘和方格纹、云雷纹以及各种拍印纹）。从岳阳对门山所发现的制陶工场遗址来看，商代湖南的制陶业相当发达，已出现一些规模较大、设备齐全、生产和生活设施配套的，能出产多种产品的制陶工场。

宁乡炭河里出土的兽面纹提梁卣内，贮有玉管玉珠一千多件；王家坟山出土的“戈”卣内有玉玦、玉环、玉虎、玉鱼等玉器数百件。这些玉器，制作精致，都是国内少见的商代文物珍品，反映了当时湖南在玉石制作等手工工艺方面也发展到了相当高的水平。

澧县斑竹、宝宁桥、文家山、黄泥岗等遗址，可作洞庭湖西北岸和澧、沅二水下游地区的代表。经普查和试掘，文化层大体可分为五期，其第一期仅有斑竹遗址下层，属商代晚期；第二至四期为西周文化层；第五期已由西周晚期延伸至春秋初年。

第二期文化层，时间属西周初年。出土的陶片，泥质灰陶占第一位，其次为夹砂红褐陶、泥质红胎黑皮陶，以及泥质黄白陶等。纹饰以弦纹最多，其次为绳纹和方格纹。另有一定数量的乳钉、浅刻划纹和凸弦纹。器型主要有鼎、罐、盆、豆、钵、鬲等。高而带扉棱的鼎、十字镂孔装饰和红陶大口缸基本消失。

第三期文化层，属西周早期。出土的陶片，泥质灰陶居第一位，次为泥质红胎黑皮陶、夹砂红褐陶，还有泥质黄白陶和夹砂灰陶。纹饰最多的是弦纹，次为绳纹、方格纹，有少量乳钉、浅刻纹和个别云雷纹。器型主要有鼎、豆、盆、盂、罐，鬲完全消失。前一期的喇叭口罐继续存在，但变成粗短颈、扁腹。釜、鼎与前一期相似。

第四期文化层，属西周中期。出土陶片，以泥质红胎黑皮陶最多，其次为泥质灰陶、泥质黄白陶，还有少量夹砂红陶和夹砂灰陶。纹饰最多的是方格纹，次为粗绳纹，还有部分弦纹和很少的乳钉。器型有鬲、盆、豆、罐。本期文化层有很多因素都发生了巨大变化。如：豆均由折壁向弧壁转化，釜、鼎消失，再次出现鬲。而这一期的鬲，厚半圆唇、长体，能同以后的楚式鬲直接联系，或可归入楚式鬲的最早的形式。

黄泥岗、周家湾、周家坟山遗址均属第五期，时间为西周晚期和春秋初年。考古学界认为，这一期文化遗存，已明显反映出楚文化的特色，应纳入楚文化的范畴㉗。可能是当地土著“荆蛮”文化在前一时期的基础上，吸收中原周文化的因素，两者进一步融合和演化的结果，当然也不排除当地的文化创造者加入了另一个族群，即楚人的进入，而引起了一种根本变化的可能性㉘。汨罗江南堤、长沙杨家山和接驾岭、湘阴晒网场遗址，大致反映了湘、资二水下游和洞庭湖东、南部地区西周时代的文化面貌。

江南堤遗址位于汨罗江口北岸，东南距汨罗县城约 20 公里，是西周时代的一处村落遗址。发现三座南北向圆形的房屋基址，附近有椭圆形灶坑、窑址和灰坑等遗址，出土的石器有斧、锛、凿、镞、网坠、刮削器、刀、穿孔石铲等。大部分通体磨光。陶器有缸、罐、鼎、鬲、盆、豆、壶、网坠，胎质多夹砂红陶、灰陶，次为泥质红陶、灰陶，还有少量夹砂黑陶及白陶。纹饰有绳纹、方格纹、弦纹、网纹、篮纹和条纹等。泥质陶外表常饰一层稀薄的黑衣。另外，发现青铜斧 1 件。

长沙市杨家山和接驾岭遗址，时代属西周中期，文化面貌大体相同。接驾岭遗址并发现半穴居式房屋遗迹一处。

硬陶减少，印纹衰落，鼎的消失，绳纹、方格纹、刻划纹等纹饰增多，反映了中原文化因素的加强。但至西周晚期，楚文化开始进入这个地区的北部。濒临洞庭湖南岸的湘阴县晒网场遗址，时代属西周晚期。经试掘，其文化面貌与澧县周家湾十分相似，特别是出土的绳纹罐、红陶深腹盆、矮喇叭圈足豆，考古学界认为这些器物已可归入楚文化的范畴[29]。

最能反映湘江流域和湘中、湘南古越人西周文化面貌的典型遗址，是衡阳市周子头和零陵县菱角塘遗址。

周子头遗址时代属西周早中期，出土遗物主要是石器和陶片，其上层出土变形夔纹，或称双线 f 纹。这种纹饰，在广东、广西、江西等越人遗址中均是很有特征的纹饰。出土铜箭镞 3 件，其中一件完整，为双翼形，有棱脊，镞身有叶脉纹三道。

菱角塘遗址时代属西周中期，出土的陶器，印纹陶占 95%，是印纹比例最高的遗址，其中硬陶占 25%。有代表性的纹饰是菱形雷纹、勾连云雷纹，以及云雷纹与方格纹的组合纹饰，不见绳纹。器物以印纹硬陶罐、釜和印纹硬陶鼎最常见，鼎耳稍外撇，有环形、方形和驼峰形多种，与以后所称的“越式鼎”很相似。

宁乡炭河里西周城址和炭河里文化 20 世纪 50 年代末以来，在黄材盆地周围台地、低山和河滩等处，陆续出土商周青铜器近 250 件，是湖南境内出土商周青铜器最密集的地区。

遗址保存面积约 2 万平方米，主要部分堆积厚度约 2 米，其中下层厚约 1 米，为商周时期堆积。重要遗迹有房址、城墙和壕沟。共发现房屋建筑基址 6 座，其中完整揭露的仅两座，均为大型的有回廊的宫殿式建筑。发现的城墙遗址，处保存区西北部，呈东北—西南走向，高出现地表 1—2 米，残长约 225 米，宽 12—15 米。经实测其平面形状呈圆弧形。根据城墙的弧度对城址进行圆形复原，计算出城内原有面积约为 14.5 万平方米。城墙内外共发现 3 条壕沟，城外 1 条，城内 2 条。城外壕沟，东西走向，南距城墙北墙垂直距离约 12 米。其形成年代与城墙同时。城内壕沟，也都与城墙走向一致，沟内大量堆积物，下层为商周时期堆积。在城外，发掘和清理了 12 座两周墓葬，其中西周的 7 座。墓内葬具及人骨均未保存，随葬器物以铜器和玉器为主。铜器近百件，但大多为残片和部件。器类有鼎、卣、尊、爵、锸、铲、刮刀、矛等，其中鼎的数量最多。出土玉器 200 余件，主要为管、珠类，有少量玉玦、鱼形器等。

据考古分析，炭河里城址始建年代不早于商末周初，使用年代主要为西周早中期，废弃于西周晚期。城址的规模较大，内外都有壕沟，城内有大型宫殿式建筑遗址；堆积层发现较多的铜片和铜块，推测在城内应有铸铜作坊；城外墓葬形制虽小，但均有随葬铜器和玉器；而以往在城址周围和城内出土的大量精美的铜器，也应与城址密切相关。据此考古界判断，炭河里城址应是一个区域青铜文化的中心聚落或都邑所在。其文化面貌则以本地传统文化因素为主，也有中原地区商代晚期和西周时期的特征性文化因素。大量仿铜陶鼎的出现，高规格的宫殿建筑，墓葬随葬玉器的作风等，表明炭河里考古文化不仅在日常生活，甚至在礼制习俗方面均受到了中原地区商周文化的较大影响。但从整体文化面貌看，又绝对不属于商文化或西周文化范畴。考古界认为，以炭河里城址为代表的考古学文化，是“一支外来势力与本地文化融合共存的地方青铜文化”，可称为“炭河里文化”[30]。这支“外来势力”应该是殷商灭国时南迁的一支商人氏族。

湖南出土的西周青铜器中，铜铙共 20 多件，大致可分为有乳钉铙、锥状枚铙、柱状枚铙三大类型，每一类型中具体式样纹饰又有差别。

铜甬钟共 20 多件，甬钟是由铙直接演变来的，区别在于铙的甬部旋上无旋虫，而甬钟有旋虫，并由仰击变为悬击。湖南发现的西周铜甬钟，大体可分为细线云雷纹、凹线云纹和横 S 纹三大类型。

铜镈共 6 件。其中虎饰兽面纹镈 1 件，云雷纹镈 1 件，简化鸟饰兽面纹镈 4 件。大多为收集品，仅有一件简化鸟饰兽面纹镈出土于浏阳淳口黄荆。

容器类青铜鼎已发现 5 件。分两式。一是胎质厚立耳，柱形似兽足，足上饰夔纹，口略似桃形，腹饰一道 2 厘米宽的纹带，由蟠夔纹、圆涡纹相间组成。其形制和纹饰均为西周早期所常见。一是立耳，侈沿，浅腹，薄胎，兽足较高，上腹饰变形夔龙纹，云雷纹为地，足上饰兽面纹，具有西周晚期的特点。

簋已发现 4 件。马纹簋、兽面龙纹簋和西周铭文铜簋各一件。此外一件为收集品，敛口、折肩、圈足，腹部饰变形兽面，以雷纹为地，足上饰三道仿篾箍，可称之为仿竹制簋形器。

甗出土 1 件。竖耳，腹上有三道细线弦纹，足上部有简化兽面，属西周早期。

罍出土 1 件，圆形、侈口、束颈、广肩，圈足较高。

尊发现 2 件。其中一件，圆筒形，鼓腹，高圈足，腹部饰一圈花纹，以云雷纹为地，主体饕餮作裂口巨眉状，两侧上有夔作倒立状，下有凤鸟举首而立，器内底部有铭文“旅父甲”三字。另一件，侈口、圈足，周身饰饕餮纹，圈足内有铭文，字迹不清，难于识别。

觯出土两件。两件主体花纹凤鸟的形象略异。一件凤鸟为三尾，圈足内壁有铭文“戈”；一件凤鸟分二尾。这类觯为西周初期所特有的一种新的形式。

铜爵共 6 件，出自湘潭青山桥小托同一窖穴。这些铜爵的时代大致均属商末周初。

工具类铜锸即古文献中的耜。木柄直装的称锸，木柄横装的叫锄，是当时农业生产中一种主要的起土松土工具。湖南已发现西周铜锸 10 件。䦆即大锄，是当时重要的起土工具。共发现 27 件。

铲共 7 件。均为收集品。属同一类型。

耨收集 1 件。呈三角形，两侧凹腰，刃稍弧，上有长方形銎。

斧共出土 5 件。湖南省博物馆所收藏的青铜工具中也有不少铜斧。但时代已较晚，上限最早在西周末年。

兵器类戈发现最早的是“楚公”戈。此戈为 20 世纪 50 年代湖南省博物馆的收藏品。戈形为蜀式，铸有“楚公秉戈”五字铭文，据考证为西周末年的遗物[31]。资兴旧市春秋墓中出土的一件铜戈，锋呈三角形，直援，长方形内，内上有圭形穿孔，形制与河南新野西周末年至春秋初曾国墓出土的铜戈相同。而比湖南其他地方春秋早期墓出土的铜戈略早，时代约为西周末年。

从湖南境内已发现的西周青铜器看，有一部分可能是从北方传入湖南后被埋藏起来的。如湘潭青山桥小托窖穴出土的爵、觯及夔龙涡纹鼎和岳阳象形山出土的乳钉纹鼎等，其造型、纹饰和铭文的风格与北方和中原所出完全一致。此外，湖南出土的西周青铜器，凡是有铭文的一般均无地方特色；而凡有地方特点的都没有铭文。所以也可以断定，凡铸有铭文的西周青铜器，一般都是外来品。其中有的很可能是殷末周初南下的一些商人氏族带入湖南的。但这种外来品在湖南已发现的西周青铜器中还是居少数，大多数应是湖南本地产品。当然湖南本地铸造的青铜器，往往也反映出北方中原商周青铜文化的影响，这是南北文化交流和联系进一步加强的自然结果。如桃江县连河冲出土的马纹簋，其造型和簋座上的兽面纹，无疑是受中原商周青铜文化的影响，但簋腹上的半浮雕的马纹和簋座四角之立马等纹饰作风，在中原地区从未见过。还有胎较薄、口较小，也与中原地区厚胎、大口的簋不同。这类马纹簋应是湖南当地产品。又如，仿竹制簋形器，南方风味更浓，湖南产竹，盛行竹制的日常用具，故有的青铜器仿竹器是很自然的。但仿竹制簋形器的腹部的云雷纹和兽面纹，又表明它仍未脱离中原商周纹饰的影响。

湖南已发现的西周青铜器，多集中于湘江流域，特别是湘中、湘南印纹硬陶地区，而这些地区自新石器时代后期至商周时代，均为“三苗”、“荆蛮”集团的组成部分古越人的聚居地。所以考古学界一般认为，湘江流域和湘中、湘南地区的西周青铜器是古越人制造的，是在新石器时代后期逐步形成起来的以“印纹硬陶”为特征的越文化的发展。例如，湖南所出西周早期的铜铙，在古越族地区的浙江、福建、江西、广西等地均有出土，其造型和纹饰风格基本一致，有的如出一范，说明它们之间有着共同的文化特征；而湖南、江西等地所出西周铜铙上的纹饰，如云雷纹、圆圈纹、圈点纹、S形纹等，在同时期的湘中、湘南越人印纹硬陶中也是常见的。这都说明，这些西周铜铙确实是居住在湖南的古越人的产品。又如，湖南所出的几件西周铜鼎，其中湘潭县青山桥小托的夔龙涡纹鼎、桃江县马迹塘的夔龙纹大鼎和岳阳市黄秀桥象形山的乳钉纹柱足鼎，是从北方传入的。但青山桥小托出土的另一件变形夔龙纹鼎，腹浅、卷沿，以云雷纹为地，变形夔龙纹为饰，鼎足呈半筒形，与中原地区流行的深腹、柱状足鼎显然不同，考古界称之为“越式鼎”。这类鼎进入春秋时代后，正式演化为越式盘口鼎，与“越式剑”一道成为越人青铜文化的典型器物[32]。

湖南发掘的西周遗址，仍然以石器出土最多。如据统计，衡阳周子头遗址，发掘550平方米，出土石器达134件，其中各型石斧29件、石锛18件、石刀4件、石镞40件。其他遗址出土的石器也很多。但同时出自于西周遗址的铜制工具却很少，而出自窖藏和收集的西周青铜工具，时代又都较晚。这表明，西周时代湖南各族居民的生产工具仍然以石器为主，特别是西周早中期。至西周后期和西周、春秋之交，铜制的锸、钁、铲、斧、锛等工具的出土始大大增加。

从生产工具看，西周时代湖南的农业发展速度还远不及中原及关中地区。不仅在山区而且在湖区平原和丘陵河谷盆地，都大量出土石斧、石锛、穿孔石刀等石器及铜斧，说明当时湖南主要还是“刀耕火种”的原始耕作方式。西周后期出现了铜锸、铲、钁、耨，这些农具均适合于水稻的耕种，说明湖南各族居民从西周后期进入了粗耕农业阶段。在山区、丘陵和平原、湖区，开始采取了“火耕”与“水耨”两种并行的耕作方式。桃江县灰山港连河冲出土的马簋，装饰四匹立马和卧马，而以马为饰既为中原所罕见，这些马就应是当地所饲养的马的真实形象。这说明，除羊、豕、牛之外，西周时代湖南地区已较广泛地饲养马，畜牧业方面有进一步的发展。汨罗县江南堤、湘乡县新坳、衡阳周子头等遗址，均出土有大量石镞、石网坠，还发现了陶网坠和铜箭镞，证明西周时代狩猎和捕鱼仍为湖南各族居民生活的重要辅助手段。

从已发现的西周青铜器看，西周时代湖南铜器冶铸和制作技术得到了进一步发展。青铜冶铸技术自商中叶由中原传入湖南后，至西周初年，铜器的铸制从造型至纹饰作风，仿照中原的因素相当多。但西周早中期以后，以古越人的青铜器物为代表，湖南铜器的冶铸和制造获得了独立的发展，更具有地方的和民族的特色。例如，湖南出土的西周早期的铜铙，西周中期由铙演化而来的铜甬钟，以及铜镈，从造型到纹饰作风多可在湖南出土的商代铜器中找到渊源关系，但在中原西周青铜器中却均少见或未见。这说明湖南西周青铜器多是直接从湖南商代青铜器发展进化而来的，西周时代湖南铜器冶铸和制造业在根据自己的特点独立发展。从芷江县出土的青铜凤形器来看，其造型之巧妙，制作之精致，实为国内所少见，反映出湖南西周时代青铜冶铸和制造技术的发展已达到相当高的水平。

西周时代，湖南的制陶业和玉石器制造等手工业也有发展。从陶器的器型和纹饰看，不仅湘江流域古越人印纹硬陶和沅水中上游地区没有鼎、鬲的传统陶器在继续发展，而且以鬲、豆、盆、罐器物组合和粗绳纹为特征的楚文化系统的陶器制作业也独立地发展起来。辰溪下湾发现的西周陶窑，其结构较岳阳对门山遗址所发现的商代陶窑，已大有改进，更为合理，并且与火膛成直角相接。而对门山山窑为单体竖穴，下湾窑窑体为圆形、凹腰，并以火箅将窑床与火膛隔开。

第三节　湖南楚文化

楚青铜器和铁器　漆器、琉璃、丝织及竹木工艺　楚文字和楚简、帛书　艺术　原始宗教信仰和神话体系

西周末和春秋初年，楚人和楚国军事、政治势力开始进入湖南，带来了较先进的技术，促进了湖南青铜冶炼和青铜器制作工艺的进一步发展。

湖南各地近数十年发掘了数以千计的春秋战国时期的楚墓，出土了大批青铜器物。其中，有制作精致的剑、戟、戈、矛、斧、带钩、铜镜等。长沙市浏城桥1号楚墓，出土长达3.1米的木柄铜戟，长2.8米的藤柄铜矛，以及积竹戈、戟，这些保存完整、用于车战的长兵器，是我国楚文物考古中最重要的发现之一。楚人青铜器工艺的发展水平，最突出地表现在铜镜的铸制方面。

春秋以前的铜镜，目前全国只发现10多件。至春秋战国时代，铜镜铸造工艺获得很大的发展，战国时楚国的铸镜工艺最为发达，其中又以长沙最盛。据20世纪70年代末统计，长沙楚墓出土铜镜总数已超过470面，不仅数量多，而且质量好、花纹美。1952年至1957年长沙地区发掘

的 1056 座楚墓共出土铜镜 266 面，约四分之一的楚人墓葬都出有铜镜。

长沙楚镜，最早的属春秋后期，主要为一种较小的素镜。到战国时期，特别是战国晚期，纹样装饰多样化，形成长沙楚镜的主流，即羽状纹地四山纹镜。后来四山纹镜由简单渐趋复杂，增加了叶形、竹叶形、花瓣形等图案装饰，连弧纹、方连纹、长尾兽纹也相继出现，最后出现龙凤纹。至今已发现以不同花纹装饰的长沙楚镜达 40 多种。这些纹饰的结构布局主要用四分法或二方连续法，非常规整精美。湖南境内，除长沙外，常德、桃源、益阳、衡阳、郴州，以及湘西古丈等地，都有战国楚镜出土，与长沙楚镜的风格大体一致，数量也不少。由此可见，战国时期湖南铸制铜镜的工艺相当发达，特别是长沙很可能为当时全国青铜镜生产最发达的地区。

考古材料证明，中国开始冶铁和使用铁器的时代，约为春秋后期，即公元前六、七世纪，而最早的人工冶铁、铸铁和使用铁器的地区，很可能是在当时的楚国。春秋战国之际，随着楚人的进入，湖南出现了人工冶炼的铁器，开始跨进了铁器时代。

湖南最早的铁器，主要出土于长沙楚墓，时代属春秋晚期。据 20 世纪 80 年代初统计，长沙地区发现的春秋晚期铁器已达 20 件以上，分别出土于 17 座早期楚墓。计有铁凹口锄 4 件，铁削和刮刀 6 件，铁鼎 3 件，铁剑和钢剑 3 件，环形器 1 件，铁码子 1 件，残铁器 2 件等。其中，1951 年于长沙识字岭 314 号春秋晚期楚墓填土中，出土铁凹字形锄 1 件，是我国至今所发现的最早的一件铁锄；1976 年于长沙火车站工地杨家山 65 号春秋晚期楚墓中出土的钢剑，是目前我国发现最早的一把钢剑；长沙窑岭 15 号和杨家山 65 号春秋晚期楚墓出土的铁鼎，则为我国目前所发现的最早铸铁件。

战国时期的湖南楚墓出土的铁器，数量大有增加，并且分布的地域也更广。而最集中的还是长沙地区。据 20 世纪 80 年代的统计，长沙共发掘战国时期楚墓近 2000 座，出土铁器的有 186 座，所出铁器共 30 种、240 件[33]。

湖南其他地区出土的战国时期的铁器也不少。如常德德山战国楚墓，出土铁器 6 件，计铁凹口锄 2 件、一字形锸 1 件、斧 1 件、镞 1

件、铁足铜鼎 1 件；益阳赫山庙战国楚墓，出土铁器 4 件，计斧 1 件、刮刀 1 件及残器 2 件；衡阳战国墓出土铁器 50 余件，其中有长方形锸、夯锤、剑、削、铁铤、锉、戈等；资兴旧市战国墓出土铁器 27 件，其中凹口锄 13 件、凹口锸 1 件，还有锛、凿、削、刮刀、夯锤等；洪江市黔城战国墓出土铁器 9 件，包括锸 6 件及夯锤、镢、残器各 1 件。

长沙杨家山 65 号楚墓的钢剑，出土时表面已氧化，剑首已残，茎作圆柱形，铜格含于剑身，侧面棱形，剑身中脊隆起，锋刃近端渐窄，通长 38.4 厘米。经金相鉴定，此剑为含有球状碳化物的碳钢，含碳 0.5% 左右，是经过反复锻打、高温淬火制成的。同墓出土的铁鼎，是用生铁铸造的，残高 6.9 厘米，金相鉴定为莱氏体白口铁组织。窑岭 15 号的铁鼎，残高 21 厘米，重 3250 克，金相鉴定为亚晶铸铁，含碳量 4.3%。到战国早期，湖南出现了展性铸铁。如长沙左家塘 44 号和砂子塘 5 号楚墓出土的铁口锄，原藏于白膏泥中，几乎没有生锈，至今铸锋犹在，经金相鉴定属于以珠光体和铁素体为茎体的展性铸铁。所谓展性铸铁是将白口铁经淬火处理，使其中的碳转化为石墨，而基体转变为钢组织，既消除了白口铁的脆性，又比灰口铁强度高，且比钢更经济，易于铸制。这类铁口锄在湖南特别是长沙楚墓中出土的相当多，并且多数不是随葬品而是出土于填土层中，是有意或无意丢弃的。这些考古材料进一步说明，楚国时期的湖南已掌握相当高的冶铁和铸制铁器的技术，在全国居于领先的地位。

我国漆器生产已有 6000 多年的历史，最早的漆器出土于浙江余姚河姆渡文化遗址。湖南在春秋晚期的楚墓中开始出土漆器，在战国时期的楚墓中更有大量漆器出土，反映当时湖南的漆木器生产技术已获得迅速发展。

湖南出土的春秋战国时代漆木器，最集中的地区也是在长沙。据 20 世纪 50 年代发掘的 209 座楚墓统计，共出土漆器 28 件。其中主要有羽觞和漆盒，还有一件狩猎纹漆盒。此外，还有髹漆的弓、木矢箙和漆鞘等。1971 年清理的长沙浏城桥 1 号楚墓，随葬器物 262 件，有漆几、漆木案、镇墓兽、漆绘木鹿、漆棒、木梳、木器盖，以及髹漆的车马器车伞盖、车辕和兵器箭杆、藤柄、积竹柄、漆剑椟等漆木器 60 余件。1980

年清理的长沙市五里牌战国木椁墓，有剑鞘、木琴、漆奁盒、羽觞、漆虎子、木俑、漆卮、木梳、篦、木器座和木架座等15件。

从长沙楚墓出土的漆器看，品种很多，应用已十分广泛，制作也相当讲究。花纹精美，胎质较轻薄，往往还增加了金属制的耳、钮、足。主要是木胎，有少数为竹胎、皮胎，还有夹纻胎。木胎大多用整木雕成器形，也有用薄板胎卷成圆筒形再与底板斗合的较轻巧的器物。髹漆一般是黑地绘花。常见的色彩有朱、黄、金、白等色，对比强烈。纹饰以龙、凤、云纹、几何纹为主，也有花瓣、菱形纹等。狩猎纹漆奁上的狩猎纹，生动逼真，反映了战国时期湖南长沙地区的漆器工艺水平是相当高的。

近十余年来，在湖南其他地区的楚墓中又陆续出土有不少漆器。从工艺水平看，地区的漆木器制作水平也比较高，说明至战国时代湖南各地的漆木器生产都有较大发展。

琉璃，即原始玻璃。我国一些地区的西周墓中即出土有小件琉璃器。湖南楚墓出土大量琉璃器，其中又以长沙楚墓出土最多。据初步统计，长沙地区清理的楚墓中有110多座出有琉璃器。璧的数量最多，颜色有乳白、米黄、浅绿、深绿等色，半透明，饰谷粒纹，有的反面有方格纹，还有的内缘或外缘有弦纹。这种琉璃璧在楚国的其他地区很少出土，而楚国以外的列国几乎未见出土。所出的琉璃剑饰珥、首等，制作都很精致，除长沙外，其他地方极为少见。琉璃印也只见长沙出土，其他地方至今尚未发现。琉璃珠，大部分有蓝白色圆圈纹，即所谓“蜻蜓眼式”花纹，我国其他地方的战国墓所出琉璃珠多属这一类。经化验，长沙楚墓出土的琉璃器物，含铅、钡甚多，属铅钡琉璃，不同于西方的钠钙玻璃。这说明这些琉璃都是中国自己制造的，而长沙很可能是当时制造琉璃的主要地区之一。至于长沙地区的琉璃制造业为什么如此发达，据考古学界分析，可能同长沙地区不产玉有关。由于玉璧、瑗、环是当时盛行的礼器，剑又多以玉饰为名贵，长沙地区不产玉，所以致力于琉璃的制造，以做代用品[34]。

在湖南其他地方，也出土有战国时代琉璃器，但不及长沙集中，如汨罗县汨罗山东周墓，临澧县九里楚墓，资兴县发掘的80余座战国墓，辰溪县米家滩战国墓，及湘潭、湘乡、衡阳、零陵等地的战国楚墓也都有琉璃器出土。在古越人集中的湘南地区，春秋时期的墓葬出土大量玉玦、水晶玦，却未见一件琉璃器。而至战国时代，无论楚人墓还是越人墓，都出土了琉璃器。这说明古越人在战国以前尚未使用和生产琉璃器，湘南地区使用琉璃器应始于战国早期，盛行于战国中期以后，并且是随着楚人的开发而传入的。经化学元素分析，湖南其他地区出土的琉璃器，均属铅钡琉璃，铅、钡含量比例大。湖南含铅、钡的矿产丰富，可以就地取材，并且楚国时期的湖南已具备发达的青铜冶炼技术，为琉璃的制造提供了条件。所以考古界认为，这些琉璃器的产地，很可能都是在湖南境内[35]。

我国的丝织业在战国时期已相当发达。从考古材料看，湖南特别是长沙地区当时应是丝织品的主要产地之一。1949 年前长沙即出土有战国时代的“缯书”和“帛画”，说明战国时丝织品不仅用于服饰方面，而且还用于写字和绘画。20 世纪 50 年代以来，长沙战国墓出土的丝织物有绢、纱、锦和编织的丝带。织锦大多是熟褐色地起红色和仿金色花纹，花纹中以对凤纹、对龙纹、方连纹、几何纹为主。几何纹中有三角、菱形、多角形以及龟背形等多种图案。浏城桥 1 号墓出土了一些丝织品残片，据观测每平方厘米有经线 42 根，纬线 32 根。左家塘 44 号墓中发现的包裹尸体的五种花纹织锦，为三重经组织，经纬密度每平方厘米为 80×44 至 120×56 根。1956 年在长沙银行干校工地清理的一座战国墓出土的几件丝织品，经纺织专业人员鉴定，其制造方法有两种：一为平版组织制造法，用这种方法制成的丝织品，表面非常平整光滑，纹路匀称稠密，有一件丝质圆形袋，其材料的细腻程度可与现在的丝绸媲美；另一种为斜纱制造法，其技术更为细致复杂。又据考古学界分析比较，长沙所出的战国丝织品上的图案与当地出土的战国铜镜、漆器及漆棺上的图案花纹，都是同一风格。由此可以说明，这些丝织品是长沙本地的产品，而当时湖南特别是长沙地区的丝纺技术已达到了很高的水平[36]。

楚国时期湖南竹木器生产也相当发达。据初步统计，20 世纪 50 年代长沙发掘的 209 座楚墓中，出土竹器 20 件，木器 26 件。竹器中有筐、弓、筏、筒等。有一件筐，保存相当完整，编织纹路成人字形，其制作技术和现在的竹筐比较，并无逊色。木器包括木俑、木梳、木篦、木簪、木椟、木戟、木弓、木盾等。其中木俑最多，均以整木雕成，有各种类型，有的除外部轮廓外，还能够把肌肉表现出来，可称为古代艺术珍品[37]。20世纪70年代初发掘的长沙浏城桥1号楚墓，出土了木鹿、直柄斗形木器、穿孔斗形木器、木器盖、木勺、木棍、木圈和竹筒、竹席等，制作都相当精致。

湖南其他地区也有大批战国时期竹木器出土。

从考古材料看，战国时期湖南的竹木器生产已相当普遍，使用范围很广，日常用品、兵器、乐器、装饰品等种类繁多，制作工艺已达到相当高的水平。

楚人入湘后，不仅给湖南带来了先进的生产技术，促进各项制作工艺的发展，同时也输入和传播了楚国文字、文献，使湖湘各族居民开始进入了有文字的时代。

从已发现的楚简和帛书来看，其文字都是用笔书写成的。湖南不仅出土了大批先秦的楚简和珍贵帛书，而且还出土了世界上最早的毛笔。这支毛笔，1954年出土于长沙左家公山的一座楚墓，全长21厘米，套在一个小竹管之中。据实物观察，其制作方法，是先将笔杆的一头劈开，用上好兔箭毛制成笔毛，夹于其中，再用丝线缠紧，外部涂上漆。与这支笔一同出土的还有空白竹简、杀青用的铜削，以及盛墨用的小竹筒等，是当时书写文字必备的全套工具。

在先秦时期，湖南的文学和艺术，包括诗歌、散文和音乐、绘画、雕塑等艺术，随着楚人的开拓、经营也都开始兴起和获得明显发展，成为楚文化的重要组成部分。

湖南地区的民间音乐，也随着春秋战国时期的民族文化大融合而空前发展。人们无论在婚丧嫁娶、节日喜庆、祭祀天地、招徕亡魂，还是行军打仗，都用到音乐。《九歌》中记载的楚人的乐器，以鼓为主，另有钟、磬、瑟、竽、篪、排箫等。湖湘地区的情况，也大体如此。在湖南各地的考古发掘中，出土了许多楚国时期的乐器实物，如1979年临澧九里1号大型楚国封君墓中，就出土了彩绘虎座凤鸟鼓架、鼓座、编钟架、瑟等。长沙浏城桥1号楚墓，出土的乐器有鼓、笙、瑟。其中，笙，木雕作瓠形，10孔；瑟为长方形，器身用整木雕空，其下另嵌底板，24弦。湘乡牛形山1号楚墓出土有双虎座双凤鼓架1个。长沙五里牌3号墓出土楚琴1件，形状似筑，有10弦，琴面头端宽，尾部窄小收杀，微翘，尾下有一轸，底板凿有丁形槽，通长79厘米，底板长48.8厘米。长沙杨家山6号墓出土瑟1件，有小木俑跪坐作弹奏状，又出土木雕吹奏俑数人，双手作吹奏状，亦作跪坐式。长沙子弹库17号墓出土有鼓架凤鸟碎片和圆锥形鼓棍一对，鼓身扁圆，直径56.5厘米，腹壁弧圆，其上附有铜环钮，可以系绳悬挂，鼓身髹黑漆，其上用朱黄二色绘锁链式蟠龙纹。长沙仰天湖14号墓出土小木鼓1件，直径仅14厘米，其上用金色绘云涡纹，这种鼓可以跪坐敲打。长沙五里牌406号墓出土有龙凤彩绘漆盾一件，制作甚精，据研究，这是一种用于舞蹈，即文献中的万舞的舞器[38]。在怀化地区黔阳县黔城镇三座战国墓中，共出土编钟22件，形制大体相同，大小相次，其钟钮、舞、篆、镇各部均镂空，两锐下垂，无枚，素面无纹饰。这些编钟非实用乐器，只是用于随葬的明器。

考古资料说明，楚国时期湖南地区的音乐艺术已达到相当高的水平，管弦音乐和打击音乐都很发达，并且出现了专业的音乐演奏者乐师，已可演出中原地区的大型舞蹈万舞。成套吹笙俑的出土说明乐师已有乐队群体，而编钟的出土说明群体合奏音乐的技巧水平都很高。民间的音乐往往与民歌是合二为一的，《楚辞》中的很大部分就是对湖湘地区民间歌曲、歌词的加工。从《楚辞》我们也可以看出当时湖南的民间音乐，如民歌、祭歌、巫舞都相当繁荣发达。

工艺美术和绘画艺术的繁荣，是楚国时期湖南地区文明大发展的又一标志。春秋战国时期，湖南地区的青铜器造型艺术，与商周时期相比，明显地衰落了，但竹木工艺美术却极为发达。在考古发掘中，湖南地区出土了大量造型生动、雕刻精美的竹木工艺品，如各楚墓中出土的镇墓兽、虎座凤鸟形鼓架和木雕俑。虎座凤鸟形鼓架，在临澧九里和湘乡牛形山楚墓都有出土。鼓架以木雕凤鸟为悬挂木鼓的支架，而下面则以虎形木雕为凤鸟的支承座，凤鸟立于虎座上。各地楚墓出土的木雕镇墓兽，雕刻成噬蛇状。1980年益阳羊舞岭3号墓出土一方座镇墓兽，为一长颈怪兽，头扁圆，口吐长舌，颈稍弯曲。

湖南各地楚墓中出土了大量雕刻木俑，木俑分为乐俑、舞俑、侍俑、炊事俑、武士俑等。这些雕刻的木俑，刀法简洁明快，形象生动。如仰天湖 25 号墓出土的舞俑，用整木圆雕，修眉、杏眼、小口、细颈、束腰，长服披地，垂袖过膝，高 50 厘米；同墓出土的侍俑，脸形与舞俑相似，唯手足别削木片斗合，双手拱于胸前作持物状。桃源三元村 1 号墓出土的三件站立女俑，面目清晰，体态丰满，宽肩，细腰，上披敞衣，下着围裙，裙摆肥大，内裤掩足。头、双手及身躯分三段雕成，然后粘合而成。衣、裙雕刻有细线褶纹。

春秋时期湖南的绘画艺术非常发达繁荣，现已出土的大批漆器和帛画等文物可以说明。彩绘漆器，主要包括饮食器具、妆奁用品、乐器、家具、车马器、木俑、镇墓兽、葬具等等。大都以红、黑为基本色，图案装饰极重色彩对比，如红、黑相间，内红外黑，黑地朱绘、朱地黑彩等。其次是在装饰中追求华丽的色彩。漆绘画的图案以几何纹饰为主，其次是龙凤云鸟纹，此外也有少量写实的人物、走兽和其他动物图案。图案的结构因图形而异，如方形、长方形诸器，多使用二方连续式或四方连续式。二方连续式有散点状排列、斜线状排列、三角状排列、交叉式排列、折线式排列、对角式排列、对称式排列；四方连续式习见的纹样有方连纹、山字勾连纹、锁链状纹。圆形与椭圆形器物，则多以龙凤纹为主纹，其纹样结构往往在 S 纹中求变化。湖南的漆绘艺术品，线条流畅自然，造型生动。

湖南地区出土的楚国帛画既多又精，驰名中外。1949 年 2 月在长沙南郊陈家大山楚墓中发现的人物龙凤帛画是迄今为止我国现存最早的帛画（长 31 厘米，宽 22.5 厘米）。构图与布局分为三层：上层为天空，左上方一龙，右上方一凤。凤鸟形状奋起，有飞升天国仙界之意。它与龙都为升仙登天的驾乘工具。中部偏右画一侧立妇女，为墓主形象，高髻细腰，广袖宽裾，双手合掌作祈祷状。下画一弯月形物，代表大地。

1973 年 5 月出土于长沙子弹库 1 号墓的人物御龙帛画，长 37.5 厘米，宽 28 厘米。画图中画一男子，侧身向左立，危冠长袍，手持长剑，持缰御龙，龙奋首卷尾，似“乙”字形龙舟。龙尾立一鹤，作昂首长鸣状。龙首直下，水中有一条游动的鲤鱼。画的上端有一华盖遮于人物头顶之上，华盖有三根垂飘的丝穗。

这两幅帛画，都表现出同样的主题，即描绘墓主人死后乘龙驾凤升天的欲望，是楚人引魂升天的宗教思想在绘画题材上的反映。这两幅帛画都以白描为主，个别部位也有平涂的。表现手法虽有原始绘画追求各个形象的完整，所画各物互不相掩，以及不甚讲求比例的特点，但比铜器上的刻纹和漆器上的彩绘有显著的进步。线条流畅，细部往往有传神之笔，画女子则神态娴雅，画男子则气度从容，可见画师颇具功力。至于构思谲怪，立意新奇，则是楚国艺术的传统作风。可以说，这两幅帛画是早期国画的双璧，是我国艺术史上典型具有民族风格的国宝。

另外，子弹库帛书上的十二月神帛画，分别画了十二个神怪，或双神合体，或鸟身人首，或三头一身，其神秘诡异，不可言状。同样是极为难得的艺术珍品。

春秋战国时期，湖湘地区的土著蛮越民族，大都信奉原始宗教，崇拜各种祖先之神和自然之神。楚人南下后，又带来了楚人的宗教信仰、神话传说。这两种原始宗教、神话互相影响，融合在一起，构成了春秋战国时期湖南具有特色的宗教与神话。

图上 1-5　屈原行吟图

反映湖南地区春秋战国时期宗教与神话的文献材料有屈原《楚辞》中的有关篇章和 20 世纪 40 年代长沙子弹库出土的楚国帛书，此外还有墓葬习俗的考古资料可以运用。

屈原楚辞中的《九歌》、《九章》、《天问》等篇，描绘了包括湖南地区在内的楚人的神话体系和民间宗教、信仰。特别是《九歌》一篇，更是湘人民间风俗信仰的写照。而《天问》一篇，首先由天地开辟的神话引出对整个传统神话体系的怀疑。天地开辟神话显然与楚帛书所展示的神话体系一致，应属于东方神话体系。因此《天问》之作，所反映的也是湖湘地区的原始神话传说体系。王逸说："昔楚国南郢之邑，沅、湘之间，其俗信鬼而好祠。其祠，必作歌乐鼓舞以乐诸神。屈原放逐，窜伏其域……见俗人祭祀之礼，歌舞之乐……因为作《九歌》之曲。"[39]因此，《九歌》等篇中的民俗与神话，我们可以视为战国时期湖湘地区的民俗与神话。

当时的湖南土著蛮、越居民，普遍相信有一个与人间现实世界相对应的天上神仙世界和阴间鬼灵世界，神鬼与人间的区别很明显，但神与鬼灵之间有时却有些混淆不清。特别是山川百物之神，是与鬼灵极相似的。如《九歌》中的山鬼，是山之精灵，名字叫山鬼，却实为山神。又如楚帛书中所绘的十二月神，与其说是神，不如说是一种鬼怪，其中春季正月之神，画的就是两条交缠在一起的蛇。楚人的这种鬼神不分的宗教观念显然是来自于蛮、越民族，至今湖南苗族的语言中，还只有鬼，没有神。

人们认为，天上的神与阴间的鬼怪、精灵。既可以保佑世人，给人们带来福，又可以降灾难于人间，惩罚或危害人们。帛书上说："惟天作福，神则格之，惟天作妖，神则惠之。"[40]人们通过祭神和巫术等各种手段，来沟通人与鬼神的关系。祭祀分为一般祭祀和特殊祭祀。一般的祭神活动普通人都可进行，特殊的必须由专业神职人员巫师来主持，而巫术也是由巫师来主持的。祭祀必须庄严、虔诚。"民祀不庄，帝将由己"[41]，就会抛弃他们。祭神的场面，我们还可以从屈原《九歌》中的有关篇章看到。

楚国时期的湖南居民又多相信灵魂之说。他们认为灵魂可以不死，当人们重病或死后，灵魂可以脱离人的肉体，游离于他处。于是，民间产生了招魂的习俗，人们请来巫师，巫师们通过一种神秘的仪式如舞蹈、咒语、歌唱等，便可以招回走失的游魂。《楚辞》中的《大招》"魂乎归来，无东无西，无南无北"之语就是一篇巫师招魂时的咒语文字。这种招魂的习俗，直至近代仍广泛流行于湖南民间。由于人们希望死后自己的灵魂可以升天，因此在楚人死后，除随葬各种生前用具和专为阴间准备的明器外，还往往随葬一种镇墓兽。这种镇墓兽主要是北来的楚族人的习俗，在长沙浏城桥 1 号墓、临澧九里大型楚墓，以及益阳、湘乡等地的楚墓中都有发现。这是一种凤鸟的化身，研究者认为它是引导人的灵魂在人死后升天的工具。此外，长沙出土的两幅楚国帛书，也以引魂升天为题材。大量考古和文献材料表明，灵魂不死和灵魂升天的信仰在当时的湖南民间极为流行。

楚人又盛行占卜术，子弹库帛书中就有“卜问吉凶”之语。在长沙仰天湖楚简和临澧九里 1 号楚简中，就有大量占卜的记载。人们以卦筮来卜问有关人的生、老、病、死、婚、丧、嫁、娶等一切世俗行为的吉凶。

楚人所信奉的众神非常庞杂。我们依据《楚辞》和子弹库楚帛书等材料，可以大体将他们分为两大类型。

一类是自然神。作为一般湖南地区的居民，特别是蛮、越土著民族，他们主要信奉自然多神，崇拜的对象是各种自然神如日、月、星、风、云、雨、电、山、河之神。在《楚辞》中，我们可以看到日神东君、云神云中君、风神飞廉、雨师博号、月御羲和、日御望舒、东皇太一、山神山鬼、水神河伯、湘君、湘夫人、湘灵，此外还有大司命和少司命，是管生命的神。楚人认为，在天上居住着众位神仙，他们之中地位最尊者，在《楚辞》中是上皇，也即“东皇太一”，在帛书中则是“帝”，也即上帝、天帝。屈原的《九歌》各章以诸神之名标篇，首章即为“东皇太一”。王逸注云：“上皇谓东皇太一也，太一，天之尊神。”[42]因此，他受到最庄重丰隆的祭祀。

第二类为英雄神，即族神、祖先神的升华。这一套神话体系应是由文明先进的北方地区、东方地区传入的。这又分为两个小体系，一个是子弹库帛书中所展示的东方吴越民族的神话体系，一类是《楚辞》中所展示的中原华夏和楚族体系。

在子弹库帛书中所反映的东方神话体系，以伏羲和女娲为最尊神。他们是天地万物之神，又是补天的英雄和确定岁时的神。他们生四子：青口榦、朱单、翏黄难、鬼黑榦，是为四神，与青、赤、黄（白）、黑相配。伏羲之外，为赤帝（即炎帝）、祝融，他们是奠定三天四极（天地四方）的神。再有帝夋，帝夋也见于《山海经》，就是帝舜、帝俊。在帛书中，“帝夋乃为日月之行”，看来他是制定日、月运行的神。共工氏是管日之神，他襄助其父祝融“授民以时”，而与中原华夏神话体系中那个凶顽的共工氏完全不同。

作为中原华夏与楚族共同的英雄神话体系，较全面地反映在《楚辞》中的轩辕（黄帝）、高辛（帝喾）、宓妃（雒嫔）、西皇（少昊）、炎帝（神农氏）、玄冥、高阳（颛顼）、三后（禹、汤、文王）、尧、舜（重华）、彭咸、鲧、蹇脩、王乔等神祇身上。

此外，蛮、濮和巴、越民族还有一些具有本民族特色的神话传说。如关于“盘瓠”的神话和“廪君”化虎的神话等。这类神话传说，最早的文字记载见于《风俗通》、《后汉书》等汉魏文献，但其形成和流传的时代应始于先秦。

总之，春秋战国时期，湖南地区因民族的交汇融合，其宗教信仰与神话传说也丰富多彩。其中，有相当一些成分至今仍在湖南各民族中间流传着。

第四节　湖南古越人和蛮、濮、巴人文化

古越人文化遗存　蛮、濮民族文化　湖南的巴人文化遗存

在楚人入湘之前，古越人广泛分布于湘东北、湘东、湘中和湘南地区，即大体为湘江流域和资水中下游地区。楚人入湘后，越人的分布逐步发生了变化。随着楚人的进入，湘北和湘中的越人大批南迁。至战国中晚期，湘东北已很少越人的踪迹，而大量越人集中于湘江中上游，尤其是湘南地区，在秦朝统一以前一直是这里的主要居民。

春秋早期的湖南古越人墓葬，在湘东北、湘中和湘南各地都有发现，而以地处湘南的资兴旧市最为集中。1978 年在湖南东江水电站工地就清理发掘了 47 座春秋早期越人墓。春秋中期的越人墓葬，在湘中、湘南地区比较普遍，湘乡大茅坪 1 号墓、湘潭古塘春秋墓、衡南胡家港春秋墓，都属春秋中期越人墓。这些考古材料表明，在春秋中期，“至少湘中、湘南地区仍然是古越族聚居之地”[43]。春秋晚期在湘东北、湘中地区

仍有越人活动、居住，考古工作者在上述地区发现了许多楚文化遗物与越人遗物共存的遗址和墓葬。

战国时期，随着楚人对湖南全境的征服，湘北、湘中地区，越人或被消灭，或被驱逼南迁，留在当地的土著越人已大大减少。反映在考古文化上，是这个时期"原在湘江中游（宁乡、长沙、湘潭、湘乡等地）普遍存在的随葬铜器为主的越人墓消失，而代之以……楚墓"[44]。但是在战国时期，湘东北、湘中仍有少数越人。楚人征湘时，许多越人逃入当地深山，形成山越。他们往往聚族而居，顽强地保持着本民族的文化习惯。1989年，湖南考古工作者在岳阳市平江县南江盆地中发掘了属于越民族文化的红门战国遗址，并在遗址中发掘了三座战国越人墓。与湘北、湘中不同，湘南地区整个战国时期仍是越民族集中分布的地区。1979—1980年在资兴旧市发掘的84座战国墓中，就有40座属于越人墓，其他楚人墓，也多见越文化因素的影响。考古学界认为，战国时期越人仍是湘南地区居民的主体[45]。

楚国统治时期，居住于湖湘地区的越人，仍保持着他们本身特有的风俗习惯和文化特征。在属春秋战国时代的平江瓮江、长沙太子冲、石门古城堤、宁远冷道故城等遗址，以及长沙沙湖桥、衡阳、资兴、临澧等战国墓中，都有几何印纹陶出土，其纹饰多为米字纹、席纹、叶纹、叶脉纹、篦齿纹、细方格纹、弦纹、水波纹等几何印纹硬陶。越墓葬俗也很特殊，多为长方形土坑竖穴墓，墓坑特别窄长而浅，一般长宽比例在3:1以上，有的达6:1，多在墓底设置腰坑，埋上一件陶器，这与中原在腰坑里埋狗、殉人截然不同；随葬器物以兵器、工具和生活实用器为主，尤以随葬青铜兵器为最多。罕见随葬礼器，如资兴旧市47座春秋越人墓中出土青铜器64件，其中兵器就有46件，占70%左右。

越人有自己成熟的青铜文化，有一套典型的越式青铜器。如三足细高而且外撇的"越式鼎"，在湖南平江、浏阳、长沙、湘潭、衡阳、湘乡、资兴等地均有出土；另一件典型的越式青铜器是扁茎无格的短剑，即"越式剑"，在湘北、湘中、湘南大部分地区都常见。此外，牛角竖耳鼎、盘口鼎、人字断面削刀、孤刃钺、人面纹和人形柄匕首、乐器镇等，都是春秋战国时代湖南越人的典型器物[46]。

居住在湘中、湘南地区的越人，一直延续到汉代，此后更向南和西南迁徙，成为今天湖南侗族的主要来源。

蛮，即殷商和西周时代的“荆蛮”，为“三苗”后裔，广泛分布于长江中游和洞庭湖沿岸。春秋战国之际，蛮的一部分同南下的楚人融合，成为楚民族的组成部分。但还有相当一部分，即后来构成苗、瑶民族的先民，依然保持着自己的民族特色和民族独立性。他们被楚人统称为“群蛮”，成为楚人征伐和排挤的对象，逐步从江湖平原溯沅、澧二水向湖南西部和西南部迁徙。

春秋战国时代，湖南西部和沅水中上游，仍居有大量濮人，所以楚国向湖南西部扩展，名为“启濮”、“开濮地”和“伐濮”[47]。自楚平王“伐濮”，楚人势力席卷沅、澧流域以后，一部分濮人继续向沅水中上游和我国西南地区迁徙。后来，有不少融合于苗、瑶民族；而一部分留在原地的濮人，处于楚国直接统治之下，逐步融合于楚人。

蛮、濮民族在文化习俗方面与楚人和越人相近，如信巫鬼、重淫祀等，但又具有鲜明的特点。这在考古文化方面，有不少反映。

近年来，在湘西地区发现了一批春秋战国时代但不同于楚文化和越文化的文化遗物。其中典型的器物是两种青铜剑。一种剑的剑身和巴式剑略似，但有很宽的梯形剑格，剑格上往往镂刻云纹、圆圈纹、菱形纹、涡纹等纹饰。这种剑在1976年保靖四方城战国墓中出土过5件。另外慈利城郊战国墓、辰溪城郊米家滩战国墓以及湖北秭归、宜昌都有发现。另一种剑为扁圆实心茎无格剑，茎上镂刻云雷纹、复线三角纹、折曲纹等，这种剑在贵州赫章和威宁西汉早期夜郎国古墓中也有发现。这两种类型的剑，应是湘西苗、瑶民族的先民——蛮、濮人的文化遗物。

蛮、濮民族墓葬习俗多为带龛的土坑墓，龛挖在墓坑壁上，随葬器物多放在龛内。随葬陶礼器与楚墓略同，但也有一些器物有其特点，如春秋中期澧县丁家岗29号出土的陶鼎，泥红陶、小口、平折沿、束颈、平折肩、浅圆腹、矮方形足。考古学界认为，这种与楚鼎、越式鼎、周式鼎都不同的器物，很有可能为濮人的一种器型。

聚居于湘西的蛮人、濮人，后来成为秦汉时代“武陵蛮”和“五溪蛮”的重要组成部分，并进而发展为今天湘西和湘西南的苗、瑶等少数民族。而这些苗瑶民族的文化，构成了湖湘地域文化的重要因素和某些特质。

相传巴人起源于鄂西清江流域，为廪君巴务相之后。巴人曾参加武王伐纣，周初受封建立巴子国。其领地大致为鄂西和川东一带。巴、楚两国曾长期进行争逐。战国时随着楚国势力的强盛，巴人为楚所逼，逐步向西退缩，其中心由鄂西转到川东。

春秋时期，与巴人发源地的鄂西相邻的湘西北地区已有少量巴人活动。有的学者认为楚人征服湘西地区之前，这一带也是巴人活动区域，因此有“巴黔中”之称[48]。但巴人的大批进入湘西地区，应是战国中后期。据唐人梁载言《十道志》载：“故老云，楚子灭巴，巴子兄弟五人，流入黔中。”巴国是公元前316年为秦所灭。在此前不久，楚国一度占领巴国的都城枳。《十道志》记载的“楚人灭巴”当为“秦人灭巴”之误，但也可能是指楚人占领巴国的国都，时间均为战国中期。正是由于楚、秦势力的压迫，川东的巴国遗民才大批流徙入湘，散居在湘西北和湘西蛮人、濮人地区。

巴人自称为白虎之后，崇拜虎图腾。《后汉书·西南夷列传》记载：巴人酋长“廪君死，魂魄世为白虎”。《蛮书》也记载：“巴氏祭其祖，击鼓而祭，白虎之后也。”湘西地区出土了许多有虎形纹饰的器物，如虎纹铜戈、虎钮印、虎形肖像印、虎纹铜斧、铜钺等，可能同巴人有关。

巴人有一套自己的青铜文化体系。錞于是巴人喜用的一种乐器。据统计，目前我国出土的錞于共71件，其中湖南所出就达41件，其余则出土于鄂西清江流域之松滋、长阳、巴东、利川、建始、恩施以及与湘西邻近的贵州松桃县。湖南出土的錞于主要分布在龙山、保靖、花垣、泸溪、溆浦、石门、慈利、安化、靖县、会同等县。錞于上的纹饰，则以虎钮为多。其中有一部分，应属巴人的遗物[49]。

巴人的兵器也具有其特色。如1959年常德26号战国墓出土的一件巴式戈，长胡三穿，援中棱背不明显，全长23.4厘米，援末近阑侧两面各铸有巴式铭文一行，并铸有一些巴人特有的纹饰符号，如太阳状符号。又如1985年益阳资江机器厂工地战国楚墓中发现两件形制相同的巴式戈。戈的两侧均有兽面，上有虎形图案，又铸有巴式文字。巴人还有独特的青铜剑巴式剑，这是一种柳叶形上有虎纹或手心纹的铜剑，在湘西的战国墓中亦有发现。

巴人入湘后，成为楚人统治下的“蛮夷”民族的一部分。后来成为秦汉“武陵蛮”的组成部分，并同当地土著“蛮”族逐步融合，成为今天湘西土家族的最初来源之一。

【注释】

① 参见伍新福主编《湖南通史》（古代卷），湖南人民出版社，2008 年 11 月“湖湘文库”丛书版，第 4—8 页。

② 参见贺刚《高庙遗址的发掘与相关问题的初步研究》，载《湖南省博物馆馆刊》2005 年第 2 期。

③《史记·五帝本纪》，岳麓书社 1988 年版，第 1 页。

④《新书·益壤》。

⑤《水经注》卷三二“谬水”，陈桥驿注释本，浙江古籍出版社 2001 年，第 501 页。

⑥ 参见《银雀山汉墓竹简》中《释文注释·孙子兵法》，文物出版社 1975 年版。

⑦⑧［清］王万澍：《衡湘稽古》。

⑨［清］王应章：《嘉禾县学记》，载光绪《嘉禾县志》。

⑩《史记·五帝本纪》，岳麓书院 1988 年版，第 4 页。

⑪⑫ 参见伍新福《中国苗族通史》上册，贵州民族出版社 1999 年版，第 32 页。

⑬《礼记·檀弓下》郑玄注。

⑭⑮ 民国《宁远县志》卷五《祠祀》。

⑯⑰［清］光绪《衡山县志》卷四二《古迹》。

⑱［清］王先谦：《湖南全省掌故备考》卷五。

⑲⑳ 引自清陈运溶辑《麓山精舍丛书》第一辑。

㉑［唐］韩愈：《韩昌黎集》卷三。

㉒［清］光绪《衡山县志》卷四一。

㉓［清］光绪《善化县志》卷二九《古迹》。

㉔［清］光绪《衡山县志》卷四二《古迹》。

㉕《大清一统志》卷三八一《衡州府》。

㉖ 清光绪《善化县志》卷二九。

㉗㉘ 参见何介钧、曹传松《湖南澧县商周时期古遗址调查与探掘》，载《湖南考古辑刊》第四集，岳麓书社 1987 年版。

㉙ 参见何介钧《湖南商周时期古文化的分区探索》，载《湖南考古辑刊》第二集，岳麓书社 1984 年版。

㉚ 湖南考古研究所等：《湖南宁乡炭河里西周城址与墓葬发掘报告》，载《文物》2006 年第 6 期。

㉛ 参见高至喜《楚公戈》，载《文物》1959 年第 12 期。

㉜ 参见高至喜《论湖南出土的西周青铜器》，载《江汉考古》1984 年第 3 期。

㉝㉞ 参见高至喜《从长沙楚墓看春秋战国时期当地经济文化的发展》，载《中国考古学会第二次年会论文集》，文物出版社 1980 年版。

㉟ 参见吴铭生《资兴战国墓出土流璃器的探讨》，载《湖南考古辑刊》第三集，岳麓书社 1986 年版。

㊱㊲ 参见湖南省博物馆《长沙楚墓》，载《考古学报》1959 年第 1 期。

㊳ 参见高至喜《湖南出土楚文物研究综述》，载湖南省博物馆编《湖南省博物馆开馆三十周年暨马王堆汉墓发掘十五周年纪念文集》，1986 年。

㊴ [汉] 王逸：《楚辞·九歌章句》，中华书局 1983 年版《楚辞补注》第 59 页。

㊵㊶ 何琳仪：《长沙帛书通释》，载《江汉考古》1986 年第 1 期。

㊷ [汉] 王逸：《楚辞·九歌章句》，《楚辞补注》，中华书局 1983 年版，第 64 页。

㊸㊹ 吴铭生：《从考古发现谈湖南古越族的概貌》，载《江汉考古》1983 年第 4 期。

㊺ 参见傅举有《古越族在湖南活动的历史和遗迹》，载《百越民族史论丛》，广西人民出版社 1985 年版，第 186 页。

㊻ 参见何介钧《从考古发现看先秦湖南境内的民族分布》，载《求索》1983 年第 4 期。

㊼《史记·楚世家》，岳麓书院 1988 年版，第 329 页。

㊽ 参见熊传薪《湖南发现的古代巴人遗物》，载《文物资料丛刊》(7)，文物出版社 1983 年版。

㊾ 参见熊传薪《我国古代錞于概论》，载《中国考古学会第二次年会论文集》，文物出版社 1980 年版。

第二章

秦汉和魏晋南北朝时期

自秦始皇兼并六国和秦、汉中央集权的封建帝国建立后，湖南各族人民进入了祖国统一的多民族的大家庭，三湘大地成为中国不可分割和极其重要的组成部分。在秦和两汉的400多年间，湖南经济社会逐步获得新的发展，其水平同中原地区大体相近。社会生产力的提高，封建经济、政治，以及与其相应的文化的发展等各方面的成就，都是十分明显的。湖南的楚文化和民族文化，与中原华夏文化及其他地域文化，相互吸收与融合，在湖南开始形成与中华文化既有统一性和共性，又具地方特色的湖南区域文化。与此同时，出现了第一批最早见诸史册的湘籍人物和名士，如出任交州刺史、政绩卓著的罗宏，发明造纸术的蔡伦，官至尚书的胡腾、蒋晋等。他们以自己的聪明才智和文治武功，在中国历史的发展中作出了贡献。而长沙国太傅贾谊，长沙太守张机，先后出任桂阳太守、政绩斐然的卫飒、茨充等，这批入湘的中原和外籍人士，又促进和积极影响了湖南经济社会和文化的发展。

在魏晋南北朝时期，湖南先属孙吴，西晋短暂统一后，则依次归于东晋和宋、齐、梁、陈四王朝。由于全国政治、经济、文化重心的逐步南移和北方人口的南迁，湖南地处江南，相对而言受战祸兵燹较小，社会比较安定，因此湖南地区得到进一步开发，经济、文化都有长足的进步和发展。同时，湖南各族人民更加强了同中央王朝的关系，更多地参与国家的政治生活，历史上第一批湖湘人才崭露头角，诸如蒋琬、黄盖、刘先、刘巴、桓阶等，堪称一代英才，他们为中国和湖南历史与文化的发展作出了自己的贡献。阴铿是这一时期湖南文学方面的突出代表，其诗作直接对李白、杜甫产生了影响。东晋罗含的《更生论》，则是湖南最早的具有朴素唯物论和辩证观点的哲学著述。东晋邓粲的《晋纪》、《元明纪》，晋代张方所撰的《零陵先贤传》，萧梁朝黄闵《武陵记》等，代表了湖南史地学的初步形成和发展。自西晋初年佛教、道教由北方传入湖南，并获得迅速发展，南岳衡山和长沙岳麓山开始成为重要的佛、道圣地，深刻影响了湖湘古代文化的发展。

第一节　文献与学术

最古的《老子》传抄本和“黄老”四种佚书　罗含《更生论》的哲学思想　邓粲《晋纪》、《元明纪》及湖南最早一批史地著述

1972 年初至 1974 年初，长沙东郊马王堆考古发掘西汉长沙国丞相利仓家族三座大型墓葬，即马王堆 1、2、3 号墓，除利仓妻辛追的两千年不朽的古尸外，还出土了数千件珍贵文物。其中尤为难得的是发现了一批极有学术价值的帛书[①]。

《老子》是先秦道家的代表作，作者相传为老聃，成书年代可能为战国初期。马王堆汉墓出土的帛书中，有《老子》甲、乙两种抄本，甲本字近篆体，乙本为隶书。甲本不避刘邦讳，也不避秦始皇父庄襄王子楚讳，其抄写年代当在秦亡之后不久，约公元前 200 年左右。乙本仅避刘邦讳，抄写年代可能在惠帝和吕后时期。在帛书出土之前，《老子》传本流传较早、影响最大的有始行于东汉的河上公注本、魏晋间王弼注本和唐代傅奕校定本。傅奕校定本主要依据北齐武平五年（574）徐州项羽妾墓出土的古写本，但篇章体式实以汉魏以来流行的本子为底本，内容多经后人参校改动，古写本的原貌已无法稽考。比较而言，帛书甲、乙两种抄本，时代最古，手迹最真，大体保存了《老子》的古义和原貌。

现今传世的各种《老子》传本，分为两篇，上篇称《道经》，下篇称《德经》，故历来又称《老子》为《道德经》。帛书甲、乙本也分成两篇，但编次刚好相反，即《德经》在前，《道经》在后，可合称为《德道经》。《韩非子》阐述《老子》一书的篇章也是从《德》的内容讲起的。西汉末年严遵的《道德真经指归》，开卷也是讲《德》。可见，帛书本的顺序，应该是《老子》原本的编次。传世的《老子》，一般分为 81 章，严遵本分 72 章。帛书甲本上篇也分章，但有多处与流传本分法不同；而乙本是通篇连抄，不分章节。由此可推测《老子》原书可能是不分章的。我们现在来研究《老子》时，就可以打破今本的章次界限，不必受前人之见的约束。此外，帛书本与今本对照，文字有很多歧义，有些字是直接影响文意的。这对于订正今本文字上的一些错误，探讨《老子》的原义，很有帮助。

在帛书《老子》乙本前面，还抄有《经法》、《十六经》、《称》、《道原》四种古佚书。它们基本属于同一思想体系，具有浓厚的道家色彩。其中《十六经》是假托黄帝及其大臣们言行的“黄帝”书。“黄帝”书与《老子》同抄在一个本子上，这与战国中期开始流行的“黄老之学”正相吻合。这四种古佚书，《汉书·艺文志》未见著录，但《艺文志》道家类著录中有《黄帝四经》，可能就是指这四种古佚书。

两千多年来，除《老子》外，道家的黄帝书，没有一部流传下来。因此，后世只知“老学”，而不知“黄学”。黄学与老学有何异同，一直是古代哲学史上的一个疑团。四种古佚书的发现，使我们看到了黄学的要旨，对于古代中国哲学思想史的研究具有十分重要的价值。

“黄老”学说，在战国中期开始流行，至西汉初年，由于封建统治者的提倡，在全国盛行起来。马王堆汉墓帛书《老子》和“黄老”四种佚书的发现，再次证明西汉初年封建统治者崇尚“黄老”，“清静无为”是其施政的主导思想，而作为长沙国相的利苍家族亦熟读黄、老之书，可见西汉初年“黄老”之学即已在湖南得到了传播。

罗含，字君章，东晋耒阳人。祖父彦、父绥均官至太守。罗含幼孤，为叔母朱氏所养，少有志尚。荆州刺史庾亮以为江夏郡从事，不久转任州主簿。桓温任荆州刺史时，转州别驾。江夏太守谢尚称罗含为“湘中之琳琅”，桓温赞之为“荆楚之材”、“江左之秀”[②]。《晋书·罗含传》称“所著文章行于世”。但目前仅见《全晋文》收录其著作两篇。其中《更生论》是罗含哲学思想代表作，也是流传至今的湖南古代最早的一篇哲学著述。

《更生论》首先引向秀之言，认为“天”是“万物之总和”，而人则“天中之一物”。这是魏晋哲学思想中一种流行的关于“天”的概念，具有朴素唯物论的因素。

所谓“更生”，即事物的发展变化。罗含《更生论》云：“万物有数，而天地无穷。然则无穷之变，未始出于万物，万物不更生，则天地有终矣。天地不为有终，则更生可知矣。”即认为“天”是无穷的，而事物是有限的，而“天”之所以无穷，是因为万事万物永远处于变化之中。这是发展的辩证的观点。至于万物如何“更生”，罗含说：“人物有定数，彼我有成分，有不可灭而为无，彼不得化而为我。聚散隐显，环转于无穷之涂。贤愚寿夭，还复其物，自然贯次，毫分不差。”“天地虽大，浑而不乱；万物虽众，区已别矣。”这就是说，有与无，我与彼，不能转化；事物只是“聚散隐显”，即只有形式的变化，而不是一种质的转化。这又是形而上学的观点。而且罗含特别强调：“各自其本，祖宗有序，本支百世，不失其旧。”[③]高门望族永远是高门望族，部曲、佃客、奴仆，永远只能是部曲、佃客、奴仆。即使“更生”一百世，他们也不会易位。很明显，罗含的哲学归根到底是维护当时不合理的门阀制度，为豪门世族服务的。

罗含进一步阐述了这样的见解：“世皆悲合之必离，而莫慰离之必合；皆知聚之必散，而莫识散之必聚。未之思也，岂远乎！”[④]显然这是目睹由统一走向分裂的罗含对中国将来又必定会重新统一的预言和期盼，这又具有一定的积极意义。

《更生论》写成后，罗含寄给当时的长沙太守孙盛，孙读后写了一篇《与罗君章书》，一方面肯定《更生论》“括囊变化，穷极聚散”，是“好论”，但另一方面发表了不同观点。孙盛认为：“形既分散，知亦如之，纷错混淆，化为异物，他物各失其旧，非复昔日。”[⑤]孙盛特别强调“化”字，高门豪族可能变化成部曲、佃客和奴仆，部曲、佃客和奴仆也可能化为高门豪族，帝王将相均可起自寒微。这是代表当时“寒门”、“微族”的一种观点。这种观点比罗含的观点更具进步性，更符合于辩证唯物主义。

秦汉时代，湖南尚未见有史学和地学方面的著述传世，魏晋以后产生了第一批湘籍史地学家，他们撰写了不少史学和地学专著。其中应首推邓粲。

据《隋书·经籍志》记载，邓粲撰有《晋纪》十一卷。邓粲为东晋人，主要记述西晋历史。此书曾遭《晋书》作者的非议，说邓粲“祖述前史，葺宇重轩之下，施床连榻之上，奇词异义，罕见称焉”⑥。清代周圣楷认为此乃“过情之贬”。南朝梁刘勰论及《晋纪》时曾说：“春秋经传，举例发凡，自《史》、《汉》以下，莫有准的，至邓粲《晋纪》，始立条例。又撮略汉魏，宪章殷周，虽湘州曲学，亦留心典谟。及安国立例，乃邓氏之规焉。”⑦评价颇高。从刘勰的评论看，《晋纪》在中国传统史学的发展中起了相当重要的作用。可惜此书在隋唐后即已失传。

邓粲还著有《元明纪》十卷。所谓“元明”，系指东晋初年的元帝和明帝。二帝前后仅十年。《晋书·邓粲传》称：“粲以父骞有忠信而无知者，乃著《元明纪》十卷。”《元明纪》主要是记载王敦叛乱和司马承组织讨伐王敦，以及长沙之战等史事。原书可能早已佚失，《隋书·经籍志》未载。据《新唐书·艺文志》载，邓粲还著有《晋阳秋》三十二卷，亦佚失。

魏晋南北朝时，湖南产生了一批最早的关于湘籍历史人物的著作。综合性总传类，据《隋书·经籍志》记载，有《楚国先贤传赞》十二卷，晋张方撰；《零陵先贤传》，作者不详；《长沙耆旧传赞》三卷，晋临川王郎中刘彧撰；《桂阳先贤画赞》一卷，三国吴左中郎张胜撰；《武陵先贤传》，作者佚名。这些史籍原书均已佚失，现只能从某些典籍中见到部分内容。例如，《三国志》裴松之注中引用《零陵先贤传》多处；《水经注》、《初学记》、《艺文类聚》等载有《长沙耆旧传赞》和《桂阳先贤画赞》的部分内容；《后汉书》注、《北堂书钞》等有《武陵先贤传》多条引文。

个人别传有《桓阶别传》，作者佚名。《太平御览》“经史图书纲目”著录此书，并在诸多卷中引其文。清陈运溶《麓山精舍丛书》辑其佚文一卷。桓阶，三国临湘（今长沙）人，孙坚时举孝廉，官尚书郎。后入魏，迁尚书。魏文帝即位，拜尚书令，封安乐乡侯。

南朝萧绎所撰《金楼子》，也可算作湖南古文献（萧绎为梁朝的湘东王）。原书已佚。今之清乾隆六卷本，系从《永乐大典》所收元至正三年（1343）本辑出，尚存14篇。卷一为兴王篇、箴戒篇；卷二为后妃篇、戒子篇、聚书篇；卷三为说番篇；卷四为立言篇上、下；卷五为著书篇、捷对篇、志怪篇；卷六为杂记篇上、下，自序篇。书中资料丰富，于古今闻见事迹，征引周秦异书，今多佚亡。自序内容，亦可补诸书所未备。有《四库全书》、《百子全书》等本传世。

魏晋南北朝时期，湖南出现了不少地理方面的著述，有一批较有影响的地学家。

罗含，既是哲学家，又是地学家。其地理著述有《湘中记》，见于《水经注》和《资治通鉴》胡三省注。《宋史·艺文志》著录罗含《湘中山水记》三卷，应即此书。原书已佚失。《汉唐地理书钞》、《玉函山房辑佚书补编》等均收辑有部分条文。

据《隋书·经籍志》载，萧梁朝武陵人黄闵著有《神壤记》一卷，注云："记荥阳山水，黄闵撰。"已失传。又撰《武陵记》一卷，原书已佚，《太平御览》有引文，《汉唐地理书钞》、《麓山精舍丛书》亦有辑文。还撰有《沅陵记》，原书佚失，《汉唐地理书钞》保存有辑文7条。据《明一统志》载，萧梁朝武陵人伍安贫撰有《武陵图志》，原书已佚失。《麓山精舍丛书》辑有《武陵记》一卷，亦称伍安贫撰。

此外，魏晋和南朝时还有一批有关湖南地理的著述，著者或为外籍人士，或籍贯不详，或佚名。如：《南岳记》一卷，南岳名道徐灵期撰，《初学记》、《北堂书钞》、《艺文聚类》等载引其文；《桂阳记》，三国魏人杨元凤撰，《汉唐地理书钞》有辑文；《湘州记》一卷，晋郭仲产撰，《汉唐地理书钞》、《麓山精舍丛书》有辑文；又《湘州记》四卷，南朝宋无名氏撰，《汉唐地理书钞》有辑本；《湘中记》一卷，南朝宋人撰，佚名，《麓山精舍丛书》辑有16条；又《湘中记》一卷，南朝宋庾仲雍撰，《汉唐地理书钞》有辑文；《荆楚岁时记》一卷，南朝梁宗懔撰，《广汉魏丛书》、《说郛》、《四库全书》等均有载录；《荆州记》，晋武陵内史范汪撰，《史记正义》、《北堂书钞》、《太平御览》等载引其文，《麓山精舍丛书》辑此书佚文 6 则；《荆南志》二卷，南朝梁元帝萧绎撰，《太平御览》引其文，光绪《湖南通志·艺文志》按："引文有及今湖南山川者，则荆南乃指荆州以南，统荆湘而言之，此全楚地志之始。"

第二节　文学艺术

屈原在湖南的创作　贾谊与《吊屈原赋》　湖南最早的著名诗人阴铿等人的文学著述　绘画（"非衣"画和"帛画"）、乐器与音乐艺术　耒阳《吴九真太守谷朗碑》和湖南早期书法艺术

秦以前湖南的诗歌文学，流传下来的极少。看来当时正宗严肃的载体文学，湖南并不发达，比中原诸国要差得远。但是湖南民间的口头文学却非常发达。因为湖湘地区的人们非常热爱大自然，热爱生命，而中原文化及楚国的统治对湖南居民的束缚也相对弱些，这就为民间诗歌和讲唱文学的发展提供了优越条件。湖南民歌的状况，我们从屈原所遇渔父所唱的"沧浪之水清兮，可以濯吾缨；沧浪之水浊兮，可以濯吾足"[⑧]，可见一斑，其清丽洒脱，远非中原正统经典文学可比。

屈赋中的许多篇章，如《九歌》、《怀沙》、《涉江》等都写作于湖南，它们是屈原根据所见所闻的湖南民间神话传说、山歌、祭祀词等加工润饰而成的。因此，我们可将屈原的《楚辞》视为春秋战国时期湖南地区的文学作品。从屈赋诸篇中，我们可以看到，湖南的民间诗歌，具有强烈的浪漫主义精神，它与中原文学的风格有明显不同。如果没有湖南地区的民间文学与民俗文化作基础，就产生不出中国文学史上屈原那些伟大的作品。

《九歌》是一组祭祀鬼神的乐歌，它的产生，与楚地巫风盛行、重鬼神、喜淫祀的古老风俗有着密切的联系。据王夫之《楚辞通释》引王逸旧说以为："《九歌》者，屈原之所作也。昔楚国南郢之邑，沅湘之间，其俗信鬼而好祠，其祠必作歌乐鼓舞以乐诸神。屈原放逐，窜伏其域，怀忧苦毒，愁思沸郁，出见俗人祭祀之礼，歌舞之乐，其词鄙陋，因为

作《九歌》之曲，上陈事神之敬，下见己之冤结，托之以风谏。”因歌词本用于民间祀神活动，所以带有浓厚的歌舞娱神的色彩。就其内容和形式而言，要皆巫觋之词，神灵之像，以及对自然物的人物化的描写；并且融入了古代动人的神话传说和易于感荡心灵的情歌成分；同时，在写作的过程中也寄寓了作者对君国无时或忘的眷恋，通过事神不答的恳切情辞，表达了作者终难求合于君的深切悲哀。

《九歌》中直接与湖南相关的篇章有《湘君》和《湘夫人》，即人们通常简称的“二湘”。二湘所祀为湘水之神及其配偶，其原始的用意自然是出于敬事神灵，祈福消灾，求得“令沅湘兮无波，使江水兮安流”，免除洪涝之患。湘君为湘水男神，举行祀神仪式时由女巫扮湘夫人歌舞迎神，作为人神交接的中介。篇中所写“君不行兮夷犹，蹇谁留兮中洲”、“望夫君兮未来，吹参差兮谁思”，正是通过湘夫人对湘君的等待和思恋，反映出人们期盼神祇降临的心情。湘君是湘水的化身，湘江北去，滔滔奔流，注入洞庭，流进长江。“驾飞龙兮北征，邅吾道兮洞庭”、“望涔阳兮极浦，横大江兮扬灵”、“朝骋骛兮江皋，夕弭节兮北渚”，便是以江阴洞庭为地域背景对湘水所作的带有灵异色彩的人格化描写。而其中“美要眇兮宜修，沛吾乘兮桂舟”、“薜荔柏兮蕙绸，荪桡兮兰旌”、“桂棹兮兰枻，斫冰兮积雪”，更体现了潇湘洞庭的风光旖旎，景色优美。至于“心不同兮媒劳，恩不甚兮轻绝”、“交不忠兮怨长，恩不甚兮告余以不闲”，则显然是作者自身遭遇所引发的感慨。

《湘夫人》是与《湘君》相互对应的篇章，祀神时由男巫扮湘君作为人神交接的中介。篇中写湘君对湘夫人的殷切思慕和无缘会合的怨怅，首末大抵与《湘君》同。古代传说虞舜南巡，死于苍梧之野，葬于九疑山上。舜之二妃，即帝尧的两个女儿娥皇、女英追至江湘洞庭，闻舜已死，南望痛哭，自投湘水以殉，成为湘水女神。这一爱情悲剧色彩极浓的古老神话传说，经过屈原的加工改造，写成“二湘”，形象更加丰满，情思更加动人。较之俗陋诡秘、质木无文的传统巫歌神曲，的确具有一种全新面貌和无与伦比的美感。

帝子降兮北渚，目眇眇兮愁予。嫋嫋兮秋风，洞庭波兮木叶下。

这是《湘夫人》开篇的描写，意象灵幻飘渺，情绪惆怅凄迷，气氛冷落衰飒而神奇美妙，堪称绝唱。

贾谊（约公元前200年—前168年），世称贾太傅、贾长沙、贾生，洛阳（今河南洛阳）人，是西汉初期著名的政治家和文学家。

贾谊年少即以善诗属文著称于世。后见用于文帝，力主改革汉初分封制度，遭到当朝权贵周勃等反对，外放任长沙王太傅，改任梁怀王太傅。后梁怀王堕马而死，贾谊深感自己失责，抑郁忧愤而死，年仅33岁。其主要文学成就是政论文，鲁迅曾说，贾谊与晁错的文章“皆为西汉鸿文，沾溉后人，其泽甚远”。所著文章50余篇，刘向编为《新书》十卷，《汉书·艺文志》著录有赋七篇，明人沈颉、李空同、陆良弼等辑有《贾长沙集》。

贾谊对湖南文学的贡献主要体现在两个方面。一是继承发扬了屈原的楚辞精神，保持了湖南文学持续发展的精神脉络。《吊屈原赋》表面上以古伤今，深层意义是写出了中国文人士子面对人生困境时的普遍选择——忠君爱国、九死不悔的高尚情怀。二是推动了楚辞向汉赋过渡的文学进程，开始了文学形式上的更新，打开了一个走向新文体的窗口。

学界大致意见认为《吊屈原赋》作于贾谊离开长安赴长沙王太傅任、途经湘江时所作，最早的根据是司马迁《史记·屈原贾生列传》记载：“贾生既辞往行，闻长沙卑湿，自以寿不得长，又以适去意不自得。及渡湘水，为赋以吊屈原。”

贾谊《吊屈原赋》对后代文学，特别是湖南文学的影响至少有两个方面：一、自贾谊开始，屈原及楚辞成为中国文学的一个重要文化意象。历代怀才不遇的文人士子往往都以歌咏屈原作为自身情感的一个重要寄托，屈原形象也更趋丰富深沉。二、《吊屈原赋》对赋，特别是骚体赋的形成发展起到了巨大的推进作用。马积高《赋史》说：“《吊屈原赋》在体制上虽上承《九章》，但前一段连用许多排比句，第二段多用反诘句和感叹句，形成一种铺张扬厉的风格。”“铺张扬厉”正是汉赋的基本特征之一。

《吊屈原赋》第一部分以四字句为主，参差变化，整饬中现灵活，灵活中有节奏。徐师曾《文体明辨·赋》亦云：“楚辞亦发乎情而用以为讽，实兼六义而时出之。辞虽太丽，而义尚则可……两汉而下，作者继起，独贾生以命世之才，俯就骚律，非一时诸人所及。”“俯就骚律”正指出了贾谊步趋楚辞的特征，这只是问题的一个方面，另一方面是《吊屈原赋》又引导楚辞向汉赋过渡。《吊屈原赋》的文体结构既继承了楚辞多用“乱曰”的结构形式，又开启了汉赋劝百讽一的文体特征。

此外，贾谊流寓长沙时还作了一篇咏物抒怀的小赋——《鹏鸟赋》，在百余字的短文中，将宇宙人生、现实理想、眼前之境与未来之叹融合在一起，提出只有正确认识生命、对待生命，既不被外物所累，也不为自己内心所蔽的价值观。《鹏鸟赋》对汉赋的巨大影响主要集中在：以问答的方式展开全文成为汉赋的一种普遍结构方式，结尾处多议论抒情也成为汉赋常见的情感结构，与劝百讽一的逻辑结构共同成为汉赋的重要特征；《鹏鸟赋》以其简短精致的结构，集中单一的主题，深沉细致的情感成为汉代及其以后抒情小赋的滥觞。尽管荀子的《蝉赋》等已开咏物赋的先河，但从《鹏鸟赋》始，咏物赋成为一种独立题材的赋体，源远流长。

阴铿，字子坚，南朝梁、陈之际著名诗人，澧州作唐（今湖南安乡）人。先世本居武威姑臧（今甘肃武威），高祖阴袭在东晋义熙末年随刘裕南迁，定居南平（治作唐）。祖父阴智伯、父亲阴子春曾官梁、秦二州刺史，逝于湖北江陵。阴家自阴袭传至阴铿，已在南平定居五世，故湖南为阴铿家乡当无疑义。阴铿少年聪慧，五岁能诵诗赋，日及千言，强于记忆。及长，博涉史传，才思敏捷。初仕梁湘东王萧绎法曹参军；入陈为始兴王陈伯茂府中录事参军，以文才为陈文帝所赞赏，累迁晋陵太守、员外、散骑常侍。约在陈文帝天嘉末年去世。

阴铿是南朝著名诗人，也是湖南文学史上最早以诗名家的作者。梁陈之际，宫体诗大为盛行，情调流于轻艳，诗风偏于淫靡，内容多及宫廷生活与男女私情，形式则讲究词藻秾丽、堆砌用典。而阴铿诗却“神采新澈，辞精意切”，使人耳目一新，“被当时所重”⑨。由于都讲究字斟句酌且诗风相近，阴铿与何逊齐名，史上并称为“阴何”。

阴铿诗风格清丽，言辞精警，匠心独具。清陈祚明《采菽堂古诗选》评价道：“如春风披扇，时花弄色，好鸟斗声；娟秀鲜柔，一景百媚。”其诗内容多为旅思别愁，长于写景，而描写江上的景色尤为突出。如《渡青草湖》：

> 洞庭春溜满，平湖锦帆张。沅水桃花色，湘流杜若香。
> 穴去茅山近，江连巫峡长。带天澄迥碧，映日动浮光。
> 行舟逗远树，度鸟息危樯。滔滔不可测，一苇讵能航？

青草湖亦名巴丘湖，在湖南岳阳西南，连接洞庭，吞纳湘、沅，因湖的南岸有青草山，故名。作者以明快的色调、酣畅的笔墨描绘洞庭湖区优美绮丽的自然风光，其中糅入桃花源、湘夫人、巫山神女、洞庭地穴以及道教洞天福地茅山的传说，丰富了诗的意蕴，留下了更多想象的余地。而飞鸟越湖力怯，歇息于高高的桅杆，湖水滔滔，宽不可测，岸遥难达，则生发出作者行旅劳倦、世途艰险的感慨。

阴铿的送别诗也颇具特色，其中更多写景的成分。如他的名篇《江津送刘光禄不及》：

> 依然临送渚，长望倚河津。鼓声随听绝，帆势与云邻。
> 泊处空余鸟，离亭已散人。林寒正下叶，晚钓欲收纶。
> 如何相背远，江汉与城闉。

写渡口送行，因迟到未及与友人相见的惆怅心情。其中，“鼓声”二句将诗人的依依不舍和盘托出。

《陈书》记载阴铿“尤善五言诗”。阴铿流传下来的 30 多首五言诗中，八句的格式占 16 首之多。它们讲求声律，对仗工整，除部分平仄欠协调外，形式上已非常接近唐代五言律诗。可以说，阴铿的五言诗成为汉魏乐府五言诗过渡到唐代五言律诗的重要桥梁。

阴铿诗开唐宋近体诗之风，对后代诗人影响深远。如李白的山水诗风格清新，与阴铿十分相似，杜甫《与李十二白同寻范十隐居》即云：“李侯有佳句，往往似阴铿。”杜甫对阴铿推崇备至，其《解闷十二首》中有“陶冶性灵存何物，新诗改罢自长吟。熟知二谢将能事，颇学阴何苦用心。”认为写诗除须具有二谢才情外，更要学习阴铿、何逊的刻苦精神。其他诗人如王维、柳永等都对阴铿诗歌有所继承。

阴铿诗集原有三卷行世，至隋而散佚，今存《阴常侍集》一卷，《六朝诗集》本，又名《阴常侍诗集》。有《二酉堂丛书》本、《丛书集成初编》本，收录诗歌 36 首。

刘巴（约170—222），字子初，零陵烝阳（今湖南衡阳）人。一生躬履清俭，不治产业，恭默守静，退无私交，非公事不言。刘备称帝，文诰策命皆其所作。刘巴不以文学著名，但其书信奏疏较有个性与文采，如《答先主》书，态度谦恭，文辞委婉，辞藻典雅。全文句式整齐而富于变化，虽为散文却富有韵律，正体现了当时文学追求辞藻骈偶的风尚。又如《为先主即皇帝位告天文》，既说明了天下群雄割据、国家无主的迫切形势，又对刘备上承天命、下安百姓的合理合法性作了充分论述。

蒋琬（？—246），字公琰，三国零陵湘乡（今属湖南湘乡）人。少以才闻名，为官清廉，处事敏捷；为人豁达、平和。清人严可均辑《全上古三代秦汉三国六朝文》有蒋琬集一卷，清代陈运溶辑为《蒋恭侯集》一卷，收入其所刊刻的《湘中名贤遗集五种》。《上袭魏疏》是蒋琬不足三百字的奏疏，条分缕析，思虑周详，急切报国之心喷涌而出，既有深沉的自责，又有对国家的拳拳衷情；既全面客观分析形势，又周到详细谋划未来；既符合奏疏的基本格式，又表现作者的独特感受。同时骈散结合，错落有致，较好地体现了六朝散文骈散结合的趋势。

桓阶，字伯绪，生卒年不详，三国临湘（今长沙）人。善著述，有《桓令君集》。清代严可均辑《全上古三代秦汉三国六朝文》有《桓令君奏议》一卷。清代陈运溶辑有《桓令君集》一卷，收入《湘中名贤遗集五种》。桓阶不以文学闻名，但所撰奏议语言典雅，格式规整，情理兼具，有一定的文学价值。如《奏请受禅》虽是程式文体，但引经据典，连类譬喻，较有说服力。光从文学角度而言，这类奏议遣词造句精练工整，有较强的文学色彩。

车胤（约333—401），字武子，晋南平（今属湖南常德）人。所著有《车太常集》，严可均辑《全晋文》一百三十五卷，清人陈运溶辑有《车太常集》一卷，收入光绪二十六年刊刻的《湘中名贤遗集五种》，但不及《全晋文》完备。车胤的文学才华主要表现在各种奏疏中。

这个时期湖南没有出现有名的画家，但长沙马王堆汉墓出土的帛画却颇具特色，足以代表当时湘楚的文化成就。

马王堆汉墓共出土5幅帛画。其中1号墓所出的一幅帛画，呈T

形，像一件短袖长衣，很可能就是墓中“遣策”所载的“非衣”，故人称之为“非衣画”。

“非衣”画以细绢作地，出土时呈棕色。顶端横裹一根竹竿，上系丝带，可以张举，中部、下部的四角各缀一条长约 20 厘米穗状麻质绦带。出土时覆盖在内棺盖板上，画面向下，上端系带处置一玳瑁璧，璧上系麻质带子。

帛是一种质地为白色的丝织品，在其上用笔墨和色彩描绘人物、走兽、飞鸟及神灵、异兽等形象，约兴起于战国时期，至西汉发展到高峰。1 号墓出土的马王堆 T 形非衣帛画被认为是自上而下分段描绘了天（上天）、人（人间）、水（水界）三界的景象。居于帛画 T 字形横段部分描绘的是上天的景象，其正中是一位躯干为人、足部为蛇形的女神，帛画横段的右上部有一轮红日，其下有八个小太阳。与红日相对的左上方是一弯新月，月下有一女子作“飞天”状，应该就是传说中的“嫦娥”。整幅画中对“上天”的描绘极为细致与复杂。反映人间部分的竖向中段，在华盖和有翼鸟（有学者认为是鸱鸮）之下是一位拄杖的老妇人，应该就是墓的主人辛追。在祭祀用的鼎、壶等之下便是水界，其左右两边各有一只鸱龟，鸱都站在龟背上，由龟载负着爬行。

3 号墓出土的一幅彩绘帛画，所画为车马、仪仗场面，故称“仪仗图”。3 号墓主人是驻守长沙国南境的重要将领。这幅“仪仗图”应是表现墓主人生前举行盛大检阅仪式的场面。这是迄今所见最早的一幅完全描绘现实生活的绘画作品。

“非衣”画和“仪仗”图，内容极为丰富复杂。画师把繁杂的事物形象地组成一个整体。构图主次分明；布局讲究对称，但又显示出参差变化，力避雷同、死板，并做到动中有静，静中有动。绘画的线条精细准确，变换自如，随着物象的变化，出现了不同的风格。人物形象还比较简略、朴拙，但已更多地注意解释关系和表情。特别是由先秦时的正侧面，进展到能够表现半侧面，这是绘画技术上的一个重大突破。所使用的颜色，丰富而鲜艳。施色方法，基本上是用单线平涂，但已有类似后世建筑彩画的退晕画法。此外，帛画还采用了渲染画法。

马王堆 1、3 号墓出土了瑟、竽、笛、琴、竽律等五种乐器。另外记有和木俑附在一起的模型乐器钟、磬、筑，这是我国音乐史上的一次重要发现。

1号墓出土的一套竹质十二音律管，是我国首次发现的珍贵的古代乐器。12根律管，长短不一，可吹出12个音高不等的标准音，其作用类似现在的定音哨。过去说笛子是汉武帝时才出现，而马王堆3号墓出土两根竹笛，前说应予以更正。此外，马王堆还出土了筑、磬等乐器的模型。特别是筑，秦汉时很流行，以后失传了，而3号墓中首次发现了筑的模型。

3号墓出土的“遣策”中，还记载了不少歌舞、乐器的名称。如“楚歌者”、“河间舞者”、“郑舞者”、“建鼓”、“大鼓”、“钟磬”、“郑竽瑟”、“楚竽瑟”、“河间瑟”等等。从这些记载可以看出，来源于不同地区、风格各异的歌舞乐器，当时已在长沙汇集一堂。这也反映了秦汉统一帝国建立后，湖南地区同全国各地文化交流的加强和汉初文化艺术的发展。

魏晋南北朝时期是我国书法和绘画发展史上的重要时期，王羲之、王献之父子的字；顾恺之的画，是极其珍贵的文化遗产。由于材料的缺乏，对于当时湖南书画艺术发展情况，很难加以记述。但从留下的个别资料看，湖南在这方面也获得了一定的发展。如据史志记载，三国泉陵人刘敏，蒋琬之外弟，善草书，是当时颇有名气的书法家。可惜其作未传于世。又有耒阳《吴九真太守谷朗碑》，立于吴孙皓凤凰元年，无撰者名氏，历代评家认为“其字遒劲”，“文词古雅，隶体端劲”。

《吴九真太守谷朗碑》，额题“吴故九真太守谷府君之碑”。碑纵176厘米，横72厘米。《金石续编》载：碑高五尺二寸，宽二尺四寸五分，字共十八行，满行二十四字。碑西侧有谷起凤等人题刻。碑后经剜改，已失原书风韵。清初拓本题刻尚完好，北京故宫博物院藏明拓本。

《谷朗碑》书法端劲有致，尚多汉人书风。字虽称隶书，实则体势已非常接近楷书，故亦有定为楷书者。当然同后世魏碑、唐楷相比，它还带有较浓的隶味。其结体方整，笔画圆劲，书风浑朴古雅，与曹魏诸刻风格稍异，但同为开后世楷书法门的重要碑刻。《谷朗碑》历来被视为楷书典范碑刻最早者之一。清康有为《广艺舟双楫》谓其“古厚”，并云：“吾爱古碑，莫如《谷朗》……以其由隶变楷，足考源流也。”又云：“上为汉分之别，下为真书之鼻祖也。”其书法凝圆规整，含蓄古雅。隶书明显之波折，几乎消失。而字形仍留浓重汉隶特色，诸如碑中“之、子、以”等字及部首“阜、辵、门”等，皆为隶书结构，由此足见隶变楷之踪迹。此碑在清代以前，惟见欧阳修、赵明诚二家著录。翁方纲《两汉金石记》云：“其字遒劲，亦有汉分隶法。”严可均谓其“隶法不恶，刻手极拙”。康有为称其古厚，为真楷之极。

第三节 科技和工艺

马王堆汉墓出土的医学和天文学帛书 世界上最早的实用地图 长沙太守张机的医学成就 蔡伦与造纸术 纺织技术和印染、刺绣 漆器与瓷器制作工艺

马王堆3号汉墓出土了一批医学帛书，包括《五十二病方》、《足臂十一脉灸经》、《阴阳十一脉灸经》(甲本)、《脉法》、《阴阳死脉候》、《导引图》及《却谷食气篇》和《阴阳十一脉灸经》(乙本)等，均为古佚书。同时3号墓中出土了200余支医书竹木简，计有4种佚书，即《合阴阳》(竹简)、《杂禁方》(木简)、《天下至道谈》(竹简)、《十问》(竹简)，文中多韵语，假托黄帝与天师、容成等人，尧与舜及他人相互问对的形式，讲述所谓“接阴治气之道”[10]。

《足臂十一脉灸经》和《阴阳十一脉灸经》，基本内容与编写体例都和《黄帝内经·经脉》有许多相似之处。但从三者的文字、具体内容来看，有着由简到繁、由不完备到逐渐周密完整的明显趋势，代表了经脉学说在其早期形成过程中的三个不同发展阶段。在《足臂》和《阴阳》中还没有出现“经脉”一词，而只有“脉”字；在《足臂》中，“脉”字使用了更古老的写法，写成“温”，这在古医学文献中还是第一次见到。关于脉的循行方向，《足臂》中十一脉都是向心性的，即从四肢末端流向躯体中心的胸腹或头面；在《阴阳》中，循行径路有了初步调整，开始有手太阳脉和手太阴脉，它采取了由躯体中心流向四肢末端的远心性方向，但其余九脉仍采取向心性方向。《经脉》则有了更为复杂的循行方

法，十二脉中有一半仍为向心性循行方向，另一半为远心性循行方向。全身各脉的循行路线，《足臂》和《阴阳》中每条脉各自独立，互不相干，并且都分布在体表，很少有脉与脏腑、脉与脉之间互相联系互相传递的记述。到《经脉》，已发展为全身体表经脉密布，并深入体内和相应的脏腑相连接，在脉与脉之间出现了表与里相对应的关系，各脉依次衔接，成为周而复始的循环系统。两部帛书灸经都只叙述了十一个脉，而没有“手厥阴脉”，到《经脉》才增添“手厥阴脉”，构成十二经脉。

《黄帝内经》是我国现存最早的医学专著，其十二经脉学说是中医学理论的一个重要基础。但在《黄帝内经》之前，经脉学说的形成和演变过程，由于资料缺乏，很不清楚。帛书《足臂十一脉灸经》和《阴阳十一灸经》的发现，正好填补了我国早期医学史上的这一空白，是研究我国古医学理论，特别是研究经脉学说的起源和发展的极其珍贵的文献资料。

《五十二病方》是一种久已佚失的医方专著。帛书现存1万余字，52题，医方总数为280方。内容涉及内科、外科、妇产科、儿科、五官科等。据考古学界推测，抄写年代不会晚于秦汉之交，是迄今为止我国已发现的最早的古医方书。所反映的药物学成就十分突出。书中242种药物名，不见于我国现存最早的药物专著《神农本草经》的，将近一半。医方中开始出现了早期辨证施治的观念。书中还记载了一些外科手术病例，以及多种多样的外治法。除清洗药敷外，还有药浴、烟熏、蒸汽、熨法、灸法、按摩等，这些都是我国医学史上有关疗法的最早记载。

《导引图》，上绘44人，分列成4排，每排11人，有男有女，有老有少，作各种运动姿态。一类是运动姿式，如伸展、屈膝、体侧、腹背、转体；一类是摹仿各种动物动态，如鹞背、龙登、鸟伸、熊经、猿呼等。还有针对病症的运动方法，这类数目最多，也最重要，如引项、引聋、引炅中人、引脾痛等。这是迄今我国考古发现中时代最早的一幅健身图谱，为研究我国独特的“导引”疗法的源流和发展，提供了很有价值的资料。

马王堆汉墓出土的帛书中，有两部天文学方面的专著，即《五星占》和《天文气象杂占》。这是我国至今能见到的最早的天文学专著。

《五星占》约 6000 字，包括前面占文和后面五星位置两个部分。帛书的后面，用表列的形式记载秦始皇元年（前 246）至吕后元年（前 187）60 年间木星的位置，从秦始皇元年到汉文帝三年（前 177）70 年间土星、金星的位置，以及其他一些相关的内容。《五星占》相当精确地记载了当时对五大行星运动的观测数据。

帛书《天文气象杂占》，高 48 厘米，宽约 150 厘米，上面用朱、墨两色绘有云、蜃气、晕、虹、恒星、彗星等各种天象图约 250 幅，附有简短的文字说明，内容包括图像的名称、解释、占文等，自上而下排成 6 列，每列自右而左分为若干行，共约 300 行。每行上面是图像，下面是文字；有些行没有图像。此外，在卷末另有 3 列内容相似的占书。这是一种利用天象来占验灾异变故、战争胜败的书籍。书写字体，近于篆体，不避刘邦讳，抄写时间应为汉初数年间，成书年代可能更早些。书中云图部分，将楚云排列在战国群雄之首，并以楚人的口气叙事，据此推断，很可能是战国时期楚人和当地湖南人的作品，故流行于湖南长沙等地。

杂占是一种古代方术，但《天文气象杂占》中所记录的自然现象却是很有价值的科学资料。特别是其中 29 幅彗星图像。这些彗星图像，除最后一幅“翟星”以外，都有头、尾两部分。彗头画成一个小圆圈或小点。有的彗头里还有一个小圆圈或小圆点。这说明，当时在彗头中心，可能已经发现了彗核。所绘彗尾，有长、短、曲、直、宽、窄等区别，说明当时已经积累了丰富的有关彗星的目测资料。帛书《天文气象杂占》中的 29 幅形状各异的彗星图像，可说是世界上关于彗星形态的最早的记录，生动地反映出我国古代在天文观测研究方面所取得的突出成就。

马王堆 3 号汉墓出土了两幅绘在绢上的珍贵的古地图。一幅为汉初长沙国南部《地形图》，一幅是《驻军图》。

《地形图》，复原后长宽各 96 厘米，呈正方形。幅面方位为上南、下北、左东、右西，与现代通用地图恰好相反。图面所包括的地域范围，大致为东经 111°—112° 30′，北纬 23°—26° 之间，相当于现在广西全州、灌阳一线以东，湖南新田、广东连县一线以西，北起新田、全州一线，南面直达广东珠江口外的南海。

这幅地图的测绘水平相当高，图上的主区画得非常准确，经勘对推算，其比例约在十七万分之一到十九万分之一左右。图中已有统一的图例。长沙国境内的居民点、县治用方框，乡、里用圆圈表示；细而直的径线表示道路，精细、变化均匀、弯曲自然的线表示水道；以闭合的山形线表示山麓的轮廓和坐落、走向；山形线里还附加晕线；居民地的记注在符号里边，水道的记注都在支流入主流的河口处。整个水系还敷以深蓝色彩。

图上共绘有大小水川30多条，标注了名称的有庸水、冷水、罗水、营水等，属深水（即潇水）水系。若将深水水系的主要部分同现代地图比较，其河流骨架、流向及主要弯曲都基本相似，有些区域几乎完全相同。所绘南岭山脉，简洁明了，脉络清晰。特别是九疑山画得更具特色。除使用较粗的山形线表示山体范围外，还有鱼鳞状的涡纹线层叠交错，显示峰峦起伏的山势，很像现在的等高线画法。其中还绘有9个单一排列的柱状物，柱头涂有山形线墨体，后面有隐约可见的建筑物轮廓，旁边注有“帝舜”二字。看来这是用以表示“九疑”的9个山峰和舜帝庙。图上的居民地星罗棋布，翻山越岭的交通线相互交织。可以辨认的县级居民地共8个，乡、里70多个。这幅地形图对于明确长沙国南部疆界和汉初在湖南的行政区划的建置沿革很有帮助，可补文献记载的不足。

图上2-1 长沙马王堆3号汉墓出土的《驻军图》（局部）

《驻军图》，长98厘米，宽78厘米，用墨、红、田青三色绘制而成，是一幅军事地图。其范围包括《地形图》的东南部地区，主区位于深水流域，即今江华县沱江流域一带。主区画得比较详细，比例为八万分之一到十万分之一左右，比《地形图》放大了约一倍。南面属南越邻区，画得较粗略。

图上以深颜色表示驻军营地、防区界线等要素，用浅色表示河流、山脉等地理基础。这种分层设色，与现代专用地图的两层平面表示法是一致的。图中所绘大小河流有 20 条，其中 14 条在上源注记了名称。以黑色“山”字形曲线表示山脉，有 9 处标注了山名。防区中央绘有三角形城堡，为指挥部。防区的山脊线上绘有 7 个封台（即烽火台）。图上共记注居民地 50 余处，并且绝大部分标明了户数。守备区域内道路交相连接，南沿通道更多，其中不少通道还标明了里程，如从“封里”，“到廷里五十四里”，“到袍里五十里”等。

《驻军图》对于我们了解当时长沙国南境的军事部署，长沙国同南越的关系，以及研究汉初的军事思想和指挥艺术，有重要的史料价值。

蔡伦，字敬仲，东汉耒阳人。生年不详。永平（58—75）末年入宫为宦者。建初（76—84）中，升为小黄门。和帝（89—105）即位，转中侍，开始参与朝政大事。《后汉书·宦者列传》载：“伦有才学，尽心敦慎，数犯颜匡弼得失。每至休沐，辄闭门绝宾，暴体田野。”后加尚方令，主持宫廷器用的制备。

永元九年（97），奉命监造秘剑和诸器械。所制器物“莫不精工坚密，为后世法”[11]。同时，蔡伦吸取前人的经验，开始采用树皮、麻头、破布、渔网之类为原料，试制纸张。至元兴元年（105），获得成功，并献上所造纸张。元初元年（114）被封为龙亭侯。此后，这种新型的纤维纸，很快推广开来，人称“蔡侯纸”，逐步取代了竹木简和帛，成为通用的书写和印刷材料。因此，后世将蔡伦称为造纸术的发明人。

图上 2-2　蔡伦墓

当然造纸术并不是蔡伦一个人发明的，据考古资料证明，西汉时已开始有一种原始的纸。蔡伦总结前人的经验，在纤维纸原料的使用调配和制作程序、方法的完善和定型化，并使其能批量生产方面，作出了重要贡献。据《后汉书》唐李贤注引《湘州记》："耒阳县北有汉黄门蔡伦宅，宅西有一石臼，云是蔡伦舂纸臼也。"又《大明一统志》载："蔡伦故宅，在县治西南。内有蔡子池，池南有石臼，即蔡伦舂纸臼。唐别驾李孙以臼入贡。今池与宅皆废。"耒阳的造纸业世世代代承传不衰，"耒阳纸"至今仍在国内外享有盛誉，这同蔡伦当年的造纸事功，看来不无关系；而蔡伦所吸取的造纸技术很可能也包含了他的故里耒阳人们的实践经验，耒阳很可能是古代纤维纸的发祥地之一。

长沙马王堆 1 号汉墓出土的大量纺织品，最集中地反映了西汉初年的湖南特别是长沙地区纺织工艺技术发展所达到的水平。出土的纺织品，从纤维原料看，主要是家蚕丝，也有少量的苎麻和大麻织物。品种有绢 22 幅，纱 7 幅，绮和罗绮 13 幅，绵 4 幅，绦 2 种（"千金绦"和"繻缓绦"各一），组带 10 条，粗麻布 3 块，细麻布 17 块。

丝织物所用经纬丝纤度，是直接衡量纺织技术水平高低的指标之一。马王堆 1 号汉墓出土的轻薄素纱蝉衣重 49 克（不到一两），它的经纬丝纤度为 10.2—11.3 旦尼尔。这样高的纤度，和近代缫出的最精细的纤度十分相当。出土的丰满厚实的绒圈锦，经测试分析，底经是由 10 粒茧子组成的 16.9 旦尼尔的一根生丝，地纬是由 17 粒茧子组成的 30.8 旦尼尔的一根生丝。这说明缫丝技术已经达到能根据蚕丝纤维的精细来搭配蚕茧的个数，缫出丝织物品种所需的生丝纤度的水平。纺织品研究专家认为："当时能够利用简单的缫丝工具便缫出这样高级的纤度来，完全是长沙地区缫丝技术高度发展的结果。"⑫

麻纱的纺绩技术，一般是用所纺支数高低来衡量。对马王堆 1 号汉墓出土的苎麻布实测的结果，经纱支数为 135—151 公支，纬纱支数为 161—209 公支。研究者认为："如果大家没有看到出土实物的话，似乎达到了难以置信的程度……就是在后世要纺出这样高支数的麻纱，也一定要有熟练而高超的纺纱技艺的纺纱工，做出最艰巨的劳动代价，才能达到这样高质量和高水平的效果。"⑬

当时的织造工艺技术水平也是相当高的。马王堆 1 号汉墓出土了汉代流行的绢、缣、绮、锦、纱、罗等许多品种的织物，其结构主要是平纹、斜纹和罗纹（绞经）三种基本组织。织物表面的花纹都是这三种组织按照设计的图案纹样变化而成的。丝织物中织造工艺技术最高级和最复杂的是绒圈锦织物。它是采用四根一组的变化重经组织，如按织幅为50厘米计算，总经根数高达8800—11200根。因各品种的经密度和织缩不同，说明第一次使用了双经轴机构，即一个经轴卷绕底经和地纹经，另一个经轴专门卷绕起高低绒圈的绒圈经，根据织造需要各自独立送出经线，并巧妙地利用"假织纬"的方法，起出大小绒圈的效果，使几何纹的绒圈起到非常丰满华丽的立体感效应。研究专家认为这件绒圈锦织物，应"是后世漳绒和天鹅绒等织造工艺技术的前身"[14]。

再从出土的丝麻织物的幅度基本一致、都在50厘米左右的情况看，当时除使用撑幅工具边撑以保证织幅的具体规格外，还可能使用竹扣打纬的先进方法。这就"突破了打纬用打纬木刀（砍刀）的框框，并且有可能已使用了梭子"[15]。这是当时最先进的织布工具。

秦汉时代，同纺织相关的印染和刺绣工艺技术在湖南也有很大发展。马王堆1号汉墓出土的印花敷彩纱，是我国首次发现的古代印花丝织实物。它是印花和彩绘相结合的高级丝织品。还出土了用这种纱作面料的丝绵袍，两件衣衾残片，以及两幅保存相当好的印花纱。这些染色丝织物，所使用的色谱丰富多彩。经鉴别，共有朱红、深红、茜红、深棕、浅棕、深黄、金黄、浅黄、天青、藏青、蓝黑、浅蓝、紫绿、黑、银灰、粉白、棕灰、黑灰等30多种。颜料主要有矿物颜料和植物染料两类。矿物颜料的朱红色是朱砂，粉白色是绢云母，银灰色是硫化铅和硫化汞的混合物。植物染料的红色是茜草素，鲜黄色是栀子素，蓝青色是靛蓝，墨色是炭黑等。其余不同色谱，均由红、黄、蓝三元色配置而成。在染色技术上已能使用各种颜料，分别以涂染、浸染、媒染等工艺，染出五光十色的丝绸品。在印花技术上，已能应用套版印花丝织物，所出土的金银色印花纱是我国第一次发现的三套版印花纱。印花敷彩纱也是我国第一次发现的印花与彩绘相结合的印花纱。"这些印花法都突破了只有绣花的传统工艺，使丝织物的产量有显著提高，为后世的镂空版筛网印花法、绞缬印花法等作出了技术准备"[16]。

马王堆1号汉墓出土的丝织品和衣物中，绣有花纹的共40件。绣品的针法，基本上都采用锁绣法，一般用开口锁绣和闭口锁绣两种基本针法。从纹样看，最多的是“信期绣”、“长寿绣”和“乘云绣”。信期绣图案纹样，单元较小，线条细密，做工精巧，并用较好的罗做坯料；另两种绣的图案纹样，单元较大，均为信期绣的三倍左右，线条比例粗放，不用罗做坯料，而用绢、绮。各类精美的绣品，针法细腻流畅，粗细线条结合，明纹暗纹结合，花纹瑰丽奇特，又栩栩如生，是过去出土的汉代绣品中少见的。

魏晋南北朝时期，湖南及整个江南地区丝麻纺织业和纺织技术，在两汉基础上有进一步的发展。《宋书·沈昙庆传》载：“荆城跨南楚之富，扬部有全吴之沃……丝绵布帛之饶，覆衣天下。”

长沙发掘的1号晋墓，出土“墓券”1件。据券文记载，该墓主随身所穿着的以及陪葬的衣物，计有“绮”、“练”、“绢”、“绛”、“紫碧”、“紫纱”、“绫”、“白布”、“布”等50余种，纺织品达40多件。种类繁多，五光十色，反映出湖南和江南地区丝麻纺织的发达。当时所谓的“布”，还只是麻布，而非棉织布。魏晋南北朝实行租调制，由于南方麻织业比北方更为发达，所以北方多交纳绢帛，而南方多交布，即“租布”、“宗布”。偏安江左的各王朝还常以大批布匹作赏赐品。如谢安、温峤死后各赠布1000匹；桓温镇姑熟时，赠其世子桓熙布3万匹，及温死，又先后分别赠布2000匹和10万匹。数量如此之多，也说明纺织业特别是麻布纺织发达的程度相当高。

汉代是我国古漆器业的鼎盛时期，漆器取代青铜器，成为人们生活的主要器具，两汉时湖南的漆器制作业在楚国的基础上又有新的发展。

长沙马王堆三座汉墓，共出土漆器700多件，这是迄今为止我国集中出土数量最多的一宗西汉前期漆器。主要器型有鼎、盒、壶、钫、卮、勺、匕、耳杯、具杯盒、盘、匜、奁、案等。其中以耳杯和盘为大宗，耳杯将近半数，盘也在90件左右。此外，有漆棺、髹漆的兵器、乐器和杂用器。2号墓的漆器，为汉初制品，包含铜扣夹纻胎螺钿漆器等精品。1号、3号墓中的200件漆器，是文帝时期的产品，绝大多数是木胎，只有少量的小卮、小奁为夹纻胎。器表纹饰以各种变形云纹、龙凤纹和圆点、菱形、环形、方连变体等几何图形花纹为最多，还有少量的花草纹和写生动物纹。据分析，漆器花纹的绘制方法主要有三种：使用最多的是漆绘，其次是油彩和针刻（即“锥画”）。此外，还有“堆漆”技艺。1号墓的黑地彩绘棺，上有多幅神仙怪兽云气画，使用的就是堆漆和勾填的方法。该墓的九子奁以金箔为地，再施彩绘，可视为平脱技法的先声。马王堆汉墓出土的漆器，一部分烙印着“成市草”、“成市饱”、“南乡口”等戳记。但不能依此断言，这些漆器为外来品。因为无论就器型、花纹装饰、图案组织来看，其风格与长沙出土的楚国器都是一脉相承的。考古界认为，长沙西汉漆器是长沙楚国漆器的继承和发展。历年来长沙出土的楚、汉漆器，“看成大部分是在本地制造的，似较合理”⑰。

图上2-3　马王堆汉墓出土文物——粉彩漆奁

长沙西汉后期墓中，也多有漆器出土。如汤家岭张端君墓出土的一批漆器，上有金箔贴花，用纯金锤锞的薄金片剪成各种纹样贴在漆器表面，使漆器装饰更加美观。

在湖南其他地方的西汉墓中，也发现有不少漆器。如汨罗县汨罗山西汉墓出土的漆器数量就不少，但可惜均已残破。从残片看，有耳杯、盘类等，黑地朱绘，纹饰为三角形勾云纹。

东汉时期漆器仍然流行，但全国各地发现的数量都很少，湖南出土的东汉漆器也不多。这与当时盛行的砖室墓室使漆器易于腐损有关，但更重要的原因是瓷器崛起，逐渐排挤了漆器。

我国东汉时在釉陶的基础上产生了最早的瓷器，包括原始青瓷和白瓷。从考古发掘的资料看，湖南在东汉时也开始生产瓷器。如衡阳豪头山的一座东汉永元十四年（102）墓出土的陶坛，肩部和口沿内外均施有青色薄釉。此外，还出土了红胎绿釉的陶灶、陶博山炉、陶鸡埘、陶猪等。长沙白泥塘两座东汉永和元年（136）墓，随葬品中有开片青瓷陶罐，还有绿釉陶鼎、屋、狗、豆等器物和模型。这是湖南最早出现的原始青瓷器。益阳羊舞岭东汉墓，出土了 4 件青瓷器。其中 2 件四系罐，大小各一，半身施青绿色釉，现冰裂纹，通体饰细格纹；2 件碗，灰白胎，青绿色釉，有冰裂纹。长沙的东汉墓还出土了白釉瓷碗（簋）和白釉缶、白瓷珠等。考古学界称之为“原始白瓷”[18]。

魏晋南北朝时期，湖南青瓷器的生产获得了很大的发展。从这一时期的墓葬看，青瓷器是主要的随葬品，数量相当多，已完全取代了漆器。无论晋墓还是南朝墓，所出土的青瓷器都是实用品。根据资兴县出土的这些青瓷器分析，两晋和南朝时湖南的青瓷器制作技术，有一个发展过程。早期晋墓出土的青瓷器，从形制上讲，多为平底器，腹径一般大于通高，器型矮胖。釉色多为黄绿，或青中泛黄，开冰裂纹，玻璃质较强，釉色不均匀，多泪滴。釉层与胎体密结不牢，剥落面积很大，且没有不剥落的。在花纹装饰方面，从西晋开始多在口沿下或肩部饰以各种图案花草纹饰带，有方格纹、网纹、散点纹、花蕊纹、菱形、宽滞弦纹、云雷纹及人物粘贴等。到西晋末年和东晋时，瓷器花纹简化，有的仅一两道凹弦纹，出现了酱褐色斑点饰，釉的光亮度提高，并且出现了里外及底部通体施釉的做法。南朝则又恢复了底部不施釉的做法，但工艺则更细和更进步，采用的纯净瓷土经过严格选择，并细致地粉碎和淘洗，因此陶质较前更为细密，胎色多青白，敲起来有类似金属的清脆声。同时，施釉均匀，釉色青绿发翠，釉光润泽，釉层与胎体密结牢固，一般没有脱釉现象。

第四节　宗　教

佛教传入湖南及其迅速发展　道教在湖南的传播

佛教创立于古印度，东汉明帝时（58—75）传入中国，魏晋之际传入湖南地区。湖南最早的一座佛教寺庙为岳麓寺（又名慧光寺、麓山寺），西晋初年，由来自会稽嵊县（今浙江嵊县）葛砚山的一位名叫竺法崇的禅师始建。竺法崇，少入道，以戒节见称，尤长《法华》。至湘州

（今长沙）麓山传法。传说有山精化为夫人，诣崇请戒，舍所住山为寺，崇居之。于是“化洽湘土”。后返葛砚山以终。著有《法华义疏》四卷。原书已佚。梁慧皎《高僧传》本传载著此书。又据唐李邕《岳麓寺碑》载：“麓山寺者，晋泰始四年（268）之所立也。有竺法崇禅师者，振锡江左”，游至岳麓山，请建清寺。此后，太康二年（281），又有法导禅师来到麓山，“大启前功”，对寺庙进行增修扩建。

但上述两位禅师均未终老麓山，“永讫兹岭”的著名和尚是法愍。法愍系北人，18岁出家，刘宋时隐居岳麓寺，卒年83岁。岳麓寺由此渐有声誉。南朝历届地方长吏，如刘宋湘州刺史王僧虔，萧梁湘州刺史夏侯祥、王琳，长沙内史萧源，均对岳麓寺进行过修复。此后，历朝又累经增建重修。寺庙殿堂至今犹存。前面的大门石柱对联云：“汉魏最初名胜，湖湘第一道场。”观音堂前，两棵枝叶茂密的古松，传为“六朝松”。经测定，其中一棵已有1600年左右的树龄。

两晋时期，湖南各地还相继兴建了一批佛教寺庙。如巴陵（今岳阳）君山寺（又名楚兴寺、崇胜寺），两晋（265—420）时期建；刘阳（今浏阳）普济寺，西晋惠帝永宁元年（301）建；武陵郡龙阳县（今汉寿县）香积寺（后改名净照寺），东晋（317—420）时期建；衡阳郡重安县（今衡阳县）云龙寺（一名灵龙寺，后又改法轮寺、金轮寺），东晋成帝咸和年间（326—334）建；长沙郡临湘县（今望城县乌山乡杲山村）杲山寺，相传两晋时僧人紫鹤建。但这几座佛寺，均是由外地入湘的禅师和僧人所建及主持，并且与麓山寺都有一定关系。

南北朝时期，宋、齐、梁、陈四个王朝均专门设置僧官（称僧主、僧正、大僧正等），大力支持和倡导佛教，因此佛教更加盛行，湖南佛教也进入加快发展的时期。这期间，湖南新建了一大批著名寺院。如长沙岳麓山的道林寺、果愿寺，湘东郡临烝县（今衡阳市地）的乘云寺（又名雁峰寺、寿佛殿），湘乡县的东山寺、云溪寺，衡山的善果寺（后改衡岳寺）、方广寺、般若寺（又名福严寺）、南台寺、天台寺，清泉县（今衡阳市地）的太平兴国寺，衡阳上圆清寺，攸县证果寺，武冈天宁寺等。从寺院的分布地域看，南岳衡山及周边最为集中，南岳衡山继岳麓山之后迅速发展成湖南最重要的佛教圣地。

在南北朝时进入湖南的高僧，影响最大的是佛教天台宗的三始祖慧思。慧思（515—577），亦作惠思，俗姓李，南豫州武律（今河南上蔡县）人。15岁出家，专诵《法华经》。20岁开始，云游四方，参访禅德，曾随北齐慧文禅师参学“一心三观”法门。陈废帝光大二年（568），54岁的慧思率领弟子40余人来到南岳。在陈宣帝大力支持下，建般若寺（即今福严寺）。又在人迹罕至环境幽寂的赤帝峰下建小般若寺（即今藏经殿），时而在此离众独居，专心禅悟。十年后（577）卒于般若寺。世称南岳禅师、南岳思大师，为衡岳十八高僧之一，又被尊为天台宗三祖。著有《大乘止观法门》（又名《南岳大乘止观》）四卷，《诸法无诤三昧法门》二卷，《法华经安乐行义》一卷，《南岳思大禅师立誓愿文》一卷，《随自意三昧》一卷。其著作多为口授，由弟子记录撰成。以上诸书均有刊本传世。此外，据南宋沙门士衡《天台九祖传》载，慧思还著有《四十二字门》、《释论玄》、《次第禅要》、《三智观门》等佛学著述。

慧思的弟子众多，最著名的有智顗、僧照、大善、智璀、玄光等，其中智顗影响最大。

道教（始称五斗米道，后更名正一道），是中国本土的宗教，创始人为东汉张道陵。据明代《衡岳志》记载，张道陵天师曾自天目山游南岳，谒青玉、光天二坛，礼祝融祠。继张天师之后，又有五斗米道道长张正礼于汉末入衡山，服黄精，后不知所终。汉代有方士黄敏，武陵（今常德）人，遁世学道于霍山80余年，又曾入中岳。又有郴县人苏耽遇异人授仙术成仙的传说。这说明汉代湖南已有道教的活动，但尚未见建观布道者。

道教祖述老子，自两晋随着好老庄、尚玄学之风的盛行，道教在全国兴盛起来。两晋之际道教也正式入传湖南，并以南岳衡山为主要据点，获得迅速发展。如衡山祝融峰南有南岳观，晋太康八年（287）始建，梁天监二年（503）重修，武帝萧衍赐庄田300户；彩霞峰有太平观，据《大明一统志》载，齐高祖（470—482）时，褚伯玉隐居于衡山，建此观；玄都观，原名半山亭，又名吸云庵，始建于南朝齐、梁间（479—519）；还有九仙观，在南岳庙东，有梁元帝萧绎御碑。湖南其他地方，南朝时也建立了一些道观。如，巴陵青霞观，梁大同（535—546）

中建，原名洞真观；醴陵登真观，相传南朝王乔炼药于此，唐开元时赐御书于观内。

两晋和南北朝时期，陆续在南岳修炼的著名道人不少。其中民间传说最广、对道教发展影响最大的，当首推东晋女道士魏夫人。据《南岳志》所录《南岳魏夫人传》记载：魏夫人，名华存，字贤，山东任城人，东晋司徒魏舒之女，幼时即熟读庄老之书，笃意求神仙之术，发誓不嫁。后在父母胁迫下，24 岁时嫁给南阳刘幼彦，生二子。魏夫人虽婚配生子，仍每日念经修道，时常“闲斋别寝，入室百日不出”。传说由于精诚所至，感动上天，四位仙君同日降临，授她《太上宝文》、《八素隐书》和《黄庭经》。丈夫死后，天下大乱，她携带二子渡江南行。后又与二子分开，与侍女麻姑于东晋大兴年间来到南岳，在集贤峰下结草舍居住，静心修道。这是黄庭观的来由。还传说，她在修行中，西王母曾约请她到朱陵山一起吃灵瓜，并赐她《玉清隐书》4 卷。80 岁时，仍颜如少女。晋成帝咸和九年（334）83 时，她“闭目寝息，饮而不食”，七天后的一个夜晚，西王母派众仙至观前的“礼斗坛”，迎接她升天。今黄庭观前有“飞仙石”遗迹。魏夫人升天后，被天帝封为“紫虚元君领上真司命南岳夫人”。传说魏夫人升天以后，其侍女麻姑、弟子女夷亦先后成仙。正是由于这些神话传说，于唐初所建的黄庭观在道教中声望极高，成为道教的圣地，魏夫人被奉为上清派第一代宗师。

传说在南岳修道成仙的，还有晋武帝（265—290）时封为“太微先生”的四川青城山道士王谷神和“太素先生”皮元曜。他们同居南岳，在云龙峰栖真观金母殿炼丹数年，传说胎息还元，得道成仙。

在南岳修炼的还有陈兴明、施存、尹道全、陈惠度、徐灵期、张昙要、张如珍、王灵舆、邓郁之，人称“南岳九真人”。其修道处称“九真观”，后改名“九仙观”。他们在此注经传经，使道家玄学与神仙之说得以发展，深入人心。

魏晋南北朝时期，在南岳或湖南其他地方修道成名的道士也不少。值得注意的是，其中除外籍入湘者外，出现了一批湖南本土的著名道士。如晋代道士范伯慈，湖南桂阳人，入天目山，饵胡麻，精思 17 年，又服丹砂，得道为“玄一真人”。西晋初，九疑女道鲁妙典，修行于宁远麓床山，后人筑观奉礼，称“鲁女观”。唐代诗人元结《登九疑第二峰》一诗，对此作了记述。东晋道士长沙陶淡，晋太尉陶侃之后。少喜导养之术，谓仙道可祈。年十五六，便服气绝谷。好读《易》，善卜筮。先隐居长沙临湘山中，后赴罗县埤山，不知所终。晋代道士黄仁览，春陵（今宁远）人。师许君学仙道，许君以女妻之。传说后来道成仙逝，封“冲真道人”。萧梁大同年间（536—546），茶陵饶道亨弃官居家，设坛修道，死后其宅由门徒辟为“洞真观”，现为湖南全省重点道观之一。

【注释】

①⑩ 本节所引马王堆汉墓帛书内容，均参见何介钧、张维明《马王堆汉墓》，文物出版社 1982 年；湖南省博物馆《马王堆汉墓研究文集》，湖南出版社 1994 年版。

②《晋书》卷九二《文苑传·罗含》，岳麓书社 1997 年版，第 1607 页。

③④⑤《全上古三代秦汉三国六朝文·全晋文》，清人严可均辑，中华书局 1958 年版。

⑥《晋书》卷八二《陈寿传》，岳麓书社 1997 年版，第 1420 页。

⑦ 刘勰：《文心雕龙·史传》，人民文学出版社 1958 年版范文澜《文心雕龙注》第 284 页。

⑧ 屈原：《楚辞·渔父》，中华书局 1983 年版《楚辞补注》第 179 页。

⑨《南史·阴子春传附阴铿传》，岳麓书社 1998 年版，第 898 页。

⑪《后汉书》卷一〇八《宦者传》，岳麓书社 1998 年版，第 1106 页。

⑫⑬⑭⑮ 上海市纺织科学研究所：《长沙马王堆一号汉墓出土纺织品的研究》，文物出版社 1980 年版。

⑯ 参见长沙文物工作队《长沙出土南朝徐副买地券》，载《湖南考古辑刊》第一集，岳麓书社 1982 年版。

⑰ 湖南省博物馆、中国社科院考古研究所：《长沙马王堆一号汉墓》，文物出版社 1973 年版。

⑱《文物考古工作三十年》，文物出版社 1979 年版。

第三章

隋唐和五代时期

隋唐时代，由于国家的统一，南、北之间和各地交往交流的加强，湖南同全国大多数地区一样，封建经济和文化的发展也进入了一个新的阶段。水利工程的兴修，洞庭湖区湖田的开垦，牛耕的进一步推广，农业、手工业生产技术的不断提高，商业和交通的扩展，都有力地促进了经济的发展。特别是以长沙铜官窑为代表的瓷器生产的发展和釉下彩技术的发明，其产品远销阿拉伯和非洲，说明在经济领域的某些方面湖南已在全国居领先地位。隋唐时期湖南文化的发展也取得长足进步，也有不少足以称道的成果，如欧阳询、欧阳通父子的“欧体”书法的创立和发展，怀素“狂草”的成就，刘蜕、李群玉、诗僧齐己等人的诗文创作，欧阳询主纂的《艺文类聚》及其他湘籍史地学家的著作的问世等。此外，佛、道二教均在湖南获得很大的发展，并且产生了一批有影响的佛释学研究著述。但此时的湖南，在中央王朝和一些中原人看来，仍然还是“蛮夷”瘴疠之地，因而常常成为朝廷“罪臣”贬谪之所。王昌龄、元结、刘禹锡、柳宗元等都曾谪迁湖南各地为官；而李白被流放湘黔边的“夜郎”，两次穿越湖湘；贬谪连州又迁江陵的韩愈，曾待命郴州，在湖南逗留了七个多月；失意落魄的杜甫，晚年进入湖南，上下求索于湘江，最后病卒船中。这一大批来自中原的大诗人和大文豪，与湖南都结下了不解之缘。湖南的山川风物和所见所闻，为他们的诗文创作提供了丰富的素材和灵感，留下许多传世名作，而他们在湖南的诗文创作实践，对于南北文化交流与湖南文化的进一步开拓和发展，产生了深远的影响，作出了不可磨灭的贡献。

五代时期，起自河南、江西的马殷进入湖南，以潭州（今长沙市）为都城建立楚国。其疆域包括现今湖南省全境及广东、广西、贵州省部分地区。这是湖南历史上唯一的以长沙为中心所建立的国家政权。自后梁太祖开平元年（907）马殷封楚王开始，至后周太祖广顺元年（951）南唐取长沙，楚国亡国。此后，又由马楚部将周行逢主政湖南十余年。乾德元年（963），宋军取湖南，结束了湖南的割据独立局面。

第一节　教育与科举

官学的初步发展　书院的兴起　科举“破天荒”

湖南地方志有“州县之学，自汉尚已”的说法，但史志明确记载创建于汉代的地方官学则仅有耒阳县学一所，而且记录特别简略。康熙《衡州府志》卷十作“东汉侯寘始创”，雍正《湖广通志》卷二十三作“汉耒阳长侯寘建”，光绪《湖南通志》卷六十三作“汉县长侯寘建”，皆是寥寥数字，侯寘的生平事迹和县学的基本情况等都不清楚。据此，我们只能得出两点简单的结论，一是侯寘创建的耒阳县学是湖南最早的地方官学，二是东汉是湖南官学教育的起始阶段。

东汉以降，历三国、两晋、南北朝至隋代，前后四百余年，湖南地方官学仅有武冈县学，“相传晋县令陶侃卜建”，基本属于空白。虽不敢断定这段时期没有州郡之学创建，但官学长期处于低迷状态，声名不彰，却是不争的事实。及至唐代，这种长期停滞的局面才开始得到改变。

唐制，州县各设学校以培养地方人才。贞观四年（630），“诏州县学皆作孔子庙”，于是，学校与孔子庙合而为一，遂成为定制，庙学得以普遍建立。史称：“自唐以来，州县莫不有学，则凡学莫不有先圣之庙矣。”湖南在唐代仍然属于落后地区，所谓“南蛮瘴疠”之地、“罪臣放逐”之所，都标示出欠发达地区与中原的差距。这种差距，在地方官学建设方面表现得比较明显。今湖南全境当时设有 14 州 56 县，而明确记载设置学校的仅有永州、道州、衡山县、江华县、延唐（今宁远）县，只占总数的 8.57%，比例很低，在全国属于后进，这是一方面。而另一方面，就其自身的发展而言，这几所州县学的出现，比起汉唐间四百余年官学仅得一二见的情形来，又不能不说是一种很大的进步，它标志着官学教育在湖南进入一个初步发展的时期。

书院是中国士人开展读书、教书、讲书、藏书、校书、修书、著书、刻书等活动，进行文化积累、研究、创造、传播的文化教育组织。它产生于唐代，源出于私人读书治学的书斋与朝廷整理典籍的衙门，具有公众性和社会性。为了适应公众活动的需要，其规模要比书斋大，得由垣墙围绕一组房屋，形成院落，所谓“院者，取名于周垣也”。历来讲究名实相符的中国士人，就将这种新生的文化教育组织称为书院了，“书”表现的是特色，“院”显示的是规模。

研究表明，唐代书院见于地方志的有 40 所，见于唐诗的有 14 所，再加上官府 3 所丽正书院，5 所集贤书院，去掉重复，总共有 57 所，其中 48 所书院可以确定其院址。这 48 所书院，散布在今日全国的 12 个省区，其中陕西 7 所、山西 1 所、河北 2 所、河南 2 所、山东 1 所、浙江 5 所、江西 7 所、湖南 8 所、广东 2 所、贵州 1 所、四川（含重庆）6 所。湖南书院居全国之首，可见其在中国书院早期发展史上占有极为重要的地位，兹依时间先后将 8 所书院的情况简介如下。

光石山书院，在攸县司空山。唐天宝十三年（754），潭州刺史苏师道巡游其地，次年作《司空山记》称：及梁天监二年（503），原南齐司空张岊在此得道升天。唐天宝七年（748），诏命建朱阳观以为纪念。“司空宅在山之西，去观十一里，今殿宇有像，坛井基图，宛然在焉。宅左有光石山书院，故基尚存。北一里有惠光寺。”书院是张岊修道炼丹之地，抑或唐人读书之所？今已难于考订，但书院建于天宝十三年前，且与寺观为邻则可肯定。它是湖南最早的书院，也是全国最早的书院之一。

杜陵书院，在耒阳县北，为供祀纪念诗圣杜甫之地。光绪《湖南通志》卷六十九："杜陵书院在耒阳县北，祀唐杜甫，唐建。"代宗大历三年（768），杜甫经湖北入湖南。五年，贫病交加，传说死于舟中，葬耒阳东北二里（一说葬于平江小田）。书院既祀杜甫，其创建当在大历五年之后。

南岳书院，在衡山县南岳庙左，唐邺侯李泌之子李繁创建。李泌（722—789），字长源，京兆（今西安）人。唐肃宗时为李甫国所诬，隐居衡山读书。代宗即位（762），召为翰林学士，出为楚州刺史。德宗贞元二年（786），入为中书侍郎，同平章事，登上相位，随又被封为邺侯。故南岳书院在元代尝改称邺侯书院。清乾隆九年（1744）又因袭明万历年间在烟霞峰李泌隐读故宅设置的明道山房，创办了邺侯书院。

李宽中秀才书院在衡州（今衡阳）石鼓山。石鼓山左右襟带烝、湘二水，环境清幽，上有寻真观、东岩、西溪，亦号称朱陵后洞，是道家神仙之地。元和中，州人李宽中秀才在寻真观"结庐"读书，时称"李宽中秀才书院"。

韦宙书院，在衡山县南弥勒峰（宋始改称净福山），唐韦宙建，故又称韦相公书堂。韦宙，万年人，宣宗时曾任永州刺史。

文山书院，在澧州，唐宣宗时（847—859），邑人李群玉建以读书其中。

卢藩书院，在衡山县紫盖峰。卢藩（一作璠），唐代范阳人，事迹无考，可能曾官至舍人，故书院又叫卢舍人书堂。

天宁书院，在桃源县城东北，相传创建于唐代。其他无考。

湖南书院的出现，除了攸县光石山书院之外，都是玄宗皇帝与朝臣"广学开书院"于皇城之后的事，但后来者居上，位居全国之首，这与湖南在唐代中后期经济文化重心南移过程中所处地位是很有关系的。安史之乱后，湖南地区得天独厚，临界南北，既最先感受北方的先进，又免受了战乱。正是政治的安定、经济的发达和文明的开化，使得湖南成为书院这种文化组织的乐土，湘江流域也自然成为湖南书院的集中地。

唐代湖南书院的创建者，多为退职的官僚或民间士人。如李繁出身名门，为邺侯李泌之子，韦宙曾为永州刺史，李宽中则为一介秀才。他们或受权贵排挤，或离职闲居，或以读书为业。虽曾有济世安民的抱负，却无施展才华的机缘。对唐代后期政治的失望，使得知识分子想脱身自洁，逃心其外，但他们又不愿坠入西天极乐世界，也不想跻身神仙之列，于是就寄情于山水，体认“溪云”，让大自然去陶冶身心，这恰恰又与前述儒家养身哲学相吻合。从选择院址这一点上，我们可以看到儒释道三种文化对书院的影响。事实上，光石山书院与寺观为邻，李宽中结庐观中，李泌与禅师交深等，都是这种影响的具体体现。书院正是儒释道三者交相影响的产物。

唐代湖南的书院，主要活动内容是读书，其性质还临界于士人的书斋。但纵观通论，“书斋”却又不能将它完全涵盖，邺侯的藏书，是一种文化积累，杜陵的供祀，则是一种精神的寄托与传播，李宽中在书院的“披卷”、“吟诗”、“攻文字”等，所展示的是对文化的吸收、消化、研究和创造，如果再加以沈彬进士与齐己和尚的“相期”会讲、讨论时局，以及中央政府集贤书院的校刊古今经籍、讲解经书、荐举贤才、资政咨询，书院的初期形态基本上就有轮廓了。而这一轮廓的日趋明确，正是宋代以降湖南书院的发展方向。

隋唐盛世，国家废除以世族垄断为特征的九品中正制，代之以向庶族开放的科举制。隋文帝诏举特科、岁举秀才，炀帝则始建进士科，是为科举制的创始初期。惟因隋朝祚短，文献无征，湖南科举情况不得而知，兹且不论。

及至唐代，科举制度得以确立，中国社会进入一个科举时代。然而，今日湖南所辖之境，在大唐仍属不发达地区，被称为荆蛮、南蛮、南荒，常作罪臣贬谪之地，科举声名不彰。制科见于史志记载者仅三人：长沙王璘举万言科、延唐（今宁远）李郃举方正直言极谏科、桂阳刘瞻举博学宏词科。常举仅秀才科 2 人、进士科 25 人。秀才为祁阳屈隐之、安乡段宏古（又作洪古）。

进入五代，桂阳刘赞、营道何仲举、郴州邓洵美、临武骆仲舒四人分中后梁、后唐、后晋、后周四国进士，也预示湖南科举将进入一个日渐发达的时代。

第二节　学　术

欧阳询《艺文类聚》与大型类书的编纂　湖南史学、地学的初步发展
律历、杂家、经学类著述

欧阳询，字信本，长沙丁字湾（今望城区丁字镇）人。欧阳頠之孙。生于南朝梁敬帝太平二年（557）。陈宣帝太建二年（570），其父纥任广州刺史，举兵攻陈，失败后被杀，株连全家，询以年幼幸免于难，为其父旧友尚书令江总所收养。从小聪敏勤学，涉猎大量经史著述，尤精于《史记》、《汉书》、《东观汉记》诸籍。隋时，官太常博士。因与李渊有交谊而仕于唐，后累迁银青光禄大夫、给事中、太子率更令、弘文馆学士，封渤海县男。卒于贞观（627—649）年间。询工书法，又长于治史。曾先后参与《魏书》、《陈书》的撰修。

武德五年（622），唐高祖李渊诏欧阳询、令狐德棻、裴矩等编修《艺文类聚》，历时3年成书。因欧阳询负责总纂，并作序，故只署其名。全书共一百卷、百余万言，分天地、人事、博物3大类，46部，列子目727，以事居于前、文列于后的方式编排。各条之“事”，均摘自经史诸子等书，“文”则辑录诗赋作品。该书征收古籍达1431种，这些隋唐前的古籍此后大多佚失。《四库全书总目提要》认为“于诸类书中体例最善……隋以前遗文秘籍，迄今十九不存，得此一书尚略资考证。”宋以后著作家“多引是集”。从史料角度看，《艺文类聚》确实保存了隋唐以前许多珍贵的文献资料，对于研究中国古代文化，整理、校勘、辑佚古籍，均具有重要价值。现有宋刻本，明正德十年（1515）、嘉靖六年（1527）等刻本传世。

除欧阳询《艺文类聚》之外，还有一部大型类书的编辑与湖南关系甚密，即朱遵度所辑《群书丽藻》。朱遵度，五代时人，原籍青州（今山东益都）。家富藏书，好学多通，人称“朱万卷”。后晋时，为避辽太宗耶律德光之召，携书南奔，移居潭州（今长沙）。湖南学士每作文章，多向他请教典故始末，时称其为“幕府书橱”①。晚年徙金陵，终身未仕。朱遵度辑古今文章、著作为此书。全编分为六例：一曰“六籍琼华”，二

曰“信史瑶英”，三曰“玉海九流”，四曰“集苑金銮”，五曰“绛阙蕊珠”，六曰“凤首龙编”，共一千卷，又别为目录五十卷。宋代王应麟《玉海》和陈振孙《直斋书录解题》均有著录。其书南宋末已残，后佚。

隋唐五代时期，除欧阳询之外，湖南还出现了一批湘籍史、地学家，撰修了一批全国性的或地方性的史学和地理方志方面的专著，传统史学和方志学在湖南有了初步的发展。

史学方面，见诸《通志》、《旧唐书》、《宋史》等著录的主要有：

《五代史初要》十卷。长沙欧阳凯撰。《通志·艺文略》著录。清光绪《湖南通志·艺文志》按：“唐人所称五代史，谓梁、陈、北齐、周、隋。《隋书》之志，唐代谓之‘五代史志’。此书盖五史之节本，故名初，略也。”原书已失传。

《覃子史纂》，祁阳覃季子撰。柳宗元《覃季子墓铭》曰：“推太史公、班固书下到今，横竖钩贯，又且数十家，通为书，号为《覃子史纂》。”[②]可见覃季子著作曾传世。原书后佚。

《旧唐书·艺文志》载，耒阳令萧佚撰有《牧宰政术》二卷。

《舆地纪胜》载，澧州释大津撰《南海内传》四卷。《舆地纪胜》有引文。

《宋史·艺文志》还载有《吴湘事迹》一卷，失撰人名氏。

隋唐时，湘籍和寓湘外籍人士编撰的有关湖南地理和方志类的著述较多。传世的，或《通志·艺文略》、《旧唐书·艺文志》等著录或《太平御览》等有辑文的，主要有：

《南岳小录》一卷，南岳道士李冲照撰。其书成于唐昭宗天复二年（902）。全编分 34 目，首叙衡山总览，次依目记山中五峰三涧、宫观药院、庙坛阁洞，附以道教活动传闻。收入《道藏》、《四库全书》和《丛书集成初编》等集本。

《衡山记》，唐李明之撰。光绪《湖南通志·艺文志》著录。此书未见流传于世。

《南岳记》一卷，天台山僧人章安撰。《天台山方外志》著录。

《义陵记》，常林撰。据刘禹锡《武陵书怀五十韵并序》载引：“常林《义陵记》云：初项籍杀义帝于郴，武陵人曰：‘天下怜楚而兴，今吾王何罪乃见杀。’郡民缟素哭于招屈亭。高祖闻而异之，故亦曰义陵。”③

《潇湘录》十卷，柳祥撰，《旧唐书·艺文志》著录。又《潇湘录》十卷，李稳撰，亦见《旧唐书·艺文志》著录。

《南楚新闻》三卷，尉迟枢撰，《旧唐书·艺文志》著录。《唐代丛书》存1卷。《太平广记》有引文。

《湘中记》一卷，卢求撰。《宋史·艺文志》著录。

《湘中山水记》一卷，卢拯撰。清光绪《湖南通志·艺文志》按：“拯书即罗含《湘中记》之注，其书颇及隋唐以后事。”

《零陵录》一卷，唐无名氏撰。《崇文总目》、《通志·艺文略》均著录。

《五溪记》，无名氏撰。光绪《湖南通志·艺文志》著录，《太平御览》和《麓山精舍丛书》有辑文。

《武陵记》，鲍坚撰，《太平御览》有引文。又《武陵记》，唐王安贫撰。《酉阳杂俎》有引文。

《湘潭记》，常奉真撰，《云仙杂记》有引文。

《沅陵记》，无名氏撰，《太平御览》有引文。

《湖南风土记》，无名氏撰，《太平御览》有引文。《麓山精舍丛书》辑1条。

《岭南异物志》一卷，《南海异事》五卷，均为郴州孟琯撰。《旧唐书·艺文志》和《宋史·艺文志》著录。

《九疑山图记》一卷，河南元结任道州刺史时撰。《宋史·艺文志》著录。《全唐文》载其记文1篇，作于永泰丙午年（766）。

《长沙风土碑记》，河南张谓撰。光绪《湖南通志·艺文志》注云：此书为张谓“为潭州刺史时撰，前有碑铭，后有湘中记，载事迹七十件”。其书已失传，《全唐文》存《长沙风土碑铭并序》。

《荆楚岁时记》二卷，京兆（长安）杜公瞻撰。《旧唐书·艺文志》录。

据清光绪《湖南通志·艺文志》载，唐代作者佚名的湖南地志还有《岳州图经》、《道州图经》、《邵州图经》、《长沙图经》、《湘阴图经》、《茶陵图经》、《衡山图经》、《武陵图经》等，多见引于《太平御览》。

律历方面，道州何洛庭撰《律令要录》，《舆地纪胜》有引文；衡阳李宽撰《人元秘枢经》一卷，《宋史·艺文志》著录。

杂家、杂事类，以长沙刘蜕所撰《山书》最具代表性。一卷，18 篇。《世善堂书目》著录。《全唐文》辑存 16 篇。

此外，还有《化书》六卷，五代衡山谭哨撰。清光绪《湖南通志·艺文志》著录。《睽车志》一卷，唐浏阳欧阳元撰。《浏阳县志》和《湖南通志·艺文志》著录。

经学方面的著述，见诸记载的仅阴弘道所撰《周易新论传疏》及《春秋左氏传序》二种。

第三节　文　学

刘蜕的散文和李群玉诗歌的成就　齐己诗歌　李白、杜甫、柳宗元等在湖南的诗文创作及其对湖南文化的影响

刘蜕，字复愚，自号文泉子，唐长沙人，生卒年不详。宣宗大中四年（850）进士。曾官左拾遗，常直言进谏，不畏权贵。后因疏谏前宰相令狐绹之子令狐滈为左拾遗而被贬为华阴令。

刘蜕有故宅，在今长沙通泰街。清人周达武用其地筑楼台池馆，号蜕园，现已毁。刘蜕酷爱文学，曾在其《文冢铭》中称："饮食不忘于文，晦冥不忘于文，悲戚怨愤，疾病嬉游，群居行役，未尝不以文之为怀也。"据《新唐书·艺文志》，著录有《文泉子集》十卷，已佚。今传本《文泉子集》六卷（又名《唐刘蜕集》）系明吴馡编，明天启四年（1624）吴馡问青堂刻本。《四库全书》收有此书。

刘蜕以散文名世。晚唐文人多喜作华丽骈文，而刘蜕则以恢复古文为己任。他的散文在唐末独具一格，极少夸饰矫作辞语，文笔古朴、奇奥，取法扬雄；多愤世嫉俗，见解精辟。集中有《山书》18 篇，刘蜕在序中曰："予于山上著书十八篇，大不复物意，茫洋乎无穷，自号《山书》。"现录其中一段：

车服妾媵，所以奉贵也。然而奉天下来事贵者，贱夫。有车服必有杂佩，有妾媵必有娱乐。圣人既为之贵贱，是欲鞭农父子以奉

不暇。虽有杵臼，吾安得粟而舂之？呜呼！教民以杵臼，不若均民以贵贱。

文中以“教民以杵臼，不若均民以贵贱”表达了作者的民本思想，对封建社会的等级制提出了怀疑和否定，并尖锐指出“圣人既为之贵贱，是欲鞭农父子以奉不暇”，表现了对农民的深切同情。

真正表现刘蜕文字奇奥怪僻，取法汉代扬雄者，应为其《悯祷辞》：

公邑之南兮，祷龙之潭。空波瞵天兮，云物中涵。鳞鳃縠碧兮，渊怪相参。风翼轻翔兮，带直烟岚。吏不政兮，胥为民蚕。政不绳兮，官为胥酣。彼民之不能口舌兮，为胥之缄。进不得理兮，若结若钳。阴戾阳返兮，民之不堪。燥日流焰兮，赫奕如。泉沸涌兮，如汤而炎。役巫女兮，鼍鼓坎坎。风笛摇空兮，舞袂衫衫。胥不虔祈兮，官资笑谭。胡不戮狡胥兮？狥此洁严？胡不罪己之不正兮，去此贪婪？荷天子之优禄兮，胡为而不廉？又何役女巫而祷空潭？

其中有些文字用得奇特怪癖，包括“蚕”和“酣”等，但仔细思索，又觉得在理。此文不仅在文字上学扬雄，还继承了扬雄的讽喻手法，而且更加明显。对那些官吏钳制人民的淫威和漠视人民的丑恶嘴脸进行刻画，对“民之不能口舌”等进行了生动描述，最后连用几个反问句对可耻的官吏进行讥讽批判，义正辞严，颇有力量。

在唐代湖南诗人中，当以李群玉最著名声。李群玉（约808—约862），字文山，唐澧州（治所在今澧县）人。他早年发奋读书，好吟诗，善吹笙，工书法。裴休任湖南观察使时，对他很器重，曾厚礼延致郡中。但李群玉因出身低微，一直被士族势力所排斥。他长期处身江湖，一生颇不得志，但希望成就大事业，曾多次投诗希望得到引荐（如投员外从公虞、献王中丞等），并不止一次上京应试，但都未能成功。大中八年（854）游长安，向宣宗李忱献诗三百首，赐为弘文馆校书郎。然而，气息奄奄的晚唐残酷社会现实使他亲身感受到朝政的腐败黑暗、官场的尔虞我诈、社会的世态炎凉，在短短三年后他就辞职南归了。

李群玉诗歌现存267首，断句2联，岳麓书社出版羊春秋辑注的《李群玉诗集》，收集最全。《全唐诗》收其诗258首，所收数量在唐代湘籍诗人中仅次于齐己；《沅湘耆旧集》录其诗 154 首，也是收得较多的诗人。李群玉诗在唐代就颇有地位，宰相令狐绹在《荐处士李群玉状》中称他："佳句流传于众口，芳声籍甚于一时。"晚唐诗人周朴《吊李群玉》说："群玉诗名冠李唐，投诗换得校书郎。"与周朴齐名的唐诗人兼诗论家张为将李群玉列入其《诗人主客图》中"博解宏拔主"的"上入室"（自己为"入室"者），给他以较高的地位。在唐代数以千计的诗人中只选一百多人的《又玄集》、《才调集》均选有其诗，也可见其在当时的地位和影响。

李群玉诗歌有凭临吊古、送别怀人、友谊情爱、写景状物、寻佛访道等内容，反映晚唐社会动荡和人民痛苦生活等重大题材的作品很少，着重写诗人的不幸际遇和所见所闻所感。如他多年失意，一生坎坷，向往山林隐居、田园水乡生活，写了不少咏物诗和闲逸诗，其中有些颇有情趣，如《钓鱼》：

七尺青竿一丈丝，菰蒋叶里逐风吹。
几回举手抛芳饵，惊起沙滩水鸭儿。

又如《江南》：

鳞鳞别浦起微波，泛泛轻舟桃叶歌。
斜雪北风何处宿？江南一路酒旗多。

另外，他与佛门中人初公、微上人、规公等均有往来，有二十多首寻仙访道，赠和尚、方士、道士的诗篇。这些诗讴歌佛寺和佛门中人，宣扬佛教的"空""寂"等观念，尤其是以佛理入诗，对开启宋代苏轼、黄庭坚将佛理与情景结合的诗风（或称"口头禅"）有一定影响。

他的诗在艺术风格上可分为两类。一类明显地表现出沉郁哀怨的特色；一类则表现出清越、妍丽等特色。前者的代表作有《黄陵庙》（之一）：

小姑洲北浦云边，二女容妆自俨然。
野庙向江春寂寂，古碑无字草芊芊。
风回日暮吹芳芷，月落山深啼杜鹃。
犹似含颦望巡狩，九疑愁绝隔湘川。

此诗的妙处在于诗人将环境、神话、古人和自己有机结合在一起，既凭吊黄陵庙，又融进自己不幸际遇的感慨，还蕴含着对晚唐王朝衰落的悲哀。全诗不着一“悲”字，而悲景全出，颇具沉郁、哀怨的特色。其他如《乌夜啼》、《秋怨》、《湖中古愁三首》、《自澧浦东游江表》、《登华章楼》、《客愁二首》、《哭柳州王使君》、《伤小女凝儿》、《哭小女凝儿》、《九子坂闻鹧鸪》、《失鹤》、《题竹》、《山驿梅花》等也表现了这种诗风。后者的代表作如《引水行》：

一条寒玉走秋泉，引出深萝洞口烟。

千里暗流声不断，行人头上过潺湲。

此诗写所见民用竹筒引水的情况，风格清越新鲜，给人欣喜可爱之感。

李群玉诗歌语言绚丽多彩，佳句迭出，美不胜收。如“玉鳞寂寂飞斜月，素艳亭亭对夕阳”（《人日梅花病中作》）、“黄叶黄花古城路，秋风秋雨别家人”（《金塘路中》）、“金风吹绿簟，湘水入朱楼”（《长沙陪裴大夫登北楼》）、“树梅尚敛风前笑，沙草初偷雪后春”（《卢逸人隐居》）、“松风洒寒雨，渐历醒余醉”（《登宜春醉宿景皇寺》）、“浪定一浦月，藕花闲自香”（《静夜相思》）、“疏红落浅艳，冷水凋芙蓉”（《秋怨》）、“水流宁有意，云泛本无心”（《送秦炼师》）、“湖光迷翡翠、草色醉蜻蜓”（《三月五日陪裴大夫泛长沙东湖》）、“市朝变迁秋芜绿，坟冢高低落照红”（《秣陵怀古》）、“白云蔽黄鹤，绿树藏鹦鹉”（《汉阳春晚》）、“正穿屈曲崎岖路，更听钩辀格磔声”（《九子坡闻鹧鸪》）等，历来为人们所传诵。

李群玉生活圈子较为狭窄，思想受到局限，诗歌较多地描写自我的不幸际遇和痛苦感受，思想意义不大。虽然他自称“居住沅湘，宗师屈宋”，却没有继承屈原那种追求真理九死不悔的执著精神和关心国家前途、人民命运的品格，也没有杜甫那种“安得广厦千万间，大庇天下寒士俱欢颜”的博大胸怀。李群玉诗歌常常表现出哀愁和悲观的情绪，缺乏积极向上、鼓舞人心的力量，大大降低了他诗歌的思想价值和艺术感染力，使他最终未能成为唐代一流诗人。

齐己（861—937），益阳人，俗姓胡，名得生，字迩沩，晚年自号衡岳沙门。家境贫寒，其父为大沩山同庆寺的佃户。齐己七岁给同庆寺放牛，他天性颖悟，常以竹枝在牛背上比划作诗。寺僧见后十分惊奇，料其将来必成大器，为壮其山门，遂劝他剃度出家。

齐己先居大沩山同庆寺，后栖衡山东林寺。他酷爱山水名胜，曾在长安居住数年，遍游终南、中条、华山等胜地，江南名山更是常驻其中，而在庐山盘桓最久。后梁龙德元年（921），应蜀僧邀请赴剑南，因战乱半途折回。路过江陵时，为荆南节度使高季兴挽留，居龙兴寺，命为僧正。后唐明宗天成三年（928），高季兴逝世，子高从海继位，齐己此时已厌倦管理僧务行政和迎奉长官的繁冗事务，提出辞职，归隐东林，但高从海不放，致使其留滞荆南，郁郁寡欢，最后圆寂于江陵。

齐己是晚唐五代之交著名的诗僧，有《白莲集》传世。他的诗《全唐诗》收入10卷，800余首，在湖南籍诗人中数量最多，在《全唐诗》几千名诗人中也排在前十名。他颈生有瘤，因作诗多，时人戏称为“诗囊”。

齐己诗歌多写景状物、登临题咏、送友赠答之作，渗透着浓厚的佛家思想。他虽生在晚唐乱世，但很早进入佛门，在古寺清庵中度过了60多年的僧人生活，面对单调、寂静、清淡的寺院和深山、冷泉、寒风，诗人的心境是清淡冷峭，超然尘世的。如“溪山无伴过，风雨有花飞”（《送孟公归旧居》）、“静坐云生衲，空山月照真”（《自遣》），远离尘世的污染，了却凡心，流连于山水空林和大自然的美景，没有强烈的喜怒哀乐和物欲追求，有的只是一片超然脱俗的清静心境。这样发之于诗歌，自然也就清淡忘机了。

齐己是晚唐有名的得道高僧，又是一位品格高洁的诗僧，佛学修养和高尚人品使他能通过佛教参禅净化心灵，进入孤寂冷峭、雪洁冰清的境界，获得一种带有宗教色彩的高远雅致的艺术感受。如《咏扑满》：

只爱满我腹，争如满害身。到头须扑破，却散与他人。

扑满作为古代蓄钱的瓷瓦器皿，上面只有一个细长的孔，钱币放进后，要打破它才能取出。此诗写出了扑满钱满身亡的特点。含蓄地讽刺了那些拼命积聚钱财，到头来却落得人财两空的人的下场，宣扬了佛家“一切皆空”的思想。再看《日日曲》：

日日日东上，日日日西没。任是神仙客，也须成朽骨。

浮云灭复生，芳草死还出。不知千古万古人，葬向青山为底物。

在齐己看来，世间的万事万物就如同日出日落一样，就是神仙也要成朽骨，更遑论世俗之人。故而，人世间的一切欲望追求和功名富贵不过是昙花一现，过眼烟云，不必苦苦追求。这种不为功名富贵所动而自守洁净的佛家思想虽然有消极的一面，但对于当时追名求利污浊的世风来说是一种批判，即使在今天也不无借鉴意义。

齐己是富有正义感的诗僧，他的少数诗篇反映了当时的社会动乱现实和人民疾苦，表达了诗人对劳动人民的同情，具有一定的现实意义。如《耕叟》：

春风吹蓑衣，暮雨滴箬笠。夫妇耕共劳，儿孙饥对泣。

田园高且瘦，赋税重复急。官仓鼠雀群，只待新租入。

又如《西山叟》：

西山山中多狼虎，去岁伤儿复伤妇。

官家不问孤老身，还在前山山下住。

此二诗在齐己诗集中颇具代表性，对封建官吏残酷剥削人民，不顾人民死活的可恶行径进行了有力的揭露和批判，在唐代诗僧诗中不多见。其他如“九土尽荒墟，干戈杀害余”（《丙寅岁寄潘归仁》）、“时难多战地，野阔绝春耕”（《夜次湘阴》）、“松烧寺破是刀兵，谷变陵迁事可惊”（《乱后经西山寺》）等展现了战事频繁，生民涂炭，田土荒芜的情景；《浮云行》、《折杨柳词四首》揭露了奸臣当道和君王荒淫误国；《寓言》、《轻薄行》揭露了侯门公子的聚敛财物、轻狂行为。

隋唐五代湖南有诗名的僧人除齐己外，还有懒残和怀素等。

流寓诗人中李白在湘的经历主要是乾元二年（759）秋到上元元年（760）春，路线是从江夏至岳阳至零陵，再由零陵返岳阳至江夏。在湖南历时约半年，作诗 31 首。

李白湖南诗中写得好的有两类，一是描写洞庭湖、岳阳楼等自然景色，二是关心时事、忧国忧民的作品（这些作品大多在岳阳写成）。如《陪族叔刑部侍郎晔及中书贾舍人至游洞庭五首》，其三云：

洞庭西望楚江分，水尽南天不见云。

日落长沙秋色远，不知何处吊湘君。

南湖秋水夜无烟，耐可乘流直上天。
且就洞庭赊月色，将船买酒白云边。
帝子潇湘去不还，空余秋草洞庭间。
淡扫明湖开玉镜，丹青画出是君山。

李白的山水诗，善于将自己的个性或感受融化在自然景物中，形成他独特的艺术氛围和意境。

杜甫在湖南度过了他一生中最后的两年，写诗 100 余首，把足迹永远留在这块土地上。

杜甫大历三年（768）由川东出三峡，经荆州（今湖北江陵）公安县进入洞庭湖，年底到达岳阳。首进湖南，写诗数篇，其中有两篇重要作品。一为《岁晏行》：

岁云暮矣多北风，潇湘洞庭白雪中。
渔父天寒网罟冻，莫徭射雁鸣桑弓。
去年米贵阙军食，今年米贱大伤农。
高马达官厌酒肉，此辈杼柚茅茨空。
楚人重鱼不重鸟，汝休枉杀南飞鸿。
况闻处处鬻男女，割慈忍爱还租庸。
往日用钱捉私铸，今许铅铁和青铜。
刻泥为之最易得，好恶不合长相蒙。
万国城头吹画角，此曲哀怨何时终。

此诗为杜甫晚年最富现实意义的力作，他通过描写岁暮严寒民不聊生的生活及所见所闻，深刻地揭露了当时社会的黑暗，反映了人民生活的痛苦，表达了诗人忧国忧民的思想感情。另一篇是传诵千古的佳作《登岳阳楼》：

昔闻洞庭水，今上岳阳楼。吴楚东南坼，乾坤日夜浮。
亲朋无一字，老病有孤舟。戎马关山北，凭轩涕泗流。

诗人写洞庭只两句，确是雄跨今古，一“浮”字更是贴切、传神。它不仅写出了洞庭湖水的波动，还暗寓了社会和人生的漂浮不定。

杜甫到达岳阳后，继续南行，一路上写有《祠南夕望》、《野望》、《入乔口》、《铜官渚守风》等纪行诗。

这以后，因投奔衡州刺史韦之晋，而韦已故，杜甫只得往来衡阳、长沙，写下了《岳麓山道林二寺行》、《望岳》、《客从》、《白凫行》、《蚕谷行》等诗篇。在《蚕谷行》中抒写了自己的理想：

> 天下郡国向万城，无有一城无甲兵。焉得铸甲作农器，一寸荒田牛得耕。牛尽耕，蚕亦成。不劳烈士泪滂沱，男谷女丝行复歌。

从对“男谷女丝”理想的向往，反衬出对战乱现状的极端失望。此诗语言质朴而赤诚可感。

大历五年（770）春，杜甫在长沙意外地遇见了大音乐家李龟年，并作《江南逢李龟年》。

在艺术特色上，杜甫湖南诗纪行和抚事感时相结合，咏怀抒情，思想奔放，但诗人往往尽量用平淡语写出，使人感到诚挚浑厚，词浅意浓，淡而有味；在描写景物上是简要清新；在体格声韵、用字造句和章法结构上用心细密，而无雕凿痕迹，出手纯熟，挥洒自如。当然，杜甫晚年入湘诗较之以前的诗作，在反映国家大事方面略有逊色（如贬华州时有《三吏》、《三别》），较多地描写个人行踪和注重艺术形式的表现，强调对字句的锤炼，因此在思路上较以前狭隘，但它对湖湘文学发展的影响是积极的。

柳宗元被贬永州长达十年，始终坚持自己的政治理想，写下了《蝜蝂传》、《罴说》、《三戒》、《捕蛇者说》等传世名篇。

《捕蛇者说》是一篇不可多得的议论性散文，它通过捕蛇者蒋氏讲述三代人由于畏惧残酷的赋役而宁可冒死捕蛇的遭遇，深刻地揭露了统治阶级横征暴敛，“苛政猛于虎”、“赋敛之毒甚于蛇毒”的黑暗现实，表达了作者对劳动人民的同情和改革社会弊病的愿望。此文在写作手法上也有特色，先由蛇写起，引出捕蛇、捕蛇者、捕蛇者的话，再引出作者的议论，点明主题；全文紧扣一个“毒”字，写蛇毒是宾，赋敛之毒是主，得出赋敛之毒甚于蛇毒的结论；叙捕蛇者的话不是一写到底而是采用夹叙夹议、穿插作者的问话和对捕蛇者的神情描写，使文章有波澜变化。

柳宗元的散文写得最好的要数山水游记。其在永州所写的《永州八记》描绘了清秀、幽美、高洁、奇瑰的潇湘山水，寄寓了他横遭贬谪后的忧郁之情，使自然之景与人的感情有机地结合在一起，形成了他独特的风格。正如当代湘籍文学史家刘大杰所说："柳宗元的山水文不是客观地为了欣赏山水而描绘山水，而是把自己的生活遭遇和悲愤感情融化在山水里面去，使山水人格化、个性化。"④

柳宗元在永州被贬谪的十年，既是他人生的不幸，也是他人生的大幸。他不幸失去了仕途官运，却成为了永垂青史的文学家、思想家。他到永州后"益自刻苦，务记览，为词章，泛滥停蓄，为深博，无涯涘，而自肆于山水间"（韩愈《柳子厚墓志铭》）。与劳动人民有了接触，对社会弊病有了认识，永州秀丽的山水又给了他灵气，使他创造出既有思想内容又独具一格的大量佳作，为中华民族，也为湖南人民留下了一份宝贵的文学遗产和精神财富。

刘禹锡（772—842），字梦得，洛阳人。永贞革新失败后被贬为朗州（今湖南常德）司马。他在湘（主要是朗州）十个年头，创作诗文近两百篇，其中一些可视为他诗文的代表作。

他在湘的作品有三个特点：一是有意向屈原学习，并有所创新，如《砥石赋》、《卜居》、《问大钧赋》等；二是有意向民歌学习，创作出一批传世名篇，如《采菱行》、《竞渡曲》、《桃源行》等；三是在艺术风格委婉含蓄，语言清新优美、自然流畅，如咏物寓言诗《聚蚊谣》、《百舌吟》、《飞鸢操》等。他的写景抒情诗也写得情景交融，委婉含蓄，自然优美。他的散文以论见长，语言雄健，说理透彻，讲究用词造句、篇章结构和技巧。

第四节　艺术与工艺

欧阳询父子的"欧体"和怀素的"狂草"　湘阴窑和青瓷的工艺发展　长沙铜官窑和釉下彩工艺及其诗画装饰艺术

隋唐五代湖南的书法艺术，就其成就和在全国的影响而言，实际上超过了诗文创作。因为唐代第一流书法家欧阳询、欧阳通父子及其"欧体"和怀素及其"狂草"，均产生于湖南。

欧阳询一生笃好和精研书法。初效王羲之，但在继承王的传统上却独辟蹊径，风格险劲。宋代朱长文《续书断》评曰："其正书，纤浓得中，刚劲不挠，有正人执法、面折廷争之风；至于点画之妙，意态精密，无以尚也。"他于各体都有造诣，而尤以正书为书家圭臬。《宣和书谱》称其正书为"翰墨之冠"。后人将他与唐初虞世南、褚遂良、薛稷并称为"唐初四大书家"，或与虞世南并称为"欧虞"。其正书世称为"欧体"。

其书法作品传世的有《卜商帖》、《张翰帖》等墨迹，还有《九成宫醴泉铭》、《化度寺邕禅师塔铭》、《皇甫诞碑》、《虞恭公温彦博碑》等碑铭，都堪称书法艺术之瑰宝。所著《传授诀》、《用笔论》、《八诀》（亦称《八法》）、《三十六法》等，均为我国书法美学理论中极为珍贵的遗产。

欧阳通，字通师，欧阳询第四子。询去世时，通尚年幼，由母亲徐氏抚养成人，盼其继承父业。询书手迹多散存民间，家藏无几，徐氏不惜重价购回。通朝夕临摹，书法大进。唐高宗仪凤（676—679）年间，通官至中书舍人。武则天称帝，通以司礼卿判纳言事为相。天授二年（691），受武承嗣、来俊臣诬陷下狱，不久被害。中宗即位后，事得昭雪，追复官爵。欧阳通的书法，成就稍逊其父，然险峻过之。虞世南称其功力当在褚遂良之上。时人称其父子书法为"大小欧阳体"。有《道因法师碑》及《泉南生墓志》等碑刻传世。今长沙市望城区书堂山下，尚有欧阳父子读书习字的遗址。

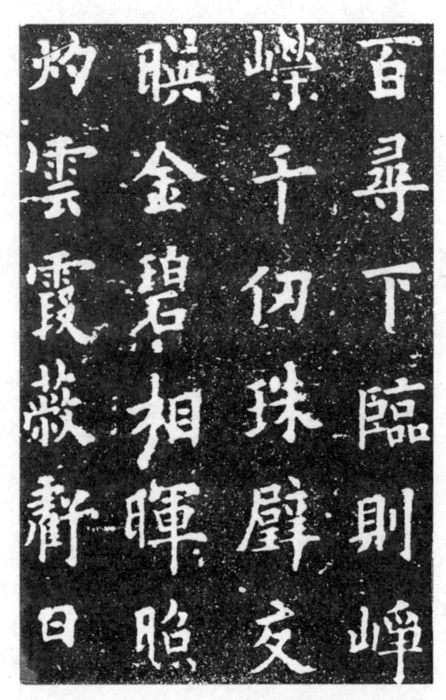

图上 3-1　欧阳询《九成宫醴泉铭》局部

怀素是继欧阳父子之后，中唐时湖南著名的大书法家。怀素，号藏真，俗姓钱，长沙人。生于唐玄宗开元十三年（725）。幼年出家为僧。初习佛经、历律书，后致力于书法。他勤观苦练，秃笔成家。相传在练草书时，常因纸张难于供应，于是手植芭蕉万余株，以芭蕉叶挥写，因自号所居为"绿天庵"。

怀素疏放豪宕，不拘细行，性嗜酒。每于酒酣兴发，遇寺壁里墙、衣裳器皿，无所不书，时人称为“醉僧”。其草书如骤雨旋风，字字飞动，宛若有神。运笔如游丝袅空，圆转自如，虽野逸而法度具在，自称得草书三昧。据传李白游湖南时，对怀素草书特别赏识，作《草书歌行》，称赞他：“草书天下称独步”，说怀素写字：“吾师醉后倚绳床，须臾扫尽数千张。飘风骤雨惊飒飒，落花飞雪何茫茫。起来向壁不停手，一行数字大如斗。怳怳如闻神鬼惊，时时只见龙蛇走。左盘右蹙如惊电，状同楚汉相攻战。”对怀素草书的独特风格及成就，给予了极高的评价。

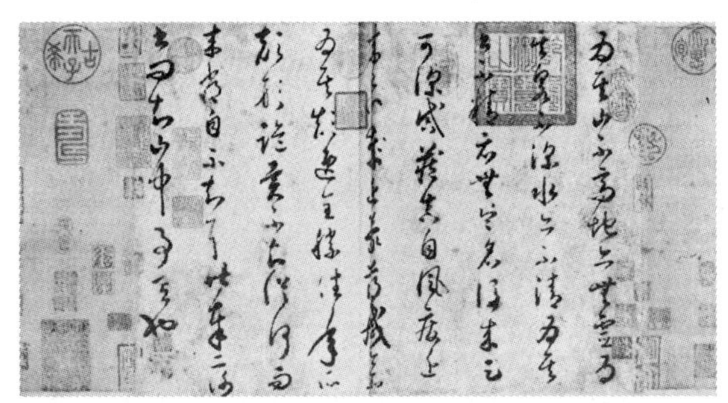

图上 3-2　怀素《论书帖》

怀素卒于唐德宗贞元元年（785）。其书法作品，据《宣和书谱》载，御府所藏有 101 篇。传世的书迹有《自叙》、《苦笋》、《论书》、《千字文》等。

唐代湖南的窑、瓷工艺也取得了长足的进步。湘阴窑，在今湖南湘阴县。始于隋代，盛于唐，而衰于五代。唐、五代湘阴隶属岳州，故湘阴窑又称岳州窑，产品以青瓷为主，是唐代六大青瓷产地之一。湘阴窑主要分布在湘阴县城堤垸一带。南北长 150 米，深 6 米左右。窑口产品以日常生活用品为主，如碗、钵、盘、盂、洗、壶、坛、罐等。釉色以青釉为主，也有酱色釉。青釉莹洁闪光，透明或半透明，多作玻璃质开片，往往上半部施釉，下半截露胎，垂釉如泪。酱釉不太透明，略开片或不开片。胎骨可分为瓷胎、瓦胎和缸胎三种，瓷胎的比重占器物总数的三分之二。大量使用匣钵烧制，这是制陶工艺中的一大革新。考古学者在湘阴县共发现三处遗址，以县城内遗址最早，出土遗物都具有隋代作风。湘阴窑在晋唐时期是民间瓷窑，后来又兼烧宫廷御器，以印花影青为主要特征。其实，湘阴窑在汉代已有烧制，东汉时湘阴青竹寺窑已烧制出青釉碗、钵、盆等。胎色灰白，质地细腻，部分胎壁有气泡，多施半釉。东吴、西晋、南朝窑头山窑、城关镇窑烧制出的器物有青釉洗、盆、罐、壶等，釉色有青、黄、酱等色，部分窑变釉色呈

图上 3-3　长沙窑龙窑遗址

蓝、紫色，装饰方法有印花、浮雕、圆雕等。隋代为湘阴窑的发展时期，烧制的器物有碗、盘、钵、瓶、多足砚等。胎较厚重，有青灰、灰白色。青釉透明或半透明，釉层变薄，施半釉，釉面有开片。纹饰有花草、几何纹及直线印花等，布局对称且富于变化。器身多有印纹装饰，仅高足盘盘心纹饰即达三十种以上，为同时期其他瓷窑所少见。唐、五代时期，湘阴窑改称为岳州窑，烧造技术水平成熟，器物以碗盘为主，釉色更趋青绿。胎体更轻薄，玻璃质感更强且开细碎片纹，剥釉现象仍然存在。故陆羽在《茶经》中评价唐代六个瓷窑的茶碗称："碗，越州上，鼎州次，婺州次，岳州次，寿州、洪州次。"

长沙铜官窑瓷器装饰手法很多，传统的划花、刻花、镂刻、堆塑、印花、贴花等仍然广泛使用。但最富创造性的发明是在胎体上作画，成功地把绘画艺术运用在瓷器装饰上。这在长沙铜官窑以前还没有见到过。

长沙铜官窑瓷器上作画，分为釉上彩绘和釉下彩绘两种。釉上彩是在坯体上挂釉，阴干后在独层上作画，彩与釉、坯在窑里一道烧成，彩色和釉层融熔在一起。彩绘的内容，有绿色的流云、彩带、树枝、绿叶等，取材于自然现象，近似现代的写意水彩画。

最有特色的是釉下彩。铜官窑釉下彩有两种，一是以褐色或绿色直接在胎上作画，一是在胎上施上化妆土，在化妆土层上作画，再罩上透明的青釉，入窑后经高温一次烧成。

瓷器上题诗，是铜官窑的又一个创新，有力地说明了唐代诗歌传播之广泛。唐以前，在瓷器上很少写字，只在胎体上刻划年号、简单的吉祥语或工匠的名字。铜官窑釉下彩瓷器上书写有大量文字，包括诗、联句、单句等，用以达到装饰的目的。据初步统计，目前发掘出土见诸报道的瓷器诗，共 44 首。主要题写在 70 多件瓷壶的壶嘴下的正中处，仅有 5 件题在盘内底中心。同一诗句有的题写在多件器物上。不过，每件器物都只题一首诗，或一联句、或一单句，均用毛笔书写，从青黄褐下透出黑褐色字迹，书法流畅，布局大方，有观赏趣味，装饰特色显著。这是我国瓷器装饰上很有民族特色的一项创举。此外，这 44 首诗中，有 5 首未收入《全唐诗》，这在唐代文学研究上具有一定的参考价值。

第五节 宗 教

共存共荣的佛教与道教

由于统治阶级的提倡，佛教在隋唐五代较魏晋南北朝时更为盛行，并发展成许多宗派，如天台宗、法相宗、华严宗、禅宗等。当时，湖南的佛教也更广泛地传播，特别是南岳衡山，发展成为全国著名的佛教圣地之一。一批著名的高僧先后来到南岳，修行传法，南朝时兴建的几座寺庙成了全国佛教名刹，同时还增建了不少新的寺庙和道场。

福严寺，即般若寺，为天台宗三祖慧思禅师于陈光大二年（568）创建。唐太宗特赐御书梵经五十卷，收藏寺内。唐先天二年（713），著名的怀让禅师来到南岳，将般若寺辟为禅宗道场，使南宗的“顿悟”佛法得以弘扬天下，而天下佛子则以该寺为传法的佛院。自此以后，福严寺成为我国佛教十大丛林之一，南宗著名的传法圣地。

南台寺，始建于梁天监年间（502—519）。唐代该寺出了一位著名高僧石头希迁禅师。石头希迁，时人称之为“石头和尚”。其弟子有道悟、憔俨等 21 人。他们宣教弘法，创立了曹洞宗、云门宗、法眼宗三派。曹洞宗南宋时传入日本，日本佛教界一直视南台寺为祖庭。

丹霞寺，位于南岳南天门下，唐代著名的丹霞禅师天然和尚创建，又名天然寺。天然和尚俗家姓名不详。长庆四年（824）圆寂，享年 83 岁，葬于水月寺侧，至今墓塔尚在。

天然和尚在南岳时，尚兼湘南寺住持。湘南寺处丹霞寺上方一里外，亦始建于唐代。

祝圣寺，为南岳衡山规模最大的佛教丛林，唐天宝（742—756）初年，由弥陀和尚承远创建，故又称弥陀台。开创时，寺舍简陋，只是刈草编茅，以庇经、佛。后来弥陀和尚的弟子法照和尚，开辟林莽，削平岩峦，逐渐扩大寺宇。五代楚王马殷重建，并改名为报国寺。柳宗元曾为承远和尚与法照和尚墓作碑铭，至今寺旁尚残存有柳侯碑。

上封寺，位于祝融峰下的云密峰腰，旧名光天观，隋以前是道教的玄坛。相传隋大业年间（605—618），隋炀帝南巡，敕建此寺，改道观为佛寺，故名上封寺。改佛寺后，唐代高僧佛心和尚曾为该寺住持，发展成南岳佛教十大丛林之一，香火旺盛。

此外，南岳还有横龙寺，位于祝融峰后，唐贞元年间建。南朝时所建的方广寺（唐改名圣寿寺）、小般若禅林（即藏经殿）等古刹，在隋唐五代时也都十分兴盛。

除南岳地区外，长沙及其周边湘潭、宁乡、浏阳、益阳、醴陵等地，是湖南佛教的又一中心。特别是湖南最早的佛教古刹麓山寺，隋唐以来进入了发展的全盛期。

长沙岳麓山下还有道林寺。唐代马燧所建藏修精舍，取名道林寺，欧阳询书道林寺碑。此外，长沙城北湘春门外，唐法华禅师建铁佛寺；东北新开门内，唐代还建有泐潭寺。

五代马楚时，在楚王马殷及其子希范支持下，在长沙城北建开福寺。初建时住僧达 1000 人。古寺殿堂至今犹存，香火旺盛。

此外，湖南唐代所建寺院还有：宁乡密印寺、湘潭龙安寺、浏阳道吾寺、零陵龙兴寺、攸县慈云寺、保宁寺，清泉（今衡阳）雁峰寺、华光寺，酃县慧日寺，郴州开元寺，石门洛浦寺，沅陵三峙寺等。五代时还建有湘阴保安寺，武冈天宁寺、龙潭寺，宁远永福寺等。

湖南在隋唐五代时期，实际上已成为中国佛教禅宗传播的中心之一，禅宗各宗派和众多禅宗高僧与湖南均结下不解之缘。如上文言及的石头希迁、天然和尚、弥陀和尚等，对于中国和湖南佛教的传播与发展都作出了不可磨灭的贡献。

隋唐五代时期，湖南以南岳、沩山高僧为主的佛释学者，潜心研究佛教经义，撰有一批佛释方面的著作。传世的主要有：《南岳大慧禅师语录》、《参同契》一卷、《潭州沩山灵祐禅师语录》、《衡岳十八高僧传》一卷、《续宝林传》四卷等。

隋唐五代，道教得到进一步传播和发展，特别是在唐代，道教成为国教，更进入了一个鼎盛的时期。在湖南地区，道教同样也获得很大发展，而南岳仍为湖南道教发展传播的中心之一。

南岳衡山，佛教虽然十分兴盛，但道教也不断发展，并且佛、道二教逐渐改善了关系，在南岳并行共处。魏晋南北朝时兴建的一些著名道观，得到增修扩建，并且又兴建了数处新的道观，其中以黄庭观、南岳真君祠最为著名。

黄庭观，是我国著名的女道观。在南岳集贤峰下，依山临壑，叠石而成，现为湖南省重点文物保护单位之一。该观始建于唐初武德元年(618)。五代时，楚王马希声重修后，叫魏阁，内供魏夫人石雕像一尊。宋代改名黄庭观。

南岳真君祠，即今之南岳大庙。据《南岳志》记载，唐初在南岳正式建造司天霍王庙。开元十三年（725），唐玄宗采纳天台山道士司马承祯的建议，改霍王为真君，将司天霍王庙改为南岳真君祠。天宝五年(746)，封南岳真君为司天王。至宋代正式封岳神为“司天昭圣帝”。南岳大庙自唐以后历经重修、扩建，现存的宫殿式古建筑群，是经清光绪八年（1882）重修，最后形成起来的。

南岳大庙历史上并不完全归属于道教，道、佛二教长期共庙分居。从其建筑规制看，圣帝殿居中，两侧是东西回廊，各有厢房数十庭，同殿后寝宫相连，组成长方形的宫殿式庭院。在东回廊外面有 8 座道观，供道士居住；在西回廊外，却有 8 个佛寺，供僧人食宿。这种共庙分居的形式，说明自唐代以后，道教与佛教在南岳衡山地位已经是平等的，二者共存共荣。

随着道教的广泛传播，隋唐五代时在湖南其他地方也增建了不少新的道观。现据《大清一统志》和光绪《湖南通志》记载，其主要者有：善化县上清宫（后改太乙寺），湘阴县白鹤观，湘乡县显真观，攸县昭贤观，祁阳县白鹤观，宁远县无为观，郴州苏仙观，武陵县（今常德）太和观。

由于湖南境内广建宫观，并且南岳等地名观不少，道教兴盛，隋唐五代时在湖南出现了一大批名重一时的高道，见诸记载的有 30 多人。如：葛洪天台派传人肖灵护、张惠明，衡山道士轩辕弥明、李泌，上清派第 13 代弟子薛季昌等。

唐代湖南道士，特别是南岳道士，大多精习道教经典，研发道家学说，他们留下了一批颇有分量的著述。其中影响最大的传世之作为徐灵府的《通玄真经注》。

徐灵府，号默希子，钱塘（今杭州）人。玄宗时征士，后隐居南岳，潜心研习道家经典，编注《文子》一书上进朝廷。因玄宗曾封文子为通玄真人，故其书亦改名《通玄真经注》。文子，乃老子弟子，与孔子同时。书前徐灵府自序云：“默希子以元和四载，投迹衡峰之表，考室华盖之前，迨经八稔。”可见此书成于唐元和十一年（816）。全书正文 12 篇，88 章，似系采自北魏李暹《文子》注本。各章俱冠“老子曰”，然后略加论释。所引《老子》言，多与今本《老子》同，有一部分为今本所无者。所作注文，大抵先释全篇大旨，然后循文作解，再抒己见，对老子清静、无为、柔弱、虚无等概念多所阐发。《四库全书总目提要》云：“今观是注，清灵婉约，而《文子》正文，亦尚是旧时之本。”此书收入《道藏》，为道教重要典籍。又辑入《四库全书》和《丛书集成初编》。

此外，道学方面湖南还有一批著述传世。如：衡山道士刘处静撰《洞玄灵宝三师记》，南岳道士陈少微撰《大洞炼真宝经修伏灵砂妙诀》和《九还金丹妙诀》，南岳道士玄和子撰《玄和子十二月卦金诀》，衡山道士衡岳真子注《玄珠心镜注》，唐开元进士、南岳道士薛幽棲注《元始无量度人上品妙经注》等。这些著述均收入《道藏》，成为道教的传世经书。

【注释】

① 参见《湖南省志》第二十九卷《著述志》（上），湖南人民出版社 2003 年版。

②《柳河东集》（上），上海人民出版社 1974 年版，第 180 页。

③《刘禹锡集》卷二二，上海人民出版社 1975 年版，第 199 页。

④ 刘大杰：《中国文学发展史》，百花文艺出版社 1999 年版，第 262 页。

第四章

两宋时期

在两宋时期，湖南社会经济发展的速度加快，经过“开梅山”、“经制”“南江诸蛮”等举措，一些少数民族聚居地区也得到了开发和拓垦，使耕地面积扩大。水利的兴修，牛耕的普及和生产技术的提高，使粮食生产有很大发展，特别是大麦、小麦种植得到推广。湖南粮食大量外调，湖南成为同金国对峙和战争的重要物资供应基地。茶叶等经济作物的生产进一步发展，棉花种植推广，矿冶业和瓷器制造业也都有新的发展。但自进入南宋后，由于抗金战争的影响，尤其是金兵袭陷潭州（今长沙）的破坏，溃军散卒的骚扰，加之赋税徭役的空前沉重，又阻碍了湖南社会经济的发展，并且促使社会各种矛盾不断激化，因而导致了钟相、杨幺的农民大起义和李金、陈峒领导的瑶、汉农民矿工的起义。

北宋时湖南的政治环境较为安定，至南宋，随着政治、经济中心的南移，湖南的经济得到进一步开发与发展，湖南的文化也呈现出前所未有的发展态势。湖南成为宋代理学的重要策源地，其开山大师就是湖南道州（今道县）的周敦颐。胡安国、胡宏父子在湖南的讲学传道，朱熹、张栻二人的办学会讲，岳麓书院、石鼓书院的兴盛，使理学在湖南地区兴起和迅速传播，“湖湘学”开始形成，对湖湘文化的发展产生了深远的影响。在文学艺术方面，颇有成就的诗人和书画家也不少，如刘翰、乐雷发和王以宁等，有著作传世的书法家单炜和画家武洞清、释仲仁等；此外，庆历年间知潭州的刘沆主持摹刻《庆历长沙帖》，对后世书法的发展贡献甚大。宋代是中国史学、地学发展的一个重要时期，产生的名家名著相当多，湖南出现的史地学人才和有价值的著作也不少，如路振的《九国志》、陶岳的《五代史补》、王容参与的《光宗日历》和《宁宗日历》、陈田夫《南岳总胜集》等。还有朱辅《溪蛮丛笑》等外籍人士关于湖南史地方面的著述。在其他学科领域，宋代湖南也有不少建树。如医学有朱佐的《类编集验医方》十五卷，经书考订方面有王观国的《学林》等，均很有价值。宗教方面，宋代以禅宗为主的佛教在湖南广泛传播，十分兴盛；道教势力唐末五代之后曾一度衰落，南宋时道教以南岳为中心在湖南又获得了复兴。

第一节　书院与教育

官学教育的发展　称名天下的书院　科场地位的上升

宋代教育在前期八十年，基本上是因袭唐制，政府的注意力集中在科举取士，而经庆历、熙宁、崇宁年间范仲淹、王安石、蔡京三兴官学之后，始有大的发展。其发展表现大致有三：一是官学体系趋于完备。中央官学有辖于国子监的国子学、太学、辟雍、四门学、广文馆、武学、律学、小学，以及隶属于太医、太史、书艺、书画各局之医学、算学、书学、画学。地方官学则分两级，由州、府、军、监设立的，称州学、府学、军学、监学，皆设教授掌管；由县设立的称县学。二是官学类型的多样化。除常规儒学和一般专科学校之外，中央新设武学和画学，地方州县增设武学和道学，皆有利于打破儒学一统的格局。三是教育管理体制的进一步完善。除设国子监管理中央各官学之外，曾于崇宁宣和间（1102—1125）设诸路“提举学事司”，以“掌一路州县学政”，开地方教育行政管理专衙之先河，有利于地方教育事业的拓展。

宋代湖南建有州学 10 所、军学 3 所、府学 2 所、县学 41 所，合计州县官学 56 所，学校普及率为 75.67%。而据贾志扬的统计，宋代全国州县学的普及率分别为72%、44%。两相比较，湖南的比例远高于全国平均数之上，已居全国先进之列。数据表明，湖南官学普及仅次于两浙、江南、福建，这标志着湖南文化教育事业已经摘掉落后的帽子，开始进入上游方阵。

宋代湖南书院的发展以南北宋之际分为两个时期。北宋160余年又以庆历兴学为结点，大致可分作两个阶段。第一阶段，自宋初至庆历兴学以前（960—1044），80余年。其时，久乱初平，海内归一，人心思治，穷居草野的士人有着就学读书的强烈愿望，而国土新有，新生的赵宋政权也需要大量的人才为之辅佐治理。但是，赵宋的统一不可与大唐同日而语，版图缩小，外患难防，强辽、大理、吐蕃、西夏虎视于北方、西南与西北，南唐、北汉、吴越抗拒近二十年始入职方，国家没有时间、心思，更没有财力和物力来恢复唐代就开始建立的地方官学系统。为了解决无学可就的问题，民间的读书人沿袭前代的做法，即依山林以讲授，聚书建院而群居，这正是朱熹在《衡山石鼓书院记》中所指出的情形，所谓“前代庠序不修，士病无所于学，往往相与择胜地，立精舍，以为群居讲习之所”。而官府为了解决无处养士的矛盾，也只得转向民间，求助于唐末五代以来士大夫聚讲的书院精舍。因此宋初的文教政策是一面提倡科举，成倍地增加取士名额，一面鼓励书院，或赐书、赐额、赐田，或召见山长，或封官嘉奖，遂成岳麓、石鼓等天下四大书院之显赫声名。

如上所述，士病无学，趋之书院，官病无养，取之书院，诚所谓殊途同归。官民双方的努力，带来的是书院的蔚然兴起。湖南可以确考创建、兴复于此期的书院，至少有潭州岳麓书院、湘西书院、衡州石鼓书院、湘阴汨罗书院、笙竹书院等5所。这个时期的书院有两个特点，一是它替代官学的角色。如笙竹书院，在湘阴县城南笙竹驿，天禧年间（1017—1021），县人邓咸创建，以训族中子弟及四方游学之士。远在湖北江夏与安陆的冯京、郑獬皆曾负笈其中，可谓兴盛。皇祐二年（1050）、五年，冯、郑二人先后高中状元，书院之名随之远播天下。其时，湘阴县学还没有建立，全县“肄业之士惟归书院”，直到元祐六年（1091），王定民知湘阴县事，才改笙竹书院为湘阴县学。私家书院实际

图上 4-1　岳麓书院文庙

上替代了官府县学，维持着对士民施行教育的使命。这是一种情形。另一种如岳麓书院、湘西书院皆由官府创建，其替代官学培养地方人才的特色更为明显。第二个特点是称名天下。宋初书院影响之广，声势之大，集中体现于天下三大书院、四大书院、五大书院之说。三大书院指岳麓、石鼓、白鹿洞。五大书院指嵩阳、石鼓、岳麓、应天府、白鹿洞。四大书院主要有徂徕、金山（茅山）、岳麓、石鼓，嵩阳、岳麓、睢阳（应天府）、白鹿洞，白鹿洞、石鼓、应天府、岳麓等三种排列组合。可见无论是天下三大书院、四大书院，还是五大书院，湖南皆有岳麓、石鼓名列其中。

第二个阶段，自庆历兴学到北宋末年（1044—1126），也是 80 余年。其时，国家的主要注意力由书院转至官学，受三次大兴官学运动的冲击，前一个时期替代官学的书院差不多都改为官学，如石鼓书院改为衡州州学，笙竹书院改为湘阴县学，岳麓书院、湘西书院和潭州州学则依三舍法而联成潭州三学，州学生月试积分高等升湘西书院，湘西书院生月试积分高等则升岳麓书院。这是一方面，宋初替代官学的书院终被官学替代而趋于沉寂。而另一方面，民间书院兴起，北宋湖南 12 所书院中，有 7 所创建于此期，总数比前期还多 2 所，而且绝大多数为民间人士创建。这表明，显赫声名的丧失并不意味着书院发展历程的中断，庆历兴学之后书院并非处于停滞状态，恰恰相反，书院在北宋后期获得了比前期更快的发展速度。

与前期相比，这个阶段的书院也有自身的发展特点，其文化功效由仅主教学而呈多彩之姿。如洞庭湖区青草湖中（今属湖南岳阳县鹿角镇）的石鼓书院，原本是朱陵仙府（一作朱陵洞），唐人题刻散满岩石，颇有人文景观，但岁久荒凉。据张舜民元丰年间（1078—1085）所作《郴行录》

记载，“至庆历中，因其建为石鼓书院”，这所略为规制，且有近四十年历史的书院，因为僻在江郊，而且张游览时又值三冬寒露时节，所以“学者未尝游焉，唯守将之，好事者岁时一为登览燕游之地也”。可见青草湖石鼓书院更多的只是文人墨客把酒论文、登览赋诗的处所，它与衡阳石鼓书院的教学授受的功用大不相同。此种不同类型的书院，体现了书院作为文化组织对各种文化需求的适应力，而其创建于庆历兴学运动之中，更说明没有官府的支持它仍然能够生存。

南宋时期湖南书院的发展也可以分成两个发展阶段，呈现出两个明显的高潮。第一阶段自高宗到光宗（1127—1194），凡 68 年，兴复书院 3 所，创建 15 所，共 18 所。第二阶段，自宁宗到宋末（1195—1279），凡 85 年，兴复书院 1 所，创建 15 所，共 16 所。

两宋之际，金兵南掠，溃卒作乱，加以钟相、杨幺建炎、绍兴之际（1130—1135）的农民起义，湖南地区战火连年，破坏极为严重，“其间郡县与村落，极目灰烬，所至残破，十室九空”。北宋时期创建的书院，如岳麓、湘西等书院皆在这场战火中化作废墟。其时，虽然有些留心文教的士大夫想维系书院，如胡宏就辞却秦桧的召用，要求修复岳麓书院，并自任山长主持教学，但因为社会的极度动乱等原因，都没有成功。南宋初期近 20 年间，整个湖南境内并没有任何书院兴复或创建。经过绍兴近 30 年的努力经营，南宋政权在湖南的统治得以巩固，社会经济也得到了恢复和发展，“既剔夷奸，民俗安静，则葺学校、访儒雅，思存以振起，湘人士合辞以书院请”，掀起了一个兴学高潮。这一高潮的到来，主要得力于胡宏、张栻、朱熹等理学家的推动。

胡安国、胡宏父子不仅自己在湘潭、衡山、宁乡等地创办碧泉书院、文定书院、灵峰书院，还发出倡议兴办书院，如胡宏在《碧泉书院上梁文》中又发出了“伏愿上梁以后，远邦朋至，近地风从，袭稷下以芬芳，继杏坛而跄济”的倡议。其高足张栻学成后也相继创建城南、道山、南轩书院于善化、宁乡、衡山等地。据记载，仅绍兴、隆兴之际十余年时间内，全省就创建或兴复了 9 所书院，它们是善化县的城南书院、湘西书院，宁乡县的道山书院（又名“灵峰”，亦作“云峰”），衡山县的南轩书院，衡阳县的胡忠简书院，安仁县的玉峰书院，靖州的侍郎书院，辰州的张氏书院，泸溪县的东洲书院，遍布东西，互相呼应，终成“湖湘学派之盛”的局面。湖湘学派最终得以奠定规模是在岳麓书院。受其影响，自淳熙到绍熙年间仅20年时间内，湖南又重建了著名的衡阳石鼓书院，创建了茶陵明经书院、兴宁辰冈书院、桂阳石林书院、武冈紫阳书院、湘潭主一书院等等。

朱张会讲，以岳麓书院为中心，并往来于善化（今长沙）城南、衡山南轩二书院，以“中和”为主题，涉及太极、乾坤、心性、察识持善之序等理学普遍关注的问题，讲论两月有余，“学徒千余，舆马之众，至饮池水立竭，一时有潇湘洙泗之目焉”。这次学术活动，比鹅湖之会早八年，首开书院会讲，自由讲学之风，是湖南学术、书院发展史上里程碑式的大事。它对朱熹来说也是不能忘怀的，在后来的诗文中，他曾多次提到张栻对其集理学之大成的导启之功。后此12年即淳熙六年（1179）兴复白鹿洞书院时，他也曾数次援引岳麓之例而奏请最高当局帮助。因此，湖南创复书院的运动对朱熹有着深刻的影响，或者说朱熹兴复白鹿洞是从他当年访学湖南书院获得启示的结果。而后来他知潭州，为石鼓书院作记，兴学岳麓书院等又推动了湖南书院的进一步发展。

宁宗前期，韩侂胄当权，受“庆元党禁”之累，理学被斥为“伪学”，悬以厉禁；理学家被称为“逆党”，纷纷遭到驱逐，“老师宿儒，零替殆尽；后生晚辈，不失典型”，作为理学和理学家大本营的书院亦备受冷落，自庆元到开禧年间（1195—1207），全国仅兴建了5所书院。但湖南并未受此影响，庆元中澧州建有深柳书院，开禧中衡山又兴复创建于唐代的南岳书院，“仿四书院之制”设教官，置学田，搞得有声有色，这可能与湖湘之士在抗金北伐的问题上与韩侂胄主张一致有关。嘉定以来，党禁既开，理学逐步抬头，开始成为占统治地位的正宗学说，理学大儒周敦颐、程颢、程颐、朱熹、张栻、吕祖谦等分别追谥为元公、纯公、正公、文公、宣公、成公。自此之后“不惟诸儒之祠布满郡国，而诸儒之书家藏人诵”，传播理学的书院随之兴盛起来。到理宗时代，程朱理学官方哲学地位正式确立，对书院更是大加褒扬，或赐书颁额，或赐田设官，又将朱熹的《白鹿洞书院揭示》作为统一的教规颁行天下，使书院的发展步入高潮。其时，由于真德秀、魏了翁两位理学重臣的倡导，湖湘后学以继起先贤、讲求学术为荣耀，先后创建了湘乡涟滨、安仁清滨、鄮县台山、靖州作新（以上建于嘉定年间）、善化丽泽、醴陵西山、龙阳龙津、澧州范文正公、兴宁辰冈、临武环绿、黔阳宝山、靖州鹤山（以上建于理宗时代）等12所书院，将湖南的书院建设再次推向新的高峰。

宋代科举盛行，各种制度进一步完善、健全，考试取士走向法制化和规范化，唯才是举、至公若权的考试公平原则得以牢固确立，“读书人人有份”、书中自有黄金屋、书中自有颜如玉等观念深入人心，科举的影响可谓无孔不入，无所不在，中国纯然进入“科举社会”时代。

宋代共举行进士科考试118次，其中北宋69科、南宋49科。据傅璇琮的《宋登科记考》统计，宋代共取进士6万余人。据光绪《湖南通志》卷一三四统计，宋代湖南有名可考的进士有908人，占全国进士总数的比例很小，地位不是很高，但与唐代仅占全国0.37%的数据相比，则其进步是显而易见的，其在科场的地位处于上升之势，人们不得再以“破荒”之类讥笑湖湘士人。

另一方面，从横向比较，也可以看出宋代湖南科举地位的上升之势。贾志扬从地方志中辑录到各州进士名录，共计28933人，其中北宋9630人、南宋18694人，未详南北宋者609人，今湖南所辖除辰州无一进士外，其余各州（府、军）合计有进士736人，其中北宋236人、南宋442人、未详南北宋者58人。736人尽管只占总数的2.54%，但它仅次于浙东、浙西、江东、江西、福建、四川等千人团队之后，成为百人团队的首领。由此可知，湖南在宋代已经进入科举的第二方阵，位居全国中游之列。

第二节 理学和经学

理学的先驱周敦颐　胡安国、胡宏父子的理学思想与湖湘学的形成　张栻讲学岳麓　朱熹及其门人与湖南理学　周尧卿、易祓、丁易东与湖南经学的发展　王观国《学林》与湖南最初的考据学

周敦颐（1017—1073），字茂叔，号濂溪，道州营道（今湖南道县）

人。历任县主簿、县令、州通判、知州军等职。其哲学思想以儒家为主干，融合道家、佛家和其他各派思想，在其主要著作《太极图》、《太极图说》和《通书》中，提出无极、太极、五行、中正、人极、诚、神、几、刚善、柔善等一系列范畴，成为往后宋明理学所研究和应用的一些基本概念，因此被学术界尊为“理学开山”，同时为湖湘文化奠立了坚实的哲学基础。

周敦颐对儒家哲学思想的最大贡献，就是运用《太极图》、《太极图说》，构建了一个在儒家学说发展过程中前所未有的宇宙生成模式。在历史上，关于《太极图》的来源，有种种说法，其基本观点都认为是周敦颐因袭了道家的《无极图》。近年来，一些学者经过认真考证，认为上述说法缺乏根据，因而认为《太极图》是周敦颐自己独立构建的。当代学者的这些考证，更加说明周敦颐在理学发展史上的创造性作用。

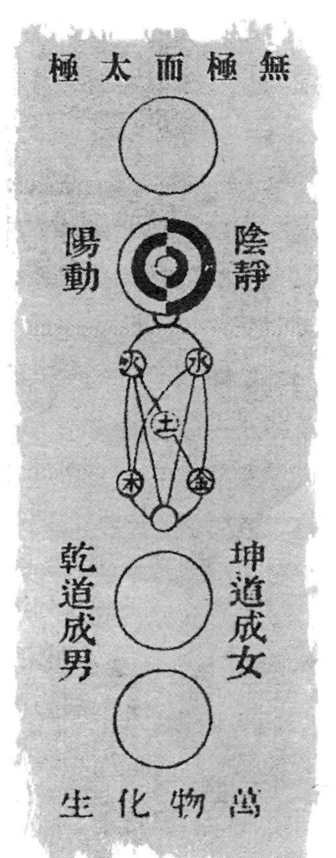

图上 4-2　周敦颐《太极图说》中的太极图

周氏在《太极图》中建构的宇宙生成模式，有以下几个要点：首先是“无极而太极”。在《太极图》的最上层，周氏用黑细线画了一个大白圆，并写了五个字：“无极而太极”。这里讲的“无极”是指宇宙最初有一种无方所、无形象的状态。朱熹认为，无极和太极是一个同实而异名的东西，它们都是“理”。王夫之则认为，无极或太极是“气”。当代学者梁绍辉则根据张岱年对无极的研究，认为“无极而太极”说明的是宇宙演变过程中的两个不同的发展阶段，即由无形到有形，或者说有形出自无形。其次是“阴阳动静”。《太极图》的第二圆为“阳动阴静”。中间小白圆为太极。太极左右，分作两个半环，左者为阳、为动，右者为阴、为静。两半环又各有黑白相间、左右相对的半环三层，白者为阳、为动；黑者为阴、为静。左边两白一黑，说明阳中有阴、动中有静；右边两黑一白，说明阴中有阳、静中有动。这说明阴阳（即矛盾）是太极自身发展过程的产物，正是通过阴阳的动静，推动了宇宙的不断发展变化。第三是“五行之生也，各一其性”。《太极图》的第三层由水、火、木、金、土 5 个字、6 个小圆、11 条长短不一的连接线组成。周氏在《太极图说》中指出：“阴变阳合，而生水火木金土。”从而说明水火木金土这些最基本的物质元素，是由阴阳变合而产生的，而水火木金土这些元素的出现，表明宇宙的发展进入了一个比较高级的程度。第四是“乾道成男，坤道成女”。这是《太极图》第四层之题，其图则是用一大白圆表示。它说明，阴阳以及水火木金土五行之精气与无极的真元，通过“妙合”而凝结，便产生了各种各样的生物。而各种生物的产生，又是通过乾坤、雌雄，即阴阳对立双方的交感配合的结果。第五是“万物化生”。《太极图》的最后一层，用大白圆表示，下端题“万物化生”。对此，《太极图说》的解释是：

> 万物生生，而变化无穷焉。惟人也，得其秀而最灵。形既生矣，神发知矣，五性感动而善恶分，万事出矣。圣人定之以中正仁义而主静，立人极焉。故圣人与天地合其德，日月合其明，四时合其序，鬼神合其吉凶。君子修之吉，小人悖之凶。故曰：“立天之道，曰阴与阳；立地之道，曰柔与刚；立人之道，曰仁与义。”又曰：“原始反终，故知生死之说。”大哉易也，斯其至也。

这段话说明，人是生物界发展到一定程度之后的产物。自从人类出现之后，就逐步产生了“人极”。所谓“人极”，就是做人的最高标准。这种“人极”是“圣人与天地合其德”的产物，即人类在长期与自然界交往过程中，认识和把握自然、社会规律的结果。由此可见，周敦颐构建他的宇宙发展模式的最终目的，就是要为儒家的伦理学说提供一个扎实可靠的哲学基础，从而能够与佛道的思想体系相抗衡。从后来的宋明理学家对周敦颐的推崇并利用其学说进一步发展儒家思想的事实来看，他的这一目的是达到了。

周敦颐的《通书》是根据其《太极图》和《太极图说》所奠立的宇宙观，进一步构建其人生观的理论著作。对此，吕思勉有过论述：“《通书》与《太极图说》相贯通。《通书》者，周子之人生观；《太极图说》，则其宇宙观也。人生观由宇宙观而立。废《太极图说》，《通书》亦无根柢矣。”在《通书》中，周敦颐进一步论述了其哲学体系中的一系列范畴，如诚、神、几、势、动、静、务实、无欲等，并且将它们与人生的修养实践紧密地结合起来，从而使其立“人极”的思想落到了实处。书中还显明地体现了宋儒以义理解经的特点。

庆历六年（1046），周敦颐在南安任南安军司理参军时，河南人程珦也在此当官。他看见周敦颐学识超人，便令其二子程颢和程颐从周氏学习。这年冬天周敦颐移郴县（一说是先任桂阳——今汝城）县令，二程亦随同周氏到湖南继续学习。后来，二程兄弟继承和发展了周敦颐思想，创立了宋代理学。这一事实本身就说明了周敦颐对宋明理学的确是起了“先驱”和“开山”的作用。

胡安国及其季子胡宏，不仅将北宋时期形成的理学带到了湖南，而且创立了一个在南宋时期与朱熹创立的“考亭学派”和吕祖谦创立的“浙东学派”鼎足而立的“湖湘学派”。

胡安国（1074—1138），字康侯，谥文定。福建崇安人。曾官至经筵侍讲、宝文阁直学士。晚年定居湖南湘潭隐山和衡山。其学私淑二程，与程门弟子杨时、谢良佐等交流亦很密切。胡安国一生的最大学术成就，就是写成《春秋传》。

胡安国的《春秋传》有两个显著的特点：首先，是重视以义理解经。《四库全书总目》在评论胡安国的《春秋传》时指出：“顾其书作于南渡之后，故感激时事，往往借《春秋》以寓意，不必一一悉合于经旨。《朱子语录》曰：‘胡氏《春秋传》有牵强处，然议论有开合精神’，亦千古之定评也。”朱熹说的“议论有开合精神”，指的就是胡氏善于议论，以阐述《春秋》中的义理和哲理。例如，胡氏在《春秋传》中就特别重视孔子的正名思想。《春秋·僖公二十八年》五月的“践土之会”上，周天子亦出席，但是《春秋》不书。对此，《穀梁传》的解释是“讳会天王也”。胡氏在论述《春秋》的这种笔法，即“削而不书”时，指出：

> 周室东迁，所存者号与祭耳，其实不及一小国之诸侯。晋文之爵虽曰侯伯，而号令天下几于改物实行天子之事，此《春秋》之

名实也。与其名存实亡，犹逾于名实俱亡。是故天王下劳晋侯于践土，则削而不书，去其实以全其名，所谓君道也，父道也。

这段话完全是以孔子的“名不正则言不顺”为指导而写作的。按照《春秋》的尊王思想，只能是诸侯朝拜天子，不能是天子去会见诸侯。可是在春秋时期，诸侯势力强大，周天子仅存一个空名，所以只能听凭诸侯发落。对此，孔子在修《春秋》时，利用他的“正名”思想，对这种头足颠倒的现象予以贬斥，其具体做法就是“削而不书，去其实以全其名”。胡安国宣传的这种名实观，揭示了孔子和历代儒家企图用“正名”理论去纠正“背礼”的社会现实的主观愿望。

其次，是突出地强调经世致用。绍兴五年（1135）胡安国在朝廷任职时，有一次宋高宗赵构要他将《春秋经》点句正音，以备讲论时，胡氏对答曰：

《春秋》经世大典，见诸行事，非空言比。今方思济艰难，《左氏》繁碎，不宜虚费光阴，耽玩文采，莫若潜心圣经。

《春秋》三传中，《左传》以史事见长，胡安国认为它“繁碎”，可见他读《春秋》的着眼点还是义理。而他强调义理的目的，则是为了经世致用，即为现实的政治服务。这也就是《四库全书总目》所说的“感激时事”，借《春秋》“以寓意”。当时最大的时事就是宋朝淮河以北的国土全被金人所占领，南宋朝廷只能偏安于临安（今浙江杭州）。所以胡安国在《春秋传》中所体现的经世致用思想就是突出地强调“华夷之辨”的民族主义思想。胡安国说：

韩愈氏言《春秋》谨严，君子以为深得其旨。所谓谨严者何谨乎？莫谨于华夷之辨矣。中国而夷狄则狄之，夷狄猾夏则膺之。此《春秋》之旨也。

胡氏将其华夷之辨、尊王攘夷的思想贯彻于《春秋传》的始终，对湖湘学派和湖南文化的影响十分深远。

胡宏（1105—1161），字仁仲，胡安国之幼子。其主要哲学著作是《知言》，其哲学思想的特色有两个：

其一，是主张“性本论”。这是南宋时期与朱熹的“理本论”和陆九渊的“心本论”鼎足而三的哲学思想体系之一。首先，胡宏认为，“性”

是宇宙的本体。他说："天命之谓性。性，天下之大本也。"又说："大哉性乎！万理具焉，天地由此而立也。"这里所说的"性"，是指事物之所以能成为某事物，是由其固有规定性决定的，而不是外力强加进去的。其次，胡宏讲的"理"是与"道"同一系列的概念，它们与"性"处于一种从属关系，即它们是"性"之所具，而遵循事物的本性行事就是知"理"行"道"。所以他说："知道者理得，知理者法得，是以君子贵知道也。"最后，关于性与心的关系，胡宏认为"天命为性，人性为心"。这里前一句话，是就性的全体而言的；后一句话，则是说心是由性决定的，也就是所谓"性体心用"。所以他又说："性譬诸水乎，则心犹水之下也，情犹水之澜，欲犹水之波浪。"这说明，心、情、欲都不过是性的一种表现形式。

其二，是主张"天理人欲同体异用"论。他说："天理人欲同体而异用，同行而异情。进修君子宜深别焉。"胡宏这里所说的"体"，是指本体，而他所说的本体即性。因此所谓"同体"就是说天理和人欲都是"性"这个本体所固有的。"异用"则是说，由于人心作用的不同，而使其行为出现"中节"或"不中节"的区别，中节者为善，不中节者则为恶。胡氏认为，人的正常生理需要是人性所本有的，只要符合社会基本规范的求利行为（即中节），就应该肯定，就是善的行为；反之，如果超出了这种要求（即不中节），则是一种"邪欲"，是一种恶的行为。胡氏的这一理论，与宋代理学家的"存天理、灭人欲"的观点显然是有区别的。因为他肯定了人们为了自己的基本生存需要而谋利的"欲望"的合理性。所以这一观点被朱熹所批驳，却为王夫之所肯定："五峰（即胡宏）曰'天理人欲，同行异情'，韪哉！能合颜、孟之学而一原者，其斯言也夫！"王夫之还进一步发挥和发展了胡宏的这一思想，并且对以后的湖湘思想家影响深远。

胡安国有三个儿子，除了季子胡宏以外，还有长子胡寅、次子胡宁，以及侄子胡宪。他们在胡安国的教育之下，都成了南宋之初的"大儒"。胡宏还以其有特色的学术思想，进行讲学，教育和培养了一批学术人才。胡安国的湘籍门人有黎明（长沙人）、杨训（湘潭人）、谭知礼（长沙人）、彪虎臣（湘潭人）等。胡宏的门人有其从弟胡实、从子胡大原，弟子则有张栻（四川人）、彪居正（湘潭人）、赵棠（衡山人）、杨大异（醴陵人）等等。再加上这些弟子的弟子，便组成了一个盛极一时的湖湘学派。

张栻（1133—1180），字敬夫、钦夫，号南轩。四川绵竹人。其父张浚为宋代著名抗金将领，官至宰相。张栻 6 岁（1139）时，随父至湖南永州居住，27 岁（1159）与胡宏通信求教，29 岁（1161）时，前往衡山拜胡宏为师。同年，随父至长沙，于妙高峰上筑城南书院作为居家读书之地。1166 年开始主教岳麓书院；至 1173 年，先后两次主教岳麓，时间为四年，培养了一批湖湘弟子及外省籍弟子。历官侍讲，宝文阁、秘阁修撰。他在南宋时与朱熹、吕祖谦齐名，时称“东南三贤”。其主要哲学著作有《论语解》、《孟子解》、《易说》等。其哲学思想有两个方面值得注意：

其一，是主张“理本论”。张栻在其著作中虽然也讲“性之本”，似乎与其师胡宏的“性本论”有相似之处，但是他与胡宏的不同之处在于，他不是将“性”视为客观之必然性，而只是将其视为仁义之性。而他对“理”的看法，与朱熹是一致的。如说：“所谓天者，理而已。”又说：“世有先后，理无古今。”“有是理，则有是事，有是物。”这些都是和朱熹一样，将理看成先于事物而存在的一种绝对存在物。张栻还对心的作用有夸大之处。如他在《敬斋记》中说：“心也者，贯万事统万理，而为万物之主宰也。”这就使他具有心学的倾向。所以在他身后，一些弟子归依陆九渊之门，也就不奇怪了。

其二，是突出地强调义利之辨。首先，是将义利之辨作为治学的首要任务。张栻在《孟子讲义序》中说：

> 学者潜心孔孟，必得其门而入。愚以为莫先于义利之辨，盖圣学无所为而然也。无所为而然者，命之所以不已，性之所以不偏，而教之所以无穷也。凡有所为而然者，皆人欲之私，而非天理之所存。此义利之分也。

所谓“圣学无所为而为”，就是说“圣学”是不带任何功利目的的；一带功利目的，就会陷入人欲之偏。张栻认为，孔子说的“古之学者为己”，就是说学习的目的完全是为了提高自己的思想修养和道德境界，这是不带功利目的的；而孔子说的“今之学者为人”，则是指懂得一点学问就向别人吹嘘，或者以此作为谋求名利的手段。他认为，如果抱着前一种学习目的，就会“无适而非义”。反之，如果抱后一种目的，就会“无适而非利”。其次，他将义利之辨与理欲之辨统一起来。义与利、天理与人欲的对立，在先秦时期已经产生，但将这两种对立统一起来进行分析，是在宋代。而张栻在这方面有独特的贡献。他在《送刘圭父序》中说：“道二：义与利而已矣。义者，亘古今通天下之正逵；而利者，犯荆棘入险阻之私径也。”接着他指出，人们如果放着正路、大路不走，却要为了名利而在荆棘丛生的“私径”中钻营，“凡一日夕之间，起居饮食，遇事接物，苟私己自便之事，意之所向，无不趋之，则天理灭而人道或几乎息矣”。这样，张栻便将义、利的对立与理、欲的对立有机地统一了起来。

张栻的弟子一部分是四川人，他们成为《宋元学案·江学案》中的骨干；一部分为《宋元学案·岳麓诸儒学案》所说的“岳麓巨子”，如胡大时、赵方、彭龟年、吴猎、游九言、游九功等，他们都是湖湘学派的骨干人物。

朱熹（1130—1200），字元晦，号晦庵、晦翁。原籍江西婺源，出生于福建龙溪。官至焕章阁待制兼侍讲。他是宋代理学的集大成者，与湖湘学派的关系十分密切。朱熹 14 岁时，遵照其父的遗嘱，从胡宪、刘勉中、刘翚三先生学。不久二刘先生逝世，所以他从胡宪受学的时间最久。胡宪（1084—1162），字原仲，胡安国之侄，从学于安国，也是湖湘学派的代表人物之一。但是朱熹对胡宪的学术思想评价不高，说他“讲学不透”。朱熹最推崇的湖湘学派的代表人物是胡宏。朱熹在建构其理学体系、集宋代理学之大成的过程中，是把胡宏之学作为其思想渊源之一的。乾道三年（1167）八月，朱熹从福建崇安出发，历时一个月，于九月初八日抵达长沙，访问岳麓书院主教张栻，停留两个月，讨论了理学中的一些重大问题，这就是历史上有名的“岳麓会讲”。这次朱张岳麓会讲的中心是“中和”问题，并涉及与此密切相关的察识持养之序及太极等。朱张岳麓会讲所展开的中和之辨，以朱熹接受湖湘学派的“性为未发心为已发”、“先察识后持养”等观点而结束。这次会讲在中国书院发展史上是最早的，它为书院的讲学方式增加了一种极为重要的新经验，对岳麓书院的学术发展也起了促进作用。绍熙五年（1194）朱熹知潭州荆湖南路安抚使。朱熹出使潭州，影响最大的事还在于兴学岳麓。他在出任安抚使时，就在《潭州到任谢表》中提出“学兼岳麓，修明远自于前贤，而壤带洞庭镇”，表示“假之师帅之职，责以治教之功”，明确表示以岳麓书院为重。他在官的时间不长，多忙于政事，但是却十分重视岳麓书院的恢复。朱熹根据多年办学的经验，深知书院的好坏，教员是关键，因此他于绍熙五年兴学岳麓时，仍虚山长不置，只是聘请其门人醴陵黎贵臣充讲书职事，聘请郑一之为学录。朱熹还在政事之暇，于郡斋与书院，亲自与诸生讲论。据《朱子语类》卷一百十六记载：“甲寅（1194）八月三日，盖卿以书见先生与长沙郡斋，请随诸生愚晚听讲，是晚请教者七十余人。”这次朱熹虽然是在郡斋讲学，但岳麓书院是有学生参加了的。朱熹还请当时著名的学者如张栻、陆象山到岳麓书院讲学。不仅如此，朱熹还去岳麓书院检查学习情况，督促学生认真学习。为了让更多的学子获得学习的机会，朱熹还在岳麓书院学生定额之外，别置额外学生 10 员，以待不由考课入者。朱熹还把自己亲手制定白鹿洞书院的学规移于岳麓书院。《新修岳麓书院志》名之曰《朱子书院教条》，岳麓书院就是按照这个学规训练生徒的。值得注意的是，朱熹的这个“教条”，充满了经世致用的精神。他在“教条”中指出：“熹窃观古昔圣贤所以教人为学之意，莫非讲明义理以修其身，然后推己及人。非徒欲其务记览为词章，以钓声名取利禄而已也。”这一观点，与湖湘学派所提倡的经世致用学风是完全一致的。岳麓书院将朱熹的这个“教条”嵌在讲堂的墙壁上，在以后的长期办学过程中，始终坚持了这种经世致用的精神。朱熹的湘籍弟子主要有钟震（湘潭人）、郑仲礼（湘潭人）、黎季忱（湘潭人）、吴猎（醴陵人）、李儒用（岳阳人）、赵希汉（岳阳人）、李杞（平江人）、廖谦（衡阳人）、林于蒙（衡阳人）、袭盖卿（常宁人）等等，他们都在不同程度上推动了当时湖南理学的发展。

这个时期湖南经学也得到了发展。周尧卿（994—1045），字子俞。永明（今江永）人。天圣二年（1024）进士。官至太常博士。范仲淹以“经行可为师表”向朝廷举荐他，未及用就逝世了。其著作有《诗说》、《春秋说》各三十卷,《文集》二十卷。遗憾的是,其书今不见传,使人们无法直接窥见其学术思想。幸而《宋史》本传对于他的学术思想有所记载,今摘引如下:

> 为学不专于传注,问辨思索以通为期。长于毛、郑《诗》及《左氏春秋》。其学诗,以孔子所谓"诗三百,一言以蔽之曰'思无邪'";孟子所谓"说诗者以意逆志",是为得之。考经指归,而见毛、郑之得失,曰:毛之传欲简,或寡于义理,非"一言以蔽之"也;郑之笺欲详,或远于性情,非"以意以逆志"也,是可以无去取乎?其学《春秋》,由左氏记之详,得经之所以书者。至三传之异同,均有所不取,曰圣人之意岂二致耶?

这里讲的《毛诗》、《郑诗》和《左氏春秋》,都属于古文经系统的著作,本传说丁氏长于这些经传,表明他治经有古文经的倾向。但他又不泥于这些经传,而是"问辨思索以通为期",这就说明他从这些经传所得的主要是历史知识,并通过这些历史知识去理解圣人在经中所讲的道理。按照现代的说法,就是将考据与义理相结合。

易祓,字彦章,宁乡人。淳熙十一年(1184)进士。累官翰林院直学士、礼部尚书,封宁乡县开国男。因其谄事苏师旦而遭贬削,闲居30载,自号山斋居士,以著述自娱。其著作《周易总义》、《周官总义》收入《四库全书》;此外尚有《禹贡疆理记》、《易学举隅》、《山斋集》等。《周易总义》20卷,《四库全书总目》在此书提要中说:

> 祓人不足重,其书世亦不甚传。故朱彝尊《经义考》注曰"未见"。然其说易,兼通理数,折衷众说。每卦先括为总论,复于六爻之下,各为诠解,于经义实多所发明。与耿南仲之《新讲义》均未可以人废言也。前有祓门人陈章序称,祓侍经筵日,尝以是经进讲。

所谓"兼通理数",是说易祓治易是把义理与象数相结合的。陈章在此书之序中,就阐述了易祓的这一方法。他指出,在易祓看来,周易的卦辞和爻辞以辞贯天理于人事之中,而后知有显必有微,有体必有用。惟能识义理之总会,然后卦爻之指归可得而明。

易祓之《周官总义》30卷,有衡阳刻本,今已无传。惟《永乐大典》尚载其《天官》、《春官》、《秋官》、《考工记》,而《地官》、《夏官》佚。

《四库全书》将存世的“四官”之文编次成帙，以存其旧。其《地官》、《夏官》则采王与之《周礼订义》所引以补其亡。易氏这本书与《周易总义》相比，其特点是偏重考据。所以《四库全书总目》指出：“其书研索经文，断以己意，与先儒颇有异同。”提要在举了一系列例证之后说：“虽持论互有短长，要皆以经释经，非凿空杜撰。”又说：“袚虽人品卑污，而于经义则颇有考据。不以韩侂胄、苏师旦故掩其著书之功也。”

丁易东，字汉臣。龙阳（今汉寿）人。咸淳四年（1268）进士。官太府寺簿臣，兼枢密院编修。宋亡，隐居不仕，筑石坛精舍于里，教授生徒。著有《周易象义》16卷，收入《四库全书》。丁氏治易，主义理与象变结合。对此，他在此书自序中说：

《易》之为书，自王辅嗣（弼）以前，汉儒专以象变明辞，固失之泥。及辅嗣以后，又止以清谈解义，于象变绝无取焉。伊川（程颐）纯以义理发明，固为百世不刊之书，然于象变则亦引而不发。康节（邵雍）虽言象数，然不专于象象发明……仆用功于此有年矣，窃谓泥象变而言《易》固不可，舍象变而论《易》亦不可。于是历览先儒之说，依本义体分经与彖、象，各为一编。大率以理为之经，象变为之纬，使理与象变并行不悖，庶几不失前圣命辞之本旨。

这段话清楚地说明，丁易东治《易》，是“以理为之经，象变为之纬，使理与象变并行不悖。”《四库全书总目》指出丁氏治《易》过程中的善于批判吸收的态度，即他大抵是以李鼎祚的《周易集解》、朱震的《汉上易传》为宗，而又谓李失之泥，朱伤于巧。故不专主一家。如卦变之说则取邵雍、朱熹，变卦之说则取沈该、都洁，筮占之说则取朱熹、蔡渊、冯椅。“远绍旁搜，要归于变动不居之旨，亦言象者所当考也”。

通过以上简要的分析可以看出，宋代湖南的经学与当时整个时代的经学发展趋势，即突出地强调义理是一致的。

王观国，字彦宾。长沙人。政和五年（1115）进士。尝以承化郎任宁化知县。著作有《学林》十卷，收入《四库全书》。《四库全书总目》对此书的评价颇高，认为此书：

专以辨别字体、字义、字音为主。自六经、《史》、《汉》，旁及诸书，凡注疏笺释之家，莫不胪其异同，折衷至当。如论“无”字，谓古但有“无”、“亡”，至秦始用“無”字，为有无之“无”。又引《说文》文甫切，今借为有无字。《玉篇》有繁庑茂盛之义。考核甚精。此类凡数百条，多诸儒所未发。在南宋诸家中，可谓能读书识字者……其所驳正，皆为切中其病，然不过千百之什一。其余则发明小学，无不典确精纯。以视孙弈《示儿编》、项安世《家说》之类，殆为过之。信无愧于博洽之士，卓然特出者矣。

所谓“小学”，是古人对文字学的称呼，它包括文字学、训诂学和音韵学。《四库全书总目》所说的“字体”就是属文字学的范畴；“字义”则是属于“训诂学”的范畴，包括解释古书中词句的意义；“字音”则属于音韵学的范畴。

尽管王氏书中的内容多属于文字学范畴，但其议论却反映了他学术思想上的务实态度，特别是对迷信的批判。如他在“祥瑞”条谈到古人以麟、凤、龟、龙等的出现为“祥瑞”时就指出：“非谓治世必出而乱世必藏也。譬犹玉者，至贵之宝，而君子比德焉。宁有治世则玉见，而乱世则玉隐耶？《离骚》以香草譬君子，以恶鸟譬小人。宁有治世则无恶鸟，而乱世则无香草耶？然则麟凤龟龙频出于五代，乱世之蜀何伤乎！”在“六出”条，他引证《南史·宋孝武帝纪》大明五年（461）正月朔，华雪降，散为六出，“上悦，以为瑞”时指出，“雪六出（即雪花六瓣），古犹今也。”接着他指出，《韩诸外传》说，凡草木花五出，雪花独六出。今究观草木花，亦有六出者，但不如五出者多，“如栀子花、萱草花、百合花，皆六出也”。这些都表明，王观国并不是单纯地为考证而考证，而是将考证与说理有机地结合在一起。通过考证阐明自己想说的义理，这正是宋代湖南思想家治学的共通之处。

第三节　史学、地学和考据学、谱牒学

史学　地理与方志　考据与谱牒

宋代史学相当发达，为中国传统史学发展的一个极为重要的阶段，出现了一批史学大家和史学名著，如司马光《资治通鉴》、郑樵《通志》、

王溥《唐会要》、薛居正《旧五代史》、欧阳修《新五代史》、《新唐书》和李心传《建炎以来系年要录》等等，这些都是中国史学的瑰宝。两宋湖南，在史学方面虽未产生堪与司马光、郑樵、欧阳修等媲美的史学大家，但也不乏史学人才和具有较高价值的史学著作。以下择要作些介绍。

《九国志》四十九卷，路振撰。路振（957—1014），字子发，先世祁阳人，曾祖路琛由祁阳迁居湘潭，故为湘潭人。太宗淳化三年（992）进士，授大理评事，累官至判登闻鼓院、左司谏知制诰。长于诗，其赋颂往往为名辈所称。曾奉诏参与宋太祖、太宗《两朝国史》编修，出力尤多。其史学代表作为《九国志》。《宋史·艺文志》、宋人陈振孙《直斋书录解题》均有著录。原书已佚。今存《九国志》系清人辑佚而成，仅得十二卷，收入《海山仙馆丛书》，近年有标点本出版。此书采五代时吴、南唐、吴越、前蜀、后蜀、北汉、南汉、闽、楚九国君臣事迹，以世家列传的体例编撰而成，为研究五代历史的重要史料书。路振还著有《乘轺录》一卷。此书系北宋大中祥符（1008—1016）初，路振奉命出使契丹，归后撰就以献当朝。《宋史·艺文志》著录。近人傅增湘《双鉴楼善本书目》载此书。今有述史楼抄本存世。其孙路纶曾撰《南平志》二卷，以补其祖父《九国志》之阙，已佚。

《五代史补》，陶岳撰。陶岳，字舜咨，祁阳人。宋太宗太平兴国时进士，以儒学著称，官至太常博士、知端州，为官清正。所著《五代史补》五卷，载后梁、后唐、后晋、后汉、后周创业兴衰事迹，共107事。其书有宋刻本、明末毛氏汲古阁刻本、清乾隆刻本、《四库》本及多种抄本。陶岳还另有《陶端州集》、《陶端州文集》、《零陵总记》、《荆湖近事》等书。

《光宗日历》、《宁宗日历》，王容等撰。王容，湘乡人，字南强。曾从张栻游学于岳麓书院。孝宗淳熙丁未（1187）廷对第一，陈《御戎策》，切中时弊。官至礼部侍郎。他在著作郎任内，主持修撰了《光宗日历》三百卷，《宁宗日历》五百一十卷。二书乃是今存《宋会要辑稿》的重要资料来源之一。王容还有《王光禄集》传世。

《资治通鉴举要补遗》一百卷，胡安国撰。其子胡寅《先公行状》谓："公每患史传浩博，学者不知统要，而司马公编年《通鉴》正书，叙述太详，《目录》首尾不备，晚年著《举要历》……寻薨于位，不得成书。遂略用《春秋》条例，就三书修成一百卷，名曰《资治通鉴举要补遗》，自为之序。”①

《皇王大纪》八十卷，胡宏撰。此书为胡宏家居衡山时所撰，成于绍兴十一年（1141），系编年体历史专著。所述上起盘古，下迄周赧王。前二卷简略，帝尧以后，采用《皇极经世》编年，博采经传，而附以论断。传世的有宋绍兴、绍定刻本，明万历重刻本及历代抄本。清收入《四库全书》。《五峰集》载有《皇王大纪论》83 篇。

《五代开皇纪》三十卷，郑向撰。郑向，字公明，衡阳人。大中祥符元年（1008）进士。官龙图阁学士。该书撰述五代后梁至后周（907—960）54 年凡 13 帝之史事。属编年体，约 80 万字。天禧五年（1021）表进于朝廷。《宋史·艺文志》和《崇文书目》著录，《玉海》亦载。

《靖康拾遗录》，何烈撰。何烈，湘乡人。北宋末靖康时（1126—1127）太学生。此书又名《草史》，亦名《靖康小史》。有宋代刻本传世。

《湖湘马氏故事》二十卷，曹衍撰。曹衍，衡山人。太平兴国（976—984）初，召试学士院，除东宫洗马，监泌阳酒税。此书载五代时马殷割据湖南事。《宋史·艺文志》著录。

《杨么事迹》二卷，宋鼎澧（今常德、汉寿、澧县一带）逸民撰。约成书于南宋淳熙九年（1182）。录载于宋岳珂所编《鄂国金佗续编·百氏昭忠录》，题为《鼎澧逸民叙杨么事迹》。有宋、元、明刻本和中华书局校注本。此书记述南宋建炎三年（1129）至绍兴五年（1135）间龙阳（今汉寿）人钟相、杨么起义及岳飞率军镇压史事。

《三楚新录》三卷，周羽翀撰。周羽翀，宋初人，籍贯不详。自署儒林郎、试秘书省校书郎、前桂州修仁令。以长沙马殷、武陵周行逢、江陵高季兴皆据楚地称王而名三楚。该书以一国为一卷，述其兴衰始末，与《新五代史》所载颇有异，可补正史之不足，尤可供治五代史者参考。

《零陵先贤赞》，沈辽撰。沈辽为钱塘人，宋元丰元年至五年（1078—1082），因事被流放永州。在永期间，爱其山水、人物，撰有大量诗文著述，此书为其中之一。书中收录澹岩先生周贞寔、三元先生屈处静等，至唐世旻、陶岳共 16 人。皆以四言文体书之。收入其文集《云巢编》卷六。有《四库全书》本及《全宋文》本传世。

《诸葛武侯传》一卷，张栻撰。书中详述诸葛亮一生经历，资料丰富，对研究诸葛亮和三国历史有一定参考价值。其书有宋刊本。明诸葛羲、诸葛倬辑《诸葛孔明全集》将其收入，有明崇祯五年壬申（1632）刻本。

《长沙王行年纪》三卷，丁王寿撰。丁寿，生平无考。此书记汉长沙王刘发事。刘发，汉景帝刘启子。景帝前元二年（前155）春三月封，武帝元朔元年（前128）卒，在位27年。谥定，即后人所称“长沙定王”。此书南宋绍兴间刻本。《宋秘书省续编到四库阙书目》著录。

《吴猎行状》，魏了翁撰。魏了翁，邛州蒲江（今属四川）人。谪居湖南。此书原名《敷文阁直学士赠通议大夫吴公行状》。吴猎（1143—1213），字德夫，号畏斋。醴陵人。家居善化（今长沙）。淳熙二年（1175）进士。累官至敷文阁直学士，四川安抚制置使兼知成都府。卒谥文定。了翁为其生前好友，于吴猎去世后不久撰此行状，先简介其先世，再详述其一生求学、应试、为官之全部经历，最后对其人品学术予以综合评价。收入《鹤山集》中，专列一卷。有《四库全书》本，《四部丛刊》本。

《周子年谱》，光绪《湖南通志·艺文志三》著录有3本。周子，即周敦颐。其一，为一卷，合州度正撰。此本收入《四库全书存目》，其“提要”载：“嘉定十四年官蜀时作。自序云：于周子入蜀本末为最详……前有像赞，后附行录志铭及宋史本传。盖后人又有所增，非原本矣。”其二，不分卷次，宁远杨齐贤撰。

此外，宋代湖南还出现了一批史评史钞类著作。如：

《读史管见》三十卷，胡寅撰。胡寅，字明仲。宋建州崇安（今福建地）人。建炎间（1127—1130）随父胡安国迁居南岳。此书成于绍兴二十五年（1155），为读司马光《资治通鉴》而作。宋陈振孙《直斋书录解题》称：明仲“以《通鉴》事备而义少，故为此书。议论宏伟严正，间有感于时事……自晦翁《纲目》亦多取之”。有宋、元、明多种刻本传世。《四库全书总目》存目。

《史评》八卷，茶陵谭世选撰。明张治评曰：“世选所著诗传史评，羽翼汉儒，议论古今，居然有余力焉，可谓彬彬者矣。”②

《史通》三十六卷，桂阳监（今县）黄植撰。

《唐史卮言》三十卷，茶陵陈仁子撰。

两宋时期，湖南在地理学和地方志编纂方面，也有可观的成就。著述之多，远远超过前代。各种山水风土记，州、县志，以及杂记、图经等等，不下100余种。

《南岳总胜集》三卷，南岳道士陈田夫著。陈田夫，字耕叟，四川阆中人。南宋绍兴（1131—1162）中，来湖南，居南岳九真洞老圃庵，往来于七十二峰，历30多年。他访求前古异人高僧灵迹，考其事而纪之，断自三皇以来，迄于宋朝，凡四五万言，分为上、中、下卷。这是一部关于南岳道教、风土古迹难得的史料书，收入《道藏》，并有宋刻本和清嘉庆刻本传世。

《岳阳风土记》一卷，范致明著。致明，字晦叔，建安（今福建建瓯）人。元符（1098—1100）进士。北宋徽宗时谪监岳州商税。在岳期间，查史籍，览山川，访民情，特作此记。此书不分门类，随事记载。虽只一卷，而于郡县沿革、山川改易、古迹存亡，考证详明，足补他史之误。

《溪蛮丛笑》一卷，朱辅撰。朱辅，字季公，桐乡（今安徽桐城）人。仕履不详。此书是关于湖南沅江中上游及其酉、辰、武、巫等支流（古称“五溪”）地区少数民族风土民情的著作。南宋末年，朱辅在辰州（治今沅陵）做过官，依据其所见所闻，记载了五溪地区“蛮夷”的风土物产，颇为详尽，它是研究中国古代少数民族尤其是湖南地区少数民族历史的重要参考书。

另外还有一些佚书，如《辰州风土记》一卷，田渭撰；《长沙志》，五十二卷，赵善俊监修，褚孝锡等纂；《零陵总记》十五卷，祁阳陶岳撰；《永州风土记》，柳拱辰撰；《零陵志》十卷，张埏撰；《都梁志》六卷，郑昉纂；《武陵图经》十四卷，刘子澄撰；《靖州图经》，四卷，孙显祖纂。

此外，据《宋史·艺文志》、光绪《湖南通志·艺文志》录著，两宋时期湖南还有《荆湖南路图经》三十九卷，不知作者；《荆湖北路图经》六十三卷，不知作者；《星沙集志》，浦城真德秀撰；祥符《衡州图经》，不知作者，《舆地纪胜》有引文；《衡阳志》，衡阳宋刚仲撰，《舆地纪胜》有引文；淳熙《春陵图经》十卷，平江赵汝谊监修，《直斋书录解题》著录；《朗州图经》，不知作者，《通志略》著录；《辰州图经》，不知作者，《舆地纪胜》有引文；《沅州图经》四卷，不知作者；等等。总计，近60部。

宋代考据学开始兴起，湖南本籍及在湘外籍文人学者在经史文献考证方面也留下了一些著述，最重要的当推《学林》、《识遗》、《古今考》、《鼠璞》等书。

《识遗》十卷，罗璧撰。罗璧，字子苍，号默耕。岳州平江（今平江县）人。举乡贡。宋亡，隐居不仕。为传朱子学"十三君子"之一。明弘治《平江县志》载其传略。因自署新安（今江西境地），《四库全书》误书其为新安人。新安或为其祖籍的所在地，清李元度《平江县志》已作考订。此书系据其平日读书笔记，间加考订，剔繁纂要编辑而成，约作于宋亡之初。书中着重考证经史，论说大多可取。有《四库全书》本、《学海类编》本，及明刻本和多种清抄本传世。

《古今考》一卷，系魏了翁撰。此书系了翁谪居靖州时所著。意在考证夏、商、周三代遗制，古为今用，以为国家长治久安之计。但仅撰成数十则，未竟其功。咸淳三年（1267），徽州歙县人方回从了翁子处得此书稿，加以续编，合成三十八卷。今存明万历和崇祯两种刻本及明抄本。

《鼠璞》一卷，戴埴撰。戴埴，字仲培，桃源人，南宋末在世。此书以考证经史疑义、名物典故之异同为主，持论有据，且多精审，有益后学。

宋代湖南开始出现氏族谱牒方面的著述。其中传世的代表作为长沙丁维皋所撰《皇朝百族谱》。此书成于南宋绍兴末，收录宋朝自司马以下百官族姓凡123家，皆推其源流，疏其派别，志其名、字、爵位，并录其世谱、家传、行状及神道碑等。周必大为之作序。陈振孙《直斋书录题解》、王应麟《玉海》及《宋史·艺文志》均有著录。又据《湖南通志·艺文三》载，还有《颜氏家谱》，衡阳颜学廷撰。文天祥作序。

第四节 文学艺术

刘翰、王以宁、乐雷发等的诗词创作 刘沆《庆历长沙帖》和单炜、刘次庄的书法成就 武洞清的人物画和释仲仁、易元吉的花鸟猿猴画

宋代湖南的文学，北、南宋判然不同。北宋时并没有出现著名的诗人、词家，只是由于湖南学术昌盛，学人作品中不乏佳章传世，如周敦颐《爱莲说》、路振《祭战马文》即是其中翘楚。这种“有佳章、无佳集”的现象持续了一百多年。倒是外来作家如欧阳修、黄庭坚、秦观等，或游宦，或放逐，其才情怨愤与湘水楚山摩挲激荡，产生了一些流传千古的篇什，影响了湖南文学的发展。

到南宋时，湖南成为战事频繁的抗金前线，文坛也顿添慷慨悲凉之气。刘翰、乐雷发的诗歌，王以宁的词，易祓的散文等，在宋代文学史上均占有一席之地。南宋后期，闽浙赋作一度独领风骚，而潭州人邢天荣、尹谷，浏阳人欧阳逢泰等致力于写赋，体裁务求典雅，往往每赋传出，时人就纷纷摹仿，由是形成湘赋与闽浙赋颉颃之势。

南宋局势动乱，一部分士人为远祸全身，将自己囿拘于田野与书斋，吟诗作赋，闭门撰述。刘翰就是其中一个。刘翰，字武子，一字修武，长沙人。绍兴间，与名士张孝祥、范成大交游甚密，诗声卓著。著有《小山集》一卷。《小山集》收入了《江湖后集》，当然刘翰是位江湖诗人。其作诗追随四灵（徐灵晖、翁灵舒、徐灵渊、赵灵秀），提倡晚唐诗体，以清苦为工，注意锻字炼句，其中亦不乏佳作。如作者于宋亡之后，隐居武夷山中十年之久，重返故里所作之《种梅》：

凄凉池馆欲栖鸦，彩笔无心赋落霞。
怊怅后庭风味薄，自锄明月落梅花。

痛定思痛，加之恢复无望，故以梅之清高，示己之嫉俗，感情很深厚，但字面上却极清空。再如脍炙人口的《石头城》：

离离芳草满吴宫，绿到台城旧苑东。
一夜空江烟水冷，石头明月雁声中。

全诗四句，读来如展长轴，由吴宫而台城而石头城，诗人的目光在

空间横扫的同时，也完成了从白天到夜间时间上的纵贯，几个画面说尽了金陵城古今的盛衰变化。结尾添“雁声”，显得唱叹有情，余音不尽。平心而论，此诗较唐代刘禹锡《石头城》和许浑《金陵怀古》等名作毫不逊色。

《沅湘耆旧集》还收录了刘翰的歌行《翠屏曲》，这是一首与江湖意味迥别而风格接近李贺的佳作：

小亭帘幕垂阴阴，梅香入枕春生屏。
西窗月落翠被冷，鸟声残梦东风醒。
三年不唤清溪渡，梦里瀼西春水路。
江头女儿双翠眉，能唱刘郎芳草句。

此诗虽是写春愁闺怨，但无论形象景致，抑或造句用韵，都很清新。看来，作者并不是浪得虚名的。刘翰的词也颇有成就，造句明艳动人，如《好事近》、《清平乐》等，但其词声远不如其诗声之著。

词到南宋，题材不断拓宽，技巧日益成熟，富于创造力的宋人更将其发展到可以与唐诗媲美的艺术巅峰。而由于靖康之变的巨大冲击，文人的悲愤心态也同样反映到词的创作中来。湖南词坛最负盛名的是王以宁。

王以宁（一作以凝，约1090—约1146年），字周士，湘潭人。以太学生为鼎澧安抚使幕吏。宋靖康元年（1126）征天下兵援太原，赴澧州请兵，并率师往解太原围，遂官宣抚使。以后做过枢密院编修、显谟阁学士一类官。不久降监台州酒税，又谪永州别驾。绍兴十年（1140）复右朝奉郎，知全州。其词《王周士词》一卷在南宋即已流行。其颇富英雄传奇色彩的一生折射到其创作中，使词风狂放豪宕，一如其人。如建炎四年（1130）九月，王以宁统军至黄州，登栖霞楼，发出“千古黄州，雪堂奇胜，名与赤壁齐高”（《满庭芳》）的浩叹，英风直逼苏东坡。

王以宁和辛弃疾都是军旅词人，有相同的经历，无论是其观照方式、宏大境界、豪放风格，还是流动的布局结构，甚至对典故的选择，都显示出他对辛词的有意效仿。他也用心向贺铸学习，不过，往往写来有草率和粗糙之嫌，遣词造句比方回逊色。《王周士词》的精华表现在一部分怀古感时及吟咏人生情怀的作品上。前一类以《水调歌头》（裴公亭怀古）最为著名：

岁晚橘洲上，老叶舞愁红。西山光翠，依旧影落酒杯中。人在子亭高处，下望长沙城郭，猎猎酒帘风。远水湛寒碧，独钓绿蓑翁。

怀往事，追昨梦，转头空。孙郎前日，豪健颐指五都雄。起拥奇才剑客，十万银戈赤帻，歌鼓壮军容。何似裴相国，谈道老圭峰。

上片再现长沙古城的风貌，历历如画；下片叙及孙策、裴度等历史人物，与作者所要表达的主观情感、意念丝丝入扣，不仅内涵极为丰厚，而且语气飞动，神情毕露，表达了作者以英雄自许、寻求个人生命辉煌的壮烈情怀。后一类以《水调歌头》（呈汉阳使君）和《念奴娇》（淮上雪）最为出色。后一首是宣和年间，作者赴真州任发运司管勾文字时所作，上片描绘茫茫大雪中淮河岸边的景色，下片笔锋一转，遥想北国的友人在雪中行猎纵饮的情况：

遥想易水燕山，有人方醉赏，六花如席。云重天低酣歌罢，胆壮乾坤犹窄。射雉归来，铁鳞十万，踏碎千山白。紫箫声断，唤回春满南陌。

写友人冒雪射雉的壮游，实则抒发自己“胆壮乾坤犹窄”的豪气。全词声情摇曳，雄伟奔放，回肠荡气，富有力度，有一种不可一世的气概。

王以宁是南宋豪放派的重要词人，也是一位不为写词而写词的词人。他的词与辛弃疾、张孝祥、陈亮等人的词作一样，反映了当时的时艰国耻，寄托了一代士人的悲愤、追求和理想，奏响了南宋词坛的最强音。

乐雷发，字声远，宁远人，博学多闻，擅长诗赋。南宋宝祐元年（1235），门人姚勉以词赋擢为第一，上疏请求让给老师乐雷发。理宗亲自考试乐雷发八事，对答切直，赐特科第一。后因数议时政，没有被采纳，竟不出仕，归隐雪矶，人称“雪矶先生”。著有《雪矶丛稿》五卷，今存诗150多首。其诗作或揭露官场腐朽，抨击时政之弊端，或揭示百姓遭受的灾难和困苦，或宣泄蒙古侵凌日厉的忧愤，激昂慷慨，充分地表现了诗人的爱国主义豪情。如《乌乌歌》：

……有金须碎作仆姑，有铁须铸作蒺藜。我当赠君以湛卢青萍之剑，君当报我以太乙白鹊之旗，好杀贼奴取金印，何用区区章句为！死诸葛兮能走仲达，非孔子兮孰却莱夷？噫，歌乌乌兮使我心不怡。莫读书，成书痴！

全诗用跌宕生动的笔法鞭挞无益国事的理学先生，抒写渴望万里从戎、以身报国的豪壮理想，以及壮志难酬、无路请缨的悲愤心情；既热情奔放，又深沉悲怆。

因为《雪矶丛稿》曾收入《江湖小集》，故有些人认为乐雷发仍落在江湖一派的圈里。但其诗风雄深老健，实在不同于江湖末流。《四库全书总目提要》云："雷发人品颇高……其诗旧列《江湖集》中，而风骨颇遒，调亦浏亮，实无猥杂粗俚之弊，视江湖一派迥殊。"应该说是中肯之论。

在艺术风格上，乐雷发的诗歌属于慷慨豪迈一派。他的那些感怀世变、苍凉悲愤的作品使人联想到杜诗的精神内涵和艺术光彩。如"今日江山劳别梦，他年灯火课新功"（《发潭州怀雪篷姚使君》）；"如今世事漫头雪，破屋孤灯忍冻吟"（《赠吴季诗》）；"酒边豪气横荆楚，灯下清谈杂晋唐。天地每穷真俊杰，山林偏有好文章"（《许介之馆仆于东溪临发赠别》）……都是把个人命运与国家命运交织在一起，写得慷慨悲凉。在他许多抒写日常生活情怀的诗篇中，则又常常可以看到既新颖精巧、又显得自然清丽的特点。如《秋日行村路》："儿童篱落带斜阳，豆荚姜芽社肉香。一路稻花谁是主？红蜻蛉伴绿螳螂。"采用白描手法，由事物本身显示其美，和美融洽、委婉含蓄地寄托了作者的理想。这种从景物写出自己的心情，用意是深刻的，语言却很清新。这些都吸收了江西派之长，而避免了江湖派之短。

宋代湖南书法特别值得一写的是庆历年间知潭州刘沆主持摹刻的《庆历长沙帖》。据光绪《湖南通志》卷二百六十九《艺文志·金石》记载：宋太宗时，曾派使者购募前代书法，集为十卷，"摹刻于本，藏之禁中"，号为官帖。仁宗时知潭州刘沆以淳化阁帖，并增入颜真卿等帖，命慧照大师钱希白摹刻于石，共二本，一置郡斋，一藏于家。长沙帖质量上乘，"字行颇高"，苏轼称其"作字自有江左风味，比淳化待诏所模为胜"。南宋学者洪迈称其"最为善本"。宋秦观《法帖通解序》谓，长沙帖影响很大，"自此法帖盛行于世。士大夫好事者又往往自为别本矣"。

单炜，字丙炎，沅陵人，博学多闻，书法造诣颇深，得"二王"笔法，字画遒劲，尤精于考订法书，著有《绛帖辨证》。

刘次庄，字中叟，长沙人，自幼爱好书法，曾经寓居江西新淦，住所的窗牖墙壁都题满了字墨。刘次庄习字时先模仿他人书法，以后兼采群书自成一家，擅长行书草书，尤其以小楷最精妙。并善于临摹古帖，有《临江帖》传世。

人物画方面，以长沙武洞清最著。洞清父武岳，工于画。洞清继承家学，擅长于画人物，尤工佛像、罗汉，传有《杂工德》、《二十八宿》、《十二真人》等画。其画布置落墨，广狭大小，横斜直曲，莫不合度，而坐作进退，向背俯仰，皆有思致。尤得人物名分尊严之体，获誉于一时，至有以刊石著其姓名求寻买其画者。

花鸟画方面，有衡州释仲仁，法号华光（亦称“花光”）。据陶宗仪《书史会要》云，花光长老酷爱梅花，在寺中植梅数本，每当花开时，就把床移至其下，吟咏终日。月光之夜，窗间疏影横斜，萧然可爱，就用笔把它画下来。这样天长日久，终于深得画梅之法。黄庭坚有诗云：“雅闻华光能画梅，更乞一枝洗烦恼。”著有《华光梅谱》一卷。

易元吉，字庆之，自幼临摹古人名画，打下了扎实的绘画功底。早年他擅长画绘花鸟，一次见到北宋著名画家赵昌所画的花果后深为叹服，决心开拓前人未加注意的题材，以驰名画坛。于是他以大自然为师，离家远游，寄居于山野人家，每天观赏自然风物，与鹿同游，常流连忘返。易元吉不仅对猿猴獐鹿各种禽兽的生息动静形态进行细心观察，而且包括林木景石诸景物都一一记于心中。归居长沙后，他又在自己的居室后面，疏凿池沼，置乱石，种花竹芦苇，畜养各种水禽，并将居室后墙穿一小洞，偷偷窥探这些小生物游憩饮啄的姿态，以帮助自己进行绘画构思。经多年悉心揣摩，易元吉技艺日进，所绘花鸟动植物都很有特色。传说他在杭州都监厂画鹰时，吓得梁上的紫燕都不敢下来做巢。易元吉所作的画，尤其以獐猿特别生动逼真，呼之欲出，他因此而名闻天下。易元吉的獐猿画不仅在艺术上达到第一流的水平，而且在中国古代绘画史上具有开拓绘画题材的意义。所以古代绘画评论家把獐猿画看成易元吉的专工独诣，认为是“世俗之所不得窥其藩”的绝技。许多名诗人也纷纷题咏表示赞赏，其中有黄庭坚的《易生画獐猿猴玃赞》、张来的《獐猿图》、刘挚的《易元吉画猿》等等。易元吉也由此成为长沙乃至湖南画坛的领袖。

第五节 科技与工艺

医学 农业、手工业生产技术

宋代湖南的传统医学也有相当大的发展，撰著和刊刻了大量医药典籍。如《类编朱氏集验医方》、《产经》、《伤寒心要》、《幼幼新书》等，均不失为中医经典之作。

《类编朱氏集验医方》十五卷，朱佐撰。朱佐，字君辅。湘乡人。此书分风、寒诸门，集内、外、妇、儿、养生各科处方近900首。其中多为宋代医书不传之秘方，并且都是从当时的善本中录出的，因而有很高的医学价值。一直为历代医家所重视，多种医书加以转载。今有宋咸淳二年（1266）衡州（衡阳）刻本。

《产经》，宋永寿撰。永寿，字信翁。衡州（今衡阳）人。南宋孝宗时隐士。民间名医。通《易》、《论语》、《黄帝内经》诸书。与知桂阳军、后迁湖南路转运通判陈傅良有交，此书即由陈傅良于绍熙间（1190—1194）刊行并为之作跋。事载陈傅良《止斋集》。

《伤寒心要》一卷，镏洪撰。镏洪，号瑞泉野叟。都梁（今武冈）人。精医术，大旨秉宋金时中原名医刘完素之说。收入清刊本《古今医统正脉全书》，《四库全书》存目。

《幼幼新书》四十卷，刘昉撰。刘昉，字方明。广东潮阳（今潮州）人。宣和六年（1124）进士。南宋绍兴十三年（1143）知潭州（今长沙市）。任内取前人方论及世传医方，命属员王历等汇编成帙，题名《幼幼新书》。至绍兴二十年（1150）刻成三十八卷。昉病卒，徐寿卿以漕摄郡事，继成之。《宋史·艺文志》、《四部总录·医药编》等均著录此书。

宋代湖南和荆湖地区农业生产技术得到进一步发展。首先是犁耕的进一步推广，不仅江湖平原地带很普遍，而且开始进入少数民族聚居的山区。如神宗时章惇开拓“梅山蛮”地区后，即“给牛贷种”，使当地少数民族进行开垦，种稻植桑。农耕工具也有了新的进步。据王祯《农书》

记载，包括湖南在内的中国南方地区，宋代开始使用一种“铁搭”，四齿或六齿，农家或乏耕牛，可以代之，“工力相助，日可斫地数亩”[3]。当时还推广了一种踏犁，也可补耕牛之不足。灌溉工具方面，南方已普遍使用踏车，即龙骨车，以车水灌溉高旱之田。王安石的诗中有“妇女喜秋凉，踏车多笑语”之句[4]，描写的就是南方妇女车水溉田的情景。筒车，也很普遍。南宋张孝祥曾作《湖湘以竹车激水，秔稻如云》诗。竹车，即筒车，靠水力转动车水灌田。

湖南在宋代也开始出现总结和推广农业生产技术的农书。如郴州人何先觉，绍兴年间（1131—1162）官通判时著《耕桑治生备要》二卷，以“劝农课士”。又，泰和人曾之谨，南宋孝宗时（1163—1189）任耒阳令，撰《农器谱》三卷，《续谱》二卷。述及各种农耕器具的制作和使用。宋陈振孙《直斋书录解题》著录。

宋代的制瓷业在唐代的基础上有新的发展，特别是南方陶瓷生产的扩大，龙泉、景德镇等名瓷生产中心的形成和发展。湖南的陶瓷业，受附近龙泉、景德镇先进生产技术的辐射，规模和质量也不断得到发展和提高。这方面文献记载极少，但大量的考古发现证实了这一史实。其中衡州窑、岳州窑和益阳窑的发现最具代表性。

宋代长沙制墨业曾十分兴盛，制墨技术相当发达。据宋陆友所撰《墨记》卷下记载：长沙多墨工，而胡景纯的“千金獭髓”最著。城内“大街之西，安业坊有烟墨上、下巷；永丰坊有烟墨上巷。”可见长沙墨业之盛。胡景纯，长沙人，宋代有名的制墨家。生卒年不详。其制墨专取桐油烧烟，名曰“桐华烟”。这种墨质地坚薄，不求外表装饰，大者不过数寸，小的圆如铜钱，磨于砚中，光泽可鉴。其优良质量赢得了广大画师的垂青，被视为珍品。用以点睛，有“瞳子如点漆”之誉。其制作技术世代家传，子孙世英、友直、国瑞、沛然、文中，皆为墨工，成为长沙制墨世家。

湖南刊刻雕版印刷，发端于北宋，至南宋开始兴盛。刊刻雕版书，有官刻和家刻、坊刻，而以官刻为主。据光绪《湖南通志·艺文志》载，北宋大中祥符年间（1008—1016），茶陵、衡州（今衡阳市）、安仁曾刊刻图经。随后，又有邵州（今邵阳市）、舂陵（今新田、宁远县地）、鼎州（今常德市）、沅州（今芷江县）、辰州（今沅陵县）等地也刊刻了多种图经和图志。一些州县官署还刻印了时人著述或前人诗文集。如北宋崇宁、大观年间（1102—1110），靖州知州王长儒和从义郎李敏开刻孔平仲《续世说》；道州州学宣和五年（1123）刊刻寇准《寇忠愍诗集》；零陵郡庠刻印了《柳柳州文集》，南宋乾道元年（1165）又重刻[⑤]。

南宋时，湖南受战祸较少，经济较繁荣，加之州县官吏多儒士，重文教，官府刻书之风更盛。首先是各州、县学官的刻本，其中由潭、永、道三州的州学刊刻的为最多。潭州（治今长沙市）州学由荆湖南路安抚使刘珙和理学家张栻主持，于南宋乾道二年（1166）首次刊刻胡安国编纂的《二程文集》十五卷。朱熹于乾道四年（1168）另编《程氏遗书》二十五卷，乾道九年（1173）又编《程氏外书》十二卷，均于南宋淳熙、庆元年间（1174—1208）由潭州州学刊行。潭州州学还刊刻了《十二经》和贾谊的《新书》。永州（今永州市）州学从乾道元年至嘉定元年（1165—1208），连续三次刊刻柳宗元的文集，州署还刊刻了北宋名臣范纯仁的文集。道州（治今道县）州学重刻了北宋名臣寇准的诗集和南宋名臣张浚的《紫崖易传》。除上述三州外，荆湖北路提举茶盐司在常德刊刻了《汉书注》一百卷，后常德府署又三次补刻重印。其他如衡州、邵州、湘阴县和武冈军，于绍熙、嘉定年间（1190—1224）也都刊刻过书籍。

由州县官出名和用官库钱刊刻的，称“公使库本”和官署刻本。如：北宋时靖州刻有《续世说》，南宋初年又由沅州知州王濯用官库钱补刻。卷末题有刻书人的姓名，载有板片数、印造纸墨和裱背工食钱数。各州、县纂修的地方志，如淳熙《零陵志》、《舂陵志》，绍熙《都梁志》，嘉定《衡州图经》，宝祐《平江志》，以及隆兴二年（1164）刊刻的《辰州风土记》等，都是官署出资刊刻的。据光绪《湖南通志》和《中国地方志总目》著录，宋代湖南刊刻的这类地方志，达50余部[⑥]。

家刻书是私家出资刻印的雕版书。所刻多为刊刻者本人或其先人的诗文、著述，也有一部分是前人和朋友遗集，少数是家塾用书。湖南最早的家刻书出现于北宋。真宗（998—1022）时，衡山人朱昂，官至翰林院学士，致仕后返乡隐居，著有《资治论》及诗文，曾以“知止亭”名号自刻行世。神宗（1068—1085）时，湘阴人邓忠臣，官至大理丞、考工郎，著有《玉池集》，也自刻成书。此二书分别著录于《宋史·艺文志》和南宋陈振孙《直斋书录解题》，但原书早佚。南宋湖南家刻书，现在尚有文字记载的，有三家，即长沙刘光祖、衡阳许仪、茶陵谭叔端，分别刻书1种和2种，均未传世[7]。

宋代湖南除雕版印刷外，还出现了泥活字版印刷，但尚属少见。据记载，南宋名臣周必大于绍熙二年至四年（1190—1193）以观文殿学士判潭州时，曾用沈括《梦溪笔谈》中介绍的胶泥活字法，印刷了他自著的《玉堂杂记》[8]。

第六节　宗　教

广传湖南的临济宗和曹洞宗　以南岳为中心的道教

佛教在两宋时期最盛的是禅宗南宗。其下分南岳系、青原系两大系统。南岳系又衍化出临济、沩仰二宗，青原系又衍化出曹洞、云门、法眼三宗，共五宗，而最盛行的为临济宗。广传于湖南的主要是临济宗和曹洞宗。湖南的佛教仍以南岳为中心，由此伸延至潭、衡、岳诸州，即今长沙、衡阳、株洲、浏阳、湘潭、岳阳、娄底等市（县）地区。南岳的福严寺、上封寺、南台寺、祝圣寺，长沙的麓山寺、开福寺，宁乡的密印寺，浏阳的石霜寺等名刹古寺，两宋时依然高僧辈出，佛事兴盛，成为湖南地区佛教弘扬和发展的圣地。同时，这些地区在宋代又新建了一批寺院。如衡州衡阳县（今衡阳市）大西门外，徽宗宣和（1119—1125）中建西禅寺；衡阳石鼓山右，理宗宝祐五年（1257）建花药寺；潭州湘阴县神鼎山（今属汨罗县），宋真宗大中祥符（1008—1016）中，建资圣寺；岳州临湘县南，宋代建至源寺等。由于北宋神宗熙宁间对湖南少数民族地区的开拓，佛教还开始向少数民族地区传播和扩展。如在开拓梅山新设安化、新化两县后，就在上下梅山建立了佛寺，以“熙宁”二字命名，新化建承熙寺，安化建启宁寺、崇福寺。开拓“南江诸蛮”溪峒后，熙宁中，在麻阳县西建同天寺，在溆浦建圣寿寺（后改名广福寺），芷江建报恩寺，黔阳建普明寺、归化寺、净化寺等。

南岳古刹般若寺，北宋太宗太平兴国年间（976—984），改名福严寺。禅宗高僧石霜楚圆（987—1040）曾任住持。著名禅师文演等都曾在此参禅弘法。

上封寺，隋以前为道观，隋炀帝南巡来此，改观为寺，赐名上封寺。宋代，上封寺已发展为禅宗临济宗黄龙派僧人弘化一方之所，禅僧辈出，名震一时。先后在此任住持的高僧有祖秀、佛心等。后归闽。

南台寺，唐代禅宗青原系高僧石头希迁开法于此，大阐宗风之后，成为曹洞、云门、法眼三宗的共同祖庭。在宋代，住持南台寺的著名僧侣可考者有允恭。允恭，南岳下 13 世，大沩怀秀的法嗣，与福严寺文演为同门，属临济宗。

在宋代湖南的佛寺中，麓山寺仍享有盛名。麓山寺在唐代处于全盛时期。至宋代成为禅宗的著名佛寺之一。继唐末宋初长沙景宏禅师之后，曾住麓山寺的有鹿苑山晖禅师、潭州岳麓和尚、潭州鹿苑和尚、鹿苑文袭禅师等。此外，惠洪、智海等禅僧均与麓山寺有一定的联系。

五代时建于长沙的开福寺，至北宋，佛事兴隆，高僧辈出。宋初，有著名的洪蕴和尚（936—1004）。宋仁宗景祐年间（1034—1038），由沙门紫珂主持，对开福寺作全面修缮。徽宗大观年间（1107—1110），禅宗临济宗杨岐派禅僧开福道宁（？　—1113），应潭帅席震之请住持开福寺，僧侣云集，达 500 人之多。嗣法弟子有月庵善果，其后依次传承老衲祖证、月林师观、无门慧开、法灯觉心。觉心系日本僧人，南宋理宗淳祐九年（1249）入宋，嗣无门禅法，后返回日本住纪州兴国寺。

浏阳石霜寺也颇著名。石霜寺又名崇胜禅林，在今浏阳金刚乡石庄村石霜山上，创于唐僖宗（874—883）时的沙门庆诸，为唐代佛教禅宗的著名寺院之一。至宋代，出了不少禅宗人物如楚圆、法永、节诚、宗孙、宗鉴等，其中以楚圆最为有名。在其嗣法弟子中，以慧南、方会为著，各开一派，慧南开黄龙派，方会开杨岐派，成为宋代“五宗七派”中的二派。

由唐代高僧灵祐创建的宁乡沩山密印寺，宋初仍十分兴盛。宋徽宗崇宁三年（1104）十一月，突遭受大火，所有寺宇顿时化为灰烬。经三年修复部分殿堂。至大观四年（1110），潭帅曾孝蕴派员赴江西庐山归宗寺，请云门宗僧人空印住持密印寺。又经八年的经营筹划，殿堂得以次第修复，焕然一新。宋代先后住持或开法沩山密印寺的著名禅僧还有大圆、法泰、善果等。

宋代湖南的名僧禅师多研习佛学，留下一大批佛学著述，其中不少成为中国佛教经典。

《开福道宁禅师语录》，道宁撰。道宁，俗姓汪，歙溪（今安徽歙县）人。为禅宗南岳系临济宗杨岐派传人。大观三年（1109）住长沙开福寺，为第十九世。政和三年（1113）殁。此书有宋刊本，收入《续藏经》。

《石霜楚圆禅师语录》，楚圆撰。楚圆，俗姓李，广西全州人。少习儒业，22岁出家。历住潭州道吾、石霜和衡山福严寺。圆寂于潭州兴化寺。因曾住持浏阳石霜山崇胜寺，弘扬临济宗风，并葬于此，故世称“石霜楚圆”。此书集楚圆在道吾、石霜、南岳等处示众、上堂语及机缘、勘辨、偈颂等。收入《续藏经》。

《禅林僧宝传》三十卷、《林间录》二卷、《后录》一卷，惠洪著。惠洪，俗姓彭，筠州新昌（今江西宜丰）人。14岁出家，19岁试经东都（开封）为大僧。政和四年（1114）隐居南岳方广寺灵源阁，名其居曰“甘露灭”斋。《禅林僧宝传》，成于宣和初（约1119），记名僧81人。初刊于宣和六年（1124），后又有多种刻本行世。

《正法眼藏》三卷，宗杲撰。宗杲，俗姓奚，安徽宣城人。12岁入寺，17岁正式出家。师事临济宗杨岐派圆悟克勤，为南岳下十五世。南宋绍兴十一年（1141），因受反对秦桧与金议和案牵连，被流放衡州（今衡阳）。居衡阳雁峰寺下10年。此书成于绍兴十七年（1147），随即刊行。书中裒集著名唐宋禅师耆宿示众机语，间附本人按语。共收录100余人600多事。所集资料，有些今已失传，对研究禅宗历史有重要价值。收入《续藏经》，并有明万历重刊本。

《佛果圆悟禅师碧岩录》十卷，克勤撰。克勤，俗姓陈，字无著，赐号圆悟，又号佛果。彭州崇宁（今四川郫县）人。幼年出家，初从文照等学经论，后游丛林尊宿。为南岳下十四世、临济宗杨岐派僧人。此书为其在澧州夹山灵泉院（今属石门县）讲评其师雪窦重显《颂古百则》之作，由门人记录编集，于北宋宣和七年（1125）成书。

道教在宋代，由于统治者尤其是太宗、真宗、徽宗的推崇，进入了一个高峰时期。湖南道教亦盛极一时，而中心仍在南岳。南岳庙、黄庭观、玄都观、九仙观等古道观均香火旺盛，名道辈出，获得了新的发展。在湖南其他地方，两宋时期也兴建和扩建了一批著名道观。如衡阳寻真观，攸县阳升观，溆浦景星观，岳阳吕仙亭道观，岳阳大云山祖师殿，浏阳升冲观，常德太和观，郴州苏仙观等。

南岳庙（即衡岳观）。南岳道教在唐末五代一度衰落，入宋后迎来了它的复兴时期。这一状况集中反映在南宋道士陈田夫所撰的《南岳总胜集》中。大中祥符四年（1011），宋真宗封崇五岳，派工部侍郎薛映等，奉《玉册文》来到南岳，加封南岳司天王为“南岳司天昭圣帝”。从此，南岳庙的建筑形制仿照皇宫前、后殿之制，其道教圣地的地位达到顶峰。据《南岳总胜集》记述：南岳庙，原名衡岳观，“千杉翠拥，万瓦烟生”，有大小建筑 800 余间[9]。其中有尊奉司天昭圣帝的镇南殿等 16 殿，有七门五堂。宋朝历代对南岳司天王和司天昭圣帝的褒崇都十分虔诚，每年立夏节南岳均举行大祭，由本州通判或以次官充献官。

南岳黄庭观。始建于唐初，原名魏阁。五代楚王马希声曾重修。宋仁宗赐名为“紫虚元君之祠”。政和五年（1115），因宋徽宗崇尚道教，道教著名真经为《黄庭经》，于是赐名黄庭观。由此名气更盛。

衡阳寻真观。在衡阳城北，真宗大中祥符年间（1008—1016），桂林栖霞洞畅玄先生任此观住持，“经营一新，重建白云轩”。

攸县阳升观。坐落在攸县东，旧名朱阳观，建于唐天宝间。北宋政和间，漕臣程元祐奉诏主持修复，凡 110 楹，诏易名阳升观，香火盛极一时。

桃源县境的桃花源有桃花观、桃川宫，亦为湖南道教圣地。宋太宗淳化元年（990），朗州（今常德）守臣奉诏修桃花观，修成五百仙人阁，赐名望仙阁。桃川宫，在宋时也多次修复。

宋代湖南在道家经典研究和传注方面，重要的传世著作有《黄帝阴符经集解》和《南岳九真人传》。

《黄帝阴符经集解》，凡三卷，北宋时潭州长沙县主簿袁淑真撰。《阴符经》，系道教经典，假托黄帝所作。据考证实为唐代之前古籍，或谓北魏寇谦之撰，或说唐李筌著，作者说法不一。全书主要讲道家修养，间亦涉及丹术，并有部分纵横、兵家言。分为上、中、下三卷，有注有疏。其注经颇重一个“机”字。谓圣人须察天道运行、阴阳变化之机，使行为与之符合，有利于治国安民，固躬养生。收入《道藏》。

《南岳九真人传》，廖侁改撰。廖侁，北宋人，籍贯生平不详。曾任奉议郎。其自序称，此书原系道士欧阳道隆家藏道书《南岳九仙传》，求其作序。侁乃“削其叙说稠叠者十有一处，正字体谬误者三十有一，又校升举年月不同者四。取旧碑而定”[⑩]。书中记述六朝时衡山道士陈兴明、施存、尹道全、徐灵期、陈慧度、张昙要、张始珍、王灵舆、邓郁之九真人修道升仙之事迹。

【注释】

① 参见新编《湖南省志》卷二九《著述志》，湖南人民出版社 2003 年版。

② 参见光绪《湖南通志》卷二五〇《艺文六》。

③［元］王祯：《农书》卷十三，《四库全书》本。

④［宋］王安石：《山田久欲拆》诗，载《王文公文集》（下）卷三九，上海人民出版社 1974 年版，第 451 页。

⑤ 参见周世荣《湖南古窑址调查之二：彩瓷》，载《考古》1985 年第 3 期。

⑥ 参见周世荣《湖南古窑址调查之一：青瓷》，载《考古》1984 年第 1 期。

⑦ 参见新编《湖南省志》第二十卷，《新闻出版志·出版》，湖南出版社 1991 年版。

⑧［宋］周必大：《周文忠集》卷一九八，《四库全书》本。

⑨［宋］陈田夫：《南岳总胜集》卷中。

⑩ 参见新编《湖南省志》第二七卷《宗教志》，湖南人民出版社 1999 年版。

第五章

元明时期

当宋、金对峙之际，成吉思汗的蒙古汗国兴起于北方草原。公元1234年灭金，后又灭宋，公元1260年，忽必烈即帝位，建立元朝。在经济恢复和发展的同时，湖南的文化教育、文学艺术、学术和科技取得了新的成绩。宋代全国著名四大书院之列的岳麓书院和石鼓书院，经南宋末年兵燹被毁之后，在元朝前期都得到恢复重建，并再度兴盛。元代数十年间，在文学、史学等方面，湖南培育了一批优秀人才，而欧阳玄更是其中的佼佼者和突出代表。由于南北大一统局面的形成和东西文化交流的加强，元代的科学技术的发展十分突出，在这方面湖南很值得一书的则是曾世荣的医学成就和贡献。除传统的佛、道二教继续传播和发展外，随着西方教士和信奉伊斯兰教的波斯人、阿拉伯人的大批东来，新的宗教基督教和伊斯兰教也在中国传播开来，其中伊斯兰教开始进入湖南。但蒙古贵族统治者所奉行的民族歧视和民族压迫，以及经济掠夺的政策，对湖南和全国社会经济、政治和文化的发展，都曾产生了消极的影响。

明代的湖南，各方面的发展、变化也较大。元末明初的战乱，曾造成湖南人口的大变迁，原土著居民大量流失，江西、江浙等地居民大批迁入，即史称的“江西填湖广”。明前期较清明的吏治，以及一系列注重民生的政策措施的推行，促进湖南经济，特别是农业和粮食生产获得很大发展，“湖广熟天下足”取代了此前的“苏湖熟，天下足”。与社会经济发展的同时，书院的兴盛和学校教育的发达，政治和文化人才的涌现，理学、经学和史、地学的发展，文学艺术和科技的成就，均超过宋、元时代。诸如刘三吾、茹瑺、夏原吉、李东阳、何孟春等人，不仅为官至高位的政治人物，也都是明代湖南颇有成就的文学家、史学家，特别是开创“茶陵诗派”的李东阳影响则更大。“阳明学”取代“程朱理学”，湖南岳麓书院等地，成为王阳明及王门子弟传播和弘扬“阳明学”的重要场所。

第一节　书院与教育

官学教育　书院教育　科举地位的显著提升

元代虽为蒙古贵族建立的少数民族政权，但对教育比较重视，其学校教育始于窝阔台攻灭金朝时改枢密院为宣圣庙，到忽必烈时代即进入兴盛之期，中央官学主要有蒙古国子学、国子学、回回国子学。地方官学以建立路学、府学、州学、县学以及诸路小学、社学这一完整的儒学系统为主，另外，还开设诸路蒙古字学、诸路医学、诸路阴阳学等专门学校。至元二十三年（1286）统计，诸路学校计有20166所，五年以后达到21300余所，官学之盛，远迈唐宋。

湖南在元代属湖广行中书省，分14路、3直隶州，下辖47县、12州，计有73个行政单位，比宋代多出1县（新城）、1州（沛溪州）。以元代诸路学校发达的情势推断，各路、州、县当普遍建有官学。但据统计，元代湖南地方官学只有38所，令人惊异。以14路为例，与其对应的政区在宋代皆已建学，而在光绪《湖南通志·学校志》却只能找到天临（宋潭州）、衡州、永州、道州、宝庆、武冈、郴州、桂阳、常德等9路建复学校的纪录，其余岳州、澧州、辰州、沅州、靖州5路则付阙如。但元人赵淇在《宝庆路学兴造记》中明言，“湖南郡皆有学”。两不相对。又查辰州路学教授张图南曾为其属邑作《泸溪县修学记》，岳州路学世祖朝有教授蔡松龙、成宗朝有学录王元明、仁宗朝有教授冯廷玉的任职记录，而王元明传记则称其“尝摄（慈利）州学事”，“以荐为岳阳学录、澧州教授，皆有誉绩”。凡此种种，我们不能不怀疑地方《学校志》记录的缺失。元代统治时间不到百年，且官方文书多为蒙古文字纪录，再加以传统的华夷观念影响，宜乎其记载残缺不全。因此，讨论元代的学校建设不能完全依赖统计数据。元代湖南官学总数要略高于宋代的56所，其理由有三。一是，官学既是培养人才的学校，也是政府管理士人的职能部门，设有教授、学正、学录、教谕等学官掌管，只要行政建制还在，其前代所建官学作为官府衙门，一般会因沿保留，以行使其执掌学政的权力。二是，方志《学校志》不载并不表明其不存在，前述之岳州、辰州、澧州三路学即是明证。又安乡县学、江华县学皆不见于38所官学的统计表中，但《名宦志》中却有安乡县尹卢琮“兴学校、修桥渠，迁澧州路同知”；江华县达鲁花赤雷元“兴学均赋”的记载。这表明江华、安乡县学不是不存在，《学校志》之不载是因为其失载。三是，宋代未曾办学的州县，在元代可以找到办学记录，除前述之慈利、泸溪二学之外，还有邵阳县大德、至元年间建学、增修的记载。因此，就总体形势而言，元代湖南官学总数要略高于宋代，其学校普及率当不下于75%。

元代地方官学被赋予了振兴地方文化的重任。如宝庆路学，因其前身是理学开山祖师周敦颐曾迁建的邵州学，赵淇在《宝庆路学兴造记》中，要求教授刘通敏、学正窦道翁、学录何宪聿“朝夕讲贯”，“使濂溪先生之流风余韵响然嗣音”。道州为濂溪阙里，至正年间，总管吴苪明“进教授及诸生而告之曰：道州为子周子之乡，其学校兴废于四方观瞻所系甚重”，乃大修学宫，请湖南名儒欧阳玄作记，教“道州之士居儒先之乡，玩太极之图，读易通之书”，“上思无负于圣朝兴学之诏，下思无负于郡侯作新之政，庶几无愧于道州之命名”。由是，“生徒云蒸，课讲日严，士习丕变”。

除了路、州、县学等儒学系列的学校之外，元代湖南官学还有蒙古字学与医学。至元六年（1269），忽必烈诏令诸路建蒙古字学，招官民子弟，设教授、学正等执掌，以蒙古文《通览节要》等为教材，传授蒙古文字于各地。湖南蒙古字学的具体情况不详，仅在光绪《湖南通志》卷一二三《职官志》中找到张拱任常德路蒙古教授的记录。诸路医学的建立始于中统二年（1216）复兴南宋地方医学的诏令，在上引谢升《宝庆路重修学记》中，有总管本牙失里“每以兴造为己任，若帝师殿、邑庠、医学、岳祠，所莅之地卓有成绩”的记录，但宝庆路医学的详情则不得而知。

明代实行积极的文教政策，建国之前即建国子监，以与元政府争夺人才。建国之初即确立“治国以教化为先，教化以学校为本”的基本国策。洪武二年（1369）颁布《兴学令》，“令郡县皆立学校，延师儒教授生徒，讲论圣道，使人日渐月化，以复先王之旧”。八年，又诏令天下皆建社学，延师儒以教民间子弟。于是“天下府、州、县、卫、所皆建儒学”，形成了一个由中央南北两国子监，地方府、州、县儒学，军队都司、卫、所儒学，及乡村社学组成的普通学校教育网络，另有武学、医学、阴阳学等从事专科教育的学校。此即《明史·选举志》所称“无地而不设之学，无人而不纳之教”的大明官学教育盛况。

湖南在明代属湖广布政使司，分7府、2直隶州，下辖6州、56县，合计71个行政单位。另有属于土司性质的永顺、保靖2个军民宣慰使司。据光绪《湖南通志·学校志》统计，9个府级单位中，长沙、常德、衡州、永州、宝庆、辰州、岳州7府建有府学，郴州、靖州2直隶州皆建有州学，合计府级学校普及率为100%。62个县级单位中，有茶陵、澧州等州学6所，有长沙、善化县等县学56所，县级学校普及率100%。府、州、县学全覆盖，这是湖南官学教育史上前所未有的盛况。尤其是在一些领有州县的府（州）城，出现了一城二学、三学的局面，府、州、县学学生同城讲诵，再加一二书院，书声高扬，其文教事业发达的景象于此可见一斑。

需要指出的是，明代湖南官学的发展是快速高效的。在71所官学中，有57所是洪武年间修复、创建的，所占比例为80.28%，也就是说，官学的普及率在明初起步阶段就已超过了宋元两朝。这说明，明代湖南地方政府推行朱元璋兴办学校教育的诏令是非常积极而有成效的。

除了正规的府、州、县学之外，明代湖南还有属于军队系统的九溪卫学、永定卫学，属于土司的五寨司学。九溪卫学创建于正统九年

（1444），至清乾隆年间仍然存在，岳麓书院山长王文清始任之官就是九溪卫学教授，并因此而自号九溪。永定卫学在今张家界市，始建不详。天顺五年（1461），守备吉世英、教授徐参、指挥周辅等迁建于卫治之左，“师生有舍，弦诵有声，饩廪有所，人乐趋事”。沈庆作《永定卫重建学记》，希望“士知向学，俗尚弦歌”，“文风振作”，以化解“近边之卫”的“啸聚蜂屯之患”[①]。五寨司即今凤凰县，明属保靖州军民宣慰使司所辖土司之一，民多“峒苗”。万历年间，始设司学，“置博士弟子，附属辰州郡学。旧有学宫，明季毁于兵”[②]。至清代康乾之世，先后改为凤凰营学、凤凰厅学。卫学、司学是明代才出现的学校，是为特色，也标志着相对落后的湘西文教事业已有起色。

有元一代，湖南新建书院 22 所，兴复唐宋旧书院 19 所，共计 41 所，与南宋基本持平。可以确认创建或兴复人身份的书院有 28 所，其中由知县（百里）、县尉、学政、山长等在职官吏建复的 8 所，仅占总数的 28.6%，其余 20 所皆为士绅平民所为，同南宋一样，民间力量对元代书院的发展起了决定性的作用。

元代湖南书院的发展大体可以分成两个阶段。第一阶段，自元世祖至元元年起到仁宗止（1280—1320），凡 41 年，兴复书院 10 所，创建 9 所，共计 19 所，占可以确认创建时间之书院总数的 67.85%。

元政权是蒙古贵族凭借强大的武力建立起来的，前期统治者所面对的是一个庞大的、曾经与其拼死争斗而现在又自视清高而不愿合作的群体。这些人在复辟赵宋政权没有可能的情况下，虽然放弃了武力对抗，但怀念故国之心不泯，以纲常伦理为主要内容的理学教育、传统的夷夏观念，使得他们从心理上排斥异族统治尤其是政治、经济、文化等方面都明显落后于汉族的蒙古贵族的统治。因此，他们视入仕新政权为奇耻大辱和不忠不节，于是就趋避田园，归依山林，或教授生徒，企盼教育救国，或躬耕畎亩，聊以度过余生，步入了另一条抵抗道路。深受湖湘学派、朱张学系陶冶的湖南士人在这方面表现得十分突出。

面对如此形势，夺取政权的金戈铁马是难以维系和巩固统治了，为了长治久安，蒙古贵族不得不以被征服的“南人”为榜样，放弃游牧生活方式，改变经济形态和与之相适应的社会上层建筑，推崇理学，以“汉化”来重铸文明。因此，他们对研究、传播理学的书院采取了保护政策。中统二年（1261）忽必烈下诏：“宣圣庙及管内书院，有司岁时致祭，月朔释奠，禁诸官员使臣军马，毋得侵扰亵渎，违者加罪”，“凡有书院，亦不得令诸人骚扰”，对书院等文化教育设施加以保护。

然而，战争毕竟是残酷的。尤其是深受理学熏陶的南方士人，多具民族气节，他们进行了顽强的抗战，而此时的元兵仍有“屠城”遗风，因此，忽必烈的保护政策难免成为具文，有很多书院在统一战争中遭到破坏。至元间，元兵进入湖南时，遇到了包括书院师生在内的赵宋军民的拼死抵抗，如潭州、衡州、邵州、永州等保卫战都很悲壮。这自然招致了书院的毁废，南宋的44所书院中，有一半以上到元代已不复见于记载。天临路善化县的湘西、岳麓书院在至元十三年（1276）被元将阿里海牙夷为瓦砾，郴州路兴宁县的观澜书院也“厄于丙子（1276）之变，井湮室圮”，破坏则更为严重。

全国统一之后，元统治者重申对书院的保护政策，并且延续几代而不变。主要采取了准许招师讲学，提倡在先儒、名贤过化经行之地建立书院的措施，以顺其怀念故旧的“遗民心态”，实际上是以学术自由来缓解政治上的普遍的反抗情绪。同时又将山长纳入官僚体制，通过行政运转如升迁调动等来防止学术自由发展为政治不满或反对势力。经过三十余年的经营，到仁宗时期，恢复了科举考试，以功名招纳士人，将反对者变成支持者，进而成为自己队伍中的一分子，随后“恩赐”六七十岁的做了几十年“遗民”的下第举人入官食禄，最后完成了变“遗民”为“臣民”的工作，进一步扩大了统治基础。

概言之，宋遗民的反抗、不合作和元政府的保护、疏引、倡导与利用，不论动机如何，它们所带来的结果则相同，那就是书院的复兴与发展。据统计，自至元二十三年到皇庆二年，全国新建书院37所，再建24所，共61所，占已知建院年代的书院总数193所的31.6%，形成了一个持续高涨时期。湖南全省仅至元十四年至三十年17年时间，就创建了茶陵东山书院、长沙东冈书院，兴复了武陵沅阳书院、龙津书院、澧阳溪东书院、善化岳麓书院、衡阳石鼓书院、浏阳文靖书院、湘阴清烈书院、兴宁观澜书院，共10所，占到了已知建复年代书院总数的35.7%还强，形成一个发展高潮。显而易见，这是宋遗民和元政府共同努力的结果。这个时期以兴复宋代旧有书院为主。成宗时期（1295—1307）起，则开始以新建为主，先后创建了澧阳车渚书院、学殖书院、慈利天门书院、攸州凤山书院，兴复了湘潭主一书院，13 年共建复 5 所，仍然保持着较高的发展速度。到武宗、仁宗时代速度开始放慢，只新建了益阳庆洲书院、武冈儒林书院，兴复了衡山南岳书院。

第二阶段，自英宗到惠宗北遁（1321—1368），凡 48 年，兴复书院 3 所，创建 6 所，共 9 所，占总数的 32.15%。

元代后期，国内政治、民族矛盾日趋激化，社会危机四伏。为了挽救危机，保持其统治秩序，统治者乞灵于所谓“教化”，再度提倡书院讲学。至正三年（1343）又诏令科举考试下第举人充任山长等学职，并相沿成为定例，这都较大地刺激了书院的发展。全国仅至正元年到二十三年（1341—1363）新建书院达 50 所之多，再建 10 所，占总数的 31% 多，出现了比前期更强的发展势头。

湖南书院在后期则进入一个缓慢的发展时期，历英宗、泰定帝、文宗三代仅创建了慈利聚奎、环溪、澧阳道溪等 3 所书院。惠宗时当全国发展高潮到来之际，湖南则未能跟上步伐，三十余年仅建复 6 所书院，既远不及自身前期的发展速度，更大大落后于全国同期的平均水平。

元政权对湖南的控制，从至元十二年（宋恭宗德祐元年，1275）左右开始，到至正二十四年（1364）结束，共 90 年时间，不算很长，建复的书院却有 41 所，仅比拥有湖湘达 148 年之久的南宋时期少 3 所，其繁荣由此可见一斑，而它在整个湖南书院发展史上的重要地位更是不言自明的。不仅如此，就全国范围而言，它处于相当重要的位置。首先，从数量方面讲，据曹松叶的统计，其时湖南有 23 所书院，占总数 227 所的 10% 以上，位于江西、浙江之后，列全国第三位。其次，就其影响而言，据现在掌握的资料来看，可以说和宋一样，是时的湖南书院尤其是像岳麓、石鼓、道州濂溪等这样的大书院仍然引领着全国书院的发展，时人虞集为江西万载县张岩书院作记时称这一书院是东仿白鹿、西效岳麓而建造的。可见岳麓书院当时在南方的影响很大。

明代湖南新建书院 99 所，兴复前朝旧书院 25 所，共计 124 所，超过了唐、宋、元三朝的总和，标志着湖南书院进入了一个全盛的发展时期。124所书院中，可以确考其建复人身份的有109所，其中知府、知州、知县、学使、通判、参议、御史、教谕、训导、守道、守御、医官、指挥、参将、土司等各类官吏及王府吉藩所建复的77所，占70.64%，而士绅只有32所，仅占29.35%，这也是与前代所不同的地方，说明官方对于书院的兴趣越来越大，民间力量不再是决定书院发展的主要方面。在官方力量中，不仅文职参与其事，武将、医官及土司都曾建院讲学，这也是前所未有的变化。

明代湖南书院的发展，大致以弘治为断，分成两个阶段。洪武至弘治（1368—1505），凡137年，修复书院12所，创建9所，共21所，占可以确考兴复创建年代书院总数（87所）的24.13%。总的来讲，这是一个勉强维持前代旧有书院于不绝的沉寂阶段。

需要指出的是，明代前期湖南书院的冷寂不兴，与明初百年书院沉寂的全国形势是一致的，它是明政府文教政策的产物。分析其原因，大致有三。一是朱元璋“革罢”书院，使书院失去官力推进一途。二是政府强力推动各级官学教育，抢夺书院生源。三是提倡科举，并将举业和官学教育紧密结合，进一步挤占书院生存空间③。

第二个阶段，自正德至崇祯年间（1506—1644），计138年，兴复书院14所，新建书院52所，共计66所，占88所可以确考创建年代书院总数的84.61%。这是一个以创建为主，书院兴盛发达的时期。

科举与学校的紧密结合，既促进了学校的发展，也给它的衰落播下了种子，使人们对其渐失信心，有识之士遂反其道而行之，转而向往倡导书院教育。于是，久受冷落的书院又逐渐成为社会普遍关注的“热点”。湖南书院在成化间就开始受人注意，趋向回升，经过弘治近20年的过渡，到正德、嘉靖之际，遂成蓬勃发展之势，其间虽几度遭到禁毁，但这种勃兴的势头还是持续到万历年间，前后超过一个世纪。据统计，嘉靖一代新建书院31所、修复6所，共计37所，占已知建复年代书院数的42.52%，万历间则新建14所、修复2所，约计占总数的18.39%，形成明代湖南书院发展史中的两个高潮。

天启以降，明王朝的统治面临满洲贵族及农民起义的双重挑战，日趋崩溃。在这种形势之下，几经折腾而元气大伤的书院，虽有崇祯的恢复之举，亦难振起，而如同其政治一样，走向衰落之途了。自天启元年（1621）到桂王永历初年（1647），清兵初入湖南止，其间近30年，全省仅创建了溆浦九芑、醴陵超然、辰州阳明、邵阳爱莲等4所书院，其中建于天启年间的九芑书院，到崇祯间即被改为水星阁。

元代统治者以蒙古贵族为核心，他们对依汉法而行科举取士，一直心存疑虑，害怕由此失去统治根基。先是，几经争议、犹豫之后，始于皇庆二年（1313）正式决定恢复科举考试，此时距元灭南宋已有34年之久，是为中国科举1300余年历史上中断时间最长的一次。两年之后，即延祐二年（1315），仁宗首行殿试，正式录取进士56人。其后，又因蒙古、色目贵族的反对，于元统三年（1335）停罢科举六年。这样，有元一代90年间，仅举行进士科考次16次，录取进士1139人。元代将国人分为蒙古、色目、汉人、南人等四等，每科会试名额300人，四等各为75人，会试录取100人，四等各为25人，殿试多有黜落，故每科进士常不足百人。殿试分左右两榜，蒙古、色目为右榜，汉人、南人为左榜，各分三甲，但以右榜为尊，右榜状元授从六品官职，左榜状元则要递减一级，只能授予正七品官职，且有左榜状元必为汉人惯例，其民族歧视显而易见。

光绪《湖南通志》卷一三五《选举三·进士二》，记录元代左榜进士143人，除去大德十年丙午科等显属臆造科次者15人之外，尚有128人。如果再扣除标注时次失考者27人，以及仅标延祐、泰定、至正但阙年次的27人，则湖南元代13科进士至少会有74人，占到全国进士总数的6.49%，其比例已远高于宋代的2.13%或2.54%，这标志着湖南科场地位的显著提升。如果再将右榜进士作总数的三分之一扣除，则湖南进士占左榜进士总数（约752人）的9.84%，其比例之高，在历代湖南科举考试中是绝无仅有的。由此可知，湖南在元代已经进入科举的第一方阵，位居全国先进之列。

湖南在湖广行中书省所占的会试份额也能反映出其科举地位之高升。元代湖广行省包括今湖南、广西、贵州、海南四省区及湖北、广东各一部。据《元史·选举志》记载，每科会试300个名额中，湖广分得 28 名，其中蒙古、色目、汉人分别为 3 名、7 名、18 名。今以可以确定的 13 科计算，湖广行省当有 234 人参加会试。如果以全国 300 取 100 的比例推算，则 13 科应该取 78 名进士，今湖南 74 名进士，占总数的 94.87%；如果以左榜进士录取率二分之一的比例推算，则 13 科应该取进士 117 名，今湖南 74 名，占总数的 63.24%。无论是 94.87% 还是 63.24%，都可以说明，湖南地区的科举事业在湖广行中书省中占有绝对的优势。

元代湖南进士的地域分布，与唐宋时期集中在湘南的情况相比，出现了重心向北转移的变化。天临路（唐宋之潭州，今长沙）与茶陵州进士数占全省的一半，而永州、道州二路的科举已失唐宋时期的强盛之势，跌至澧州、岳州之后，居于全省下游水平。

光绪《湖南通志》记元代湖南出过三位状元，他们是延祐二年何克明、延祐五年霍希贤（澧州人）、至正年间曹一本（兴宁人）。据考证，延祐五年左榜状元为汉人山东东平人霍希贤。“南人”澧州霍希贤又作郝希贤，不可能成为状元。又查正史所记元代两榜 32 位状元，从无何、曹二姓人氏，何克明、曹一本皆属攀缘附会，当予排除。但澧州护都达儿是元代湖南唯一的状元，除此之外，尚有左榜鼎甲人物值得记录，他们是延祐二年（1315）探花浏阳人欧阳玄（1271—1357），泰定元年（1324）探花攸州人张公大，元统元年（1333）榜眼李祁。欧阳、李氏皆为湖湘名流，有著作传世。

明初开科取士之后，虽停罢科举十年，以贤良方正、力田、儒士等名目荐举人才，但自洪武十五年（1382）恢复科举，国家最终确立科举必由学校、学校必依科举、非科举毋得与官的基本国策，以及三年开科一次（武举六年一次）、以八股文为标准化试题、乡试定额、会试分区录取、殿试不再黜落等基本政策。有明一代共开科 90 次，录取进士总计 24814 人④。

据光绪《湖南通志》卷一三五统计，明代开科 90 次，湖南士子有 86 次榜上有名，共有进士 556 人，占全国进士总数的 2.28%，其比例远低于元代的 6.49%，而退回到宋代的 2.13% 或 2.54%，地位相对降低。在全国的排位更是大为跌落，仅居云南、广西、贵州、东北之前，名列 14 位，降为第三方阵，属于后进之列。

举人数据也表明湖南科举在明代表现不佳。湖南在明代属湖广布政使司，但明之湖广比元代之湖广版图缩小，仅包括今湖南、湖北两省。湖广乡试在武昌举行，其名额景泰四年（1453）定为85名，与广东相同，此前则基本上是41名。据此推算，泰定四年之后63科乡试，湖广应取举人5525人，而据光绪《湖南通志》统计，湖南是期共有举人1944名，仅占总数的35.18%，与湖北相比，明显处于劣势地位。乡试第一名称解元，湖广90科乡试，湖南仅夺元26次，只占总数的28.88%，其劣势更为明显。

明代湖南科举地位的下降，与元明之际战祸导致人口剧降、移民迫于生计应考热情不高及畏惧洞庭湖水患等多种原因有关。

湖南举人分布于56个县，地域很广，但相对集中于长沙、岳州、常德、永州四府，尤其是长沙府达730人，约占全省的1/4，已遥遥领先于其他地区。进士分布于57个县，以府州排名，前四名分别是长沙（143）、岳州（122）、常德（65）、永州（64）。举人与进士分布大体相契，基本上是北多南少，从东北向西南呈递减之势。

明代湘籍解元除湖广乡试所产生的26名之外，还有天顺三年（1459）顺天乡试的第一名刘大夏，合计27人，其夺魁实属难能可贵。

明代湘籍状元文武各一位。文状元黎淳（1423—1492），字太朴，号朴庵，华容人。天顺元年（1457）丁丑科进士第一及第，授翰林院修撰。编修《大明一统志》、《英宗实录》，成化二年升左春坊左谕德，进左庶子。十三年修《续资治通鉴纲目》成，升詹事府少詹事兼翰林院侍读。次年升吏部右侍郎。弘治元年（1488）改南京工部尚书，寻迁礼部。卒谥文僖。著有《龙峰集》。

武状元郑维城，武冈人。自幼即喜超距搏击，躯干魁伟，臂力过人，兼习兵书。天启二年（1622）壬戌科夺得武进士第一名。此前武科无殿试，以会试第一为榜元，是科特请天启帝临轩问策，郑仍为第一，故史称明代武科状元自维城始。历官刘河游击、舟山参将。明亡，不知所终。

除了文武状元之外，明代湘籍鼎甲人物，尚有洪武十八年榜眼安仁人邓伟奇，万历五年探花临武人曾朝节。邓官至刑部主事而早逝，曾则官至礼部尚书、太子侍讲，卒赠太子太保，有多种著作传世。

第二节　文学艺术

欧阳玄、冯子振、陈泰、江盈科等人的文学创作　李东阳的文学成就与茶陵诗派　元明湖南的绘画艺术和书法家

在元代，湖南诗文作家层出不穷。一方面，以显宦欧阳玄为代表的士大夫似乎隶属于以赵孟頫和“元四大家”为代表的主流派；另一方面，陈泰、李祁和胡天游等人或身处下僚，或隐居山野，在创作上置“风流儒雅”于不顾，用惊世骇俗的语言强烈地抒写个人的情绪，与主流派异趣，为元代湖南诗坛作出了较大的贡献。遗憾的是，湖南受地域文化的限制，杂剧和散曲作者寥寥，只有长沙赵岩、嘉禾陆进之、湘乡冯子振见于著录，其中一代雄才冯子振，以其辛辣绚烂的散曲饮誉元代曲坛。

欧阳玄（1272—1357），字原功，号圭斋，湖南浏阳人。清康熙年间修浏阳县志时因避康熙皇帝玄烨讳，改玄为元。幼年聪敏，凡经史百家无不研习。延祐二年（1315）中进士，历官国子博士、翰林学士承旨、辽宋金三史总裁官等职。有《圭斋文集》十六卷、《拯荒事略》一卷、《唐书纂要》、《至正河防记》传世。

他的诗词题材广泛，不论是写景咏物，还是酬和应答，都文辞典雅，富有一种淡淡的书卷气。如《漫题二绝》之一：

铃索无声玉漏稀，青绫夜直月侵扉。
五更一觉梅花梦，催得江南学士归。

描写诗人深夜工作的情景，而怀乡思归之意袭上心头，含蓄深沉，真挚感人。他抒写人生情怀的诗没有仰天长啸的豪壮和倒屣奔走的狂肆，更多的是意识到自己是一流学者的那种自我礼赞和精神遨游。《元诗选》、《全金元词》等共录入他的诗词百余首，其中不乏意境深远之作。颇有意味的是，惯于正襟危坐的他对戏曲说唱也很在行，他曾作《渔家傲南词》12首，是仿“鼓子词”的说唱形式而创作的。由此推想，他当

亦熟谙音律。

可能是承继族祖欧阳修的遗风流泽，他的散文成就较其诗词要高。其文以廉静深醇、舒徐和易为法，据事直书，没有世俗的夸诞之弊。如《墨梅赋》描摹“阻烟雾于林皋”的墨梅，《竹西亭记》抒发竹与主人情操相得的雅趣，《锦江桥记》叙述独具匠心的江桥工巧，都情趣盎然，可堪传诵。又如《听雨堂记》，一开始就是一段议论：

> 人生俯仰穹壤间，耳目之所触，心志之所由生。士君子仕而慕君，则见日而思长安。出仕而思亲，则见云飞而思亲舍。索居而思朋友，则见明月而思故人。兄弟友爱一日而远别，则听夜雨而思同气。近代眉山苏长公送弟子由之官，有“夜雨何时听萧瑟”之句，后世弟昆之在宦游者，往往讽咏而致思焉。

旁叙博喻，徐徐道来，逼出“听雨”的典故，为后文详叙听雨堂作铺垫，颇有宋人文旨理趣之遗绪，深得其族祖“缓颊徐说”之家风。但其文结构不如欧阳修那么讲究，亦缺乏高妙的才情和独特的生活感受，只是写得圆熟一点罢了，成就当然难以企及乃族祖欧阳修。

冯子振（约 1256—约 1348），字海粟，号瀛洲客、怪怪道人，湖南湘乡（一说攸县）人。47 岁成进士，后被召入京，授承事郎、集贤待制，与著名书画家、诗人赵孟頫同在翰林学士院，深受赏识。后因奸臣桑哥事发被遣还家，将精力投入到诗文、书法的创作中，在诗、文、赋、曲及书法诸方面都取得了骄人的成就。《太平乐府》、《阳春白雪》、《元诗选》、《历代赋汇》、《元文类》、《四库全书》、《沅湘耆旧集》、《元诗别裁》、《楚风补》均收有他的作品。

他的诗以七言为佳，有全诗整丽、首尾匀和之妙。如《登金山》：

> 双塔嵯峨耸碧空，烂银堆里紫金峰。
> 江流吴楚三千里，山压蓬莱第一宫。
> 云外楼台迷鸟雀，水边钟鼓振蛟龙。
> 问僧何处风涛险，郭璞坟前浪打风。

写登京口金山所见，风格雄壮。其中，“江流”一联气魄宏大，展现了金山雄峙滚滚长江的壮丽图景。其七古《赠铁脚刘道人》和《钟馗图》、七律《塔灯》、七绝《桑乾河》等作，则呈现类似幽燕悲歌的“粗豪”诗风。

他的文章豪肆有奇气，成就在其诗之上。被后世誉为“三绝碑”的扬州《汉寿亭侯祠碑记》就是由他撰文，赵孟頫书写的。如他78岁时所作《显灵义勇武安英济王碑记》写关云长的忠义，用笔抑扬开合，气势贯注，痛快淋漓。

他的散曲当行出色，大多抒发真性真情。如《农夫渴雨》表现对旱区劳动人民的同情和关怀，引起读者强烈的共鸣；《山亭逸兴》描写对归隐生活的向往，给人一种高雅的审美愉悦。《赤壁怀古》则抒发自己的人生情怀：

茅庐诸葛亲曾住，早赚出抱膝梁父。谈笑间汉鼎三分，不记得南阳耕雨。[幺] 叹西风卷尽豪华，往事大江东去。彻如今话说渔樵，算也是英雄了处。

一反历代诗人歌颂和赞美诸葛亮“鞠躬尽瘁，死而后已”，另辟蹊径，对之采取非议、嘲笑的态度，包含自己宦途失意、理想破灭的愤激情绪。

此外，他还擅长行草书法，为元代大书法家之一。《书画汇考》中说，他的手迹常被人们争相高价购买，刻印在石头上，或珍藏在家中。

陈泰，字志同，别号所安，湖南茶陵人。延祐二年（1315）成进士，除龙泉县主簿。其著作由其曾孙于明代辑成《所安遗集》，然其玄孙重刊时，后半部分蠹损过半。此集收入《四库全书》中，《元诗选》和《沅湘耆旧集前编》均收入33首。

《四库全书总目提要》云：“泰与欧阳玄同举于乡……今观所作七言歌，行居十之七八，大致气格近李白，而造句则多类李贺、温庭筠。虽或不免奔轶太过，剽而不留，又不免时伤粗犷，不及玄之风规大雅，具有典型。要其才气纵横，颇多奇句，亦自有不可湮灭者。”其实，不同于欧阳玄的“风规大雅”，正是陈泰诗作的特点所在。因淡于仕途，陈泰的诗较少官场气息，而较多地反映民间生活，成就应在欧阳玄之上。如诗人游历北地的纪实之作《朔方歌》：

朔方大野何寥哉，悲风惨淡从天来。
初如巨鳖吼阴浪，忽似暗空行怒雷。
岩风吹霜石为裂，淅沥飞沙砭人骨。

万里书生二十余，匹马来为朔方客。
朔方之人胆如斗，不斗才华斗身手。
无复悲歌慷慨声，犹能使气屠鸡狗。
凭高仰视太行山，山气空濛紫翠间。
东西日月自吞吐，今古烟云相往还。
太行势尽西山起，凤舞龙蟠耸神伟。
昨夜燕山雪作团，散落飞花汉宫里。
朔方猛士气凌云，白首防边未策勋。
马上相逢泪如雨，嗟我何为朔方野！

朔方，泛指北方边地。诗的前半部分描写朔方的苍凉宏阔，运用奇巧的想象、奇异的夸张、奇特的比喻，给我们展现了光怪陆离的边塞风光。中间部分描写生活在如此奇壮山川中的豪侠的朔方之人，尤其写太行、西山的壮观，与朔方猛士的刚毅豪迈气质有相得益彰之妙。后四句抒发了白首防边的朔方猛士的悲哀，揭露了边防的弊端和不平。全诗于沉郁中见豪迈雄健，气骨高峻，其中包含了作者怀才不遇的感慨。《所安遗集》中类似这样雄健的佳作还有《题赵子昂画马歌》、《邯郸道上书所见》、《丁都护》、《贫女行》等。尤其是《贫女行》，描写了“贫家养女才十五，手足如绵独当户”的劳动妇女形象，写出了她“此身岂愿独温饱，父母养我良辛酸”的伤感、悲凉的内心世界，十分贴近生活，在充斥着应酬赠答之作的元代诗坛是较为难得的。王士禛、纪昀等清代大家盛称陈泰的诗作在元代诸名家中为上品，应该说是有见地的。

江盈科（1553—1605），字进之，号绿梦，湖南桃源人。万历五年（1577）入县学，十三年中举，二十年与袁宏道同榜进士及第，授长洲（今江苏吴县）县令，任职六载，贤令名声远播。历任吏部主事、大理寺正，升户部员外郎、四川提学副使等。

他是公安派的主将之一，在《白苏斋册子引》提出“元神活泼说”，完善和发展公安派的理论，在公安派中的地位和作用仅次于袁宏道。

他的诗对关注当时的国事民情，诸如平乱抗倭、矿使税使之害、立储之争、重赋害民、滥刑冤狱、水旱灾害等均有反映，如《乡信》、《戊戌元旦感赋》等。他表现自己的吏隐心态的诗也很能打动读者，其中既有悲苦之调，也有旷达之声，如《闻报改官》、《小漆园即事》、《舟中自嘲》等。此外，他的一些诗描写苏州等城市生活的繁华，肯定人们对情感和物质欲望的追求；一些作品借描山绘水，抒发羁旅之思，怀乡之情，友朋之欢，人生之叹。他的诗不事摹拟，不拘格套，不刻意雕琢，艺术构思新颖奇巧；语言明白晓畅，清新流丽，滑稽幽默，亦庄亦谐。

他的寓言笑话和小品文在全国也很有影响。这些讽刺深刻、幽默隽永的小品文搜集在《雪涛小说》、《谈言》、《雪涛谈丛》、《谐史》四种集子中，大都具有寄托遥深，发人深省，耐人寻味的思想内涵，又有富于情节，形象生动，语言幽默的艺术魅力。《蛛蚕》、《妄心》、《鼠技虎名》等都是优秀之作。

图上 5-1 明代崇祯抄本《怀麓堂稿》中的李东阳像

李东阳（1447—1516），字宾之，号西涯，湖南茶陵人。年幼聪慧，8 岁即为顺天府学生，16 岁中举，18 岁中进士，殿试后选为翰林院庶吉士，任翰林院编修、侍讲、侍讲学士。弘治七年（1494）起在内阁参预机务，先后任礼部右侍郎、礼部尚书兼文渊阁大学士，户部尚书兼谨身殿大学士，左柱国少师兼太子太师、华盖殿大学士等。有《怀麓堂全集》一百卷。

李东阳的诗卷帙浩繁，《怀麓堂全集》中有《诗前稿》二十卷、《诗后稿》十卷；《杂记》中有《南行稿》、《北上录》、《东祀录》，《集句录·后录》、《哭子录》各一卷；还有《诗续稿》八卷。其诗虽未完全摆脱台阁体诗风，但从思想内容上看，贯穿着诗人忧国忧民的意识和关怀社稷民生的炽热情感，以及对祖国大好江山和风土人情的热烈赞颂。如《东祀录·望岳》的“岁旱当忧国，民劳恐病农”、《寄题谢宝庆遗老堂，得乞字》的“民忧与国计，我抱恒郁郁”、《与时用陪士常话别联句，翌日士常见和，因叠前韵》的“忧时每念丹心独，抗世宁救白眼双”，均抒发了诗人忧国忧民的一片赤子之心。又如《长江行》，以共工触天柱、女娲补天、神禹治水等神话故事突出长江的古老、伟大和神奇，着力描写长江“变化无终穷”的万千气象，并将长江与大明王朝的基业联系起来，“壮神功，歌圣德”。全诗韵律多变，适应诗境浩荡波折的气势，音韵铿锵，气势磅礴而回旋。他还有大量题画诗，它们既是诗人对原画意境和艺术的解读，又是诗人根据自己的生活和审美经验对原画进行艺术再创造，成为极为宝贵的文化艺术遗产。

从艺术的角度看，李东阳勇于创新，以唐代李、杜、孟、王等大家为尚，兼综众家之长，打破了台阁体统治诗坛的局面，为前后七子的复古运动开辟了道路。其诗格律严整，音节入神，风格典雅流丽。如《送萧履庵之镇宁二首》之二：

杯酒平生几故人，送君南去独伤神。
冰霜不改孤臣操，天地能容万里身。
未论华戎风俗异，直教夷险路头真。
东风合是无私物，瘴草蛮花也自春。

继永乐杨士奇、杨荣、杨溥倡导台阁体后，成、弘之间，李东阳以宰相主持文柄，宏奖风流，领袖诗坛五十年。一时诗人咸奉以为宗，被人称为“茶陵诗派”。

此派成员，最先是李东阳的同年进士和翰林院的同官，主要有浙江太平人谢铎，江苏太仓人张泰、陆釴。后来的成员，有湖南巴陵人杨一清、长洲人吴宽、休宁人程敏政、吴县人王鏊。而主要的则是他的一些门生，即他担任乡试、会试考试官和殿试读卷官所取士，以及听他授课的翰林院庶吉士，包括储巏、汪俊、钱福、石珤、罗玘、邵宝、顾清、鲁铎、陆深、何孟春等。其中，后六者被钱谦益比为“苏门六君子”，是此派的主要骨干。还有乔宇、林俊、张邦奇、孙承恩、吴俨、杨慎等人，也受李东阳诗歌影响。此外，刘大夏和彭泽虽未见前人提及，也应算作此派的成员。

茶陵诗派在明代诗歌史上有不可忽视的地位。明清时代的人对茶陵诗派褒贬不一：以李梦阳、何景明为代表的“前七子”和以李攀龙、王世贞为代表的“后七子”倡导“文必秦汉，诗必盛唐”，对其采取肆意贬低和基本否定的态度；明清之际的钱谦益力推李东阳为一代正宗；胡应麟、徐咸、沈德潜等人把茶陵诗派看成是一个起衰振兴的诗派，是由台阁体到前后七子之间必不可少的过渡。后者的态度最为可取，它既承认茶陵诗派对台阁体诗风的变革，也承认茶陵诗派与前后七子之间的承继关系。

元、明时代，湖湘地区的书画艺术相对沉寂，这与此地屡经战乱和自然灾害很有关系。元代湖南在绘画方面的代表人物有冷谦。冷谦，字启敬，一作起敬，道号龙阳子。武陵（今常德）人。曾寄寓浙江嘉兴。中统（1260—1263）初，从释海云游，书无所不读，尤精于《易》。至元（1264—1294）年间，弃释从儒。观唐大画家李思训画，遂爱而效之。不月余，其山水、人物、窠石等无异于李，而笔法傅彩（着色），更加纤细，由此以画名当世。所作有《白岳图》、《云山叠翠图》、《仙弈图》、《松壑秋云图》等。后在淮阳入道门。至正间，红巾军起，避地金陵。明初，已百余岁，召为协律郎，郊庙乐章多其所撰。后不知去向。

在书法方面比较突出的是李东阳，《明史》称其“工篆隶书”，是明初台阁体书法向明中期吴门书法过渡期间的书法家。

第三节　理学与经学

元代湖南的理学和经学　明代阳明心学在湖南的传播　刘三吾、罗喻义、王介之等人经学研究的成就

元代是蒙古贵族统治的朝代，在我国历史上统治时间较短，统一中国后掌权仅 97 年。但是它在中国理学和经学发展史上仍有自己的地位。这个时期的理学和经学的一个突出地特点，是朱熹的学术地位继南宋末期之后进一步提高，由朱熹在宋代完成的“四书学”成为元代的“显学”。这一特点在湖南也有反映。据光绪《湖南通志·艺文志》所载，在宋代，湘人没有直接用《四书》标题的著作，但在元代却有几种。虽然这些著作没有传世，但其作者在《湖南通志·人物志》中还是有所介绍。

欧阳龙生，字成叔。浏阳人。其父逢泰以儒术行业，师表一方。其子欧阳玄，官至翰林学士，为元代著名历史学者。龙生从醴陵田氏受《春

秋》三传，试国学，以《春秋》中第二。至元十三年（1276）侍其父还浏阳，左丞崔斌召之，以亲老辞。居霞阳山之白云庄17年。浏阳有文靖书院，祠奉杨时，沦废已久。部使者至，谋复其旧，以龙生为山长。山林老儒听说文靖书院恢复了讲筵，至为出涕。龙生任山长期满，改本州教授，后来又迁道州路教授。到道州后，每逢朔望，必率诸生谒纪念周敦颐的濂溪祠。濂溪祠的东边是纪念蔡元定的西山精舍，龙生修其祠。这说明，欧阳龙生对湖南的理学传统是十分重视的。其著作有《云庄讲义》、《经学理窟》，均失传。

汤弥昌，字师言。浏阳人。流寓吴中。元贞（1295—1297）以后，始出居儒黉以教育后进。初为长洲儒学教谕，番江、清献两书院山长。历官从政郎、温州路瑞安判官、建宁路儒学教授。其著作有《周礼解义》，今不传。

刘彭寿，字寿翁。衡山人。辟本县教谕。其教以五经四书为本，为文先理趣而后词章。调武冈路学正。任期满后，参加科举考试。延祐甲寅（1314）以《春秋》贡湖广，次年登进士第。授桂阳县丞，转岳州行用。库使平章高昉馆之幕下，屡以行省提举荐，不报。彭寿为政，勤于治民而疏于奉上，故当时惟贤者重之。升淳安县尹，每月吉，升座讲书。士庶听讲不倦，风俗为之一变。其著作有《四书提要》、《易经说》、《春秋正经句释》、《春秋泽存》。

杨翀，字梓夫。慈利人。居弥勒山，通经史，工诗。登进士，任茶陵州同知。总管阿思兰海牙最尊礼之。历翰林待制。明初隐居，建聚奎书院，讲学其中。其著作有《诗经发挥》，今不传。

萧元益，安仁人。生平不详。著有《四书演义》、《洙泗大成集》。两书均不传。

王守仁（1472—1528），字伯安。浙江余姚人。尝筑室家乡阳明洞，世称阳明先生。他是明代心学最主要的代表者，他的弟子遍及多省，甚至将陈献章及湛若水的一部分弟子也吸引了过去。正德元年（1506），王氏因上封事，下诏狱，被贬贵州龙场驿。二年（1507）赴贵州时，从浙江出发，经过江西萍乡到湖南醴陵、长沙，再从长沙乘船沿湘江北下，经常德，溯沅江西上，经沅陵等地，然后由沅水支流㵲水，于三年

(1508) 春抵贵州龙场驿。正德四年（1509）底，其赴庐陵知县任的返程，仍是经由上述路线，并且在沅陵虎溪山的龙兴寺等处讲学。正是在这一条路线的沿岸，他吸纳了一批湖南籍的及门弟子：

蒋信，其生平前已介绍。《明儒学案·楚中王门学案》说："阳明在龙场，见先生（蒋信）之诗而称之，先生遂与暗斋（冀元亨）师事焉。"而《王阳明全集·年谱附录一》嘉靖二十三年（1544）条曾记："师昔还自龙场，与门人冀元亨、蒋信、唐愈贤等讲学于龙兴寺，使静坐密室，悟见心体。"龙兴寺在沅陵县。这说明，蒋信和冀元亨可能在王阳明赴龙场驿时，即从第一次路过常德开始，至第二次再经过常德，始终都是陪侍在一起。但蒋信后来应贡入京师，师事湛若水。其哲学思想也是受湛若水影响为多。他于嘉靖十一年（1532）进士及第，曾官至贵州提学副使。解职后，于家乡筑桃花冈精舍，讲学授徒。著作有《蒋道林文粹》、《大学古本议》、《桃冈日录》等。

冀元亨（？ —1521），字惟冀，号暗斋。常德人。他不仅在王阳明路过常德时从之学，而且当王氏赴江西庐陵（今吉安）任知县时，还从之赴庐陵，逾年而归。他于正德十一年（1516）中湖南省乡试举人。在乡试时，"有司以'格物致知'发策，先生不从朱（熹）注，以所闻于阳明者为对，主司奇而录之"。王氏巡抚南赣时，曾创办濂溪书院，以冀氏为主教，同时让其兼任其子正宪的塾师。冀氏还曾受王氏之托，前往宁王朱宸濠王府讲学，暗中探听宁王虚实。当朱宸濠叛乱平定之后，宸濠在狱中反诬冀氏与之同谋。太监张忠及安边伯许泰等人为了陷害王阳明，便将冀氏逮捕，鞭笞、炮烙无所不施，逼他承认与朱宸濠通谋，但冀氏始终不屈。直到明世宗登基，冤狱才得以平反。由于冀氏在狱中备受折磨，身染痁痢，出狱五天后即逝世。

刘观时，字易仲，沅陵人。当王阳明在龙兴寺讲学时，他是从学者之一。闻良知之学，得其奥妙，阳明作《见斋说》以遗之。"见斋"是刘观时书斋之名。据王阳明年谱正德五年（1510）条记载，当年五月王氏至南京时，刘观时还和唐愈贤等人随侍在侧。王阳明于正德八年（1513）十月至九年四月在滁州督马政，刘观时专程从湖南来滁州问学。王氏在《别易仲》一诗的题解中云："辰州刘易仲从予滁阳，一日问：'道可言乎？’予曰：‘哑子吃苦瓜，与你说不得。尔要知我苦，还须你自吃。’易仲省然有悟。久之，辞归，别以诗。”

王嘉秀，字实夫，沅陵人。也是王氏在龙兴寺讲学的弟子。其后，随之上下。例如，当王氏在滁州时，王嘉秀就曾往从之。在嘉秀离开滁州时，王氏曾作《门人王嘉秀实夫、萧生子玉告归，书此见别意，兼寄声辰阳诸贤》。诗末云：“湘中富英彦，往往多及门。临歧缀斯语，因之寄拳拳。”表明王氏对其湖南籍的及门弟子之多颇为满意，并且对他们充满感情。

唐愈贤，字子充，号万阳。沅陵人。嘉靖丙戌（1526）进士。他亦在龙兴寺听王阳明讲学。后来又追随王氏至滁州、南京等地。后出任海宁知县，颇有政绩。擢广东道御史，抗言时政，因不合当道，乞归养。家居时喜与门人论学。

吴鹤（1476—1558），苗族。吉首人。曾在龙兴寺听王氏讲学，后又从之至庐陵。不乐仕进，终身以授徒为业，有教无类，牧夫竖子皆获其益。

王阳明的湖南之行，除了在沅陵培养了一个弟子群之外，还在常德也培养了一个弟子群。《明儒学案·楚中王门学案》有前言讲徐爱游德山诗中所提到的七位同游者，即王文鸣、胡珊、刘瓛、杨衧、何凤韶、唐演、龙翔霄，就都是常德人。至于在湖南其他地方的王氏及门弟子，可考者还有一个王朝仰，字子高。桂阳人。初从王阳明弟子邹守益游。后闻王阳明“心斋”之学，往从之。数日大悟。遂究心《易》旨，毅然以圣贤为必可至。卒年30。

王阳明年谱正德五年（1510）条记：

先是先生赴龙场时，随地讲授，及归过常德、辰州，见门人冀元亨、蒋信、刘观时辈俱能卓立，喜曰：“谪居两年，无可与语者，归途乃幸得诸友！悔昔在贵阳举知行合一之教，纷纷异同，罔知所入。兹来乃与诸生静坐僧寺，使自悟性体，顾恍恍若有可即者。”既又途中寄书曰：“前在寺中所云静坐事，非欲坐禅入定也。盖因吾辈平日为事物纷拏，未知为己，欲以此补小学收放心一段功夫耳。明道云：‘才学便须知有用力处，既学便须知有得力处。’诸友宜于此处着力，方有进步，异时始有得力处也。”

王阳明在湖南的这一批及门弟子，是他在龙场“悟道”之后，所收的第一批弟子。王氏的上述言论清楚地表明，他对这批湖南弟子是十分满意的，并且对他们寄予厚望。

王氏还有一批外省籍的及门弟子或再传、三传弟子在湖南活动过。

明代被经学史家皮锡瑞归为“经学积衰时代”。阮元亦曰：“终明之世，学案百出，而经训家法，寂然无闻。盖科举盛而儒术衰，理学昌而经学微。亦其势然也。”阮元所说的“理学昌而经学微”，正好说明了明代经学衰落的原因在于理学家专尚空谈。但是这并不是说，在明代就没有治经的学者了，马宗霍就在其书中列举了不少明代学者的治经著作，其中还包括王介之的《春秋四传质》。又指出，“高皇帝（朱元璋）御注《洪范》，命刘三吾等为《书传会选》”。这说明，当时湖南学者的一些经学著作，还是具有全国水平的。但是由于当时整个社会的原因，所以明代湖南学者的经学著作也不是很多，而且很多没有保留下来。

刘三吾（1313—？），茶陵人。早岁中乡举，未居官。后避兵广西，由行省承制授静江路儒学副提举。洪武十八年（1385）他73岁时，衡山茹瑺推荐，被召进京师，奏对详敏，太祖授予左春坊赞善，旋迁翰林学士。时明朝初立，典章制度缺略，一切礼制及三场取士办法，多由三吾刊定。又为太祖所制《大诰》及《洪范注》作序；总揽《存心录》、《省躬录》、《书传会选》、《寰宇通志》、《礼制集要》诸书纂修任务。备受太祖尊重。永乐中又参加撰修《春秋大全》。死时年逾90。《书传会选》六卷，收入了《四库全书》。刘三吾在此书序中说，帝王治天下之大法，莫备于《尚书》。此书今所存者仅58篇。诸儒训注又各有异同。到宋代，蔡沈本其师朱熹之命，作为《集传》，发明殆尽矣。然其书成于朱子既殁之后，有不无可议者。于是他征得皇帝的同意，考正其说，开示方来。他召集天下儒士，与他们一道对蔡氏的《书集传》进行校定。“凡蔡氏之得者存之，失者正之。旁采诸家之说足其所未备。”

罗喻义（？—1639），字湘中，号荚江。益阳人。万历四十一年（1613）进士，选庶吉士。官至南京国子监祭酒。时战事频繁，他专心研究武备，绘制战阵攻守图册，建议别立军府筹饷，实行车攻，为崇祯所重。著有《读易内篇、问篇、外篇》、《洪范直解》、《春秋野编》等。

王介之（1606—1686），字石崖。衡阳人，王夫之兄。崇祯十五年（1642）举人。明亡后，隐居不仕。晚年自题座右铭："到老六经犹未了，及归一点不成灰。"主要著作有《春秋四传质》二卷，收入《四库全书》，还有《易本义质》、《诗传合参》等。《四库全书总目》评介《春秋四传志》：

是书取三传及胡安国传异同，断以己意。其"无骇卒"一条云，春秋二百四十二年间，事屡变，文亦屡易。四传各成说，而断以义则胡氏精而公、穀尤正，质以事则左氏有徵而可信也。盖作书大指如此。其中有本旧说者……有据一传而去取互异者……有就四传互质之者……有专据胡传而亦不尽从者……俱颇有所见，不同剿说。至于桓公即位，公羊以为如其意也，介之误作胡传而诋其巧而诬；文公四不视朔，左氏、公羊以为疾，穀梁以为厌政。胡传从穀梁。介之误作三传皆以为疾，而胡氏辨其无疾，亦未免时有外误。然明之末造，经传俱荒，介之尚能援据古义，纠胡安国之失，亦可谓拔俗千寻矣。

这一评价，说明该书的学术价值还是比较高的。王氏的《易本义质》四卷，清人邹代钧称"其书篇幅无多，而多所发明"。其《诗传合参》二十卷，不见传本。其弟王夫之写有《〈诗传合参〉序》。根据这篇序，可以知道，介之所谓的"诗"是指《诗序》。《诗序》又有大序、小序之分。列在各诗之前，解释各篇主题的为"小序"。在首篇《关雎》的"小序"之后，有大段文字概论全经的，为"大序"。孔颖达在《毛诗正义》中说，应从"风，风也"开始。东汉郑玄的《诗谱》认为，"大序"为子夏所作，"小序"为子夏和毛公所作。宋代以来学者，或据《后汉书·儒林传》中卫宏作《诗序》之语，认为是卫宏之作。《诗传合参》所说的"传"，是指朱熹的《诗集传》。上海古籍出版社在出版《诗集传》的前言中说，此书"对于汉朝以来被人们信而不疑的《毛诗序》作了总的批判。"这说明，朱熹的《诗集传》与子夏《诗序》的观点是对立的。所谓"合参"就是将上述两种观点合同而参互比较之。但是，介之是"一以子夏序为正"。对此，王夫之说得很清楚：

以《诗》言之，朱子生二千年之后，易子夏氏而为之《传》，奚效乎，效子夏氏尔。子夏氏于素绚之《诗》，同堂而异志，故能效夫子之变化以俟朱子。朱子于三百篇正变贞淫之致，同道而异诠，故能效子夏之变化以俟后人。善效朱子者，可以知所拟议矣。伯兄石崖先生曰："吾以《序》言《诗》，而于生平讽诵所蓄疑而未安者，自觉为之豁如。"……先生此编，一以子夏《序》为正，而固不怙也，曰，即出于卫氏而亦为近古。其逊志而不敢诬，亦于此见矣。

王夫之的这篇序，完全是为其兄王介之《诗传合参》不遵朱熹的《诗集传》，而"一以子夏《序》为正"作辩护。因为在明代，朱熹的学术地位如日中天，要否定朱熹的观点，就必须拿出自己扎实的论据。王夫之不是重复其兄的某些具体论点，而是从方法论上着手。王夫之说，其兄此书"一以子夏《序》为正，而固不怙也"，就是说，王介之的《诗传合参》虽然认为子夏《诗序》的观点较为平正，但是并不怙恃它，即不以它作为治《诗经》的唯一标准或根据。

第四节　史学与地学

元代湖南的史、地学及文献刊刻　明代湖南的史学、地学及文献刊刻

在元代，传统的史学、地学，获得了进一步发展。湖南地区也如此。诸如宋、辽、金三史的编撰，马端临《文献通考》、胡三省《资治通鉴注》等著作的问世，均为我国文化发展史上的重大成果。而其中，湖南的文人和史地学家所作出的贡献就不少。

史学方面，湖南当首推浏阳欧阳玄。欧阳玄是一位文学家，更是著名的史学家，其主要贡献也是在史学方面。传世的《宋史》、《辽史》、《金史》的撰修，首功就是欧阳玄。

此外，欧阳玄还撰修《太平经国》二百十二卷、《纂修通议》、《唐书纂要》等。这些著述，在史学和史料学方面都有一定的价值。

史学方面，元代湖南比较重要的著述还有：

《钱塘遗事》十卷。武陵刘一清撰。收入《四库全书》。

《洙泗大成集》。安仁萧元益撰。原书已佚。卢文弨《补辽金元艺文志》、钱大昕《补元史艺文志》均著录此书。

元代湖南在地志方面，比较重要的著述首推欧阳玄的《至正河防记》。

此外，见诸记载的还有延祐《永州记路志》，零陵邓桂贤撰；皇庆《郴州路志》，福宁王都中监修；延祐《平江州志》，蒙古按摊不花撰；至正《黔阳县志》，蒙古朵尔赤云甫监修；《攸县图志》，作者佚名。这是湖南最早的一批地方志，可惜均已散佚。

明代湖南史学方面的著述不少，有奉旨编修的官书，也有私家的著作。从门类和体裁来看，则更加多样和完善。现按类简介如下：

编年体类的著作，主要有在京的湘籍大臣茹瑺、夏原吉、李东阳等人奉敕编写的历朝《实录》和《历代通鉴纂要》。

编年类方面，湖南还有一些私人著述。如，茶陵谭希思所撰《明大政纂要》六十卷，著录于《明史·艺文志》和《四库全书总目·史部政书类存目》。此外，还有零陵蒋如桂撰《通鉴摘要》，平江艾而康撰《续通鉴纲目大全》，桃源黎邦彦撰《通鉴纲目拾遗订正》等。

纪事本末类，有长沙杨德远《大中纬纪事续编》，祁阳申在廷《贵阳守城纪事》，武陵杨嗣昌《督师纪事》五卷，溆浦张士亨《平寇纪略》。还有永州不知名作者《外史纪事本末》，据《永州府志》载："是书多载楚粤明季之事，《三藩纪事》实全抄其文而点窜之。"

别史杂史类，传世的主要有夏原吉、李东阳、杨一清和陈洪谟等人的著作。

史抄史评类，影响较大的有《新旧唐书杂论》和《史取》。

此外，还有醴陵唐寅《史学提要》，新化吴大造《史学心编》，靖州许潮《史学续貂》，善化吴道行《读史阙疑》，善化冯一第《史发》二十卷，武陵张石宗《二十二史识馀》，临湘方良俊《十七史摘异》等，见于《明史·艺文志》及《湖南通志·艺文志》。

政书类，首推李东阳的《大明会典》，以及张燧、魏焕和杨守谦等人的著述。

此外，湘人撰写或参与编撰的政书类著作，还有不少。如：《礼制集要》、《礼仪定式》，刘三吾奉敕撰；《庙制考》，张治撰；《明伦大典》二十四卷，巴陵杨一清等奉敕撰；《大明律例》三十卷，桂阳范永銮等奉敕撰；《浙巡录》，邵阳唐风仪撰。

传记类，最有价值的应数周圣楷的《楚宝》。

明代湖湘文人和史学家在传记、年谱方面，较有价值并传世的著作还不少。如：

江盈科《皇明十六种小传》四卷。

夏崇文《夏忠靖公遗事》一卷。

蔡复赏《孔圣全书》和《详订孔子历年事迹》。

《刘忠宣公年谱》二卷，明刘世节撰。

《薛文清公年谱》一卷，杨鹤撰

《太保朱公年谱》一卷，朱珣撰。

此外，明代湖南编修谱牒之风已较为盛行，留下不少姓氏考证和家族谱牒之类的著作。

湖南在京大臣曾参与《大明一统志》等明代大型地志的编撰工作。传世的《大明一统志》九十卷，撰于天顺间，著李贤名。实际上华容人黎淳参与其事，并且起了相当大的作用。明代湘籍大臣夏原吉、刘三吾等，还奉敕诏编纂了《天下郡县志》和《寰宇通衢》两部大型地理志书。

明代也有湘籍人士涉足外省和全国性地理研究，并作出成绩，留下颇有价值的著述。如：

《职方考镜》六卷，卢传印、卢奇父子撰。这是第一部由湘籍人士私家编撰的全国性地理志书。

《四川土夷考》四卷，茶陵谭希思撰。这是一部由湘籍人士编撰的关于外省的地理志书。

明代湘人及外籍人士撰有多种关于湖南山水名胜的专志。如：

《衡岳志》六卷，江西安福彭簪嘉靖初任衔山知县时撰。

《九疑山志》六卷，明长洲（今江苏吴县）蒋镄撰。

《桃花源志》一卷，明陈一德撰。

《大沩山古密印寺志》（又名《大沩山志》）八卷首一卷，明陶汝鼐纂，其子陶之典续辑。

由于宋元以来书院教育的发达，明代湖南出现了一批关于书院的专志。其中，重要的有如下数种：

《岳麓书院志》十卷，陈论撰。

《岳麓书院图志》一卷，孙存纂。

《龙洲书院志》，刘激修。

《石鼓书院志》四卷，周诏纂。

《石鼓书院志》二卷，李安仁等纂。

《甘泉书院志》，作者佚名。

《明道书院纪》，龙大有撰。龙大有，号云东，茶陵人。正德十二年（1517）进士，官至兵部侍郎。《茶陵州志》著录此书。

明代湘籍人士编撰及由外籍官员主持纂修的湖南各州、府、县志的数量，较宋、元时代大大增加。比较重要并传诸后世的有如下数种：

洪武《永州府志》十二卷，高安（今属江西吉安市）胡琏等撰。这是明代纂修最早的一部湖南地区的府志。

弘治《岳州府志》十卷，咸宁（今属陕西西安市）人知岳州刘玑纂修，著录于《明史·艺文志》。

嘉靖《长沙府志》六卷，茶陵张治撰。张治，明正德间进士，授编修。

张治又撰嘉靖《茶陵州志》二卷，为明代方志中之佳品。嘉靖四年（1525）刊刻。

崇祯《长沙府志》十卷叙目一卷，善化（今长沙）吴道行撰。崇祯十二年（1639）刊刻。

嘉靖《常德府志》二十卷，武陵陈洪谟撰。有嘉靖十七年（1538）刻本，藏宁波天一阁。

嘉靖《衡州府志》九卷，太和（今云南大理）人知衡州杨珮纂修，著录于《明史·艺文志》。有嘉靖十五年（1536）刻本，藏宁波天一阁。

万历《衡州府志》十五卷，衡州知府福建莆田林兆珂、衡阳伍让纂修。

隆庆《宝庆府志》五卷，宝庆知府浙江金华陆柬纂修。明万历元年（1573）刊刻。

嘉靖《浏阳县志》二卷，明浏阳知县、江西庐陵（今吉安）萧敷修，浏阳教谕、江西安福刘以身纂。有嘉靖四十年（1561）刻本传世。

嘉靖《湘阴县志》二卷，明湘阴知县、江西浮梁（今景德镇）张义丁原修，湘阴人李廷龙续修。

此外，明代纂修、刊刻的湖南方志，今尚传世的还有洪武《靖州志》（唐宗元撰）、弘治《衡山县志》（刘熙等纂修）、弘治《永州府志》（姚昺撰）、万历《辰州府志》（吴瑞登撰）、万历《慈利县志》（陈光前撰）等数十种。

由于明代修志之风渐盛，各府、州、县每隔若干年就要纂修一次，并且刊刻印行，因此明代湖南由官署刊刻的地方志的数量相当多。除官署刻本外，明代又有藩府本刻书，即藩王府刻的书。明代分封于湖南的藩王甚多，但刻过书的仅吉王府、长沙王府和谷城府三家。其中吉王府刻书年代最久，刻书也最多。第一代吉王朱见浚，就藩的第四年即成化十六年（1480），主持刊刻了《四书集注》三十六卷，又于岳麓书院刻印《尚书》和《先圣图》二书。第六代吉王朱翊銮刊刻的《二十家子书》，更是明代藩府本中的精品。

明代的官办书院大都刻书，但这种刻本传于后世的很少。今能见到的有长沙岳麓书院的刻书数种。

明代私家刻书之风颇盛。湖南传世的私家原刻本也较多。如：成化年间（1465—1487）攸县王添祯刻其先人王伟的《桐山诗集》九卷，湘阴夏廷章刻其祖父夏原吉《夏忠靖公集》六卷；万历年间平江艾日华辑刻其祖艾穆《终太山人集》十卷；崇祯年间长沙庄潜辑刻庄天合《庄学士集》二十卷。

第五节　科　技

元代湖南科技的发展　明代湖南的医药学成就及其他

元代中国的科学技术的发展十分显著，在天文历法、农业科技、医学，以及火炮制造、造船和航海技术等方面，都有相当大的成就，为中国的科技发展作出了重大贡献。在湖南值得称道的，首先是曾世荣在医学领域的成就。

曾世荣（1252—1332），字德显，号育溪，衡阳人。得刘世甫、戴克臣传授儿科医术，行医50余年，全活甚众，深受人们爱戴，是元代的儿科大家。所著有《活幼心书》、《活幼口议》诸书，在国内广为流传，并远及日本国。

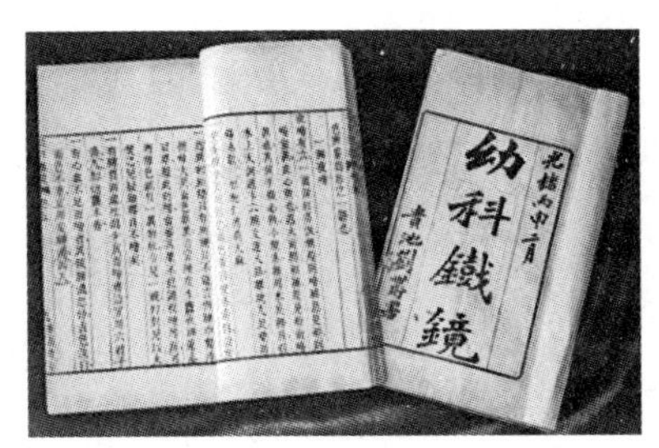
图上5-2 《活幼心书》书影

明代湖南，传统中医药学获得一定的发展，民间出现一批精于医药医术的人才，并有专门的著述传世。如：

许希周，字近濂，明道州（今道县）人。嘉靖十三年（1534）举人，曾任定远知县。好读医书，精研药物。以诸家《本草》浩瀚难记，乃著《药性粗评》一书，凡四卷。《医藏书目》、《中国医学大成·总目提要》著录。

徐明善撰《济生产宝》二卷。徐明善，即徐良，字明善，明代邵阳人。宣德中举经明行修。历任本县训导、均州知州。兼工医学。此书汇辑了妇产科方面的方剂和医术，有嘉靖校刊本行世。现藏浙江图书馆。

滕弘撰《神农本草经会通》十卷。明滕弘撰。滕弘，号可斋。邵阳人。世袭邵阳县公。晚年留心医药，积12年之功著作此书。其书以《本草经》为据，会集诸家之说，以通用之。该书由其六世孙滕万里刊于万历四十五年（1617）。现藏中国科学院图书馆。

在农耕技术方面，明代突出的进步是"区田法"的实行和推广。所谓区田法，是每亩地挖一圆井沤粪肥以保证各"区"的肥料供应；再将地划成2550个小块，即"区"，隔区种植，共可种662区。清道光《永州府志·物产》有关于区田法的记载，并称"古人以此布种，每区收谷一斗，每亩可收六十石"。所指"古人"，最晚应为明代之人。这说明在清以前，区田法已在湖南永州地区推行。另据明代宋应星《天工开物》记载，南方种水稻，"秧田一亩所生秧，供移栽二十五亩"。有时用骨灰蘸秧根，以克服酸性土对稻谷生产的限制。这些都是当时对湖南等南方地区水稻生产技术的总结。

在总结推广农工业生产技术和生产生活实用器具技艺方面，明代湖南有几部传世之作。如：

《水云录》二卷，明杨溥撰。杨溥，号水云居士。长沙人。书中所记，多为农圃种畜之法。《四库全书总目》存目。

《瓦釜漫记》四卷，明刘世节撰。刘世节，字克和。华容人。全编分“天文”至“动植”12类，分别记述了当时天象观测和季节农事等方面的知识经验。自序撰于万历十八年（1590）。有明万历刻本传世。

明代湖南瓷器烧制技术继续发展进步。除继续生产唐宋以来的青瓷和元代的彩瓷外，明代的青花瓷在湖南也成了主要产品，获得很大发展。从怀化龙井窑的烧制技术看，较宋、元时代有新的改进。并且该窑地处湘西，说明瓷器的生产已由岳阳、长沙、衡阳等湘北、湘中经济文化发达地区向湖南边远地带扩展。

第六节　宗　教

元朝佛、道二教的发展　明代湖南的宗教发展状况

湖南地区佛、道二教都继续获得发展，魏、晋、南朝、隋、唐、宋建立的一些古刹、名寺和道观，在元代依然是香火旺盛，有的还得到重修、扩建和赐额。同时又新建了一批新的寺庙道观。

在南岳，元代最大的道观是南岳观，此外有洞云宫、太平观、普贤观、玉清宫、九真观、灵西观、黄庭观、铨德观等道观。佛教寺院有衡岳寺、方广寺、南台寺经殿等处，都是南朝以来所建古刹。岳麓山的岳麓寺、道林寺，宁乡大沩山的密印寺，湘潭陶公山的唐兴寺，宁远九疑山的无为观，零陵的万寿宫（龙兴寺）等，在元代仍为佛、道圣地，香火旺盛。元代对旧有的一些寺观，还进行了迁建、重修，或赐名。如善化县的太乙寺（原上清宫），元至元十五年（1278），由德润门内迁建于县西南。茶陵州的青霞观，旧名洞真观，元延祐中，其道士刘永坚随三十八代天师朝京师，敕赐名青霞万寿宫。惠宗至元二年（1336），永坚又从三十九代天师朝京，以新宫告成请书其事于集贤殿。常宁湘山寺，在县东盘龙山下，唐建，元泰定中重建。

湖南各地在元代新建的寺观，主要有以下八处：善化县嵇架观，在县西嵇架山，相传为宗嵇真人修炼处；湘潭西禅寺，在县河西；衡阳县

衡岳观，在县西十三都，泰定（1324—1328）中建；安仁县石门寺，在县东南二十里，天历（1328—1330）间建；江华普光寺，在县兴德乡，至正（1341—1368）中建；新田宝明寺，在县西四都；沅陵县普安寺，在辰州府治东，大德（1297—1307）中建；辰溪广恩寺，在县西观音山，至正（1341—1368）间建；芷江县佑对观，在沅州城内，至正间建。

从新建的寺观来看，大多数处于湖南西部和南部，说明在元代佛、道二教已由洞庭、衡岳发达地区逐步向边远的少数民族聚居地区扩展，其传播地域已超过唐宋时代。

元代湖南的一些人士，在道、佛学研究领域颇有造诣。尤其是在道学方面。其中最突出的代表是李道纯。道纯字元素，一号清庵，又自号莹蟾子，都梁（今武冈）人。仪真长生观道士。元初年在世。精于道学，著述甚富。主张“引儒释之理证道”，又擅长内丹理论，被奉为“中和派”首领。其代表作有《道德会元》和《中和集》。

《道德真经集义》，也是元代湖南道教方面重要传世之作。此书凡三十一卷，刘惟水、丁易东编撰。刘惟永，字月屋。道士。元常德路玄妙观提点。丁易东，武陵（今常德）人。《续修四库全书提要》对其颇有好评。言其“所取者，今多散佚，其可珍贵，自不待言。即其存者，亦可藉以校订。而诸家姓氏，尤可资参征也”。其书收入《道藏》洞神部玉诀类。

据《湖南通志·艺文志》等著录，元代湖南道教方面还有永明（今江永）徐渊著《岭北丹书》；佛教方面有临湘蔡栖云著《法华宗派图》一卷。现均未见传本。

明王朝建立后，鉴于元代崇奉喇嘛教的流弊，转而支持内地传统的佛教各宗派，由此喇嘛教在内地渐衰，而禅、净土、律、天台诸宗得到恢复和发展。明代专门设有各级僧司、僧官，监督僧众行仪和掌管剃度考试。明初每三年免费发度牒一次，自景泰二年（1451）开始，改为纳费发牒。特别是成化年间，大量发放空名度牒，每次都是成千上万份。从此有牒僧人大增，寺院也随之增多。

明代湖南新建的佛寺也不少。仅据光绪《湖南通志·寺观》所载统计，即有38所。从地域看，新建的佛寺中有21所，分布在湘西和湘西南较边远地区。最具代表性的是普光寺。它在今张家界市永定镇，建于明永乐十一年（1413），清代两次重修。此外，如常宁的多宝寺、烟林寺、莲花寺，道州（今道县）的龙华寺，永明（今江永）的清凉寺、西经寺，新田的广胜寺、龙池寺、龙居寺，沅陵的广福寺，芷江的雁塔寺、大佛寺，麻阳的湘山寺，靖州的报恩寺、香山寺、王麟寺、绥福寺、迎恩寺等，均始建于明代。

明代一些高僧曾云游湖南古刹名寺，讲经布道，同时湖南本身也培育了不少在佛学方面颇有造诣的佛门大师。他们对于佛教在湖南的传播和发展，发挥了重要的作用，如德清（1546—1623）、颛愚、音可等。

明代湖南在佛学研究方面很有造诣，并留有著述的名僧还有不少，如秀峰、如学等。

明代一些湘籍的非方外人士，对佛教教义和经典亦很有研究，著述甚富。如，湘潭李腾芳，神宗万历二十年（1592）进士，官至尚书，著有《金刚经解》、《说楞严》。又如，曾凤仪，耒阳人，神宗时进士，官至南京礼部郎中。后因嗜好佛学，致仕离家，栖居南岳，从事佛学研究和著述。著有《楞伽宗通》八卷、《圆觉宗通》四卷、《金刚般若宗通》二卷、《楞严宗通》八卷、《心经解》二卷。

朱元璋在称帝前，曾招聘、安抚龙虎山四十二代天师张正常，加以笼络，意在利用道教争取民心，争夺天下。称帝后，并不崇尚道教，而是有限制地加以利用和控制。设立道录司，置道官，检束天下道士，各府州县有道纪等司。在这种情况下，道教是不可能在全国范围内得到兴旺和发展的。世宗在位时，情况有了改变。世宗为求得长生，醉心道教，日事斋醮，重用道士，因此道教风靡一时。

明代在南方传布的是"武当道"，因兴起于湖北均县武当山得名，其开山祖师是道士张三丰。相传张三丰踪迹不定，是个很神秘的人物。他曾到过湖南，在今衡阳市东北的九仙观修炼。

湖南还有一些古道观，明代曾先后重建和增修，香火比较旺盛。如，武陵的神仙观，建于唐，洪武年间重修；桃源的桃花观，建于晋，明代重修；临武的成仙观，始建于宋，元末毁于兵燹，天顺四年（1460）重建；宁远的九疑观，建于唐，洪武中重建；长沙寿星观，洪武年间移建；宁乡的景德观，宋至和年间始建，洪武中重建。

明代湖南各地新建的道观为数较少，远不如佛教寺院。其中最著名的是长沙岳麓山上的云麓宫。此外，明代在湖南新建的道观还有长沙北门内的真武宫，永顺的祖师殿，东安的清溪观，麻阳的玉华观，晃州（今新晃）的紫极宫等。

明代湖南出现的高道或同湖南关系密切的外籍著名道士不少，如喻道纯、章朝元、许演空、张三丰、无心道人、李皓白、毛隆名等。

明代湖南的一些世俗人士，对于道家学说的研究也颇有成就，有一批著述传世。见诸记载的有湘潭李腾芳《说庄》二卷，宁乡陶显位《金丹说》，零陵蒋鏊《证道歌》，武冈龙膺《丹略》一卷，宁乡王阶《南华外篇》，祁阳邓球《老子注》，道州周良湘《道德经微》，桂阳州卢以祖《蒙庄解》四卷，邵阳简而廉《太和篇》等。

明朝初年，伊斯兰教开始进入湖南。当时，主要是信奉伊斯兰教的回族和维吾尔族将领，奉命率部进驻湖南宝庆（今邵阳市）和常德两个军事战略要地，随后于该地区落籍，随着回族、维吾尔族穆斯林的进入，明代湖南始建了一批伊斯兰教的清真寺。如：

邵阳古清真寺，又名清真东寺，始建于明洪武元年（1368），是穆斯林进入湖南后所建的第一座清真寺。原建于上墙（今邵阳卲府街），因靠近佛教庵堂，双方发生冲突，不久即被迫换地迁建于城外张家冲。该寺至今保存的一块乾隆八年（1743）所立石碑，记载了古寺换地迁建之事。

邵阳市郊苏家冲清真寺，始建于明永乐年间。为落籍邵阳定居的苏姓回族穆斯林第三代祖苏久卸所建。据传该寺原建于苏家冲鸭凄井下首，后迁建现址。今寺内保存有手抄本《古兰经》30部。

常德回回街清真古寺，始建于明永乐初年。为翦、黄两姓维吾尔族、回族穆斯林来湘始祖率军驻扎武陵时所建。原建筑于清初已倾废。

常德鼎城官沟坪清真寺。据黄姓穆斯林族谱记载，明成祖御前北指挥黄有德，奉旨征苗，并率军屯田于官沟坪，永乐二年（1404）建清真寺。部分建筑至今犹存。

常德鼎城八斗湾清真寺，始建于明永乐二年。原建筑面积1000平方米，现有建筑300多平方米。

桃源翦家桥清真寺，始建于明永乐年间。为当地翦姓维吾尔族穆斯林的宗祠寺，“文革”期间始被全部拆毁。

澧县东田堰清真寺，回族杨姓始迁祖、明武略将军杨源于永乐初始建。是湖南农村中最大的一座清真古寺。原址约600平方米，大殿呈凸形，部分建筑至今犹存。

此外，明代建立的清真寺还有长沙金线巷清真寺（明末）、常德鼎城阳山清真寺（明永乐年间）、澧县城内清真古寺（永乐年间）、汉寿县城关清真寺（万历年间）、汉寿县教门岗清真寺（嘉靖年间）、汉寿黄海坪清真寺（万历年间）、汉寿南港清真寺（万历年间）、益阳资阳区清真寺（嘉靖年间）、隆回县桃洪镇清真寺（明代中叶）等。

【注释】

① [明] 沈庆：《永定卫重建学记》，见光绪《湖南通志》卷六六。

② [清] 赵申乔：《凤凰营新建学记》，见光绪《湖南通志》卷六五。

③ 详见邓洪波《中国书院史》第274—277页，东方出版中心，2004年版。

④ 此据《明史》卷七一统计，亦有作24636人者。

第六章

清代前、中期

明末清初，湖南曾是李自成、张献忠余部和南明抗清的主要战场，继而吴三桂又一度叛据湖湘，战祸兵燹频仍，田园荒芜，庐舍为墟，居民流失散亡，给湖南造成极大的破坏和损失。此后，由于“开辟”湘西“苗疆”和“改土归流”，导致苗、瑶、侗等民族起义反抗，清王朝又曾几度用兵湖南，在局部地区和短时期内产生了某些消极的影响。但从整体来看，自平息吴三桂之乱后，在清代前、中期的近200年间，湖南社会相对比较安定，各族居民的生产和生活条件有了改善，人口大幅度增殖，耕地面积进一步扩大，水稻等粮食产量提高，棉、茶、油桐、油茶等经济作物大面积推广，各类手工业和商业获得较大的发展。在社会经济发展的基础上，湖南的文化事业相应地获得进一步发展，古代湖湘文化也再次呈现出兴盛繁荣的局面。

首先是各级官学和书院教育的发展。尤其是雍正元年（1723），湖南、湖北乡试分闱之后，学校教育和科举业在湖南更获得加速发展。哲学、经学和“经世致用”的“湖湘学”，传统医学、史学和地学，文学艺术等，也都获得了显著的发展。湖南产生了中国历史上伟大的思想家和唯物主义哲学家王夫之，他在经学、哲学和史学等领域所留下的宏富著述，乃是古代中华文化遗产中的瑰宝。李文炤、王文清、罗典等汉学大师，先后主讲岳麓书院，在教育和经学研究方面均有突出贡献，推动了湖湘学和经世致用的湖湘学统的发展。王万澍、严如熤、黄本骐、黄本骥、邓显鹤等在史学、地学和文献学领域的成就，陈鹏年、张九钺等人的诗文作品和湘潭郭门女诗人的出现，髡残的画作，无不促进了古代湖湘文化的发展繁荣，在中国古代文化史上也都是难能可贵的贡献。在宗教方面，湖南同全国一样，佛、道二教总体上已逐渐衰落。但南岳等地的古刹名观仍能维持，香火依然兴盛，并有一批高僧和名道，以及非方外人士如王夫之、魏源等，为佛教、道教的发展和佛、道学的研究阐发，作出了贡献。由于经商迁居湖南的穆斯林的增多，邵阳、长沙、常德等地新建了不少清真寺，伊斯兰教获得相当的发展。天主教于康熙年间开始传入湖南，然鸦片战争之前，信教人数并不多，发展有限。

第一节　教育与科举

官学的发展与变革　书院的普及性大发展　弱中显强的科举

清代官学沿袭明制而作变通，仍然分为中央与地方两大类型。中央官学以国子监为主体，另有宗学、觉罗学、八旗官学、景山官学、咸安宫官学、算学、俄罗斯文馆等。地方官学以府学、州学、厅学、县学和卫学为主体，还有乡村社学、义学等，统属于儒学系统，另有医学、阴阳学等专科教学机构。

湖南在清初仍属湖广省，康熙三年（1664）始独立建省，以长沙府为省会，分 9 府、4 直隶州、5 直隶厅，下辖 63 县、3 散州、1 散厅，合计行政单位 85 个。府、州、厅、县学合计有 82 所，总的学校普及率 96.47%，虽然比明代的 100% 略逊一筹，但其学校总数却比明代增加了 11 所。据此可知，清代湖南的官学教育非常发达。

官府主导乡村社学、义学，是明清时期地方政府普及教育的重要手段。顺治九年（1652）、康熙九年（1670）明令各乡置一社学，设社师一名，归学官统辖。康熙四十一年又颁定义学、小学之规制。于是，社学、小学都纳于国家教育体制之内。社学是正统的官学，义学则分官办与民办两种。据嘉庆《湖南通志·学校志》统计，清代湖南至少有314所义学，其分布按府级单位列表如下：

清代湖南义学统计表

政区	长沙府	衡州府	永州府	宝庆府	岳州府	常德府	辰州府	沅州府	永顺府	澧州	桂阳州	郴州	乾州厅	晃州厅	永绥厅	凤凰厅	合计
数量	31	38	21	21	1	10	8	22	34	6	2	7	24	2	37	50	314

清代湖南义学发展有两个明显的特点。一是新改土归流的苗疆地区兴建较多，如永顺、永绥、乾州、凤凰四地，占总数的46.17%，成为义学最集中，也是发展最快的地区。这说明，基础教育对于新设政区的重要性，已经得到流官政府的充分重视。事实上，在光绪《湖南通志》的《名宦志》中，我们可能看到很多知府、知州、同知等政务官及教授、学正、教谕、训导等学官热心义学建设的记录。而义学的大量创设，对迅速改变苗疆地区教育落后的面貌意义重大。二是义学的官学特色较浓，不仅从府义学、州义学、厅义学、县义学等分类中可以看到官办义学的强势，即便各义学经常性费用也多由政府列项开支，且置办义学学田，以保证其正常运作。

清代湖南官学中，还有卫学、所学、营学、医学、阴阳学。卫学如九溪卫学、永定卫学等，始建于明代，清代沿袭。镇溪所学，康熙五十四年（1715），同知蒋嘉猷创建，雍正十三年（1735）改镇溪所学为乾州厅学。营学属清代创制，一般建于绿营兵驻地，清初改五寨司学而成的凤凰营学为其典型代表。卫学、所学、营学都属于军队系统，以教武臣兵营子弟为主。

医学、阴阳学皆依明代旧制而设，属于专科教育机构。府、州、县医学各设正科、训科、典科一人主掌。府、州、县阴阳学则各设正术、训术、典术一人主管。据雍正《湖广通志·公署志》记载，湖南府级医学、阴阳学各10所（含直隶州各3所），县级医学、阴阳学各54所（含散州各3所）[①]。合计府、州、县医学64所，府、州、县阴阳学64所，以当时的政区而言，除永顺府及所辖各县未曾设置外，10个府（直隶州）

治所之附廓县份以有府、州级医学、阴阳学，皆不再重复设置，如附廓长沙府之长沙县、善化县皆未设置。由此可见，医、阴二学的普及率已经相当高。需要指出的是，在嘉庆、光绪《湖南通志》中，已不见医学、阴阳学的记载，可知其存在时间约当康乾盛世。

有清一代，湖南新建书院 284 所，修复前朝旧书院 66 所，合计 350 所，比明代多出 200 余所，三湘四水之间，无县而无书院，讲堂林立，书声琅琅，响彻城乡，其繁荣昌盛，标志着书院进入一个普及性大发展的时代。

清代湖南书院的发展，大致可以分成四个阶段，第四个阶段将在下一章叙述。顺治至康熙（1644—1722）为第一阶段，79 年时间，兴复书院 25 所，新建书院 35 所，计 60 所，占确知兴复年代书院总数（306）的 19.60%，是书院的恢复性发展期。

第二个阶段，雍正乾隆年间（1723—1795），计 73 年。这个时期，全国的总趋势是，清政府经过犹豫之后，开始改变其消极抑制书院的政策，转为积极支持与引导书院，屡下诏令，构建起一个完整的官办书院体系。受官办书院影响，民办书院亦得到极大发展。

第三个阶段，包括嘉庆、道光、咸丰三朝（1796—1861），共 66 年时间。是期既居康乾盛世之后，又遭外国殖民侵略，更历太平天国起义，内忧外患，国势衰落。但受前期大发展的惯性推动，书院仍有较大规模的发展，新建书院 62 所，兴复 4 所，共计 66 所，占总数的 21.56%。这表明，是期的书院尽管气势渐弱，但仍在以相当快的速度向前发展。这就是清代中期书院的大致生存状态。

据光绪《湖南通志》、《湖南省志·教育志》等资料统计，清代湖南共有进士 764 名，占全国进士总数的 2.85%。这个数据虽然比明代的 2.28% 略有上升，但在 18 行省中仅居同属百位数的四川、云南、贵州、广西、甘肃之首，而与有 2000 名以上进士的浙江、直隶、江苏、山东，以及有 1000 名以上进士的江西、河南、山西、福建、湖北、安徽、陕西、广东相比，相差甚远，仅得排名第 13 位。与明代一样，仍然属于全国科举的第三方阵。

清代湖南举人与进士的区域分布，延续着明代即已开始的向长沙府集中的趋势迅猛发展。长沙以 2037 名举人、419 名进士，稳居全省第一，所占全省总数的比例，分别是 47.49%、54.84%，可谓半壁江山，而且它与举人、进士同属第二名的衡州府之间的距离也拉得很大，衡州举人只有长沙的 1/3 强，其进士数也不过是长沙的 1/5。第一、第二名之间差距如此之大，在湖南科举史上是极为罕见的，显示出首府长沙的绝对优势。

清代湘籍状元 2 人、榜眼 5 人、探花 6 人，另有武榜眼 2 人、武探花 1 人，他们是湖南科场的佼佼者。

清代湖南科举尽管总体仍然处于落后状态，但也有闪光点可以记述。首先，雍正元年（1723）南北分闱，湖南从湖广乡试中独立出来，建立自己的贡院，单独在省会长沙举行乡试，使得湖南举人大增。现在能统计到的清初至光绪八年 101 科就有举人 4289 名，副榜 713，其数已经是明代湖南举人数的 2.2 倍。当然，受分闱时基数的限制，湖南举人总数与别的省相比，仍然是比较少的。

第二，为推进少数民族地区发展，增设童试、乡试名额。雍正年间改土归流时，为鼓励湘西、湘南苗、瑶等少数民族子弟应试，在相关府、厅、州、县学增设“苗生”一二名。乾隆二十一年（1756）“苗生”改称“新生”。照顾“苗生”“苗疆”的政策，对促进湖南文化教育事业的区域性平衡发展意义重大。

第三，鼎甲人物位居中游。清代湖南有状元 2 人、榜眼 5 人、探花 6 人，总计 13 人，仅次于江苏（117）、浙江（75）、安徽（21）、江西（18）、山东（14）之后，与湖北并列全国第六，在科举顶端级角色的竞争中，有出色的表现，尤其是嘉庆十年，光绪六年、二十年这三科中，一甲三人及第就有两个是湖南人，金銮殿上一再唱响的荣耀，显示出湖南有着不可小视的实力。

第四，湖南举人、进士人数虽然不多，但整体素质很高，举人如左宗棠，进士如陶澍、曾国藩、胡林翼、郭嵩焘、李星沅等皆属“中兴将相”，均可以一敌百，作为一个群体，他们左右了近代中国的发展进程与方向，正所谓弱中显强，实乃清代湖南科举的最大特色。

第二节 哲学与经学

王夫之在学术领域的巨大成就 汉学在湖南的兴起 李文炤、王文清、罗典等经学研究成就

学术界在论清代学术思想的发展时，一般都把清代前、中期，即鸦片战争（1840 年）以前分作两个阶段。第一阶段，由清初至康熙末（1644—1722）。这一阶段的思想仍然承接了宋明以来的理学思潮，许多著名的思想家，如王夫之、方以智、黄宗羲、顾炎武、傅山、颜元等，他们都不同程度地与宋明理学有着联系。第二阶段，由雍正至道光中叶（1723—1840）。

王夫之（1619—1692），字而农，号姜斋。湖南衡阳人。因为其晚年住在衡阳西部金兰乡的石船山之下，学者称之为船山先生。24 岁中湖广乡试举人。清兵入湖南时，曾在衡山组织义军抗清，失败后于 1650 年赴南明永历小朝廷任行人介子。顺治十七年（1660）以后，定居在衡阳县金兰乡高节里，过着隐居的生活。在这里，他一方面进行教学，以维持其艰苦的生活；一方面进行深入的学术研究，企图通过对历代统治者、特别是明代统治者成败得失的研究，为民族复兴提供理论依据。他以“六经责我开生面”的宏伟气魄和“入其垒，袭其辎，暴其恃而见其瑕”的科学态度，进行艰苦卓绝的学术研究，写出了大量富有创见性见解的著作。

图上 6-1 王夫之像

王夫之的哲学思想，是中国

古代朴素唯物主义发展的最高峰。这是中国哲学史界公认的。他的哲学思想的一个最为突出的特点，就是将朴素的唯物主义思想与朴素辩证法思想在一定程度上结合起来。

王夫之的唯物主义思想，表现出明显的务实精神。它有几个特点：首先是极力批判唯心主义的空虚。他既不满于朱学末流沉溺于训诂，也不满于王门弟子废实学、崇空虚，而极力主张“明人道以为实学，欲尽废古今虚妙之说而返之实”。正是从这种废虚返实的精神出发，王夫之系统地批判了中国思想史上各种言“空”言“无”的哲学派别，建立了以“太虚一实”为基础的哲学思想体系。其次是突出强调“气”的实在性。他指出，“太虚，一实者也。”这个“实”又是什么呢？他认为是“气”。天地万物的变化都不过是“气”的聚散结果罢了。第三是正确地解决了“理气”与“道器”的关系。在王氏以前，有很多哲学家是把“理”或“道”看成在“气”或“器”之前或之外而存在的东西，因此他们不仅在本体论犯了唯心主义的错误，而且在方法论上犯了割裂一般和个别的形而上学的错误。对于这种错误，王氏是看得很清楚的，所以他在解决理气和道器关系时，就特别注意从其统一上下功夫。如他在谈到理气关系时指出：“若其实，则理在气中，气无非理，气在空中，空无非气，通一而无二者也。”这说明，所谓“理”并不是离“气”而独立存在的神秘之物，而不过是“主持神化而寓于神化之中”的无迹可见的东西。历史上有人为了宣扬“道”是超乎客观事物（“器”）而独立存在的观点，往往引用《易传》中“形而上者谓之道，形而下者谓之器”这句话作为其论据。对于这种歪曲，王氏明白地予以驳斥：“‘谓之’者，从其谓而立之名也。‘上下’者，初无定界，从乎所拟议而施之谓也。然则上下无殊畛，而道器无易（异）体，明矣。天下惟器而已矣。道者器之道，器者不可谓之道器也。”正因为王夫之深刻地掌握了理气关系和道器关系的辩证统一，所以他坚决反对那种“天不变道亦不变”的形而上学思想。他认为“器”既然是不断变化的，“道”也就必然随之而变，从而辩证地解决了理气、道器之间的正确关系。

王夫之辩证法思想的特点，集中地表现在以下两个方面：其一，是突出地强调矛盾的普遍性。他认为，作为物质世界本原的太虚之气，并不是一种无差别境界，相反，而是自始至终充满着矛盾。他的“乾坤并建”的命题，就充分说明了这一点。其二，是突出地强调运动的绝对性。关于这一点，他有许多精辟的论述。首先肯定运动是物质的固有属性。他发展了张载“动非自外”的观点：“阴阳者气之二体，动静者气之二机”。既然运动是阴阳固有之机，因此“欲禁天下动，则亦恶从而禁之”。人们要充分认识运动对事物发展的巨大作用：“动者，道之枢，德之牖也。”其次是他比较深刻地分析了运动与静止的关系。认为这二者是互相依赖、互相包含的：“动静互涵，以为万变之宗。”动静虽然互涵，但又不是说它们的地位是相等的，因为从本质上来说，静止不过是运动的一种特殊形态。所以他说：“静者静动，非不动也。”最后，他虽然强调运动的绝对性，但并不否认相对静止的重要性。他认为静止是事物存在的必要条件：“动而成象则静。”

王夫之的认识论也是很有特点的，主要表现在以下三个方面：其一，他对人类认识形成的条件有比较明确的认识。他说：“形也，神也，物也，三相遇而知觉乃发。”这里讲的“形”指人的感觉器官，“神”指人的抽象思维能力，“物”则是指客观存在的一切事物。他认为只有这三者同时具备，人类的认识才能发生。其二，力图将“见闻之知”与“德性之知”统一起来。这两种知最早是张载提出来的，它们大体相当于现代人所说的感性认识和理性认识。在张载那里是贬低见闻之知而强调德性之知的。王夫之也有这种倾向，但是他又力图解决二者关系。他的一系列有关论述表明，他认为见闻之知对于德性之知的凭借和资助的作用、贯通作用和启发作用。其三，强调知行统一。他认为知行有别，反对王阳明的“知行合一”。他指出，知行各有其功用，它们是相资以为用的，“不知其各有功效而相资，于是姚江王氏知行合一之说，得借口以惑世”。他又认为知行“相须”，即相辅相成、相得益彰的。

王夫之在经学方面也是很成就的。他的《周易稗疏》（附考异）、《尚书稗疏》、《诗经稗疏》（附考异叶韵辨）、《春秋稗疏》都被收入《四库全书》。邓显鹤说：王夫之“所著诸书采入钦定《四库全书》。案《全书提要》凡当代儒硕纂著多龂龂辨论，独于先生书推崇无异词”。例如《提要》在谈到《周易稗疏》时说：“大旨不信陈抟之学，亦不信京房之术，于先天诸图、纬书、杂说，皆排之甚力，而亦不空谈幻渺，附合老、庄之旨，故言必征实，义必切理，于近时说《易》之家为最有根据。”《提要》在谈到《书经稗疏》时则认为“是编诠释经文，亦多出新意”。虽然其间有“失之太凿者”，但其“驳苏轼《传》及蔡《传》之失，则大抵辞有根据，不同游谈。虽醇疵互见，而可取者较多”。这说明，王夫之在治经方面的一些观点，是开了乾嘉汉学家之先河的。梁启超在《中国近三百年学术史》中说：

图上 6-2 《王船山先生书集》湘西草堂刻本书影

> 船山本来不是考证学派，但他的经说，考核精详者也不少。邓湘皋（显鹤）说：“当代经师，后先生而兴者无虑百十家，所言皆有根底。然诸家所著，有据新义，辄为先生所已言者，《四库总目》于《春秋稗疏》曾及之。以余所见，尤非一事，盖未见其书也。”湘皋这话很不错，越发可见船山学问规模之博大了。

过去论雍、乾湖南学术者，认为湘学受汉学影响少。如钱穆在《中国近三百年学术史》中称：“清儒考证之学，盛起于吴皖，而流衍于全国，独湖湘之间被其风最稀。”这一说法并不符合实际。湖南当时不仅涌现了一批汉学家，如李文炤、王文清、罗典等，而湘人刘权之还赫然列名于《四库全书》“协勘总目官”之首，而梁启超曾把乾隆朝开设的“四库馆”称为“汉学家大本营”。

刘权之（1739—1818），字德舆，号云房。长沙人。乾隆二十五年（1760）进士，授编修。他参加了《四库全书总目提要》的编纂，在《四库全书》卷首二“勘阅总目官”官员中，他的头衔是“文渊阁校理、原任洗马、候补侍讲”。以上情况表明，在乾嘉汉学兴盛时期，湖南的汉学在全国也还是有其一席之地的。

李文炤（1672—1735），字元朗，号恒斋。善化（今长沙）人。康熙五十二年（1713）举人。荐选谷城教谕，未赴。主岳麓书院教席，并任山长数年。他精究宋明理学，于六经注、舆图象纬，无不贯通。析疑辩难，多有创见。其经学著作有《周易本义拾遗》六卷、《春秋集传》十卷、《周礼集传》六卷、《大学讲义》、《中庸讲义》等。《周易本义拾遗》为《四库全书》存目，《提要》说，李氏自序谓，朱熹的《周易本义》于辞多得之，而于象未深考，因为补葺。释经则以象数为主，释传则以义理为归。各条载朱子《本义》全文，而以己说附于后，于变爻互体言之特详，而所释诸象则大抵随文附会。李文炤主要生活在康熙、雍正年间，其时所谓专门汉学还处在兴起的阶段，而他的治学主要倾向，是崇“宋学”的，因此其经学著作中出现《四库提要》所批评的违背汉学家“家法”的情况，是不足为怪的。而他“深詈前明十三帝之不改元”，则在一定程度上反映了他还存在着民族主义的情结。

王文清（1688—1779），字廷鉴，号九溪。宁乡人。雍正二年（1724）进士。官至奉直大夫，考录御史。乾隆十三年（1748）任岳麓书院山长。李氏以专治“朴学”（汉学）名家。李肖聃说他拔起穷乡，独治朴学（汉学），由教授而举鸿博，自中书入位纂修。经礼与于校刊，律吕又其专习。于是有《周礼》、《仪礼》会要之作，有《仪礼》分节之编。

王氏学识渊博，其弟子吕泰在《十学薪传序》中，曾记述他从王氏学习心得。吕泰说，所谓“十学”指“一易、二书，三诗，四礼，五乐，六春秋，七天文，八地理，九算术，十说文。”吕氏一一列举了王氏教他“十学”时所读的有关著作。他还特别指出，王氏在教算术时，“测圆履方，杪忽皆阐。洞《九章》，一以周思载汤若望衷断、利玛窦之太弱为宗”。这说明，王氏在治学时，对当时传入的西方科学知识，是认真吸收的。序中还记述了王氏所谈的治学经验：“道悬虚器，学据实得。夫学，知易处难，处易持难，持易措难，措易行难，行易成难，弗克成也。为其可成，以传后世。传道若传薪，火灭薪传，薪传道不敝。”这的确是心得之论。王氏的经学著作甚多，但多毁于兵火。所著有《考古源流》、

《考古略》、《典制大文考》、《周礼会要》、《周易中旨》、《乐制考》、《锄经余草》、《锄经续草》、《礼制分节句读》等。其《周礼会要》为《四库全书》存目。《四库提要》称，此编以《周礼注疏》浩繁，但约括诸说，略疏字义，以便读者。王氏之《考古源流》、《考古略》有宛陵（今安徽宣城）梅縠成序，称与九溪相见恨晚，形迹顿忘，因读其所著《考古源流》并及其编后之《考古略》。其书征引之富，考核之精，上呈一览。"纂修事竣，朝议方叙名第一，而九溪遽以归觐请告。壬申（乾隆十七年，1752）间保举经学士。论谓此书之行海内有日矣，而九溪又适抱失怙之痛。今九溪姑置全书而专以其《考古略》投梓，邮帙见示，予故序其事弁之。"此序作于乾隆十九年（1754），叙述了《考古源流》及《考古略》的成书过程及《考古略》的刊刻过程，并对其学术价值进行了评价。《考古略》为《四库全书》存目。《四库提要》指出，王氏之《考古源流》475卷，乃汇采《三通》、《玉海》、《册府元龟》、《通览纲目》、《大事记》、《学海津逮》、《性理》诸书而成，未及刊布。此本乃先摘其浅近切要者，辑以成编，故名曰"略"。

罗典（1718—1807），字徽武，号慎斋。湘潭人。乾隆十六年（1751）进士。官至吏、工二科给事中，鸿胪寺少卿。后以母老辞归，主教岳麓书院27年。其著作有《凝园读易管见》、《凝园读书管见》、《凝园读诗管见》、《凝园读春秋管见》、《凝园诗抄》、《罗鸿胪集》等。严如熤在其传记中说，罗典虽以制艺名于一时，而其精神专注则在儒家经典。他在治经的时候，认为古人文字简练质朴，没有多余的话，于是他即经诂经，一字一字进行批注，一句一句进行疏通。字句皆有确切注脚之后，则通之一章，又通之全篇。全经有所窒碍，则废寝食，夜以继日，必得其融贯而后安。注《易》始京寓之凝园，名曰"管见"。壬寅（1782）《诗管见》成，戊午（1798）《今文尚书管见》成，《春秋管见》成于甲子（1804），已八十六岁了。《凝园读诗管见》十四卷，撰于乾隆四十七年（1782）。罗氏治诗，宗小序。所以他在《诗经》第一篇《关雎》之题后引小序"后妃之德也"。并且在"集说"中引"程子曰：'使当年无小序，虽圣人亦不得。'"又引程大昌之言，范晔在《后汉书》说卫宏作毛诗序。又指出，《诗》之今序为卫宏所作，而古序非卫宏所作。小序是古序，大序是今序，是卫宏所作。故罗氏在《关雎》之篇后，只录小序，而弃大序不录。至于在每章之下的写作格式，一般是先“集传”，即录朱熹《诗集传》的相关内容，“集说”则是录各家的有关论述，“管见”则是罗氏自己的疏解。《凝园读春秋管见》十四卷，成书于嘉庆九年（1804），《续修四库全书提要》著录。

第三节　文学艺术

陈鹏年、张九钺及郭门女诗人等与湖南诗词文学的发展　髡残、易祖栻的书画成就

清代前期的湖南诗文作家阵容较明代更为壮大，除以王夫之为代表的一批遗民作家外，还涌现出陈鹏年、张九钺、刘友光、王岱、彭维新、李文炤、王文清以及“楚南四家”等作家，其中成就突出的当推陈鹏年。

陈鹏年（1662—1723），字北溟，号沧洲，湖南湘潭人。康熙三十年（1691）进士。秉性刚直，历任浙江西安知县，江宁、苏州知府，河道总管兼总漕运事等职，有政声，是当时的廉吏、名臣。博学工诗，擅长书法。著有《道荣堂诗文集》、《沧洲近诗》、《喝月词》。

他的诗得力于杜甫，关心百姓疾苦，不以奇峭为工。如《京江即事》中的“京江四月无雨泽，井泉竭尽秧苗枯”、“刈麦要晴秧要雨，天公惆怅难自主”；《纪事一首》中的“京江九月地屡震，二旬动摇无已时。大声如雷细如裂，高垣短屋愁倾欹。居者奔逃各露立，夜眠昼食咸惊疑”，均表现出这些特点。

他擅长填词，他的词情思雅正，既长于抒情，也善于通过景物描写创造意境。如《浪淘沙·寒夜同石千一对酒作》云：

> 残月转新晴，夜静寒生。霜花如雨扑帘旌。最是高堂今夕梦，暗数归程。　无计破愁城，蓦地心惊。十年尘海竟何成。纵使围炉还对酒，到底凄清。

上片通过寒夜静境的描绘想到年迈的母亲正盼望儿子归来，引出对

亲人的思念；下片感慨岁月惊心，事业无成，久客异地，流露出浓重的乡愁。

他的散文多序记题跋一类的文章，其中有不少文学性很强的文字。如《叶汉光劲秋斋诗集序》中有：

> 余昔年薄游江左，得历览三吴山水之胜。常泛舟五湖，遥望澄空如镜，一碧万顷。风帆沙鸟，出没上下。淡烟数缕，起自天末，萦纡舒卷。东西两峰，如青螺矗立玉盘中。远近村墟，柳湾芦渚，回环映带。

陈鹏年的志节、文章、功业都很显著，又深受康熙帝的信任，在当时影响很大。邓显鹤编《沅湘耆旧集》，称他是湖南明代李东阳之后“一人而已”。

张九钺（1721—1802），字度西，号紫岘，湖南湘潭人。乾隆二十七年（1762）举人，屡试礼部不第，以明通榜进士分发，历任江西南丰、峡江、南昌、莲花和广东始兴、保昌、海阳知县，有政声。后因捕盗不力落职，从此游历山水，专意吟咏，诗风愈益雄奇。晚年回到湘潭，主讲昭潭书院十余年。诗坛尊为“陶园诗老”、“紫岘先生”。著有《陶园诗集》二十八卷，《文集》十二卷，《诗余》二卷。

他诗学唐人，题材广泛，感怀抒志、功名仕宦、亲情交谊、咏史怀古、山水游览、边塞风光以至土风民俗等，在他的作品中都有反映，风格接近李白。其中以描绘山川景物的作品特色最为突出，往往给人留下一种清超豪逸、瑰丽奇特的印象。如《石壁俯太湖诗》云：“蹑石身欲飞，其下沉沉黑。狂歌具区来，洗尽美人色。秋风动摇之，吴楚浩一白。”造语别致，清壮奇伟，可以看出诗人独特的审美情趣。也有一些清丽明秀之作，如《昭陵滩竹枝词三首》其一：

> 昭山孤秀彻昭潭，南上昭陵水石参。
> 石似樗蒲水金碧，澄明五色冠湖南。

他是乾嘉时期湖南作词较多的一人，著有《秋篷词》二卷，也名《紫岘山人诗余》、《陶园诗余》。其词多纪游、咏物和咏怀古迹之作，较少深情婉致和寄托。佳者如《满江红·大梁怀古十三首》其一：“短鬓萧萧，重来拜、信陵祠下。惊心处，荒坟败堞，颓墙破瓦。白草黄沙销不尽，英雄犹卷长河泻。”《满江红·吴山伍相国祠》下片：“门外黑豚奔宿雨，江头白马翻晴雪。是寒潮、一片海门来，英雄血。”对信陵祠和伍相国祠的凭吊，显得沉郁慷慨。

他的文、赋也很有名。所作《燕山八景赋》影响很大，当时都下传写殆遍；《湘江夜闻棹歌赋》中的湘江夜景被描写得十分清美：

> 淼淼清湘，迢迢暮山。风飘旂以轻扬，舟亶回而滞还。市灯悬乎远岸，渔火出于前湾。渺然一声，起自何处？天际横落，枕上微度。如触往事，倏然来赴，又如梦中，惊悸而寤。椎篷无人，山低江阔，翘首长空，惟悬明月。

湖南闺秀诗才历代皆有，邓显鹤编《沅湘耆旧集》，录历代湖湘诗1700余家，其中闺秀诗52家。陈翰仪编《湘雅摭残》，收道光以来湖南诗人600多家，有52位女性诗人。湖南近代闺秀诗人呈现家族化、群体化的特点，湘潭郭氏、湘阴李氏、湘潭周氏、长沙杨氏和湘乡曾氏在当时均有影响。

郭门女诗人为李星沅岳家，李星沅岳父郭汪璨善诗，字云麓，著有《云麓诗草》，家庭文学气氛极其浓厚。

郭润玉、郭漱玉姊妹成就最高。郭润玉（1797—1838），字笙愉，号壶山女士，李星沅之妻。有《簪花阁诗集》和《簪花阁遗稿》各一卷，共存诗205首，另有与李星沅酬唱的《梧笙唱和集》。诗作以咏史抒怀、写景题画和酬赠为主，清丽精工，意境雅淡。如《雨湖晚眺》：“高楼遥望暮烟生，几处渔舟泊岸横。湖水接天天接水，星光灯影不分明。”又如《咏古十绝句》分咏西施、明妃、杨妃、红拂等十位著名女性，议论公允，时见卓识。此外，她随丈夫宦游所作的行役诗则写得境界阔大，气势恢宏，很有男子气息。

郭漱玉，字六芳，号琼泉。郭润玉之姊，适衡山诸生罗亨鼎。有《绣珠轩诗集》，存诗116首。擅长乐府体诗，诗格工练，饶有唐人风韵。如《将进酒》：“将进酒，君莫辞，今日不饮明日迟。明日花较今日老，今日花非昨日好。为君满酌琉璃卮，劝君饮及少年时。君不见劳劳尘世多热客，口干舌焦饮不得。”立意袭拟李白同名作，虽无李白之飘逸奔放，但也潇洒流畅。此外，作《论诗》八首，表达她的诗歌主张。

此外，郭门女诗人还有郭步韫、郭友兰、郭佩兰、郭秉慧等。郭汪璨的姑母郭步韫，号独吟，邵某妻，早寡，有《独吟楼诗》，存诗78首，多咏物、写景和抒情之作，诗风清寂苍劲。郭润玉的二姑母郭友兰，字素心，27岁适苏州凤氏，未几而寡，返湘依父兄以居。有《嗍雪山房诗序》，存诗51首。诗作多苦语，风格清丽。郭润玉三姑母郭佩兰，字芳谷，适贡生王德立，长期住在娘家。有《贮月轩诗》。诗风清雅工练。郭佩兰有女名继藻，字浣香。有《敏求斋诗》，存诗87首。早期诗清婉拔俗，出嫁后多愁苦侘傺之音。李星沅长子李杭之妻郭秉慧，字智珠，18岁病逝，有《红薇吟馆遗草》，存诗近百首，以五言居多，婉丽自然。

清前、中期，湖南在书画方面也有一定的成就。代表人物有髡残、易祖栻等。

髡残，字石溪，又字介丘，号白秃，自称残道者，晚署石道人。武陵人。生于明神宗万历四十年（1612）。俗姓刘。母早逝，少年弃举业。顺治九年（1652）40岁，削发为僧。好游名山大川，后在南京受衣钵于释觉浪道盛，住牛首山，仍往来于江南、湖广之间。善画，尤工山水，长于干笔皴擦。笔墨高古，设色清淡，而境界幽深，独树一帜。《云洞流泉图》为其代表作，现存于故宫博物院。传世的还有《苍翠凌天图》（藏南京博物馆）等三幅。

图上6-3　髡残《松岩楼阁图》

髡残品性清高，不轻易为人作画，虽牵以重金，欲求其一笔而不可得。平日交往，多为前朝遗老或山林隐逸。新城王士祯题其画云：“紫竹林中一径微，曾寻石窟叩禅扉；云山旧衲浑忘却，欲借僧雏坏色衣。”清张庚《国朝画征录》卷下载：髡残的山水画，“奥境奇辟，绵邈幽深，引人入胜”。然“此种笔法，不见于世久矣，盖从蒲团上得来，所以不犹人也”。

髡残是一个自律谨严的人，他实际是在画画的过程中，体验追求的快乐，以达成人格的完善。髡残的晚景比较凄凉，他在给朋友的信中说：“老来通身是病，六根亦各返混沌，惟有一星许如残灯燃，未可计其生灭，既往已成灰矣。”圆寂后，僧人遵嘱函将其骨灰投入长江边上的燕子矶下。一代大师，随着江河的流逝而消失了。

易祖栻，字张有，一字淑南，别号啸溪，湘乡人。诗、书、画俱妙，最精兰竹，尝以浓墨挥洒大幅，其笔如飞。兼画山水、虫鱼，初游京师，住在慎郡王允禧府，乾隆皇帝在他的画竹上题诗。卒于桂林。父宗旗，工诗文，乾隆元年（1736）举博学鸿词科。祖栻幼承家学，由监生直修书馆，亦工诗文，尤精书画。乾隆帝在藩邸时，极推重祖栻书画，特作《题易祖栻墨竹诗》。

乾隆十三年（1748）。祖栻献画册，乾隆帝命画《雨中山翠图》，遂以书画名于京师。后官江南青浦县主簿，迁柳州府经历，署祥溪县事。著有《啸溪诗稿》，已佚。

第四节　史学与地学

史学及文献编纂　地学与方志编纂

清代前、中期，湖南的传统史学获得进一步发展。史学领域人才辈出，各门类的史学著述相当丰富。诸如王夫之、王文清、罗绕典、王万澍、严如熤、黄本骐、黄本骥、邓显鹤、陶澍、魏源等人，在史学方面都有突出的贡献，留下不少有价值的传世佳作。

编年类，最重要的代表作有黄本骐的《历代纪元表》和《历代统系录》。黄本骐，字伯良，号花耘。宁乡人。嘉庆十三年（1808）举人。与弟本骥文史俱有名。《历代纪元表》一卷。以干支序年系历代纪元之年表，起自汉文帝三年（前177），终于清道光元年（1821）。表内对正统年号，皆用大字填写，对汉之新莽、唐之周武、东晋之十六国和五代之十国，则悉用小字登载。《历代统系录》，凡六卷。卷首有统系图、国号歌等。书中记载起自三皇五帝，迄于明代。二书均辑入《三长物斋丛书》和《古今史学萃珍》。

除黄本骐的著述外，清代湖南还有三部编年类著作较有价值：

《竹书纪年考证》一卷，湘潭张九镡撰。此书取《竹书纪年》有关《诗》、《书》、《春秋》者进行考证，述其得失。清嘉庆十七年（1812）刊行于《笙雅堂文集》。

《鉴撮》四卷，衡山旷敏本撰。此书为简要通史。宋以前取材于宋人黄继善《史学提要》，并加以充实；宋以后则为自己续纂。有清乾隆四十年（1775）刻本，后又重刻与续刻。又有《岣嵝丛书》本，并编入《古今史学萃珍》。

《十六国年表》二十二卷，武陵（今常德）孔尚质撰。《四库全书总目提要》称：此书取明人伪撰后魏崔鸿《十六国春秋》改写成编年体。然“体例多不允协”，“纲目互异”，“惟末附《舆地图》一卷，古今地名，排比颇明，差为易于寻览”。有开万楼抄本传世。《四库全书总目》存目。

别史杂史类，主要有王夫之、汤彝、王万澍及方显等人的著述。

王夫之撰有《永历实录》二十六卷。此书卷一，为南明永历帝朱由榔本纪，后为列传二十五卷，共永历一朝人物108传。其死节、佞幸、宦者、叛臣各传，尤为他书所未详。列传中宗室、臣工为他书所不载者，有嗣韩王、嗣通山王、黄奇遇、黄公铺、陈世杰、管嗣裘、朱昌时、闻大成、鄢见、满大壮、杨进喜、吴霁明等。农民军首领高必正、李来亨等，皆为立传，记其战功，存其事迹。以上均有裨史实。只不过王夫之在朝仅逾一年，后事仅得之于传闻，所记年月常与他书记载不符。现有清同治四年（1865）金陵书局《船山遗书》本。《续修四库全书提要》著录。

《盾墨》四卷，汤彝撰。汤彝，字幼尊。清善化（今长沙）人。生活于嘉庆道光间。此书乃其于道光十二年至十四年（1832—1834）在粤督卢坤幕中参议军事时作。书中记载当时岭南若干重大用兵事件，述其历史源流，为当局提供善后对策。有清道光间刻本传世。

王万澍著有《衡湘稽古》和《湖南阳秋》。其子国牧又作《湖南阳秋续编》。王万澍，字霍霖。常宁人。雍正乾隆间诸生。专攻湖南地方古史研究。

《衡湘稽古》五卷。自题“衡湘野人述”。书中大意以衡湘为古帝王巡狩都会之区，春秋时芈楚兼并，圣人屏之，后人遂忘其先之盛。于是历述伏羲、神农、黄帝、少昊、颛顼、帝喾、尧、舜、夏、商以迄周朝。有清乾隆刻本传世。《四库全书总目》存目。

《湖南阳秋》，原名《湖南春秋》，凡十六卷。书文采录正史有涉湖南者，仿朱熹《通鉴纲目》义例，汇为一编。起自汉，止于隋。隋以后资料亦已蒐集，尚未执笔编纂，万澍即呕血身亡，卒年 44 岁。其书于乾隆三十八年（1773）奉旨征求遗书时，抄录上呈，因“春秋”之名与经书孔子《春秋》同，遂易名“阳秋”。这是湖南有史以来第一部系统的编年体地方史。现存清同治九年（1870）常宁唐训方刻本和光绪二十七年（1901）黄甲草庐刻本。同邑王绅《湖南阳秋例言》述其始末甚详。

《湖南阳秋续编》十三卷。起自唐，止于元。乾隆间，王万澍去世后，其子国牧取其所遗隋以后之史料，依原书体例，续成此编。有光绪二十七年（1901）刻本传世。

方显撰有《平苗纪略》一卷。方显，字敬旷，清巴陵（今岳阳）人。康熙末贡生，官至四川巡抚。此书记载雍正四年至八年（1726—1730）其任贵州镇远知府时，协助川云贵三省总督鄂尔泰用兵平定“苗疆”，推行改土归流之事。书中取材戎马枕戈所见所闻，叙述详赡。撰于雍正十一年（1733）。现存同治十二年刻本。《续修四库全书提要》著录。

俞益谟撰《办苗纪略》八卷。这是由为官湖南的外籍人士编写的第一部关于湘西苗族的专史。俞益谟，字嘉言。宁夏人。曾官湖广提督。有清刊刻本传世。《四库全书总目》存目。

史评史论类，最有影响和价值最大的要数王夫之的《读通鉴论》和《宋论》二书。此外还有万机的《史评略补》、周士仪《史贯》等。

王夫之《读通鉴论》三十卷。此书成于康熙二十六年（1687）。据《资治通鉴》所列帝王世系，每卷又分若干篇。每篇则选此一时期历史事件、历史人物若干，进行分析评论，于史实皆略而不载。末附《叙论》4 篇，阐明著书宗旨。书中颇多卓见，堪称夫之史论之代表作。其书有清王嘉怡抄本（湖南省博物馆藏）、《船山遗书》本。

《宋论》十五卷。此书体例与《读通鉴论》同，可视为其续篇。全书按两宋诸帝顺序分编，每卷选择史实、人物若干，予以分析评论。所论多切中时弊。其书有清王嘉怡抄本（藏湖南省博物馆），清道光二十年（1840）《船山遗书》初刻本，清同治、光绪《船山遗书》本。

《史评略补》，万机撰。万机，字南村。清善化（今长沙）人。康熙时贡生。家贫多难，刻苦为学，勤奋著作。此书起自汉魏至唐五代，对史事、人物进行评述。《湖南通志》著录。《湖南文征》国朝（清）文卷八十三载有韩乐《史（评）略补序》。

《史贯》十二卷。周士仪撰。周士仪，清衡州府酃县人（今炎陵县）。此书为其史论要作。王夫之作序，言“周子读书穷理，必求其可以贯者而后已。《史贯》一书，吾知其于理有合也”。有清康熙十七年（1678）刻本。北京图书馆藏书。

清代前、中期，在对前朝及本朝湘籍名人和中国古代重要历史人物的研究方面，湖南也有不少成果，留下一批颇有价值的年谱和传记。如：王开琸撰《周子年谱》和《南轩公年谱》；《陈恪勤公年谱》一卷，唐祖价撰；《靖节先生年谱考异》二卷，陶澍撰；《何文安公行述》一卷，何绍基等撰；《孔子年表》、《湖南按察使赠巡抚傅鼐传》，魏源撰；《蔡忠烈公年谱》一卷，邹汉勋等撰；《李文正公年谱》一卷，朱景英撰；《关圣帝君年谱》、《关壮缪年表》，卢湛撰等。

与元、明两朝一样，湖南学者在清代也编辑了具有重要史料价值的大型文献典籍。其代表作即传世的《皇清经世文编》。

《皇清经世文编》，又名《皇朝经世文编》，凡一百二十卷。贺长龄、魏源辑编。贺长龄，清善化（今长沙）人。此书系贺长龄在江苏布政使任内，邀当时为其幕友的魏源为之选编。成书于道光六年（1826）。所编为清初至道光五年之官方文书、论著、奏议、书信、笔记等。分学术、治体、吏政、户政、礼政、兵政、刑政、工政8纲、65目。共收录700多家著述，2230余篇。正文前还编有生存作者姓名、姓名总目专集、别见三编，简介入编各家简历及其著作。此书集清军入关至道光初名人、学者经世论文之大成，且分门别类，便于检索查阅，乃研究清史的重要参考资料。有清道光七年（1827）等刊刻本、石印本传于世。中华书局出有校点本，更名《清经世文编》。

继《皇清经世文编》之后，魏源“念今昔病药之相沿，常以对治而益著”[②]，又复仿宋臣鉴唐、汉臣过秦之举，集有明一代之有关历史资料，编纂《明代食兵二政录》，共七十八卷。这是清代湘人编纂的又一部经世致用的大型典籍。书中采集了明代300年之重要文章议论。分食政、兵政两大类，下又各分13项和24项。惜原书全本已失传。仅魏源《古微堂集》抄本与光绪四年（1878）《古微堂集》刻本，载有《明代食兵二政录叙》。

在漕政海运方面，有《江苏海运全案》十二卷，陶澍撰。又《筹漕篇》，魏源撰。

在军事史方面，最有价值的著作为魏源《圣武记》、《湖南苗防录》，严如熤《洋防辑要》、《三省边防备览》和《苗防备览》诸书。

金石考证领域，黄本骥的研究成果最为显著。黄本骥，字虎痴，宁乡人。黄本骐之弟。道光元年（1821）举人，官黔阳县教谕。他先后编撰有《古志石华》、《金石萃编补目》和《隋唐石刻拾遗》等著作传世。

黄本骥在姓氏和职官、建置沿革等研究方面，也颇有造诣。撰有《姓氏解纷》、《历代职官表》、《郡县分韵考》等专著多种。特别是《历代职官表》，至今仍不失为古代官制研究的重要参考书。

除黄本骥的著述外，清代前、中期湖南在金石考证方面的重要著述，还有湘潭陈鹏年的《瘗鹤铭考》二卷。瘗鹤铭在江苏镇江焦山，为我国著名摩崖刻石。铭石曾崩堕于长江之中。康熙间，陈鹏年官江宁知府，募工从水中曳出，计得五石，上存77字。遂有备采前人之说，加以考证，编成是书。有康熙五十二年（1713）精刊本传世。

清前、中期，湖南文献考订校勘和编辑刊刻之风颇为盛行。其中成绩最为显著的有衡阳王敔、邵阳邓显鹤。

王敔（1656—1731），字虎止，号蕉畦，王夫之的次子。一生埋头于搜集、整理、刊刻其父亲遗著。所居湘西草堂为王夫之故宅，也是他整理刊刻船山著述之处，因此后人称王敔所刻为“湘西草堂刻本”。从康熙四十年（1701）至雍正初年，他前后分三次刊刻了十多种船山著述，现仍传世的只有《王船山先生诗稿》2种和《王船山书集》5种。王敔以毕生精力对船山遗著进行校勘、补正、注释和考证，所据又是王夫之手稿或第一次抄本，因此，其刻本最为可靠。但这些刻本传世不久，到雍正、乾隆年间因内容多有尊明反清思想，受“文字狱”牵连，先后被清廷查禁。据近人陈乃乾《禁书目录》记载，被列入“禁书”的有15种之多③。

邓显鹤（1777—1851），字子文，号湘皋，新化人。嘉庆九年（1804）中乡举。道光六年（1826）被选为宁乡县训导。13年后引疾归乡。曾主讲邵州濂溪书院。自幼喜吟咏，著述甚勤，而最大贡献在于对湖南文献的搜集、整理和考订刊刻。他大力搜集湖南前人诗文，经整理，编成两大部诗集，自己刊行于世。一是《资江耆旧集》六十卷，全书起于明止于清，共收入411人诗作4400余首，并另著《资江耆旧集小传》四卷。二是《沅湘耆旧集》二百卷，汇集明初至清道光二十一年，1699名湘籍人物的诗作15681首。后又辑成《沅湘耆旧集续编》一百卷和《沅湘耆旧集小传》二十卷。同时，他遍寻楚中掌故人物诸书，重新刊印周圣楷的《楚宝》，并进行增益、考订、辨析，编成《楚宝增辑考异》四十卷，《外篇》五卷。又与邹汉勋校勘王船山遗书经部38种，计一百五十卷，刊刻行世。还考订周敦颐《周子全书》九卷，搜辑和校勘元欧阳玄《欧阳圭斋文集》十八卷，均亲自为之刊刻行世。

清代前、中期，湖南传统地学获得相当大的发展，各类地理专志和省、府、州、县地方志的编纂，出现了一个前所未有的高峰和兴盛的局面。

在中外舆地志和地方杂记方面，湘籍学者和在湘外籍人士编纂的主要著述有《舆地图考》一卷，夏逢芝撰；《舆地沿革表》四十卷，杨丕复撰；《黔南职方纪略》九卷，罗绕典撰；《楚南苗志》六卷，段汝霖撰；《奉使纪胜》，陈阶平撰；《琉球入学见闻录》四卷，图一卷，潘相撰；《海东札记》四卷，朱景英撰；《三省山内风土杂识》一卷，严如熤撰。

清代前、中期，由湘籍学者及宦游湖南的外籍人士编纂的，关于湖南境内山水、名胜古迹、书院的专志，数量不少。如：《衡岳志》八卷，清初衡山知县、四川阆中朱衮和湖北襄阳袁奂修纂；《莲峰志》五卷，王夫之撰；《九疑山志》四卷，浙江富春詹惟圣纂修；《桃源洞志》，桃源僧人兰岩撰；《洞庭湖志》十四卷，陶澍督修；《湘水记》，清代湖南著名学者、宁乡王文清撰；《九江考》，湘潭夏大观撰；《炎陵志》四卷，酃县（今炎陵县）教谕、湘潭彭之昙撰；《长沙府岳麓志》八卷，首一卷，赵宁纂；《城南书院志》四卷，余正焕纂；《玉潭书院志》十卷，周在炽纂。

清前、中期，湖南纂修了大量的省、府、州、县地方志。一般均为宦游湖南的外籍人士主修，由湘籍学者和当地文人撰稿。

明代仅有《湖广通志》，内容包括现今湖北、湖南两省。湖南于康熙三年（1664）与湖北分治设省后，开始单独修志。乾隆和嘉庆年间先后纂修了两部《湖南通志》：亦即乾隆《湖南通志》，一百七十四卷、首一卷。湖南巡抚、广西桂林陈宏谋修，欧阳正焕等纂；嘉庆《湖南通志》，二百一十九卷、首三卷、末六卷，湖南布政使、浙江余姚翁元圻修，浙江上虞王煦等纂。

清代全省所修的府（州）、县（厅、卫）志甚多。据初步统计共412部，至今尚传世的约350部，其数量远远超过明代。其中，出自名人之手和堪称佳作的不少。

第五节 科 技

医学　天文、算学　农桑技术

清代前、中期，湖南传统中医药学进一步发展，民间出现的名医和留下的医学专著甚多。较著者有：

《医学脉灯》，常朝宣撰。朝宣，号妙悟子，长沙人。因病，遂肆力学医，尤潜心脉理，尝谓医家首重切脉，犹作文首贵认题。此书所论述，多采自张景岳、萧通隐、李濒湖之说，间参以己见，学者展卷即可知切脉之理。有清乾隆十四年（1749）刻本传世。

《验方增辑》二卷，黄钤撰。黄钤，字映庭，号朗垣，长沙人。乾隆时举人。历任衡山、临湘教职。全书共分64门，所选方多系食物及常用之品，均为经验有效者，道听途说之方药概不录入。有清乾隆五十九年

(1794) 余庆长刻本传世。

《彤园医书》，郑玉坛撰。玉坛，字彤园，长沙人。生活于乾嘉间。自幼喜读其父所录医书，遍览家藏医书，于晚年撰成此书行世。郑氏在编撰此书时，认为《御纂医宗金鉴》，集医学之大成，故以其为蓝本，广搜各家之说，结合自身临床经验，于每科标举品题于前，随症附方集解于后，颇具医学价值[④]。有乾隆六十年（1795）刻本，嘉庆元年（1796）、清光绪二十五年（1899）重刊本。

《验方新编》，鲍相璈撰。相璈，字云韶，善化（今长沙市）人。幼时见世人多以良药自秘，心甚鄙之，发愿欲广求验方，公之于世。历20年，展阅古今载籍，访问私家良方，经过筛选，辑成此书。从道光至民国各个时期均有翻刻，香港、日本东京、横滨等地亦有多种刊本。此外，还有《增订验方新编》、《增广验方新编》、《选录验方新编》、《国医录验方案大全》等增删衍化本。

《伤寒源流》六卷，陶之典撰。之典，字五徽，号憺庵。宁乡人。顺治中以拔贡授安亲王府教习，擢内阁中书。工诗文，兼通医学。此书卷一、卷二为源集，卷三至卷五为流集，卷六为源流药方，列源集药方113，流集药方127。有清康熙三十六年（1697）刻本传世。

《秘珍济阴》三卷，周诒观撰。诒观，字湘门，湘潭人。少习举子业，屡试不售，弃儒从医，数十年间，起沉疴者，百无一失，成为一代名医。此为其所著妇科医书，精心纂集，内容清晰，使用方便，深得医界好评。传世有道光十年（1830）刻本。

《罗氏会约医镜》二十卷，罗国纲撰。国纲，字振占，号整斋，湘乡人。少习举业。喜读医书，后弃儒从医，治验甚多。晚年将一生临证所得，撰成此书。传世有乾隆五十四年（1789）刻本。

《金匮启钥》三十五卷，黄朝坊撰。朝坊，字妙山，醴陵人。生活于乾嘉间。继承家医传统，又师从名医匡邦宝，于行医授徒之暇，越数十春秋，三易其稿，于嘉庆九年（1804）撰成此书。是编本《内经》、《金匮》之旨，旁征博稽，折中诸说，力求论理当，论证详，论治切，使读者一目了然。所分各科，皆首论经络、脏腑、四诊八纲，继论各科病症。论后继歌，歌后继脉，务使脉证相勘。脉后列方，正方之外，间附要方，以应急用。方后继案，举生平所获，间附前人奇验者以证之。其书原为写本，时隔56年后，由其裔孙倡募刊行。有清咸丰十年（1860）刻本传世。

《瘟疫辑略》三卷，李宾门编撰。李宾门，醴陵人，自幼体弱多病，遂好读医书。嘉庆九年（1804）师从人攸县名医贺鸿磐，内外小儿方脉，无不研究，而于瘟疫尤为着力。有道光八年（1828）刻本传世。

《脉要图注》四卷，贺升平撰。升平，字奠邦，号鸿磐，攸县人。困而好学，安贫嗜古，精研医道，活人甚众。年80余卒。所著《脉要图注》，又名《图注脉要详解》。传世有乾隆四十八年（1783）刻本，嘉庆五年（1800）、光绪间重刊本。

《医学四要》十八卷，蔡贻绩撰。贻绩，号乃庵，攸县人。行医50余年，于晚年撰成此编。此书内含《医学指要》六卷、《医会元要》一卷、《伤寒温疫抉要》五卷、《虚损失血集要》六卷。分别刊于嘉庆和光绪年间。

《金针三度》三卷和《三针并度》三卷，熊应相撰。熊应相（1702—1785），字廷良。衡山人。相传，其家50代行医。后家道中落。应相少时乃日事耕种，夜读祖传医书，勤奋不倦，终成一代名医[5]。二书均有民国三年（1914）年刊本存世。

《痘科辑要》五卷、《麻科辑要》，文起撰。文起，字梦弼，衡山人。少攻举子业，通经史百家，屡试不举，乃弃儒学医，精于小儿麻痘。二书均有嘉庆六年（1801）刻本、道光九年（1829）重刻本存世。

《三指禅》三卷，周学霆撰。学霆，字荆盛，自号梦觉道人，邵阳人。生活于乾嘉间。13岁应童子试，拔前茅。归途患水肿，误服药，几濒于危。从此因病弃儒习医，兼治佛、道之学。积40余年之经验，著有《三指禅》、《医学百论》、《外科便览》、《医案存》等医书及《梦觉道人诗集》。现存者仅《三指禅》一书。书中论说明晰，措辞清雅，深得后世医界好评。现有道光七年（1827）、光绪八年（1882）刊本存世。此后，国内外有多种翻刻本流传。

清代前、中期，湖南文人在天文研究领域最突出的代表是许伯政。

许伯政，巴陵（今岳阳）人。约清前期在世。精天文，通经史。著

《全史日至源流》三十三卷。辑入《四库全书》，并有《碧琳琅馆丛书》、《芋园丛书》刻本及八千卷楼抄本传世。此书著作主旨，在于稽考经史传注中之至朔气闰是否符合实际天象，并纠正记载之误。其书的推算尽管还存在着不同程度的差异，但在200多年前能达到这样的准确性，仍属难能可贵。至今书中的某些部分仍有一定的参考价值。

在天文方面，清前、中期湖南还有一些研究成果。如：石门吴家庆著有《天官书纂》，湘阴黎光祕著有《星宗格要》，长沙黄渌著有《浑天仪象法》等。

数学方面，长沙李锡蕃有一定的成就。李锡蕃，字晋夫。生活于清中期。通晓数学。著有《借根方勾股细草》一卷。锡蕃认为西方之借根方即中国算法中之天元（即古代九章方程，相当于今代数中之一元方程式），经研算得例数十题，著作此书。甫脱稿，即病卒。后同邑丁取忠为之梓行，编入《白芙堂算学丛书》。

又，清泉（今衡南）谭学元，通晓天文算学，曾自制浑天仪、窥远镜诸器物。撰《推历指掌》、《九章算法适中》、《三角形纲目》等书。惜未见传世。仅《湖南通志》著录。

清前、中期，湖南农业的耕作方法、灌溉和施肥等技术有了提高和改进。如宁乡县自乾隆以后，“凿井挑塘，筑坝畜水，点滴不肯轻泄；沿河两岸横江累坝，架筒车汲灌。其车法或牛拖，又有手挽脚踏者，随高低用之”。“粪田方法，薅草坯烧火土，采青草，拾牛豕狗粪，呕田池。栽插后，用石灰散布田中，能杀虫、肥土。又或用棉枯、桐枯、菜枯及牛骨灰者。秋获甫毕，即犁田蓄水，曰打白水，以七八月为美，九十月次之，有‘七金、八银、九铜、十铁’之谚。”在山区，“山农治山，三伏以锄转土覆草于下，候雨过炎蒸腐之，以美疆土。一岁种菸，再岁种薯、荞、粱、粟，三岁种芝麻”[⑥]。可见，田地灌溉设施和工具已相当齐备，已掌握各种施肥和保持土地肥力的方法，种山地还知多种作物轮作。

为提高单位面积产量，清前、中期湖南有些地方已推广双季稻的种植。如同治《醴陵县志》记载：“田所宜惟稻，岁两熟，有早、晚两种。山阿之田，地气冷，仅一熟。莳稻早不过立夏，晚不过芒种；晚亦两种，夹莳早稻缝中者曰亚禾……视他邑岁一熟者为劳苦。”又云：“通治二熟禾，虽间亦有莳中稻、糯稻者，特百分一耳。”这说明醴陵地区，最迟在清中叶已大面积种植双季稻。

清前、中期，种桑养蚕技术在湖南也进一步推广和发展，出现了一些专门总结这方面生产技术和方法的农书。传世的有：

茶陵谭之纪撰《增订蚕桑成法》二卷。有乾隆间抄本，孙殿起《贩书偶记续编》著录。

何安石、魏默深（魏源）辑《蚕桑图说合编》一卷，包括桑说 5 条、蚕说 10 条、图说 16 条。有高州富文楼刊本，《续修四库全书提要》著录。

俞昌会撰《蚕桑谱》。俞昌会，顺天宛平（今北京市）人，道光中任桂阳州知州。此书为其官桂阳州时所辑。言桂阳边地，山多于田，民虽知勤，皆务稼穑，而不知蚕桑，故编此书以授种桑养蚕之法。有道光间刊本传世。《湖南文征》辑黄诚为此书所作《蚕桑谱序》。

第六节 宗 教

名僧辈出的佛教　理论卓荦的道教　因商入湘的伊斯兰教　清初天主教的传入

长沙麓山寺，明末毁于兵燹，四周竹木砍伐殆尽。至清代，又复中兴。顺治十五年（1658），首议重修麓山寺，12 年后由智檀僧全面着手进行修复。智檀俗姓冯，陕西省汉中县人，诸方参请，足迹遍布大江南北，过江西，到长沙，入住麓山寺，结草庐而居凡七年。康熙十年（1671），得提督张勇的支持，邀集各地军政要员，捐资复建该寺前殿、大殿、法堂、方丈，约五年而工竣。又一年，藏经阁始建成。但不久，又遭兵火大部被毁。到康熙二十年（1681），始由其嗣法门人阿诺文惺禅师，得赵云岑之助，重修后殿，薛柱斗则出钱修复前殿，塑弥勒像，程仕吾施财塑韦驮像，赵又复建山门一座，遂使该寺规模宏远，焕然一新。清代麓山寺，诗僧辈出，先后出了智檀、文惺、弥嵩、天放、笠云等，皆曹洞宗僧人，工诗能文，善书画，名重一时，都有著述行世。

长沙开福寺，清代，先后修建过四次：第一次是顺治十七年

(1660)，沙门佛国当住持时募修；第二次是康熙八年（1669），总兵卜世龙倡捐重修，巡抚周召南、藩司郎永清、臬司孝荣宗、推官胡壮生助修天王殿；第三次是乾隆三十七年（1772），寺后制造火药，寺宇被焚，巡抚梁国治命僧募修；第四次是乾隆六十年（1795），又因寺后制造火药，引起火灾，灾后复为修葺。

衡山南台寺，乾隆嘉庆年间（1736—1820），寺僧分移寺产于南岳庙之西廊，建私庵，曰："老南台寺"。原寺遂废。清末，淡云、妙见师徒，苦心筹措，又重新修建，略具丛林规模。包括外山门，中轴线为关圣殿、大雄宝殿、方丈室（楼上为藏经阁）。东边厢房依次为客堂、斋堂，西边厢房依次为禅堂、祖堂。此外，西边还有华严阁以及其他附属房屋等。

衡山福严寺，清代先后有淡云、玄妙、海岸等高僧在福严寺活动过。据雍正十三年（1735）统计，该寺有田226亩4分5厘⑦。有上天狮子、圣僧入定、一柱撑天、镜台流月、丹凤啣书、石竿垂钓、三生共话、烟雨飞华、金鸡啣粟、石鼎焚香等十大胜景。乾隆五年（1740）清廷赐给《大藏经》一部。

衡山上封寺，清代曾有几位诗僧驻锡于此。一是巽目，字长庵，南昌（今江西省南昌市）人。康熙初，应巡抚周召南请住上封寺。著有《语录》及《上封寺志》行世。擅诗，当时名流显官如王潭宏、车万育等相与唱和。二是木照，字寄云，号竹轩，俗姓王，湘潭县人。嗜诗，与刘元熙游，诗益进。先后任长沙（今属望城县）桐溪寺、南岳上封寺方丈，后住长沙开福寺，开创湘春吟社，著有《杯渡集》。三为寄禅（1851—1912)，名敬安，湖南省湘潭县人，清末著名诗僧。因燃指供佛，世称八指头陀。曾住持过南岳上封寺。有《嚼梅吟》、《白梅小集》、《八指头陀诗集》等传世。

衡山祝圣寺，康熙四十四年（1705），偏沅巡抚赵申乔为准备迎接康熙皇帝南巡，迁胜业寺于沙坪，改原胜业寺为"行宫"。康熙五十三年（1714）住持晓堂改行宫为祝圣寺，此为祝圣寺得名之始。雍正（1723—1735）初，继晓堂为住持的淡远，奉命重修。并把一度迁在沙坪的胜业寺，迁回原址。继淡远为住持的先后有前参、佛格。其时寺宇寥落，佛格乃于乾隆十二年（1747）进行大规模维修，当时祝圣寺不但殿堂庄严雄伟，而且风景极其优美。咸丰以后，有擅长雕刻艺术的心月和尚，按照昆陵天宁寺石刻五百应真像拓本，新刻五百罗汉像，嵌在新建的罗汉堂内壁上。清末在祝圣寺当住持比较著名者有淡云、佛乘等人。

沩山密印寺，明代，寺院经济趋于衰落。神宗万历年间，又遭遇两次大火，殿堂焚毁殆尽。清代，密印寺殿堂、法物渐次恢复。主其事者有慧山、灵源、伟悦、大参、能远等人，其他著名僧人还有明智、明冽、明应、揆庵、实舒、巨翔、明权、实照、濬明、寄禅等十余人。而以慧山出力最多影响最大，其时寺僧达 700 人。清顺治十二年（1655）慧山重建大佛殿（又名万佛殿），殿高 7 丈，每砖模佛一尊，殿内供奉三大佛像，其中一尊为纯檀镂刻，后供三大士像。同年，建寒山殿，在大佛殿之前，内塑裴休像。顺治十三年（1656）建警策殿，在大佛殿后，内塑千手千眼观音像。康熙八年（1669）募资铸铁瓦盖在万佛殿上。康熙十年（1671）沙门灵源募铸铜钟一口，重 5048 斤。康熙三十年（1691）沙门伟悦增建山门。乾隆五年（1740）七月请颁藏经一部。道光九年（1829）沙门大参复请藏经一部。道光十七年（1837）沙门能远，独建阁于万佛殿右，高 5 丈 7 尺，知县方炳文为撰碑记，并写匾联以赠。

浏阳石霜寺，宋代曾盛极一时。元、明两代，处衰落时期。入清后，又逐渐中兴。临济宗僧人连尊，为开山祖师庆诸禅师重建，塔上刻有“唐青原第五世普会诸禅师塔”，今塔犹存。雍正十三年（1735）重修大佛殿。乾隆五十九年（1794）修山门、两廊，次年续有增建。光绪五年（1879）重修大悲阁。寺院管理体制，为法门丛林，分 6 房僧人依次待继为住持。

清代，仍有一些高僧来到湖南，参禅弘法，为佛教宗义的发扬和在湖南的传播作出了贡献，如禅宗的道忞、天培、弘储，净土宗的衍义等。

清代前、中期，湘籍僧人和湖南世俗学者在佛学研究领域，也有不少贡献。如：

文惺，清代湘籍僧人。俗姓周，号阿诺。湘潭人。生卒年不详。清初出家于衡山清凉寺。原不识字，经过苦读，工诗能文，精通释典。开堂南岳晓霞峰。康熙间主持岳麓寺，寺内有明万历藏经两大柜。文惺刻苦精读诠释，撰《妙法莲花经笺》凡三十卷。《湖南通志》著录。

著名哲学家王夫之，在佛学研究领域也颇有造诣。晚年著有《相宗络索》一书。此书为其阐述佛教法相宗（简称相宗）义理之著作。法相宗，源于印度佛教瑜珈宗。瑜珈宗以研核诸法实相为主旨，故我国佛教界称其为法相宗。法相宗义理繁富，但较难研读。夫之著作此书，意在系统论述相宗基本概念，使学者易于理解与摄持。此书是研究相宗思想及其对中国哲学史影响，不可不读之书。原书为稿本。其最早版本为民国十年（1921）衡阳石印本。后有民国22年（1933）《船山遗书》本。

清代湘籍僧人净讷，撰有《宝镜三昧原宗辨谬》一卷。净讷，俗姓王，号且拙。衡州安仁人。幼孤出身，26岁在衡山紫荆峰受具足戒。后至浙江湖州弁山参瑞白明雪，嗣其法，为禅宗曹洞宗传人。唐洞山良价所著《宝镜三昧》，为曹洞宗宗典。此书论述《宝镜三昧》本义，解说云岩亡重离六爻、偏正回互，阐释洞山良价、曹山本寂、石霜等五位功勋、五位君臣、五位王子之说，以彰显《宝镜三昧》原旨。收入《续藏经》。

中国道教，自明代以后逐步衰落。在湖南虽亦如此，但省内南岳等地的一些著名道观，在清代依然得到重修、扩建和不同程度的发展，并且也还兴建了少数道教宫观。同时，仍有一批湘籍的和外来的著名道士及世俗文人，为道教和道学研究、弘扬作出了新的贡献。

南岳大庙。康熙中重修。正川门御碑亭内，有康熙四十七年（1708）为重修南岳大庙而立的巨大石龟驮负的石碑，碑文至今清晰，系康熙皇帝御笔所题。大庙正殿，即圣帝殿，为清代后期重建。殿阔7间，周有72根大石柱，象征南岳72峰。殿中供奉贴金南岳大帝——司天昭圣帝。

南岳玄都观。原名半山亭，又名吸云庵。同治元年（1862），道教龙门北宗谭教清参访至此，购买该亭及周边山地2400平方米，改亭扩建，取名玄都观，作为北宗南移之十方丛林，成为南岳山中一大道观。

南岳九仙观。始建于晋太康年间（280—289），盛于唐。宋、元、明三朝，九仙观兴废历史无从考证。清初，有武当派道士李皓白来南岳，主持九仙观。至顺治十一年（1654），为九仙观取得亡明藩室桂王遗田615亩，及荒山243亩，复率道众垦荒约400亩。

长沙云麓宫。明末毁于战火。康熙年间（1662—1722）予以重修。咸丰间又遭兵燹。同治二年（1863），武当山太和宫道士向教辉来居此宫，募资按原貌再次重修，并增五岳殿等。

芷江天后宫。位于芷江县㵲水西岸，与县城隔河相望。据同治八年（1869）《芷江县志》记载，此宫为“福建客民”于乾隆十三年（1748）所建。是湖南乃至内陆各省中最大的一座妈祖庙。

张家界朝天观。古观遗址位于张家界景区内琵琶溪。始建年代史无确切记载。清嘉庆、道光、咸丰、同治年间，曾多次重修。据嘉庆元年（1796）《重修朝天观功德碑》载：“朝天观，建自汉唐，前有灵山，后有青岩，左有马嵩岭。”又据观内道光十九年（1839）重修碑记载：张家界山巅“有庙曰朝天观，供奉真武神像”。此观应源于武当派。现仅存大量清代碑刻和古观多处遗迹。

常德太和观。明末毁于大地震。时任住持杨道长，立誓重建，恢复旧观，十方信士纷纷解囊相助。于是自清顺治戊戌（1658）十二月动工，至辛丑年（1661）八月，历经三载，乃重修玄帝宫（即太和观）。主殿仍供奉真武大帝，并增修一天门供奉王天君，增修二天门供奉赵天君，新砌石级百余级，又于左右各恢复钟楼和鼓搂。当时宫观规模宏大，道众云集，先后有王奇祥（道元）、陈瑞仙（洞真）等名道主持，定于每年八月十五日举办庙会。

清代前、中期有李皓白、周学霆、谭守诚、刘理授等著名道士在湘主持法事或传道。

清代湖南世俗文人对于道家理论研究，成就最著者也应数王夫之。夫之先后撰有《老子衍》、《庄子解》、《庄子通》、《愚鼓词》等阐发道家学说的著作。

《老子衍》，始作于清顺治十二年（1655）。后书稿被友人借去毁于火灾，康熙十七年（1678）其子敔出旧本施乙注者，复录成是编。其自序谓：昔之注《老子》者，代有不同宗派，各传异说。众说纷纭，互相糅杂。“夫之察其悖者久之”，故欲“废诸家，以衍其意”，“入其垒，袭其辎，暴其恃，而见其瑕”[⑧]，以全面阐述《老子》。书中经文之下有小注，然后逐章加以衍解。其所作注释，除自申己意外，还引用韩非、严君平、王辅嗣等 20 家之说。其书有清康熙湘西草堂《王船山先生书集》刻本。后收入《船山遗书》。

《庄子解》，三十三卷。每篇之首有篇解，各篇正文之下有注解，多为船山自作，亦有其子敔所作“增注”。每段之后，又有解说，综括全书篇解大意。其对《庄子》一书之评解，意在去前人以儒佛附会庄子，还庄子本来面貌，并在字里行间，指出其缺点所在。学者对其予以好评。其书版本与《老子衍》同。

《庄子通》，为船山就《庄子》阐发己见之作。在这本书中，他主要是借庄子之言阐发自己的思想，其中不乏高见卓识。如提出“以物为师”（《人间世》）；“天地无往而非其气，万物无往而非其机”（《齐物论》）；“以中裁外，外乃不淫；虚中受外，外乃不窒”（《天运》）以及《逍遥游》中对“多寡、长短、轻重、大小”相互关系的论述等，都富有睿智的哲理。书中还对庄子“逃之空虚”、不谴是非等消极思想作了批判。

《愚鼓词》，系以乐歌述道家内丹丹法之作。首《前愚鼓乐》言“梦授”丹法，为“鹧鸪天”词 10 首。次《后愚鼓乐》，为“译梦”16 阕，寄调“渔家傲”，诠释所梦金丹歌词。末附和青原药地大师（即前明大学士方以智）《十二时歌》。此歌系述丹法炼精化气阶段周天火候之术。据王夫之子王敔《大行府君行述》称：船山居山中“时著道冠，歌愚鼓”⑨。

除王夫之外还有魏源，爱好佛学，同时对道家经典也颇有研究。撰有《老子本义》二卷。此书前有叙，论《老子》、《史记·老子列传》，后有附录与跋。正文分上、下两篇，合《老子》通行本 81 章为 68 章。其《论老子》，主要论述老子思想之主旨及其渊源，比较老子之学与列御寇、杨朱、庄周等之差异，分析其与儒、佛之不同，并历述后世尚老、解老者之误。末言《老子》一书分章得失，斥河上公、傅奕、姚鼐诸家之非，独崇《淮南子》所引为最善。书中除夹句校字外，分章引述前人注释，最后诠以己意，间于章题之下，述其分章之见。其书约成于嘉庆二十五年（1820）。道光初又曾补叙。生前未刊。现有《丛书集成初编》、《万有文库》、《诸子集成》等刊本传世。

益阳陈其扬于道家经典《参同契》的研究颇有贡献。陈其扬，字禹封，号舫斋。雍正四年（1726）武举人。通经史，工书法。撰有《石函古本参同契注》传世。现存乾隆刻本。又辑入《湖南文征》。

自明末清初开始，回族穆斯林从江浙、南京等地来湖南经商，定居于长沙、常德、邵阳等地，形成自称为“南京班”或“客班”的回族穆斯林聚居区。同时，也有因水旱灾害等，一批回族穆斯林由湖北一带来湖南投亲靠友，定居湘北津市、湘阴、华容、南县，其后裔再迁居常德、长沙等地。于是湖南各地的清真寺随之增多，伊斯兰教在这些地区也就得到了传播。

清代前、中期兴建的清真寺主要有：

长沙三王街清真古寺，又称本寺。据其奠基碑文记载，系明末来长沙定居的回族穆斯林于清康熙元年（1662）集资兴建的，建筑面积1500余平方米。这批穆斯林自称“本班”，而称清代始来定居的为“客班”，故该寺又称为“本寺”。此寺至民国年间因还债被变卖。

长沙三兴街清真客寺。据其奠基碑文记载，由被称为“客班”的回族穆斯林于康熙五十年（1711）集资兴建。该寺现已迁建于回龙山白沙井岭。

湘潭市清真古寺。位于市内莲花街。道光年间，由当地南京籍金姓回族穆斯林首倡集资兴建。

常德市清真古寺。原址沙河街。明永乐初年，翦、黄两姓穆斯林始迁祖建有清真古寺，至清初已倾颓。顺治初年，当地穆斯林集资重建此寺。自清代以来，一直为湖南全省伊斯兰活动中心。

常德市东寺、西寺。东寺，原址在五铺街，道光初年建。上世纪60年代被征用改建为市合作社。西寺，原址大庆街，嘉庆年间始建。

邵阳市郊白鹤潭清真寺。建于道光二十年（1840），原建筑还部分保存。

隆回县桃花坪清真寺。位于桃洪镇和平街。当地穆斯林于嘉庆年间集资筹建。道光七年（1827）建成。道光二十一年、咸丰八年（1858）又增修。建筑面积1500余平方米。清真寺还创办学校1所。

沅陵县清真寺。位于县城马路巷坡项。嘉庆年间，由陕西瞿、刘两姓回族穆斯林来沅陵为官时兴建。现经维修恢复。

此外，还有一批清真寺均应属清代前、中期建筑，但确切年代无考。

回族、维吾尔族穆斯林进入内地后，基本上都是定居于汉族聚居地区。由于受占主导地位的汉族宗教信仰和文化习俗的影响，有部分穆斯林家族集体改变信仰而从汉俗，史称“出教”。这种现象在湖南某些地方清代前、中期即已发生。如桃源翦姓维吾尔族穆斯林家族，在清代出有36名秀才，他们多与汉人联姻，并改信佛教。

西方的天主教，早在唐贞观年间曾一度传入中国。时称景教，又名大秦教。后中断。明万历十年（1582），耶稣会传教士、意大利人利玛窦等，进入广东传教并输入西欧科学知识，获明大臣支持和皇帝的赞誉。从此天主教正式在中国内地得到传播。天主教传入湖南，则始于清初。

康熙初年，天主教传入衡阳。第一家教徒为李英松。李英松，生于明崇祯五年（1632），先住江霞滩，后迁河口，又率其侄李开顺再迁黄沙湾。康熙初年，有耶稣会教士乘舟进衡阳，停泊黄沙湾，李英松和李开顺听其宣讲入教。后李家的亲友，衡阳北乡的郭家，南乡的罗家，东乡的张家，经李英松叔侄引进先后入教。后来黄沙湾成为衡州府天主教总堂所在地[10]。

天主教传入长沙，是清康熙二十九至三十八年间（1690—1699）。第一个来长沙从事传教活动的，是西班牙耶稣会教士陆若瑟。康熙三十八年，陆若瑟在长沙修建了一座临时教堂。光绪二十八年（1902），意大利方济各会教士翁德明予以重修，其地址在今长春巷7号，现为省、市天主教爱国会、教务委员会所在地[11]。

此外，清康熙年间，天主教还开始传入永州、郴州、衡山、常德等地。康熙三十八年，永州始建天主堂；三十九年，郴州建教堂；四十一年，衡山教友筹资建堂；五十年，常德建教堂。

自清初以来，有一批外国传教士曾长期留居湖南，进行传教活动。其中，第一位就是西班牙传教士陆若瑟。他于康熙二十六年（1687）来华。从二十八年至三十八年（1689—1699），留居湖南达十年，传教于湘潭、长沙、永州等地。继之，有葡萄牙耶稣会教士聂若望，法国教士穆天尺，意籍方济各会教士叶功贤、王方济，葡籍耶稣会教士记类思，法籍耶稣会教士卜日生、顾释泽，意籍多明我会教士陆文仁等先后来湖南传教[12]。

雍正、乾隆年间，由于一再下禁教令，不允许西洋人潜入内地传教，除个别偶尔路过外，已无长期留住湖南境内的外国传教士。至嘉庆十八年（1813），意大利传教士兰月旺潜入湖南，在湘潭、衡阳、永州等地秘密活动。两年后，即嘉庆二十年（1815），在耒阳被捕，械送长沙。第二年，奉上谕处以绞刑。清朝统治者的这种严厉的禁教政策，抑制了天主教势力在湖南的传播和发展。

【注释】

① 参见新编《湖南省志》第二九卷《著述志》（上册），湖南人民出版社 2003 年版，第 101 页。

② 引自《魏源集》上册，中华书局 1976 年版，第 163 页。

③ 参见新编《湖南省志》第二〇卷《新闻出版志》，湖南出版社 1991 年版，第 21 页。

④ 参见新编《湖南省志》第二九卷《著述志》（上册），湖南人民出版社 2003 年版，第 307 页。

⑤ 参见新编《湖南省志》第二九卷《著述志》（上册），湖南人民出版社 2003 年版，第 311 页。

⑥ 清同治《宁乡县志》卷二四。

⑦ 参见新编《湖南省志》第二七卷《宗教志·佛教》，湖南人民出版社 1999 年版，第 97 页。

⑧《船山全书》，岳麓书社 1996 年版，第十三册，第 15 页。

⑨ 引自侯外庐《船山学案》，岳麓书社 1982 年版。

⑩⑪ 参见伍新福主编《湖南通史》（古代卷），湖南人民出版社 1994 年版，《湖湘文库丛书》本，第 691 页。

⑫ 参见湖南省历史考古研究所编《湖南历史资料》1958 年第 4 期。

第七章

清后期至辛亥革命

道光二十年（1840）鸦片战争爆发后，湖南历史与全国一致，亦步入了近代时期。湖南尽管属内陆省份，仍较早地感受到鸦片战争的冲击波，是最早的禁烟省份之一，又曾派出营兵赴广东参加抗英战争，深受外来侵略的祸害，因而也较早地卷入了近代历史的漩涡。但是，湖南近代史也有着明显的特点，并在全国具有重要地位。在鸦片战争前后全国社会思潮转向的经世思潮中，湘系经世派起着倡导和主持的作用。湘军的勃兴，挽救了垂危的清王朝，在全国政治、军事、经济、思想文化领域都产生了重大影响，而湖南在全国的地位也从此急剧上升。如果说，全国经济、文化的近代化开始于 19 世纪 60 年代，那么，湖南近代化起步则较沿海沿江先进省份晚了足足 30 年，至 90 年代戊戌维新时期才急起直追。由此，在湖南近代前期（1840—1919）的 80 年中，又明显地划分为两段：前段 55 年，经济社会发展相对缓慢落后，思想文化尤显得闭塞保守，竟至“以守旧闭化名天下”；后段 25 年，则经济、教育、思想、文化都焕然一新，诸多方面甚且引领全国。湖南是戊戌维新运动中“全国最富朝气的一省”，又是辛亥革命的策源地之一和武昌起义后的首应省份。在此过程中，近代湖南一改古代“湖南人物，罕见史传”的局面，转而成人才辈出，为举世所瞩目。一批批湖南志士，爱国情怀激越，经世学风扬励，务实苦干，忘我奋斗，不怕牺牲，前仆后继。湖南的学术思想、文学艺术、教育科技、文化事业等，都有新的发展。这些，都彰显出近代湖南文化的发展繁荣及其特点。

第一节　学术思想与社会思潮（上）

陶澍、贺长龄、魏源的经世思想　曾国藩、左宗棠、胡林翼理学经世的强化　崔暕、周汉的反洋教宣传　郭嵩焘、曾纪泽的洋务思想与外交活动

鸦片战争前后，随着清王朝内忧外患的日益加深，在文化精英层和少数爱国封疆大吏的倡导和主持下，逐步酝酿和兴起了一股经世致用思潮。

在全国这一颇具声势的经世思潮中，尽管人物繁多，大本营又在两江地区，但湘系经世派却实际上起着倡导和主持的作用，为世人所注目。这是因为：当时甚具实力和影响的两江总督陶澍、先后任江苏布政使和江宁布政使的贺长龄，都是湘籍人士，非湘籍的经世派名人如龚自珍、林则徐、包世臣、喻德渊、王凤生、姚莹等，亦大多是他们的幕僚或部属；曾经亲身参加鸦片战争且首倡“师夷长技以制夷”的魏源，也是湖南人；其他有影响的湘系经世派人士，还有汤鹏、唐鉴等。

图上 7-1　陶澍像

陶澍（1779—1839），字子霖，号云汀，湖南安化人。他虽然在鸦片战争前一年即已辞世，但他的思想、业绩的影响主要及于近代。他为嘉庆七年（1802）进士。历官江南道监察御史，川东兵备道，山西、福建按察使，安徽布政使，安徽、江苏巡

抚，两江总督。如果从道光二年（1822）任安徽布政使算起，他在两江地区从政 17 年；从道光三年迁安徽巡抚算起，他在两江地区职任封疆 16 年；而从道光十年升任两江总督算起至逝世，也长达 10 年。这在晚清地方大吏中是少见的。他通经史，工诗文，所著除大量奏疏、诗文、日记外，尚有《陶桓公年谱》、《陶渊明诗辑注》、《谈瀛录》等。殁后谥文毅，有《陶文毅公全集》传世。今岳麓书社出版有《陶澍全集》。

陶澍的政绩，就其影响及于后世者而言主要有三：一为大力兴修水利，整治漕政、盐政，促进两江地区进一步开发；二为改漕运为海运，改纲盐为票盐，重视商民利益，成为近代经济改革的先驱者；三为注重培养、延揽、重用经世人才，成为经世派的早期核心。关于培养、延揽、重用人才，《清史稿·陶澍传》有一段评论："澍见义勇为，胸无城府。用人能尽其长，所拔取多至方面节钺有名。在江南治河、治漕、治盐，并赖王凤生、俞德源、姚莹、黄冕诸人之力。左宗棠、胡林翼皆识之未遇，结为婚姻，后俱为名臣。"张佩纶与张之洞在叙谈中说："论道光来人才，当以陶文毅为第一。"他们将道光迄咸、同时期的人才分为三类：一类为"讲求吏事，考订掌故"者，如贺长龄、魏源、曾国藩；一类为"综核名实，坚卓不回"者，如林则徐、蒋攸铦、琦善；再一类为"以天下为己任，包罗万象"者，如胡林翼、曾国藩、左宗棠。然后指出："而陶（澍）实黄河之昆仑、大江之岷也。"[①]把陶澍形象地比喻为近代初期各类人才的源头。而以陶澍为首的湘系经世派，也可以说是近代湖南人才辈出的第一个群体。

贺长龄（1785—1848），字耦耕，号西涯，晚号耐庵，湖南善化（今长沙）人。嘉庆十三年（1808）进士。历官广西、江苏按察使，江苏、山东、江宁布政使，贵州巡抚，云贵总督。

贺长龄在任江苏布政使时，率同魏源编辑《皇朝经世文编》一百二十卷，选辑清初至道光前的官方文书、论著、书札等中有益于经世致用的文章，分为学术、治体、吏政、户政、礼政、兵政、刑政、工政八类。刊行后，很快风行海内，影响巨大。终清末直至民初，续编、仿编者相继，先后有《补编》、《续编》、《三编》、《四编》、《五编》、《新编》、《统编》及《皇朝蓄艾文编》、《民国经世文编》等十余种。

贺长龄还十分重视培育、延揽经世人才。道光十年（1830）冬，他任江宁布政使时，因丁母忧回到长沙。年轻好学的左宗棠钦佩他的品学，加以贺家藏书甚多，便经常前往讨教并借阅图书。他诱掖后进，常亲自为登楼取书，数数登降，不以为烦；左还书时，他又必问其读书心得，相与考订切磋。他很赞赏左的志趣和才华，目之为“国士”。稍后，左宗棠便入其弟贺熙龄为山长的长沙城南书院学习。

魏源（1794—1857），字默深，湖南邵阳金潭（今属隆回）人。道光二年（1822）中顺天乡试第二名，道光帝“阅其卷，挥翰褒赏，名籍甚”。五年参加会试，与龚自珍均意外落选，主考官刘逢禄“赋《两生行》惜之”②。八年，纳资为内阁中书。二十五年，年过半百，始中进士。但他博通经史，熟悉朝章国故，又广交游，早已以才学著称于时。先后入贺长龄、陶澍幕，佐贺长龄编《皇朝经世文编》，助陶澍办理漕运、盐政改革和水利诸事。鸦片战争时曾入裕谦幕，参加浙东抗英战争。中进士后，历任江苏东台、兴化知县，高邮知州。晚年潜心学佛。生平著述宏富，除编纂《皇朝经世文编》外，著有《古微堂集》、《圣武记》、《海国图志》、《元史新编》、《明代食兵二政录》、《诗古微》、《书古微》等凡数十种，是同期经世派中著述最丰，思想最为广博、系统而先进的学者和思想家。今岳麓书社出版有《魏源全集》。

图上 7-2 魏源像

魏源的经世思想，特别是他的激进的变革思想，他的“缓本急标”，发展工商业的经济思想，他的“师夷长技以制夷”，既向西方学习又抵抗外来侵略的思想，振聋发聩，惊世骇俗，使他成为当时进步思想界一颗最为耀眼的新星。他说：“天下无数百年不敝之法，亦无穷极不变之法，亦无不易简而能变通之法”；“小变则小革，大变则大革，小革则小治，大革则大治”；“变古愈尽，便民愈甚”。他提出：“语金生粟死之训，重本抑末之谊，则食先于货；语今日缓本急标之法，则货又先于食。”他尖锐地指出：“善师四夷者，能制四夷；不善师外夷者，外夷制之。”提出要“塞其害，师其长”。

在魏源的著作中，影响最为深远的，当数《海国图志》。这部书是他接受林则徐的嘱托，在林所辑《四洲志》的基础上，加以扩充、整理、演绎而成，是当时中国人自编的最为详备的世界历史地理著作。《叙》中说：该书是“为师夷长技以制夷而作”。并在首二卷《筹海篇》中提出：引进外国先进科学技术，要重在学习自造，“一二年后，不必仰赖于外夷”。认为“中国智慧无所不有”，“风气日开，智慧日出，方见东海之民犹西海之民”，充满着民族自豪感和自信心。魏源的这些闪光的思想，使他当之无愧地成为近代中国人向西方国家寻找救国真理的先驱者。

湘军兴起后，由于主要任务为镇压太平天国革命，挽救垂危的清王朝，同时也由于鸦片战争后，民族危机暂时有所缓和，因而理学经世的一面得到进一步的强化；而向西方学习，“师夷长技以制夷”的一面，却在整整20年间几乎为人们所遗忘，稍后才有谈“洋务”者和“洋务运动”的出现。在湖南，这种情况尤为凸显。湖南是湘军的诞生地，湘军众多将领的故乡，湘军兵源、饷源的后方基地。与曾国藩、左宗棠、胡林翼等创建湘军的理学经世思想，和“儒生领农民”，以忠义相号召的湘军相适应，湖南在此一时期思想文化保守倾向浓重，顽强抗拒外来文化和一切新事物，“洋务运动”在湖南几无回响，还发生了中外注目的崔暕、周汉等的反洋教斗争，以致不仅以守旧闭化闻名全国，还被外国侵略者诋为拒绝文化洗礼的“铁门之城”。虽然后期也出现过郭嵩焘、曾纪泽等号称精通洋务的进步思想家和杰出外交家，但仅属罕见的佼佼者，而且他们的活动主要不在湖南境内。

曾国藩（1811—1872），原名子诚，字伯涵，号涤生，湖南湘乡荷叶塘（今属双峰）人。道光十八年（1838）进士。历任侍讲学士，内阁学士，礼、兵、工、吏部侍郎。咸丰二年（1852）出任江西正考官，以母丧回籍。时值太平军出广西，长驱直入湖南，清政府令他帮办湖南团练事务。他于次年春至长沙，着手组建湘军，先建立陆师，继之又在衡州

（今衡阳）、湘潭设立船厂，训练水师。四年正月，发布《讨粤匪檄》，率全军出师东征，与太平军作战，屡败屡战。经过 12 年的艰苦战斗，终于将太平天国革命镇压下去，挽救了摇摇欲坠的清王朝。在此过程中，他于咸丰十年任两江总督，并授钦差大臣，督办江南军务；同治元年（1862）兼任协办大学士；三年以攻陷天京功，赏加太子太保衔，赐封一等侯（后加称“毅勇侯”）。四年五月，奉旨督办直隶、山东、河南三省军务，北上镇压捻军。以历久无功，于五年十一月调回两江总督本任。六年，补授体仁阁大学士，旋改武英殿大学士。七年七月，调任直隶总督。九年，奉命查办天津教案，忍辱求和，遭社会舆论谴责，再调任两江总督。卒于官，谥“文正”。在两任两江总督期间，与李鸿章等在上海创办江南制造总局等军工企业，又奏派陈兰彬、容闳率学童出国留学，学习军事、船政、步算、制造诸学，开洋务运动先河。

曾国藩平生笃崇儒学，“居官治军，粹然儒者，戎马仓皇，不废文事”③。前人多将学术分为义理、考据、辞章三门，他另立“经济”一门，合成四门，说：“为学之术有四，曰义理，曰考据，曰辞章，曰经济。”这是切合时宜的。但他仍认为，四门中当“以义理之学为先，以立志为本”④。又回到了他的理学经世主张。他立志以平乱卫道自期许。在著名的《讨粤匪檄》中，他呼吁“血性男子，号召义旅，助我征剿”；号召“抱道君子，痛天主教之横行中原，赫然愤怒，以卫吾道”。在外交方面，他抱定一个“诚”字，“守定和约”，“委曲求全”，“忍辱负重”⑤。他严格按照理学家的要求修身养性，对子弟教训也很严格，对后世深有影响。他善治古文，曾师法桐城派姚鼐，而雄奇过之，异军突起，自成湘乡派，近世论者或有称其为桐城派之殿军者。

左宗棠（1812—1885），字季高，一字朴存，尝自号湘上农人，湖南湘阴人。他 20 岁考中举人，后三次参加会试，均意外落第。从此绝意科举，“弃词章，为有用之学”，刻苦钻研农学、舆地学、史学、兵学以至洋务之学。咸丰二年（1852），入湖南巡抚幕府，筹划军事，参与镇压太平军；十年，以四品京堂候补襄办曾国藩军务，自组楚军；次年，以三品京堂候补帮办曾国藩军务，旋诏授太常寺卿，复命督办浙江军务；同治元年（1862），补授浙江巡抚；二年，晋升闽浙总督。三年，攻占杭州，平定全浙，获赏加太子少保衔，进封一等伯爵，爵名“恪靖”。四年，奉命节制闽、粤、赣各军，扫平太平军余部。回福州后，他连上数折，并悉心筹划，创办福建船政局，购机器、雇洋匠制造轮船，又附设船政学堂（求是堂艺局），培养制造、驾驶人才，装备水师，开中国近代机器造船、海军和海军教育之先河。后又担任陕甘总督等职。光绪元年（1875），谕命以钦差大臣督办新疆军务。二年至三年，率大军西征新疆，讨伐入侵的浩罕阿古柏集团，收复天山南北广袤失地。在中俄伊犁交涉中，他提出“先折之以议论，委婉而用机，次决之以战阵，坚忍而求胜”的方针。六年夏，舆榇出关，驻营哈密，部署军事，为伊犁谈判后盾，收复伊犁。在督军陕、甘、新期间，先后创办西安机器局、兰州制造局、甘肃织呢局、阿克苏制造局等；军行所至，筑路、植树，修浚水利，抚辑流亡，注意民族关系，恢复发展生产；又五次专折上奏，促成新疆建省。不久奉召回京。七年正月，受命入值军机，在总理衙门行走，管理兵部事务；九月，调任两江总督。十年五月，奉命返京，再次入值军机，并管理神机营事务；七月，以中法军事急，谕命为钦差大臣，督办福建军务。在任积极部署抗法，反对屈辱议和，又奏请专设海防全政大臣，建立海军衙门，并请移福建巡抚驻台湾，促进台湾建省。次年七月，病逝于福州，谥“文襄”。

图上 7-3　左宗棠像

左宗棠为学尊奉儒教，而尤以程、朱为宗。在应对外来侵略和对外交涉方面，他无丝毫奴颜与媚骨，《清史稿·左宗棠传》将他与曾国藩作了对比：“国藩以学问自敛抑，议外交常持和节；宗棠锋颖凛凛向敌矣，士论以此益附之。”他坚定维护国家主权和领土完整，反对丧权辱国，割让国家领土。他认为：“邦交之道，论理而亦论势。”必须谈判与武备相结合。他继承并实践魏源“师夷长技以制夷”思想，在《〈海国图志〉序》中写道：“同、光间福建设局造轮船，陇中用华匠制枪炮……此魏子所谓师其长技以制之也。”在洋务运动中，他始终坚持独立自主原则，“能用洋人而不为洋人所用”，后期并注意发展民用企业，提倡“以官办开其先，而商办承其后”[⑥]。在理政御军治民方面，他也颇具政绩。

胡林翼（1812—1861），字贶生，号润芝，湖南益阳人。其父胡达源，号云阁，历官翰林院编修、少詹事，“学宗宋儒”，为当时著名理学家，曾国藩曾向其考德问学。胡林翼少时曾沾染纨绔习气，“负才不羁”[⑦]。后在其父及师友劝勉下，“痛刮曩习，慨然有康济斯民之志”，终与其父同“以理学、经济著闻”，而事功远胜之[⑧]。初在贵州为官。咸丰四年（1854），奉命率勇赴湖北、湖南抗击太平军，旋补湖北按察使。次年，迁布政使，又署巡抚。咸丰六年（1856），所部攻占武昌，平定湖北，实授湖北巡抚。在任六年，将湖北建成继湖南之后的又一个巩固后方，湘军将源、兵源、饷源的又一个可靠基地。他全力支援曾国藩湘军东征之师，派出得力战将李续宾、鲍超、多隆阿等交曾指挥，还多次出省协同作战，力取九江、安庆等地，均系战局关键。

胡林翼善于处理各方关系，既想方设法改善与湖广总督满人官文的关系，稳定后方，又细心处理湘军内部各派系间或各将领间的关系，发展湘军。他十分重视人才的培养、延揽与举荐，曾国藩、左宗棠、李鸿章、沈葆桢、阎敬铭等均经他鼎力奏荐；对部属，则循循善诱，推廉尚能。同时，他特别重视治理地方，防范未萌，尝说：“词讼案牍，病在积压；盗贼奸宄，弊在因循。夫州县之小事，即百姓之大事；今日之所谓小贼，即异日之大贼。”[⑨]他以理学经世，虽戎马倥偬，不废于学。驻太湖时，“调兵筹饷，日不暇给，而委己于学，夜则延老儒姚桂轩会讲《论语》，未尝稍间”[⑩]。其父撰《弟子箴言》，旨在教育学者奋志、勤学、端品，培养经世人才。他继承父志，晚年于故乡建“箴言书院，教人务实学”[⑪]。

湘军时期理学经世的强化导致湖南思想文化领域保守倾向上升，突出地表现为崔暕、周汉等的反洋教思想与活动。

崔暕（1833—1902），派名家暕，字晦贞，号贞始（也作贞史），湖南宁乡人。少聪颖好学，工诗文。甫弱冠，考取秀才。时值太平军入湖南，他在县团练乡勇自卫。嗣后加入湘军，与太平军作战，又先后入胡林翼、左宗棠幕，获保运同衔。光绪元年（1875）中举人，分发贵州任知县。不久去官。晚岁侨居常德，著述以终。

崔暕平生“以攘夷卫道自任”，爱国忧时。早岁即著《辟邪纪实》一书[12]，自署名“天下第一伤心人”。此书援引上谕，以“黜异端以崇正学”相号召；广征博引，夹叙夹议；有驳论，有案证；参以见闻，标榜纪实，因而具有很强的宣传效果。同治元年（1862）夏湖南发生的湘潭衡州教案，即与崔暕的反教宣传直接相关。

值得指出的是，该书附卷中的《辟邪歌》、《团防法》、《哥老会说》三篇，颇具特色和影响。《辟邪歌》是中国近代史上最早的反洋教歌谣，开创了以歌谣形式进行反洋教宣传的先河。虽然它所揭露天主教的罪行大多荒诞不经，但是它将批判天主教与反对侵略联系起来，仍具有历史意义。《团防法》凡 20 条，是一个依靠地方团练、封建宗族防止教会势力发展的方案，在近代中国反洋教运动史上有着重大影响。《哥老会说》则是我们迄今所见关于哥老会的最早记述，为研究哥老会的起源和早期发展提供了珍贵资料，本书从略。

崔暕的反洋教宣传活动及其后各地反洋教斗争的发展，引起了刚刚签订容教条约的清官方与外国侵略者的注意和不安。在法国公使的强力干预下，湘潭衡州教案作了屈辱处理。湖南官方曾欲将崔暕“置之极法”，却遭到不少官绅的极力反对。崔暕有恃无恐，且书大字条幅张贴门上，言：“孔孟之道待我而阐明，吾虽死而直道正气伸于天下，吾复何恨哉！”部分士绅“往往阴为之地，故事遂寝，而先生（指崔暕）得无恙，由此名闻天下”[13]。

至光绪二年（1876）秋，湖南乡试期间，省城长沙又发生了抗拒传教士入城和焚毁上林寺事件。参与其事的虽多为岳麓、城南、求忠三书院学生，而为首鼓动者实为崔暕。郭嵩焘曾对人说：“丙子（即光绪二年）秋焚毁上林寺，其源由崔贞史欲怙众人狂逞之力毁撤机器局，约期会议。人知机器局奏请设立，不宜毁，一泄其毒于上林寺。”此后，由于崔暕分发贵州任职，其在湘的反洋教宣传活动才停下来。而深受其影响的周汉，继之又将反洋教宣传活动推向了更高峰。

周汉（1842—1911），字铁真，晚号铁道人，湖南宁乡人。与崔暕同乡，早年深受其反洋教思想影响。他秀才出身，咸丰十年（1860）投入湘军。同治六年（1867）随左宗棠军北上，参与镇压捻军和回民起义，保候补知府。光绪二年（1876）起，参加收复新疆的战争，在总理行营事务的刘锦棠处襄办营务，擢至陕西候补道。战后留新疆参加善后建设事宜。至十年返湘，参与长沙宝善堂刊布善书活动。时值中法战争后，教会势力向内地迅猛发展。周汉忧心如焚，从十五年（1889）起，奋笔撰写了大量反洋教宣传品，包括书本、图画、歌谣、揭帖、檄文、公启等，通过他所熟知的刻字铺代为刊印，并“自教其诸子皆习刻字，专刻诋洋教之书”⑭。又通过他在宝善堂时所联系的书商和各地善堂广为散布，流传全国。这些宣传品累计达 40 余种，主要有《鬼叫该死》（叫，“教”的谐音字）、《辟邪全图》（一名《天猪叫》，猪为“主”的谐音字，此书为一本配诗漫画专集）、《擎天柱》、《棘手文章》、《齐心拼命》等。其中《鬼叫该死》刷印至数十万本之多。从内容说，各宣传品大都贯穿了两个基本思想：一是维护国家主权，反对外来侵略。如《鬼叫该死》一书指出：各国派传教士来华传教，“无非是煽惑人里应外合，好谋中国的江山那个奸计了”。再一个就是“崇正黜邪”，卫道反教，以封建的伦常、“圣道”来批判西方基督教。

光绪十七年（1891）夏秋间，当长江中下游地区反洋教斗争相继发生时，各国使节便照会总理衙门，指出：“中国士大夫阶级中的反外人和反基督教分子，正在系统地煽起仇恨，这些分子的大本营和中心是湖南，但他们的宣传品传播到整个帝国境内。”⑮其时尚未获知为周汉所为。秋后，英国伦敦布道会华中区主持人杨格非搜集到两本《鬼叫该死》，又获得了一份周汉写给湖北巡抚谭继洵的信件副本，信中直言不讳地承认：“辟邪各种，乃汉与宝善堂同事文武官绅所刊布者也。”于是，英国驻汉口领事嘉托玛便邀集各国驻汉口领事，联名照会湖广总督张之洞，要求查办。英国外相索尔斯伯里更致电华尔身公使，令其给中国政府一项强硬照会，要求严惩周汉等，否则，他们应负担起暴动的责任。至此，四处流布的反洋教宣传品的来源真相大白，周汉反洋教案进入交涉、查处阶段。

在列强的不断施压下，总理衙门多次致函湖广督抚，叮嘱他们严禁反洋教宣传品，将周汉等查明惩处；并行知南北洋大臣及各将军、督抚，一体查拿、究办。而在湖广方面，虽也采取了一些措施，查禁反洋教图书和版片，缉拿刻字商，但对拿办周汉，则疑虑重重，难以下手。于是湖广总督张之洞致电直隶总督李鸿章，告以“此事关系紧要，不办不可，重办恐激成巨衅。湘、鄂两省赞周之歌谣者十人而九，真不可解，长沙三书院尤佩服周”，请李帮同设法。李复函建议：“但严拿刊印传播之人，周某势将孤立。俟湘中查复到日，可否于公文内暂勿提周。如何办法，另筹以他事惩办。”[16]张之洞心领神会，乃派湖北督粮道恽祖翼前往湖南查办。

恽祖翼到湖南后，迅即会同署湖南按察使吕世田等驰赴宁乡查传周汉。但周汉早已得信避匿。于是将其侄周德之、族人周昆之等带往长沙讯问；并悬赏购得反洋教书图版片25块。而据周德之等供：周汉“近患痰疾，时发时愈，病剧时语言不清，有似癫狂。又羡慕神仙，自称铁道人，最信扶箕。平日虽不信洋教，并未编刊书歌图画各处布散。或系不逞之徒，因伊叔周汉保至监司大员，托名刊刻”。于是，恽祖翼返回武汉汇报。张之洞本不欲深究周汉，即据以拟定惩处办法，奏报清政府批准。随后，总理衙门分别照会各国公使，宣布了对周汉的处理意见：“此案道员周汉虽无刊布揭帖、伪造公文情事，惟身为职官，言语荒诞，迹类疯狂，以至匪徒假托其名，造言煽惑，实属咎无可辞。陕西候补道周汉，着即行革职，查传到籍，交地方官严加管束，勿令外出滋生事端。”有关刻字铺勒令关闭，所获书图版片当各国驻汉口领事之面予以销毁[17]。

周汉虽然受到革职和严加管束处分，并未就此停止反洋教活动，长沙等地反洋教事件仍连年不断。二十一年（1895）中日甲午战争结束后，周汉反洋教书图揭帖又复广为流传。特别是二十三年冬胶州湾事件后，帝国主义列强掀起瓜分中国狂潮，周汉忧愤难遏，从宁乡赶到长沙，用“大清臣子周孔徒”的笔名，大量刊印《齐心竭力》等揭帖，散布长沙、湘潭等十余州县，号召全湘士民“悉将耶稣妖巢妖书妖器焚烧”，“并宜多方设法，严防妖灰再燃，妖根再发”。二十四年初，英国驻汉口领事翟必澜照会湖南巡抚陈宝箴，要求立即将周汉拿押究办。其时陈宝箴正锐意维新变法，期望有一个安定的社会环境，于是派员将周汉拘传到省应讯。在应讯过程中，周汉陆续写了三篇“供词”，实为鸣冤叫屈。官方对周汉的表现极为恼怒，而对他的辩护又无法驳斥而据以定罪。于是只好仍袭用当年“另筹以他事惩办”的办法，加给周汉一个“疯狂成性，煽惑人心”的罪名，“照疯病例”长期监禁了事[18]。周汉反洋教案的查处，至此才告结束。

戊戌维新和义和团运动后，湖南还发生了贺金声“大汉灭洋军”起义。但此次起义已不再是卫道护清，而是如民主革命宣传家杨毓麟所指出的：“排满与排外二者交迸于脑蒂，欲乘时飙起，徒以策略疏阔，为贼臣所夷灭。”[19]因而对稍后辛亥革命运动的兴起，产生了一定的影响。

在19世纪后半叶（戊戌维新之前）湖南思想文化保守倾向浓重的同时，湖南也出现了一些先进的人物，其主要代表当数郭嵩焘和曾纪泽。谭嗣同曾说：其时中国各行省中，“湖南独以疾恶洋务名于地球……然闻世之称精解洋务，又必曰湘阴郭筠仙侍郎、湘乡曾劼刚侍郎，虽西国亦云然。两侍郎可谓湖南光矣”[20]。这里先说说郭嵩焘的洋务思想。

郭嵩焘（1818—1891），字伯琛，号筠仙，晚号玉池老人，学者称为养知先生，湖南湘阴人。早年游学岳麓书院，与刘蓉友善，又在长沙结交曾国藩、江忠源、罗泽南等，相与论学问道。道光二十七年（1847）中进士，授翰林院庶吉士。二十九年以丁忧回籍。咸丰二年（1852），太平军进入湖南，清政府命曾国藩帮办湖南团练事务，郭嵩涛先后敦促左宗棠、曾国藩出山。次年，参与创建湘军，并倡办捐输、厘金，解决筹饷问题。同年夏，奉命赴江西江忠源军营，协同与太平军作战。曾向江建议并代撰奏稿请置战舰、练水师，为湘军水师发端。六年，受曾国藩之托，赴浙江、上海购置洋枪洋炮，始结识西洋人，接触西方自然科学知识。后又任两淮盐运使、署广东巡抚等职，被罢黜后居长沙8年，潜心著述，倡议恢复湘水校经堂，并主讲城南书院。光绪元年（1875），授福建按察使，旋命在总理衙门行走。二年，被派赴英国，对马嘉理案表示“惋惜”，并首任驻英公使，为中国近代史上首位驻外使臣。四年，兼驻法公使。在出使期间，奏准在新加坡设立了第一个领事馆，处理了多起中英交涉案件，特别致力于考察西方国家的科学技术、政教制度、风俗习惯等。五年，以病辞归。在长沙筑养知书屋，开思贤讲舍，讲学、著述以终。所著达40余种，除奏稿、书信、日记外，主要有《礼记质疑》、《大学质疑》、《中庸质疑》、《史记杂记》、《使西纪程》、《罪言存略》、《玉池老人自叙》、《养知书屋诗文集》及《湖南褒忠录初稿》、《湘阴县图志》等，并参纂《湖南通志》。

郭嵩焘的洋务思想，萌发较早，而又经历了较长的发展过程。在《〈罪言存略〉小引》一文中，他对自己的洋务思想的形成和发展过程，作了简要的回顾和概括。其洋务思想的思想来源，大体有三个方面：一是由于外来侵略而激发的爱国意识；二是通过“读书观史”对历史经验的总结；三是在与外人的直接交往中，在对外交涉的亲身实践中，特别是在对西方国家的实地考察中，对西学西政西俗的了解。这就使他的洋务思想既充满感情因素，又富有理性色彩，他自己也颇为自负和充满信心。

郭嵩焘的洋务思想中，最为重要也最具特色和影响的，是他关于学西方、办洋务的本末观。他反复强调，学西方、办洋务应分清本末，“先明本末之序”，即先学其本，本末兼学，而不能舍本逐末。光绪元年(1875)，他在上朝廷的《条议海防事宜》中写道：“西洋立国有本有末，其本在朝廷政教，其末在商贾，造船、制器相辅以益其强，又末中之一节也。”“政教之及人，本也；边防，末也。而边防一事，又有其本末存焉。”因此，“中国与洋人交涉，当先究其国政、军政之得失，商情之利病，而后可以师其用兵制器之方，以收积渐之功”。如果“舍富强之本图，而怀欲速之心以急责之海上，将谓造船、制器用其一旦之功，遂可转弱糶，其余皆可不问，恐无是理”。次年冬出使英、法后，他在日记中反复赞扬西方国家“政教修明”，立国“具有本末”，认为“诚得其道，则相辅以致富强，由此而保国千年可也；不得其道，其祸亦反是”[21]。

在上述本末观的根本思想指导下，郭嵩焘在洋务运动中，提出了一系列引人注目的具体见解和主张：首先，不满清王朝政治的腐败，要求整饬吏治，选贤任能，而赞誉西方国家的政治民主制度；第二，批评封建官府对企业的控制，主张“通官商之情”，由商民自办企业；第三，揭露科举制度的弊端，呼吁注重教育，兴学校，派留学。

郭嵩焘的出使外国及其激进的洋务思想，在当时国内特别是湖南守旧官绅中引起轩然大波，讥讽、嘲笑、侮辱、谩骂，层见叠出，铺天盖地而来。其出使初的遭遇，时在长沙的王闿运曾依据传闻，在日记中有如下记载："越岑继至，言时事，多拂人意，余不欲闻。惟传骂筠仙一联云：'出乎其类，拔乎其萃，不容于尧舜之世；未能事人，焉能事鬼，何必去父母之邦？'筠仙晚出，负此谤名，湖南人至耻与为伍！"[22]事情竟闹到"不容于世"和"湖南人至耻与为伍"的地步，不能不说是严重的。继后，他出使途中的日记《使西纪程》在国内刊行，又一次引来朝野一片讨伐声，指斥他称颂西洋"政教修明，具有本末"等，"不知是何肺腑"，而此书刊行，"凡有血气者无不切齿"[23]。翰林院编修何金寿并专折弹劾郭嵩焘。消息传至湖南，王闿运在光绪三年六月十二日日记中记载道："越岑来，言何金寿本名何铸，昨疏劾郭筠仙有二心于英国，欲中国臣事之。有诏申饬郭嵩焘，毁其《使西记》版。""有二心于英国"，罪名越来越大，他的处境更加艰难了。出使归国后，他在愤懑之余，心灰意冷，从此退出官场，与黄卷青灯相伴，在孤独抑郁和疾病折磨中，度过了自己的晚年。

曾纪泽（1839—1890），字劼刚，湖南湘乡荷叶塘（今属双峰）人。曾国藩的长子。青少年时长期侍奉在曾国藩身旁，受到严格的家庭教育，通经史，工诗文，并精算学。受洋务运动影响，开始接触西方科学文化。同治三年（1864），曾奉父命代笔撰写《〈几何原本〉序》，其时他才 25 岁。30 岁起，复力学英语。九年，由二品荫生补户部员外郎。父死后，他于光绪三年（1877）袭侯爵。四年，继郭嵩焘之后出任常驻英、法大臣，补授太常寺卿。在任将使馆馆址由租赁改为自建，扩大规模，又深入了解各国历史、国情，研究国际公法，严肃随员操守，倡导廉洁之风，为外人所敬重。五年，转大理寺少卿。时巴西谋与中国建交，他奏请清廷同意。六年初，因崇厚使俄谈判收回伊犁问题，擅订《里瓦几亚条约》，失地丧权，被革职定罪，他奉命兼任驻俄大臣，赴俄谈判改约。同年六月抵俄京，竟然"不见礼于敌廷"，继之又常遭遇谈判对手的"面冷词横"。但他不屈不挠，沉着应对，机智果敢，前后谈判 10 月有余，正式会议有记录可查者51次，反复争辩达数十万言，终于至七年正月二十六日（1881年2月24日）达成改订的《中俄伊犁条约》。与崇厚所订旧约相比，除收回伊犁城外，南境乌宗岛山、特克斯河流域、莫萨山口诸要隘大片领土均予收回，又取消俄人可到天津、汉口、西安等地活动诸条款，废除俄人可在松花江行船贸易等规定。鉴于谈判的艰难，他尝比喻为“障川流而挽既逝之波，探虎口而索已投之食”[24]。这在晚清外交史上是绝无仅有的事。同年，迁宗人府府丞、左副都御史。九年，中法战争爆发，他“与法抗辩不稍屈，疏陈备御六策”[25]，义正辞严地揭露法国侵略，力主加强战备，坚决抵抗，时论“有李（鸿章）主和、曾（纪泽）主战之说”[26]。十年，晋兵部右侍郎，与英国议定洋药税厘并征条约。至十二年返国，出使英法俄达8年有余，在外交界享有盛誉。归国后帮办海军事务，旋迁兵部左侍郎，在总理衙门行走。殁后谥“惠敏”。有《曾惠敏公遗集》传世。

曾纪泽在出使英、法、俄期间，西方曾流行种种中国必败论和“黄祸论”，都是为其侵华制造舆论的。有鉴于此，他在出使后期，特意撰写了一篇《中国先睡后醒论》，严正加以驳斥，并郑重表明中国奋发图强和谋求国际和平的正义立场。此文原是用英文撰成的，最初发表于英国伦敦1886年《亚洲季刊》上，随后香港1887年2月8日《德臣西字报》亦予转载。而它的汉译全文在国内的传播，则已是20世纪初的事了。据查，其时收录此文的出版物有：何启、胡礼垣编《新政真诠》（光绪二十七年上海《格致新报》馆铅印）、金匮阙铸补斋编《皇朝经世文五编》（光绪二十八年中西译书会刊）、于宝轩编《皇朝蓄艾文编》（光绪二十九年上海官书局刊）。

曾纪泽的这篇论文，主旨是从外交方面立论的。论文首先揭露和批驳西方殖民者对中国的鄙视和污蔑。写道：“欧洲人遽谓中国即一陵夷衰微，终至败亡之国”，以为“中国精力业已消铄殆尽，将近末造，难胜他国争胜之势”。针对这种侵略理论和鄙视、污蔑中国的宿命论调，他在论文中驳斥道：“其言谬也。如谓中国有似老者，奄奄待尽，则观近时大势，其谬益见。”严正指出：“中国不过似人酣睡，固非垂毙也。缘中国之意，以为功业成就，无待图维，故垂拱无为，默想炽昌之盛轨，因而沉睡入梦耳。”除满足过去的强盛而“垂拱无为”外，造成这种“酣睡”的原因，还有由于周边诸国的落后所产生的骄傲、保守，以及对西方国家的“漠然无知”等。因而，“酣睡”并不等于“垂毙”，“沉睡入梦”的中国必将有警醒的一日。外来的一系列侵略，包括两次鸦片战争、沙俄侵占伊犁，以及法侵越南、中法战争等，“已唤醒中国于安乐好梦之中”，中国“始知欧洲四面逼近，其地势极形危险”。由此，他宣称：“中国能顺受其颠沛，而从中渐复其元气，将狂风所损坏之物悉从船面抛去，修整桅舵，以将杀之风作为善风，乘之稳渡，不可谓为将灭之国。”又说：“中国虽或尚未造乎全备稳固之地，然则全备稳固可翘足以待。”

针对西方“有问中国有三万万人，如一时俱醒，而自负其力，其作事得无碍于中西之和局否？或记昔时之屡败，今骤得大力，得无侵伐他国否”，曾纪泽在论文中援引历史事实作了正面的回答：“余应之曰：决无其事！盖中国从古至今，只为自守之国，向无侵伐他国之意，有史书可证。嗣后亦决无借端挑衅，拓土域外之思。”因为中国幅员辽阔，须办的事很多，“本无人满之患”；中国与诸国“永以和好为上策”，警醒后由弱转强，“虽记其前之屡败，决不愿弃其和好之心”，仍将和平建国，奉行和平的外交政策。

曾纪泽的《中国先睡后醒论》，是中国近代前期少见的一篇外交专论。它在国外撰刊后，“欧洲诸国传诵一时”[27]。传入国内后，也产生了一定影响。《皇朝蓄艾文编》的编辑者于宝轩就在文末加注评论说：“曾惠敏公此论，于交涉虚实之间，苦心孤诣：或因西人素所鄙夷之处，迫制之端，而悚以危词，慑其轻蔑之气；或于中朝为难，牵掣失机之事，回护通融，收拾人心。其持论吞吐断续之中，实有一腔热血，大声涕泪，溃于字里行间。”这段评论是并不为过的。在国家积贫积弱、备受侵略的条件下，曾纪泽对祖国如此充满热爱和自信，义正辞严地驳斥外来侵略和污蔑言论，不畏强暴，力任艰巨，这在中国近代史上是罕见的，更是难能可贵的。

第二节 学术思想与社会思潮（下）

为维新变法献身的谭嗣同、唐才常 民主革命及共和立宪思潮中的黄兴、宋教仁与蔡锷

如果说甲午战争前湖南经济社会发展尚处于相对缓慢甚至停滞状态，思想文化尤突显保守落后，那么，战争后的短短25年间，湖南经济社会和思想文化发展却迅速步入激变时期，真正开始了向近代化的转型，维新变法、民主革命和救国道路的新探索，一波紧接一波，持续向前推进，涌现出一批又一批引领全国的爱国、维新和革命志士，为全国所瞩目，也使湖南的面貌为之一新。

甲午战争后迅速兴起的湖南维新运动，在全国维新运动中具有重要地位和特点。首先，它具有务实力行的特点。当康有为、梁启超还在致力于救亡、变法的舆论鼓吹的时候，谭嗣同等便率先在湖南创办了浏阳算学社，使湖南成为全国维新运动中最早兴起的省份之一。其次，它获得了湖南主政官员陈宝箴、黄遵宪、江标、徐仁铸等的有力支持和配合，实力推行，这在各省维新运动中是独一无二的。第三，它汇聚了广东、江苏的维新志士梁启超、欧渠甲、韩文举、叶觉迈和李维格等，实现了湘、粤、苏维新精英的大联合。第四，它举措得力，经济、政治、思想文化、社会各方面全面推进，且成效卓著，使湖南成为维新运动中“全国最富朝气的一省”。第五，它受到王先谦、叶德辉等守旧官绅的猛烈攻击，成为全国新旧两派斗争最激烈的省区之一。第六，它的主要骨干谭嗣同、唐才常等，思想解放，行动激进，或为改革献身，或接续组织起义捐躯，均在全国产生重大影响。

谭嗣同（1865—1898），字复生，号壮飞，湖南浏阳人。他出生于北京，12岁以后才多次返湖南故乡，甲午战争后以主要精力从事湖南维新运动。其父谭继洵，咸丰九年（1859）进士，历官户部员外郎、郎中，甘肃巩秦阶道、按察使、布政使，湖北巡抚。谭嗣同先后师事毕纯斋、韩荪农、欧阳忠鹄、涂启先和刘人熙，深受传统文化特别是王船山思想影响；又尝从黄凤岐、王子斌（大刀王五）、胡致延（胡七）习武。由于

图上 7-4　谭嗣同像

父亲职务的变迁，也由于多次参加南北乡试和好游历，他遍历直隶、山东、江苏、安徽、江西、湖北、湖南、河南、陕西、甘肃、新疆、山西、浙江等省，视察风土，体察民情，广交同志好友，同时也接触和了解到国势衰微与官场腐败、民生疾苦。

光绪二十二年（1896）春，谭嗣同至北京，与梁启超结识，欣闻康有为的维新思想和变法主张；晋谒支持变法的帝师翁同龢，“畅谈洋务”；广交学者名流吴嘉瑞、夏曾佑、吴德潇和传教士傅兰雅等，求教访学；又曾赴天津，参观船坞、铁路、电线局、兵舰、炮台等。其时，他由其父捐为候补知府，分发江苏，六月初八日出都，绕道上海至南京。在南京居留一年有余，因官属候补，他除曾往返湖北、上海外，主要是与吴嘉瑞、杨文会等研讨佛学，同时奋笔精心写作《仁学》一书，阐发他的哲学思想和维新变法主张。二十三年春夏间，《仁学》书稿成，又与杨文会等倡设金陵测量会，与梁启超等发起成立不缠足会，并邀请、敦促梁启超和李维格等赴湘主教时务学堂。八月底，谒见康有为于上海。十月，弃官返回湖南，全力投入湖南维新运动。

在谭嗣同的鼎力推动下，二十四年二月初一日（1898 年 2 月 21 日），“实兼学会与地方议会之规模”的南学会正式开讲，他担任议事会友和讲论会友，先后作了《论中国的危急》、《论今日西学与中国古学》等四次讲演。二月十五日（3 月 7 日），他与唐才常等集资筹办的《湘报》创刊，为湖南有日报之始。他又与唐才常、熊希龄等组织湖南不缠足会、延年会、公法学会，并在浏阳倡设群萌学会，以移风易俗，开发民智，从而迅速将湖南维新运动推向高潮。其时守旧官绅对维新变法发起猛烈攻击，他不为所动，坚定地表示：“平日互相劝勉者，全在‘杀身

灭族’四字，岂临小小利害而变其初心乎？　……今日中国能闹到新旧两党流血遍地，方有复兴之望；不然，则真亡种矣！”㉘

同年四月二十三日（6 月 11 日），光绪帝颁布《定国是诏》，宣布变法。接着，因侍读学士徐致靖举荐，诏令湖广督抚迅速将谭嗣同送京引见。谭嗣同迅即于五月初十日（6 月 28 日）整装北上，途中因病滞留武昌一月余，至七月初五日（8 月 21 日）始抵北京。七月二十日（9 月 5 日），受到光绪帝召见，与杨锐、刘光第、林旭同赏四品卿衔，在军机章京上行走，参预新政事，合称军机四卿。但此时朝廷新旧两党斗争已趋于白热化，光绪担心帝位不保，密诏康有为、四卿等设法相救。八月初三（9 月 18 日）夜，谭嗣同前往法华寺，企图劝说手握兵权的袁世凯“保护圣主，复大权，清君侧，肃宫廷”。袁世凯阳为允诺，转身却赶回天津，向慈禧太后亲信直隶总督荣禄告密。初六日（9 月 21 日），政变发生，慈禧太后宣布垂帘听政，幽囚光绪，并派兵缉捕维新党人。康有为、梁启超等闻讯出逃。友人纷纷劝谭嗣同走避，他一一拒绝，仅将所著书及文稿一箱托付梁启超带出保存。初九日，被捕系刑部狱。在狱中，他曾拾地面更香余烬题诗于壁：“望门投止思张俭，忍死须臾待杜根。我自横刀向天笑，去留肝胆两昆仑。”十三日，与杨锐、刘光第、林旭、康广仁、杨深秀同在北京菜市口壮烈就义，史称“戊戌六君子”。他殉难时，年仅 33 岁。

谭嗣同的著作，除《仁学》外，尚有《寥天一阁文集》、《莽苍苍斋诗》、《远遗堂集外文》、《石菊影庐笔识》、《壮飞楼治事》、《秋雨年华之馆丛脞书》、《兴算学议》等。后人合辑为《谭浏阳遗集》和《谭嗣同全集》，今中华书局出版有最完备的《谭嗣同全集》。

谭嗣同最具代表性也最有影响的著作，当属《仁学》一书。该书凡 2 卷，分 50 篇，约 5 万字。书中杂糅儒、佛、道、墨各家和西方自然科学、社会科学知识，形成自己独特的思想体系，包括其哲学思想和维新变法的政治思想。谭嗣同曾自称：“颇思共相发明，别开一种冲决网罗之学。”㉙书中大声疾呼冲决一切网罗，尖锐指出：“数千年之三纲五伦之惨祸烈毒，由是酷焉矣”；“二千年来君臣一伦，尤为黑暗否塞，无复人理”；“二千年来之政，秦政也，皆大盗也”。他强烈反对民族压迫，引述清初的“扬州十日”、“嘉定屠城”等，矛头直接清统治者。故梁启超说：“谭浏阳之《仁学》，以宗教之魂，哲学之髓，发挥公理，出乎天天，入乎人人，冲重重之网罗，造劫劫之慧果。其思想为吾人所不能达，其言论为吾人所不敢言，实禹域未有之书，抑众生无价之宝。”[30]

谭嗣同冲决网罗的思想解放，就其深刻性和尖锐性说，确实是居于时代顶峰的，为当时众多人所不能达、不敢言。他的激进思想和为变法献身的壮烈行为，对随后兴起的民族民主革命运动和新文化运动，有着重大而久远的影响。

唐才常（1867—1900），字伯平，号佛尘（也作黻丞、绂丞），别号洴澼子，湖南浏阳人。他与谭嗣同为同乡。二人自光绪三年（1877）结识，又同师欧阳忠鹄，自此往来密切，并肩战斗，结成了极其深厚的生死情谊。唐才常从小聪明好学，博闻强记，才华出众。十二年应童子试，县、府、道三试皆获第一，俗称小三元及第，传为佳话。次年入长沙岳麓书院肄业。十八年至四川，任学署阅卷兼学政瞿鸿禨（湖南长沙人）家教读。二十年考入武昌两湖书院。二十三年在湖南被举为拔贡。但他不满于时文帖括，而致力于经世致用之学，尤爱好中西历史、政治著作，热心学习西方资产阶级民主思想，立志“以天下为任，以救中国为事，气锰志锐”[31]。

中日甲午战争中国惨败，签订了丧权辱国的《马关条约》。唐才常对清政府的腐败无能、投降卖国甚为愤慨。这时，康有为、梁启超等率先在北京发动“公车上书”，以救亡图强为主旨的维新运动迅速在全国兴起。唐才常与谭嗣同一道，怀着满腔的爱国热情，积极地投入了这一运动，成为湖南维新运动的重要骨干。他初是在家乡浏阳，与谭嗣同、欧阳忠鹄等创立算学社，兴办矿业，开湖南维新运动之先河；继之赴省城长沙，先后出任维新派主办的《湘学报》主笔，湖南时务学堂分教习，南学会议事会友，《湘报》总撰述，又与谭嗣同等发起成立湖南不缠足总会、延年会、公法学会及浏阳群萌学会等团体，大力宣传西方资产阶级的社会政治学说和自然科学知识，大声疾呼变法图强，在省内以至全国思想界产生了巨大的影响。

光绪二十四年（1898）秋，北京发生政变，谭嗣同等“六君子”惨遭杀害，康有为、梁启超等仓皇逃亡海外，维新运动失败。唐才常获知这一不幸消息，悲愤万分，从此开始了颠沛困苦的流亡生活，辗转于上海、香港、南洋、日本各地，继续寻找救国的道路。

二十五年（1899）秋，唐才常经兴中会会员毕永年介绍，与孙中山会晤于日本横滨，共同商讨湘、鄂及长江起兵计划。他又通过毕永年等，广泛联络各会党组织。从此，思想逐步突破康、梁改良派的束缚。八月末，他在《亚东时报》上发表《砭旧危言》一文，公开攻击清政府“至愚极悍”、“守旧愚民”，指斥“朝廷方以困商为心，剥商为事”，“圣谕”则“味同嚼蜡”；进而号召“联合众力”，“与政府对抗”，“控制政府”。接着，他与林圭、秦力山、吴禄贞等聚会于日本东京，商讨起义的具体组织发动事宜，决定利用会党发难，先夺取武汉以为基地；推林圭为首，回国与各会党联系。同年冬，唐才常在上海发起组织“正气会”，会议发布的《正气会序》中严厉指斥清政府“文恬武嬉，蚩蚩无睹，方领矩步，奄奄欲绝，低首羶腥，自甘奴隶，至于此极”！号召一切有正气的爱国志士，发愤为雄，群策群力，共赴国难。

二十六年（1900）春，唐才常将正气会改名为“自立会”，以示脱离清政府自立；并开始发行“富有票”，作为秘密联络会党的手段。夏间，八国联军大举侵华，攻陷北京，慈禧太后挟光绪帝逃亡西安。唐才常见时局危机，更加紧起义的准备工作。六月末，他与汪康年等发起，接连两次在上海愚园召开“中国议会”（亦称“国会”），“欲俟起事成功，即暂以此会为议政之基础”[32]。中国议会宗旨大略为：“一、保全中国疆土与一切自主之权；二、力图更新，日进文明；三、保全中外交涉和平之局；四、入会之人专以联邦交、靖匪乱（对义和团的污称）为责任，（因）此不认现在通匪诸矫诏之伪命。”在此宗旨下，多数人又决定“实行以下三点：尊光绪帝；不认端王（载漪）、刚毅等；力讲明新政法而谋实施之，但并不一定排除满人。”而其“绝密”的“真正宗旨”，则是要“废弃旧政府，建立新政府，保全中外利益，使人民进步”[33]。与此同时，唐才常又以汉口自立会机关部为核心，以所联络的会党为基础，积极组建“自立军”。自立军共七军：以大通为前军，安庆为后军，常德为左军，新堤为右军，汉口为中军，另置总会亲军及先锋军。各军设统领，分别以秦力山、田邦璇、陈犹龙、沈荩、林圭等担任。唐才常为诸军督办。各军约定于七月十五日（8月9日）同时发动起义。并预拟了《自立军现在之布置及其将来兵事》、《安民布告》、《对外宣言》及《军令》等文件，明确宣布："我等谓满洲政府不能治理中国，我等不肯再认为国家"；"保全善良，革除苛政，共进文明，而成一新政府"；"所有清国专制法律，建设文明政府后，一概废除"。但是，文件中同时又声称：起义军要"讨贼勤王"，"请光绪帝复辟"。这种相矛盾的思想状态，表现了唐才常仍然在一定程度上受康、梁保皇派的牵制和影响。

由于等待康有为自海外接济款项，自立会计划的起义屡屡展期。而当时通讯联络困难，更改的计划不能及时下达各军。七月十五日，秦力山领导的自立军前军按原定时间在安徽大通发难，由于未能得到其他各军响应，陷入孤军奋战的境地。唐才常获知大通起义已发动的消息后，急忙于七月下旬赶往汉口，密函各路尽速响应。七月二十八日（8月22日），汉口自立军总机关不幸被清军破获，唐才常、林圭等20余人当场被捕。虽稍后右军在新堤、临湘等地聚众起义，已是强弩之末，无补大局了。

唐才常被捕后，神态自若，慷慨陈词，宁死不屈，英勇就义于武昌。他的著作，今中华书局出版有《唐才常集》。

戊戌维新与义和团运动失败后，历史跨入20世纪初，维新变法思潮迅速为民主革命思潮所取代，民族民主革命运动逐步在全国兴起。在这一革命思潮和运动中，湖南志士起着举足轻重的作用。其主要代表人物有黄兴、宋教仁和蔡锷等。

黄兴（1874—1916），湖南善化龙喜乡（今长沙县黄兴镇）凉塘人。他原名仁政，字岳生，号廑午（也作庆午）；少年求学期间，改名轸，号杞园；至留日回国，踏上革命道路时，又改名兴，号克强。生于同治十三年九月十六日（1874年10月25日）。5岁起从父发蒙读书，8岁起入附近私塾，先后师从举人萧荣爵、翰林周笠樵，勤奋好学，并爱好体育和武术。光绪十九年（1893），入长沙城南书院读书，在此五年，其间于二十二年考取秀才。

光绪二十四年（1898），黄兴以品学优异，调校经书院学习，同年又被保送入武昌两湖书院深造。

光绪二十八年（1902）初夏，黄兴被选派赴日本留学，于是年五月抵达东京，入弘文学院速成师范科学习，为期8个月。他除认真完成学业外，还积极参加留日学界正在蓬勃兴起的爱国活动。同年秋，他被推举为中国留日学生会馆评议员。为了把欧美日本先进的思想学说和科学知识介绍给国内人民，他和湖南同乡蔡锷、杨毓麟、樊锥等组织湖南编译社，创办《游学译编》杂志。次年春，留日学界为反对沙俄拒绝按期从我国东北撤军，妄图长期侵占东北，发起拒俄运动，先是组织拒俄义勇队，不久改称学生军，被清政府勾结日本政府勒令解散后，又愤而建立新的革命团体军国民教育会，以鼓吹、起义、暗杀三种方式开展活动。黄兴积极参加拒俄义勇队，组织学生军练习射击，在军国民教育会中密组暗杀团，研制爆炸物，从此走上了反清革命的道路。

弘文学院学业期满后，黄兴以军国民教育会“运动员”名义，于光绪二十九年五月初五日（1903年5月31日）偕李书城等离东京回国活动，途经上海、武昌等地，沿途联络同志，交结朋友，开展革命宣传。在武昌，他在军学界进行革命串联活动，并“留连八日，以携带邹容所著之《革命军》、陈天华所著之《猛回头》二书，零星赠送军学各界至四千余部之多，始登江轮回湘”[34]。

黄兴回到长沙时，正值各学堂秋季开学。他应邀入弘文学院同学胡元倓创办的明德学堂，主持速成师范班，兼任历史、地理、博物、体操、图画等课，广泛联络同志，宣传爱国和革命思想。九月十六日（11月4日），他以做生日酒的名义，邀集刘揆一、宋教仁、章士钊等20余人，在西区保甲局巷彭渊恂家召开秘密会议，决定成立华兴会，被推举为会长，刘揆一、宋教仁为副会长。为避免清政府的注意，对外采用“华兴公司”的名义，并规定公司的任务是“兴办矿业”，集股100万元，作为“开矿资本”。“实际上是以‘矿业’二字代革命，‘入股’代入会，股票即是会员证。”当时还提出了两句口号：“同心扑满，当面算清。”像是谈生意经，“实则含有‘扑灭满清’的意思”[35]。至腊月三十日（1904年2月15日），他以举行除夕宴的名义，在明德学堂董事龙璋西园寓所召开华兴会正式成立大会，应约到会达百余人，吴禄贞也专程从武昌赶来参加。黄兴在会上发表讲话，提出了“国民革命”的宗旨，阐明了“发难的地点与方法”。指出：“吾人发难，只宜采取雄据一省与各省纷起之法。”依靠力量，则主要为军学界和会党，二者“联络一体，审时度势，或由会党发难，或由军学界发难，互为声援”。起义后，先“取湘省为根据地”，随之各省“纷起”响应，以达到“直捣幽燕，驱逐鞑虏”的目的。最后，他希望“诸同志对于本省、外省各界与有机缘者，分途运动，俟有成效，再议发难与应援之策”。由于兴中会最初成立于海外，华兴会实为辛亥革命时期国内第一个革命团体。

华兴会成立后，黄兴积极进行起义的筹划、联络与各项准备工作。他于华兴会外另设同仇会，以联络会党；又设黄汉会，以联络军队。光绪三十年（1904）初春的一个雪夜，他偕刘揆一前往湘潭茶园铺煤矿一个岩洞中，与哥老会首领马福益举行秘密会谈。共同议定：于十月十日（11 月 16 日）慈禧太后 70 寿辰时发动起义，省城以武备等校学生联络军队为主，会党为辅；省城外以会党为主，军学界派人组织指挥，分浏醴、岳州、衡州、常德、宝庆五路响应。推定黄兴为主帅，刘揆一、马福益为正副总指挥。

但是，正当各项准备紧锣密鼓进行时，却因会党成员过事张扬，而导致事机泄露。八月中秋节后，陆续有会党成员被捕，供出所知机密。巡抚陆元鼎下令缉捕黄兴等人。九月十六日（10 月 24 日），正值黄兴 30 岁生日，官兵至门索捕。黄兴幸得龙绂瑞及时通知，得以机智逃脱。他先是逃往西园龙宅，三日后躲入吉祥巷圣公会，至月末才脱险逃出长沙，辗转武汉、上海，然后东渡日本。

光绪三十一年六月二十二日（1905 年 7 月 24 日），经日本友人宫崎寅藏介绍，黄兴与孙中山在日本东京首次见面，即“商组革命大同盟事”，很快达成一致意见。此后，以孙、黄为轴心，联络各地革命团体创建全国性革命政党的工作便迅速而顺利地开展起来：六月二十七日，召开小范围预备会，确定党名为中国同盟会；次日，举行中国同盟会筹备会议，黄兴与陈天华等 8 人被推为会章起草员；七月二十日（8 月 20 日），中国同盟会召开正式成立大会，通过会章，组建机构，选举领导成员。同盟会宗旨为“驱逐鞑虏，恢复中华，创立民国，平均地权”，机构设执行、评议、司法三部。在推选领导成员时，黄兴首先提议由孙中山任总理，“不必投票”；孙中山则指定黄兴为执行部庶务。“庶务实居协理之职，总理不在，有全权主持”㊱。

同盟会成立后，黄兴以主要精力投入组织领导了一系列武装起义。宣统三年三月（1911 年 4 月），他又与孙中山等经多次谋划、多方准备，发动了震惊全国的广州黄花岗起义。他担任统筹部长，负责起义的具体组织领导。在起义中，他身先士卒，亲率敢死队直扑两广总督署，勇猛冲杀，虽被敌弹击断右手食、中两指，仍顽强坚持战斗。这次起义虽然又失败了，七十二烈士血染黄花岗，但在全国起了巨大的革命激励作用。

八月十九日（10 月 10 日）武昌起义爆发后，黄兴由香港经上海迅速赶赴武汉（九月初七抵武昌），先后担任湖北民军总司令、中华民国军政府战时总司令，艰苦卓绝地领导了武汉保卫战达一月之久，不仅捍卫了首义之地武昌，更重要的在于为革命赢得了宝贵的时间，并吸引了大批清军主力，为其他各省纷纷反清独立创造了有利条件。

十月十一日（12 月 1 日）黄兴由武汉返抵上海，与宋教仁等一道，着手组建临时政府。南京光复后，各方频频寄函致电或径派代表到上海，敦促黄兴早日赴南京筹组临时政府。但就在他准备动身的前一天，即十一月初四日（12 月 23 日），接获孙中山即将归国的消息。他认为：组织政府“这等大事，应待总理归来决定”㊲。于是留沪以待孙中山归来。初六日（25 日），孙中山归抵上海。第二天晚上，即在寓所召集同盟会干部会议，商讨组织临时政府方案。根据会议决定，黄兴与宋教仁于次日赶往南京，向各省代表会议提议三事：一、改用阳历；二、改为中华民国纪元；三、政府组织取总统制。经众讨论，获得通过，并决定隔日选举临时大总统。初十日，各省代表会议选举孙中山为临时大总统。1912 年 1 月 1 日，孙中山正式到南京就职，中华民国宣告成立。1 月 5 日，孙中山向各省代表会议提出临时政府组成人员名单，黄兴任陆军总长兼参谋总长，职权特重，“诸事由克强作主”，“虽无内阁（总理）之名，实各部之领袖也”㊳。1 月 28 日，又成立临时参议院，由每省各派代表 3 人组成。至此，共和国的政权体制和组织机构基本确立。

宋教仁（1882—1913），字得尊，号遯初（也作钝初），别号渔父，留日时曾改名宋鍊，笔名有劈斋、公明、桃源渔父等，湖南桃源上坊村香冲（今桃源漳江镇教仁村）人。出生于光绪八年二月十八日（1882年4月5日）。6岁入宋氏家塾，聪颖好学。光绪二十五年（1899），入县城漳江书院。时值戊戌维新失败之后，清政府倒行逆施，民族危机日益严重。他在书院学习期间，考取秀才，但不愿继续走封建科举的老路，曾向一老师表示："学生不恋功名，喜读振兴中华，挽救民族危亡之书。"㊴

光绪二十九年（1903）春，宋教仁入湖北武昌文普通学堂学习。这一年正是全国学界爱国、革命思想极为活跃的一年，而文普通学堂又是一所新式学校。他在校除努力学习新知识外，常与同学田桐、吴崑、白逾桓等议论时政，关注国势发展。同年夏，黄兴从日本回国运动革命，来到武昌。他对黄兴十分敬慕，又同是湖南人，立即前往拜访。二人一见志同道合，结成莫逆之交。黄兴被驱逐回湖南后，他也因在校言谈激烈引起当局注意，学监示意他赶快离校，随后亦返回桃源。秋冬间，黄兴在长沙创建革命团体华兴会时，他赴长沙参加筹备会议和成立大会，被推举为副会长，从此走上了反清革命道路。

图上7-5 宋教仁像

光绪三十年秋华兴会长沙起义失败后，宋教仁流亡日本。总结华兴会起义失败的教训，他的第一个行动就是筹办一份杂志，以宣传革命，唤起广大民众。是年十一月二十八日（1905年1月3日），他与田桐、陈天华等发起成立了"二十世纪之支那"社，并即以此作为杂志的名称，确定杂志的宗旨为"提倡国民精神，输入文明学说"。他被推为总庶务兼撰述员，担负杂志的组织、联络和主要撰稿工作。经过近半年的紧张奔波之后，光绪三十一年五月（1905 年 6 月），《二十世纪之支那》杂志第一期在东京出版发行。杂志首页刊黄帝肖像，又用黄帝纪年，内容分社论、学说、政治、军事、实业、丛录、文苑、杂俎、时事、时评以及来稿等栏目，宋教仁所写的文章几乎占了四分之一的篇幅。该杂志在留学界产生了很大影响，日、美报刊均曾予以报导。稍后同盟会成立时，经黄兴提议，即一致通过以该杂志为同盟会机关报。正当准备交接的时候，适逢该杂志第二期印就，因刊有《日本政客之经营中国谈》一文，触及了日本侵略中国的隐情，被日方以“妨害治安”的罪名强行没收。于是，同盟会决定将其改名《民报》出版发行，仍由宋教仁担任庶务兼撰述员，主持杂志社日常事务。

在孙中山与黄兴携手创建同盟会的过程中，宋教仁也发挥了重要作用。他参加了同盟会创建的全过程。在同盟会成立会上，被推举为司法部检事长。次年黄兴去东南亚后，他还一度代理同盟会庶务，主持东京本部工作。

在宣传、组织工作不断取得进展的同时，宋教仁逐步将留日学习的任务提上了重要日程。他以主要精力并以极大毅力投入政治、法律的学习和相关著作的翻译。据查考和统计，从 1906 年 1 月至 1907 年 1 月，他辛勤译述不下 60 万字。译述的范围相当广泛，先后译述了《日本宪法》、《一千九百〇五年露（俄）国之革命》、《英国制度要览》、《万国社会党大会略史》、《各国警察制度》、《国际私法讲义》、《俄国制度要览》、《澳（奥）地利匈牙利制度要览》、《美国制度要览概要》、《澳（奥）匈国财政制度》、《德国官制》、《普鲁士王国官制》、《日本地方渔政法规要览》等。这就为他日后绘制中国宪政蓝图，打下了良好的基础。

光绪三十三年（1907）春，宋教仁前往祖国东北，运动“马侠”，在丹东设立同盟会辽东支部。在此过程中，他意外侦得日本正制造所谓“间岛问题”，妄图侵占吉林延边地区数万平方公里的领土。他通过周密的实地调查，返日本后又查阅到大量历史、地理文献资料，写成《间岛问题》一书，帮助清政府在对日交涉中取得了胜利，保全了这一片国土。

宣统二年（1910）春广州新军起义失败后，宋教仁鉴于南方边区多次起义连遭失败，建议将革命中心转移到长江流域，获得了谭人凤等多人的赞同。谭人凤便出面召集在东京的11省区同盟会分会长开会，讨论革命进行方略。宋教仁在会上提出了著名的革命三策："上策为中央革命，联络北方军队，以东三省为后援，一举而占北京。然后号令全国，如葡、土已事，此策之最善者也。就沿江各省，同时并举，先立政府，然后北伐，此策之次善者也。就瓯脱地，密布党羽，进踞边要，然后随图进取，其地则东三省或云南、广西，此策之又次者也。"[40]认为上策最难，下策已败，唯中策较为适宜。会议决定采纳中策，并议决仿行同盟会南部分会办法，在上海设立同盟会中部总会，作为策动机构。不久由于孙中山、黄兴正集中主要精力筹备广州起义，中部总会的筹设工作便暂时搁置下来。

同年十二月（1911年1月）初，宋教仁回到上海，应于右任邀请，担任《民立报》主笔。在此后不到一年的时间内，他以饱满的激情，丰厚的学养，犀利的文笔，在该报上连续发表了上百篇时论和文章，深刻揭露帝国主义侵略中国，猛烈抨击清政府的反动统治和预备立宪骗局，大力宣传民族民主革命，促进了辛亥革命高潮的迅速到来。

宣统三年闰六月六日（1911年7月31日），酝酿已久的同盟会中部总会在上海湖州会馆召开正式成立大会，宋教仁草拟了总会、总务会、分会的各项章程，并当选为5位总务干事之一，分掌文事部。中部总会依据宋教仁先年提出的革命方略，决定以两湖地区为重点，在武昌首先发动起义，然后组织各省立即响应。随着两湖、四川保路运动的迅速发展，革命时机逐渐成熟。

八月十九日（10月10日），武昌起义爆发。九月初三日（10月24日），宋教仁随同黄兴前往战火纷飞的武汉。在途中，他即开始着眼于筹组临时政府。但由于武昌新军起义后，仓促间已拥立原协统黎元洪为湖北军政府都督。他在留武汉期间，协助胡瑛办理外交事务，仍特别留意于新政府的建立和完善，为之起草了《中华民国鄂州约法及官制草案》。其中《鄂州临时约法》凡七章六十条，体现了资产阶级自由、平等的民主精神，三权分立的政体原则，虽尚局限于一个省区的范围，却不失为一个带有宪法性质的文件，首次体现了宋教仁关于民主宪政的基本思想。随后他又积极参与了南京临时政府的筹备和建设，以致于流血牺牲。

图上 7-6　蔡锷墓

蔡锷（1882—1916），原名艮寅，字松坡，湖南邵阳人。光绪八年十一月初九日（1882 年 12 月 18 日）出生于湖南邵阳亲睦乡蒋家冲（今蒋河桥乡蔡锷村）一个贫困农家。为谋生计，蔡锷出生后不久，全家徙居武冈山门（今属洞口）。蔡锷 6 岁入私塾，13 岁考取秀才。随后返回邵阳，师从名士樊锥，致力于经世致用之学。光绪二十三年（1897）考入湖南时务堂，聪颖好学，成绩优异，为教习梁启超、唐才常等所器重。梁、唐等在学堂大力宣传平等、民权学说，鼓吹维新变法，他深受影响。曾在课堂札记中指斥孔子伸君权“流弊无穷”，主张中国应“益之以西法”，学习西方的“议院之制”。又在《湘报》上发表《〈后汉书·党锢传〉书后》和《秦始皇功过论》，揭露历代独夫民贼的“剥民”与“愚民”。梁启超对他十分赏识，师生自此结下了终生之谊。

光绪二十四年七月（1898 年 8 月），湖南当局选拔学生出洋留学，蔡锷以第二名入选。正准备行装，不料戊戌政变发生，梁启超、唐才常等逃亡日本，时务学堂停办。他辗转到上海，考入南洋公学。不久接梁启超来信相召，又获唐才常资助，于是东渡日本，先后入东京大同高等学校和横滨东亚商业学校。二十六年，唐才常成立自立会，组建自立军，策划以武汉为中心，在两湖、安徽等地发动起义。蔡锷参加了自立会，并奉派回湖南给黄忠浩捎信，促黄响应。起义失败后，他重返日本，自此改名锷，决心改习军事。次年，以自费进入陆军成城学校。二十八年，又考入陆军士官学校，因成绩优异，不久转为官费生。

光绪二十九年（1903），留日学界掀起拒俄运动，蔡锷参加了拒俄义勇队，稍后该组织改名国军国民教育会。年末，他毕业于士官学校，在100多名毕业生中，取得第三名的优异成绩，同时毕业的蒋方震、张孝准（一说蒋尊簋）亦名列前茅，时有“中国士官三杰”之称。次年初，便离开日本回国。

蔡锷留日归国后，没有像黄兴、宋教仁一样成为职业革命家，而是就聘入清朝地方军事部门任职，先后历江西、湖南、广西、云南数省。光绪三十年（1904）七月先至江西，任续备左军随营学堂监督，不久任材官学堂总教习兼监督。三十一年初返湖南，任教练处帮办，兼武备、兵目两学堂教官。同年七月往广西，在此凡6年，先后任新军总参谋官兼总教练官、随营学堂总理官，巡抚部院总参谋官兼测绘学堂堂长，陆军小学堂总办兼兵备处总办，新练常备军第一标标统，龙州讲武堂监督，新军混成协协统，兼学兵营营长、干部学堂总办。宣统三年（1911），又调云南，任新军第十九镇第三十七协协统。在云南曾辑《曾胡治兵语录》一书，书中于语录外，附加按语，阐述自己的军事思想，作为对军队进行“精神讲话”的教材。他投身军伍，除了要实践其早年提倡的“军国民主义”，发扬尚武精神以救国外，还有一个宗旨：“为求中国独立自由，必须战胜至少一个帝国主义的国家，以此为最高目的。”[41]他富有军事政治才能，所至卓有成效，在军界有着广泛的联系和影响。

宣统三年八月十九日（1911年10月10日）武昌起义爆发后仅20天，蔡锷就于九月初九日（10月30日）在昆明领导了云南重九起义，两天后成立云南军都督府，被推举为都督，并决定派兵援川。云南成为辛亥革命中继湖北、湖南、陕西、山西之后第五个脱离清王朝独立的省份，也是西南地区第一个独立的省份，对于推动辛亥革命高潮发展，促进清王朝土崩瓦解，起了重大的作用。入民国后，蔡锷又成为反对袁世凯帝制复辟、维护民主共和的护国英雄。

第三节　史　学

魏源的《圣武记》、《元史新编》等　王闿运与《湘军志》　王先谦与《十一朝东华录》、《〈汉书〉补注》等　其他史家史著

近代前期（清末民初），湖南史学有新的发展。紧密联系现实写当代的史著较多出现，内容由国内拓展至世界，传统体裁外出现了新的章节体。

魏源不仅是当时走在时代前列的思想家，也是卓有成就的史学家。他编纂的《海国图志》，可谓近代中国第一部关于世界史地的著作。此外，他还先后撰著了《明代食兵二政录》、《圣武记》、《道光洋艘征抚记》、《元史新编》等。

《圣武记》，十四卷。道光二十二年（1842）成书于扬州，二十四年重订于苏州，二十六年复重订于扬州。

此书是魏源在鸦片战争时期，面对外敌入侵、国势衰微、庸臣误国“积感”而发的忧愤之作，是其史学经世思想的又一重要体现。所写的是当代国史，主要记述清初以来“专涉兵事及尝所议论”者，即军事史。期望通过宣扬清代过去“武功”，来促使清政府发愤图强，抵御外侮，同时激励人心，振奋士气。《叙》中特别寄希望于清政府整饬内政，“战胜于庙堂”。并引用古语“物耻足以振之，国耻足以兴之”，劝告说：“必虩然以军令饬天下之人心，皇然以军食延天下之人材。人材进则军政修，人心肃则国威遒。一喜四海春，一怒四海秋。五官强，五兵昌，禁止令行，四夷来王。是之谓战胜于庙堂。”

《圣武记》内容详明，资料丰富。梁启超说：“《圣武记》，记清一代大事，有条贯。”又说：“默深观察力颇锐敏，组织力颇精能，其书记载虽间有失实处，固不失为一杰作。”[42]因而刊出后，很快风行海内外，翻刻翻印的很多。除魏源自己审订刊行的3种古微堂刊本外，自道光末迄清末60年间，国内陆续有上海、广州、成都、扬州、山东等地各种印本10余种；日本亦出版有《〈圣武记〉采要》、《〈圣武记〉附录》、《〈圣武记〉拔萃》等数种。民国时期，先后有国民政府军事委员会印本（易

名为《清代武功记》）、世界书局印本和中华书局四部备要本。今有中华书局点校本，岳麓书社《魏源全集》本。

《道光洋艘征抚记》，原名《道光夷艘征抚记》，分上、下二篇。成书与《圣武记》差不多同时或稍后。其初并不是作为宣扬清代武功的《圣武记》的一部分而写作的，魏源手订的道光二十二年和二十四年古微堂刊本《圣武记》，均未将此二篇纳入；道光二十六年再次重刊《圣武记》时，魏源虽曾想将其纳入，并在卷十目录中增入了“补刊：《道光夷艘征抚记》（上、下）”字样，但在印刷时，仍然将其割爱了。可以说，魏源在世时，始终没有将此二篇纳入《圣武记》，也未将其单独公开刊行。造成这种情况的原因，可能由于屈辱的鸦片战争够不上清代的“武功”，更可能与魏源此书文笔锋利，严厉抨击统治当局腐败无能和投降卖国有关，即恐触时忌，刊行时不能不谨慎从事。直至光绪四年上海申报馆出版铅印本《圣武记》，才将此二篇补入卷十，并改名为《道光洋艘征抚记》。

此书写的是当代史事，作者真实地记述了刚刚过去的鸦片战争的全过程，深刻地总结了战争失败的经验教训，为研究鸦片战争的历史名著。书中揭露英国走私鸦片、发动战争、侵略中国的种种罪行外，热情赞扬了林则徐、邓廷桢等的坚决抵抗和三元里等地人民的抗英斗争，而对清政府昏庸无能，特别是琦善、奕山、耆英等屈辱求和，割地（割让香港）赔款的丑行，皆据事直书。作者于上、下篇末各有一段“论曰”，总结鸦片战争的历史经验，阐述自己的观点和主张。如认为，要战胜外敌，“必沿海守臣皆林公而后可，必当轴秉钧皆林公而后可”。主张“购洋炮洋艘，练水战火战”，“尽收外国之羽翼为中国之羽翼，尽转外国之长技为中国之长技”，以达到“富国强兵”的目的。希望清政府“过时而悔，悔而能改，亦可补过于来者”等。

《元史新编》，九十五卷。咸丰三年（1853）基本脱稿。光绪三十一年（1905）由魏氏慎微堂开雕，次年刊成行世。1936年上海光大书局出版《史学丛书》，收录了该书。今有岳麓书社《魏源全集》本。

魏源《元史新编》原是为纠明宋濂等所修《元史》“芜蔓疏陋”之弊而撰写的，因而在内容、史实方面作了大量补订，在征引资料方面也更加丰富，并注意搜取域外史籍。特别是，此书在体例方面有重大创新，受到了后世学者的肯定。梁启超说："魏著（《元史新编》）讹舛武断之处仍不少，盖创始之难也。但舍事迹内容而论著作体例，则吾于魏著不能不深服。彼一变旧史'一人一传'之形式，而传以类从……但观其篇目，则可见其组织之独具别裁。章石（实）斋所谓'传事与传人相兼'，司马迁以后未或行之也。故吾谓魏著无论内容罅漏多至何等，然固属史家创作，在斯界永留不朽的价值矣。"㊸

王闿运（1833—1916），字壬秋，室名湘绮楼，人称湘绮先生，湖南湘潭人，出生于长沙。少孤贫，由叔父教养。"幼好学质鲁，日诵不能及百言，发愤自责，勉强而行之，昕所习者不成诵不食，夕所诵者不得解不寝……刻苦励学，寒暑无间。"㊹渐通经史，工诗文。19 岁参加县试，获第一名。后肄业长沙城南书院，学业大进。他为学不喜治理学，而崇尚今文经学，注重经世致用。曾与李寿蓉、龙汝霖、邓辅纶、邓绎结兰林词社，常以诗歌相唱和，人称湘中五子。咸丰七年（1857），中第五名举人，获学政张金镛赏识。九年，赴京会试，落第。但他才气横溢，文名远播。曾应权臣肃顺聘，入其家任教读，颇受礼遇。后入曾国藩幕，建言而不受官，复以议论不合离去。自此专事讲学著述 50 余年。先后主讲成都尊经书院、长沙思贤讲舍、衡州船山书院、南昌高等学堂，得弟子数千人，有门生满天下之誉。光绪三十二年（1906），经湖南巡抚岑春冥保奏，授翰林院检讨，加侍读衔。1914 年，被袁世凯征为清史馆馆长。后察袁氏阴谋复辟帝制，挂印南归故里。生平著述甚富，主要有《湘军志》、《〈今古文尚书〉笺》、《〈春秋公羊何氏〉笺》、《〈礼记〉笺》、《〈楚辞〉释》和《湘绮楼诗集》、《文集》、《日记》等。另辑有《八代诗选》、《唐诗选》等；主纂《湘潭县志》、《桂阳州志》、《衡阳县图志》、《东安县志》，时称名志。为清末民初著名经学家、史学家和教育家。李肖聃曾评论说："湖南学术，盛于近世。明清两代，乃有四王：船山于《易》尤精，九溪考古最悉，葵园长于史学，湘绮号曰儒宗。"㊺

《湘军志》是王闿运的主要史学著作。王闿运原与湘军将帅时相过从。湘军镇压太平天国起义，又平捻、平苗、平回，挽救了垂危的清王朝后，一些志得意满的将帅和文士们，开始酝酿编写一部关于湘军历史的书，以彰“功烈”。曾纪泽找王闿运写此书，也是曾国藩的意思。曾纪泽并受命致送六千元给王。王闿运接受任务后，全神贯注，广泛查阅大量公私文书、档案资料（主要是《实录》、《方略》等），并走访知情人，进行实地考查，在写作过程中，又反复斟酌、核对，请人制作地图，历时七年，至光绪七年（1881），才最后定稿付梓。其时他正在成都尊经书院，书稿即在书院刊印，是为尊经书院刊本。

《湘军志》是第一部记述湘军历史的著作。因成书较早，其时湘军活动尚在继续，故内容不可能完备。全书记事自道光末咸丰初太平天国起义、江忠源组楚军、曾国藩创立湘军开始，至同治中平捻、平苗止，而未及平定陕甘、云南回军及以后湘军西征收复新疆事。其编写体例有所创新，既非纪传体，也非编年体和纪事本末体，而是以军别和地域战事为主，兼及营制、筹饷，分立篇目，逐年逐月记述其经过。全书共十六篇，依次为：《湖南防守篇》、《曾军篇》、《湖北篇》、《江西篇》、《曾军后篇》、《水师篇》、《浙江篇》、《江西后篇》、《临淮篇》、《援江西篇》、《援广西篇》、《援贵州篇》、《援川陕篇》、《平捻篇》、《营制篇》、《筹饷篇》。文笔雅健流畅，夹叙夹议，间插逸闻轶事和人物对话，可读性较强。特别可贵的是，作为当代人写当代史，而且系受曾氏兄弟子侄请托和资助之作，作者仍能继承中国史学传统美德，秉笔直书，对曾国藩和湘军前期屡战屡败的蹶蹶之状，绘声绘色描述；对湘军将领内部的矛盾，军纪的败坏，以及攻破天京等地时的烧杀掳掠，皆有所揭露和评论。

然而，王闿运于同年冬将尊经书院本《湘军志》及版片携回长沙后，却很快在湘军将领和文士中引来一片讨伐声。曾国荃“指证其虚诬处，面加诘斥”，并“几欲得此老而甘心”㊻。郭嵩焘、崑焘兄弟公开指斥此书为“谤书”，并于全书各页分别加了详细批注，几至体无完肤。此外，彭玉麟、李榕、王先谦、罗汝怀等均以不同方式、不同程度对此书表示不满和批评。王闿运迫于强大压力，只好将版片及部分存书送交郭嵩焘，任其销毁。后来便有曾国荃指使王定安重修《湘军记》，以及郭振镛将郭嵩焘、崑焘兄弟的详细批注整理成《〈湘军志〉平议》一书出版之事。

而另一方面，王闿运于尊经书院本《湘军志》版片和存书销毁后，心实不甘。光绪八年（1882）返成都后，在书院师生和四川官绅的支持下，又将原稿作了校勘，于次年重刊了尊经书院本。与此同时，各地也陆续出版了几种翻刻本。

王先谦（1842—1917），字益吾，号葵园，室名虚受堂，湖南善化龙喜乡（今长沙黄兴镇）人。出生于世代书香家庭。同治二年（1863）曾入湘军将领李桓、梁洪胜军幕。三年中举人。四年成进士，选庶吉士。七年授编修。八年兼充国史馆协修。此后长期在国史馆、实录馆兼职，历迁国史馆纂修、总纂，实录馆纂修兼总校，日讲起居注官。其间曾外放云南乡试副考官，江西、浙江乡试正考官，会试同考官、正考官。光绪三年（1877）补詹事府左中允。五年迁翰林院侍讲，补侍读，升右春坊右庶子。六年三月，转补左春坊左庶子；四月，升补国子监祭酒。十一年八月，外放江苏学政。在任以直言进谏著称，先后奏劾云南巡抚徐之铭，疏请停罢三海工程，又奏太监李莲英“夸张恩遇，大肆招摇”，请旨惩戒。十四年冬回籍修墓，不久以病开缺。此后定居长沙，筑宅于城北古荷花池前，专事讲学、著述。先后主讲思贤讲舍、长沙城南书院和岳麓书院。其中在岳麓书院达10年（1894—1903），为该书院最后一任山长。书院废止后，又曾任师范馆馆长、学务公所议长等职。

王先谦是清王朝培养和任用的士子与官员，其思想深受晚清洋务运动“中体西用”的影响。他在中俄伊犁交涉时，曾奏请由左宗棠主持对俄交涉，及严备东三省边防，切实经理海防船政等。湖南维新运动初期，曾创办宝善成机器制造公司，又领衔倡办时务堂，主持岳麓书院改章。粤汉铁路废约自办后，还曾充任湖南铁路公司名誉总理。但他在维新运动后期，以及在随后的辛亥革命运动中，却持坚决反对的态度，成为湖南守旧派的首领。

尽管这样，王先谦就其对后世的影响和贡献而言，主要还是在学术文化方面。他生平无论居官、居家，均热心于著述和历史文献、古籍的编校刊印，他长期在史馆和文教机构任职，也给了他著述和编校刊印历史文献提供了十分有利的条件。他著述和编校刊印成果宏富，据统计，“其一生所著、编、校、注、辑、刊的著作达50种，3200余卷以上”[47]。主要有《诗三家义集疏》、《续古文辞类纂》、《十一朝东华录》、《皇朝经解续编》、《荀子集解》、《校正盐铁论》、《合校水经注》、《汉书补注》、

《骈文类纂》、《日本源流考》、《〈尚书孔传〉参正》、《庄子集解》、《五洲地理志略附图》、《后汉书集解》、《元史拾补》、《外国通鉴》（以上大体按成书时间为序），及《虚受堂文集》、《虚受堂诗存》、《虚受堂书札》、《自定年谱》等。光绪三十四年（1908），湖南巡抚岑春蓂将其中《〈尚书孔传〉参正》、《汉书补注》、《荀子集解》、《日本源流考》四种奏呈朝廷，恳予褒奖，奉旨赏内阁学士衔。宣统三年（1911）他70岁寿辰时，瞿鸿禨特赠《寿序》，写道："近代以还，撰述之夥，才力兼人，闳深博大，殆未有过之者。"

兹将王先谦的主要史学编著简介于后：

《十一朝东华录》，六百二十四卷。光绪十三年刊。系关于清代历史的一种编年体史书，因国史馆在清宫东华门内而得名。此书征引资料丰富，除《实录》外，还广采《本纪》、《会典》、《方略》、《御制诗文》、《大臣列传》等，为研究清史的基本史料。

《汉书补注》，一百二十卷。光绪二十六年（1900）虚受堂刊。此书属"注释之史"。有学者评论：此书"汇集了唐颜师古以来67家考订成果，特别注意对名物制度的考订，对《汉书》的讹误有所纠正，资料收集较为丰富。"[48]被称为《汉书》迄今的最佳注本。

《后汉书集解》，九十卷，又卷首一卷，1915年虚受堂刊。与《汉书补注》同类。为王先谦晚年之作。此书系以李贤注本为底本，充分吸取了惠栋《补注》的成果，加以扩充推衍而成。作者在《序》中写道："余服膺此书（指惠栋《补注》）有年，于遗文奥义复加推阐，惠氏外广征古说，请益同人，所得倍夥，爰取而刊行之。"

《日本源流考》，二十二卷。光绪二十八年（1902）虚受堂刊。王先谦在《序》中说：此书系"录日本开国以来迄于明治二十六年癸巳（1893），采历代史传暨杂家纪载，参证日本群籍，稽合中东年表"而成。在当时条件下，他著此书所"参证"的"日本群籍"其实甚少，所摘取的主要是中国古籍的零星记载，虽反映其眼界和著述范围有所开拓，但学术价值有限。

周寿昌（约1814—1884），字应甫，一字荇农，晚号自庵，湖南长沙人。道光二十五年（1845）进士。历任翰林院编修、侍读、内阁学士兼礼部侍郎等。在任以敢言称，尝疏劾钦差大臣赛尚阿逗留不战。生平好学不倦，“精核强记，虽宦达，勤学过诸生”[49]。光绪六年（1880）以足疾辞官，家居专事著述。治学严谨。所著有《汉书注校补》，凡十七易其稿。此外尚著有《后汉书注补正》、《三国志注证遗》及《思益堂集》等。

《汉书注校补》，五十六卷，光绪十年思益堂刊。作者生平于《汉书》用力甚勤，治学严谨。此书旨在对颜师古的《汉书注》加以校补。王先谦曾受业其门下，得其指点，撰《汉书补注》时，充分吸取了此书成果。

《后汉书注补正》，八卷，光绪十年思益堂刊。为注释补正《后汉书》之作，纠正了原李贤注的一些失误，并作了补充。后王先谦撰《后汉书集解》时，亦多录其说。

《三国志注证遗》，四卷，光绪十年思益堂刊。此书以“证”为主旨，兼采过往《三国志》诸注家之长，并多有新见和补充，辑录了前人所未及的旁证300余条。

李元度（1821—1887），字次青、笏庭，晚年自号天岳山樵、超然老人，湖南平江人。道光二十三年（1843）中举人。咸丰四年湘军出师时入曾国藩幕府。后率平江勇、安越军转战江西、安徽、浙江各地，与太平军作战；又入贵州镇讨苗民起义。历任浙江盐运使、云南按察使、贵州布政使。著有《国朝先正事略》、《天岳山馆文钞》、《天岳山馆诗集》、《四书广义》等，并辑有《南岳志》，主纂《平江县志》。

《国朝先正事略》，六十卷，同治五年成书，光绪十二年刊。是一部关于同治前清代综合性人物传记。计正传500人，附传608人，共1108人。取材范围广，征引详，保存不少原始资料。曾国藩为之作《序》，并在致友人书中称：“渠所著《国朝先正事略》，同时流辈中无此巨制，必可风行海内，传之不朽。”

曾鲲化（1881—1925），字抟九，湖南新化人。光绪二十九年（1903）留学日本岩仓铁道学院。三十二年毕业归国后，在邮传部供职。民国时期，历任湘鄂、京汉铁路局长，交通部路政司、路工司司长。著有《中国历史》、《中国铁路史》、《政余随笔》等。

《中国历史》，上、下卷，光绪二十九年上海东新译社出版。署名横阳翼天氏。此书是自梁启超1902年发表《新史学》，倡导“史学革命”以来，国内最初几种新史学著作之一，也是适应当时废书院、兴学堂的需要而编写的新型教科书。它无论从观点、内容和结构而言，都与旧史书有了本质的区别。在首篇《总叙》“历史之要质”中指出：“所谓《二十四史》、《资治通鉴》等书，皆数千年王家年谱、军人战纪，非我国民全部历代竞争进化之国史也。今欲振发国民精神，则必先破坏有史以来之万种腐败范围，别树光华雄美之新历史旗帜，以为我国民族主义先锋。”其上卷出版时，《浙江潮》第七期“绍介新著”专栏予以强力推介称：“横阳翼天氏……特编《中国历史》一种，其上卷于今年初夏出版，体裁新辟，材料丰多，而又以民族主义为宗旨，诚我国历史界开创之大作，而普通教科书中稀有之善本也。国民，国民，不可不急读。”

曾廉（1856—1928），字伯隅，号非斋、蠡庵，湖南邵阳人。光绪二十年（1894）举人。授国子监助教、会典馆详校。戊戌维新期间，曾应诏上书请诛杀康、梁，取缔变法。八国联军侵华时，随慈禧太后、光绪帝逃亡西安，升陕西候补道。不久罢黜。二十八年迁居贵州锦屏，从事教学和著述。宣统元年（1909）回籍。著有《元书》、《元史考证》、《蠡庵集》等。

《元书》，一百零二卷，宣统三年曾氏层漪堂刊。此书系以魏源《元史新编》为蓝本，对《元史》进行改编而成。其中本纪皆以《元史》删成；列传较《元史》有较多增补，儒林、隐逸、权幸诸传尤详，还补入作者先人仕元事迹；志书则删去《五行》、《舆服》二志，而补入钱大昕《艺文志》；对《元史》讹误，也有所订正。

第四节 文学艺术

“领袖诗坛”的湖湘诗派　以曾国藩为首的“湘乡派”散文　梁启超、谭嗣同等开创的报刊散文　“革命党之大文豪”陈天华　书法家何绍基、黄自元　电影传入湖南　欧阳予倩与中国话剧的开端　杨宗稷及其《琴学丛书》

近代诗坛的一大特点，是出现了众多依托地域及独特的人文环境而形成的诗歌流派，汪辟疆即从地域的角度，将近代诗家分为湖湘、闽赣、河北、江左、岭南和西蜀六个派别，“湖湘派”列在首位，其受地域文化影响颇深，与湖湘地域及其文化精神存在着直接的传承关系[50]。

“湖湘派”的成员主要是湖南诗人，并超越了湖湘界域。以诗坛老宿王闿运为领袖；湘省邓辅纶、邓绎、李寿蓉、龙汝霖、蔡毓春、彭玉麟、陈钟英、严咸、徐树钧、李希圣、释敬安、杨度、杨庄、杨钧、程颂万、齐白石、饶智元、陈锐、曾广钧等羽翼之；湘省之外，有江西的高心夔，河南的李仁元，江西的李瑞清、范质侯、陈对山，四川的宋育仁、刘光第、曾彦、吴清渠等。

清道、咸前后，诗坛宗唐崇宋之风盛行，“湖湘派”诗人继杨慎、张溥、陈祚明等人之后，研究、编选、模拟长期受人冷落的汉魏六朝诗，诗作以五言古体为主，大多不作唐、宋歌行近体，重拾汉魏六朝诗风的倾向非常明显。故从复古特征来看，“湖湘派”又有“汉魏六朝诗派”、“《文选》派”之称。

“湖湘派”以咸丰元年（1851）“湘中五子”[51]立“兰林词社”为起始。该派后期诗人对“湖湘派”的诗学理论有所改造，拓宽了诗学宗趣。王闿运去世后，杨度等承其师学，在民国时期继续传扬“湖湘派”的诗学精神。但在历经五十余年的兴盛发展和延续繁荣之后，“湖湘派”已辉煌不再。随着杨度于民国二十年（1931）离世，曾经颇具声势的“湖湘派”诗脉即如断线的风筝，消失在深湛的历史天空中。

王闿运（1833—1916）是“湖湘派”的领袖人物。其诗学理论的核心是拟古，标榜汉魏六朝诗文，兼拟初、盛唐诗；主张从尽法古人之美入手，贵在得其神髓，有所变化和创新；反对附庸于诗歌中的政治与社会功用，崇尚诗歌的真性情，强调善于控制情感表达；追求典雅妍丽的风格，在遣词造句方面偏爱绮靡之词。其诗大多酬唱应和亲友，描摹山水名胜，亦有反映社会现实之作，风格呈现多样化色彩。《圆明园词》、《周甲七夕词六十一绝句》、《夔门歌》等作脍炙人口。

曾国藩宗法桐城派古文的创作思想，但又有所变化。在思想内容上，他继承姚鼐义理、考据、辞章三者不可缺一的理论，又以德行、政事来阐释义理，注重小学根柢，力求字句精确、古茂；他还接受梅曾亮

“因时”的观点，同时张扬湖湘学派经世致用的传统学风，于义理、考据、辞章之外标榜“经济”，强调经世济民，以纠正桐城派空谈义理、脱离实际的倾向，使文章适应时代要求，切于世用。在艺术风格上，他汲取姚鼐的“阳刚”、“阴柔”说，根据文境之美，将阳刚之美分为“涌”、“直”、“怪”、“丽”四种境界，阴柔之美分为“忧”、“茹”、“远”、“洁”四种境界，合为“八美”；又将气势、识度、情韵、趣味这四种风格的内在要素分别与太阳、太阴、少阴、少阳的阴阳两仪相配，提出“古文四象”理论，为使评议尺度更为细密，总结出喷薄、跌宕、恢诡、闲适、宏括、含蓄、沉雄、凄恻八种风格，作为他认定的创作准则和衡量诗文的标准。其中，他以文章的气势神韵为重，以为“四象表中，惟气势之属太阳者，最难而可贵”[52]，这也是对“桐城派”古文家创作传统的继承。他的文章或阐述政治主张，揭露官场黑暗，或反映社会现实，同情民生疾苦，或表彰正直官员，赞誉贤德文士；巧于立意，喜好议论，骈散兼用，语言雅洁，一改桐城派古文清淡简朴的文风，写得纵横恣肆，气势恢宏。

咸丰初年，在姚门弟子梅曾亮、方东树等人相继谢世，桐城派实力最盛的安徽陷入战火，桐城古文已无以为继。由于曾国藩政治上的高位和喜好招揽人才，不少文人与其交游，或集于其门下，他们论文赋章，相互切磋，形成了一个师法桐城的文派，以曾国藩的籍贯而命名为“湘乡派”，桐城派的发展悄然转移到了湖南。该派使桐城古文得以振起，它的思想基础是程、朱理学，又重视经世致用，弥补了“桐城派”末流空疏文风的弊端。主要作家除吴敏树、杨彝珍、孙鼎臣外，还有“曾门四大弟子”吴汝纶、黎庶昌、张裕钊、薛福成，以及湖南的刘蓉、郭嵩焘、李元度、曾纪泽等。曾国藩的弟子在他去世后，通过开办书院、主持科举招揽人才，进一步扩大了“湘乡派”的创作队伍。

19 世纪末 20 世纪初，随着维新变法运动的开展，一种更为通俗易懂的新体散文应运而生。以梁启超、谭嗣同为代表的有识之士为开通“民智”、宣扬改良派的政治主张服务，开始倡导“新文体”，构成了对传统古文的猛烈冲击。

谭嗣同在文学上同样是一个勇猛的革新者，不仅提倡“诗界革命”

并创作新诗，而且鼓吹“新文体”并亲身实践，作品格调严正，感情真挚，志趣豪迈，充满着革命的浪漫主义精神。

谭嗣同学文从“桐城派”古文入手，将之与魏晋六朝文结合起来，内容充实，骈散杂糅，绝少浮词累语。30 岁以后，他投入到维新运动中，为宣传变法，提倡一种通俗化、社会化的“报章文体”。他在《时务报》发表《报刊文体说》，充分肯定这种文体，以为“皋牢百代，卢牟六合，贯穴古今，笼罩中外，宏史官之益而昭其义法，都选家之长而匡其阙漏，求之斯今，其惟报章乎？”[53]他本人亦热心于创作报章体散文，用通俗浅近的白话文进行写作，表现出鲜明的时代色彩。如发表于《湘报》第十九号上的《论湘粤铁路之益》写道：

> 今日之世界，铁路之世界也。有铁路则存，无则亡；多铁路则强，寡则弱。西人为统计之学者，校稽环球各国铁路之长短，列为图表，惟美国最长，惟中国最短。而各国安危盛衰之数，率以是为差……故愿与诸君讲明今日危急情形，共相勉为实学，以救此至危急之局……夫日本席全盛之势犹时恐危亡，忧及我国，我何可不自危而自振乎？

文势充沛，行文流畅，语言通俗。其他如《论学者不当骄人》、《湘报后叙》、《群萌学会序》等，或提倡新法，或宣传新学，或介绍西方科技知识，在行文风格上通晓流畅，在遣词造句上通俗易懂，与现代语言十分接近，往往杂以俚语、新式词语和外来词。就文学革命的角度而言，这类文章的成就远远超过他那些古奥深邃的哲学文字，与同时期文学革命大师梁启超的某些文字可谓不分伯仲，在当时产生了广泛而深刻的影响，有力推动了古文向现代文的转变。

陈天华（1875—1905），原名显宿，字星台，亦字过庭，别号思黄，湖南新化县人。中国资产阶级民主革命的先驱者之一。少时家境极为贫寒，15 岁才入私塾读书，21 岁得族人资助考入新化资江书院，不久考入新化求实学堂。1903 年由求实学堂资送入日本东京弘文学院，次年为参加黄兴组织的华兴会起义秘密回国，因事泄再度赴日。为反抗日本政府颁布《清国留日学生取缔规则》，在东京大森海湾跳海自杀，年仅 30 岁。

陈天华写过不少宣传民主革命、反抗外敌侵略的文章，中国同盟会

图上 7-7　陈天华像与《警世钟》书影

的著名文稿《革命方略》即出自他的手笔。其散文多为政论文章，感情充沛，议论透辟，语言通俗。代表作有《警世钟》和《猛回头》。

《警世钟》是带有说唱特征的白话散文，而《猛回头》则是利用民间说唱形式写成的唱本，是“五四”白话文运动的先声。它们都发表于 1903 年下半年，当时沙俄大举侵略我国东北三省，其他列强也蠢蠢欲动，而腐败的清政府拱手投降。陈天华目睹这一切，非常愤慨，当即投入到留日学界的爱国革命活动中，并用饱蘸激情的笔墨写下了这两部振聋发聩的作品，向世人揭露帝国主义瓜分中国的阴谋，痛陈中华民族命悬一刻的危难形势，斥责清政府的卖国投降，唤醒国人的救亡图存意识，表现出催人奋进的力量。如：

> 我中华，原是个，有名大国……为什么，到今日，奄奄将绝？这原因，真真是，一言难尽。待咱们，细细数，共做商量。这中国，哪一点，我还有份？这朝廷，原是个，名存实亡。替洋人，做一个，守土官长，压制我，众汉人，举手投降。

语言通俗，节奏短促，风格明快，充满无比的革命激情，体现出陈天华作品的突出特点。这两部作品的发表，犹如吹响了战斗的号角，震撼着阴霾沉沉的中国大地。由于文字“动人听闻，便于唱口”，几乎使所有读者熟记背诵，顺口唱出，以致“三户之市，稍识字之人，无不喜朗诵之”[54]。唱者怒发冲冠，听者热血沸腾，清朝政府十分惧怕，列为“逆书”，捕杀阅读者。

何绍基（1799—1873），书法家。湖南道州（今道县）人。字子贞，号东州，晚号蝯叟。道光十六年（1836）进士，官编修。工经术词章，尤精说文考订之学，旁及金石碑版文字。书法自成一家，草书尤为一代之冠。偶作山水，不屑摹仿形似，随意挥毫，取境荒寒，得石涛晚年神髓。画必长题，题多佳句，惟不轻作，兴至为之，辄自毁去，故流传者少。

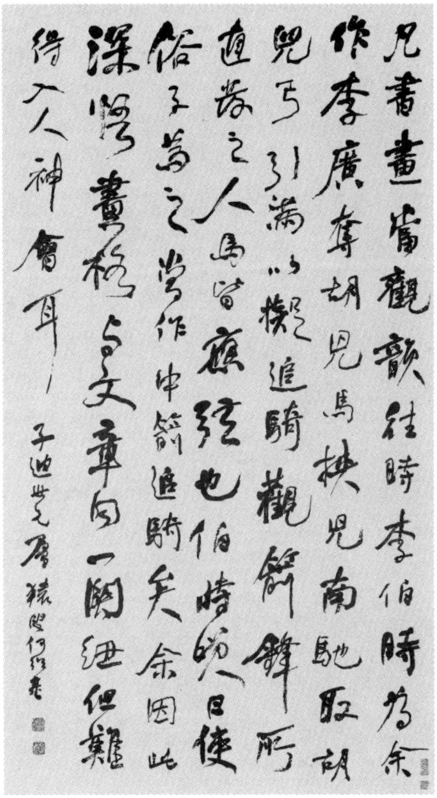

何绍基的书法成就很高。何绍基的楷书取颜字结体的宽博而无疏阔之气，同时还掺入了北朝碑刻以及欧阳询、欧阳通书法险峻茂密的特点，还有《张黑女墓志》和《道因碑》的神气，因而不同凡响。何绍基的小楷兼取晋代书法传统，笔意含蕴，行草书融篆、隶于一炉，骏发雄强，独具面貌。他的篆书，中锋用笔，并能掺入隶笔，而带行草笔势，自成一格。何绍基书法，早年秀润畅达，徘徊于颜真卿、李邕、王羲之和北朝碑刻之间，有一种清刚之气；中年渐趋老成，笔意纵逸超迈，时有颤笔，醇厚有味；晚年已臻炉火纯青。济南大明湖历下亭楹联杜甫名句“海右此亭古，济南名士多”，即为他所书。历下亭东壁仍存其《重修历下亭记》石刻。何氏精通金石书画，以书法著称于世，被誉为清代第一。初习颜，中年博习南北朝书，笔法刚健，此期作品传世甚少。后致力分隶，汉魏名刻，临摹多至百本。偶为小篆，必以顿挫出之，宁拙毋巧。暮年眼疾，作书以意为之，笔轻墨燥，不若中年之沉着俊爽，每有笔未至而意到之妙。年尊望重，求书者多，故此时期作品传世较多，尤以篆隶法写兰蕙竹石，寥寥数笔，金石书卷之气盎然。

图上 7-8　何绍基行书

黄自元（1837—1918），字敬舆，号澹叟，湖南安化县龙塘乡人，清末书法家、实业家。生于道光十七年（1837），同治戊辰（1868）进士，廷试一甲第二名，授翰林院编修。历任顺天、江南乡试副主考、河南道、陕西道监察御史等职，后隐居长沙。黄自元幼从祖父德濂习字，常悬腕书写，锻炼臂力。初仿颜体，又摩柳体、欧体。虽书法屡为更变，不能自辟蹊径，未受书林见赏，但博采众家之长，也卓然自成一家。同治帝之母病逝，黄自元被诏撰写神位，跪地悬手写来，工整匀称，受到赞赏，赐以“字圣”名号。晚年所仿《玄秘塔》、《醴泉铭》、《正气歌》等，经周墨香木刻拓印发售，作为当时蒙学习字教材，流传颇广。著有《间架结构九十二法》（已收入《中国书法大辞典》）。后经湖南美术出版社重印和出版的，尚有《黄自元临九成宫》和《间架结构九十二法》。

在湖南最早放映的无声电影，据刘兰荪《适园杂忆》及《长沙电影院往迹》称：“电影入湘，则在1905年（光绪三十一年）之春季，其开映地址即今青石桥宜新浴室，所映影片为美国一女郎交欢矿工故事。”此为湖南最早的电影放映活动，其时，电影入中国8年后。最早开办的临时电影院，据刘岚荪《杂忆》1906年（光绪三十二年），“又有丁某其人，赁苏家巷今之电灯公司房屋，开办一电影院”，为湘商自办的第一座临时电影院。而第一座有固定放映场所的电影院是1914年长沙基督教青年会在西牌楼开设的电影院。

欧阳予倩（1889—1962），著名戏剧、戏曲、电影艺术家，中国现代话剧创始人之一。原名立袁，号南杰，艺名莲笙、兰客、桃花不疑庵主。1889年5月12日生于湖南浏阳一官宦家庭。欧阳予倩13岁就随在清廷当官的祖父到北京读书，后祖父调往广西，他便回湖南读经正中学，受经正中学几位参加同盟会教员反清救国思想的影响，15岁到日本进成城中学就读，先后入明治大学商科、早稻田大学文科。受到西学和民主爱国思想的影响，留学期间，加入中国留学生最早组织的话剧团体“春柳社”，并参加根据H.B.斯托夫人的长篇小说《汤姆叔叔的小屋》改编的、反对种族歧视的《黑奴吁天录》和宣传革命思想的《热血》等剧的演出。从此与话剧结下了不解之缘，并奠定一不想当官、二不求发财的思想，投身于进步的演剧运动。

1910年回国后，他先后参加新剧同志会、社会教育团、文社、春柳剧场、民鸣社等新剧团体，编演了《运动力》等一批新剧，在上海和江、浙一带演出，为中国早期话剧的兴起作出了重要贡献。他在办学过程中，破除旧的科班制度，建立新的办学宗旨。他提出：学社是为社会致力之艺术团体，不是私家歌童养习所，学社是要造就改革戏剧的演员，不是科班；主张男女平等，反对唱堂会。学社开设了戏剧专业课、文化课、音乐舞蹈课，提倡白话文，鼓励学生阅读进步书刊。他讲授戏剧理论课，介绍外国戏剧家和他们的作品，目的是为培养一批有新文化知识的戏剧人才，为改革戏剧艺术建立一支生力军。他在更俗剧场的建设方面，也和旧剧场的恶习作过不懈的斗争，而且改革、建立了新的舞台管理制度和良好的剧场秩序。

欧阳予倩勤奋好学，对艺术精益求精，因而对京剧、楚剧、川剧、粤剧、汉戏、湘戏、桂戏、秦腔等多个剧种的表演、音乐、舞蹈等方面都有较深的研究。大部分作品真实地反映现实生活，并与现实斗争紧密结合，具有强烈的时代感和战斗性。因为他既熟悉现代的话剧艺术，又深知传统的戏曲艺术，并且有过长期的舞台（包括戏曲和话剧）演出的实际经验，在他的创作中又能自觉地将这些结合起来，所以他的作品往往具有故事性强、语言讲究节奏、民族特色鲜明和适宜于舞台演出等特点。欧阳予倩一生重视改革，注意汲取外来经验，较早地介绍西方和苏联的各种导演流派及不同的艺术见解，善于吸取古今中外一切精华，为创造中国民族的演剧艺术体系奋斗了一生。

杨宗稷（1869—1931），字时百，号“九疑山人”，湖南宁远县清水桥人。著名古琴学家，曾任北京大学古琴教授。

杨宗稷20岁开始学习古琴，并为之痴迷。而后，他在京工作时认识了清末著名古琴大师黄勉之，于1905—1907年拜黄为师学琴三年习得20首名曲。当时黄勉之已教琴数十年学生百余人，学生中有军机大臣张之洞，皇亲贵戚溥桐、叶诗梦、史荫美、贾阔峰等人，而惟独喜爱学生杨宗稷，称其对古琴有灵感。此时他对古琴爱已成癖，不但能继承黄老先生之精髓还能发扬己之长。于市肆上购得各种古琴谱，对古琴、琴书、曲谱更有研究与发展。首先，他认为古琴谱之指法韵律标注不够确切且繁杂，导致当时的弹法因人而异，甚至难于继承古人留下真实韵，弹奏多有失误。基于此，他开始整理所有古琴曲谱并广收古琴典籍进行整理勘误。从1907至1928年（光绪三十三年至民国十七年）用21年时间写成《琴学丛书》，约四十万字，集古今此类书之大成。按他修正的注法指法严谨，弹奏不致有误且一通百通。了解者均能合奏，音律明快和谐，可谓集古今于一。他于1911年开始木刻《琴学丛书》，并于当年开始陆续出版，共两函43卷14册。计有《琴粹》四卷、《琴话》四卷、《琴谱》三卷、《琴学随笔》二卷、《琴余漫录》二卷、《琴镜》九卷、《琴镜补》二卷、《琴瑟合谱》三卷，《琴学问答》等一卷、《藏琴录》一卷。其后又整理《琴瑟新语》四卷、《琴镜续问卷》、《琴镜释疑》一卷、《幽兰和声》一卷及《声律通考详节》一卷。总计木版1036页，用梨木518块，每块尺寸为19×27×2.5厘米。如果像书一样排列，长度可达13米，重量近600千克。

第五节　教育与科技

科举废止　从书院到学堂　近代学堂体系的建立　从学堂到学校　现代学制的初步建立　科技重要成就

湖南近代教育的主题是从古代向近现代转型，主要涉及废止科举、改书院为学堂、构建近代教育体系三个方面的内容。

晚清是湖南科举最辉煌的一个时期，生员人数、进士人数、鼎甲人数都大大增加。这是一方面，而另一方面，时至近代，科举制度弊病百出，被指为近代化的重大障碍，最终于光绪三十一年（1905）被诏令废止，结束了其1300余年的历史。因此，近代湖南科举的辉煌，只是落幕的辉煌。

从书院至学堂，是晚清湖南教育从古代向近代转型的重要标志。论其实施，则经由了戊戌维新和晚清新政两个阶段。戊戌维新时期，湖南是全国最富生气的省区，湖南新政独步一时，大有引领全国之势。书院改革作为新政最重要的组成部分，在改革大潮中，即有设置新型书院、改书院为学堂两个举措。这个阶段时间很短，随戊戌政变而结束，巡抚俞廉三次年改时务学堂为求实书院之举，更标志着从书院至学堂的活动刚刚拉开序幕即告谢幕。但即便如此，我们也不能否定其积极作用。考求贤、尊经书院改学堂时间，皆在光绪二十四年（1898）五月二十二日发布上谕，限令两个月之内，将大小书院一律改为兼习中学、西学之学校之前，则湖南改书院为学堂之举，对戊戌书院改制诏令的发布不无推动抑或榜样之功。

第二个阶段，始于晚清新政背景之下，光绪二十七年八月初二日（1901年9月14日）下达的书院改制上谕，将各省所有书院分别改为大中小三级学堂及蒙养学堂。巡抚俞廉三采取了很多措施推动改书院为学堂的工作。如以巡抚身份两次通令劝谕之外，成立学务处总理全省兴学事务，学务处曾三次通令兴学。此其一。其二，创办《湖南官报》，刊登改书院为学堂上谕、各省改书院为学堂情况之外，大量登载湖南抚部院及学务处的兴学告示与批示、全省各地兴学情形与经验、改制办法、学堂章程，以及地方府州县官绅兴学事迹的报道，为改书院为学堂大造舆论。三是通饬、督促、指导，以公告院批的形式，随时解决改书院为学堂中的各种具体问题。因此，书院改制令下达的第二年，全省有62所书院改制为大中小各级学堂及师范馆、校士馆等。

当湖南各府州厅县书院改制积极推进之时，有鉴于戊戌激进的教训，也由于岳麓书院院长王先谦等人的坚持，俞廉三却以“院长训饬认真”、生徒年龄较大等理由，保留省城岳麓、城南、求忠、校经等书院，实则影响了由书院到学堂的迈进步伐。到光绪二十九年（1903）春，锐意兴学的赵尔巽接替俞廉三出任湖南巡抚，决意排除阻力。延至九月十五（1903年11月3日），他奏请“岳麓书院为全省观瞻所系，即改为高等学堂”，并将原高等学堂并入其中，迫使王院长辞职。不仅如此，赵还改城南书院为师范馆，另聘新人代替了王兼任的馆长之职。随后，求忠书院改为忠裔中学堂，校经书院改为成德校士馆。阻力排除，湖南教育迅速走上近代化的道路。

统计数据表明，光绪二十八年（1902）是湖南书院改制为学堂的高峰期，一年时间有62所书院转型为近代学堂，占总数的41.33%，主持其事的湖南巡抚俞廉三应该视作书院改制的积极推进者。此其一。其二，书院改学堂的工作在清代基本完成，但占总数12.66%的19所书院延到民国才改作各级学校，这种状况的存在，说明晚清最后十年是书院与学堂并存杂处的时期，也即一个从书院到学堂的时期，古代书院已经基本转制成近代学堂但尚未全部完成。其三，150 所书院改制成学堂、学校，揭示出古代书院借近、现代学堂、学校得以永生的事实。同时也说明，中国古代与近现代学制之间并无不可逾越的鸿沟，两者因书院改制而血脉贯贯，实现成功对接。

书院改学堂的完成，标志着湖南教育告别古代而正式迈入近代化时代。

需要指出的是，湖南在光绪二十四年（1898）综计通省共设大小书院 139 所，而截至宣统年间，有 130 所书院改制成各级各类学堂，可见晚清湖南书院几乎全部转型为学堂。如此整体对接，意义重大，说明书院改制既是湖南近代教育的起点，也是其基点，从书院到学堂，实则成为近代学制最坚实的基础。湖南正是在这个基础之上逐步发展完善，从而形成了一个初具规模的近现代教育体系。

晚清最后十余年，是湖南也即中国近代学制建立的关键时期，其构建的依据则是壬寅癸卯学制。

光绪二十八年（1902），清廷照准管学大臣张百熙主持制订各级学堂章程，是为《钦定学堂章程》。次年，又令张之洞会同张百熙、荣庆等以上年所订各章程为基础，商订厘定，形成《奏定学堂章程》。以光绪二十八、九年为壬寅、癸卯年，故称其为壬寅癸卯学制。壬寅学制颁布而未执行，癸卯学制则是我国近代第一个完整而又在全国推行的学制，它以忠君、尊孔、尚公、尚武、尚实为教育宗旨。

癸卯学制将全国学堂分成纵横两个系统。纵向学堂系统学制 29 或 30 年，分成三段七级：第一阶段为初等教育，设蒙养学堂、小学堂和高等小学堂；第二阶段为中等教育，设中学堂；第三阶段为高等教育，分设高等学堂、大学堂、通儒院。横向系统包括师范学堂和实业学堂两部分。师范学堂分两级，即初级师范学堂、优级师范学堂，分别与中学堂和高等学堂并行。实业学堂分三级，即初等实业学堂、中等实业学堂与高等实业学堂，分别和高等小学堂、中学堂、高等学堂或大学堂对应。而在实际执行过程中，晚清学堂则分成四大系列，即属于纵系的专门学堂（高等教育）、普通学堂（中小学堂），以及属于横系的师范学堂、实业学堂。专门学堂，包括大学堂、高等学堂及文、理、法、医、艺术各科学堂几类，实业学堂则分农业、工业、商业三类。

晚清湖南各专门学堂的典型代表是湖南高等学堂。其前身是光绪二十三年（1897）创建的时务学堂。戊戌变法运动期间，湖南长沙聚集了一批积极拥护维新变法的士绅和学者，时务学堂就是维新派在长沙创办的一所新式学校。它由谭嗣同等人发起，得到湖南巡抚陈宝箴、按察使黄遵宪、学政江标的赞助，于1897年10月创办。时务学堂有“中国近代第一所大学”之称，比京师大学堂（今北京大学）的成立还早一年。

陈宝箴委派熊希龄为时务学堂提调（校长），负责行政事务。黄遵宪介绍广东同乡梁启超任中文总教习，李维格任西文总教习。欧榘甲、韩文举、叶觉迈、唐才常等任中文分教习，王史等任西文分教习，许应垣任数学教习。时务学堂的办学宗旨是“保国、御侮、创新”，“提倡新学，鼓吹维新”，培养“学通中外，体用兼赅”的新人才。它面向湖南省招生，先后招考了3次，录取12—16岁的学生（共三班）以及年长的外课生，共200余名。时务学堂的教学内容熔中、西学为一炉，包括经、史、诸子和西方的政治法律与自然科学。功课分溥（普）通学和专门学，前者包括经学、诸子学、公理学、中外史志及粗浅的格算；后者包括公法学、掌故学和格算学。学生先学溥通学，后学专门学，按日做课业札记，定期缴呈教习批改。师生们反复钻研今文经说的微言大义，日夕讲论维新变法的旨意。湖南素以保守排外著称，时务学堂与《湘学报》、《湘报》和“南学会”的活动，极大地推进了湖南的维新运动，使之成为当时全国革新气象最为蒸蒸日上的省份，因而成立仅数月就遭到守旧势力的猛烈攻击。1898年7月，长沙岳麓书院院长王先谦、士绅叶德辉、苏舆等人向陈宝箴递交“湘绅公呈”，诬蔑该校“阴行邪说”。

戊戌政变后，时务学堂被迫停办，改为求实书院，1902年改名湖南大学堂，次年与岳麓书院合并。时务学堂师生积极投身维新活动和变法革命，对湖南乃至全国维新运动的开展起到推动作用。教习中有的是《湘报》撰稿人，有的兼任南学会讲习，有的赞划湖南新政。学生有的殉难于自立军运动，如林圭、李炳寰等；有的在反清革命活动中死难，如秦力山等；有的成为推翻袁世凯复辟帝制的将军，如蔡锷。据梁启超在民国元年归国演说辞中说：时务学堂第一班的40名学生中“十余年来强半死于国事，今存五六人而已”，“予在时务学堂虽仅半年，所得高材生甚多，自我亡命赴日，一班四十人有十一人随我俱去，后唐先生才常在汉口实行革命，十一人中死难八人！”

二十八年二月十六日，俞廉三奉书院改制上谕，以求实书院中兼课西文，改为湖南省城大学堂，招生120人，开设经学、史学、地理、文学、政治、物理、数学、方言等八门功课，以为全省书院改制之倡。二十九年正月十九日，依癸卯学制规定，俞廉三将大学堂“正名”为湖南高等学堂。同年九月十五日，新任巡抚赵尔巽以“高等学堂为全省学务之关键，各属教育之枢机”，复改全省最高学府岳麓书院为湖南高等学堂，并将原湖南高等学堂并入其中。于是，湖南古代和近代最著名的两大学府合二为一，组建成新的湖南高等学堂。以其与岳麓书院的渊源关系及地处岳麓山的缘故，时人又称其为岳麓高等学堂。十一月初五日，赵尔巽委任许方春为监造委员，增设讲堂（教室）6大间、自修室10大间，教员室20大间、办事员室5大间，以及其他教学设施。为培养名实相符的高等人才，新高等学堂循序开办中学、预科、正科（本科）。三十三年，甲班60人毕业，升入预科。三十四年，依学部规定预科提前毕业，择优录取毕业生，分文、理两科进入正科肄业，是为高等学堂开设本科之始。至此，湖南高等学堂真正成为近代意义上的文理兼招的综合性高等学府。

在湖南高等学堂的示范与带动之下，晚清湖南的专门学堂发展较快，据学部总务司统计，至宣统元年（1909）共有专门学堂7所，在校学生1060人，其学堂数仅次于江苏（16所）、直隶（12所）、四川（10所），与安徽并列为全国第四位，可谓名列前茅。其著名者，除高等学堂之外，还有属于法科类的湖南专门政法学堂、医科类的湖南医学堂。

按照癸卯学制的规定，各专门学堂系列与中学堂、小学堂及蒙养学堂组成的普通学堂系列，共同构成晚清学堂体系的主干。湖南是晚清全国普通学堂最发达的省份之一，据学部统计，宣统元年全省有各级各类学堂1221所，在校学生47677人。其中中学学堂47所，仅次于四川（51

所），居全国第二名；高等小学堂 141 所，居四川（236 所）、江西（178 所）、河南（166 所）、直隶（162 所）之后，列全国第五名。

综上所述，时至清末，湖南按照癸卯学制的规定，以书院改制为基础，努力开拓进取，构建起了学制臻趋完善，在全国居于领先水平的近代学堂教育体系。所有这些与独步一时的留日学生运动一起，再加上以提学使司、学务公所替代省学政和学务处，以劝学所替代府州厅县学官为内容的新式教育行政机构的建立与运行，标志着湖南教育已经完成转型而进入近代化时代。

在经世致用思潮和西学开始传入、洋务运动兴起的推动下，19 世纪后半叶，湖南数学研究取得了显著成绩，并在全国居有一定地位。从研究队伍看，有一个倡导得力的学术带头人，有一个主要由青年学者结合的研究群体，并与全国各地著名数学家保持密切联系；从研究方法和成果看，在着重整理中国古代数学遗产的同时，开始注意学习和引进西方数学成果，一部分人并注重数学知识的应用。清末数学家华世芳撰《近代畴人著述记》，著录全国数学家 33 人（含附见者），其中湖南籍者占 7 人：丁取忠、邹汉勋、邹汉池、李锡蕃、黄宗宪、左潜、曾纪鸿。近人钱宝琮主编《中国数学史》，在近代部分仅有的两章中，便列有关于湖南数学的专节《丁取忠、黄宗宪、左潜、曾纪鸿等》。这些人除各自撰编的作品外，还合力编刊了规模恢弘的《白芙堂算学丛书》，引人注目，影响也较为深远。

在这个数学研究群体中，丁取忠（1810—1877）是唯一的长者和学术带头人。他字肃存，号果臣、云梧，湖南长沙高塘岭（今属望城区）人。出生于书香家庭。道光十二年（1832）开始学习数学。十七年入长沙城南书院，师事名儒贺熙龄，与同样喜好数学的邹汉勋同学。不久，他的长于代数的表弟李锡蕃也考入城南书院。他们志同道合，常聚会切磋琢磨数学问题。一次，他从友人处获得一本梅珏成所译法国杜德美所著数学著作的抄本，这部中译西著文辞古奥，又无具体算例。于是他详予诠释，并加例演算，著成《数学拾遗》一书，由邹汉勋作序，于咸丰元年（1851）刊刻问世。该书“多发明古今算家未尽之旨”，并提出三元一次不定式方程组整数解的新方法。次年，他又在邹汉勋之弟汉池的协助下，撰成《舆地经纬度里表》。在这部书里，他运用三角学知识，以魏源《海国图志》为依据，推算出各地至北京的距离和所处方位；虽由于魏著本身存在误差，他的推算“未尽精核，然足备参证焉”[55]。咸丰十年（1860），他应邀入湖北巡抚胡林翼幕校刻图书，仍抽暇钻研数学，不乐仕进。次年末，著名数学家吴嘉善慕名专程赶来相见，互相切磋，成了莫逆之交。同治四年（1865），他奉调至曾国藩创办的江南制造局，参与翻译西方科技著作。至九年，他返回湖南长沙，居住城北隅古荷池精舍，聚集黄宗宪、左潜、曾纪鸿等一批学生，辛勤地从事数学书籍的整理编辑和刊刻。十年，他在左潜、曾纪鸿协助下，编成《粟布演草》。此后，他便率学生们全力投入《白芙堂算学丛书》的编辑与刊刻中去，费时六七年，终于大功告成。为编刊算书，他不仅耗尽精力，且至倾家荡产。光绪三年（1877），一代数学大师在贫病交加中逝世，其时家中竟“不名一钱”！[56]

李锡藩（1823—1850），字晋夫，湖南长沙杉木桥（今属望城区）人。为丁取忠表弟，曾同学于长沙城南书院，爱好数学，尤精于代数（“借根方”）。著有《借根方勾股细草》，惜早卒未及付印。后经吴嘉善修订，于同治元年（1862）刊行，后又由丁取忠收入《白芙堂算学丛书》。

黄宗宪（1846—1891），字玉屏，号小谷，湖南新化人。同治十年（1871）赴长沙，拜读于丁取忠门下，在荷池精舍研习古今算书，于十三年撰成《求一术通解》。他是丁取忠编刊《白芙堂算学丛书》的主要助手，担负了《八线对数表》、《天元勾股细草》、《百鸡术衍》、《算法圆理括囊》等的校勘工作。后随郭嵩焘出使英法，又撰著了《容圆七术》。

左潜（1842—1874），字壬叟，湖南湘阴人。左宗棠的侄子。父宗植，曾任桂东县教谕，有文名。左潜明习算术，著有《缀术释戴》、《缀术释明》等。

曾纪鸿（1848—1877），字栗诚，湖南湘乡荷叶塘（今属双峰县）人。他系曾国藩的次子，父去世后，荫赏举人。但他终生未入仕途，而醉心数学。尝助丁取忠纂辑《粟布演草》。自撰有《对数详解》，又在黄宗宪协助下著成《圜率考真图解》。

《白芙堂算学丛书》是在丁取忠主持下，黄宗宪、左潜、曾纪鸿等通力协作完成的巨型集体成果。它始刊于同治十年（1871），至光绪三年（1877）全部刊成。共收录数学著作 23 种，85 卷，厘定为 32 本。既有古代算学名著，也有近代数学成果；主要是中国学者的著作，还有个别外国学者的著作。析而言之，书目如下：

古人著作 6 种——（元）李治《测圜海镜细草》十二卷、《益古演段》三卷，朱世杰《四元宝鉴》三卷；（清前期）张敦仁《辑古算经细草》三卷，李锐《天元勾股细草》一卷、《开方说》四卷。

时人著作 8 种——吴嘉善《算书二十一种》二十一卷、《割圜八线缀术》四卷（附左潜《补草》），张作楠《八线对数表》一卷，徐有壬《务民义斋算学》十一卷，时曰醇《百鸡术衍》二卷，夏鸾翔《少广缒凿》一卷，李锡藩《借根方勾股细草》一卷，邹伯奇《格术补》一卷。

丁取忠及其学生们著作 8 种——丁取忠《数学拾遗》一卷、《舆地经纬度里表》一卷、《粟布演草》三卷，黄宗宪《求一术通解》二卷，左潜《缀术释明》二卷、《缀术释戴》一卷，曾纪鸿《对数详解》五卷、《圜率考真图解》二卷。

外人著作 1 种——（日）加悦传一郎《算法圆理括囊》1 卷。

由上可见，《白芙堂算学丛书》主要是整理刊刻中国古代数学遗产，其收录国外数学著作仅日人加悦传一郎（自号卵壳同岛）的《算法圆理括囊》1 种（法人杜德美著、梅珏成译而由丁取忠加以补充演绎的《数学拾遗》未计）。这反映了 19 世纪六七十年代内陆省份湖南的相对闭塞性，也反映了《丛书》主持人丁取忠见闻的有限性。尽管这样，正如诸可宝所评价的：《白芙堂算学丛书》"裒然成艺圃之巨观，风行海内，遂为畴人家必读之本，厥功不甚伟欤！"[57]

晚清时期，湖南新化邹氏刻苦钻研舆地学，世代相承，取得了令人瞩目的成就，并逐步实现了从传统地学到近代地理学的转型，对近现代中国地理学和地图出版业的发展作出了重大贡献。

清嘉庆、道光年间，湖南新化永固乡罗洪村（今属隆回县）邹家，有邹文苏（1769—1831）者，岁贡生，候选训导，不乐仕进，辟室为诂经堂，教授生徒，研究经学，著有《九献考》、《礼器小识》传世；其妻吴瑚珊（字季瑚），工诗书，通晓舆地，尝助其父著《地理今释》十卷。

有子6人，名汉纪、汉璜、汉勋、汉嘉、汉章、汉池。他们在父母的精心教导下，皆致力于经史舆地之学，并均有著述，与其父并称“邹氏七君子”。其中尤以邹汉勋闻名于世。邹汉勋（1806—1854），字叔绩，著述甚多，除经史著作外，舆地学方面有《左氏地图说》、《六国春秋》（主要为史著，兼及地理），又参与编修《新化县志》、《宝庆府志》及贵州贵阳、大定、兴义、安顺各府志，被誉为方志大家。他还到江苏高邮访知州魏源，为魏著《海国图志》绘制列国地图。在地图绘制中，他仿传统地图“计里画方”绘法而出新意，率先采用经纬度组成方格，按比例视为若干里，并改360°和60方为24向，又以各种标示符号、颜色代表城市、乡村、山川、路桥、疆界等，创立了中国式地图图例绘法，开始了由传统舆地学到近代地理学的过渡。邹氏舆地学由此发端。

至光绪年间，邹氏舆地学进入昌盛时期，代表人物即邹汉勋之孙邹代钧（1854—1908）。他字甄伯，号沅帆，少承家学，精研舆地。光绪初考取秀才。继往甘肃肃州（今酒泉）访左宗棠，保县丞。光绪十二年（1886），奉调以随员从太常寺卿刘瑞芬出使英、俄。在伦敦期间，他广购西洋地理图籍，潜心研读。又参照公尺与华尺比率，创制中国舆图尺，作为绘制地图的准绳。十五年回国后，应湖广总督张之洞邀请至武昌，主绘《湖北全省地图》，并附图说。二十二年（1896），他在武昌创立译印西文地图公会，不久改名舆地学会，集资编绘中外地图，为中国最早的舆地学会。次年返湘，积极参与湖南维新运动。戊戌政变后，他于二十八年（1902）前往北京，受聘为编书局总纂，兼京师大学堂地理总教习。次年，充《钦定书经图说》总纂兼校对官，补直隶州知州。后返回武昌，在贫病中逝于舆地学会。生平著述甚丰，计有《西征纪程》、《湖北地记》、《中国海岸记》、《中

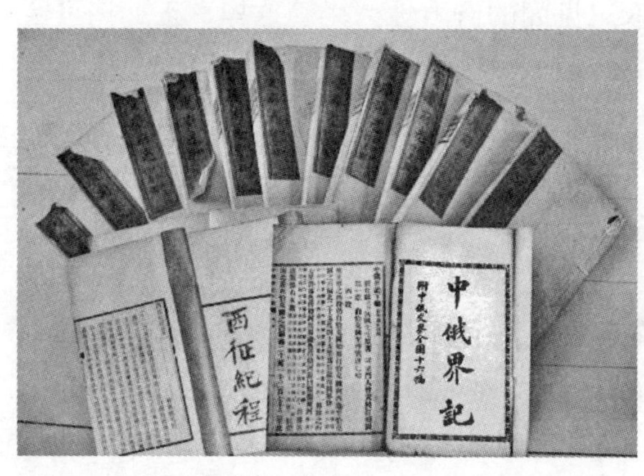

图上7-9　《邹氏舆地学》书影

国地理讲义》以及外国地理著作凡 20 余种。舆地学会所绘印地图，主要有《中外舆地全图》、《亚洲列国图》、《皇朝省图》以及湖北、湖南分图等 10 余种、730 余幅，风行全国。

第六节　新闻出版与图博事业

盛极一时的传统刻书业　《湘学报》、《湘报》的创办与近代报刊的兴起　近代图书出版发行业的形成　机器印刷业的肇端与初步发展　近代图博事业的起步

湖南传统的雕版刻书业，肇始于北宋，历南宋、元、明逐步有所发展，至清臻于鼎盛，清后期可谓盛极一时，入民国后则逐渐为机器印书业（铅印、石印）所取代。据现存资料统计，湖南历代刻书数为：宋代（含北宋、南宋）89 种，元代 30 种，明代 243 种，清代 5336 种；而在清代所刻书中，绝大部分是清后期特别是同治、光绪间刻印的。

清后期湖南雕版印书，大体上分官刻、家刻、坊刻和社团刻数种方式。

（一）官刻。包括官署刻、官书局刻和官立书院、学堂刻。主要着眼于文化的积累、传播或教学参考。所刻书虽然相对于家刻、坊刻来说，数量较少，但选材审慎，校勘精严，纸张、字体和墨色亦较考究，因而实际上在刻书业中起着主导和引领的作用。

官署含省（巡抚部院）、府、州县署及职能部门学署、粮道署、盐务局等，所刻书主要是地方志、公牍及一些达官名人的文集等。以地方志为多。同治、光绪间，全省掀起续修地方志的热潮，除光绪十一年刊《湖南通志》外，另陆续修纂各府厅州县志达 74 种。

官书局刻书在这一时期较为突出，出现了官办的湖南书局和官绅合办的传忠书局、思贤书局等，所出书数量和质量均较可观而有影响。

湖南书局是在曾国藩同治三年（1864）所创江南官书局（后改名金陵书局）的影响下建立的。其前身是长沙府学尊经阁，同治四年改称尊经书局，十一年扩大改组为湖南书局（也称湖南官书局）。局址初设城北

荷花池，后迁回城南府学内。先后刻书约40余种，主要有：同治十三年刊《十三经注疏》三百三十卷、光绪初刊《湖南文征》一百九十卷、光绪十五年刊《古经解汇函》23种附《小学汇函》14种、光绪二十八年刊日著中译《东洋史要》四卷和《中外政治史要》四卷等。

传忠书局的前身是咸丰十一年（1861）湖南巡抚毛鸿宾及郭嵩焘等为纪念湘军死难将士，编写《湖南忠义录》而设立的"忠义书局"。同治十一年该书编成，计二十二卷，改题为《湖南褒忠录》，同时将临时性的忠义书局改建为常设的传忠书局。局址设于上黎家坡，由曹耀湘主持其事。开初主要任务是编刊曾国藩的著述《曾文正公全集》，后也刊刻了几种古籍，如《孝经》、《庄子郭注》、《陶靖节集》等。后并入思贤书局。

思贤书局源自光绪七年（1881）郭嵩焘等所设立的长沙思贤讲舍。该讲舍崇奉湖南先贤，内立王船山木主，除讲学外，兼事刊书。光绪十五年即刊有刘蓉《刘中丞奏议》二十卷。光绪十六年，著名学者、前国子监祭酒、江苏学政王先谦回到湖南，接替郭嵩焘主讲思贤讲舍。为扩大刊书规模，王先谦便在思贤讲舍内设立了一个专事校书刻书的机构，定名思贤书局。书局主持人和基本成员，亦即王先谦等讲舍人员，从而有力地推动了刻书业的较快发展。据查考，在思贤书局存在的30年间（迄辛亥革命），共刊刻各类书籍达78种，大大超过成立时间更早的湖南书局。所刊书大多是传统经史和诗文著作，也含有一些实用性较强的地理、医药和理财著作。主要有：皮锡瑞撰《皮氏经学丛刻》（9种），郭嵩焘撰《中庸质疑》、《大学章句质疑》，王先谦撰《荀子集解》、《庄子集解》、《合校水经注》、《日本源流考》，桓宽撰《盐铁论》，袁枢撰《通鉴纪事本末》，姚鼐、王先谦编《正续古文辞类纂》，屠道和编《本草汇集》，曹典球编《外国地理讲义》等。

官立书院、学堂刻书数量相对不多，且主要集中于长沙岳麓书院、校经书院、求贤书院、求忠书院和衡阳东洲讲舍（船山书院）、衡山书院、慈利渔浦书院几处。其中长沙岳麓书院刊有《岳麓书院志》正续十二卷、求贤书院刊有《时务通考》八十二卷；衡阳东洲讲舍（船山书院）在王闿运主持下，刊书较多，有《〈乐雅〉王氏集解》十九卷、《湘军志》

十六卷、《〈楚辞〉释》十一卷、《唐诗选》十三卷、《湘绮楼词选》三卷，《船山遗书》64种三百零四卷、《皇清经解》16部一千零七十卷等。

（二）家刻。包括家内自刻和私家出资刊刻。家刻书目的不一：有些是为了传播思想，经世致用；有些是让自己著述藏诸名山，传之后世；有些为了缅怀先人，光大祖德；有些是热心乡邦文献，积累文化。因而家刻书中，大多为刊刻者本人及其先人或乡邦先贤的著述，少量是友朋著述或家塾用书。清后期，由于湖南达官名士辈出，人文发达，私家刻书几成风气，地域遍布全省，并取得了较大成绩，陆续涌现出一批具有影响的刻书家。主要有邓显鹤、黄本骥、郭嵩焘、丁取忠、魏光焘、龙汝霖、邹代钧、方惠功、钟谦钧、张祖同、皮锡瑞、曹耀湘、陈运溶、杨恩寿、胡元玉、左孝同、左钦敏、郭振镛、易顺鼎、蒋德钧、阎镇珩、廖树衡、丁义方、黄宗宪、苏舆、王闿运、王先谦、周汉、叶德辉、罗正钧、廖基棫、梅英杰、吴恭亨、谢维岳、曾颂昆等数十家。

（三）坊刻。坊刻书系指书商以营利为目的而设店铺、坊肆所刻的书。刻书的范围较广，品类较杂，大多为民间日用的历书、唱本、年画、佛道书画、童蒙读物、制艺、试帖诗等，少数较大的书坊、书肆也刊印少量经史子集名著。坊肆多于官局而少于私家堂斋，但所刻书流布城乡，影响较广。

晚清时期，湖南书坊、书肆几乎遍布各府厅州县城镇，而较具规模、刻书较多的，主要集中于传统刻书业较发达的宝庆（今邵阳）、长沙、新化三地。

清后期，宝庆书坊、书肆有堂号可考者多至30余家，其中有些在维新运动前后改称书局、书社或书屋。著名的书坊、书局有：经国堂、经元堂（书屋）、益元堂、务本堂（书局）、经畲堂（书局）、澹雅堂（书局）、尚德堂、楚宝堂、文光堂、文德堂、宏博堂、维新书局、劝学书社、急当务斋、和记书庄、富记书庄等。其经营方式有特异处：所刻书除少量在本地以成品出售外，一般则是以毛页成帙批发给长沙、衡阳、常德等地区以至外省的书商，再由这些书商于所在地装订裁齐出售，从而加快了生产营销的流程。

长沙作为湖南省会，书坊、书肆也较多。据统计，清后期兼营刻书又售书的书坊、书局有14家。其中刻书较多、较有影响的有：小嫏嬛山馆、章经济堂（经济书局）、共赏书局、梁益智书局、船山书局、谷氏学库山房、翰墨山房等。小嫏嬛山馆为湘阴蒋氏所设，先后刊有《玉函山房辑佚书》等5部丛书和《广治平略》等书，甚具影响。章经济堂为善化（今长沙）章恭斌所设，刊有《汉魏六朝百三名家集》、《昭明文选评点》及时务、算学、舆地方面的书，版本较精美。共赏书局盛时曾有刻工200多人。梁益智书局以刊《胡氏丛刻》和《镜珠精舍杂撰》闻名于时。船山书局刊行《皇清经解》1070卷，将卷帙浩繁的巨著分订成16部，大受读者欢迎。

新化刻书业亦有悠久历史，至清光绪年间，由于三味堂民营异军突起，臻于鼎盛。该堂后改名三味书局，在长沙、衡阳增设分店，先后刊刻古籍近40种，新学书籍多种。

（四）社团刻。社团包括文教团体、宗教团体、善堂等。文教团体刻书兴起于戊戌维新运动时期。其时湘报馆刊过几种新学、时务书籍。浏阳质学会刊有《广学会丛刊》8种。宗教团体刻书源远流长。晚清同治年间，长沙上林寺成为专刻佛经的地方。光绪年间，杨文会、曹耀湘又创设长沙刻经处，后改称长沙经书印刷处，已知刊有佛经17种。善堂包括宝善堂、同善社、慈善堂及赞化文社、宣化文社之类。清末民初全省已知有30多家，主要刊刻善书、佛道书和医书，也有刊刻时务书的。前述周汉反洋教宣传品即为长沙宝善堂等善堂所刻。

湖南近代报刊是在戊戌维新运动中开始兴起的。《湘学报》为近代湖南第一份期刊（杂志），《湘报》则是第一份日报。其后，报刊逐步增多，有力地发挥了启迪民智、培养人才、革新政治、改良社会的作用。

光绪二十三年（1897）春，湖南学政江标着手对长沙校经书院进行改革：调整增置课程，设立学会，同时筹备创办杂志。杂志于三月二十日（4月22日）正式创刊，定为旬刊，雕版线装，每期约30页，即由校经书院出版发行。初定名为《湘学新报》，亦简作《湘学报》，江标所撰《叙》即题为《湘学报叙》；自第21期起正式改称《湘学报》。前期由江标任督办，蔡钟濬为总理，唐才常、陈为镒为主笔；第24期后改由新学政徐仁铸和署按察使黄遵宪任督办，冯应龙任校理。至二十四年六月二十一日（1898 年 8 月 8 日）停刊，共出 45 期。

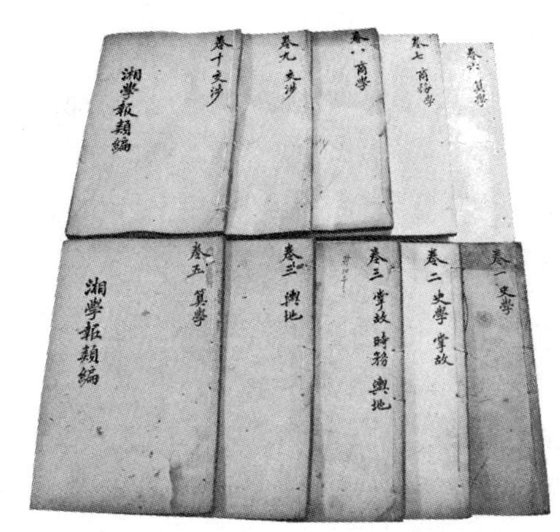

图上 7-10 《湘学报》书影

就所刊文章的思想内容说，《湘学报》以大量篇幅介绍西方资本主义国家的地理历史、政教法律、经济社会、思想文化各方面的情况，以及自然科学知识，强烈宣传学习西方，变法图强，并鲜明地提出了“伸民权”和“君民共主”等政治主张，成为湖南维新运动早期的思想舆论阵地。因而深受读者欢迎，仅长沙就销售 1000 多份，并行销全省以至湖北等地。

到维新运动后期，由于新旧斗争日趋激化，在守旧派的强大压力下，《湘学报》被迫停刊。

不同于《湘学报》，《湘报》创刊于光绪二十四年二月十五日（1898 年 3 月 7 日），是一种日报，日出一大张（星期日休刊），可裁作 4 页，集订成册；有时另加附张，刊登广告。初为半官方性质，由熊希龄、谭嗣同等集资筹办，巡抚衙门按月津贴银 200 两；同年七月津贴停发，改为商办。设报馆，自办印刷厂，采用机器铅印。单面印刷，每张约可容 8000 字。报馆设有董事会、撰述、报友（相当于今之特约撰稿人）等名目。由蒋德钧、王铭忠、梁启超、李维格、谭嗣同、邹代钧、唐才常、熊希龄 8 人任董事，戴德诚、梁启超、樊锥、何来保、谭嗣同、唐才常 6 人任撰述（另李维格负责外文翻译），报友则有易鼐、毕永年等。

《湘报》与《湘学报》还有一个不同，不再强调学术为本，而是更加强了政治上的宣传鼓动。其所设栏目，有论说、奏疏、电旨、公牍、本省新政、各国时事、杂事、商务等，更加贴近维新变法的现实。所发表的论说文章，思想言论也更为激进和深刻。如樊锥在二月十七日、二十七日、三月十二日连续发表《开诚篇》（一、二、三），坚定地表示：“如有能力使中国不亡，圣教不危，神种不险者，不问其如何，吾愿举天下以从之。”主张：“一革从前，搜索无剩，唯泰西者是效，用孔子纪年，除跪拜繁节，以与彼见而道群”；“起民权，撰议院，开国会”；“人人平等，权权平等”。易鼐在二月二十二日发表《中国宜以弱为强说》，公开提出了四项政治主张：“西法与中法相参”；“民权与君权两重”；“中教与西教并行”、“黄人与白人互婚”。这些在当时惊世骇俗的激烈言论，在守旧派中引来了一片讨伐声。

《湘报》与时务学堂、南学会关系密切，互为表里，共同构成了湖南维新运动高潮时期的三个主要阵地。报纸通过学堂、学会广为发行，销量达数千份；南学会的讲义及会友文章、会务消息，时务学堂学生的札记、活动，则随时得以在报上刊布，扩大影响。湖南维新运动后期激烈的新旧斗争，即主要围绕三者的言论、活动而展开。

戊戌政变后，随着时务学堂、南学会的相继停办，《湘报》亦于同年九月初一日（10 月 15 日）停刊，共计刊出 177 号。

除《湘学报》、《湘报》外，湖南在戊戌维新运动时期，还有《湘中时务月报》（长沙）、《经济萃报》（旬刊，长沙）、《大同辑报》（新化）等报刊，但均为期不长。

20 世纪初，随着清末新政和辛亥革命创立民国，湖南近代报刊事业逐步有所发展。据统计，清末最后 10 年间，湖南共出版报纸 14 种，期刊 12 种。总体呈现逐步发展态势。但由于经济基础薄弱，时局动荡，和专制当局钳制舆论等原因，大多数报刊维持时间不长，甚或旋生旋灭。出版时间较长、影响较大，或较具特色的报刊主要有：《湖南官报》，日报；《湖南白话报》，日报；《湖南演说通俗报》，旬刊；《俚语日报》；《长沙日报》，日报；《湖南教育官报》，月刊；《湘路新志》，月刊；《湖南自治报》，半月刊；《湖南地方自治白话报》，月刊；《大汉民报》，双日报；《军事报》，日报；《黄汉湘报》，日报等。

湖南近代图书出版发行业，滥觞于戊戌维新运动时期，而于清末逐渐形成并有初步发展。

清末湖南新出现的出版发行机构包括三类：一是经营新学、时务书报的新学书局；二是专事译介国外著述的编译机构；三是专事收购出售古籍、旧书的古旧书店。

（1）新学书局。戊戌维新运动时期，为适应维新思潮的发展，长沙、宝庆等地原来专营雕版图书刊刻与销售的书坊书肆，有些改名书局，如章经济堂改名经济书局，澹雅堂改名澹雅书局，务本堂改名务本书局，兼营从上海、武汉等地贩运来的新学、时务书籍；同时又成立了几家专营新学、时务图书的新书局，如维新书局、新学书局、艺学书局、广益书局、学战公司等。这些新成立的书局，大多是上海几家大书局设在湖南的分店，如维新、新学、广益等书局；艺学、学战等少数几家书局，则是湖南人自办的，且成立较迟，成绩不大。学战公司是由在南学会影响下成立的学战会所办，发起人为黄萼、何廷藻，他们以振兴新学为宗旨，致力于采购、销售各种时务书。但随着维新运动的失败，学战公司很快就停办了。

清末新政时期，新学书局继续有发展。光绪二十九年（1903），留日归来的陈子晖、子美兄弟在长沙成立集益书社，后改名集益图书公司，既经售上海出版的新书，又出卖教学仪器、标本；随后，又有陈树藩、王冕南在长沙开办群治图书公司，经售各学堂用的教材、讲义，兼售各类图籍。这两家图书公司规模较大，且营业时间较长，被认为“湖南创办新书业之始基”。与此同时，外地大书局在湖南的影响继续扩大。特别是上海商务印书馆，于光绪三十三年在长沙设立分馆以后，后来居上，长时期内雄居湖南出版发行业之鳌头。

（2）编译机构。光绪二十八年秋，留学日本的杨毓麟、黄兴等在东京创办湖南编译社，随后在上海设立总社，在长沙设立分社。该编译社以翻译东西名著、编译各学校教科书为宗旨，创办了《游学译编》杂志，出版了几种时务书和教科书，如《东亚外交史》、《新译算学教科书》等。继后，谢介僧、邹永成等在长沙创办作民译社，编译出版了《极东外交感慨史》等书。这两种编译机构均为革命党人所举办，清官方在这方面尚无所作为。

（3）古旧书店。湖南古旧书店始于光绪初年。其时长沙有梁某在玉泉街开了一家英华堂，专门收购、销售古旧书，兼营修补、配套，很受欢迎。随后，又有益阳尹墨卿父子来玉泉街开设话兰室（不久改名顺祥阁），经营古旧书收购、销售业务。光绪末年，北京有古旧书业者来湘收购古旧书，长沙也有人去北京琉璃厂设肆经营湖湘古旧书。于是长沙古旧书店逐渐增多。至宣统年间（1909—1911），达 20 余家。由于这些古旧书店大都集中在玉泉街，因而玉泉街被称为长沙的琉璃厂。

19 世纪六七十年代，书刊印刷业中的铅印、石印技术接续传入中国沿海先进地区，结束了中国图书制作中延续千年的雕版印刷的一统天下，而出现了雕版、铅印、石印并行的新局面，并且铅印、石印（主要是铅印）逐渐占据主导地位。而在僻处内陆的湖南，机器印刷业的肇端则迟了约 30 年，至该世纪末的戊戌维新运动时期才开始起步；进入 20 世纪后的清末，才获得了初步的发展。

光绪二十四年初，熊希龄、谭嗣同等为更好地宣传维新变法思想，不满足于旬刊《湘学报》十日一刊的现状，决心另行创办一种日报《湘报》。这就对改善印刷技术提出了新要求。于是，熊希龄亲自赶赴上海，购置四号铅印机一台，铅字若干，并从上海聘请技工两名，分任排字部、机印部教习，培训徒工。这台铅印机，主要用于印刷《湘报》，有时也兼印新学图书。从此开了湖南机器印刷的先河，揭开了湖南图书印刷史的新册页。

戊戌维新运动失败后，《湘报》停刊。此后约五年间，湖南仍沿用传统的雕版印刷。至清末新政时期，光绪二十九年（1903）才有一家独立的、但规模很小的铅印厂，三十年才有第一家以承印书刊为主的机器印刷局。

清末“新政”时期，通令全国各地兴办学堂，培养人才。湖南自光绪二十八年（1902）起，开始出现兴学热潮。但是当时尚没有统一的传授新文化科学知识的教科书，只得由各校教师自编讲义。而大量讲义的印刷又成了问题：交书坊书局印刷，木活字版出书慢，缓不济急；由学堂自己刻蜡纸油印，当时油印机很简陋，一张蜡纸只能印几十份，且字迹模糊。适应这种迫切的需要，光绪二十九年，长沙书商文某便购置了一台手摇四号铅印机，创设了一家铅印商店，取名乐中堂，专门承印各学堂讲义。这可谓湖南专营书刊印刷的铅印厂之始。

光绪三十年，规模较大的湖南机器印刷局在长沙成立。该印刷局成立后，承接了省内各中小学教材的大部分印刷业务。据查考，至宣统二年止，共印刷了中小学教科书 11 种，此外还印刷了其他一些图书。继后，宣统年间（1909—1911），长沙又有鸿飞印刷局、振华印刷局、湘鄂印刷局、宏文印刷社陆续开业。其中鸿飞、振华两印刷局兼有铅印、石印设备，承印学校教材和各种图书，营业蒸蒸日上；湘鄂印刷局开始设备简陋，仅营石印，入民国后购进铅印机，成为机器印刷局，逐步发展为湖南印刷业中的龙头老大；宏文印刷社原是一家甚为简陋的石印社，至民国初年发展为颇具规模的兼营编辑、印刷、发行的宏文图书社。

中国近代图书馆和博物馆事业是随着西学的传入和经济社会近代化的发展，而逐步兴起的。据查，国内最早的公共图书馆当数道光二十七年（1847）上海天主教堂创办的徐家汇藏书楼和咸丰元年（1851）由上海西侨“书会”改名的上海图书馆，中国人自办的则为光绪二年（1876）满人国英在北京崇文门内所建的“共读楼”；博物馆则迟至光绪中叶才开始出现。

湖南近代图书馆和博物馆事业较沿海沿江先进地区起步略迟，肇源于戊戌维新运动期间的校经书院藏书楼、南学会藏书楼和郴州学会博物院，而逐步形成于 20 世纪初常德图书馆和湖南图书馆兼教育博物馆的创办。

光绪二十三年（1897），湖南学政江标在对传统的校经书院进行改革时，除增加舆地、算学、方言（外语）等新式课程，创设舆地、算学、方言各学会，和刊行《湘学报》等外，还自捐廉俸创建了与过往各种官私藏书楼迥异的校经书院藏书楼。该藏书楼除收藏传统的经、史、子、集图籍外，特别购置了大量介绍西方文明和有关洋务、时务的书刊，总数不下 7000 种，并添置了天文、舆地、测量及声、光、化、电试验诸仪器。同年创刊的《湘学报》第八期刊发的《校经书院藏书楼章程》规定：“不论何人，皆准上楼游观，唯看书须由公绅（藏书楼领导人）给予看书凭单”；“读者持看书凭单至楼看书时，由管书人先在楼下验收，方准开橱付书；看毕交书后，将凭单给还，如有损失等情，即将凭单存留，禀明公绅办理”；“每日七点钟开门，（下午）五点钟关门；五、六、七、八四个月，每日六点钟开门，（下午）五点钟关门”。另外还规定：“凭单分注院内、院外字样。凡非院内之人，皆不准携书下楼。即院内人，亦须查明确系常住院斋者，方准携书入斋房，看书限十日一缴，过期由管书人于册上注明，三次逾限者，即将凭单扣存，禀明公绅，不准再给看书凭单。”由这些可见，校经书院藏书楼虽仍沿用传统的藏书楼名称，但已经大体具备了近代公共图书馆的性质。

次年初春，南学会成立，并于各府厅州县设立分会。南学会建有藏书楼，或称藏书处，各地分会亦多设有藏书楼，以搜集和收藏“古今中外有用之书”。图书来源有二：一是由学会陆续购置，主要是新出的西学和新学书籍，梁启超的《西学书目表》所列书成为争相购置的首选；二是发动会友捐赠，所赠书范围较广。当时省内不少官绅学者纷纷慷慨捐书捐款，支持学会活动和藏书楼建设，《湘报》几乎每天都有捐赠南学会藏书楼图书的报道。根据《湘报》第44、46号连载的《南学会藏书处章程二十四条》规定：“凡会友给常年看书凭单，其未入会者须由会友官绅切实函保，言明实志切研求，由董事核准注册，即可付与凭单”；每日开放阅览时间，为“十点钟起，至（下午）四点钟止”，“凡遇房昴虚星讲期，停止看书”；为保证安静阅览，“看书时不得吸烟，不得饮食，不得高声笑语，不得引无凭单人入座”；“如因终日阅书，需购饮食者，可由本会斋夫备饭，每餐酌送饭资”。此外，《章程》还对图书的采编工序、借阅手续、保护措施等，都作出了明细的规定，管理制度较之校经书院藏书楼更加完善。

但是，随着戊戌维新运动的失败，这两所具有近代公共图书馆性质的新型藏书楼，很快被关闭了。前者存在约一年半时间，后者仅存在半年！

光绪二十三年（1897）秋，郴州学会以探究“盛衰之源”、“振兴中华”和“开民智”为宗旨，在全省率先创设郴州学会博物院。同年八月十一日出版的《湘学新报》刊发了《郴州学会章程》，规定该博物院拟采取逐步建设的原则，“借公所、庙宇先行陈列中国土产，凡花卉、草木、虫鱼、泥沙，有可考察者，无可不入”。可见开初是要建立一个自然博物馆，先借公所、庙宇开办，设备因陋就简。随着戊戌维新运动的失败，学会被清政府取缔，博物院也就夭折了，存在了不到一年时间。但它却是湖南最早出现的近代博物馆，具有开创意义。六年后，又有湖南图书馆兼教育博物馆的设立。

光绪二十九年（1903）秋，浏阳茂才雷光宇在常德邀集一些同志，呈文常德知府朱其懿称："新政举行，图书类出，寒酸之士，购阅较难。"提出愿"捐辏资财，开设图书馆"。朱其懿迅即批准试办。于是雷光宇等迅速集资购置新书，先租定府城内吕祖庙为馆址。这年八月，常德图书馆正式开放，读者踊跃，每日常有数十人，成为常德地区学习新知识、传播新思想的新场所。但因经费短缺等原因，该馆至三十一年冬被改为师范传授所。

常德图书馆虽仅为省内一个地方性的图书馆，且属私人合办，存在时间也只断续两年多，但它是湖南第一个以"图书馆"命名并向社会开放的图书馆，对湖南近代图书馆事业的发展起了开拓的作用。

光绪三十年（1904）春，湖南一批开明官绅梁焕奎、龙绂瑞、谭延闿、魏肇文、胡元倓、俞蕃同等，联名在三月十五日《湖南官报》上刊登《创设湖南图书馆兼教育博物馆募捐启》。该《募捐启》首先强调指出："教育不一途，而范围莫广于社会教育；改良社会不一术，而效果莫捷于图书馆……痛种族之前途，中夜彷徨，揽衣屑涕，信乎图书馆之不可一日缓也。"接着热情地表达了建立图书馆的决心，并热切呼唤社会各界共襄盛举："改游宴凭吊之区，以研究有用之学，储书籍以备观摩，购图器以资试验……嘤鸣可以求友声，合群即以谋公益。凡我同志，共有覆巢之惧，谁无爱国之心，必表同情，成兹盛业。"《募捐启》在登报前，先呈报巡抚部院和学务处，很快得到巡抚赵尔巽和学务处的批准。社会各界特别是文教界人士也热情给予支持。于是积极修缮长沙城东定王台作馆舍，至四月间，湖南图书馆兼教育博物馆便正式开馆。上海《东方杂志》同年第4期特别作了如下报道："长沙城东有古定王台，兹由梁、龙诸君创捐巨款，购办中外图书及人体、动植物模型，光、化等学仪器，列置其中，设馆三所，曰图书，曰教育，曰博物，近已开办。"可见湖南图书馆兼教育博物馆是由湖南官绅在省会长沙合办的一所综合性的社会公共文化机构，其中图书馆为全省性公共图书馆，教育馆为全省性社会教育机构，博物馆则为全省性公共博物馆，均具有开创的性质。三者之中，以图书馆为主体。继后，在同年十一月初六日《湖南官报》上，又刊登了《湖南图书馆兼教育博物馆规则》三十六条，进一步明确宣称："本馆以输入文明，开通智识，使藏书不多者得资博览，创兴学校者得所考证"；"所藏图书、书籍、标本、模型、理化器械，以及各种教育用品、各种报章等项目，凡有志向学者，皆得照规则入馆参阅"。并规定了相应的组织机构、捐献奖励措施和酌量收费标准。馆内设干事5人，公推1人为总理，其余4人分任会计、书记兼庶务、图书采办及转运等事，设司事2人住馆；另雇工友2人，一买券据及开闭馆门，一供应茶水、饮食和清洁卫生。"捐财千金以上者，随时禀请抚宪破格奏奖，并推为本馆名誉赞成员，凡馆中一切事务皆得与议"；"凡有珍重家藏未能割爱，但借供众览，或数月、一年，或者若干年……随时登报申谢"。入馆阅览券费：个人券日券10文，月券120文；团体券10人以内每券8文，11—25人每券6文。体现了公共事业公共办的精神。

湖南图书馆兼教育博物馆开办约一年后，因经费拮据，撤销了教育、博物部分。与此同时，湖南巡抚部院拟专力加强图书馆建设，将其改归官办。光绪三十一年春，巡抚端方从省财政拨银1万两，扩充馆舍，又拨常年经费银1200两，至于图书采购建置等费，另由善后局和厘金局筹措，委任陈庆年为监督，皮锡瑞为纂修。同年夏，继任巡抚庞鸿书又补拨银5000两，增建两层藏书楼一栋，纵横24丈（折合5898平方米），内除书库、阅览室外，另设买券缴券处、领书处等室。并将馆名正式改为湖南图书馆，于秋九月下旬正式对外开放。至三十四年，全馆计有职工32人。

第七节　宗　教

基督教在湖南的快速发展　佛教的衰落与变革　道教的衰落与演化　伊斯兰教的变迁　民间鬼神信仰的沉浮

湖南历史上的宗教，近代以前主要为佛教、道教和伊斯兰教（旧称回教），其中以佛教最盛，道教次之，伊斯兰教又次之，此外还有普遍流传于民间的对鬼神巫术、星相风水等的信仰。近代时期，基督教挟帝国主义侵华之威势，依恃不平等条约的保护，快速发展，后来居上，佛、道诸教竟有“望尘勿及”之叹。在此过程中，基督教因受到中国人民民族民主革命运动的冲击而多次采取应变措施，伊斯兰教保持着相对的稳定和发展，佛、道诸教则在总的衰落趋势中力求生存和“复兴”，鬼神巫术、星相风水等信仰亦继续在民间浮沉。

基督教包括天主教、东正教和基督教新教（新教中国通称基督教，本书亦采此通称）。如前章所述，天主教约在清初开始传入湖南，随后遭遇清政府严厉的禁教政策和闭关政策，长期处于被禁止的状态，因而入湘的传教士为数不多，而且通常是秘密流动，传教处于极艰险的境地。基督教则迄鸦片战争之前尚未传入湖南，它的传入是19世纪中叶以后的事情。东正教则在整个近代时期始终未传入湖南。

经过两次鸦片战争，西方资本主义侵略者以坚船利炮打破了清政府的闭关政策，强行打开了中国的大门，随之又将“传教宽容条款”塞进了不平等条约。从此西方传教士便公开地、源源不断地涌入中国，步步向中国内地推进，天主教在湖南获得了前所未有的发展，基督教也开始传入湖南，并快速壮大势力。

天主教势力大量涌入湖南，是19世纪60年代以后才开始的。其时，一方面由于《天津条约》、《北京条约》有关于允许西方传教士入中国内地自由传教的规定，清政府被迫改禁教为护教。另一方面，在此前后，罗马教廷为发展在华在湘天主教势力，从组织机构上也逐步作了些调整：咸丰六年（1856），将湖南从湖广教区分离出来，提升为一个独立的教区，设代牧主教一名，以衡州为主教驻地；光绪五年（1879），又将湖南教区划分为湘南、湘北两个教区，湘南教区属方济各会，总堂仍在衡州，湘北教区属奥古斯丁会，总堂设于澧州。在这些情况下，天主教势力在湖南逐步取得了前所未有的发展。同治元年（1862）衡州教案发生后，官方出资重建教堂，是为《北京条约》签订后湖南重建的第一所天主教堂。至19世纪70年代，据一个到湖南游历的外国人调查，湖南已有天主教徒2200余人。光绪七年，清政府正式划定常德、衡州、沅州、永顺、澧州4府1州共20县，并乾州、永绥、凤凰、晃州4厅，为湘北教区传教游历范围（不久以乾州、凤凰、永顺3厅地属苗疆，民情强悍，地方不靖，暂缓开放传教）。继后，奥古斯丁会士苏厄里、魏奥定、方类斯、罗安希、安熙光、马尔定、龚修理等相继来到常德、沅江、津市、石门、澧州、岳州等地活动，并潜入湘西。光绪十八年(1892)，马尔定在石门水田修建教堂，二十年竣工，是为湘北教区第一所教堂。十九年，安熙光潜入临湘关石团，购房建堂。二十二年，安熙光、龚修理至岳州活动，购房建堂。二十三年，方类斯在常德河洑建立教堂。次年，方类斯被任命为湘北教区第一任主教。

义和团运动后，天主教会鉴于中国人民力量的不可侮，不得不改变传教手法，主要有：宣布“政教分离”；训令传教士要少管或不管民教诉讼之事；扩大救贫、育婴等慈善事业；大力培养、使用中国神职人员；注意改善同士绅的关系等。侵略者攫取的巨额赔款（“庚子赠款”和其他教案赔款），也给其传教事业提供了更为优裕的经济条件。又一方面，《辛丑条约》规定了严厉的保教和惩治官民条款，清政府大大加强了对民众反教斗争的防范和镇压。在这些条件下，天主教在湖南进入发展最快的时期。光绪三十一年（1905），湘南教区主教翁德明派明德到长沙，利用“庚子赔款”，在北门外修建天主教堂一座，以后又在城内增建修女院、育婴堂，开辟了长沙地区的教务工作。美国苦难会也在此时期传入湖南，并深入到沅陵地区建立据点。据统计，光绪三十年（1904），全省约有天主教堂（包括分堂）95 所，教徒 6954 人。

基督教传入湖南虽远迟于天主教，但它的传教手法更巧妙，传入后发展更快，成就和影响也更大。

《天津条约》和《北京条约》允准西方传教士入中国内地自由传教后，同治二年（1863），便有英国传教士柯约瑟偕美国人彭俐，以勘矿为名，由湖北进入湖南活动。同年，英国循道会牧师郭修理由岳州旅行至湘潭，旋在长沙附近被阻。七年，英国伦敦会牧师杨格非首次进入湖南，开始传教活动。他以武昌为据点，两年内五次进入湖南，后于光绪二十三年（1897）在衡阳建立了伦敦会在湖南的第一个教会。光绪元年（1875），德国内地会传教士祝德由汉口到达岳州，租屋传教，不数日被驱逐出境；两年后重来湖南，经常德、辰州前往川、黔。六年，美国福音会传教士都亚当由武昌经岳州到常德，停留两周后，又周游洪江、武冈、宝庆各地，为时半年，所至销售宗教书刊，并在洪江加入内地会宣讲师团体；以后又多次去湘西、辰州、津市等地活动。十二年，苏格兰圣书会传教士阿奇博尔德，随同杨格非至湖南活动。十七年，美国宣道会传教士江爱德、卞良臣，至岳州、益阳等地活动。二十年，北美长老会传教士凌霄志和医生梅克，由广东连州进入湖南临武，卖书传教，租房设堂；不久该堂被房主族人捣毁，后又由官府重建，成为基督教在湖南设立的第一所教堂。二十三年，宣道会传教士查平、布朗在常德租屋传教，金巴伦长老会与内地会亦来常德参与活动，开辟了基督教在常德的传教事业。同年，伦敦会在岳州建立了在湖南的第一个差会总堂。二十四年，传教士葛荫华博士来茶陵租屋传教，半年后住屋被毁。同年，宣道会传教士亚历山大进入长沙，夜居西门外舟中，日间进城传教售书，如是者经年，终于为基督教事业打开了长沙的大门。二十六年，长老会牧师凌格尔来到湘潭，开始创业；美国复初会传教士海维礼来到岳州，买得一所民房，不久因义和团运动高涨，匆匆离去。以上就是基督教传入湖南最初阶段的一些情况。总的来看，这一阶段尽管清政府已被迫允准外国传教士入中国内地传教，但其时官绅士民反教情绪高涨，教案连年不断，基督教虽有些传教士进入湖南，力图开拓传教事业，但都无法站稳脚跟，先后建立的大小基督教堂只有 9 所，教徒人数也不多。

义和团运动失败和《辛丑条约》签订后，基督教在湖南艰难传教的局面迅速改变，迅速深入湖南全境。发展的基本原因与天主教相同，而其在兴学校、设医院、办慈善、吸引留学生，以及加强与中国士绅联系等方面，做得更为积极，也更有成效。最著名的便是雅礼学堂和湘雅医院等的建立和发展。辛亥革命前 10 年间，基督教除原已传入的各派外，又有信义会、圣公会、圣洁会、基督复临安息日会等的迅速涌入，进入湖南的基督教差会达 12 个之多，基督教在湖南的发展大有超越天主教之势。以省会长沙为例，宣统二年（1910），城内共有教堂 11 所，除北门外天主堂属天主教外，其余 10 所均为基督教各差会所有。

近代时期，佛教总体上呈现衰落趋势。关于近代时期湖南佛教徒（僧尼）的人数状况，由于佛教组织的涣散，人员的流动性，历来缺乏有关资料，很难作出精确的统计。光绪十一年（1885）年刊的《湖南通志》，亦只列各地遗存的寺庙603处，而未载僧尼人数。

在佛教总体趋向衰落的过程中，有识的僧人和居士陆续采取了一些适应时代发展的变革措施，力求振兴佛教。如光绪二年（1876），曹耀湘居士（湖南湘乡人）聘请近代佛教事业的开拓者杨文会（字仁山，安徽石埭人）来长沙指导，在上林寺创设了长沙刻经处，刊印佛经，经销佛书，成为湖南近代佛教事业的开端。

道教是中国土生土长的宗教，较之从外传入的佛教、伊斯兰教以及天主教、基督教等更为源远流长，也更具有中国传统社会、传统文化的特点。但是自明代中叶以后，道教逐渐走向衰落，特别是自乾隆时期废除僧道度牒制度以后，道教组织更形涣散。湖南亦不例外。

道教徒活动大体有两类情况：一部分人黄冠道服，深居宫观，静心焚修，间或外出为人作禳解祈祷，以全真道居多，一般称之为全真道士；另一部分人不蓄发，不居宫观，日常家居，终年为人作禳解祈祷，平时服饰与百姓无异，唯临神坛时着道服，居处分散，以正一道居多，一般称之为火居道士。二类之中，湖南以火居道士为多。

近代时期，湖南道教在总体趋向衰落中仍有所建树。新建的主要宫观有：长沙河图观、斗姥阁、司命庙、清静庵，衡山南岳祖师殿，浏阳青阳山道院，以及湘潭送子庵、道州东岳宫等。其中长沙河图观为同治二年（1863）武当道龙门派第十五代易本立道长所建，面积宽阔，山门独特，配有“河图”、“洛书”，故名。历来只居道姑，以绣花、织布自养，且著有成绩，素享“全国第一坤道院”的美称，影响及于国内外。衡山南岳祖师殿自道光以后陆续有所修建，现存完整的大殿建成于宣统元年（1909），供奉真武大帝神像。位于海拔1000余米高的南天门，殿前有观景台，凭栏俯瞰，下界风光尽收眼底。

伊斯兰教原在西北回、维吾尔等少数民族中传布。回、维民向湖南的较多迁徙，大体有三次，即明初、明末清初、清末民初即近代前期。伊斯兰教在这三个时期也逐步获得了较快的发展。这里仅述其在近代前期的发展变迁。

迁入湖南的回、维民，明初主要是军人，地点主要为戍守宝庆、常德和澧州等地，明末清初主要为商人，以金陵等地回商居多，地点集中于湘北、湘中的商业城市如长沙、湘潭、常德、邵阳等城；近代前期则主要是来自邻省湖北沔阳一带因频繁水灾而家破逃难的灾民，其中不少属回族穆斯林，他们陆续来到湘北津市、华容、南县、湘阴等地，或投靠亲友，或另谋生计。

关于伊斯兰教在湖南近代的发展情况，据考查，自明永乐二年（1404）常德建立第一座清真寺后，至近代500余年间，湖南境内先后建立过88座清真寺，其中在近代时期建立的计14座。但这并不表明伊斯兰教在近代的衰落，因为以往建立的清真寺，好些依然存在和进行宗教活动。从这些清真寺的地域分布来看，明代和清前期主要集中在常德、宝庆、澧州三府州的武陵、桃源、龙阳、邵阳、武冈、澧县六县，及长沙、益阳、沅陵等地；近代时期，则除这些地区外，又在湘潭、岳州、衡阳、凤凰、晃县等地新建了清真寺。近代湖南伊斯兰教徒人数，清末曾组织过一次调查，结果为："回族向不劝人入教，故其势力无由扩张。然就湘省各属计之：邵阳回民约一万三千人，最称繁盛；桃源达五千人；武陵达三千人；龙阳、澧州、南洲俱达千五百人。合之全省几近三万人。"[58]

"楚人好鬼"，且因畏鬼而信巫，自古已然。至近代，据清末调查："湘省无论贫富，迷信神权者什居八九"，"湘人笃信神道，故各城乡市镇无不庙宇如林"；除崇奉宗教之神外，全省城乡居民，特别是湘西、湘南少数民族聚居之区，大多"畏鬼信巫"；且"风水之说深入于人心"，以致往往流于迷信。

近代湖南民众崇奉多种宗教之神。以设祠致祭者言，据清末调查，主要有玉皇、土地、洞庭王爷、文昌、观音、财神、天妃、吕祖、城隍、雷祖、龙神、灵官、王元帅、太阳、南岳、朗公、陶桓公、东岳、天符、宋忠定公、天后、关帝、火神、风神、陶真人、李真人、包公、火王、天师、判官等30余种。其中以祭祀土地、财神、观音、城隍者为最多最普遍。这与湖南的农业社会、民众求富心理、多子多孙愿望和保一方平安的追求密切相关。除较为普遍尊奉的神灵外，还有分团体、职业或地域而专祀之神。如士祀孔子、文昌或仓圣，农祀田神、龙神和炎帝，工祀老君、罗祖或吕祖、玉皇，商祀财神，水居祀洞庭神君、杨泗将军，各村镇城铺祀土地、城隍等。再析而言之，又有木业鲁班，石业女娲，陶业帝舜或窑神，绳业伏羲，丝业西陵或织女，染业梅葛，缝业轩辕或荷叶仙师，鞋业孙祖或留侯，理发、洗澡业吕祖或罗祖，屠业三圣，阉业华佗，渔业帝舜或河伯、朗公，豆腐业淮南，酒业杜康，糖业麻姑仙师，书籍业文昌，刻刷业仓颉，笔业蒙恬，纸业蔡伦，香烛业葛祖，纸扎装潢业诸葛，编炮业李公，漆业张天师，典当业增福相公，银钱业福禄财神，竹木业萧侯、晏公，谷米业神农、雷祖，医药业药王，绸布业天孙，旅馆业关帝，兵卒马王，皂隶城隍、灵官、土地，倡优老郎或唐明皇，歌伎管子，堪舆杨救贫，卜相鬼谷子，稳婆送子娘娘或左神，等等。不难看出，这些行业和地域神灵，或为追溯该团体与职业的历史，崇奉始祖；或为该团体、职业与地域寻求和树立保护神。这种对神灵的崇拜祭祀，属于一种宗教信仰，除了其虚幻的一面外，含有发展自身和寻求保护的积极意义。与此同时，湖南各地阴阳风水之说仍广泛存在，则纯属封建迷信，有百害而无一利。

湖南社会的鬼神信仰尽管如此根深蒂固，广泛深入官绅士民各阶层成员之中，然而，近代中国社会毕竟是一个从中世纪向现代化过渡的社会，西学西俗的逐渐传入，民族民主革命的风起云涌，经济基础、政治体制、文化教育、科学技术都在逐步发生深刻的变化，这一切，都是反对封建迷信，树立科学世界观的强大动力。只是在社会生产力和科学技术仍然极为落后的条件下，这种意识形态领域的变革不可能一蹴而就罢了。在近代前期，这种鬼神观念和风水陋习的变革主要表现为以下数端：太平天国革命时期，太平军一度猛烈扫荡庙宇、偶像。辛亥革命时期，一些地方也出现过“毁坏佛像，打碎城隍，占据寺院庵观，驱逐僧道女尼”的情况[59]。戊戌至辛亥时期，废科举、兴学堂的重大变革，使一些神灵失去了安身之地，如文昌、奎星一类，“近因科举既废，此等神多就消灭矣”[60]。随着西学西俗东渐，丧葬礼仪的变迁，也使不少避邪驱煞的鬼神迷信失去了寄托。特别是科学技术的发展与科学知识的宣传普及，成为与神权迷信作斗争的强大而持久的动力。戊戌维新的猛将谭嗣同尖锐地指出：“其阴阳、五行、风水、壬遁、星命诸说，本为中学致亡之道。”[61]在这些因素推动下，近代时期的鬼神迷信观念确有逐渐减弱的趋势，特别在知识阶层和较开化的城镇中比较明显。

【注释】

①［清］张佩纶：《涧于日记》，己卯十一月二十一日条，涧于草堂清末石印本。

②《清史稿》卷四八六《魏源传》，中华书局 1977 年版。

③ 钱穆：《近百年湖南学风》，岳麓书社 1985 年版，第 34 页。

④《曾国藩全集·诗文》，岳麓书社 1986 年版，第 442—443 页。

⑤ 综合曾国藩在处理天津教案期间的有关奏疏、书信语。

⑥《左宗棠全集·书信三》，岳麓书社 1996 年版，第 520 页。

⑦《清史稿》卷四〇六《胡林翼传》。

⑧ 李肖聃：《湘学略》，岳麓书社 1985 年版，第 168 页。

⑨《胡林翼集·奏疏》，岳麓书社 1999 年版，第 204 页。

⑩ 钱穆：《近百年湖南学风》，第 30 页。

⑪《清史稿》卷四〇六《胡林翼传》，中华书局点校本。

⑫《辟邪纪实》，3 卷，附 1 卷，同治元年初刻，后多次增订重刊。

⑬《宁乡县志》“故事编”，《先民传五十·崔暕传》，1941 年铅印本。

⑭《张文襄公全集》卷一三六《电牍》十五《致总署》（光绪十七年十二月二十日）。

⑮ 卿汝楫：《美国侵华史》第 2 卷，三联书店 1952 年版，第 601 页。

⑯《李鸿章全集》（二），《电稿》二，上海人民出版社 1986 年版，第 443 页。

⑰《教务教案档》第五辑，（台湾）中央研究院近代史研究所 1980 年编辑影印本，第 1347 页。

⑱ 见《湘报》第 31 号《陈中丞南学会第七次讲义》，中华书局 2006 年版。

⑲ 杨毓麟：《新湖南》，见《湖南历史资料》1959 年第 3 期。

⑳《谭嗣同全集》，中华书局 1981 年版，第 173—174 页。

㉑《郭嵩焘日记》（三），岳麓书社 1982 年版，第 124、137 页。

㉒ 王闿运：《湘绮楼日记》第 1 卷，光绪三年三月三日条，岳麓书社 1997 年版，第 460 页。以下凡述明日期者不另加注。

㉓［清］李慈铭：《越缦堂日记·桃花圣解庵日记》己集第二集，商务印书馆1936年影印本，第29—30页。

㉔［清］曾纪泽：《曾惠敏公遗集》，岳麓书社1983年版，第170页。

㉕《清史稿》卷四四六《曾纪泽传》。

㉖见《曾纪泽遗集》，第205页。

㉗见《中国先睡后醒论》译述者颜咏经、袁竹一所加的按语。

㉘《谭嗣同全集》，第474页。

㉙同上书，第251页。

㉚梁启超：《清代学术概论》二七，见朱维铮校注《梁启超论清学史二种》，复旦大学出版社1985年版，第75页。

㉛康有为：《唐才常烈士墓志铭》，见杜迈之等编《自立会史料集》，岳麓书社1983年版，第220页。

㉜唐才常：《唐才常烈士年谱》，见《唐才常集》附录，中华书局1982年版。

㉝见（日）《井上雅二日记》，《辛亥革命史丛刊》第九辑，中华书局1997年版。

㉞刘揆一：《黄兴传记》，见饶怀民编《刘揆一集》，湖南人民出版社2008年版，第139页。

㉟黄一欧：《回忆先君克强先生》，见湖南省政协文史委员会编《忆黄兴》，岳麓书社1996年版。

㊱田桐：《同盟会成立记》，见丘权政、杜春和《辛亥革命史料选辑》（上），湖南人民出版社1981年版。

㊲覃振：《辛亥革命的回忆》，见《湖南文献汇编》第一辑，长沙1948年刊。

㊳《胡汉民自传》，见丘权政、杜春和《辛亥革命史料选辑》（上），第220页。

㊴李元灿等著：《宋教仁传》，国际展望出版社1992年版，第25页。

㊵《邹永成革命回忆录》，《近代史资料》1956年第3期。

㊶刘达武：《蔡松坡先生年谱》，《蔡松坡先生遗集》卷首第7页，1943年刊。

㊷《梁启超论清学史二种》，第45、414页。

㊸同上书，第423页。

㊹《清史稿》卷四八二《王闿运传》。

㊺李肖聃：《湘学略》，第204页。

㊻郭振镛：《湘军志平议》附录：《节录先侍郎公致陈俊臣中丞书》，岳麓书社1983

年版，第 254 页。

㊼《葵园四种》，岳麓书社 1986 年版，《前言》第 1 页。

㊽ 张岂之主编：《中国近代史学学术史》，中国社会科学出版社 1996 年版，第 307 页。

㊾《清史稿》卷四八六《周寿昌传》。

㊿ 汪辟疆：《近代诗派与地域》，《汪辟疆说近代诗》，上海古籍出版社 2001 年版，第 18—21 页。

51 李寿蓉、龙汝霖、邓辅纶、邓绎、王闿运五人的自称。王代功《湘绮府君年谱》载："先是湖南有六名士之目，谓翰林何子贞、进士魏默深、举人杨性农、生员邹叔绩、监生杨子卿、童生刘霞仙。诸先生文采风流，倾动一时。李文（篁仙）乃目兰林词社诸人为'湘中五子'以敌之，自相标榜，夸耀于人，以为湖南文学尽在是矣。"1923 年湘绮楼刻本，沈云龙主编《近代中国史料丛刊》第十六辑，台北文海出版社影印本，第 17 页。

52《曾国藩全集·家书二》，岳麓书社 1986 年版，第 1205 页。

53《报刊文体说》在《谭嗣同全集》中更名为《报章总宇宙之文说》。

54 杨沅濬：《陈天华殉国记》，《湖南历史资料》1959 年第 1 期。

55 诸可宝：《畴人传三编》，见万有文库本《畴人传》（八），商务印书馆 1935 年版，第 819 页。

56 诸可宝：《畴人传三编》，《畴人传》（八），第 819 页。

57 同上书，第 821 页。

58 湖南调查局：《湖南民情风俗报告书》，第 7 章第 4 页，民国元年铅印本。

59 湖南《大公报》1912 年 12 月 9 日，《三教大会议》。

60 湖南调查局：《湖南民情风俗报告书》第 6 章，第 30—31 页。

61《谭嗣同全集》，第 506 页。

下编

第一章

建构湖湘学统与促进湖南文化的繁荣
——湖南的书院文化

第一节　湖南书院的各种类型

家族书院　乡村书院　少数民族书院

湖南书院在千余年的发展历程中，形成了各种各样的类型，包括家族书院、乡村书院、县厅州府道省等各级地方书院、教会书院、少数民族书院等，分别有自己的特色，分述如下。

先看家族书院。中国传统社会的价值观是以伦理为本位的，它的核心是人伦关系，其出发点则是家庭，而后扩展到社会及国家。因此，在传统社会中对家学及家庭教育相当重视。唐宋以降，属于家学性质的书院遂成为众多中国士人所追求的一种造福后人的文化事业而得以显扬起来。虽然家庭与家族、家族与宗族、氏族，在理论上存在着不同的界说，但在古代却基本混而为一，都是指同一父系的血缘亲情组织。家族书院就是这种血亲组织所创建、所共享的书院。

湖南家族书院包括一个家庭创建供独家使用、一个家庭创建供整个家族使用、合族创建合族使用等三种基本类型，其中以家族书院数量最多，如兴宁县（今资兴市）的观澜书院，北宋曹靖创建，以为“训族党之少俊”之所[①]。当时县境还有醽泉、辰冈、文峰等书院分属于邑中望族曹、袁、焦三大姓。又如新田县，清代全县建有16所书院，除榜山、芹溪、清溪三所由知县创办外，其他如濂溪、文明（骥村）、艺林、樟兰、李家、秀峰、文明（珠砂岩）、三台、鹤山、文化、求志、龙珠、清泉等13所书院，或由一姓独创，或由几姓联办，皆属家族书院，占全县书院总数的81%强。这里谨举宋代醴陵莱山书院、清代平江爽溪书院为例以了解其概貌。

莱山本是李文伯的私人居所，后将其改建为书院，以为李氏“一族子弟隶学之所”。这种举动获得宋人欧阳守道的高度赞扬：

> 醴陵李君文伯示予《莱山书院志》。莱山其所居，书院其一族子弟隶学之所也。予昔知唐李长源有书院于衡山，本朝李公择有书房于庐山，二公皆富于藏书，既自读，蒙其教养，成就不少。今莱山书院为其族公之，屋宇日敞，田畴日辟，器用日备。延师取友，有以为礼；书籍纸笔，有以供费；人独爱己之子孙而教之，凡兄弟之子孙皆爱之而教之。嗟乎，君家始为此议者，可谓仁人孝子之用心矣。昔者范文正公为族置义庄，今闻兴起者吾数见之矣。为族立书院且养且教，前乎李氏，后乎李氏，同时乎李氏。余携孤姓来长沙，数过莱山之侧。嗟夫，何当升此书院之堂，观君家子弟忠信之风，而归以语予之族之亲之友之乡哉！[②]

欧阳守道为岳麓书院副山长，从其所题署文字可知，此书院在当年具有一定的影响。

平江爽溪书院为晚清名儒、岳麓书院学生李元度创建，实为爽溪李氏家族书院，其创设缘由、院舍规模、师资配置、办学目的等皆见李元度所作《爽溪书院记》：

> 自朱子讲学岳麓，吾平闻风兴起者多，宋十三君子，以族祖练溪先生居首，而木川、草堂及雄公皆吾族先正也。昔贤之流风遗韵，所以化成于乡者，何其伟欤！余家爽溪九世矣，泉甘而土厚，距练溪及草堂遗址皆止数十里。同治戊辰，告养得请，爰仿古家塾法，治精舍于家庙西，曰爽溪书院。延经师一，蒙师二，以分教子弟，先太高祖后裔皆入焉。买田饩粟，供师生之稍食。院设讲

堂五楹，仍以明伦为额。堂后有亭，祀先圣先贤栗主，以十三君子附焉。左曰养正斋，右曰立诚斋，斋各十楹。门庑五楹，院西屋三楹，有楼翼前为藏书所，后为花圃，为听书声亭，翼以回廊，庖湢井禀皆具。工始戊辰八月，落成于己巳四月。既释菜鼓箧，乃进诸子姓于堂诏之曰，若等知古人立学之义乎。孟子云，庠序学校，皆所以明人伦。此千古学的也……吾之筑馆择师以课子弟也，匪第治帖括，弋科名，为宗族光宠也。凡欲使读书明理，各成其为人尔。成人非有异术，求各尽其伦尔。伦之尽，其道无穷极。今亦未敢多求，各去其自私自利之鄙心，以无逾大德之闲尔。吾不能广教术于乡国天下，仅于家塾焉发之，力薄而施隘，吾滋恧矣。登斯堂者，能顾名思义，尽伦以尽其为人，立爱惟亲，立敬惟长，求无背于尧、舜、孔、孟、程、朱之教，而赓续练溪、木川、草堂诸先正之宗风。是为克家令子，天爵修而人爵从之。异日为名臣，为通儒，为循吏，立功立言，胥于是乎出，其荣多矣。否则伦纪有亏，舍本而逐末，纵置身通显，无解于乡愿、妾妇、穿窬垄断之讥，其极至于违禽兽不远。是即掇巍科、爵三公，吾不愿有是子弟也。③

这是一所承载自宋以来数百年家学渊源的家族书院，虽建于大山之中，但实可视作湖南家族书院的典型。

家族书院有三个基本特点。一是它的家族血缘性。其创办经费、日常营运经费等都是由家族提供，主持院务者为家族成员或受聘于家族的人员，服务的对象则为家族成员的后一代，所谓若子若孙，非我族姓不得入内是其一般性的原则，当然有因各种原因而接收他姓子弟或游学之士入院读书者。二是以教学授受为主要任务。开办家族书院的目的都很明确专一，那就是培养下一代，使其具有较高的文化知识、良好的道德素养，从而提高家族的总体素质水平，为其繁衍发展提供更为强盛的生命力。当然，除了教学之外，也不排除祭祀先祖及其他活动，但均围绕着教学中心而开展，处于辅助协从的地位。三是教学程度不高，属于普及性教育，就学的学生多属蒙童之列，决定了这类书院不可能有太高的教学水准，一般来讲属启蒙教育或略高于蒙学的阶段，能进行较高层次教学或研究的只是少数。

图下 1-1　酃县洣泉书院

再看乡村书院。传统农业社会，城镇极少，绝大部分人口都散居住在乡村。一些有识之士在乡村山寨间创建书院，使其乡民子弟能够就近入学。此即乡村书院。

乡村书院以其创建情形可分为某个有力之人单独创建、某人为主倡建而众人响应共襄其成、乡人公建、官府创建或官府倡率乡人创建等几种类型。兹举元代攸州（今攸县）凤山书院为例。凤山书院在州城东南一百四十余里的凤岭。元元贞二年（1296），谭渊“以其里之士距州几二百里，庙学瞻仪讲肄之弗及，度地凤山麓为书院，面峙三峰，罗浮江发源其下，属禹洞之水，与攸水会而西，山水明秀，朋来宜之，乃捐田百亩，又率亲友欧阳发炳、赵宜孙、刘忠节益田百五十亩，以资廪膳。潭州总管赵公全行县，躬为相牒之府，以‘凤山书院’为额，凡里中之士隶焉。崇门严严，燕居申申，东西序祀先贤，枕山为堂曰明德，笾豆几席，舍皮庖湢既具既戒。大德元年（1297）八月朔行释奠祀，前进士黎君桂肇开讲席”[④]。凤山是元代一个带有官学色彩的乡村书院，其创建之由、环境、规制等皆可从所引文字中概知。

又如兴宁县（今资兴市）程水乡，“古有书院四，酃泉最先，观澜继之，辰冈次之，文峰又次之。其圮而废也，均数百年矣。故何也？辰冈归袁（姓），文峰归焦（姓），酃泉、观澜归曹（姓），其成也方术同之，其毁也一姓私之”。到清咸丰七年（1857），“合乡谋建书院，欲统四书院而两成之”，于是就有各族各姓合力捐资兴建郴侯书院之盛举⑤。一般来讲，凡建在乡里，地方志中载明由邑人、乡人、邑绅、乡绅某某创建、倡建、公建的书院，都属此类。如清代茶陵州（今茶陵县）就有13所这样的书院。

从某种意义上说，乡村书院是家族书院的推广与延伸，因而具有家族书院的某些特质和属性。但不限于一姓一族，正是乡村书院的长处所在。

乡村书院有如下一些基本特点。一是数量较多，分布较广。凡书院建于乡村而不属于一家一姓者，无论官建民建，皆属乡村书院，其数量之多，分布范围之广，自不待言。其二，乡村书院的招生范围较小，一般是以参与建设的乡村为限，不投资者不享其利。但由名人所建者则往往招收从其游学的外乡人，不过这不是普遍的现象，难以改变乡村书院的属性。还有一种情况是官府插手的乡村书院，其涵盖的范围往往是多个乡村，具有乡村联办的属性。其三，乡村书院所招学生绝大多数与家族书院相类似，因此程度不高，多为启蒙教育或稍高于蒙学。但也有例外，从前引材料中也看到了供贫士读书、集里中士人肄习等记载，“士”为成年人，其学识远高于蒙学童子，至少应是中等教育程度。而数村数乡联办的书院，虽所招多为子弟，但他们往往已在家族书院或家学、私塾中学习过一段时间，程度已高于蒙学。总之，无论是生徒年龄和学识程度，乡村书院大体上都要高于家族书院，这又是两者间的区别所在。

从数量上讲，乡村书院是书院的主体，承担了中国古代社会普及教育的任务，成为将儒家文化意识和观念源源输向广大农村的主要管线，此正所谓“书院补学校之不逮”的意蕴所在。

湖南有许多少数民族，从元代开始，陆续出现了苗、土家、瑶、满等少数民族创建的书院。

最早的苗族书院见于元代武冈路儒林乡（今属湖南城步县），名儒林书院。地方志记载为路总管延承直建，实为杨再成等人“创制”，见元人赵长翁《儒林书院记》：

武冈郡僻在万山，一郡三邑，庙学皆称。儒林乡地名（名，疑为属）城步寨，自古屯兵控制溪洞，其地八十四团，盘错联络，延袤千里，东邻荆湘，南通广桂，西接古徽，北界大水，其俗居民知书尚义。皇庆二年，县尹延公承直因公委经其地，目击山川秀丽，民俗质朴，叹曰："胜概若是，惜未有申孝弟，明教化以淑人心者"。言未既，绥宁真良赤水杨再成者自陈愿捐己财创建书室，招集团峒子弟，立师教之，覬助化民成俗之万一。公嘉其志，申于府，敦勉劝谕，克竟其事。再成幼知书，长好义，见善明，通道笃，不谋利，刻意儒风，确乎不可拔。爰筮爰卜，乃经乃营，正殿、讲堂、门壁、斋庑、墙垣、厨湢，内外完具，先圣先师，十哲从祀，塑绘森严，庙貌相称。⑥

杨再成为苗族人，"团峒子弟"即山寨苗族子弟。创建于皇庆二年（1313）的儒林书院为我国第一所苗族书院。该书院绵延三百余年，毁于明代天启年间，为苗乡培养了大量人才，更为移风易俗、民族融合作出了重大贡献。

湖南西部为少数民族聚居之地，清代称为"苗疆"，当时多建有书院，如凤凰厅（今凤凰县）敬修书院，乾隆十二年（1747）通判潘曙创建；永绥厅（今花垣县）绥吉书院，乾隆二十二年同知张天如创建；永顺府（今永顺县）崇文书院，乾隆二十六年知府张天如创建，集府属永顺、保靖、龙山、桑植四县生童肄业其中。到嘉庆年间，巡道傅鼐在湖南苗疆建有 6 所书院、百处义学，受到清政府的表彰。光绪《湖南通志》中记载了其中的 4 所，即保靖县雅丽书院、乾州厅（今吉首）立诚书院、永绥厅（今花垣）绥阳书院、泸溪县浦阳书院。这些苗疆书院及义学所起的作用，我们从傅鼐的《治苗论》中可以看得十分清楚：

不申之以教，其心犹未格也。故添修苗馆若干处，延师教读。所读四子书而外，如《孝经》、《小学》诸书，悉令讲诵之，使知孝亲敬长之道，进退揖让之礼。而其中苗生尤俊秀者，取入书院肄业，给以膏火，阅课八股诗律，榜示甲乙，使知奋勉。久之，则今日书院之苗生，即可为异日各寨之苗师，以苗训苗，教易入而感动尤神，则礼义兴而匪僻消，苗与汉人无异。司此土者，苟永守成宪，毋扰毋弛，则边地生民安居乐业，世世子孙永享太平矣。⑦

土家族书院见于明代永顺土司。明万历年间，土司彭元锦、彭象乾先后就读于酉阳。元锦字衷白，以军功授湖广都司都指挥使，进阶骠骑将军。他任宣慰使时，于万历十五年（1587）在土司衙署所在地福石城（今永顺县城东老司城）建立若云书院，集土司及土官子弟肄业其中。该书院的具体情况，因资料缺乏，已不能详述。但其建立意义重大，不仅翻开了永顺教育史的第一页，而且成为土家族人民融入中华文明的一个显著标志。

瑶族书院比较多见，兹以今江华瑶族自治县为例略予介绍。清康熙四十一年（1702），准许瑶民子弟与汉人一起参加岁科考试。雍正四年（1726）又规定凡岁科两试，皆于额外增补瑶民生额三人。到乾隆年间，这些“归化新民（指瑶民）”的措施大见成效，儒家文化薪传有种之后，又在各瑶族聚居之地创建义学、书院。乾隆九年（1744），“江华县衙饬于瑶地适中处设立义馆，延师训课，每年廪饩银各十六两，均由县赴司领给”。于是当年就在锦岗义学、锦田义学的基础上创建秀峰、锦田两书院，以教瑶童。次年，又在“上伍堡瑶”设义学。今存湖南学政李汪度所撰《伍堡建义学记》石碑称：

> 上伍堡之义塾为傜（今改为瑶，下同）而设者也。……楚粤之交苗傜杂处，历有理苗、理傜之专官。夫理者治也，而治莫善于文治。《易》曰：“观乎人文，以化成天下。”文教者，帝王御世之权而移风易俗之大机也。《论》曰：“化民成俗必由于学。”惟游之于学之中，仁熔而义治，礼陶而乐甄，则文教聿宜，虽雕题交趾之伦，可跻跻麟趾鹊巢之化。楚南永、宝傜籍，与内地生童一体应试。往，雍正十年，傜生有登贤书而膺民社之任者，是固渐摩于圣化者深乎，抑亦学之效也。惟是傜地界连两粤，重岩密箐，族姓滋蕃，荒材陋落中容有梗化而弗若于训者，将筹所以理之者，故不在簿书讼狱之间，而在化导蒸蒸之有其具。此伍堡义学之设，官其地者所为兢兢也。理傜官丞斯建学舍，绘图呈报，堂庑斋庐，宏敞整齐。将集傜人之秀者肄业其中，谓非涵揉磨革之善术与？予惟抚绥蛮荒，惟以不鄙夸其人为要义。傜人皆隶版图，同为赤子，如使以傜人外之，彼亦自外于齐民。人性皆善，惟学以复其性，以启其尊

君亲上之心，与内地之化行俗美无异致也。阳明先生以龙场驿吏坐拥皋比，讲习不辍，其时之闻风来学者，赤衣鴂舌之徒雍雍济济，遂俾尼山之铎施及罗施鬼国，弦诵流传，以迄今日。伍堡义塾诚得其人以司教事，江华、宁远之间，讵不邹鲁若乎？

从这段引文中可以明了瑶族义学、书院设置的缘由及其化民成俗、融合民族文化的目的。到乾隆三十八年（1773），知县欧阳柱又将伍堡义学扩建为三宿书院，招收竹子尾宿、上下半宿、平岗宿三宿瑶族生徒肄业其中。三宿书院院舍较大，有大小房十二间，肄业者常有四五十人。院中置有学田八十三亩，年收租谷一百二十担以供经费。设山长主持教学，所授以四书五经为主，属普及教育。

湖南少数民族书院的出现，表明书院作为一种文化组织具有满足各民族人民文化生活需要的功能，已成为多民族共同认可的文化标志，亦即成为中华民族的文化象征之一。至于其成为民族教育的中心，为少数民族文明建设所作的贡献，则自不待言。

除上述外，还有一些书院值得记述。如明代的藩府书院，其代表是长沙城的崇德书院、旸谷书院，皆为吉王府所建，以刊刻图书著称于世。又如清代的教会书院，美国复初会在岳州创建的盘湖书院（又作湖滨书院）、瑞典差会在益阳创办的路德书院皆有名于晚清，它们既是西学东渐的产物，又是湖南教育近代化最直接的参照物，其中西文化交流的功效值得探讨。

第二节　湖南书院的等级差异

县级书院　州级书院　府级书院　道级书院　省级书院

书院因其主办方的级别以及教学程度和学术水平的高低不同，自然形成了一种等级上的差异。一般来讲，较低一级的为家族和乡村书院，其程度普遍高于蒙学而接近现代初级教育水准这个层次，当然也有少数的例外。至于私人创办之招收成年人的书院，其程度与水平多由主持院事的山长决定，或高或低，难有定数。这个层次的书院不仅数量众多，起着普及文化知识和将学术思想社会化的作用，而且是其他较高层书院的起点，构成中国书院等级之塔的底座。而后才有县级书院、州级书院、府级书院、省级书院、跨省书院、全国性书院。以下略述湖南各等级书院之概况。

先看县级书院。湖南在唐代未见县级书院，宋代尤其是南宋，县级书院日渐多见，如湘乡知县徐质夫创建的涟滨书院、安仁知县王槐创建的清溪书院、新化知县傅轸创建的濂溪书院、黔阳知县饶敏学创建的宝山书院等。元代的县级书院也可找到记录，如安仁知县王显重修宋代就已建立的清溪书院。明代，各地父母官多以兴教劝俗为务，县级书院得以普遍建立，湖南一省计有 34 所书院为知县所建，占明代全省书院总数 122 所的四分之一强。这些书院绝大多数创建于县城或城郊，成为全县的文化教育中心。也有一些地方同时建有两所书院，如宁乡县，嘉靖年间知县胡明善创建了玉山书院与南轩书院。前者建在县城，成为全县诸生肄业之地，有明一代一直兴学不断；后者距县城五十里，为纪念南宋理学家张栻而建立，以祭祀为主，没有教学功能，不久即废。至清代，除少数边远落后地区之外，每个县都建立起自己的书院。经济文化发达的县份，家族、乡村等类型的书院较多，县府除予以支持之外，主要精力则放在经营县级书院上，如衡山县，有集贤、邺侯、文定、白沙、甘泉、文昌、观湘、中洲、白山、竹林、爱莲、景贤、研经、文炳、景泗等书院，遍布全县城乡集镇，历代知县对这些书院多有支持嘉勉，但注意力始终集中在县级书院上。衡山县立书院在县城南门外，初名文昌书院，明嘉靖年间知县彭簪创建，隆庆、万历间多有修葺，办学不断。明末兵毁。清康熙三十四年（1695），知县郭大定修复，改名文峰书院，并置田亩以为诸生肄业之资。乾隆十年（1745）、十一年，知县德贵曾将其田租余额分拨中洲、白山二书院作为开办经费，但至二十一年即“奉文”将观湘、中洲、白山各书院田租“归并”到文峰书院，以确保其办学经费。其后弦歌不绝，直至光绪二十九年（1903），与观湘、集贤二书院合并而作师范馆工艺局，民国初年改作高等小学校。

县级书院的学生来源于一县所辖范围之内，主要是因为经费有限，若外县生童入院肄业，势必挤占本县生童名额，减少本籍士人的读书机会。县立书院的学生有身份和程度的区别。按身份来分，主要有生员、童生两大类，习惯上合称生童。生、童虽同居一院肄业，其学问之大小实际存在着差别，因此在招生和平时考试时，生、童是分开录取、分别确定名次，其待遇也有厚薄之分。如清嘉庆二十五年（1820）凤凰厅（今凤凰县）敬修书院规定：“肄业生员正课十六名，附课十六名，童生正课二十名，附课二十名，额外附课不限额数。”“膏火，生员正课月给银一两二钱，附课六钱；童生正课月给银八钱，附课四钱。”[8]同治十一年（1872）临湘县莼湖书院规定：“正课生员每名给膏火钱一千文，附课生员每名给膏火钱六百文，正课童生每名给膏火钱六百文，附课童生每名给膏火钱四百文。”[9]

县级书院的学生例由知县考取，入学考试称甄别，考试时间或在春季，如芷江秀水书院，“定二月初吉出示甄别，该生童等由礼房先行报名注册，听候锁院考试。生员取正课十名外，备取十五名。童生取正课十名外，备取十五名”[10]。或在冬季放假之前，如凤凰敬修书院于每年十一月“悬牌示期考录”生童，“取定正课、附课”，但“先年冬间录考之时，正课、附课酌留数名，于来春二月补录足额”[11]。可见除了正式录取之外，还有“补录”的安排。至于招生名额，“自应广集生童”是普遍遵行的原则，但经费有限，实则多少不一，如湖南边邑永明县濂溪书院嘉庆年间只能“议定肄业生童十二名”[12]，而湘东醴陵渌江书院道光年间每年“生监正取拾名，附取拾名”，“童生本额正、附各取叁拾名”，“通计生童额课共捌拾名”之外，还“列额外附课，以备取录”[13]。

图下 1-2　醴陵渌江书院

县级书院的山长一般实行聘任制，任期多为一年，可以连任。聘任之权起初操于官府之手，但随着徇情延请、滥充讲席、不亲到馆而遥食束脩等弊端的暴露和地方绅权不断扩大，聘任之权出现了一个由官府逐渐下移于邑中士绅的趋势。下移之后，为了确保官府的权威，也为了防止劣绅作弊操纵地方，发放聘书多由官府主持，其权虽放，而从中仍可起到控制的作用。当然，一些未下放聘任权力的书院，地方士绅亦可通过某种机制对官府予以监督。有关情形及其所体现的约束平衡机制，可从宁乡玉潭书院于清乾隆、嘉庆年间所作的相关规定中窥其大概："岁十、十一月，公举一人为山长，不拘本邑邻邑。首事告于当事，曰可，然后请书币，专使往聘，或躬造其庐。"⑭"山长不得外请，向例多上司推荐，邑尊不得不委曲周全，但外省人品学问不尽可知，且束脩有限，致滋赔累，或学规屡变，于士子亦无益也。邑中不乏宿学，首事每于冬月公议文行两优者，面请邑尊定聘，或有上司推荐者，面请邑尊禀辞。"⑮

山长为书院之首，是诸生表率，其选聘自有标准。一般来讲，各书院首先强调的是学问和品行。如湘潭县昭潭书院于乾隆年间制订《学约》，第一条就是"择院长"，规定"于每年仲冬，直管院事集老成公议，择文行兼优、品望素著者，商举一人，即白县尊、学师具柬聘请。若本年院长克尽师道，来年即仍延请，无轻议更改。在院长既膺敦请，自必克副仰望，言坊行表，不愧师资，面命耳提，宏开讲席，无循名忘实，无勤始怠终，谨定课程，诲人不倦，不分贫富，教思无穷，庶师严道尊，人皆敬学而获益良多矣"⑯。文行兼优、品望素著是选择山长的前提条件，此外还须勤勉不倦，贫富不分，教思无穷，耳提面命，要求很高。担任县级书院的山长还有出身、资格的要求，一般要求是贡生、举人以上，但边远地区也有秀才充任者。以醴陵渌江书院为例，《渌江书院志》卷首列历任山长 35 人，其中进士 7 人，举人 25 人，贡生 2 人，出身不明者 1 人。诚然，进士、举贡等出身的高低不能作为衡量学术水平、教学能力高下的唯一标准，但作为书院选择山长的参考系数是必要的，当它和"文行兼优"、"学行皆本众望"等软指标结合时，必会为书院生徒延聘到较高水平的师长，对保证师资质量起到一定的作用。

以上从师生两个方面探讨了有关县级书院的基本情况。元、明、清三代的散州、清代的散厅，其下皆不领县，其长官品秩虽高于知县，但州、厅的地位实则与县相同，因此这类州、厅级书院实际也就是县级书院，其学生皆直接来自当地的乡村或家族书院。

州级书院较县级书院档次为高。在唐代湖南没有州级书院的记载。宋初列名天下四大书院的岳麓书院、石鼓书院，分属潭州、衡州，实为州级书院。在北宋后期兴办官学的运动中，岳麓书院与湘西书院、潭州州学联合构成潭州三学，石鼓书院则改为衡州州学。南宋开始，尤其是宋理宗大倡书院后，各地州级书院渐增，这类书院一般由知州创建。宋代州级书院的山长，有以州学教授兼任，如淳熙十五年（1188）顾杞以潭州州学教授兼岳麓书院山长，淳祐十年（1250）迪功郎林畊以衡州州学教授兼石鼓书院山长。也有因地方官聘请而出任州级书院山长的，如宝祐元年（1253）欧阳守道被聘为岳麓书院副山长，因作《答荆溪吴运使聘书》以示感谢。间有以祠官兼任山长者，如钟如愚“晚官岭海，引年而归，除南岳书院山长，监南岳庙”⑰。淳熙间，永嘉人戴溪“监南岳庙，因为石鼓书院山长，作《石鼓论语问答》三卷”⑱。理宗末年开始，书院山长正式成为朝廷命官。

宋代州级书院的招生，因为其正规化建设的需要，更因为经费的限制等，多数定有名额。如潭州岳麓书院，乾道元年（1165）知州刘珙重建后，“定养士额二十人”。淳熙十五年（1188）知州潘畤扩建，“益额十人”⑲。六年之后，即绍熙五年（1194），朱熹任知州，置田五十顷，“别置额外生十员，以处四方从游之士。依州学则例，日破米壹升肆合，钱六十文，更不补试，听候当职考察搜访，径行拨入者，庶几有以上广圣朝教育人才之意”⑳。又如靖州作新书院，嘉定八年（1215）知州黄榦创建，“简秀异者三十人廪给之，聘学识谨重者与之处”。时人作记称：“始，侯议此役，愿遣子入学者俱相属，局于供亿，限之员数，未有以塞来者。制帅长沙赵公闻之，亦捐白金五十两，为卖田续食计，所入当益增，则取给当益广矣。”㉑据此可知，一、宋代的州级书院或州立书院，招生有名额的限制；二、名额的多少，主要取决于经费是否充足，随着经费的增加，名额亦可以扩大；三、进入州级书院肄业要参加考试，但扩招生徒似乎可以不应试而由当职官员察访拨入。然而，名额的设置不仅仅是经费的问题，士人的入学要求和官立书院的容量也存在矛盾，择优而取，势在必然。这是官立书院的情况，它和其时普遍存在的私家书院、民间乡村书院的学生来去自由的原则相反相成，一同撑起了湖南宋代书院的兴盛局面。

进入元代，书院的官学化程度日深，规定，“路设教授、学正、学录各一员，散府、上中州设教授一员，州设学正一员，县设教谕一员，书院设山长一员”。山长任命权在礼部及行省、宣慰司，它和教授、学正、学录、教谕等一起同属学官，一体考核升转，教谕、学录升为学正、山长，学正、山长升为教授。至于书院生徒，则与州县各官学一样，皆由“守令举荐之，台宪考核之，或用为教官，或为吏属”[22]。因此，在元代，凡官设山长的书院，皆可视为官立书院，各州所属书院即为州级书院。

元代路一级的行政机构相当于宋代的州；多数的州则是由宋代的县升格而成散州，它们上属于路、府，下无辖县，故等同于县级书院；部分直隶于行省的州有辖县，所属书院可在几个县区范围择优选录生源，故高于县级书院。但今湖南境内的耒阳、常宁二州虽属湖广行省的直隶州，乃由宋代的县升格而成，故其地位等同于散州。

明代撤销路的建制，增设了许多府，州的数量相对减少，因而州级书院也比宋元时期要少一些。州级书院多由州官创建，并亲自讲学其中。如弘治末年，林廷玉以御史谪知茶陵州，“闵士习不正，作洣江书院，集诸生讲学，忘其身之为吏”[23]。与诸生讲学，“忘其身之为吏”，这是何等投入！地方各级行政长官创建并亲自讲学，是明代书院得以辉煌的主要原因之一，但他们的参与并不能完全等同于元、清两代的官学化。这些建院讲学的地方官，在思想上倾向于王、湛之学，或者本身就是王、湛的门徒，与中央官方哲学相偏，他们甚至以迂客自居，不受吏法约束，其举动并不完全代表官方的意志而融入了比较浓厚的个人因素。这是明代绝大多数官立书院的特点，当然也是州级书院的特点。

清代的州级书院控制在比较完整意义上的官府之手，在延聘山长时，与同时代的县级书院一样，先是全权在州官，后来虽放权于地方士绅，但仍要受到官府的制衡。如桂阳直隶州龙潭书院，“院长由绅遴选品学并优之士，商知董事，禀请州尊延请”[24]。至于清代州级书院的学生，其考选、定额等原则皆与县级书院相同，不同的只是下辖县区的州级书院招生范围扩大，可以在管区内各县择优选录生童入院肄业，生童的程度要高一个层次。至于下无辖县的散州州立书院，其级别理当与县级书院相等。

府作为政区名始于唐代，与州（郡）为同一级，只不过因提高其地位而改称。宋代京师、陪都之外，凡要冲或皇帝即位前潜邸所在之州都升为府，府级书院开始出现。湖南宝庆府的濂溪书堂，由知府宋仲锡创建于南宋宝祐三年（1255），奉祀理学开山祖师周敦颐，显然有配合国家确立官方哲学之功。

元代在今湖南境内未设一府，故府级书院为空白。

明清时期，府的建置稳定下来，上隶于省，下辖州县，成为省与州县之间的一级政区。明代的府级书院比较多见，知府成为书院建设中的重要人物。如今湖南地区，明代设有岳州、长沙、常德、衡州、永州、宝庆、辰州七府，除常德府未见知府建院以外，其余 5 府共有 10 位知府创建（或重建）书院 10 所[25]。明代知府的建院讲学亦不能完全等同于元、清两代的官学化，如衡州府石鼓书院，在明代虽力倡并坚持自南宋以来形成的朱（熹）张（栻）之学，有“学问以朱张为的”的提法[26]，但嘉靖、万历之际，王、湛之徒皆在此大倡其说。湛派开山祖湛若水曾“至书院，与督学应公会讲”。其高弟蔡汝楠于嘉靖二十八至三十一年（1549—1552）任衡州府知府四年，“每月朔望，率诸生诣书院讲论经书，命题考课，质疑问难，随叩而答，立有书院条约、会长、会副，问德考业，风闻邻邦，长（沙）永（州）二郡诸生及官师、举监皆负发来学”。其讲学问答之语，以《蔡白石先生义训九篇》为题载入万历《石鼓书院志·述教志·名宦教言》中。其去任之后，衡州士人建蔡白石先生讲院祀之，可见其影响之大。至于王门，讲学

图下 1-3 石鼓书院

于石鼓者更多。江右王门邹守益，“至书院，和昌黎韵，会诸生讲论旬日，学有本源，闻者诚服”。楚中王门蒋信，“至书院会讲，著有讲义，士论与之，德性和粹，允车于人”。浙中王门孙应奎，“与白石蔡公讲论石鼓，刻阳明先生《传习录》，教诸生践履实学，勿为口耳空谈”。南中王门周信，“游石鼓唱和，与诸生曾乔、朱炳如、王大韶辈议论辨难，终日不辍”。王门左派泰州学派赵贞吉，“会白石蔡公、万渠潘公，讲学石鼓，诸生多所启发”。泰州学派罗汝芳，“集后进诸生数十人，校经改课，稍暇即发明良知实践之学，切切肫肫，务求真实”[27]。可以看出，石鼓书院成了王、湛各派的学术论坛，遇有名师、名家讲学，本府以外的生徒皆慕名前来听讲，府属界线就比较模糊了。但因为经费等因素的制约，一般情况下，各府书院只收各自所属州县的诸生肄业或听讲。如石鼓书院，嘉靖三十九年（1560）知府金立爱“增立广益堂于武侯祠之后，以处八属来学之士，考选童生入院，亦与听讲，朔望劝惩甚析”[28]。按明代衡州府领桂阳一州及衡阳、衡山、耒阳、常宁、安仁、酃等六县，桂阳州下又领临武、蓝山二县，合计八县，故八属之士即衡州府属各县之士。从上述蔡汝楠任衡州府知府时情况看，石鼓书院肄业者原来只有生员，遇有名家主讲，举人、贡生及官师各种人都可入院听讲，其后才考选童生肄业。是以，我们似可将生员视作明代府级书院肄业生徒的主体。

进入清代，府级书院比较普遍地建立起来了，各个府城都有自己的书院，以为所属州县生童的肄业之所。在当时人们的心目中，府、州、县级书院的等级概念是相当明确的。府级书院山长的聘任类同于州县，绅遴官聘是其常态。山长任期一般为一年，视其学行成效，可以延聘，如石鼓书院，衡阳举人刘高阅于道光十二三年（1832—1833）任山长两年，湘阴进士张学尹则自道光二十年至咸丰初（1840—1851）连任山长十余年。

府级书院的招生范围是在本府所属州、县之内。如岳州府有岳阳、慎修两所府级书院，光绪二十二年（1896）额定招收生童一百名，所属四县各定名额，“巴陵共取三十一名，平江共取二十四名，临湘共取二十三名，华容共取二十二名”[29]。至于府级书院招生人数，则多少不等。同治、光绪年间，石鼓书院“取准生员正课二十名，副课二十名，童生正课二十名，副课二十名，额外附课生童均无定额，取录后听候定期送入书院肄业”[30]。而光绪年间，岳州府岳阳书院名额较少，“课额生童六十名”，慎修书院更少，只有“课额生童四十名”[31]。以此推算，湖南府级书院招生当在百人左右。招生的数额主要取决于经费的多少，概而言之，经济发达地区的书院的数额相对要大，同一书院的前期比后期的数额要小。但与所属各州县书院相比，府级书院的招生人数一般都要多一些。

湖南的道级书院之设仅限于清代。清承明制，顺治、康熙、雍正年间设分守道、分巡道于省、府之间作为监察区。道级书院一般建在各道长官驻节之地，其择师选生的范围有几个府，因此其程度自然高于府级，有关情况，兹以衡阳船山书院为例而予介绍。

船山书院在湖南省衡永郴桂道驻地衡州府城（今衡阳市）。光绪初年由湖南学政朱逌然倡议，至十年（1884）始由士绅集资创建于衡州城南门外大码头横街。次年，以院舍逼近城市，湫隘嚣尘，不足以安心教学，遂由兵部尚书邑人彭玉麟个人独捐白银一万二千两，买地改建于城南六里之湘江东洲，而将原院舍改作船山祠。自此，船山书院一直办学不辍。船山书院是为纪念其邑人清代著名的思想家王夫之而创建的，创办之初，两江总督曾国荃就将家藏《船山遗书》三百二十二卷的全部刻板捐置院中以便刊印，其纪念性很强，当时还只是衡阳县县级书院，但改建东洲之后，它“集衡永郴桂府州所属举贡生监肄业其中”，“凡延聘师儒，甄别生徒，整饬院规，发给膏火，皆应归衡州分巡道主持其事”[32]，成为名副其实的道级书院。

衡阳市博物馆现藏有彭玉麟于光绪十一年制订的《船山书院永定章程》碑刻四通。《章程》共十二条，内容包括办学宗旨、职事设置、院长选聘、生徒遴选、经费收支、图书借阅、祭祀仪典等，是十分难得的资料；再辅以彭玉麟的《改建船山书院片》，即可知道道级书院运作的大概情形。

船山书院的领导权集于道台，士绅则参与民主管理。前引延师招生、整饬院规、发给膏火诸权皆归于巡道，明确规定了道台主持书院事务的权力。在具体操作上，道台主要掌握着选师择生两途。船山院长“不以借才异地为嫌，及外省籍贯皆可，惟择学问名望素优者，由本籍士绅商请巡道关聘，由巡道转达学政，不得徇私由人滥荐，亦不得掌教不到院”，这是彭玉麟所一再强调的。《章程》也规定院长“永不聘衡永郴桂四府州之人，藉杜请托”。巡道以行政权力干预院长选聘，主要是为了保证院长人选学问、名望的双重质量，同时也显示着官府对书院的实际控制权。在招生过程中，这种权力显示得更加充分，“先由巡道札饬各府县及各学公同详慎举报，出具切实考语，送道应试。每年定二月初旬由道甄别一次后，复试以定录取”。从报名、甄别、复试、录取，一切权力皆操于地方官之手。因此，书院的主体师生二者皆制于掌中。书院又设监院一员、首士二员主持院中管理工作，人员皆由地方士绅出任，并由选举产生，与推荐院长一道构成了地方士绅管理书院的权力。官立绅办是有感于时弊而提出来的，既可保证官府对院政的控制，又可发挥士绅的能动性，从管理体制上来讲是一种进步的表现。

船山书院院长学行并重。首任院长为李扬华，其时书院为县办。改成道办之后，聘有邓辅纶、王闿运二位掌教。邓曾与王闿运同学于省会城南书院，声名播于湖湘，著有《白香亭诗文集》，任院长六年（1885—1890）。王闿运为晚清一代湘籍硕学鸿儒，出掌船山书院以前就曾应张之洞之邀任四川省级书院成都尊经书院院长，代郭嵩焘掌长沙思贤讲台，声名特盛，时有“南王（闿运）北俞（樾）”之说。他任船山书院院长达二十五年（1891—1915）之久。因为有全国一流的学者任院长，船山书院不仅发扬夫之之学，成为“清末王学（特指王夫之之学）”的大本营，而且“海内执经问学者踵相接”，时有“经学大明，弟子称盛”之誉。船山书院生徒定有名额。按《章程》规定，每年只招住斋生徒四十名，其中正课、副课各二十名，“如遇文卷不敷或者院款不足，可酌减拾名或捌名”。船山书院以衡州、永州二府、郴州、桂阳二直隶州共二十三县为生源之地，举贡生监何止千百，而四十名之定额及报名、应试、甄别、复试的严格把关，使得入院肄业者必为百里挑一的名优之士。对于船山后裔除正常考取之外，也只照顾一个名额，而且“必经院长考核认定，告知首士查明属实”之后方准入院。这里所体现的原则精神和延聘院长的原则一样，都是唯学问是举，唯道德是闻，船山书院之门只向真才实学者敞开。入院之后，“分经授徒”，“分经命题”，每月官、师两课。正课与副课可以根据月课成绩互为升降，月课第一名课卷还存档收入课艺刊印。将竞争机制引入教学管理之中，大大提高了学生的学习积极性，因而培养了杨度、丁奎联、谢玉立、廖卓夫、蒋啸青等一批名人，至于“船山之士经四川、山东、江西及本省各学堂聘充教习者，已不下数十百人”，其于中国教育由古代向近代转化中所起的积极作用显而易见。船山生额虽然有限，但并不拒额外之人于门外，如光绪二十五年（1899），除杨度、夏寿田等四十名正副生徒“住斋讲习”外，还有王兆涵、颜楷等“居院外问业”，“其余江西、苏、浙流寓衡、永、郴、桂人士往来受业者，不可悉纪”，以至“斋舍不能容”，只得“别开学舍”，让这些从游受业之人居住。船山书院不仅是清末与省城长沙岳麓、城南、求忠、校经诸书院鼎立湖南大地的著名学术研究中心、教育中心，还是出版中心，除刊印曾国荃所赠《船山遗书》之外，还先后刊印了张宪和增补的《船山遗书》60 种、王闿运的《湘绮楼全集》11 册、《周官经》1 册、《周易说》1 册、《尚书笺》28 卷、《尔雅集解》19 卷，以及作为课本用的《唐诗》和优秀课卷《船山课艺》等。这些书籍为传播衡阳王氏之学，促进学术研究，提高学生学习积极性等都有着积极的作用。

省级书院是古代各地方政区级别最高的书院。清代改明布政司为省，全国先后被划为十五、十八、二十二个省。雍正十一年（1733），诏令各总督、巡抚于其驻节之地“择一省文行兼优之士读书其中”，这是清代正式建立省级书院的标志。各省省会相继建立了 23 所省会书院。其中湖南有岳麓与城南两书院。但在实际操作过程中，这两所书院仍有高下之别。岳麓书院在全省范围招生，是湖南一省之最高学府与学术中心；城南书院则自雍正十一年至道光二年（1733—1822）90 年间，居院肄业者皆长沙一郡之生童，其他府州士子不得录取，实为府级书院，院址也于乾隆十年（1745）由巡抚杨锡绂迁至城南门内天心阁下。此举原本是想避免校课岳麓的风涛阻隔，实有以城南书院取代岳麓书院之意。因而迁建后的城南书院规模宏敞，建有御书楼、礼殿、讲舍及正谊、主敬、进德、存诚、居业、明道六斋，岳麓书院诸生皆移居城南肄业。二十一年，巡抚陈宏谋重新规划，复移诸生肄业岳麓书院，留新年、童生肄业城南书院，从而结束了城南代行岳麓书院作为通省肄业之所的十年历史。道光二年（1822），巡抚左辅复迁宋代城南旧址妙高峰，辟有六景，建有六斋百二十余间，图书增至万余卷，改为“通省肄业之地”，招生名额也与岳麓书院一样定为138名，道光皇帝御赐“丽泽风长”额以为表彰。至此，城南书院名实皆可与岳麓书院相抗，成为名副其实的省会书院。山长贺熙龄、余正焕、胡达源、何绍基、郭嵩焘、王先谦等皆一代名师。讲学大多汉宋并重，尤重经济之学，成就人才甚众，最著者有曾国藩、李元度、黄兴等。

清代中后期，省级书院又有新的发展，一些省会城市又增设了在全省或两省范围之内招生的省级书院。与湖南有关的有武昌两湖书院，它辖于湖广总督，在湖南、湖北各招生100人肄业。在湖南省城长沙，又有求忠书院、校经书院、求实书院进入省级书院的行列。校经书院的情况已备述于本书上编，不再赘言，兹将求忠、求实书院简述如下。

求忠书院在长沙城北门古荷花池，咸丰四年（1854）由巡抚骆秉章据乡绅曾国潢等人之请创建，以“欲求忠臣，宜培忠裔”，故名，奉祀湘军死难将帅弁勇，招“诸忠后裔”肄业其中。其时各路统兵将帅皆本抚恤孤裔之义，踊跃捐资，很快将其建设成规模与岳麓、城南相当的省会书院，并以“岳、城、求”这一特殊称谓而同号为“清末湘省三书院”。求忠生徒分忠裔与“凡民之俊秀”两部分，设附课、童生正课，计40名，后增至56名。光绪二十九年（1903）改为忠裔学堂。

求实书院乃光绪二十五年（1899）湖南巡抚俞廉三改时务学堂而成，设总理，由布政使兼任，下辖监院主持院务，聘请山长及中学教习3人、算学教习1人、西文译学2人共主教务。分调全省各府厅州县“考选保送聪颖悫谨生童”120人肄业其中，“严立课程，分科分班，朝夕讲贯”。次年又汇刊宋、元以来有关学规成《求实书院学规续抄》，重刊湘潭黄舒昺《明道书院约言》等，旨在“力纠”由时务学堂所掀起的湘学新风。光绪二十八年改为省城大学堂，次年改名湖南高等学堂，为今湖南大学的前身之一。

省会书院是中国书院历经数百年发展积累之后，由中央政府主管并交由地方最高一级政区分头建设的国家重点教育工程，散布于全国各个省区，成为各省的教育、文化与学术中心，其有关经费筹措、师资建设、学生管理等方面的做法，皆有值得今天的教育主管部门借鉴之处。

第三节 湖南书院与湖南文化

湖南书院与湖南文化的形成 湖南书院与湖湘学统 湖南书院与湖南文化的繁荣

书院是中国古代读书人围绕着书，开展包括藏书、读书、教书、讲书、校书、刻书、著书等各种活动，进行文化积累、创造与传播的文化教育组织。它起于唐，兴于宋，历元明清而得到大的发展，遍于全国，总数至少有7000所以上，对中国的教育、学术、文化、出版、藏书等事业的发展，对民俗风情的培植，对国民思维习惯及伦常观念的养成等都产生了重大作用。湖南是一个书院大省，据《中国书院制度研究》[33]的统计，总数有477所，唐、五代、宋、元、明、清分别为8、70、21、102、276所，分居全国的第2、4、4、6、5名，如果按各省人口比例计算，排名当更靠前，何况实际的数字还要大得多，估计有600余所。如此众多的书院分布于三湘四水之间，它们作为具有多种功能的文化载体，对湖南文化的形成、发展与繁荣发挥了极其重要的作用。

地处洞庭湖以南的湖南自古为“三苗之地”。到唐代，虽然经济文化已经得到发展，但习惯上仍被中原视作“南蛮”之区，朝廷也将其作为罪臣贬谪之所。元结、李白、杜甫、韩愈、柳宗元、裴休、李泌等都曾泛迹湖南，流风所被，文风渐兴，文明日开。然而，所有这些仍然难摘象征落后的“荆蛮”帽子。北宋书院的兴起，使湖南士人获得了文化的自信，为湖南文化的形成奠定了坚实的基础。

岳麓书院由潭州知州朱洞创建于开宝九年（976），经知州李允则、刘师道等人的努力经营，始确立了讲学、藏书、祭祀、学田四大要素构成的基本规制，生徒有数十百人，宋真宗曾召见书院山长周式，并赐给院额与皇宫秘府图书。于是，鼓笥登堂者不绝于途，岳麓之名遂闻天下。石鼓书院由来有自，在唐代称为“李宽中秀才书院”，宋初由州人李士真复建并讲学其中，景祐年间，衡州知州刘沆请朝廷赐额，书院因此而名列天下四大书院之中。

北宋时期，湖南至少有12所书院，大多起着替代官学培养人才的作用，上述二所书院是其中的佼佼者，尤其是岳麓书院号为天下四大书院之首，石鼓名列四大书院之中，它们以其规制完备而备受世人瞩目，成为各地书院的榜样，引领着全国书院的发展。马端临所谓“后来所至，书院尤多，而其田土之赐，教养之规，往往过于州县学，盖皆欲仿四书院云”[34]，讲的就是这种表率作用。诚如王禹偁在《潭州岳麓山书院记》中所说：“谁谓潇湘，兹为洙泗；谁谓荆蛮，兹为邹鲁！”更有甚者，自此以后，“使里人有必葺之志，学者无将落之心”[35]，书院的发展促成了湖南坚持兴学的社会风气和与礼乐之邦洙泗、邹鲁一比高下的自信与自豪。这种社会风气和心理机制，正是湘学于宋代得以形成的重要原因，更是它日后获得发展的坚实基础。

南宋书院与学术的一体化趋势，促成了湖湘学派的出现，而湖湘学派的兴起正是湖南文化发展史上的一个里程碑。元代著名理学家吴澄在《岳麓书院重修记》中曾以“读书”和“讲道”来区分书院在两宋时期所表现出的不同的社会功用，他说：“开宝之肇创也，盖惟五代乱离之余，学正不修，而湖南遐远之郡，儒风未振，故俾学者于是焉而读书。乾道之重兴也，盖惟州县庠序之教沉迷俗学，而科举利诱之习蛊惑士心，故俾学者于是焉而讲道。”[36]“读书”是指文化知识的学习，是为了改变“儒风未振”的问题，其结果是书院教育功能的强化。“讲道”意在追求真理，是为了解决舍义求利、士习民风败坏的问题，其结果是书院与学术的结合。虽然吴记所指为岳麓一院在南北宋时期的差别，但它恰巧也是湖南书院在两宋时期不同特点的真实反映。据统计，宋代湖南70所书院中，可以确考为南宋时期创建兴复的有44所，其中如常宁袭盖卿（梦锡）、王居仁（习隐）讲朱（熹）、张（栻）之学于芹东书院者不少，呈现出书院与学术结为一体的趋势。

最先将学术和书院结合到一起的是湖湘学派的奠基人胡宏。绍兴年间，他继承其父胡安国的春秋之学，在湘潭、衡山创建碧泉书院、文定书堂、胡文定公书院等，收徒讲学，以倡其说。其时，彪居正、张栻、胡大原、胡翌等一大批弟子集于门下，形成了一个志趣相投、学术思想相近的学者群体，“卒开湖湘之学统”[37]。不仅如此，在《碧泉书院上梁文》中，胡宏又发出了“伏愿上梁以后，远邦朋至，近地风从，袭稷下以纷芳，继杏坛而跄济……驱除异习，纲纪圣传，斯不忝于儒流，因永垂于士式”[38]的倡议。湖南学者闻风而动，纷纷创建书院响应，据记载，仅绍兴、隆兴之际十余年间，全省就创建兴复了善化城南、湘西，宁乡道山，衡山南轩，衡阳胡忠简，安仁玉峰，靖州侍郎，辰州张氏，泸溪东洲等9所书院。值得指出的是，胡宏曾有修复岳麓书院并任山长，“以继古人之后尘，而为方来之先觉”[39]的打算，虽然阻于秦桧而没有实现，但于此可见他心系书院、“崇儒广教”的理念。

湖湘学派的集大成者张栻以书院为基地，使湖湘之学终成盛大之势。张栻与朱熹、吕祖谦齐名，并称“东南三贤”，是当时全国最有名的学者之一。早年他师从胡宏于碧泉，以其超群学识而深得器重，曾有“圣门有人，吾道幸矣”的赞语。学成后，他先后创建城南、道山、南轩书院于善化、宁乡、衡山等地，倡导师说，将湖湘之学光大于胡氏身后。乾道元年（1165），湖南安抚使刘珙重建岳麓书院，聘张栻主持教事。张撰《潭州重修岳麓书院记》，比较系统地提出了他反对“群居佚谭”、“但为决科利禄计”、仅为学习“言语文辞之工而已”，坚持辨理欲、明义利、体察求仁，将教学与治国平天下的经世活动联系起来，以培养“得时行道，事业满天下”的济世人才，即坚持“成就人才，以传斯道而济斯民”的办学方针和指导思想。在教学方式方法上，他力主致知力行，知行互发，循序渐进，博约相须，学思并进，博思审择等，颇具特色。因此，“一时从游之士，请业问难者至千余人，弦诵之声洋溢于衡峰湘水”[40]。湖湘学派得以岳麓书院为中心基地而盛极当年。

朱张会讲岳麓，是书院与学术一体化机制最终形成的重要标志。岳麓书院作为学术中心在全国的影响很大。朱熹当时远在两千里之外的福建，得闻张栻阐胡宏之学于岳麓，即于乾道三年秋偕学生往访，这就是中国学术史上著名的朱张会讲。此次会讲，朱、张二人以岳麓书院为中心，往来于善化城南、衡山南轩二书院，以“中和”（心性论）为主题，涉及太极、乾坤（本体论）、持敬、察识持养（道德修养论）等理学所普遍关注的问题，讲论两月有余，“学徒千余，舆马之众，至饮池水立涸，一时有潇湘洙泗之目焉”[41]。

朱张会讲意义重大。首先，对张栻而言，学问愈讲愈明，思想趋于成熟，正所谓“遗经得紬绎，心事两绸缪。超然会太极，眼底无全牛”。对朱熹而言，它有着启导其集理学之大成的重要作用，正如朱熹答张栻赠诗所说：“昔我抱冰炭，从君识乾坤。始知太极蕴，要妙难名论。谓有宁有迹，谓无复何存。”[42]两个多月的会讲，对朱学体系形成所产生的影响不言自明。其次，对岳麓书院而言，东南三贤中有二贤讲学于此，何其幸也。“自此以后，岳麓之为书院，非前之岳麓矣，地以人而重也！”此正所谓“真儒过化之音不可绝而莫之继也”[43]。后人继起，朱、张二人就这样被奉为岳麓百世之师，朱、张之学即成岳麓之教的正统。这一点很重要，它确立了岳麓学统，不仅影响书院数百年，而且通过书院影响湖南文化数百年的发展。第三，此次学术活动，开不同学派借书院会讲之先河，大倡自由讲学之风。二人辩中庸之义三昼夜而不辍，是为追求真理的大学术风范，可以楷模后世。其后数年，吕祖谦、朱熹、陆九渊兄弟鹅湖之会，朱熹、陆九渊白鹿洞之会，终使“会讲”成为书院传播学术的一大模式。

综上所述，朱张会讲是湖南乃至全国书院和学术发展史上里程碑式的大事，是不同学术流派在书院开展学术交流的典范，是书院与理学的一次完美结合，可以视作书院与学术一体化机制形成的标志。从此以后，朱学与白鹿洞书院、吕学与丽泽书院、陆学与象山精舍（书院）相结合，它们和岳麓一起，号为“南宋四大书院”，开创了一个理学与书院一体发展的新时代，推动了中国文化的进步与繁荣。

湖湘学统的形成有两个最重要的标志，一是岳麓诸儒的称名于世，二是湖湘学派卒开学统。

“岳麓诸儒”是宋代湖南书院培养与造就的一个人才群体，它既标显书院这一文化教育组织的历史地位与作用，更是湖湘文化实实在在的表征。《宋元学案·岳麓诸儒学案》收有张栻一传弟子 33 人，其中官于朝廷或地方建有特殊功业而得谥号文定、文清、庄简、文懿者各 1 人，忠肃 2 人，文肃 2 人，以直龙图阁致仕者 1 人，任知府、知州、知军、知县、太学博士、州教授等而有建树为史籍所著录称扬者 14 人，计 23 人，占总数的近 70%，这还不包括不求仕进而专心学术且有一定成就的进士王居仁、海南人简克己、张栻女婿胡大时等在内，是为“岳麓诸儒”

的概貌。至于岳麓诸儒出播政声，处范风俗，参与当时政治、经济、军事、文化、教育等各个领域的活动，对历史进程所产生的广泛影响，则可概述如下：

南宋是湖南书院学术昌盛、人才辈出的时期。岳麓诸儒为理学的繁荣、尤其是对湖湘学派的发展与传播作出了重大贡献。如彭龟年讲求"格物致知"、强调"格物致知"以外，非别有所谓诚意、正心、修身、齐家、治国、平天下之道，认为"大本者即此理之存，达道者即此理之行，未有极其中而不知者，未有天地位而万物不育者"。此"皆与《集注》不同"[44]，学术上很有造诣。更为可贵的是他不因政治压力而改变自己的学术观点。韩侂胄当政时禁"伪学"，很多人怕受牵连而改变了自己的学术主张，但他"始终特立"，"于关洛之书益加涵咏"，且著《止堂训蒙》宣布自己的学术主旨，因而《宋史》称其"学识正大"。又如全祖望曾称赞张忠恕在"中兴四大儒之后，先生最有光于世学"。其他如称为湖湘之学"表率"的吴猎，以及与他齐名的胡大时等，都是岳麓诸儒中的学术"巨子"。就是这批学生，与张栻等一起构成了当年盛极一时的湖湘学派。

岳麓诸儒大多热心教育。钟震创办湘潭主一书院，钟如愚主持衡山南岳书院，吴雄建平江阳坪书院，曹集辍南康军廪以教育白鹿洞书院生徒，程许修葺袁州南轩书院且聘宿儒为诸生讲说，李植讲学夔州，周奭在湘乡昆仑桥传道。他们的建院兴学活动，对发展湖南、江西、四川等地的教育事业，传播文化与学术，改变风俗，都起到了积极的作用。

文学方面，岳麓诸儒亦有声名。眉州籍学生李壁、李埴均长于诗文，兄弟二人有《雁湖集》、《李文肃集》传世，他们与其父李焘一起，被"眉人比之三苏"[45]，可见其在当年文坛上有较高声誉。宋后期，"惟闽浙赋擅四方"，尹谷与欧阳逢泰一起率潭州三学生切磋研究，即推出"湘赋"，其"体裁务为典雅，每一篇出，士争学之，由是湘赋与闽浙赋颉颃"[46]。

岳麓诸儒"不徒以文章，亦非迂谈道学比也"，主要成就还在于经世济民，这与岳麓书院、濂溪书院等倡导的"传道以济斯民"的教育方针有关。经济方面，有赈荒安民，短期内组织八十万石军粮"分输"前线，"蓄银帛百万计，以备进讨"，而被《宋史》誉为"一时之英才"的吴猎；

善理马政，深得货币运转奥秘，理顺“交子”，“负用世才，遇事迎刃而解”的陈琦；注重调查，军民“利病无不周知”而被陈傅良推荐于朝的“通务之才”宋文仲等。他们与游九言一道被全祖望列为岳麓书院诸儒中留心经济之学而成就“最显著者”。

政治上，彭龟年的“议论简直，善恶是非辨析甚严，其爱君忧国之忱，先见之识，敢言之气，皆人所难”，宋宁宗曾感叹：“使人人如此，必能纳君于无过之地”[47]。游九言上书减征役，明功赏，拒佞亲贤以结民心、军心、士大夫之心而守边抗敌，及吴猎抗颜谏止宁宗“乱政”等，都表现出岳麓诸儒的远见卓识。在对金战争这个当年最大的政治问题上，他们坚决反对“和战之念杂于胸中”，主张“明复仇之义，显绝金人”，“誓不言和”，抗战到底，并提出了“合官民兵于一体”的全面抗战的军事战略思想。不仅如此，在认真备战的前提下，他们促成了开禧北伐。北伐之役，淮蜀东西两大战区连连失利，生灵涂炭，但岳麓儒生吴猎、赵方指挥的中路战区却始终立于不败之地，曾一度收复邓、唐二州，使“京西一境独全”而免遭金兵之祸。

宋元之际，抵抗蒙古贵族的斗争又提到了岳麓诸儒的面前。在斗争中，他们以血肉之躯谱成了更为悲壮的战歌。德祐元年（1275）九月，元兵围潭州，岳麓书院诸生撤至城内，边学习边协同军民抗战，最后“乘城共守”，完全投入战斗。次年正月，元兵破城，岳麓生徒大多壮烈牺牲，幸存者则继续举兵抗战，表现了崇高的爱国主义精神。

需要指出的是，岳麓诸儒并非全是湖南本土人士，如湖湘学派的灵魂人物胡氏父子、张栻等其原籍或闽或蜀，但这不影响他们以湖南为家，传道于斯，成就于斯，甚或落籍而成了迁湘始祖。湖南既是其精神家园，也是其居家之所。从这种意义上讲，岳麓诸儒又是两宋尤其是南宋移民文化与本土文化交融的产物，大量外籍人士的涌入与落户成为湖南文化发展的重要推手。

以下我们要述及的是论者注意较少的湖湘学派的学统问题，也即湖湘文化的学统问题。

关于湖湘学统，论者皆引《宋元学案·五峰学案》“卒开湖湘之学统”一句，将开创之功记于胡宏名下。其实不然，湖湘学统最先是南宋学者提出来的，并不始见于明清之际的《宋元学案》，学统也不开自胡宏，而应以周敦颐为始倡之人。

对湖湘学统首次作清晰而全面描述的是晚宋大儒真德秀。宋宁宗嘉定末年至理宗绍定初（约1224—1228），真德秀任潭州知州兼湖南安抚使，《宋史》本传载其“以廉仁公勤四字励僚属，以周敦颐、张栻学术勉其士”。据记载，真氏在任期之内，曾令湘乡知县徐质夫建涟溪书院，并题其堂曰“春风”；曾到岳麓书院主持祭典，修复州学，发布《潭州劝学文》、《潭州示学者说》，以推动湖南学术与书院的发展。在《劝学文》中，他明确提出了湖湘学统的问题：

窃惟方今学术源流之盛，未有出湖湘之右者。盖前则有濂溪先生周元公，生于舂陵，以其心悟独得之学，著为《通书》、《太极图》，昭示来世，上承孔孟之学，下启河洛之传。中则有胡文定公，以所闻于程氏者设教衡岳之下，其所为《春秋传》专以息邪说、距诐行、扶皇极、正人心为本。熙宁以后，此学废绝，公书一出，大义复明。其子致堂、五峰二先生，又以得于家庭者，进则施诸用，退则淑其徒，所著《论语详说》、《读史》、《知言》等书，皆有益于后学。近则有南轩先生张宣公寓于兹土，晦庵先生朱文公又尝临镇焉。二先生之学源流实出于一，而其所以发明究极者，又皆集诸老之大成，理义之秘，至是无复余蕴。此邦之士，登门墙承謦欬者甚众，故人才辈出，有非他郡国所可及。今二先生虽远，所著之书具存，皆学者所当加意。而南轩之《论孟说》、晦庵之《大学中庸章句》、《或问》、《论孟集注》，则于学者为尤切，譬之菽粟布帛，不容以一日去者也。[48]

非常明显，在真德秀看来，南宋后期盛于全国的湖湘学派，以人才辈出，“有非他郡国所可及”而著称，考其学术源流，则由前期的周敦颐（元公），中经胡安国（文定公）、胡寅（致堂）、胡宏（五峰）父子，近则张栻（宣公）、朱熹（文公），构成一个完整的学统。在这个学统中，周敦颐上承孔孟，下启河洛，有开祖之目；胡氏父子设教衡岳，对湖南后学多启导之功；张栻、朱熹二先生则阐明理义，集诸老大成，更被推为学派的旗帜，其著作“譬之菽粟布帛，不容以一日去者也”，抬到了近乎神圣的地位。

宋宝祐元年（1253）八月，永州知州会稽人虞珏率诸生到州学祭祀孔子，作《永州学释奠诗》，前有小序称："惟湖湘理学自周元公倡之，五峰、南轩继之，远有端绪。"诗中也有"正学昭昭贵力行，湖湘一派到于今。好翻愚岛词峰手，密察濂溪理窟心"[49]之句。其表述虽然略嫌简单，但勾画得轮廓清楚，强调周敦颐对湖南理学开创之功的论点亦极鲜明。一个为官于此的外地人能有如此认同，可见此论应为当地时人的一般共识，应视作学术公论深入人心的表现而予以特别注意。

综上所述，我们认为湖湘学派在南宋已然构建其学统，并得到士论公认。

需要指出的是，湖湘学统的确立与湖南书院的发展有着密不可分的联系。首先，作为理学祖师也即湖湘学派祖师的周敦颐受到书院的尊崇，湘南地区凡其过化之地，纷纷建立了以其名号命名的书院，如郴州的濂溪书院、永兴的濂溪讲堂、道州的濂溪书院、宁远的濂溪书院、宝庆府濂溪书堂等，其中以道州的最有名。景定三年（1262）冬，宋理宗在缉熙殿御书"道州濂溪书院"六字"以旌道学之源"，道州知州杨允恭鼎新书院并增建御书阁珍藏之，完工之后，"则集郡士相与勉之曰：国家之建书院，宸笔之表道州，岂徒为观美乎？岂使之专习文词为决科利禄计乎？盖欲成就人才，将以传斯道而济斯民也"[50]。这与张栻当年在岳麓书院倡导的教育方针如出一辙。

其次，张栻、朱熹的弟子在湖南各地新建、修复书院，倡导其师之学，使朱张之学得以盛行。在平江有吴雄的阳坪书院，湘潭有钟震的主一书院，醴陵有黎贵臣的昭文书院，衡山有钟如愚的南岳书院，常宁有袭梦锡的芹东书院、王习隐的鹅湖书院，黔阳有饶敏学的宝山书院，靖州有黄榮的作新书院，武冈有何季羽的紫阳书院等，这些书院的创建者、主持人，或从学于张栻，或受业于朱熹，亦有兼师朱、张的，形成一个朱张学系的书院群体，甚至联为网络。他们在院中的教学与学术活动，影响着一方士气学风，如钟震讲学主一书院，"湘南人士翕然从之"；钟如愚主持的南岳书院，仿四书院之制，"掌教有官，育士有田"，搞得有声有色，作为南宋名院而被列入《续文献通考》之中。正是他们的努力，使得朱张之学传播并根植于湖南大地；也正是这学术的传播，使书院在湖南繁荣昌盛起来。

值得注意的是，湖湘学派的学统与前述岳麓书院的学统重叠于“朱张之学”这一部分。这是岳麓书院在湖湘学派无上地位及领导作用的反映。这种地位和作用的影响是长期的，以致被当时的民众、士论广为接受而形成一种主宰性的看法，其结果就是将岳麓书院、朱张会讲推到了一种“文化霸权”的位置。当然，这种“霸权”地位的建立是漫长的，由宋及元而至明清，岳麓书院除文庙之外辟有专祠空间，才得以最终完成。在南宋，它鲜少“强制”性，更多地则表现为湖湘学派这一区域性文化的象征意义。而且，我们还注意到，这一象征的表述，不是“朱张之学”，而是“张朱之学”。在潭州，真德秀是二先生并称，但将张栻排在朱熹之前。在永州，虞珏就只提张栻，而把朱熹撇开。即便是在岳麓书院，到元代吴澄作《百泉轩记》才将朱置于张之前，而在其所作《岳麓书院重修记》中还是张前朱后，直到明弘治年间陈钢建朱张祠（又名崇道祠），朱张的排位才最终定型并沿用至今。“朱张之别祀……崇道学……从书院也”[51]，“祀朱张，崇道也”[52]，这是明清时期的说法，本质上与宋代并无二致，但为什么排序上有前后的差别呢？究其原因极为复杂，但有两个因素不能忽视。一是张栻长期生活在湖南并迁居湘中，讲学书院，门人甚众，湖湘学派由他奠定规模，推到极盛；朱熹前后两次到湘讲学，门徒虽多，但终属作客，湖南人士有心理认同的困难。一是朱学的地位在宋理宗时代虽然迅速上升，但它毕竟还没有从“闽学”这一区域性文化象征变成国家文化的象征，儒家正统观念使得这个时期只能表述为“张朱之学”，这是极为自然的理念表现，正如后来朱学成为官学而变作“朱张之学”一样自然。

诚然，朱张之学的表述内容有不同，排序亦可先后有别，但二人作为湖湘学统中的重要一环则不容置疑。正所谓朱张之祀，崇道学，从书院也，他们通过书院对湖南文化的影响是不变的、长远的。

综上所述，可以得出如下结论：北宋书院尤其是名列天下四大书院的岳麓、石鼓书院，使湖南甩掉了文化落后的帽子，养成了兴教重学的传统，为湖南文化的定型打下了坚实基础。南宋湖南书院养育了湖湘学派，构建了湖湘学统，它标志着湖南学术文化的真正定型。从此以后，这一有鲜明特征的区域文化在湖南大地上茁壮成长，到 19、20 世纪，终于成为左右中国历史发展的重要力量之一。

湖南书院的发展极大地促进了湖南文化的繁荣。湖南文化在称盛于宋元之后，有过一个比较长的积累性过渡期，到清代嘉庆年间，当岳麓书院山长袁名曜挂出“惟楚有材，于斯为盛”的门联之时，才宣告一个新的大繁荣时期的到来。所谓“天下人才之盛，尤莫如楚南”[53]；“中兴将相，什九湖湘”[54]；“国家不可一日无湖南”[55]；“湖南名闻天下，天下皆以为强国”[56]；“若道中华国果亡，除非湖南人尽死”[57]；“救中国从湖南始”，“吾湘变则中国变，吾湘存则中国存”[58]；“欲新中国，必新湖南”[59]。凡此种种，既是外人的称誉，也是湘人自己的期许，更是湖南文化大繁荣的一种描述。

【注释】

① [元] 左元龙：《观澜书院记》，光绪《湖南通志》卷七〇。

② [宋] 欧阳守道：《题〈莱山书院志〉》，见陈谷嘉、邓洪波《中国书院史资料》，浙江教育出版社，1998 年版，第 192 页。

③ [清] 饶玉成：《皇朝经世文续编》卷五七。

④ [元] 陈康祖：《凤山书院记》，光绪《湖南通志》卷六八。

⑤ [清] 曹惟精：《郴侯书院志叙》。

⑥ 光绪《湖南通志》卷六九。

⑦ 道光《凤凰厅志》卷一二。

⑧《敬修书院条规》，道光《凤凰厅志》卷六。

⑨《莼湖书院条规》，同治《临湘县志》卷五。

⑩《酌定秀水书院条规》，同治《芷江县志》卷一二。

⑪《敬修书院条规》，道光《凤凰厅志》卷六。

⑫《濂溪书院经费开销章程》，清周兆龙等《濂溪书院惠政录》卷二，民国二十年重刻石印本。

⑬《书院膏火规条》，清文蔚起等《渌江书院志》卷二，光绪三年刊本。

⑭《玉潭书院事宜册》，清周在炽《玉潭书院志》卷六，清乾隆三十二年刊本。

⑮［清］张思炯：《重修玉潭书院辑略》，清嘉庆五年刊本。

⑯［清］潘世晓：《昭潭书院学约八条》，见同治《湘潭县志》卷一一。

⑰《宋元学案》卷七一《岳麓诸儒学案》，中华书局1986年，第3册，第2383页。

⑱邓洪波点校，［清］李扬华：《国朝石鼓志》卷一，岳麓书社2009年版，第160页。

⑲［宋］王应麟：《玉海》卷一六七。

⑳［宋］朱熹：《潭州教授措置岳麓书院碟》，万历《岳麓书院图志》卷六。

㉑［宋］钟兴：《作新书院记》，光绪《湖南通志》卷七〇。

㉒《续文献通考》卷五〇《学校考四》。

㉓光绪《湖南通志》卷九九《林廷玉传》。

㉔《龙潭书院章程》，湖南省档案馆全宗59，4卷83号。

㉕邓洪波：《湖南书院述略——明代部分》，见《书院研究》，湖南大学出版社1988年版。

㉖［明］王大韶：《重修石鼓书院记》，载万历《石鼓书院志》卷下，岳麓书社2009年版，第29页。

㉗以上自湛若水起，所引文字皆见万历《石鼓书院志》卷上《人物志》各人传记，邓洪波点校《湖湘文库》本，第23—38页。

㉘万历《石鼓书院志》卷上《人物志》，岳麓书社2009年版，第33—34页。

㉙㉛清钟英：《议定岳阳慎修两院生童课额及推补章程》，见清曹广祺《岳阳慎修书院志》，清光绪二十三年刊本。

㉚《石鼓书院详定章程》，［清］李扬华：《国朝石鼓志》卷一，岳麓书社2009年版，第224页。

㉜［清］彭玉麟：《彭刚直公奏稿》卷六《改建船山书院片》。

㉝陈谷嘉、邓洪波：《中国书院制度研究》，浙江教育出版社，1997年版，第354—359页。

㉞［元］马端临：《文献通考》卷四六《学校考》。

㉟［宋］王禹偁：《小畜集》卷一七。

㊱《中国书院史资料》第321页。

㊲《宋元学案》卷四二《五峰学案》，中华书局1986年版，第2册，第1366页。

㊳《中国书院史资料》第107页。
㊴［宋］胡宏：《与秦桧之书》，见《中国书院史资料》第107页。
㊵［清］杨锡绂：《城南书院志·改建书院叙》。
㊶［清］赵宁：《岳麓书院志》卷三。
㊷［宋］朱熹：《晦庵集》卷五，台湾商务印书馆1986年影印文渊阁《四库全书》本。
㊸［元］吴澄：《岳麓书院重修记》，见《中国书院史资料》第322页。
㊹《宋元学案》卷七一《岳麓诸儒学案》，中华书局1986年版，第3册，第2373页。
㊺《宋元学案》卷七一《岳麓诸儒学案》，中华书局1986年版，第3册，第2391页。
㊻《宋史》卷四五〇，中华书局，1977年版，第38册，第13275页。
㊼《宋史》卷三九三，中华书局，1977年版，第34册，第11998—11999页。
㊽光绪《湖南通志》卷六二，按《真西山文集》卷四〇亦载此文，惟文字稍有不同。
㊾光绪《湖南通志》卷二七四。
㊿［宋］杨允恭：《濂溪书院御书阁记》，见《中国书院史资料》第112页。
51［清］赵宁：《岳麓书院志》卷三《庙祀》。
52［明］黄衷：《岳麓书院祠祀记》，载赵宁《岳麓书院志》卷七。
53［清］毛祥麟：《墨余录》卷三《楚才纪盛》，清同治年间湖州醉六堂吴氏刊本。
54［清］陈次亮：《书院》，载求是斋《皇朝经世文编五集·时务分类文编》卷五。
55［清］潘祖荫语，见罗正钧《左宗棠年谱》，岳麓书社1982年版，第70页。
56朱克敬：《暝庵二识》，岳麓书社1983年版，第96页。
57杨度：《湖南少年歌》，见《杨度集》，湖南人民出版社1986年版，第92页。
58《湖南时务学堂缘起》，《知新报》光绪二十三年九月初一日。
59《杨毓麟集·新湖南》，岳麓书社2008年版，第61页。

第二章

近代湖南人才辈出　引领潮流

在上编第七章中，我们已从纵向叙述了近代湖湘文化发展繁荣的内容，包括学术思想与社会思潮、史学、文学艺术、教育与科技、新闻出版、图博事业以及宗教等的发展变迁状况。在此过程中，我们还可以清楚地看到近代湖南一些极为引人注目的突出文化现象，主要是人才辈出，士风民气高昂，引领潮流的政治变革思想和军事思想。这些，都对中国近现代历史发展产生了重大影响。今岳麓书院大门两旁悬挂的著名楹联“惟楚有材，于斯为盛”，可谓这种局面的言简意赅而又生动的写照。下面，我们便进一步从横向对这些现象加以剖析和探讨。

第一节　前所未有的人才辈出

近代湖南人才状况迅速改观　四大卓著影响的人才群体

中国幅员辽阔，各地区发展不平衡。中华文明最初发源于黄河流域，在漫长的古代，经济社会发展以及与之密切关联的文化进步，大体呈现出由北向南、再由东向西的发展趋势。因而在古代，湖南不仅人才相对稀少，而且在全国的地位和作用也不高。（详见本书《绪论》及上编）

但是，历史进入晚清，跨入近代时期，湖南的面貌却迅速焕然一新，涌现出前所未有的人才辈出局面，为世人所瞩目。还在湘军兴起后不久，学者毛祥麟即撰写笔记文《楚才纪盛》，称：其时“天下人才之盛，尤莫如楚南。据同治乙丑（1865）夏季《缙绅录》所载，各省封疆大吏之籍隶湖南省者，名臣良将，接踵而起，实足志千载一时之盛”。他列举当时湘人文臣之为督抚者 10 人，开藩陈臬者 9 人，为监司者 7 人，武将之为提镇者 38 人，然后写道：“所谓文武彬郁，蔚为国华者。我于斯，不且有观止之叹哉！”[①]皮锡瑞则在慨叹古代“湖南人才，罕见史传”的文字后接着说：“我朝同治中兴，曾、左、胡、罗、江、李诸公出而戡定大难（指镇压太平天国起义），言战功者首推湘军。近日（指戊戌维新运动时期）湖南文风又为各省之最……”[②]当代学者汤志钧著《戊戌变法人物传稿》（中华书局 1982 年版），共收录全国相关人物 75 人（另外籍 4 人），其中湖南籍者 9 人，占 12%，仅次于浙江（13 人）、广东（11 人），而与江苏（9 人）并列第三；而如果将当时主政湖南并大力支持变法的陈宝箴父子、黄遵宪、江标、徐仁铸，和在湖南维新运动中作出过重大贡献的梁启超、欧渠甲等计算在内，则湖南又当居全国首位。章开沅主编《辛亥革命辞典》（武汉出版社 1991 年版），共收录辛亥革命时期全国相关人物 683 人（另外籍 15 人），其中湖南籍者 71 人，占有 10.4%，仅次于广东（136 人）和湖北（88 人），居第三位。就整个清末民初即近代前期而言，陈旭麓、方诗铭、魏建猷主编的《中国近代史词典》（上海辞书出版社 1982 年版）共收录全国名人 1207 人（另外籍 113 人），其中湖南籍者 116 人，占 9.6%，仅次于广东（174 人），居第二位。而据另一种《中国近代历史辞典》（江西人民出版社 1986 年版），共收录近代前期全国人物 1515 人（另外籍 108 人），其中湖南籍者 201 人，占 13.3%，则超过了广东（175 人）、浙江（125 人），而居第一位。本书上编第七章所述在政治、学术、史学、文学、艺术、教育、科技、新闻、出版、图博等方面的代表人物，如陶澍、贺长龄、魏源、汤鹏、唐鉴、曾国藩、左宗棠、胡林翼、郭嵩焘、曾纪泽、谭嗣同、唐才常、黄兴、宋教仁、蔡锷、王闿运、王先谦、周寿昌、李元度、曾鲲化、曾廉、陈天华、傅熊湘、向恺然、何绍基、黄自元、欧阳予倩、杨宗稷、张百熙、胡元倓、丁取忠、邹代钧、黄本骥、龙汝霖、吴恭亨等，无不是全国相关方面人才中的佼佼者，贡献卓著。

近代时期湖南不仅人才数量迅速增多，在全国的比重急剧上升，而且不同阶段人才以其相同或接近的思想主张结成群体，配合活动，地位和影响显著加强，形成了前所未有的人才辈出状况，对中国近代历史发展产生了深刻影响。大体说来，在近代前期的80年中，湖南先后出现过影响卓著的四大人才群体，即：（一）鸦片战争前后以陶澍、贺长龄、魏源为代表的经世派群体，包括李星沅、汤鹏、唐鉴、贺熙龄、黄冕、严如熤、严正基、邓显鹤、郑国鸿等。他们在引领全国社会思潮转向，改变学风，推进内政改革，以至在睁眼看世界、抵抗外来侵略等方面，起了先驱的作用。（二）咸丰、同治以至光绪中叶以曾国藩、左宗棠、胡林翼为代表的湘军集团和洋务派群体，包括江忠源、常大淳、罗绕典、劳崇光、罗泽南、王鑫、彭玉麟、杨岳斌、刘长佑、郑敦谨、刘岳昭、刘蓉、刘坤一、李续宾、李续宜、曾国荃、杨昌濬、唐训方、蒋益澧、刘典、陈士杰、黄翼升、李成谋、刘松山、刘锦棠、席宝田、田兴恕、王德榜、欧阳利见、谭锺麟、魏光焘、郭嵩焘、曾纪泽、张自牧、邹汉勋、丁取忠、周寿昌、李元度、欧阳兆熊、王闿运、王先谦、龙汝霖、杨恩寿等一大批人物。他们的兴起，暂时挽救了垂危的清王朝，又改变了晚清政局，开始了督抚专政的政治局面；开启洋务运动，迈开了经济社会近代化的实际步伐；并在文化方面开始引进西学，主张“中体西用”，作出了多方面的贡献。（三）戊戌维新运动时期以谭嗣同、唐才常、熊希龄为代表的维新志士群体，包括欧阳忠鹄、蒋德钧、皮锡瑞、邹代钧、戴德诚、樊锥、易鼐、黄自元、朱昌琳、梁焕奎、廖树衡等。他们激进的思想解放和积极的改革活动，在全国产生了重大影响，并使湖南成为全国维新运动中最富朝气的一省，也从此改变了湖南闭塞保守的面貌，开启了湖南经济社会和思想文化近代化的进程。（四）辛亥革命前后以黄兴、宋教仁、蔡锷为代表的民主革命派群体，包括林圭、沈荩、秦力山、毕永年、贺金声、杨毓麟、陈范、刘揆一、胡瑛、马福益、陈天华、姚宏业、禹之谟、陈家鼎、刘道一、谭人凤、李燮和、周震鳞、覃振、仇亮、杨卓林、宁调元、蔡绍南、龚春台、姜守旦、宋飏裘、葛谦、罗树苍、谭馥、焦达峰、陈作新、邹永成、曾杰、刘复基、蒋翊武、何海鸣、杨任、余昭常、唐群英、张默君、赵恒惕、刘重、杨王鹏、刘建藩、林修梅、胡元倓、朱剑凡、刘人熙、贝允昕、李抱一、杨昌济、易白沙等一大批人物。他们前仆后继的活动，开内地革命之先声，并使湖南成为辛亥武昌起义的首应省份，又在辛亥革命后的维护共和斗争和新文化运动中作出了重要贡献，为五四运动后以毛泽东、蔡和森、刘少奇等为代表的无产阶级革命家群体的兴起作了必要的准备。

第二节 激越高昂的士风民气

湖南士风民气的历史传承 近代湖南士风民气的变异与高涨

士风民气是社会文化的一部分，它表现文化主体的共同心理素质、性格特点，表现群众性的士林风气、民众精神，表现文化最基本的精神层面。同整个文化一样，它是在社会历史发展过程中形成的，又随着社会历史的发展而发展变化，因而在不同地域不同历史时期有着不同的特点。

大体说来，影响士风民气形成变化的因素主要有四：一是地理环境、自然条件；二是生产方式、经济生活；三是阶级斗争、政治生活；四是历史文化传统。湖南地处内陆，居长江中游南岸，东、南、西三面高山环峙，北阻浩瀚洞庭湖，中部丘陵起伏，在古代社会交通不便的情况下，实为四塞之地，长时期中阻碍湖南人民与外界的经济文化联系，虽不免闭塞，“抑亦风气自创，能别于中原人物以独立”[③]。湖南境内耕地面积不广，山林猛兽出没，河湖洪水肆虐，水旱兽虫各种灾害频仍，在生产力低下的条件下，谋生实为不易，逐步锻炼出湖南人民勤劳、勇敢、俭朴、笃实的美德和强悍的民风。湖南的经济生活长期以农业为主，辅之以手工业和渔猎等业，在古代社会以小农业与家庭手工业密切结合的封建自然经济条件下，发展极为缓慢，商品市场不发达，造成相当一部分人思想上的闭塞和保守。湖南境内聚居、杂居着汉、土家、苗、侗、瑶、回、维、壮、白等多种民族，在历代封建王朝统治下，不仅存在着残酷的阶级压迫，还存在着歧视汉族以外少数民族的民族压迫，历史上曾发生过多次大规模的农民起义和少数民族起义，广大民众富有爱国和革命的传统。湖南是炎帝、舜帝羽化之地，屈、贾伤心之地，柳、刘贬谪之地，至宋代，道州濂溪首创道学（理学），朱、张讲学麓山，至胡氏父子建立湖湘学派，船山著述发扬民族大义，湖湘文化源远流长，爱国主义、民族精神和理学影响都较浓郁。凡此种种，就锻炼、陶冶出独具特色的古代湖南士风民气。翻开历代史书和地方志，以下的评述可谓屡见不鲜：

“俗剽轻，易发怒。”（《史记·货殖列传》）

“其人率多劲悍决烈，天性然也。”（《隋书·地理志》）

“士多廉隅，民尚朴素，勤于农桑，拙于商贾……劲直任气，好文尚义。”（乾隆《长沙府志·风俗志》）

“渐被胡文定《春秋》之学，而士习尚文；向慕韩世绩忠节之风，而乡俗尚义。学者勤于礼，耕者勤于义。”

“盖自屈、贾开文祠之权舆，士之习于文者众；朱、张讲学名山，而士之殚心理学者亦众。”（同治《长沙县志·风俗志》）

概而言之，古代湖南士风民气，尽管各地区间或有差别，但具有共同的基本特性，主要是：自强、勤劳、勇敢、笃实、俭朴，好文尚义、爱国、富于奋斗牺牲精神，也不时流于倔犟、闭塞、保守。

历史进入近代，湖南士风民气这些基本特点大体传承下来。19 世纪 60 年代，左宗棠曾写道：“吾湘之人厌声华，而耐艰苦，数千年古风未改。惟其厌声华，故朴；惟其耐艰苦，故强。惟其朴也，故僿而鲜通；惟其强也，故执而不达。”④20 世纪初，一份关于湖南民情风俗的调查报告书称：“湖南土著，汉苗杂居。其人劲悍决烈，忍苦习劳。”境内中、西、南三路，“中路之民和而慧，其失也猾；西、南之民刚而朴，其失也悍”。而“湘人之特质，总之不离乎劲悍决烈，忍苦习劳者近是”⑤。时至 20 世纪 30 年代末，主政湖南的张治中，还这样称述湖南的士风民气：“我崇尚湖南人讲骨骼、敢担当、说真话、做实事的精神。”又说：湖南人民具有“勤劳、诚朴、笃实等等善良的风气”，“湖南民气向来很好，民性、民情也是很勤朴、很诚笃、很勇敢”⑥。

但是，由于历史条件的不同，近代湖南士风民气较之古代，也有明显的变异。主要为：爱国主义精神大发扬，经世学风与务实作风进一步发展，因循守旧习气逐步为善变趋新风尚所取代，与新风尚相关的则是空前高昂的奋斗精神和牺牲精神；不足的一面是滋长了虚骄心理和有时流于偏激。这些变异，逐步形成和表现于近代湖南各个历史阶段之中。

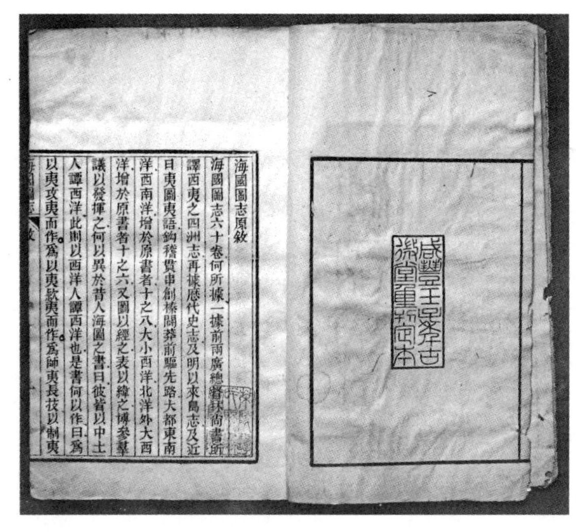
咸豐壬子冬古微堂重刊定本

海國圖志原敘

海國圖志六十卷何所據一據前兩廣總督林尚書所譯西夷之四洲志再據歷代史志及明以來島志及近日夷圖夷語鈎稽貫串創榛闢莽前驅先路大都東南洋西南洋增於原書者十之八大小西洋北洋外大西洋增於原書者十之六又圖以經之表以緯之博參群議以發揮之何以異於昔人海圖之書曰彼皆以中土人譚西洋此則以西洋人譚西洋也是書何以作曰為以夷攻夷而作。為以夷款夷而作。為師夷長技以制夷

图下 2-1 《海国图志》书影

鸦片战争时期，以魏源为代表的一批湘系经世派人士脱颖而出，经世致用思潮风靡全国。随着外国资本主义的入侵和空前的民族危机，魏源同林则徐一道，率先将目光投向中国以外的世界，石破天惊地提出了“师夷长技以制夷”的响亮口号，开辟了近代中国向西方国家寻找救国真理的“前驱先路”。僻处山乡的普通私塾教师左宗棠，“身无半亩，心忧天下”，热切关心国家民族的命运，积极为反侵略战争筹谋。

太平天国没有在湖南建立根据地，但湘军则乘机崛起。随之而来的是“湘运之兴”⑦。长时间，“语战绩则曰湘军，语忠义则曰湘士”⑧。湘军暂时挽救了垂危的清王朝，造成了回光返照的“同治中兴”，也大大提高了湖南在全国的地位：“国家不可一日无湖南”⑨，“湖南名闻天下，天下皆以为强国”⑩。由此生发出湖南士民前所未有的优越感和使命感，加强了对于国家民族的责任心。湘军于镇压太平天国起义后，又承担了抗击外族入侵、收复新疆的历史重任。故杨毓麟说：“咸同以前，我湖南人碌碌无所轻重于天下，亦几不知有所谓对于天下的责任。知有所对于天下之责任者，当自洪杨之难始。”⑪而另一方面，由于优越感的负面发展，而滋长了虚骄心理，湘军、湘士的骄气恶性发展，几至“不可向迩”⑫；又由于强化理学灌输以及绅权势力的发展，而加重了卫道保守意

识，崔暕、周汉在反洋教运动中的突出表现，又使湖南“以守旧闭化名天下”。

中日甲午战争湘军惨败，丧权辱国的《马关条约》签订，湖南士民优越感受挫，虚骄之气破灭，进而产生出沉重的负罪感，竟至有人认为：“甲午的败仗，实是我们湖南人害国家的!”[13]带着湘军失败的耻辱和赎罪的心情，湖南士民更加强化了挽救民族危机、振兴中华的责任心。决心改弦易辙，从求变中另寻出路，迫切要求救亡、变法的士风民气高昂到了极点。谭嗣同说：“光绪二十年，湘军与日本战，大溃于牛庄，湖南人始辗侧豁悟，其虚骄不可向迩之气亦顿馁矣!”[14]他们主张“救中国从湖南始”；并且坚信：“吾湘变，则中国变；吾湘存，则中国存。”[15]虚骄之气破灭，自信心仍保存着；保守思想扫除，求变、善变成为主要思想特色。在以救亡、变法为旗帜的维新运动中，湖南出现了“人思自奋，家议维新”[16]的生机勃勃的局面，早先“以守旧闭化名天下”的湖南，一变而为“全国最富朝气的一省”，“风气之开，几为各行省冠”[17]。故皮锡瑞在论及戊戌维新时期湖南人才蔚兴的情况时说：“……近日湖南文风又为各省之最，是由地气变而益盛，亦由乡先生之善变也。”[18]

《辛丑条约》签订后，清政府成了“洋人的朝廷”[19]，湖南众多的新士子迅速从维新变法转向革命反清，还有一些人继续强化爱国反帝的宣传。杨毓麟精心著作《新湖南》，首倡“欲新中国，必新湖南”[20]。杨度写了著名的《湖南少年歌》，高唱：“中国如今是希腊，湖南当作斯巴达；中国将为德意志，湖南当作普鲁士。诸君诸君慎如此，莫言事急空流涕。若道中华国果亡，除非湖南人尽死。”[21]陈天华声泪俱下地撰成《猛回头》、《警世钟》，旗帜鲜明地号召推翻“洋人的朝廷”清政府。黄兴、宋教仁、禹之谟、谭人凤、焦达峰、蔡锷等一大批革命志士，活跃于中国的政治舞台。他们的革命热情高昂激越，感天动地；战斗实践艰苦卓绝，愈挫愈奋。翻开辛亥革命的历史册页，我们还发现，短短六年间，竟有三位湖南志士先后奋不顾身地蹈海投江：光绪三十一年十一月（1905年12月），陈天华投日本东京大森海湾；三十二年三月（1906年3月），姚洪业投上海黄浦江；宣统三年闰六月（1911年8月），杨毓麟投英国利物浦大西洋海湾。这在全国各省中是绝无仅有的。特别感人的是：他们的自尽既不是由于个人命运的坎坷，也不是出于对爱国、革命事业的悲观绝望，而纯然是为着激励国人争取爱国、革命事业的必胜。其自尽行为也许并不理智，不足为训，其精神却感昭日月，激励后人！“难酬蹈海亦英雄”㉒。他们是当之无愧的国之精英，最充分地表现了湖南志士高昂的奋斗精神和牺牲精神。1920 年陈独秀撰写专文盛赞湖南人的奋斗精神和牺牲精神，文章的题目就是《欢迎湖南人底精神》。他写道：“黄克强历尽艰难，带一旅湖南兵，在汉阳抵挡清军大队人马；蔡松坡带着病，亲领子弹不足的两千云南兵，和十万袁军打死仗。他们是何等坚韧不拔的军人!”文章把死难烈士比作造福人类的桥，说：“他们桥的生命都还存在。我们欢迎湖南人底精神，是欢迎他们的奋斗精神，欢迎他们奋斗造桥的精神。”㉓

宫廷璋在《〈大公报〉十周年纪念特刊》上撰文写道：“中国民族性以中庸调和闻于世界，惟湘、粤人独殊，倔强偏激，猛进善变，酷类法国人。当其信以为是也，牺牲一切以为之，必达极端而后已；及悟其非，又易道而趋，必达极端而后已。知无不行，行则义无反顾，纵前后异致，绝不以为歉。故近百年间，湘、粤文化进步，湘、粤人之活动能力增加，中国遂无役不有湘、粤人参与。”㉔这段文字，概括出“近百年间”即近代时期湖南士风民气的一些基本特点，分析是较为深刻的，也是符合实际的。

第三节 影响卓著的军事思想

王鑫及其《练勇刍言》等　曾国藩的建军治军思想　左宗棠的军事思想　胡林翼的军事思想　黄兴的军事思想　蔡锷的《曾胡治兵语录》

近代湖南人才辈出，特别是一些杰出人物的政治思想和军事思想，常常引领潮流，对中国近代历史发展产生了重大影响。由于在本书上编第七章第一、二节中，我们已对陶澍、魏源等的经世变革思想，曾国藩、左宗棠、胡林翼的理学经世思想，谭嗣同、唐才常等的维新变法思想，黄兴、宋教仁、蔡锷的民主革命思想进行了论述，这里仅就在军事思想方面影响较著者作些补充论述。

王鑫（1825—1857），字璞山，湖南湘乡人。秀才出身，为罗泽南弟子，深受理学经世思想熏陶。咸丰二年（1852）夏，太平军入湘，他上书知县朱孙诒，请练乡勇捍卫县境，获得采纳。于是同罗泽南等招募乡勇千余，屯驻县北马托铺（今向韶镇），日夜教练。省城长沙解围后，巡抚张亮基调湘乡勇至省城加强防守，即称湘勇。王鑫先率一营至长沙，随后罗泽南与康景晖（一说罗信南）又各率一营到达。次年，曾国藩即以湘勇为基础，编练成湘军。随后，王鑫率所部转战湘、鄂、赣各地，顽强对抗太平军和镇压会党起义军，历升知县、直隶州知州、知府、道员加按察使衔。死后赠布政使衔，谥壮武。有《王壮武公遗集》行世。

王鑫是湘勇的首创者，又是早期湘军的重要将领，并且是湘军中最早建立营制的人。他以理学建军治军，多有心得，形成了自己颇具特色和影响的军事思想，主要有：注重向军队灌输儒家忠义、爱民思想，严格训练，严明奖罚，重视胆略和阵法，善于出奇制胜和以少击众。近人朱德裳著《续湘军志》称："其（指王鑫）治军也，以训练为急。所部壮丁习刀矛火器，暇则训以《孝经》、《四子书》，转相传诵。营门夜扃，书声琅琅出壕外，不知者疑为村塾也。"[25]《清史稿·王鑫传》写道："鑫精于训练，令士卒缚铁瓦习超距，自以意为阵法，进退变动异于诸军。"又称："鑫貌不逾中人，胆力沈鸷，用兵好出奇，驭众严而有恩。所著有《练勇刍言》、《阵法新编》，皆出心得。"

王鑫于戎马倥偬中教著结合，撰写军事著作数种，但由于战火连绵，所著大半散佚，仅有《练勇刍言》传世，且尚非完本。他于咸丰七年在江西广昌头陂行营为刊行该书所作《自序》中写道："咸丰三年冬，鑫奉大府檄练勇长沙，诸友（诸）[请]集平日所以教者为书，俾营官以下皆有所从。乃得《营制》、《职司》、《号令》、《赏罚》、《练法》五篇，刻诸木。尚有《技击》、《阵法》、《述古》三篇，甫脱稿，遽有甲寅（1854）春间之役……后三篇稿则遍觅不获矣。"[26]可见此书写于咸丰三年冬，初刊五篇，另有三篇已脱稿，但来不及补刊便毁于战火了。今所见光绪十八年（壬辰，1892）刊《王壮武公遗集》本《练勇刍言》，亦仅存五篇，未足反映王鑫军事思想的全貌，但也保存了不少珍贵资料。如最初的营制、职司及各种练法，均规定得比较明细而完整。在《赏罚》篇中，有重献计、重侦探、别战功、厚养恤、贵亲爱、明功罪、辨尊卑、禁骚扰、绝谣言、戒漏泄、止喧哗、严出入、明分数、定晨昏、申夜禁、勤操习、重军器、慎战斗、戒贪财、戒恃胜凡20条，多关用兵思想、策略和纪律。如"辨尊卑"条规定："兵勇为朝廷杀贼，以贼犯上而作乱也。故凡我勇，切不可有狎侮长上及挟持情事；如违，军法从事。"训示湘勇系"为朝廷杀贼"，不得"犯上作乱"。"禁骚扰"条规定："募勇以杀贼，诚痛恨贼之骚扰吾民也。故我勇所过地方，务须秋毫无犯，不得强买强卖、勒赊勒借，擅动民间一草一木；如违，立斩。其有强奸妇女，已成奸者凌迟处死，未成者斩枭。调戏妇女者，从重治罪。"强调保护民众，严明纪律。"戒贪财"条规定："未收队，取贼财物者，严究；因而误大事者，斩。全胜收队后，营官命收贼物必概归公局，分别赏功，不准私匿丝毫；如违，严究，除追赃外，处罚充赏。有故认民物为贼物妄取者，斩。各长有有意嚼吞本哨本队口粮、犒赏、恤养等项，至银一两者斩，一两以下责革。"严禁贪赃枉法。这些，都对曾国藩的军事思想产生了直接影响。

图下2-2　曾国藩像

曾国藩没有专门的军事著作，他的军事思想主要反映在他创建湘军的实践中，散见于他的诗文、书信和札件中。他的军事思想，继承和发展了王鑫的军事思想和营制、营规，而又较之更为丰富完整，对后世的影响也更大。

如果说王鑫、罗泽南等最初在湘乡练勇还属于通常捍卫一乡一县的地方团练性质，那么，曾国藩则是要建立一支不同于一般团练，立志平定全国，并且也完全不同于当时腐朽的官军绿营的新军。他在咸丰三年八月给王鑫的信中写道："仆之愚见，以为今日将欲灭贼，必先诸将一心、万众一气，而后可以言战。而以今日营伍（指绿营兵）之习气与今日调遣之成法，虽圣者不能使之一心一气。自非别树一帜，改弦更张，断不能办此贼也。鄙意欲练乡勇万人，概求吾党质直而晓军事之君子将之，以忠义之气为主，而辅之以训练之勤，相激相劘，以庶几于所谓诸将一心、万众一气者，或可驰驱中原，渐望澄清。"[27]他要改变的"营伍之习气"与"调遣之成法"何所指呢？他又是如何"别树一帜，改弦更张"的呢？

曾国藩深恶痛绝地指出：绿营军纪败坏，扰害民众，"兵勇所至，辄兴如篦如洗之谣，致吾民反颂贼（指太平军）而畏兵"。特别是，营兵排斥异己，妒能抢功，内部互相倾轧，败不相救，外部敌视壮勇，兵勇不和，"盖近世之兵，孱怯极矣，而偏善妒功忌能，懦于御贼，而勇于扰民，仁心以媚杀己之逆贼，而很心以仇胜己之兵勇，其仇勇也更胜于仇兵"。至于绿营调遣的弊端，曾国藩指出："调兵之初，此营一百，彼营五十，征兵一千，而已抽选数营或十数营之多，其卒与卒已不相习矣，而统领之将又非平日本营之官。一省所调若此，他省亦如之。即同一营也，或今年一次调百人赴粤，明年一次调五十赴楚，出征有先后，赴防有远近，劳逸亦遂乖然不能以相入。败不相救之故，半由于此。又有主将远隔，不奉令箭不敢出救者；又有平日构隙，虽奉令箭故迟回不往救者……"如此营伍习气，如此调遣成法，自非"扫除而更张之"不可。

于是，曾国藩决定另行选将募勇，别立新军。他在咸丰三年十一月给李鸿章的信中写道："须尽募新勇，不杂一兵，不滥收一弁，扫除陈迹，特开新面，赤地新立，庶收寸效。"其选将募勇，采取层层递选办法，据骆秉章咸丰七年十一月追述："皆先择将而后募勇，有将领而后有营官，有营官而后有百长（哨官），有百长而后有什长（队官），有什长而后有散勇。其长夫又由各散勇自募，而后营官点验归棚。盖均取其相习有素，能知其性情才力之短长；相距匪遥，能知其住址亲属之确实。故在营则恪守营规，临阵则懔遵号令。"[28]对如何挑选将弁和募选勇丁，曾国藩亦有独特而明确的条件和要求。他在给彭洋中等人的信中写道："带勇之人，第一要才堪治民，第二要不怕死，第三要不急急名利，第四要耐受辛苦。”并作出解释说：“治民之才，不外公、明、勤三字，不公不明则诸勇必不悦服，不勤则营务细巨皆废弛不治，故第一要务在此。不怕死，则临阵当先，士卒乃可效命，故次之。为名利而出者，保举稍迟则怨，稍不如意则怨，与同辈争薪水，与士卒争毫厘，故又次之。身体羸弱者过劳则病，精神乏短者久用则散，故又次之。四者若似过于求备，而苟阙其一，则万不可以带勇。故弟尝谓带勇须智浑勇沉之士，文经武纬之才……大抵有忠义血性，则四者相从以俱至；无忠义血性，则貌似四者，终不可恃。”[29]由此，他选将不用缺文少智的一介武夫，特别是拒用原绿营官弁，而纯用忠义血性的儒生。关于募勇条件，曾国藩在所拟《招募之规》中规定：“须择技艺娴熟、年轻力壮、朴实而有农夫土气者为上。其油头滑面，有市井气者，有衙门气者，概不收用。”[30]又在一份奏折中写道：“凡标兵之求归行伍者一概不收，凡练勇之曾经败溃者亦不复用。大抵山僻之民多犷悍，水乡之民多浮滑，城市多游惰之习，乡村多朴拙之夫。故善用兵者，常好用山乡之卒，而不好用城市、近水之人。”[31]由此也就决定了其选将和募勇，具有较强的地域观念，特别是在湘军的前期。如咸丰三年八月他致信江忠源说：“国藩拟即日添募义勇，以湘乡、宝庆人为主，而他县人亦时用之。”因勇由将弁自募，也就决定了大抵在各将弁家乡招募。这种情况，至湘军后期，由于远征四方，且需员太多且急，才逐步有些变化，但湘军以湘人为主的性质仍保持着。

在创建湘军和湘军出征的过程中，曾国藩逐步建立和完善湘军的营制和饷章。营制规定各营的人员设置、人数和各类武器（水师含船舰）配备，以利派兵布阵和战斗。大体参照王鑫的营制而逐步有所变动和完善，每营定五百人，具体情况不详述。饷章则基本仿照江忠源楚勇发饷章程制定，总的精神是粮饷与奖励均从优从高，以鼓励将弁尽心尽职，鼓励农民踊跃从军，提高军队战斗力。将弁薪饷大体为：营官月饷五十两，哨官陆营九两，水师十二两，什长四两八钱，另各可支用数倍至十数倍不等的公费银。后期所设的统领、分统，更以所统人数多少为递增，统万人之将月饷高达三千两。王闿运至感叹地说：“故将五百人，则岁入三千，统万人，岁入六万金（含公费银和下级献助费），犹廉将也！”[32]勇丁口粮银数，正勇月饷四两二钱，亲兵、护勇四两五钱，火勇、长夫递减。虽远低于官弁，但与绿营粮饷相比，则比马兵多一倍，比陆兵多至数倍。此外还有优厚的恤赏银两，如：“养伤银，上等三十，中等二十，下等十两；阵亡恤银，六十两。”[33]每次战胜，又有可观的犒赏银两等。这些，无疑对湘军官兵具有很大的诱惑力。军饷来源，曾国藩在湘军初期与其“自树一帜”思想相适应，曾坚持饷由自筹。主要办法有两条：一是捐输，包括劝捐、勒捐，但所入有限，并渐流于卖官鬻爵；二是厘金，即加商税，是一种变相的捐输，得钱甚丰，成为前期湘军的主要饷源，但也成为商民的沉重负担，不利于经济发展。后期随着湘军的发展壮大，远征四方，需饷越来越多，捐输和厘金不足以应付，曾国藩不得不请求政府拨款支持（主要是湖南和其他各省协饷），他的自筹军饷的计划未能完全实现。

特别值得注意的是曾国藩对湘军的训练。他将训与练分开，强调训重于练，亦即上面所说的“以忠义之气为主，而辅之以训练之勤”。训，就是向军队进行以三纲五常为核心的思想教育及军纪教育，以保证军队建设的政治方向，既要维护清王朝的统治，又要保证湘军不致像绿营那样扰民残民；练，就是教练弁勇技击、枪法和阵式，以提高军队战斗力。他特别注重于“训”。在咸丰三年重阳日给张亮基的信中说：他“每逢三、八操演，集诸勇而教之，反复开说至千百语……间令塔将（指塔齐布）传唤营兵一同操演，亦不过令弁委前来听我教语。每次与诸弁兵演说至一时数刻之久”。以至还认为“练者其名，训者其实”。他又反对把军队政治思想教育弄成空泛乏味的说教，要求各级将弁带着父兄教子弟的感情，以通俗易懂的语言文字，结合勇丁的切身利害进行教育。说：“训作人，则全要肫诚，如父母教子，有殷殷望其成立之意，庶人人易于感动。”又说：“吾尝谓当营官、统领者，有四个‘不’字诀，曰不要钱，不怕死，不偷懒，不扰民。”[34]他除拟订各项《营制》、《营规》外，还以通俗歌谣的形式写了《保守平安歌》、《水师得胜歌》、《陆军得胜歌》、《爱民歌》、《解散歌》等，让弁兵传唱，以广宣传和进行思想教育。如《爱民歌》中写道：“三军个个听仔细，行军先要爱百姓……第一扎营不要懒，莫走人家取门板。莫拆民房搬砖石，莫踹禾苗坏田产。莫打民间鸭和鸡，莫借民间锅和碗。莫派民夫来挖壕，莫到民家去打馆。筑墙莫拦街前路，砍柴莫砍坟上树。挑水莫挑有鱼塘，凡事都要让一步。”以下还有“第二行路要端详，夜夜总要支帐房……第三号令要严明，兵勇不许乱出营……”[35]撇开其思想教育内容的封建卫道性不论，他的这种重视军队政治思想教育和军纪教育的主张和做法，应是值得肯定的，并实际上在中国近现代史上产生了深远的影响。

曾国藩尝自谦地称自己为“训练之才，非战阵之才”。这虽反映了部分实际，即他亲临前线的时间不多，很少直接指挥作战；但他在战略战术方面也并非无善可陈。比如他重视从政治思想上建军、重视选拔和重用人才包括将才等，就很具有战略眼光。在用兵作战方面，他坚持从整体着眼考虑局部，如以重兵围攻安庆，以威胁天京，并牵制太平军；又坚持加强和巩固后方基地，如大力稳定湖南、湖北和江西局势，以从兵源、饷源各方面源源不断支援前线，显然也都是从战略考虑的。在指挥具体战役方面，他强调要善于识别“主客奇正”，说：“凡用兵，主客奇正……忽主忽客，忽正忽奇，变动无定时，转移无定势，能一一区而别之，则于用兵之道思过半矣。”[36]他的基本战术思想就是要反客为主，善于用奇，从被动中争取主动。在《陆军得胜歌》中，他从扎营、出队、行路、军纪、武器、操练六个方面，阐明了他的“陆战真秘诀”。又在《水师得胜歌》中，“教你水战真秘诀”。

曾国藩的这些军事思想和实践，在中国近代政治、军事史上产生了重大影响：实现了晚清军事体制的第一次变革，即由绿营制度变为湘军制度；其“兵为将有”制度和浓重的地域观念，又成为近代军阀兴起之滥觞；而其注重政治思想教育和重视军纪的言论，则为后来爱国、革命将领加以改造利用。

左宗棠早年就以诸葛亮自期，会试落第后广求包括“兵学”在内的“有用之学”，在湘幕期间曾参与湘军的创建，而后成为曾国藩的左膀右臂，是湘军的主要战将，曾逝世后又成为湘军的主要领袖。他能征善战，战功卓著，殁后被清廷谥称“文襄”，而据《清会典》规定：“辟地有德曰襄，甲胄有劳曰襄，因事有功曰襄。”文襄，显然称其文治武功兼备。

左宗棠半生戎马倥偬、军书旁午，以知兵善战著称却没有专门的军事专著问世。他的军事思想，主要反映在他督师征伐的实践中，散见于他的诗文、奏稿、书信和札件中。其中不少为人们称道的内容，在晚清军事史上独树一帜，留下了宝贵遗产。

左宗棠的军事思想，贯穿了一条爱国主义的主线。他除早期参与镇压太平军，维护清王朝统治外，后期大部分时间都承担了国防任务，投入抵抗外来侵略、收复失地和维护国家领土主权完整的斗争。他的爱国反侵略是一贯的、坚定不移的，国防思想也是全方位的。在鸦片战争期间，他尽管尚属一介穷书生，就已经在为反侵略战争筹谋，并且愤怒谴责琦善等割让香港的卖国行径。在海防、塞防之争中，他无私无偏地表示："东则海防，西则塞防，二者并重。"在收复伊犁谈判中，他坚定地主张："我之疆索，尺寸不可让人。"并且积极备战，舆榇出关，作外交谈判后盾，以期"使臣或尚有所凭藉，多说几句硬朗话"。在中法战争期间，他已是年逾古稀，仍不顾年迈多病，请缨赴敌，严备闽防，调兵援台、援越，反对妥协议和；战后又亡羊补牢，筹划海防全局，奏准设立海防全政大臣，并促成台湾建省。在临终前的遗折中，他还语重心长地写道："伏愿皇太后、皇上于诸臣中海防之议速赐乾断，凡铁路、矿务、船炮各政，及早举行，以策富强之效……尤愿皇上益勤典学，无怠万机，日近正人，广纳谠论，移不急之费以充军食，节有用之财以济时艰，上下一心，实事求是。"[37]对清朝最高统治者作最后的规劝。

在建军思想方面，左宗棠与曾国藩基本一致，而又有所区别。他提出："兵之用在精，兵之精在将。"[38]认为："兵有强有弱，而其实无所谓强，无所谓弱，视其将领而已……治兵莫要于选将。"[39]关于选将，他除重用忠义血性、文智兼备的儒生外，也用朴诚勇敢的武人。他说："频年涉历军事，于用人一事颇尚留心，大抵贵谋贱勇一说未尽可恃，盖好谋而成原是统将之事，未可尽以此望之偏稗僚佐"；"从来兵事最宜质实之人，最不宜浮文巧诈之人。"[40]由此，他在湘幕时就用了一些曾国藩所未录用的"弃才"；继之在初建楚军时，"皆选取胆勇者为之长，营官多用武人，亦不尽朴实之选，止取其能拌命打仗耳"[41]。还在咸丰七年，他在与胡林翼论及人才及如何用人问题时曾写道："人各有才，才各有用……曾涤生（曾国藩字）尝叹人才难得，吾窃哂之。涤问其故，吾曰：君水陆万余人矣，而谓无人，然则此万余人者无可用乎？集十人于此，则必有一稍长者，吾令其为九人之魁，则此九人者必无异词矣。推之百人千人，莫不皆然也。现在湘省所用，皆涤公用之而不尽，或吐弃不复召者；迨湘省用之而效，涤又往往见其长而又用之矣。”[42]这种情况确是很有意思的，这种关于用人、选将的思想也是很有见地的。关于募勇招兵，他尝言有“‘兵不可多，饷不可少’八字秘诀”[43]。其招募勇丁条件和所部优厚兵饷大体同曾军，而招募地域则较曾军广泛。当楚军初建时，他曾在答曾国藩信中解释“楚军”名称说：“名曰‘楚军’，所纠集不仅一郡一县之人。”[44]即不同于湘勇以湘乡、宝庆人为主的狭隘范围。后期远征全国各地，他更是“所部楚勇而外，各省壮丁收录亦多”，并明令部将“挑选取精壮，无论南北籍贯”[45]。

在治军方面，左宗棠强调严格训练和严明纪律。他说：“‘训练’二字不可偏废”，而首要在“训”。指示部将：“孝弟忠信、礼义廉耻不可不随时讲究，心中明白，自然做事不差。将官时以此训其千把外额，千把外额时以此教训兵丁，则人人知道理、有志气，乃是第一好营头，不枉吃朝廷钱粮也。”[46]至于“练”，他除练技外，特别注重练胆。曾说：“打仗以胆气为贵，素练之卒不如久战之兵，以练技而未练胆故也。”[47]“故练兵之要，首练心，次练胆，而力与技其下焉者也。”[48]

特别引人注目的是左宗棠的战略战术思想。他之所以能征善战、常胜不败，即直接得益于此。左宗棠在青年时代即致力于舆地学和兵学。以后“亲履行阵，于军情、贼势、地形刻意讲求，颇有所悟”[49]。既富军事学识，又注意敌我双方情势和地形等的实地调查研究，因而制定的战略战术便能符合实际，引导战争到胜利。以宏观战略言，在督办浙江军务期间，他鉴于“由江西入浙之道遍地贼氛……非节节攻剿，不能深入”的情况，提出：“以江、浙现在局势言之，皖南守徽、池以攻宁郡、广德，浙江守衢州以规严州，闽军严遏其由浙窜闽以绕犯江西之路，然后饷道疏通，米粮、军火接济无误，诸路互相知照，一意进剿，得尺则尺，虽程功迂缓，实效可期，此固一定之局也。”[50]在镇压捻军和陕甘回军时，他提出：“以地形论，中原为重，关陇为轻；以平贼论，剿捻为急，剿回宜缓；以用兵次第论，欲靖西陲，必先清腹地，然后客军无后顾之忧，饷道免中梗之患。”又说：“进兵陕西，必先清关外之贼；进兵甘肃，必先清陕西之贼；驻兵兰州，必先清各路之贼。然后饷道常通，师行无梗，得以一意进剿，可免牵掣之虞。”[51]用兵新疆时，他提出：“就兵事而言，欲杜俄人狡谋，必先定回部；欲收伊犁，必先克乌鲁木齐。”[52]又说：“以（新疆）南北两路而言，北八城广，而南八城狭，北可制南，南不能制北。”因此，“官军出塞，自宜先剿北路乌鲁木齐各处之贼，而后加兵南路……是致力于北而收功于南也。”[53]以各重大战役的具体战术言，其出彩之笔甚多，这里择要举两点。其一是“避长围，防后路”。在督师浙江时，他说：“办贼之法，必避长围，防后路，先为自固之计，然后可以以制贼而不为贼所制。”[54]为此，他派刘典率重兵出皖南、江西，以固浙江后路。这主要从防敌包抄、保护运道、稳慎进取等方面考虑的，行之极有效，因而在以后历次战役中坚持不变。在用兵陕甘时，他指示部将：“凡战事，总须严防后路，最忌一泻无余。”[55]进军新疆时，他在一份奏折中写道：“主剿之军，步步向前，步步顾后。克复一城一堡，即宜分兵驻守；要隘冲途均须设局保护，以通运道而速文报。”[56]又批示前敌统将刘锦棠：“用兵之道，宜先布置后路。后路毫无罅隙可寻，则转运常通，军情自固，然后长驱大进，后顾别无牵掣，可保万全。”[57]其二是“缓进急战”。“缓进”，指的是在战前做好充分准备和周密部署；“急战”，则是战斗打响后力争速战速决。这本是战役进行的一般要求，但是左宗棠在进军新疆时明确提出这一作战指导方针，具有特殊的针对性和重要意义。这是因为新疆地域遥远，幅员辽阔，环境复杂，兵员调动、文报传递特别是粮饷转运，动须千里数月，艰困万状。因此，他写信给帮办军务刘典说：“毅斋此行（指刘锦棠统军入疆），弟嘱其缓进，俟古城积有三月之粮，可鼓行而前，到处有粮可因，方为稳重……如果缓进急战，慎以图之，西事或犹可为耳。”[58]收复北疆后，一部分将士提出乘胜立即进兵南疆，左宗棠则全面分析军情、敌势、转运及气候等各种情况，复信刘锦棠说：“大抵进兵南路，又是缓进急战之局。非俟春融，后路运道不清，转运不能蒇役，麾下及所部将士将养未能复元，各军布置未妥，迫促从事，殊非万全之策。迨春融，则诸务从容就理，鼓行而前，气足神完，风驰电掣，廓清可期，而劳费亦省矣。”[59]收复新疆的战争胜利后，他高兴地写道：“此次师行顺迅，扫荡周万数千里，克名城百数十计，为时则未满两载也。而决机制胜，全在‘缓进急战’四字……”[60]

胡林翼在湘军将帅中以善于顾全大局、举荐人才、和辑将士、调处各方关系、稳定后方著称。他亦颇致力于兵学，晚年与幕僚汪士铎、莫友芝等辑有《读史兵略》一书，大体取《春秋左传》、《资治通鉴》及宋、元、明各史之《本纪》，“条取其言兵者汇编之，以朝夕循览”，并期望“览斯编者忧世风之日下，而思振武，以豫为之防，以无悖于‘临事而惧，好谋而成’之义”[61]。

胡林翼在重大军事行动中，常能从政治上估量其得失，为之出谋划策。咸丰十年（1860）清廷起用曾国藩署两江总督前后，他多次致信曾国藩，反复劝说曾“放胆放手”干去，并提出许多重要建议。他说：“思拟再四，竟须放胆放手，乃可有济，非加募四万人不为功……此时惟有破格请将，放胆练兵，倾湘中之农夫以为兵，秋冬之际陆续取齐，则江西之后防不失，皖北之大局不失，武惠之声名不失。”“总是放胆放手大踏步，乃可救人……兵事须布远势，忌近谋。丈所言之三路[62]，应并为内三路、小三枝；另筹二大枝，一出杭州，一出扬州。其内三路、小三枝，则大帅之中权也。沈、李、饶所办广信一路，竟须驰入杭州，以平吴为根本。保越人之命，取越人之财，事乃有济，拘守广信无益也。应即请幼丹为豫章藩臬。次青应驻杭州，杭州危，驻衢州；杭州存，移湖州。投袂即行，此为先着。江督之履，已连齐鲁。应以知兵任战之李少荃、刘霞仙等募各路步兵一万五六千人开募于清江浦，而以多、都两公专司马队。又少荃、小泉可奏江宁、江苏实缺，即是江北筹饷之本。……此两枝定妥，布局宏远，丈从徽、宁鼓行而东，东吴公事，应即如此勾当。”又提出：“大局安危，只看丈之放手放胆耳。其妙全在水师。举古往今来之人，非丈不能造水师。有此一副大本领，而迟迟不肯放手，吾且怨丈矣。江督之所患者，非不足于财也，丈何疑乎？不包揽，不把握，任人作主，则兵不能择，饷不能节，却又必乏财矣！”[63]胡林翼的如此深谋远虑和周密策划，充分显示了他的政治眼光和军事谋略，对曾国藩也是一个极大的鼓舞和推动，以致有学者赞叹说："这简直是异曲同工的《隆中对》……其宏观方略大有诸葛隆中之效。"[64]

胡林翼的战略战术思想，我们仅就其影响较大者略举四点：

其一，兵事与吏治须兼得的思想。胡林翼认为："带兵以讨贼而救民也，受篆治地方以课吏而保民也。实国莫如仁贤，理财必先政事，吏事尤为兵事之本……处艰巨危难之时，非带兵不可；仅带兵而吏治不饬，民生无依，即日杀千贼，无补大局。故非兼地方不可。"[65]由此，他极力主张统兵将帅应兼任封疆大吏，以利军事进行和整饬吏治、稳定地方。这种思想，对以曾国藩为首的湘军将帅们极具诱惑力和影响力，也可以说是湘军将帅们的共同心声。但是，满族贵族统治的清王朝历来防范汉人甚严，他们的愿望只有当绿营兵被太平军彻底摧毁、非依靠湘军不能挽回危局的形势下，才得以逐步而有限地实现。

其二，保全自己、消灭敌人的原则。胡林翼说："兵事以全军为上，得土地次之；善战多杀贼为上，攻坚斯下矣。""用兵之道，全军旅为上策，得土地次之；杀贼为上策，破援贼为大功，得城池次之。"为大将者，当"以审兵机、全军旅、顾大局为上策，得城与不得城均不足介意也"。他甚至认为："一年不得一城，只要大局无碍，并不为过；一月而得数城，而贼来转不能战，则不可为功也。"[66]蔡锷充分肯定胡林翼这种观点，认为"所见尤为精到卓越"[67]。毛泽东后来亦指出："一切军事行动的指导原则，都根据于一个基本的原则，就是：尽可能地保存自己的力量，消灭敌人的力量。"[68]

其三，围城打援的策略。胡林翼说："天下兵事，只此一理：有围城之人，须先行另筹打仗之人，此要着也；有临阵打仗之人，须先安排后劲，或预杜抄后之贼，或备策应之举，此亦要着也。"[69]咸丰十年（1860）清军江南大营被太平军摧毁后，他总结经验教训，认为："江南大营之弊，其虚冒荡佚，乃其致败之由；其调度布置，实亦不能尽善，患在有围兵而无备战之兵，有守兵而无备剿之兵。"从而提出："愚见皖北、楚北之军务，只应以一处合围以致贼，其余尽作战兵、援兵、雕剿之兵……若处处合围，则兵力皆为坚城所牵缀，援贼大股上犯，势必无劲兵可备援剿。不破援贼，则城贼不可得而灭；不剿流贼，则守贼不可得而走。"[70]他所督师的太湖战役和安庆战役的胜利，均是运用围城打援策略取得成功的范例。

其四，主客结合、奇正结合、动静结合，灵活机动的指挥。胡林翼认为："兵事不外'奇正'二字，而将才不外'智勇'二字。有正无奇，遇险而覆；有奇无正，势极即沮。智多勇少，实力难言；勇多智少，大事难成。而其要，以得人为主，得人者昌，失人者亡。"又说："兵事之妙，古今以来，莫妙于拊其背、冲其腰、抄其尾……惟须审明地势、贼势，并须地方官绅预先安排米粮、引导路径耳。""总须预先安排，以待贼之求战，然后起而应之，更是必胜之道。盖贼来求战，而官军以静制动，以逸待劳，以整御散，必胜之道也。""军事到紧要之时，静者胜，躁者败；后动者易，先动者难；能忍者必利，不能忍者必钝，此其大较也。"为此，他反复提出于前敌将领"不能遥制，亦不可遥制"的思想[71]。

黄兴是辛亥革命时期武装起义的主要组织者和领导者，又是民国成立后首届政府——南京临时政府的陆军总长兼参谋总长。他的军事思想和实践，继承了中国传统军事思想的精华，吸取了中国历代军事斗争的经验教训，同时借鉴所获西方军事科学的新知识，紧密结合国情和不同时期敌、我、友情势以及地形等的发展变化，具有高度务实特色和时代风貌，在中国军事学由传统向近代化转变中作出了重要贡献。下面仅就其在辛亥革命时期的军事思想择要提出数点：

图下 2-3　黄兴像

其一，"雄据一省与各省纷起"的起义方略。在华兴会成立会上的讲话中，黄兴说："本会皆实行革命之同志，自当讨论发难之地点与方法以何者为适宜。一种为倾覆北京首都，建瓴以临海内，有如法国大革命发难于巴黎，英国大革命发难于伦敦。然英、法为市民革命，而非国民革命……若吾辈革命，既不能借北京偷安无识之市民得以扑灭虏廷，又非可与异族之禁卫军同谋合作。则是吾人发难，只宜采取雄据一省与各省纷起之法。”这一方略要点有二：一是慎择发难地点，二是周密布置各地及时应援，均关乎全局，至关紧要。先由何省发难？黄兴当时选择湖南。他分析说：“今就湘省而论，军、学界思想日见发达，市民亦潜移默化，且同一排满宗旨之洪会党人久已蔓延固结……不难取湘省为根据地。然使湘省首义，他省无起而应之者，则是以一隅敌天下，仍难直捣幽燕，驱逐鞑虏。故望诸同志对于本省、外省各界与有机缘者分途运动，俟有成效，再议发难与应援之策。”[72]以后随着形势的发展变化，他先后选择过华南的广西、云南、广东等省，最后选定长江流域的湖北。“能争汉上为先着，此复神州第一功。”[73]终于迎来了辛亥革命武昌首义的胜利，随后全国各地纷起响应，清王朝迅速土崩瓦解，中华民国宣告诞生。

其二，革命力量由主要依靠会党转为主要争取新军。华兴会成立时，黄兴已提出了三种革命力量，即军界、学界和会党。以何者为主？他表示要“审势度时，或由会党发难，或由军学界发难，互为声援”[74]。但从他与马福益的结义合作，以及稍后派刘道一等策动萍浏醴起义，又亲身潜入广西、云南等地，或策应，或参加并领导钦廉防城起义、镇南关起义、钦廉上思起义和河口起义来看，他早期应主要着眼于依靠会党。他虽同时重视运动军队，但一时难以“运动成熟”，只能逐步积累力量，以“俟有成效”。因此同盟会成立后，他从留日陆军学生中发展了大批会员，并亲自掌握陆军学生会员的会籍，从中选取尤为优秀者组织“丈夫团”，又发动会员积极投入新军，以之作为日后发动起义的领导和骨干。依靠会党的多次起义失败后，从宣统元年（1909）起，黄兴便改为以主要精力运动新军，并迅速取得成效。宣统二年初春的广州新军起义，就是“纯以军队为主力”发动的，而且据说其时革命党“势力已普及于全军队”，甚至“北京、南京皆是”[75]。此后形势发展更快。次年辛亥武昌首义，就是由新军起义而实现的；武昌首义后，绝大多数省份的光复也都是由新军反正而告成的。

其三，审时度势、灵活机动的战略战术。如戊申（1908）钦廉上思之役，是黄兴亲自督师赴敌的一次重要战役，也是他“威名因以大著”

的起点。他以旅越华侨中的同盟会会员 200 余人组成中华国民军南军，挺进钦、廉、上思一带，而前来镇压的清军先后达 20000 多人。黄兴率领革命军，或猛攻，或智取，或分兵合击，或夜袭扰敌，转战 40 余日，多次重创敌军。如小峰之战，敌营管带杨某率 600 余人依山为阵，不可强攻。于是“革命军佯却，引杨等前，分兵为三，一从对山攻击，一伏田陇间，一从清兵之后山上暗袭。清军但顾前之二军，及后军骤至，清兵大骇，奔溃四散，死者数十人，生擒哨官某，伤者逾百”。马笃山之战，“计革军四次获胜……四次共得快枪四百余杆，弹药无算，伤亡者仅四人耳”[76]。

蔡锷曾留学日本陆军士官学校，是职业军人。清末官至新军协统，发动辛亥云南起义，民国时期又成为反袁护国战争的主要领导人。他有军事著作传世，包括《曾胡治兵语录》和《军事计划》等。其中较大影响者，当数《曾胡治兵语录》。

《曾胡治兵语录》编于清宣统三年（1911）春夏间。其时蔡锷正担任云南新军第十九镇第三十七协统领官，又值“片马问题发生，瓜分之谣诼忽起，风鹤频惊”。于是他应统制锺麟同的嘱托，针对当时民族危机和清廷腐败无能，为加强军队训练，主要对官兵进行“精神讲话”即政治思想教育，而编撰了这本书。内容为摘录曾国藩、胡林翼“治兵言论，分类凑辑，附以按语”。这样，他选录了曾、胡哪些言论；他如何将这些言论分类归口；他又附加了哪些按语，这些按语提出了些什么思想主张，就值得我们进一步加以剖析，以便从中探寻蔡锷的军事思想。

首先，蔡锷在本书中所选录的曾、胡语录，主要是从治兵作战的一般规律和原则着眼的。他将全书分为十二章，也就是共辑录了十二类语录，依次为：将才、用人、尚志、诚实、勇毅、严明、公明、仁爱、勤劳、和辑、兵机、战守。这些，分别关系到军队的性质、宗旨，军民关系、官兵关系，将领的素质、选拔、驾驭和内部关系，士兵的招募、管理、训练、纪律，治军之道、用兵之要、战略战术，以及人才的识别、培养、陶冶、使用、转移等等，均具有普遍意义，只是不同军队取舍内涵有所不同罢了。由于我们前面已对曾、胡的军事思想分别进行过介绍和评论，下面还将剖析蔡锷关于所选各章曾、胡语录的按语，这里就不再赘述这些语录的具体内容了。

特别值得注意的是蔡锷为所选曾、胡各类治兵语录所加的按语。这些按语字数不少，篇幅约占全书的五分之一，或为对语录的阐释与画龙点睛，或为对语录的借题发挥，亦有对语录的评论，指出其局限者，堪称全书精华所在，鲜明而扼要地反映了蔡锷的军事思想。兹择其最具特色者举出以下七点：

其一，军人“以救国为目的，以死为归宿”，随时准备为国献身。在“尚志”一章的按语里，蔡锷就曾、胡的相关语录特加发挥说：“今日时局之危殆，祸机之剧烈，殆十倍于咸、同之世。吾侪身膺军职，非发大志愿，以救国为目的，以死为归宿，不足渡同胞于苦海，置国家于坦途。须以耿耿精忠之寸衷，献之骨岳血渊之间，毫不返顾，始能有济。果能拿定主见，百折不磨，则千灾百难，不难迎刃而解。”强调要“发大志愿”，“渡同胞于苦海，置国家于坦途”。

其二，用兵“以安民爱民为本”，带兵当如“父兄带子弟”。在“仁爱”一章的按语里，蔡锷对曾、胡“爱民”、爱兵的言论，加了大段的发挥。他指出：“古今名将用兵，莫不以安民爱民为本。盖用兵原为安民，若扰之害之，是悖用兵之本旨也。兵者民之所出，饷亦出之自民，索本探源，何忍加以扰害？行师地方，仰给于民者岂止一端？休养军队、采办粮秣、征发夫役、探访敌情、带引道路，何一非借重民力？若修怨于民，而招其反抗，是自困也……”他高度肯定曾、胡关于“带兵如父兄之带子弟”的说法，甚至认为：“‘带兵如父兄之带子弟’一语，最为慈仁贴切。能以此存心，则古今带兵格言，千言万语，皆可付之一炬。”

其三，“治军之要，尤在赏罚严明。”在“严明”一章的按语里，蔡锷发挥曾、胡关于“明功罪赏罚”思想，强调指出：“治军之要，尤在赏罚严明。煦煦为仁，足以隳军纪而误国事。”他说：“近年军队风气纪纲大弛，赏罚之宽严每不中程，或姑息以图见好，或故为苛罚以示威，以爱憎为喜怒，凭喜怒以决赏罚，于是赏不知感，罚不知畏……当此沓泄成风，委顿疲玩之余，非振之以猛，不足以挽回颓风。与其失之宽，不如失之严。法立然后知恩，威立然后知感。以菩萨心肠，行霹雳手段，此其时矣！”

其四，“习劳忍苦，为治军之第一要义。”在“勤劳”一章的按语里，蔡锷肯定曾、胡“治军以‘勤’字为先”的思想。并阐发说：“战争之事，或跋涉冰天雪窟之间，或驰驱酷暑恶习瘴之乡，或趁雨雪露营，或昼夜趱程行军，寒不得衣，饥不得食，渴不得水，枪林弹雨之中，血肉横飞，极人世所不见之惨，受恒人所不经之苦，其精神，其体力，非于平时养之有素，练之有恒，岂能堪此！练兵之主旨，以能效命于疆场为归属；欲其效命于疆场，允宜于不时竭尽手段，以修养其精神，锻炼其体魄，娴熟其技艺，临事之际，乃能有恃以不恐。故习劳忍苦，为治军之第一要义；而驭兵之道，亦以使之劳苦为不二法门。”

其五，统将必须“和衷共济”，“无猜无贰”，“功不独居，过不推诿”。在“和辑”一章的按语里，蔡锷总结历史的经验教训，特别强调将领的和衷共济，并高度肯定曾国藩“欲求和衷共济，自统将先办一副平恕之心始”的思想。他说：“古人相处，有愤争公庭而言欢私室，有交哄于平昔而救助于疆场，盖不以公废私、复不以私害公也……发、捻之役，中日之役，中法之役，列将因争意气而致败绩者不一而足，故老相传，言之凿凿。从前握兵符者，多起自行间，罔知大体，动以意气用事，无怪其然。今后一有战役，用兵必在数十万以上，三十数镇之师，情谊夙不相孚，言语亦多隔阂，统驭调度之难，盖可想见。苟非共矢忠诚，无猜无贰，或难免不蹈既往之覆辙。欲求和衷共济，则惟有恪遵先哲遗言，自统将先办一副平恕之心始。功不独居，过不推诿，乃可以言破敌。”

其六，用兵“以全军、破敌为上，不以得土地、城池为意”，“‘临阵分支宜散，先期合力宜厚’二语，尤足以赅括战术战略之精妙处”。在“兵机”一章里，蔡锷选录曾、胡的有关语录甚多，然后在按语里盛情赞扬，并予画龙点睛。他说：“曾、胡之论兵，极主主客之说，谓守者为主，攻者为客，主逸而客劳，主胜而客败，尤戒攻坚围城。其说与普法战争前法国兵学家所主张者殆同（其时俄、土两国亦盛此说）。其论出师前之准备宜十分周到，谓一械不精，不可轻出，势力不厚，不可成行，与近今之动员准备用意相合。其以全军、破敌为上，不以得土地、城池为意，所见尤为精到卓越，与东西各国兵学家所唱道者如出一辙。‘临阵分支宜散，先期合力宜厚’二语，尤足以赅括战术战略之精妙处。临阵分支者，即分主攻、助攻之军，及散兵、援队、预备队之配置等是也；先期合力者，即战略上之聚中、展开，及战术上之开进等是也。所论诸端，皆从实行后经验中得来，与近世各国兵家所论若合符节。”

其七，“战略战术须因时以制宜，审势以求当，未可稍事拘滞。”在“战守”一章的按语里，蔡锷一方面肯定曾、胡战守之法，包括攻战、守战、遭遇战、局地战，以及边防之策、攻城之术，“无不独具卓识，得其要诀”；同时又以大段文字，指出曾、胡论兵的某些局限，并提出自己的主张。他说：“曾、胡论兵，极重主客之见，只知守则为主之利，不知守反为客之害。”他认为：这是“因其时所对之敌，并非节制之师、精练之卒，且其人数常倍于我，其兵器未如今日之发达，又无骑、炮两兵之编制，耳目不灵，攻击力复甚薄弱。故每拘泥于地形地物，攻击精神未由奋兴。故战术偏重于攻势防御”。但是，近今的时代情势变了：“近自普法、日俄两大战役之后，环球之耳目一新，攻击之利，昭然若揭，各国兵学家，举凡战略、战术，皆极端的主张攻击。”然则我国今后的兵略是否亦应取攻势呢？他又作了冷静的分析。他说：“战略战术，须因时以制宜，审势以求当，未可稍事拘滞。”因兵略取攻势，“必须兵力雄厚、士马精壮、军资（军需、器械）完善、交通利便，四者均有可恃，乃足以操胜算”；否则，哪怕是“四者之中，偶缺其一”，亦会受制于人，法、俄之败，即为前鉴。我国军队之现势怎样呢？他认为：兵力远未雄厚，军队谈不上精练，“至于军资、交通两端，更瞠乎人后”。“如此而曰吾将取战略、战术上最有利益之攻势，乌可得耶？”由此，他提出：“我国数年之内，若与他邦以兵戎相见，与其为孤注一掷之举，不如采用波亚战术，据险以守，节节为防，以全军而老敌师为主，俟其深入无继，乃一举而歼除之。昔俄人之蹴拿破仑于境外，使之一蹶不振，可借鉴也。”

蔡锷所编《曾胡治兵语录》一书，在中国近现代军事史上具有相当影响。此书在蔡锷生前并未刊行问世，仅于清末在云南新军作为“精神讲话”的内部教材使用。蔡锷逝世后第二年，即1917年，为纪念蔡锷，上海商务印书馆首次刊行了此书。梁启超特为作《序》，称：“世知松坡之事功，读此书可以知其事功所由来矣。”“松坡自谓身膺军职，非发大志愿，以救国为目的，以死为归宿，不足渡同胞于苦海，置国家于坦途。今松坡得所归矣。”1919年，李根源在广州重印了此书。1924年，孙中山在广州创办黄埔陆军军官学校，曾将此书作为军校教材。其时蒋介石任黄埔军校校长，他特为增辑“治心”一章，并补录了曾、胡及左宗棠的部分语录，加《序》予以重版印行。1943年，八路军《军政杂志》出版了该书的注释本，供八路军干部学习研究之用。

第四节　近代湖南人才辈出的影响

与时俱进的社会思想变迁　引领近代中国变革和革命发展　湖南在全国地位的提高

近代湖南人才辈出，一方面适应和服务于中国近代救亡图强，和中国人民民族民主革命的伟大斗争，一方面又在斗争中不断总结探索，吸取新的养料，除旧布新，变革、充实和发展自己，从而不断引领时代潮流，在全国和湖南均产生了重大影响。

在漫长的封建社会，人们思想风貌的显著特征是封建性和封闭性。历史步入近代，一方面，封建社会已走入末世，弊窦丛生；另一方面，资本主义列强侵入中国，民族危机日趋严重。面对国家内忧外患的紧迫情势，湖湘有识之士纷起，呼唤“变革”除弊、“制夷”图强。魏源率先强调“变革”的必要，说：“小变则小革，大变则大革，小革则小治，大革则大治”；“变古愈尽，便民愈甚”，并提出“师夷长技以制夷”和“塞其害，师其长”的全新主张。曾国藩、左宗棠等在一定程度上继承并实践了魏源的思想主张，于督率湘军镇压太平天国革命的过程中，也注意整饬吏治，除弊兴利，并引进西学，举办“洋务”，开启了中国近代化的历史进程。甲午战争湘军惨败之后，湖湘志士受刺激最深，“转侧豁悟”，因湘军兴起而生的虚骄之气顿泄，而救国之志益坚，由是而改弦易辙，急起直追。谭嗣同主张“尽变西法之策”，樊锥提出“一革从前，搜索无剩，唯泰西者是效”的主张[77]，唐才常“以救中国为事，气猛志锐”。

他们并以开放的姿态，将江、浙、粤维新志士延入湖南，共同推进湖南维新运动。于是，原来“深闭固拒”西学西教，“以守旧闭化名天下”的湖南，迅速一变而为“全国最富朝气的一省”。维新变法失败后，唐才常继续发动自立军起义，并提出要“废弃旧政府，建立新政府”，“力图更新，日进文明”，由改良走向革命。黄兴创立中国大陆第一个革命团体“华兴会”，后与孙中山在海外创立的兴中会合并改组为同盟会，共同领导了近代中国的民族民主革命即辛亥革命，终于推翻了腐朽卖国的清王朝，结束了延续两千余年的封建帝制，建立了民主共和国。宋教仁、蔡锷等也都在民族民主革命中作出了不朽的贡献。这些仁人志士递相推进的爱国、变革和民主革命思想，呈现着由封建性到争取民主与科学，由封闭保守到逐步改革开放的思想主线，彰显出近代湖南文化一个新特点——善变趋新的思想风貌，对整个社会与时俱进的思想变迁起了巨大的促进作用。

近代中国社会是半殖民地半封建社会，外受资本—帝国主义侵略，内受封建主义压迫。中国人民的主要任务，是进行反帝反封建的民族民主革命（含社会变革），争取国家的独立和解放，并建设富强、统一、民主和文明的新中国。在此过程中，近代群起辈出的湖湘志士作出了重要贡献，一部分尤为先进者并起着引领潮流的作用。如前所述，在鸦片战争前后带有启蒙意义的经世思潮中，陶澍、贺长龄实为中坚，魏源则成为当时最先进和最富影响的思想家，开辟了向西方国家寻找救国真理的“前驱先路”。在开启国家近代化进程的洋务运动中，最早倡办洋务也最有贡献的，当数曾国藩和左宗棠。左宗棠并成为近代中国英勇反抗外来侵略、收复疆土立奇勋的屈指可数的民族英雄。在戊戌维新运动中，谭嗣同、唐才常是全国维新派中最为激进的人物，而湖南则成为“全国最富朝气的一省”。在随后的民族民主革命即辛亥革命中，黄兴成为与孙中山并称的领袖人物，在组建政党、领导武装起义、创立民国中，立下了无与伦比的丰功伟绩。宋教仁、蔡锷等也都在民族民主革命和民主共和建设中崭露头角，作出了重要贡献，直至献出自己的生命。

近代湖南文化的发展繁荣和人才辈出，对湖南在全国地位的迅速提高，产生了重大影响。析而言之，主要有三。一是湘军的兴起，转战几遍全国，军功显赫。二是湖南涌现了一批批先进的政治家、军事家和思想家，在中国近代历史发展的各个阶段均发挥了引领潮流的历史作用。以上二点，前已述及，不赘。三是一大批湖南籍高官活跃于晚清政治舞台，为举世所注目。据钱实甫编《清代职官表》，晚清时期，湖南籍文职任大学士者 3 人，即曾国藩、左宗棠、瞿鸿禨；任军机大臣者 2 人，即左宗棠、瞿鸿禨；任部院大臣者 6 人，先后为何凌汉、郑敦谨、彭玉麟、瞿鸿禨、张百熙、杨度；任各部侍郎者 10 人，为曾国藩、彭玉麟、郑敦谨、郭嵩焘、曾纪泽、刘锦棠、谭锺麟、龙湛霖、瞿鸿禨、张百熙；任内阁学士者 6 人，为曾国藩、周玉麒、周寿昌、龙湛霖、张百熙、瞿鸿禨；任京卿者 10 人，为唐鉴、严正基、周玉麒、郑敦谨、左宗棠、刘典、刘锦棠、曾纪泽、左孝同、袁树勋；任总督者 19 人，先后为贺长龄、李星沅、罗绕典、易棠、劳崇光、曾国藩、刘长佑、杨岳斌、左宗棠、郑敦谨、刘岳昭、刘坤一、曾国荃、杨昌濬、谭锺麟、彭玉麟、魏光焘、李兴锐、袁树勋；任巡抚者 36 人，先后为贺长龄、李星沅、罗绕典、常大淳、易棠、劳崇光、江忠源、陈启迈、胡林翼、胡兴仁、刘长佑、彭玉麟、李续宜、左宗棠、唐训方、刘蓉、曾国荃、郭嵩焘、郑敦谨、刘坤一、刘岳昭、蒋益澧、刘典、杨昌濬、谭锺麟、陈士杰、刘锦棠、谭继洵、魏光焘、王之春、李兴锐、聂缉椝、夏时、陈启泰、袁树勋、沈秉堃。总督、巡抚为掌控地方实权的封疆大吏，除去先后任的重复，湖南籍督抚共达 38 人，这是其他省籍人士所望尘莫及的。以同治三、四年的情况为例，其时全国计 18 省，共设总督 10，湖南人即分别居其 6 和 7；全国共设巡抚 15，湖南人即分别居其 3 和 5。由于湘军（以及淮军）“兵为将有”，使晚清政局发生了重大变化，逐步形成了督抚专政的局面，中央集权则大为削弱，湖南籍督抚实际上掌控了全国半壁江山。以上说的是文职。武职的情况也大体如此。晚清湖南人任提督者凡 29 人，先后为杨载福（岳斌）、田兴恕、周宽世、胡中和、黄翼升、萧孚泗、陶茂林、李朝斌、郭松林、高连陞、周达武、李成谋、黄少春、刘松山、李辉武、张文德、杨玉科、欧阳利见、罗孝连、唐仁廉、谭上连、谭碧理、孙开华、娄云庆、张春发、罗荣光、余虎恩、杨金龙、孙道仁。提督为一省军事长官。其时全国共设提督 18（含京师、乌鲁木齐和水师），湖南人亦占半数左右。如同治三、四年，即分别占据7和8；同治六、七、八年，更分别占据10、9、10。这些，都显示出湖南在近代中国的重要地位，湖南人再也不像往昔那“罕见史传”或“碌碌无所轻重于天下”了。

【注释】

① 毛祥麟：《墨余录》，上海古籍出版社1985年版，第30—31页。
② ［清］皮锡瑞：《师伏堂未刊日记》，载《湖南历史资料》，1959年第一期。
③ 钱基博：《近百年湖南学风》，岳麓书社1985年版，第1页。
④《左宗棠全集·书信一》，岳麓书社1996年版，第664页。
⑤ 湖南调查局：《湖南民情风俗报告书》，民国元年印本，第一章。
⑥《张治中回忆录》（上册），文史资料出版社1985年版，第140、173—174页。
⑦ 转见林增平、范忠程主编《湖南近现代史》，湖南师大出版社1991年版，《前言》第2页。
⑧《唐才常集》，中华书局1982年版，第170页。
⑨［清］潘祖荫语，转引自罗正钧《左宗棠年谱》，岳麓书社1982年版，第70页。
⑩ 朱克敬：《暝庵二识》，岳麓书社1983年版，第96页。
⑪⑳《杨毓麟·新湖南》，岳麓书社2008年版，第34页，第61页。
⑫《谭嗣同全集》，中华书局1981年版，第174页。
⑬《工程致富演义》，《湘报》第94号。
⑭《谭嗣同全集》，第174页。
⑮《湖南时务学堂缘起》，《知新报》光绪二十三年九月初一日。
⑯《谭嗣同全集》，第269页。
⑰《谭嗣同全集》，第269页。
⑱［清］皮锡瑞：《师伏堂未刊日记》，《湖南历史资料》1959年第1期。
⑲《陈天华集》，湖南人民出版社1982年版，第36页。
㉑《杨度集》，湖南人民出版社1986年版，第95页。
㉒《周恩来手迹选》，中央文献出版社1981年版，第4页。

㉓《陈独秀文章选编》（上），三联书店 1984 年版，第 480 页。

㉔ 见《大公报十周年纪念特刊》，1925 年印本。

㉕ 朱德裳：《续湘军志》，岳麓书社 1983 年合刊本，第 277 页。

㉖ 朱德裳：《续湘军志》，岳麓书社 1983 年合刊本，卷二十四。

㉗《曾国藩全集・书信一》，岳麓书社 1990 年版，第 186 页。

㉘ 见《左宗棠全集・奏稿九》，岳麓书社 1996 年版，第 600 页。

㉙《曾国藩全集・书信一》，第 224—225 页。

㉚《曾国藩全集・诗文》，岳麓书社 1986 年版，第 463 页。

㉛《曾国藩全集・奏稿一》，岳麓书社 1987 年版，第 448 页。

㉜［清］王闿运：《湘军志》，第 163 页。

㉝《曾国藩全集・书信一》，第 224 页。

㉞《曾国藩全集・批牍》，岳麓书社 1994 年版，第 246、250 页。

㉟《曾国藩全集・诗文》，第 429—430 页。

㊱《曾国藩全集・诗文》，第 385—386 页。

㊲《左宗棠全集・奏稿八》，第 104—105 页。

㊳《左宗棠全集・奏稿六》，第 203 页。

㊴《左宗棠全集・奏稿九》，第 218 页。

㊵《左宗棠全集・书信一》，第 500、252、213 页。

㊶《左宗棠全集・书信一》，第 398—399 页。

㊷《左宗棠全集・书信一》，第 210—211 页。

㊸《左宗棠全集・札件》，第 67 页。

㊹《左宗棠全集・书信一》，第 398—399 页。

㊺《左宗棠全集・札件》，第 67 页。

㊻《左宗棠全集・札件》，第 451 页。

㊼《左宗棠全集・书信一》，第 518 页。

㊽《左宗棠全集・书信二》，第 488 页。

㊾《左宗棠全集・奏稿一》，第 37 页。

㊿《左宗棠全集・奏稿一》，第 3—4 页。

51《左宗棠全集・奏稿三》，第 372 页。

52《左宗棠全集・书信二》，第 375 页。

(53)《左宗棠全集·奏稿六》，第191、421页。
(54)《左宗棠全集·奏稿一》，第27页。
(55)《左宗棠全集·书信二》，第340页。
(56)《左宗棠全集·奏稿六》，第577页。
(57)《左宗棠全集·札件》，第399页。
(58)《左宗棠全集·书信三》，第29页。
(59)《左宗棠全集·书信三》，第141页。
(60)《左宗棠全集·家书》，第204页。
(61)《读史兵略·自序》，《胡林翼集》（三），岳麓书社1999年版，第1—2页。
(62) 三路，指曾军原拟由长江南岸分兵，一由池州取芜湖，一由祁门出徽、宁，一专守广信防江西。
(63)《胡林翼集》（二），第533—535、604页。
(64) 梁绍辉：《曾国藩评传》，南京大学出版社2006年版，第562页。
(65)《胡林翼集》（二）第708页。
(66) 以上分别见《胡林翼集》（二），第199、677、691—692、684页。
(67)《蔡锷集》（一），第310页。
(68)《毛泽东选集》，人民出版社1967年四卷合订本，第375页。
(69)《胡林翼集》（二），第442页。
(70)《胡林翼集》（二），第552页。
(71) 以上分别见《胡林翼集》（二），第198、434、438、754、441页。
(72)《黄兴集》，第4—5页。
(73)《黄兴集》，第123页。
(74)《黄兴集》，第5页。
(75)《黄兴集》，第29—30页。
(76) 冯自由：《戊申钦州上思革命军实录》，载《革命逸史》第五集，中华书局1981年版，第128—131页。
(77)《开诚篇三》，《樊锥集》，中华书局1984年版，第11—12页。

第三章

历史文化锻造下的湖南山水

湖南地处中国的东南内陆腹地、长江中游，东、南、西三面腾起的山地势如一片卷边的绿叶，将无数山川河流、溪涧涌泉拥在怀中；湘、资、沅、澧四水百折千回，似叶之茎脉，蜿蜒北去，汇聚于烟波浩淼的洞庭湖，连通长江，走向海洋。在这样一个三面环护的地理空间里，五岭挡住了南来湿润的空气，区内四季交替，棱角分明。高山大湖、丘陵水洼形成它的主体，奇峰峻岭，山高路险，曲折起伏，俯仰有致，自然风光旖旎多姿，有“自古潇湘清绝地”的美誉。

第一节 湖南山水风光的人文开发与潇湘八景

山水风光与人文开发 潇湘八景及其影响

湖南山川大地以其秀美的自然风貌、绮丽的民族风情、众多的历史遗存和人文景观作为物质载体，承载着湖南文化的历史渊源、精神特质、思想体系、哲学教育、宗教信仰、文学艺术、民情风俗等非物质文化，各以内涵丰富、异彩纷呈的形式展示在人们面前。

据古代神话传说和文献记载，中华民族的三位人文始祖黄帝、炎帝、蚩尤及其部落，以及舜、禹等都曾先后从中原越过长江、洞庭，沿“四水”进入湖南。洞庭湖、南岳衡山、韶山、九疑山、鹿原陂、大熊山等地，不仅因为留有他们的遗踪而绚丽夺目、光彩照人，而且成了今天湖南历史悠久、景色优美、人文丰富的风物名胜。《史记》中载黄帝南巡经过的湘山，地处中原入湘的要冲洞庭湖，时又以虞舜二妃凄美的爱情故事与屈原《九歌》“湘君”、“湘夫人”而名满天下。楚人称湘山为“君山”、“有缘山”，并立湘君祠祀之。秦代，湘山与嵩山、恒山、泰山、会稽山并列为殽山以东五大名山；而后，又有衡山与泰山、嵩山、华山、恒山并列为“五岳”，是为南岳：韶山，为南岳衡山七十二峰之一，相传常有韶乐吹奏而得名。此二处均为国家祭祀的重点对象和旅湘行客的必游之处。

秦统一中国，修道路，置驿传，兴水利。灵渠的开凿沟通了湘、漓二水，北水南合，连接起长江与珠江两大水系，从此，远在先秦时期已经建立的一些城镇，如长沙、岳阳、衡阳、常德、郴州、永州（零陵）等，因依山傍水、交通便利，相继逐渐发展成为历史文化名城。汉、唐、宋三代，初为“卑湿贫国”的湖南在经济和政治的不断发展壮大中，境内的自然山水得以开发，景观景点不断增添，并呈现出鲜明的地方特色。唐末宋初，今天能见到的湖南山水最精华的景观已初露端倪。仕宦荆楚、客旅湖南的游者感叹其丰富和齐备，中国山水景观特有的可用诗、文、画、曲作全景描绘的“潇湘八景”方式便应运而生。它所推出的湖南第一条以湘水、洞庭湖为主道的风景游览走廊，巧妙地将九疑山与永州古城、南岳与衡州古城、岳麓山与长沙古城、洞庭湖与岳州古城、桃花源与常德古城等串联起来，形成了当时经济、文化最发达的湖南东部景观游览片区，标志着古代湖南名胜格局的基本形成，至今仍是湖南景观的黄金招牌。“八景”通过山水楼城、春夏秋冬、晨钟暮鼓、风花雪月等景象的概括和描述，既表达出审美情趣的意念之美，又兼具十分丰富的文化内涵，首创并确定了东方特有的一种选景模式和审美指向，后逐渐演变为充满浓厚人文气息的“八景”情结，对中国乃至东亚地区的景观文化建设影响深远。各地为张扬本地风物，纷纷取境内名胜以“八景”称之为时尚。北宋以后，湖南的人文历史更加绚丽。山川旷野的开发，城镇空间的拓展，寺院宫观的增修扩建，书院学宫等新建筑景观的不断出现，从不同侧面表达了不同时期经济、文化的发展和繁荣。清代前期，湖南政治平和，社会经济进一步繁荣，教育和文化继续在全国保持优势，境内破败或毁于兵燹的许多景观、建筑逐步得到修复、重建或扩建。清末“同治中兴”，一大批以平定太平军而发迹的湘军将领衣锦还乡，或造房建屋，或兴教办学，或捐赠寺庙祠堂，促进了新一轮的大兴土木。今天能见到的古建筑、古园林等，大多为清代的形制或遗物。

湖南以风景名胜古迹作为载体的物质文化遗产之所以旖旎多姿、内涵深厚，除了得益于特定的地理环境外，人文的因素也产生了重要的参与建构作用。大致可以归纳为二点：

其一为宗教置景。周秦以前，湖南已有祭祀本土俗信神祇的南岳庙。东汉末年以后，随着道教和佛教的传入，促成了以长沙岳麓山麓山寺和南岳黄庭观为代表的大量塔庙宫观建筑的兴起。唐、宋之间，全国道教逐步形成了三山五岳、十大洞天、三十六小洞天和七十二福地的道教名山体系。三山五岳中的南岳衡山和在湖南的 19 处“洞天福地”，占全国总数的六分之一。佛教寺院更普及各地，基本奠定了今天的分布格局。宗教场所作为人类精神的殿堂，因其汇聚了各个时代建造者的劳动智慧，自然成为城镇、景区的突出标志和最佳景观。宗教与名山结缘，宗教活动也发展为名山的重要功能之一。

其二为文人渲染。古代文人墨客是山水风物的欣赏者、发现者和传播者。湖南在很长一段时间里是谪官南放的必经之路或目的地。屈原、贾谊、李白、杜甫、王昌龄、韩愈、元结、柳宗元、刘禹锡、寇准、滕宗谅、苏轼、秦观等一批富有才华的政治家、思想家、文学家，都曾为湖南迁客。他们“发愤以抒忧”，将满腔的抱负和绝世的才情寄托于天地山水间，留下了大量赞美湖南风貌、记录民俗风情的诗文华章。

自然景观只有被人发现、欣赏并赋予人文的内涵，才能融入人类社会进而成为人类文化的组成部分。在中国景观文化史上具有重要地位和影响的“潇湘八景”即是著名事例。

“潇湘八景”为古代文人对湘水、洞庭湖流域八种景观景象的一种意

图下 3-1 “潇湘八景”之一“潇湘夜雨”

念的概括。湘水发源于广西临桂县海洋坪龙门界（一说在兴安县近峰岭白石河），在湖南境内由西南向东北蜿蜒，沿途集纳潇水、舂陵水、蒸水、耒水、洣水、渌水、涟水、浏阳河、沩水、汨罗江等大小支流1300多条，汇入洞庭湖。其流经的区域，是湖南文化的起源与繁荣地。“潇湘”二字最早出自《山海经·中山经》“澧沅之风，交潇湘之渊”句。北魏郦道元《水经注》载：“言大舜之陟方也，二妃从征，溺于湘江，神游洞庭之渊，出入潇湘之浦。潇者，水清深也。”[①]晋罗含《湘中记》云：“湘川清照，五六丈下见底，石如樗蒱矢，五色鲜明，白沙如霜雪，赤岸若朝霞，是纳潇湘之名矣。”[②]意指潇水与湘水交汇的湘水上游及永州一带，亦指湘水。唐中期以后，文人骚客遂习惯将洞庭湖以南广大湘江流域地区称作“潇湘”。唐杜牧《早雁》、唐五代齐己《谢橘洲人寄橘》、唐陈子昂（又传为宋毛敏仲或明朱权作）古琴曲《平沙落雁》和五代南唐董源的《潇湘图》等，是已知最早表现潇湘景观的诗歌、音乐和图画。历史上“潇湘”与“湖湘”、“三湘”、“三湘四水”、“三湘五阳”、“三湘七泽”、“芙蓉国”等并用，成为湖南的雅称。“潇湘八景”之称始于唐宋之际。时文人学士辈出，或仕宦荆楚，或客旅潇湘，或谪贬边地，或落魄江南。他们在湖南的山水游览活动中，选取了湘水、洞庭湖一线在一年中不同季节与物候、一天中不同时间与气象的八种具有代表性的自然、人文景观名之，既讴歌潇湘胜境，又抒发思古幽情，高度概括了湖南风光的秀美和俏丽。五代宋初，山水画大家李成首作《八景图》，开创了“潇湘八景”之先河。北宋元丰三年（1080），书画家米芾至岳麓山游览，因慕唐李邕《麓山寺碑》，购得李成图画，“拜石余间，逐景撰述”，成《潇湘八景图诗序》，称颂潇湘“洞庭南来，浩淼沈碧，叠嶂层岩，绵衍千里。际以天宇之虚碧，杂以烟霞之吞吐。风帆沙鸟出没往来，水竹云林映带左右。朝昏之气不同，四时之候不一。此则潇湘之大观也”[③]。嘉祐（1056—1063）中，李成弟子宋迪也画成潇湘风景平远山水8幅。沈括《梦溪笔谈·书画》载：“度支员外郎宋迪，工画，尤善为平远山水。其得意者有‘平沙落雁’（后有人指为回雁峰麓秋日雁景，观景地在今衡阳市雁峰区回雁峰景区）、‘远浦归帆’（后有人指观景地在湘阴县城湘江边）、‘山市晴岚’（后有人指为昭山雨晴山景，观景地在今湘潭市岳塘区昭山风景名胜区）、‘江天暮雪’（旧指湘江雪天晚景，明以后文人墨客多以今长沙市岳麓区橘子洲尾为观景佳处）、‘洞庭秋月’（指洞庭湖秋夜月景）、‘潇湘夜雨’（后有人指为湘水、潇水汇合处湘口雨中夜景，今永州市零陵区北郊蘋岛为观景佳处）、‘烟寺晚钟’（后有人指为南岳清凉寺晚景，观景地在今衡山县开云镇唐清凉寺遗址）、‘渔村夕照’（后有人指为洞庭湖畔河汊中的渔村小景，地在桃花溪桃花源），谓之‘八景’。”时“好事者”即在长沙驿步门外（今橘子洲大桥东引桥附近）筑八景台，刊宋迪图画，后宋代诗僧惠洪赋诗题于上，更名“八境”。南宋淳熙十五年（1188），永嘉学派著名学者陈傅良讲学于岳麓书院，“复其旧，并建二亭于傍”。八景景点所在地也分别筑有不同形式的观景建筑。李（成）宋（迪）图画、米（芾）沈（括）诗文书传天下，“八景”因而声名远扬，成了山水画和诗词歌赋的热门题材。来自各地的文人墨客、达官名吏，甚至宫廷画院的画师和当朝的皇帝，或丹青绘摹，或咏诗填词，或律吕调和，自唐代至今，数以百计，历久不衰。“潇湘八景”的选景模式和审美指向，对中国景观文化的建设和发展影响深远。北宋以后，各地为张扬本地风物，纷纷仿效，将各自境内名胜以“八景”名之。日本、朝鲜等国也有以“八景”命名的景观出现。雨、烟、钟、风、雪、月、荷、照等字眼一再被照搬套用，成为各地景观命名的固定程式。由此产生的“八景”情结，构成了中国山川名胜和世界旅游史中的一种独特的文化现象。到清代中叶，全国各府、州、县修志时更发展到十景、十二景、十六景，甚至二十四、四十八、一百零八景等。

第二节 享誉中外的宗教名山南岳衡山

古代帝王祭祀的五岳名山之一 道教洞天福地 佛教禅宗祖庭 儒家理学渊薮 南岳大庙与进香祭拜

南岳衡山位于衡阳市南岳区，是一处有着深厚宗教祭祀历史文化底蕴的国家重点风景名胜区，2006年被列入首批向联合国教科文组织世界遗产中心申报的《中国国家自然与文化双遗产预备名录》。景区内有海拔500米以上的山峰37个，其中超过千米的20座。最高点祝融峰海拔1300.2米，山麓南岳镇海拔98米，相对高差1192米。诸峰凌耸于海拔百米左右的湘中盆地之上，山高壁陡，岭谷交错，呈现出峰林状的山中景观。山间古木参天，植被繁茂，奇禽异兽品类众多，自然风光旖旎多姿，在中国名山大岳中享有"五岳独秀"的美誉。"祝融峰之高，藏经殿之秀，方广寺之深，水帘洞之奇"，古为南岳风光"四绝"；"春日之烟云，盛夏之茏松，金秋之日出，冬雪之冰琼"，风光各异，赞为"四奇"。每当烟云骤起，群峰若苍龙奔腾，色彩绚丽，变幻无穷，雄浑之气无与伦比，又以"南岳独如飞"的意境突出于五岳之中。

衡山古又称"岣嵝山"，系五岭山脉越城岭的余支和湘、资二水的分水岭。《长沙记》云："衡山轩翔，耸拔九千余丈，尊卑差次七十二峰。最大者五：芙蓉、紫盖、石廪、天柱、祝融。祝融为最高。"[④]北魏郦道元《水经注》载："衡山东南二面临映湘川。自长沙至此，江湘七百里，中有九向九背。故渔者歌曰：'帆随湘转，望衡九面'。"[⑤]山水连绵，

图下3-2 南岳朱陵后洞

又呈“九龙朝圣”景象。《周礼·职方氏》称，衡山居星度二十八宿的轸星之翼，能“铨德钧物”、“度应玑衡”，即如衡器一样可称量天地的轻重，因而得名。唐代张守节《史记正义》云：“长沙一星在轸中，主寿命。占：明，主长寿，子孙昌也。”[⑥]衡山古属长沙郡（国），借名伸义，便又有中华“寿岳”之称。《山海经·海内经》郭璞注：“衡山。南岳也。”唐代韩愈《送廖道士序》中言：“五岳于中州，衡山最远。南方之山巍然高而大者以百数，独衡为宗。最远而独为宗，其神必灵。”[⑦]故为古代天子山岳之祭的对象。《尚书·舜典》载，虞舜“五月南巡守，至于南岳，如岱礼”。此后，除汉武帝以衡山道远而迁祀安徽潜山外，古代帝君祭祀南岳（衡山）便成为制度，历代相沿。

南岳衡山自古以来就是帝王将相、文人墨客荟集之地。相传炎帝神农氏开发潇湘，火神祝融游息衡山，以火施化。黄帝巡狩南岳，元妃嫘祖随行，死于途中，归葬此山。虞舜南巡，诏会诸侯，独衡为宗。大禹以白马祭天，得金简玉书治平洪水。山水之中包含着无数优美动人的故事和传说，充满着神异的色彩和谐趣。历代百官祭祀，处士栖身，学者盘桓，谪官流寓，访客不绝，留下诗词歌赋万余篇（首），为千古传唱。

唐末五代杜光庭《洞天福地岳渎名山记》、北宋张君房《云笈七签》中将南岳衡山列为道教三十六小洞天的第三“衡山朱陵洞天”。古有四福地（洞真墟、青玉坛、光天坛、洞灵源）、二境、三涧、六源、六门、九溪、十五洞、十六台、十四塔、二十三坛、三十八岩、二十五泉、九池、八堂，是大地名山间修真养性之士所居胜地，历代修建的道教宫观非常多，在道教史上最有影响的为黄庭观。

黄庭观位于衡山集贤峰麓，为道教上清派祖庭。清乾隆《衡州府志》载：“魏元君修道处。”魏元君即魏华存，字贤安，任城（今山东济宁）人。道教上清派第一代宗师。幼而好道，得授《黄庭内景经》等，开创了中国女子修道的先例。东晋大兴年间（318—321）来南岳修炼。咸和九年（334）羽化“成仙”，世寿83岁。受封为“紫虚元君领上真司命南岳夫人”，又称“南真”、“魏夫人”。黄庭观始建于唐武德元年（618），初为草庐，奉祀魏夫人。李白《江上送女道士褚三清游南岳》、杜甫《望岳》等诗中均有句赞之。大历三年（768），颜真卿游南岳，书有《魏夫

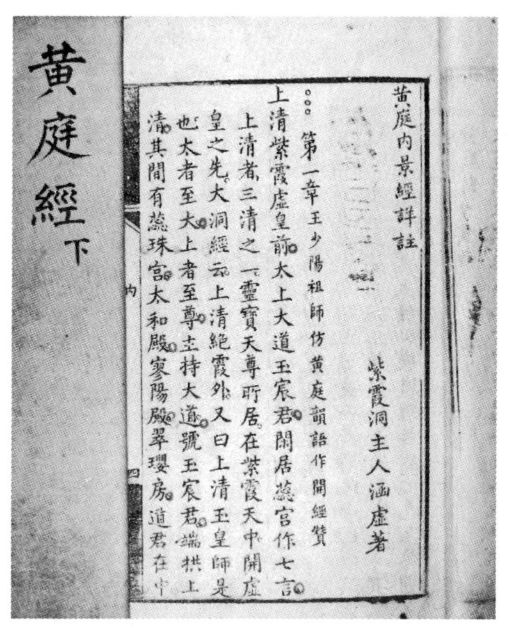
黃庭經 下

黃庭內景經詳註

紫霞洞主人涵虛著

第一章 王少陽祖師仿黃庭韻語作開經贊

上清紫霞虛皇前 太上大道玉宸君 閒居蕊宮作七言

上清者 三清之一 靈寶天尊所居 在紫霞天中開虛

皇之先 大洞經云 上清絕霞外 又曰上清玉皇師是

也 太者至大 上者至尊 主持大道 號玉宸君 端拱上

清 其間有蕊珠宮 太和殿 寥陽殿 翠瓔房 道君在中

图下 3-3 《黄庭内景经》书影

人仙坛碑铭》。五代楚长兴初年重修，称“魏阁”。北宋景祐年间（1034—1038），御赐“紫虚元君之阁”。政和五年（1115）改赐“黄庭观”。明末圮废。清乾隆、道光年间两次重建。现存建筑由山门、憩凉亭、过殿（慈航殿）、正殿（魏元君殿）和两侧祖堂、客堂等组成，依山顺势，殿宇相叠。山门为四柱三楼砖石牌坊。券门额刻“黄庭圣境”（背面额刻“道炁长存”），两面堆塑“双凤朝阳”和“魏夫人布道”等图案。憩凉亭门额镌“山不在高”四字，门联刻“欲往西池谒王母；且来南岳拜夫人”。现为坤道院。观右断崖上有巨石，上圆阔，下尖浮，名飞仙石，又称飞升石、礼斗坛、魏夫人坛。传为魏夫人飞升处，“或云麻姑送夫人乘云至此，云化为石也”。

六朝梁天监年间（502—519），佛教传入衡山。随后慧思大师（515—577）于六朝陈光大二年（568）来到衡山，创建修行道场大、小般若禅林（今福严寺和藏经殿），讲经弘法，阐扬“一心三观”和“诸法实相”学说，提倡“定慧双修”的修持方法。其弟子智𫖮（538—597）直接承传并发扬光大，后创立天台宗（该宗派以《法华经》为主要教义，亦名“法华宗”）；慧思亦因此被尊为天台宗二祖，也是南岳佛教的开山祖师。天台宗的创立标志着佛教中国化的开始，其学说远传日本等国，流布甚广。今福严寺附近尚存相传为慧思修行成道的纪念地“三生藏”。

衡山在佛教史上影响最大的是禅宗的南禅。南禅六祖惠能禅师（638—713）于广东曹溪传法，衍出最重要两支禅宗法系，均与南岳有关。其一为南岳系，代表人物为南禅七祖怀让禅师（677—744）。怀让为唐代金州（今陕西安康市）人，往参六祖惠能获悟，亲侍惠能 15 年。于唐代先天二年（713）始来衡山，居般若寺（今福严寺）大弘禅宗心法，四方僧徒前往归敬，怀让禅师随机教化，令弟子得悟心性。在南岳磨镜台曾以“磨砖成镜”为喻，启发马祖道一禅师（709—788）向内参究心地法门。马祖道一再先后传承，开成沩仰、临济两宗。怀让是佛教中国本土化后产生出来的高僧，身居承先启后的地位，开启了禅法在中国普传的先河，不仅促成了日后禅宗发展成为中国佛教史上规模最大、影响深远、传播广泛的宗派之一，也促进了整个佛教的兴盛，更为创造辉煌灿烂的中华文明作出了贡献。其二为青原系，代表人物为行思禅师。行思（671—740）俗姓刘，唐代庐陵（今江西吉安）人，为惠能门下首座，后弘法于吉州青原山静居寺。行思传法于南岳石头希迁禅师（700—790）。希迁住南岳南台寺，今南台寺寺东之平坦如台的大石则是希迁禅师结庵禅修处，禅师亦因此被称为石头希迁。希迁在此撰著了禅宗重要典籍《参同契》，对禅宗思想的发展起了重要影响。希迁辗转传法于药山、云岩、洞山、曹山而成曹洞宗；另传文偃、文益而分别形成云门及法眼二宗。以上五宗（南岳怀让系的沩仰、临济二宗与青原行思门下希迁所传衍的曹洞、云门、法眼三宗）标志着佛教中国化过程的完成，并成为后世的重要思想文化源泉，佛教史上称之为“一花五叶”、“五叶流芳”，南岳也被视为南禅的“祖源”、“济洞洞源”和南方佛教文化中心，并成为东亚及南亚著名的佛教圣地，法脉流芳天下，声名远播寰宇。

图下 3-4　南岳“磨镜台”

唐宋以降，衡山又成为儒家理学渊薮。衡山书院罗列，讲堂高踞。据统计，衡山的书院讲舍先后有 27 处之多，人称天下之书院，楚为盛；楚之书院，衡为盛。著名学者胡安国、胡宏、朱熹、张栻、王阳明、尹台、邹守益、湛若水、蒋信、罗洪先、王宗沐等在此治学兴教，学被三湘，风振一时。其中影响最大的是胡安国（1074—1138）、胡宏（1102—1161）父子。胡安国字康侯，号青山，原籍福建崇安，世称武夷先生，早年拜程颢、程颐弟子杨时为师，研究性命之学，又从程颐之友朱长文、靳裁学，得理学真传。后结庐于衡山紫云峰麓，创办碧泉、文定书院，讲学授徒，并在南岳完成了理学史上的重要著作《春秋传》。胡宏字仁仲，号五峰，胡安国子，世称五峰先生，对二程理学深有研究，撰有《知言》、《皇王大纪》等重要著作。胡氏父子同为南宋时期的著名经学家和道学南系“湖湘学派”的创始人，对湖南的学术文化影响深远。

胡宏的弟子张栻（1133—1180）字敬夫，一字钦夫，又字乐斋，号南轩，世称南轩先生，南宋汉州绵竹（今四川绵竹）人，为中兴名相张浚之子。幼承家学，既长，从师胡宏，潜心理学。其学自成一派，与朱熹、吕祖谦齐名，时称“东南三贤”。朱熹的老师胡宪为胡宏之堂弟，故朱、张二人学问颇有渊源。南宋乾道三年（1167）秋，朱熹远赴湖南与以张栻为首的湖湘学者在岳麓书院进行了两个月之久的会讲。之后，在张栻等人的陪同下，登临南岳，作山水之游，同时切磋学问。二人抵足夜谈，互得彰益。据侍行的学生范伯崇回忆称：“二先生论《中庸》之义，三日夜而不能合。”[⑧]几天时间，两位大师切磋所得，赋诗共得149篇，辑为《南岳唱酬集》传世，成就了理学史上的一段佳话，更增添了南岳衡山的文化底蕴。

儒、释、道共存一山，同融一堂，其学说思想相互渗透影响，是湖南名山文化的特色。除从上述可见一斑外，还体现在南岳大庙中。

南岳大庙为南岳圣帝庙的俗称，位于南岳衡山古镇。系一座集民间祠庙、佛教寺院、道家宫观于一体的古建筑群，即中路殿堂供奉“南岳圣帝”，两翼东有道教八宫（玉虚宫、万寿宫、清和宫、仁寿宫、三元宫、寿宁宫、纯阳宫、铨德观），西列佛教八寺（化城寺、崇宁寺、云峰寺、老南台寺、双峰寺、忠靖王殿、天堂寺、金龙寺），以示南岳道佛平等。具有较高的文物价值和艺术价值，是全国重点文物保护单位。南岳进香，即朝拜南岳圣帝，又名“朝圣”，为流行于湖南及周边各省的民间信仰习俗。南岳庙秦汉以前即已有之，为历代帝王代表国家祭祀山川社稷的主庙之一，这也是以儒家学说为主体的庙堂文化理念最为重视的祭祀。据唐代李冲昭《南岳小录》载："本庙在祝融峰上。隋代迁移，废华薮观而建立。今祝融峰顶有古庙基存焉。"⑨现庙奠基于隋。唐代贞观初年敕令在南岳建霍王殿，故庙称"南岳霍王殿"。开元十五年（727）敕五岳各建真君庙，又改称"南岳真君庙"。天宝年间称"司天霍王庙"。时一庙多殿，已具相当规模。历代曾6次毁于大火，16次重修和扩建。现存建筑为清光绪五年（1879）重建，后又陆续修葺。南岳庙在中国五岳名山中与泰安岱庙、登封中岳庙并称，具有较高的文物价值和艺术价值。"南岳庙之雄"为南岳建筑"四杰"之一。南岳圣帝为大庙正神，所指各种典籍记载不一，民间亦传说纷纭。传系祝融氏，又有"赤帝"、"丹灵峙"、"烂洋光"等名号，或称无名无姓的南方山岳之神。唐代之前被称为"岳神"。唐代御封"南岳真君"、"司天王"。北宋时御封"司天昭圣帝"，以"景明后"配祀。元代御封"司天大化昭圣帝"。明初取消各种封号，复其本来面目，称"南岳衡山之神"。清时御封"司天昭圣大帝"。道教历来称为"南岳大帝"、"南岳神君"。民间沿用宋代御封至今，习称"护国佑民大天尊"。民间俗称"南岳菩萨"。

图下3-5　南岳大庙老照片

隋唐以降，历代帝王为求"卫社稷，而福生灵"，或亲临或派出钦差大臣，每年均在此举行隆重的祭祀活动。民间拜祭活动又称"南岳进香"，四时不绝，无日无之。南岳香市俗称"赶八月"（农历八月初一日，民间传说南岳圣帝的诞辰），始于唐代会昌二年（842）。本省及周边各省民众，遇有灾难疾病时，常许愿朝香，以求消灾降福；有的虽无病灾，亦为求福、求寿、求子孙等，常不远千里前来朝圣，求其庇佑而许愿。朝香者为表示崇敬虔诚，往往徒步，出发前斋戒沐浴，头扎红巾，身穿青衣，胸戴绣着“南岳进香”的胸兜，身背香袋，口唱《朝拜歌》，一人领唱众人和，前往进香。有的手端一小方凳，凳的一端钉有香插，插上三根点燃的香，见庙晋庙，逢桥拜桥，更有三步、五步一拜者，称为“朝拜香”；有的背插小勺子，虽路途往返六七日，只喝水不吃烟火食者，谓之“朝饿香”。名目不一，唯以多受痛苦来表示自己的虔诚，求得南岳菩萨的庇佑。有的全家、全村集体朝圣，虽幼小儿童或高龄老人亦不惮此种劳苦。许愿朝香不管所求得到与否，都得还愿。即使人死了，子孙还得替其还愿，谓之“还阴愿”。认为如果不还，就会得罪神灵，招致灾祸。每值香市之期，大批朝香者涌入南岳大庙和位于南岳祝融峰的祝融殿，祭拜烧香，最多时日达十余万人，成为南岳衡山一年中游人最为密集、香火最旺的日子。各地民间艺人、江湖术士、小贩游医等在此前后也纷纷进入南岳，坐贾行商，贸易颇盛。香市前后历时三个月，经千年不衰，极具湖湘民俗文化特色，在江南地区影响甚大。与北方的泰安东岳岱庙、登封中岳庙并列为中国民间传统俗信三大进香祭拜。

第三节　儒释道交融共住的岳麓山

儒释仙道共生共荣　千年学府岳麓书院　湖湘第一佛教道场麓山寺　道教洞真墟福地云麓宫　小蓬莱橘子洲

岳麓山又名“麓山”、“灵麓峰”。南朝宋徐灵期《南岳记》称“周回八百里，回雁为首，岳麓为足”[10]，故名。自古以来被列为南岳衡山七十二峰之一，有“岳麓之胜，甲于湘楚”之誉。由麓山（含新民学会景点）、天马山、橘子洲、桃花岭、石佳岭、寨子岭、后湖、咸嘉湖等八个景区组成。清人黄道让以“西南云气来衡岳，日夜江声下洞庭”的诗句状其山川形胜，历有“碧嶂屏开，秀如琢玉”的盛誉。为一处融秀丽的自然景观和丰富的人文景观于一体的城市山岳型风景区。仅仅在清风峡一带，即保存着成片的亚热带原始次生林，其中百年以上古枫香 224 株，呈群落状分布。每届金秋时节，“万山红遍，层林尽染”，与北京香山、南京栖霞山、苏州天平山并称为中国四大红叶观赏胜地。

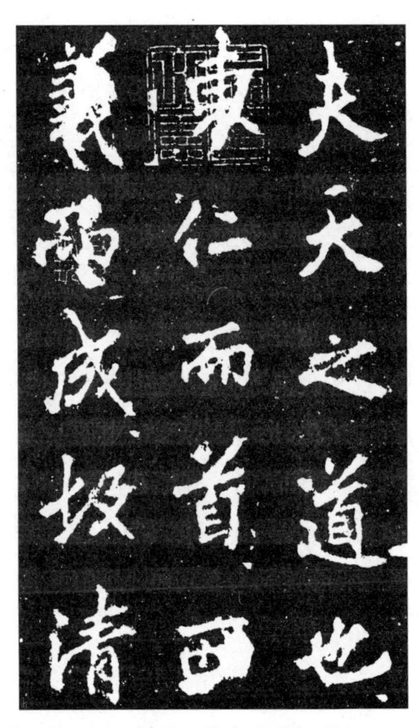

图下 3-6　李邕《麓山寺碑》局部

岳麓山历史悠久，人文荟萃。相传夏禹治水曾驻足山顶，留有禹迹蹊、拖船坳等遗踪。汉代后在山北南两端分别筑有北津城和南津城，以便防务之需。魏晋以来，禅师竺法崇首创麓山寺，道人张抱黄、邓郁、刘跛仙等在山间修炼，陶侃、马燧、杜甫、刘长卿、沈传师、裴休等名人骚客“开舍结庐，云蒸星灿”，儒释仙道于一山交流融合，共生共荣。隋唐以后更是寺庵林立，上下殿阁相望，成为湖南佛教的策源地和湘北佛教活动的中心。北宋初年创办岳麓书院，声名鹊起。南宋乾道、绍熙年间，书院经朱熹、张栻两位大师的治教，进入到鼎盛时期。以南岳衡山为基地的道学南系“湖湘学派”北移至此，创立和形成了湖南学和湖南文化的基本思想体系，麓山遂成为儒学传播重镇和湖南文化的发源地之一。朱、张游赏岳麓，称山顶为“赫曦”，并为山中佳景命名题额，由此出现赫曦台、道乡台、道中庸亭、极高明亭、翠薇亭等史迹，山的博大雄伟，广袤精深，由此而名。麓山寺、舍利塔、麓山寺碑、岳麓书院、禹碑、云麓宫等诸多名胜，浸透了麓山千百年来丰厚的历史文化和湖南文化精神。

岳麓书院是麓山风景名胜区最著名的景观之一，居麓山东麓清风峡口，为全国重点文物保护单位。

据史载，东晋陶侃曾在此种杉结庵，居住读书。唐末五代，智璿等二位僧人于麓山寺下“割地建屋”，首开儒学。北宋开宝九年（976），潭州知州朱洞在原麓山寺大殿遗址上创建书院。咸平二年（999），李允则知潭州，再兴土木，奠定书院讲学、藏书、祭祀三大功能的基本规制。大中祥符八年（1015），宋真宗召见山长周式，并颁书赐额。“于是书院之称始闻天下，鼓笥登堂者相继不绝”，时与河南登封应天书院、商丘嵩阳书院及江西庐山白鹿洞书院并列为当朝四大书院，人称“潇湘洙泗”。南宋乾道三年（1167）八月，理学家朱熹（“闽学派”代表）、张栻（“湖湘学派”代表）二人在此讲学和交流学术，展开了中国思想文化史上著名的“朱张会讲”。二人又先后主持书院多年，“道林三百众，书院一千徒”，是书院的鼎盛时期。南宋末年毁于兵燹。元至元二十二年（1285）重修，恢复宋代旧观。元末又毁。明成化五年（1469）重建，逐步奠定现存建筑格局。经明、清二代多次修造增建，书院再度辉煌，终为居全国前列的教育和学术中心，造就了湖南极盛的文风和大批经世纬国之材，对中国历史的影响和中国文化的弘扬居功甚伟。历代许多著名学者和名宦曾经在此主持书院或讲学。清光绪二十九年（1903），书院改新制，更名湖南高等学堂。辛亥革命后，先后改为湖南高等师范学校、湖南公立工业专门学校。1926 年正式定名为湖南大学，完成了向现代大学的变革。书院自创办以来虽曾 7 次遭战火破坏，12 次重建改造，然基址未变，相承发展，演变有序。现有建筑多属清代遗物。书院内外古木参天，青草铺地，建筑依山势逐步升高，与山景融为一体，既有殿高堂深的宏阔，又有桥曲水回的雅致，表达了儒家士子“天人合一”的理想追求。

麓山寺位于岳麓山腰，又名“岳麓寺”、“慧光寺”、“古麓（鹿）苑”。居清风峡游道北，背依碧虚峰（风雩山），为省级文物保护单位，汉族地区佛道教全国重点寺观。

三国吴宝鼎三年（268）由竺法崇禅师创建，系佛教入湘最早的一所寺庙，有“汉魏最初名胜，湖湘第一道场”之誉。南朝宋元徽年间重修塔庙。梁、陈时于清风峡下别构正殿，建涅槃像，开甘露门，增重阁、乐庭、回廊，规模日大。隋开皇九年（589），天台宗三祖智顗禅师在此主讲《法华经》，一时听众云集，对三湘佛教影响深远。隋唐以后，著名高僧相继主持，佛事日弘，寺院达鼎盛期。时大殿在山之东麓（今为岳麓书院），沿清风峡蜿蜒而上，直达白鹤泉上法华台，殿阁相望，香火连云，与道林寺并称为“湘西两寺”。唐开元十八年（730），书法家李邕撰书《麓山寺碑》，寺院影响蔚成大观。文人墨客竞相携游，作诗著文，既赞美了寺院的宏阔和环境的清幽，又描述了当时万人竞游的盛况。唐武宗时毁。唐宣宗时始逐步恢复，建筑范围移至清风峡以上，寺院得以延续。明万历年间敕赐“万寿寺”，再加整修扩建，成为佛教禅宗的著名寺院。明末又毁于兵火。清康熙十年（1671）、二十年（1681）先后重建。咸丰二年（1852）遭兵火破坏。光绪年间维修。民国初年复题名“古麓山寺”。1944 年侵华日军攻占长沙，寺院大部被毁，仅余山门、观音阁及虎岑堂等附属建筑。后多次重修。建筑采“伽蓝七堂制”，由山门、放生池、钟楼、鼓楼、弥勒殿、大雄宝殿、观音阁及讲经堂、藏经楼、方丈楼、法师楼、教学楼、图书馆、般若园、僧寮、五观堂、素茗斋、后山门等组成。寺外幽岩左壑，崇山右峙，古木苍翠，风光旖旎。山门作六柱三门五楼牌坊式，清康熙二十年（1681）复建，民国初年重修，后多次补修。门额“古麓山寺”为民国初题署。寺中“观音阁”门匾三字为唐欧阳询手迹。前廊柱上悬杜甫诗联“寺门高开洞庭野；殿脚插入赤沙湖”。阁左“虎岑堂”系唐代景岑招贤禅师旧居。阁前有罗汉松 2 株，其中一棵高 12 米，树龄约 1500 年，人称“六朝松”，是湖南省最古老的树“寿星”。寺院中珍藏的佛经和古籍极为丰富，其中石刻阎立本、吴道子、牧溪、仇英等所绘观音宝像，贯休的十六应真图等均为珍品。

云麓宫位于岳麓山云麓峰顶。魏晋之际，道教徒进入岳麓山，在禹碑北抱黄洞辟地造屋，潜心修炼。唐末五代杜光庭《洞天福地岳渎名山记》中称作道教七十二福地的第二十一“洞真墟福地”，被视为大地名山间仙人所居胜地。明成化十四年（1478），吉简王朱见浚倡建道院于此，建筑取武当山道观的宫殿形制。后渐废。嘉靖年间修葺。隆庆年间，道士金守分募资拓地增建，构殿五间，冶铁为瓦，凿石为柱，改名“云麓宫”，成一时大观。明末毁于兵火。清康熙年间重建。嘉庆、道光年间均有修葺。咸丰二年（1852）再毁于兵火。同治二年（1863），武当山太和宫道士向教辉主持教事，按昔日规模重建。时殿宇三进，右有望湘亭，成为游人览景佳处。1944 年俱毁于日寇飞机的轰炸。战后逐步恢复部分殿宇，未建山门，但山门剩存的花岗岩台基、围栏仍在。经维修重建后，现建筑物由关帝殿、三清宝殿、吕祖殿等组成。关帝殿门额匾题“云麓道宫”四字，为向教辉书。门联刻“对云绝顶犹为麓；求道安心即是宫”，内嵌“云麓道宫”四字，清吴獬撰。三清宝殿石墙、硬山顶、铁瓦为明代遗留。宫右下“飞来石”又名“拜岳石”，因其可瞻望衡岳而拜，故名。石方丈余，上镌北宋赵忭五言诗。近处古银杏树杈中有飞来钟，钟上铭文铸“明万历四年（1576）造”字样。清同治六年（1867）再铸。光绪年间曾被人击破，民国初年遭兵毁。现钟为1978年仿制。道人作息时鸣钟，其声激越清扬，偶听之如同“归来”之音，他乡游方道士也能闻声而至，故又名“归来钟”、“自来钟”。

橘子洲位于长沙古城与岳麓山之间的湘江中流，为岳麓山风景名胜区的主要组成部分。呈南北走向，由橘子洲、傅家洲、柳叶洲等组成，为世界城市中最长的内河绿洲。湘水南来，河道弯曲宽阔，西南的靳江河、东北的浏阳河和捞刀河等从不同方向注入，流水回环，泥沙淤积，以至这一河段在漫长的地质发育过程中出现沙石连绵、沙洲成串、此长彼消、时合时分的独特自然景象。1985年在傅家洲东南隅发现新石器时代遗址，证明约5000年前这一带的沙洲上已有人类生息劳作的痕迹。

南宋祝穆《方舆胜览》载：“晋永兴（304—306）生此洲。”[11]五代十国马楚时江心有仆射洲。北宋初有橘洲、直洲、誓洲、白小洲等四洲。初唐张九龄诗《初入湘中有喜》句“两边枫作岸，数处橘为洲”[12]，为其景观特色。南宋乾道年间，朱熹、张栻讲学岳麓、城南书院，两人和诗中称江中沙洲为“东渚”。时洲上有水陆寺。今橘子洲地初见于明崇祯《长沙府志》卷一所绘地图，标注“橘洲”。明清时该水段有六洲，“望之若带，实不相连”。橘洲居中，又名水陆洲，俗称下洲，时有“小蓬莱”之美誉。洲南有牛头洲，北有矮子洲、龙洲。清代末期，“水压洲长”，水陆洲逐渐与牛头洲接为一体。洲上建有江神庙（原水陆寺）、拱极楼、洞庭庙、义渡、义渡亭、朱张渡亭等。清光绪三十年（1904），长沙继岳州（今岳阳）后对外开放为通商口岸。宣统三年（1911），英国领事馆率先在水陆洲上建房，后德、美、日等国纷纷跟进，海关、领事馆、教堂、洋行、别墅等中、西或中西合璧的各类建筑相继而起。20世纪初，在长求学和从事革命活动的青年毛泽东常与同学、友人来洲上散步、游泳，畅论天下大事。其名篇《沁园春·长沙》和《七律·答友人》的广泛流传，且词中有“橘子洲头”、“长岛”等词句，遂使水陆洲以“橘子洲”之名扬声海内外。

第四节　烟波浩渺的洞庭湖

洞庭天下水，岳阳天下楼　洞庭浮黛看君山

洞庭湖风景名胜区位于岳阳市境内，为一处以国家历史文化名城岳阳和东洞庭湖国家自然保护区为主体的风光胜地。

洞庭湖古为云梦泽的一部分，历史文献记载的名称有“九江”、“五渚”、“五湖”、“三湖”、“重湖”、“巴丘湖”、“云梦”等。“洞庭”之名始见于《山海经·中山经》。唐李密思《湘君庙记略》云：“洞庭，盖神仙洞府之一也。以其洞府之庭，故以是称。湖名因山，自古而然矣。”今洞庭湖由东洞庭湖、南洞庭湖、西洞庭湖（目平湖）、七里湖等组成，地跨湘、鄂两省，北纳长江分支松滋、太平、藕池三口，南接湘、资、沅、澧四水，是长江重要的调蓄滞洪区和水域生态平衡功能区。水域总面积2625平方公里（1997年），在中国五大淡水湖中位居第二。湖周边有沅江赤山岛旧石器时代文化遗存，津市虎爪山遗址，安乡汤家岗遗址，澧县彭头山遗址、八十垱遗址、城头山古城址，华容车轱山遗址，君山猴子洞新石器时代文化遗存等，表明洞庭湖区域自10万年前以来人类生活所经历的各个历史阶段，是长江流域古文明的象征。

岳阳古城居东洞庭湖东北岸，古名巴陵，又称岳州，是一座有2500多年历史的国家历史文化名城。春秋时属楚。自楚昭王十一年（前505）筑西麇城，三国晋太康元年（280）始建巴陵县，历为郡、州、府、县治，是长江中游和湘北交通重镇，有“湘北门户”之称。

作为楚文化和百越文化交会处，在漫长的岁月里，这里汇集交融了古代濮、越、巴、楚、中原等众多文化，渐次形成了以楚文化为主体，兼蕴诸种文化因素的地域文化，是中国南方古代民族文化宝库的重要组成部分。2000多年前，屈原作《九歌·湘君》、《九歌·湘夫人》等篇，将洞庭描绘成神仙出没之所。屈原殁于汨罗江后，湖区人民年年以赛龙舟来怀念他。唐宋以降，岳阳遂成为全国龙舟竞渡的中心。龙舟民俗文化作为洞庭水乡的一道独特风景，深深影响着海内外华夏子孙。岳阳楼、岳阳文庙、慈氏塔、金鹗山、南湖、君山、柳毅井、香炉山、艑山、团湖、三江口、虞帝二妃墓、周瑜墓、小乔墓、鲁肃墓、岳州关等名胜古迹点缀其中，山水人文，遥相呼应。尤以中国三大名楼之一的岳阳楼最著。千百年来，无数名人骚客驻足吟唱，其中以杜甫的《登岳阳楼》和范仲淹的《岳阳楼记》最为有名。

岳阳楼建筑群位于岳阳市岳阳楼区洞庭北路，西临洞庭湖，有岳阳楼、仙梅亭、三醉亭、岳阳门、牌坊、小乔墓、吕仙祠、怀甫亭、双公祠、五朝楼观、雌雄银杏等景点，为全国重点文物保护单位，历史文化名城岳阳的象征之一。背倚巴陵山，面临洞庭湖，气势雄伟，历有“洞庭天下水，岳阳天下楼”之盛誉。与武昌黄鹤楼、南昌滕王阁、烟台蓬莱阁并称为“中国四大名楼”，或与黄鹤楼、滕王阁并称“江南三大名楼”，又与黄鹤楼、马鞍山太白楼合称“长江三楼”。东汉建安二十年（215），孙权遣鲁肃屯军巴丘山（一作巴邱山，今岳阳楼一带），筑阅军台，传为其前身。晋南北朝时称巴陵城楼。唐有南楼、洞庭驿楼、洞庭楼等诸称。唐开元四年（716），中书令张说谪守岳州，“每与才士登楼赋诗，自尔名著”。唐乾元、上元年间，李白两过洞庭，留下《与夏十二登岳阳楼》等十余首诗作。贾至也有《岳阳楼重宴别王八员外贬长沙》。李白、贾至赋诗之后，岳阳楼之名约定俗成，一直沿用至今。从唐宋以来的诗赋与图画推定，歌舞宴饮、把酒临风的高楼敞轩一直是岳阳楼沿用的规制。北宋庆历四年（1044），滕宗谅（字子京）谪知岳州巴陵郡，次年重修岳阳楼，增其旧制，取古今诗赋刻石其上。六年（1046）夏，楼告竣，滕氏书请谪知邓州（今河南邓县）的范仲淹作记。《记》成文后，由苏舜钦书丹，邵竦篆额，置于楼内。范文中有“不以物喜，不以己悲”、“先天下之忧而忧，后天下之乐

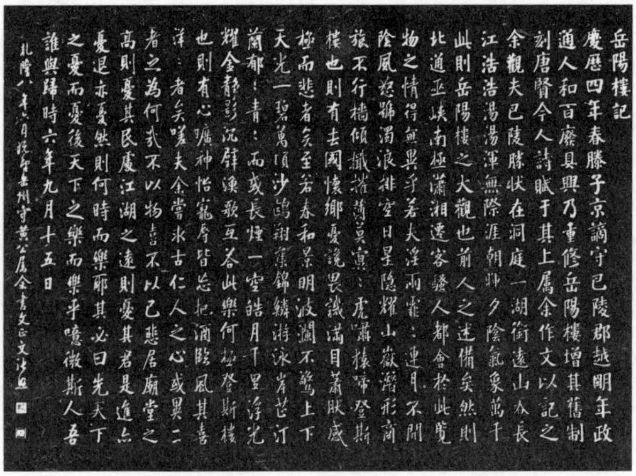

图下 3-7　清代张照手书《岳阳楼记》

而乐”等名句，表达了崇高的人格境界。滕楼、范记、苏书、邵篆，时称“四绝”。后几经兴废。据考证，1800多年来，岳阳楼修葺53次，复建24次，楼址后移3次。清光绪六年（1880）重建，终成现有形貌。滕王阁二楼正厅悬清代张照手书《岳阳楼记》紫檀木刻屏，三楼楹联“水天一色；风月无边”传为李白手迹。登楼凭栏远眺，可览八百里洞庭风光。“名楼仰哲”为岳阳十景之一。

君山古称“湘山”、“洞庭山”、“有缘山”，或称“北渚”、“熊耳山”、“小蓬瀛”、“帝子山”等，为东洞庭湖中的一个小岛。西汉司马迁《史记·五帝本纪》载黄帝轩辕氏巡狩“南至于江，登熊湘”。清乾隆《大清一统志》云“熊湘”，“即湘山（君山）也”。《山海经·中山经》载：“洞庭之山……帝之二女居之，是常游于江渊。”晋郭璞注：“天帝之二女而处江为神，即《列仙传》江妃二女也，《离骚》《九歌》所谓湘夫人称帝子者是也。而《河图玉版》曰湘夫人者帝尧女也。”[13]说明楚人在屈原之后已将舜妃之事附丽于古洞庭湖的湘水之神上，并立祠庙祀之。北魏郦道元《水经注》称：“是山湘君之所游处，故曰君山矣。”[14]君山之名渐次固定，延续至今。

君山岛呈椭圆形，西南高东北低，四面环水，东与岳阳楼遥遥相对；西南悬崖峭壁，怪石嶙峋；东北坡势平缓，12峰72山包状如螺髻，平均海拔55米，最高点响山海拔68.6米，峰峦盘结，沟壑回环，远望似横黛，近观如睡莲，浮荡于波光潋滟的洞庭湖中。李白《游洞庭五首》之五中有“淡扫明湖开玉镜，丹青画出是君山”[15]，刘禹锡《望洞庭》诗中，有“遥望洞庭山水翠，白银盘里一青螺”[16]的佳句，以赞美她的秀姿。黄帝铸鼎，二妃思夫，汉武射蛟，柳毅传书，洞宾朗吟，杨幺扎寨，一草一木都附丽有神奇的传说故事，一亭一阁均蕴含着深厚的历史文化。“洞庭秋月”、“银盘托日”、“渔村鱼香”、“碧莲争艳”、“雾锁香炉”、“江天卧石”、“空山鸟语”、“茶园春色”等合称为“君山八景”。“洞庭浮黛”为岳阳十景之一。

因君山地居中原入湘要冲，先秦时已是著名的风景胜地。秦代，湘山与嵩山、恒山、泰山、会稽山并列，为殽山以东五大名山之一，是国家祭祀的重点对象。东汉末年道教入湘，这里又成了道家清修的理想场

图下 3-8　君山二妃祠

所。晋王嘉《拾遗记》中列此山为海内八座仙山之一，云“洞庭山浮于水上，其下有金堂数百间，玉女居之。四时闻金石丝竹之声，彻于山顶”[17]。唐末五代杜光庭《洞天福地岳渎名山记》中称其为道教七十二福地的第十“君山福地”，北宋张君房《云笈七签》将其列为第十一福地，是大地名山间仙人所居胜地。当代对龙口东侧摩崖石刻的破译，表明佛教在唐代也已进入君山。

岛上名胜古迹甚多。旧有 4 台、5 井、36 亭、48 庙等，素以“集奇撮胜”之地著称。代表性的古迹有洞庭庙、湘妃墓、朗吟亭、君山摩崖石刻等。

第五节　灵动飘逸的武陵源

武陵源风景名胜区概览　出神入化张家界　雾中仙境索溪峪　奇石峥嵘天子山　武陵之魂天门山

武陵源风景名胜区位于张家界市，由张家界国家森林公园和索溪峪、天子山、天门山等景区组成。为国家级重点风景名胜区，国家 5A 级旅游景区。1992 年，联合国教科文组织世界遗产委员会批准将武陵源风景和历史名胜区列入《世界遗产名录》。2001 年，被批准为国家地质公园。2004 年，被联合国教科文组织批准为世界地质公园。2005 年，在《中国国家地理》杂志主办的“选美中国”系列活动中入选“中国最美的五大峰林”。

武陵源地处武陵山脉中段，居澧水中上游，由唐王维七言乐府《桃源行》句“居人共住武陵源，还从物外起田园”意而得名。是由世界罕见的石英砂岩峰林峡谷地貌和丰富的地带性生物群落构成的自然景观区。大约3.8亿年前，这里还是一片汪洋大海，后因多次地壳运动，形成厚约500米的石英砂岩。随着燕山运动与云贵高原同时抬升，经地表水长期切割、风化、崩落和岩溶发育，最终呈现出峰岩林立、高低悬殊、溪谷纵横、溶洞幽深的奇特地貌形态。境内地势以中部天子山和张家界的高台为核心，自西南向东北和缓倾斜，周围由砂页岩与灰岩岭脊环绕，形成若干河谷型小盆地。区内有大小石峰3103座，峰体分布在海拔500至1100米，高度由数十米至400余米不等，或玲珑峻峭，或峥嵘可怖，或平展如台，或劲瘦似剑，似人若物，惟妙惟肖。峰顶岩缝，松枝虬曲，鲜花丛丛；峡谷两岸，石桥飞架；深谷幽境，奥秘莫测；岩溶洞窟，艳丽多姿；神秘禁区，人迹未涉。武陵源又有“秀水八百”之说。34条大小溪河蜿蜒纵横，21处飞瀑、22处涧潭、29处泉水、1个天然湖、2个人工湖和无数暗河伏流隐现于峰峦幽谷之中，山水相依，灵动飘逸。

武陵源是一个多民族居住区，土家、苗、白、汉、回、满、侗、瑶

图下3-9 武陵源风景

等17个民族以“大杂居、小聚居”的形式分布于区内，土家苗寨、吊脚木楼、石磨水碾、笕槽筒车、小桥清溪与多姿多彩的民族风情、优美动人的民间传说相互映衬，相得益彰。荟萃天下名山之大成，集“峰奇、谷幽、水秀、林深、洞奥”的独特神韵于一体，妩媚多姿，如诗如画，被中外专家学者和游客赞为“地球纪念物”、“自然博物馆”、“天下第一奇山”。

张家界国家森林公园位于武陵源区。古名“青岩山”，因明崇祯年间邑人张再弘“蒙恩赐团官”并设衙署于此，改现名。自然风光以岩奇、水幽、林秀最著，人称“有泰山之雄，华山之险，桂林之秀，黄山之奇，还有诸山不见之俏”。境内千余座石峰拔地而起，或上锐下削，或上下相仿，有的似玉柱擎天，有的似铜墙铁壁，有的危如累卵，有的动若浮舟，附以美丽动人的故事和传说，一组组奇特的天然雕塑，无不出神入化，惟妙惟肖。岩壁石缝间的山泉，幽谷卵石中的潜流，汇成金鞭溪、卸甲峪溪、花溪、琵琶溪、畲刀沟溪等5条山溪，环山绕石，清波涟漪。园区另有1处悬崖飞瀑、5处涧潭、6处泉水。草木禽兽与奇山异水浑然一体，同生共荣，形成完美的生态系统。区内气候冬暖夏凉，观山色，望云海，看日出，赏雪景，四季咸宜，各有其乐。现有琵琶溪、金鞭溪、黄石寨、鹞子寨、畲刀沟、袁家界6个景区，分别以秀、幽、雄、险、野、奇的特色居胜。

索溪峪风景区位于武陵源区军地坪、索溪峪土家族乡及协合乡，西连张家界，北接天子山。土家语中“索溪峪”意为“雾大的山谷”。呈盆地状，多层石英砂岩峰林地貌与岩溶地貌交接并存。区内山峰发育较早，峰脚宽大，溪谷开阔，山形地貌与张家界、天子山既有共同之处，又别具特色。六峪十九壑中有446座大型塔式岩峰、59条沟谷、17条溪河、9处飞瀑、6处涧潭、14处泉水、2个人工湖、59个大小溶洞，彼此自成体系，又山水相依，以峰秀、谷幽、水碧、洞奥居胜，被誉为“集三峡之雄伟，汇黄山之神奇，融漓江之秀丽，怀西湖之温馨”的“人间仙境”，是武陵源的一颗“璀璨明珠”。其中百丈峡尤为著名。一说因峡高百丈而得名，一说因土家族起义军在此与官军交战一百次，故又名“百仗峡”。明清文人多有题咏，清嘉庆举人褚延泰《百丈峡》诗颇能反映此处特有风景："削掌峥嵘不可阶，牢笼万状迥无埃。半山怒石横春笋，一壑奔泉走夏雷。风送虎声昏白日，岩悬鸟迹隐苍苔。奇云深锁摩崖迹，丈尺何人细数来。"⑱

天子山风景区位于武陵源区天子山镇，东连索溪峪，西南接杨家界和张家界。传说元末明初土家族首领向大坤在此揭竿聚义，自号"向王"、"向家天子"，与官军作战死于此山，后人于山上建天子庙，因而得名。山多向王遗迹。景区内密集陡峭的峰林石柱，险绝奇美的仙人桥、岩门、溶洞，飞腾而下的瀑布等，台地错列，石峰嶙峋，远看如繁华闹市的座座高楼，近观似奇石峥嵘的大型盆景。在山腰海拔 900 多米的岩檐上，小道横挂，高低弯曲，绵延 20 多公里，有 69 道岩湾、84 个天然观景台，其下绝壁千仞，苍崖吐翠，绮丽壮美。游人在此俯瞰武陵佳境，峰、峡、瀑、林遍布千山万壑，鬼斧神工。风光兼具雄、险、奇、秀、幽、野的特点，且四季不同，朝暮阴晴各异。尤以"云雾"、"月夜"、"霞日"、"冬雪"被称为天子山四大奇观。

天门山，又名嵩梁山，位于永定区大坪镇北部，系武陵山脉向东进入洞庭湖平原的余脉。山形呈东西走向，如一道天然画屏横卧在市区南面，并以发育较齐全的岩溶山地地貌区别于武陵源砂岩峰林景观，人称"武陵之魂"。北魏郦道元《水经注》称："吴永安六年（263），武陵郡嵩梁山，高峰孤竦，素壁千寻，望之苕亭，有似香炉，其山洞开，玄朗如门，高三百丈，广二百丈，门角上各生一竹倒垂下拂，谓之天帚，孙休以为嘉祥，分武陵置天门郡。"⑲南宋祝穆《方舆胜览》记载："天门山在慈利县。《寰宇记》云：'古嵩梁山也。'有十六峰相次，最高为天门，空明透彻，明贯山顶。其上有泉。门之两向有竹罄折垂地，摇拂无尘，人谓天帚。……五代有道之士周朴有《题天门十六峰诗》。"⑳

主峰海拔 1518.6 米，山顶因长期的风化剥蚀和断层作用，四周陡峭部分仅保存了核部产状宽缓地地层，从而呈现出孤立台地地貌。其下诸峰环立，高低错落，远近有序。著名的天门洞南北对开于主峰东南千米绝壁之上，实由垂直发育的溶洞经长期溶蚀崩塌而成。正看如镜如门，侧视威严肃穆，俯瞰空旷浩大，仰视惊险万分。洞顶沟槽有泉水飘洒，落下点点"梅花雨"。烟云起伏之时，门洞常现"喷云"、"彩虹"、"瀑

图下 3-10 天门山

布”奇观。山中溶洞遍布，形态丰富，以垂直形溶洞最多最险。沅陵溪、张家溪、椰溪、天门溪、岩板溪、飞家溪等 7 条山溪呈辐射状向四周扩散，曲折流入澧水，碧水幽幽，纯净明澈。

相传春秋名士鬼谷子曾栖遁于此。“天门洞开”、“鬼谷显影”、“山顶翻水”、“野拂藏宝”被称作天门山“四大古谜”。五代以来，文人墨客列举天门山有十六峰十六洞天胜景，留有诗词歌赋数百首（篇）。山上有始建于唐代、重建于明代的天门山寺，为湘西地区的佛教中心。五代诗人周朴有《天门灵泉院》诗，其中名句“猿抱子归青嶂后，鸟衔花落碧岩泉”[21]，颇为人传颂。

第六节　灵境仙踪桃花源

桃花源风景名胜区概览　古风犹存的“世外桃源”

桃花源风景名胜区位于常德市桃源县南部，为国家重点风景名胜区，国家 4A 级旅游景区。

桃花源所在地为雪峰山余脉的低丘山地，主峰嶂山海拔 215.7 米。属中亚热带季风湿润气候区，又处中亚热带北缘湘鄂川山地植被区和江汉洞庭湖鄱阳湖平原植被区的过渡地带，气候温暖湿润，四季分明，面临沅水，峪错林翳，洞天如闭，水溪、斯罗溪（桃花溪）缠山绕岭，跌宕起伏，茂林修竹与丘峦、峡谷、岩体、洞穴、溪河、湖塘、涌泉、沙洲、天象、生物等景观融为一体，山生绝境，水造迷津，涧转峰回，韵律有致。特别是十万多株分属63个品种类型的桃树遍布山间，十里桃花路，春来遍是桃花水，水上桃花似火红，又成“桃花流水”美景。

早在晋以前，桃花源即以林壑幽静闻名。相传东汉伏波将军马援、三国蜀将张飞等曾率军驻此。又传东晋武陵渔人黄道真误入桃源洞，发现避秦地。南齐沈羲在桃花穴修炼成仙。西晋末叶，道教进入桃源山，辟园造屋，初建桃川宫。隋末遭兵燹。唐开元中重建。上元元年（760）前后，茅山派第十五代宗师黄洞源率弟子在此修真，奠定了桃源山道教圣地的基础。德宗建中年间，滨沅水一带到桃源山的道观建筑群已初具规模，时与北距约10公里的绿萝山齐名。被称为道教三十六小洞天中的“桃源山白马玄光洞天”和七十二福地中的“绿萝山福地”，人称“洞天福地”，是大地名山间仙人所居胜境。晋宋时期陶潜写有《桃花源诗并记》。后有人称此地即是陶《记》中所描述的理想王国“世外桃源”。唐代王维的《桃源行》、韩愈的《桃源图》、刘禹锡的《桃源行》等诗篇更使桃花源声名大著。特别是刘禹锡被贬为朗州司马，谪居常德十年，常到此游览，并赋诗题字勒石，不仅将早已仙化了的道教圣地与陶《记》联系起来，而且与时任朗州刺史的窦常一道将诗化的文学描写、艺术图像实物化。现实中的桃源山、桃源洞、桃源观、桃川等随之闻名遐迩。北宋乾德元年（963），析武陵县地置桃源县。当地官府奉诏在桃源山大兴土木，宫观纵成，殿宇相连，晨钟暮鼓，香客云集，气势磅礴，桃花源遂成为名满天下的风景胜地。元末毁。明洪武年起，在废墟上陆续修复，又有兴建，并向桃花山扩展，自后成为建设的重点。明末再遭兵火。清康熙中复桃川宫，又先后修建黄闻阁、渊明祠、桃川书院、关圣宫等，但已难复旧观。光绪十八年（1892），知事余良栋重修渊明祠，依山就势布置亭阁桥榭凡十二处，以陶《记》、《诗》命名，更突出其文化特色。

主体景区包括桃仙岭、桃花山、秦人村、桃源山四部分，有景点95

个。其中古建筑22处(含明清古建筑18处)。“缆船洲”、“秦人洞”、“遇仙桥”、“炼丹台”、“瀹鼎池”、“摩顶松”、“空心杉”、“桃花溪”合称“桃源洞八景”(俗称桃花源古“内八景”)。“桃川仙隐”、“白马雪涛”、“绿萝晴画”、“梅溪烟雨”、“浔阳古寺”、“楚山春晓”、“漳江夜月”、“潼舫晚渡”名“桃源八景”(俗称桃花源古“外八景”)。

桃花源集古老、神奇、幽奥、秀美、壮阔、清丽于一地，熔诗情画意、寓言典故、乡风民俗于一炉，千百年来为无数文人雅士所向往。园内多古碑刻，刊古今吟咏和文章书法。历代著名文人墨客、羽士高僧或亲往，或遥寄，留下约2000多首（篇）诗词散文，不仅丰富了桃花源的文化内涵，更使其名千古流传。

桃花源民风古朴，许多习俗传承千古，至今犹存。如喝“擂茶”的习俗，传说东汉名将马援奉命征伐五溪蛮时，军中遇到瘟疫肆虐(一说为东汉末年刘备屯兵武陵，因水土不服，全军腹泻，经久医治不愈)，得一老妪献祖传秘方“三生（生米、生姜、生茶叶）汤”，拯救了军队，从此遐迩闻名，绵延成俗，成为民间家家必备的饮料。又如有以石定亲的婚俗，定亲日，求亲人要挑一担亲手制作的草纸去女家，如果女家满意，便会将草纸收下，在空篓中放一双布鞋，鞋中用红纸包着两颗石子，“石”、“实”同音，这门亲事便算落实了。如果只有鞋，没有石子，说明

图下3-11　桃花源“桃川宫”

女方对男方还有不满意的地方，必须查找原因，迅速改正，过一段日子再挑一担草纸去定亲。草纸一定要亲手制作，不许旁人帮助和代劳，一经查出，视为欺骗行为，婚事一定告吹。如果篓内连布鞋也不放，则是女方不同意这门婚事，不要再作指望。

2006年，桃花源的明至清代古建筑群被列入第六批全国重点文物保护单位。2006年与2009年，“桃花源传说”、“擂茶习俗”分别以民间文学类、民俗类被列入首批及第二批省级非物质文化遗产名录。

【注释】

①《水经注》卷三八“湘水”，陈桥驿注释本，浙江古籍出版社2001年，第593页。

②引自《水经注》卷三八“湘水”，陈桥驿注释本，浙江古籍出版社2001年，第593页。

③《（雍正）湖广通志》卷八九《艺文志》，台湾商务印书馆1986年影印文渊阁《四库全书》本。

④［清］胡渭：《禹贡锥指》卷一一下，台湾商务印书馆1986年影印文渊阁《四库全书》本。

⑤《水经注》卷三八“湘水”，陈桥驿注释本，浙江古籍出版社2001年，第590页。

⑥［唐］张守节：《史记正义》卷二七《天官书第五》，台湾商务印书馆1986年影印文渊阁《四库全书》本。

⑦［宋］魏仲举：《五百家注昌黎文集》卷二〇，台湾商务印书馆1986年影印文渊阁《四库全书》本。

⑧［清］王懋竑：《朱子年谱》卷一，台湾商务印书馆1986年影印文渊阁《四库全书》本。

⑨［唐］李冲昭：《南岳小录》，台湾商务印书馆1986年影印文渊阁《四库全书》本。

⑩《（雍正）湖广通志》卷一一《山川志》，台湾商务印书馆1986年影印文渊阁《四库全书》本。

⑪［宋］祝穆：《方舆胜览》卷二三，台湾商务印书馆1986年影印文渊阁《四库全书》本。

⑫《全唐诗》，中华书局1960年版，第二册，第598页。

⑬［晋］郭璞：《山海经》卷四，台湾商务印书馆1986年影印文渊阁《四库全书》本。

⑭《水经注》卷三八“湘水”，陈桥驿注释本，浙江古籍出版社2001年，第594页。

⑮《全唐诗》，中华书局1960年版，第五册，第1830页。

⑯《全唐诗》，中华书局1960年版，第十一册，第4129页。

⑰［晋］王嘉：《拾遗记》卷一〇，中华书局1981年，第35页。

⑱见民国《慈利县志》卷四《地理第一》。

⑲《水经注》卷三七“澧水”，陈桥驿注释本，浙江古籍出版社2001年，第576页。

⑳［宋］祝穆：《方舆胜览》卷三〇，台湾商务印书馆1986年影印文渊阁《四库全书》本。

㉑见邓显鹤编《沅湘耆旧集前编》卷八，岳麓书社2007年版，第一册，第137页。

第四章

众芳争艳的湖南地方戏曲

湖南历史地域文化底蕴深厚，民族众多，加之地处南北东西通衢，本土原生态戏剧曲艺与外来戏剧曲艺交相融会，因而戏曲种类之多，声腔之盛，名家名作之多，素为人们所称道。据统计，湖南的传统戏剧多达 19 种，剧目达 5000 多个；传统曲艺 38 种，内容更为繁富，堪称戏曲大省。

第一节　雅俗共赏的湖南传统戏剧

湘昆　湘剧　汉剧　祁剧　荆河戏　花鼓戏　傩堂戏　阳戏

湖南最古老的地方戏剧导源于远古时期先民的驱疫祭祀仪式——驱傩。春秋战国时期，这种驱疫祭祀仪式已经发展成为供娱神而用的“歌乐鼓舞”，在湖南的沅湘一带广泛流行，以其具有“天人合一”、“人神交感”乃至震撼灵魂、拷问灵魂之精神要素和文化因子的特质，对屈原的辞赋创作产生了巨大的影响。这就是东汉王逸在《楚辞章句》中论述屈原作《九歌》之原因时特别指出的：“昔楚国南郢之邑，沅湘之间，其俗信鬼而好祠。其祠必作歌乐鼓舞以乐诸神。屈原放逐，窜伏其域，怀忧苦毒，愁思沸郁，出见俗人祭祀之礼，歌舞之乐，其词鄙陋。因为作《九歌》之曲，上陈事神之敬，下见己之冤结，托之以讽谏。”[1]这种带有原始宗教色彩、由巫师作为酬神歌舞主角的巫舞，是湖南戏曲艺术的萌芽，并一直存在于民间。最迟不晚于清代康熙年间，这种原本作为娱神歌舞的傩，逐渐从原始宗教仪式中独立出来，孕育、形成和发展成为最具地域民族、民间特色的傩堂戏，又称“还傩愿”，并对湖南的其他多种民间小戏产生了不同程度的影响。

春秋战国时期，还出现了一种以伎艺娱人的“俳优”，“俳优”表演歌舞，演奏音乐，间夹杂以诙谐滑稽的讽刺，很受人们的欢迎。当时最著名的“优孟”，就是楚地的一位乐人，《史记·滑稽列传》曾生动地记述了“优孟衣冠”的故事。“俳优”的表演已经包含了一些戏曲的因素，也是湖湘戏剧家的鼻祖。

南宋时期，郭沔（字楚望）寓居衡山附近的潇湘二水相汇之地，创作了情景交融、寓意深刻的琴曲《潇湘水云》，800年来广为流传。元代，湘乡冯子振（1253—1348）创作了《鹦鹉曲》百首（今存42首），音律和谐，可供优伶歌唱。明代，湖南戏曲兴起，靖州剧作家许翰的杂剧合集《泰和论》、常德龙膺的传奇《蓝桥记》都是有影响的作品。明末清初湖南著名学者王夫之（船山）著有杂剧《龙舟会》，湘潭黄周星著有传奇《人天乐》，张九钺著有《六如亭》，张声阶著有《玉田春》、《轩杂居》。这些都是湖南戏剧曲艺繁荣的产物，同时又对戏剧曲艺的发展产生影响。

戏曲研究者一般将湖南的传统戏曲分为地方大戏和民间小戏两大类，各自包含众多的剧种。要了解这些剧种是怎么形成和发展起来的，必须追溯其声腔的来源和发展脉络。

湖南现今各大戏剧种流传的声腔中最早形成的是高腔，它源于弋阳腔，明代永乐年间（1403—1424）从江西传入，曾盛行一时。约在明万历年间（1573—1620），安徽的青阳腔也传入湖南，并对高腔产生影响。因此，湖南各剧种最早的高腔大多具有弋阳腔和青阳腔的基本演唱方式和特点，但由于在流传过程中也融合了湖南的地方语言和地方音乐，故其演唱方式又带有地方特色，逐步演化成湖南各剧种的高腔。2006年，以辰河高腔与常德高腔为主体的高腔被列入第一批国家级非物质文化遗产名录。明代万历年间，与青阳腔同时传入湖南的还有昆腔，一直流传至今；此外，还出现了一种曲调与昆腔大体相似的“低牌子”（“低腔”）。最晚传入湖南的大戏剧种声腔是弹腔，又称“乱弹”，是清代以降首先传入长沙一带的。自此，高、昆、弹诸腔构成了湖湘地方大戏诸剧种的基本声腔。至于民间小戏，则大都是在民间歌舞诸如闹花灯、唱采茶、田歌、山歌、秧歌、船歌等，以及百戏和某些宗教音乐相互影响融合的基础上形成的。花鼓、阳戏等民间小戏约形成于清代嘉庆、道光年间（1796—1850），开始演唱的是灯调，后出现牌子（湘南）、打锣腔（湘北），并有川调传入，逐渐发展成较为完善的声腔系统，在各个不同地区的民族语言和地方语言的影响下，形成了不同特色的声腔体系，衍生出多种地方风格的曲调和曲牌。概而言之，明代是湖湘戏曲的兴起时期，清代初至中期是繁荣时期，至清末，更多戏曲剧种如京剧传入湖南，促使湖南的戏曲进一步发展而呈现百花争艳的景象。大致而言，湖南的传统地方戏剧主要有湘剧、祁剧、辰河戏、衡阳湘剧、武陵戏、荆河戏、巴陵戏、湘昆、长沙花鼓戏、邵阳花鼓戏、衡州花鼓戏、常德花鼓戏、岳阳花鼓戏、永州花鼓戏、阳戏、花灯戏、傩戏等剧种，以及木偶戏、皮影戏等。

湘昆即湖南昆曲，是湖南地方大戏剧种，为我国昆曲艺术五支之一（其他四支为北昆、南昆、苏昆和浙昆）。因艺人和班主多出自桂阳，又称“桂阳昆班”或“桂阳昆曲”。后定名为湘昆。约在明代万历年间（1573—1620）传入湖南。湘昆长期扎根农村，经过演变发展，与当地人民的生活、语言和民间音乐等相结合，变吴歌为楚声，形成具有山野气息的地方昆曲，盛行于以桂阳为中心的湘南一带。清乾隆至民国初年，繁衍了十多个昆腔班，多以“文秀”二字命名。清末民初，各地昆曲普遍走向衰落，湘昆却一直管弦不断。湘昆的剧目非常丰富，多系故事情节完整的明清传奇，保留了40多本大戏和一批折子戏。

湘昆用郴州、桂阳一带官话提炼为舞台语言，文辞华丽典雅，曲调清逸婉转，唱腔高亢质朴，表演粗犷豪放，具有山野气息；载歌载舞，武功技艺卓绝，富于诗的意蕴、画的风韵。伴奏乐器至今还保留有明代

图下 4-1　湘昆《连环计 · 小宴》剧照

流传下来的“怀鼓”和“提琴”。角色行当分老生、小生、旦角、净角、丑角五大行。其代表剧目有《武松杀嫂》、《荆钗记》、《牡丹亭》等。

昆曲进入湖南后，对湘剧、祁剧、巴陵戏、辰河戏、荆河戏、武陵戏等众多的地方戏曲产生过深远而直接的影响。昆曲在世界艺术之林中享有崇高的声誉。2001 年，包括湘昆在内的中国昆曲艺术被联合国教科文组织认定为“人类口头和非物质遗产代表作”。2006 年，被列入第一批国家级非物质文化遗产名录。

湘剧是湖南地方大戏剧种，有两个流派。

其一用中州韵、长沙官话演唱，曾称“长沙湘剧”，习惯简称“湘剧”。流行于旧长沙府 12 属县，即湘、资二水的湘中地域，也常在湘东及江西西部演出。兴起于明代中期，全盛于清同治、光绪年间（1862—1908）。最早的高腔源于弋阳腔，明代从江西传入。在 600 余年的演进过程中，逐渐形成高腔、弹腔、昆腔和低牌子四大声腔。演员分头靠、二靠、唱工、小生、大花、二花、紫脸、三花、正旦、花旦、跷旦、婆旦 12 行，紫脸为其特有行当，以唱为主。表演重做工，大脚婆戏等戏路富有地方特色。积累了 800 余支音乐曲牌，1000 余个大小传统剧目。传统剧目以历史题材为主，有《封神传》、《目连传》、《西游记》、《精忠传》《金印记》、《投笔记》、《白兔记》、《拜月记》、《荆钗记》、《琵琶记》等，均有着严谨的表演程式，服饰和脸谱独具湖湘地方特色。历代有湘剧戏班剧社数百，长沙的老郎庙早年保留有清康熙三年（1664）福秀班牌。

乾隆末年（约 1795）办的九麟科班为湖南已知最早的戏曲科班。以五云科班和同春戏班影响最大。五云科班为湘剧著名科班，起科于清道光后期（1841—1850）。同治初年，由杨巩出资接办，班址设在长沙城内化龙池康庄，人称“新五云”。后再次易主，至光绪二十七年（1901）最后一科结业，历时近 60 年，为湖南戏曲开科班次最多、时间最长的科班。每科学习期限 5 年，比一般科班时间长。学徒统一在姓名最末一字用“云”字作艺名。所聘各行教师，均系湘班名角，班规、教学都极严格，故出科学徒都能当行出色，湘班中均以出身五云科班为荣。出自该科班的名角甚多，如老生李桂云、柳正云（介吾）、言桂云、周正云（圣溪），小生李芝云、聂梅云，净行张谷云、徐初云等，都对湘剧事业的发展作出了卓越贡献。同春班亦为湘剧著名戏班，清光绪晚期（1904—1908），官绅叶德辉将其在长沙城内所办的春台班迁至织机街同乐园（戏园）后，改同乐园为同春园，同时罗致清华、同庆二班与春台部分人员合并为同春班。宣统二年（1910），又邀仁和、庆华二班并入，集五班之精英于一体，演职人员达 300 余人，为湘剧有史以来最大的戏班。戏班设总执事一人，执事若干人，总管班内事务。全班按艺术水平高低和行头好坏，分天、地、玄、黄四等，天、地字号班子在戏园和堂会演出，玄、黄字号班子则包演庙台戏。班规严谨，管理有条不紊。许多折子戏，如《打猎回书》、《扫松下书》、《描容上路》、《叫城战荡》等，在名家的长期合作、反复磨练中，成为湘剧舞台的艺术精品。

其二用衡阳官话演唱，民间称为“衡州班子”或“衡州大戏班子”，亦称为“衡阳汉调”或“衡阳汉班”，后统称为“衡阳湘剧”。流行于湘南东部的衡阳、郴州及株洲部分市、县，并延及江西永新、广东乐昌等地。相传源于明嘉靖衡州太守冯正伯从外地带来的戏班。清乾隆年间编纂的《清泉县志》中有演出《目连》、《观音》等剧的记载。咸丰年间（1851—1861）以来，有“老天源”、“老吉祥”等著名戏班。衡阳湘剧唱腔兼有高、昆、弹三种主要声腔及杂腔、小调等，是保留昆腔剧目最多的剧种。高、昆、弹三类剧目具有不同的表演风格，高腔古朴，昆腔细腻，弹腔程式较多。角色分老生、正生、小生、大花、二花、三花、正旦、小旦、老旦 9 行。传统剧目繁多，曾有连台本戏六部，整本戏 113

出，散折戏465折。历经数百年的发展演变，现尚存昆曲剧目50余个，昆腔曲牌100多支，高腔曲牌100多支，杂曲小调50多支，以及弹腔南路弋板、垛板、慢板、散板，北路慢板、快板、二流、慢二流、垛子、散板等腔板式。表演主要有三种风格：昆腔戏动作细腻，舞蹈性强；高腔戏动作古朴，讲究唱与念；弹腔戏动作规范，唱、念富于板式变化。代表性剧目有《醉打山门》、《雁门关》、《打碑杀庙》、《一天太守》、《贺府斩曹》等。2008年，湘剧被列入第二批国家级非物质文化遗产名录。

汉剧为湖南地方大戏剧种，又称常德汉剧，俗称常德班、沅河戏，亦曾叫常德湘戏、武陵戏。流行于洞庭湖区和辰水、沅水、澧水流域，亦远及鄂西南、川东、黔东。常德老郎庙旧藏署有“永乐二年华胜班置”字样的太平缸，表明汉剧产生的历史至少可以追溯到明代前期。

高腔为常德汉剧早期的主要声腔之一，是在本地原始祭祀音乐和民间音乐基础上，先后吸收弋阳腔、青阳腔而逐渐发展成熟的声腔，有30余种基本腔和70余种曲牌，演唱形式有滚唱、帮腔等。乐器以大锣、大钹和唢呐为主。其唱腔与本地方言结合，并融入了大量本地巫腔、傩愿腔、渔鼓调的音乐素材，表现力丰富。演唱时使用本地方言，采用本嗓、边嗓、夹嗓、小嗓等多种表现方法。在表演中常会穿插一些精彩的特技，演出效果引人入胜。在长期的演出中，形成了鲜明的地方特色和艺术个性。后来以弹腔为主，采用中州韵与常德方言声调结合的舞台语言。传统剧目450余个，多为杀伐战斗题材。角色分老生、须生、小生、正旦、闺门旦、花旦、武旦、摇旦、老旦、大花、二花、毛头、霸霸脸、丑角14个小行当。表演重做功，火辣凝重，讲究内、外“八大块”。

常德汉剧历代戏班、科班数以百计，有天元、瑞凝、文华、同乐四大著名戏班。四大名班由于班内突出人才的艺术创造和不同观众的支持，形成各自的艺术风格和独特剧目“一家戏”。成立于明代的天元班历来多应文衙差戏，偏重于知识界，受常德西门观众支持，戏班艺术风格文雅细腻，讲究字眼，侧重人物内心刻画，长于三国和两汉戏，另有《紫金鱼》、《百花诗》以及高、昆剧目《祭头巾》等“一家戏”。同乐班成立于清光绪二十六年（1900）。瑞凝班兼营旅店，多湘西、黔阳上河客商观剧，名丑曾彩宝以程咬金“斧头戏”受回族世家、湖南提督马如龙特别赏识，故该班在上河观众和常德东门一带回民中有很大影响，特重丑角和花脸戏，艺术风格诙谐而不庸俗，以重江湖义气的“背时的宋江”（宋江上梁山以前）戏和隋唐戏著称。文华科班为该剧种设科较早、规模最大的科班，约在清道光二十五年（1845）由桃源寺坪人李标主办，以演岳飞戏为多，观众又多上、下南门码头帮会中人，故“行时的宋江”（宋江上梁山后）戏特受欢迎；岳飞戏、宋江戏与全部封神合称其“三大连台”，演出以杀伐打斗、火爆炽烈、排场雄伟见长。同乐班以北门一带妓院及津、澧方面来的客商为主要观众，有连台戏《施公案》和《紫金山》、《天马山》、《北邙山》、《八卦山》一类“山头戏”，尤以名旦胡春凤之《西厢记》、《贵妃醉酒》等旦角戏为富商妓家所赏。概括四大名班特点，可称为天元班的“文”，文华班的“武”，瑞凝班的“丑”，同乐班的“旦”。

祁剧为湖南地方大戏剧种，旧称“祁阳班子”、“祁阳戏”、“楚南戏”。因其发祥于祁阳县并用祁阳官话演唱，故名。流行于衡阳、邵阳、零陵（今永州）、郴州、怀化诸地区（市）和广西、赣南、粤北、闽西一带。起源于明代中期，史籍上有嘉靖年间（1522—1566）演出的记载，全盛于清代道光、咸丰年间（1821—1861）。历代班社数百，科班可考者84个，享有“祁阳子弟遍天下”（梅兰芳语）的赞誉。

祁剧分永河、宝河两大流派，以经过规范化的祁阳官话为统一的舞台语言。兼有高、昆、弹三种声腔。其独具特色的目连戏，自成体系的表演艺术，一戏三唱的特殊形式，影响着广西桂剧、广东粤剧和汉剧的风格和流派的形成。传统剧目有941

图下4-2　祁剧《目连救母》剧照

个，音乐曲牌1079支，拥有如《阴阳树》、《闹沙河》、《瑞罗帐》等10余个其他剧种没有或稀有的剧目。80%的剧目用弹腔演唱。唱腔高亢激越，除老旦、丑角两行外，生角、小生、正旦、小旦、花脸诸行，传统均用“雨夹雪”（真假嗓结合）唱法。咬字注重单、双、空、实。表演艺术粗犷、朴实。动作讲究眼、鼻、胸、手指、脚尖协调一致，名曰“归子午”。2008年，祁剧被列入第二批国家级非物质文化遗产名录。

荆河戏为地方大戏剧种，旧时曾有“上河戏”、“上河路子”、“大班子”、“大台戏”、“楚剧”、“汉剧”等称谓，1949年后一度称“湘剧”，1954年定今名。形成并流行于荆江沿岸的湖南澧州、津市和湖北荆州、沙市一带，并远及黔、川部分地区。

明永乐年间（1403—1424），即有戏班活动记载。形成之初，有高腔、昆腔，现以弹腔为主。清代咸丰、同治年间（1851—1874）以来，班社大为发展，可考的科班67个、戏班52个，以同乐、三泰、同福、松秀等班最有名。传统剧目514个，常用曲牌约150支，堂曲150支。代表性剧目有《百子图》、《楚宫抚琴》、《大回荆州》、《双驸马》、《沙滩会》、《翠屏山》、《反武科》、《秦雪梅》、《三娘教子》、《一捧雪》、《四下河南》等，多杀伐打斗题材，“三杀”、“五图”、“十二山”等为其看家戏。角色分生行、小生、旦角、老旦、花脸、丑角等6行。表演重做功，亦讲究内、外八块功夫，以武功戏见长，尤以各种姿态的“拗军马”、“抖壳子”最具表演艺术的独特风格。舞台语言以中州韵结合澧县、津市地方语言而成。2006年，荆河戏被列入第一批国家级非物质文化遗产名录。

花鼓戏是最具湖南地方特色并为普通民众喜闻乐见的小戏剧种。湖南地处丘陵地带，就小地域而言相对闭塞，故花鼓戏因流行的地域不同，形成了既具有共性又各具特色的许多分支剧种。分述如下：

长沙花鼓戏流行于旧长沙府12属县以及湘中、湘东和洞庭湖滨地区。以长沙官话为舞台语言，随着花鼓戏艺人的创作实践逐渐形成许多各具艺术特色的流派，其中以益阳、西湖、浏阳、宁乡、醴陵等五路为主要流派。后不同路子的花鼓戏逐渐合流。声腔分川调、打锣腔、民歌灯调3类，以川调为主，各有其传统剧目和表现特点。表演以“三小”

图下 4-3 长沙花鼓戏《刘海戏金蟾》剧照

具有艺术特色，尤以丑角与花旦、二旦戏富有生活气息。源于民间歌舞，清乾隆三十年（1765）《长沙府志》有“聚赀唱梨园，曰灯戏”的记载。经历“二小”戏（小丑、小旦）、“三小”戏（增加小生）、多角色大本戏三个发展阶段，并由季节性半职业班逐步发展为职业戏班。最早者为宁乡路土坝班，约成立于清同治年间（1862—1874），同时还有名科班怀德堂兴起；清末又发展了兼唱湘戏的半台班，艺术渐臻完善。传统剧目有 210 多个，以《放风筝》、《生死牌》等剧脍炙人口，尤其是《刘海砍樵》中的“刘海哥”与“胡大姐”的对唱脍炙人口，展示出浓郁的湖南乡土风情。

岳阳花鼓戏旧称“花鼓子”、“瓮琴戏”，后定今名。为清嘉庆、道光年间（1796—1850）在新墙河流域的民间歌舞基础上形成的戏曲剧种。同治（1862—1874）《巴陵县志》上有禁演小戏的记载，即指岳阳花鼓戏。流行于岳阳、临湘一带及湘鄂、湘赣毗邻数县。以湘北岳阳方言为舞台语言。声腔分锣腔（打锣腔）、专用锣腔散曲、琴腔 3 类。以瓮琴、唢呐为主要乐器。传统剧目 123 个，以锣腔剧目为主。因曾参与游傩演剧，受傩戏影响，拥有一批大本戏如《孟姜女》等。表演仍以“二小”具有特色，小旦有“三娇”、“三妖”、“三俏”等刻画人物的表现手段，小生的扇子功及小丑的鼻须功等各具特色。表演具有浓郁的生活气息。

临湘花鼓戏亦称“临湘瓮琴戏”，属岳阳花鼓戏分支，因主要演奏乐器为独具特色的瓮琴，故名。脱胎于具有浓郁临湘特色的山歌、民歌、夜歌、地方小调等音乐，形成了以琴腔为主，兼有锣腔、套曲、吹腔、地方小调等五个声腔体系。有曲调 390 余首。有传统剧目近百个。对岳阳花鼓戏、湖北提琴戏的形成产生过推动作用。

邵阳花鼓戏发祥于旧邵阳县境，源于对子花鼓、车马灯。清咸丰年间（1851—1861）即有职业戏班。主要流行于今邵阳市及周边地区如新化等县。原分东、南、西三路：东路以川调、锣鼓牌子为主，常演多角色剧目；南路以走场牌子、小调为主，多“二小”、“三小”戏；西路以小调为主。光绪末年（约1908），三路在邵阳县城合流。以祁剧宝和派戏白与邵阳方言相结合为其舞台语言，其音乐源于当地山歌小曲，在发展过程中曾受祁剧音乐、民间宗教音乐和说唱音乐的影响，演出风格诙谐活泼、明快清丽。有传统剧目230多个，代表剧目有《打戏子》、《摸泥鳅》、《打鸟》、《送表妹》、《对脚迹》、《下南京》、《桃源洞》等，大都反映民间生活。泥土气息浓厚，载歌载舞。在湖南的民间小戏中最早拥有女艺人，从清咸丰末（约1861）至民国期间从艺女性有20余人，发展了旦行艺术。先后共有职业或半职业戏班50余个。

常德花鼓戏俗有“喀喀戏”、“灯戏”、“杨花柳”、“柳子戏”或“下河戏”等称谓。流行于沅水、澧水中下游，又常以县命名，如“桃源花鼓戏”等。清乾隆、嘉庆年间（1736—1820）由当地民间歌舞、傩戏并融合外来腔调综合发展而成。清道光十年（1830），常德石门夹山寺即立有“禁演唱花鼓夜戏”石牌。音乐有正调、打锣腔、小调和花鼓戏高腔四大类。主要声腔为正宫调，以每句句尾用假嗓翻高8度演唱为特色，故名“喀喀”，在全国小戏剧种中独树一帜；另有专用悲腔潼关调，以及人声帮和、锣鼓分段、无管弦伴奏的打锣腔等腔调。表演亦以旦、丑戏具有特色，保留一些戏中串戏和杂耍性表演片断，呈现常德地花鼓载歌载舞的风貌。清末民国初年，曾与地方大戏同台演出，丰富了表演艺术。有传统剧目130余个，以大本戏、条纲戏为多，长于家庭悲剧；有《黄金塔》等少数独家戏。传统戏《清风亭》、《乌龙院》、《潘金莲裁衣》等为其代表性剧目。

零陵花鼓戏流行于永州市和祁东、常宁、衡南、新宁、新邵一带，以及桂东、粤北、赣南部分地区。原有祁阳花鼓灯和道县调子戏两个流派，后合流并定今名。祁阳花鼓灯源于车马灯，道县调子戏源于“狮子客”，均系新春正月一丑一旦伴随鱼龙、狮子沿村演唱的“对子调”，约在清咸丰年间（1851—1861）形成剧种。花鼓灯原说祁阳话，调子戏原说道县话，合流后统一使用祁剧永河派的舞台语言。唱腔音乐可分为川调、走场调、小调三类，属于调子系统。传统表演以扇花和矮步为其基本功，旦挥手帕，丑舞扇花、走矮步绕旦回旋，对唱小调，载歌载舞，生动活泼，表演细腻，唱腔优美动听，生活气息浓厚。后受其他剧种影响，逐渐发展到唱、做、念、打等综合型的戏曲形式。传统剧目 152 个，有些是前辈艺人根据现实生活、民间传说、神话故事编创而成，两派都有各自的一家戏。其代表性剧目有《云南寻夫》、《打安徽》、《赶子牧羊》、《萝卜劝夫》、《三看亲》、《假报喜》等，大多反映劳动生产、婚姻爱情以及其他社会生活。历代有 30 余个职业或半职业班社。

衡州花鼓戏在各地的名称不一，俗有“马灯”、“地花鼓”、“花灯”、“唱调”等多种名称，常冠以县名，有衡阳花鼓戏、永兴花鼓戏、安仁花鼓戏、资兴花鼓戏等诸多分支。后统一定名为衡州花鼓戏。源于灯会（车马灯）、采茶、傩舞等民间歌舞，约在清道光年间（1821—1850）形成剧种。主要流行于湘南各地。其唱腔受师（民间巫教）道（教）音乐和佛教音乐影响，声腔以呐子牌子和川调为主，另有洞腔、小调等，并有少数杂腔。音调高亢、热烈、抒情，表演艺术幽默、夸张，歌舞性强，轻松活泼，极富地域特色；吸收民间百戏、杂耍的痕迹明显，如梯技、赶桌、打钱鞭等仍保留在一些剧目中。以旧衡州方言为基础提炼成舞台语言。传统剧目百余个，“三小戏”占三分之二，大多来自农民日常生活，杂用土语乡音，有浓厚的乡土气息和山野风味。《打鞭进城》、《打铁》、《五更劝夫》、《下南京》、《恭伢子缝衣》、《百忍堂》、《重相遇》、《喜盈门》、《乡里大亨》、《药都传奇》等为其代表性剧目。

2008 年，湖南花鼓戏被列入第二批国家级非物质文化遗产名录。

傩堂戏为民间小戏剧种，由巫师还傩愿的酬神歌舞发展而成，其历史渊源可以追溯到先秦时期，是湖南戏剧的鼻祖。湘西称为“傩神戏”、“土地戏”、“姜女儿戏”，湘中称为“老君戏”，还有“师道戏”、“傩愿戏”等多种称谓，又统称“傩戏”。

“傩”为古代驱疫祭祀仪式，在傩堂戏孕育、形成乃至发展的全过程中，从形式到内容都与巫师法事有密切关系，与道教也有关系。这种有着浓厚宗教色彩的戏曲形式早年遍布全省城乡，汉、土家、苗、瑶、

图下 4-4　侗族傩戏《华佗救民》剧照

侗等族均有其演唱活动。清代康熙年间（1662—1722），即有大本戏《孟姜女》演唱的记载。同治年间（1862—1874），逐步脱离酬神的傩坛，登上高台演出。剧目有傩坛正戏、傩堂小戏、大本戏三类，而以在还傩愿法事程序中演唱的傩坛正戏为多。演员仍戴各色面具，面具木质雕镂，神态各异，保留了浓郁的宗教色彩。大本戏除《孟姜女》外，还有《龙王女》、《庞氏女》（湘西、湘北），合称“三女戏”，另有《桃源洞》（湘南）等。

傩堂戏声腔多来自巫师腔和各地的民间歌曲，除辰河流域有唢呐帮腔外，一般是不托管弦，一启众和，锣鼓帮腔。表演多与酬神法事有关的动作，如按诀、玩师刀、踩八卦，以及武法事特技等。清末，各地傩戏曾与花鼓戏、阳戏、地方大戏（如常德汉戏）共同演出。

由于流行地域和民族的不同，各地区的傩戏分别有不同的特色。比较著名的有湘西土家族苗族地区流传最广的辰州傩戏，流行于原湘中古梅山地区（今新化县、安化县及冷水江市及周边地区）的梅山傩戏，流行于新晃县贡溪乡的侗族傩戏咚咚推（“咚咚奎”、“东东喹”），流行于沅水上游会同、洪江、中方、靖州、绥宁等县市傩戏“杠菩萨（又称“搬演菩萨”、“降菩萨”，取菩萨降临傩坛之意），流行于屈原曾经流放地的溆浦傩戏，流行于临武县大冲乡的临武傩戏，分别流行于桑植县白族区和土家族聚居区的桑植傩戏等。作为民间最古老的戏剧，傩戏记录了千百年来各地区之历史、文化、艺术、宗教的演进过程，是民族学、社会学、民俗学、戏剧发生学、戏剧形态学和湖湘文化研究等诸多学科的宝贵信息源。2006 年，傩堂戏被列入第一批国家级非物质文化遗产名录。2008 年，侗族傩戏（侗戏）被列入第二批国家级非物质文化遗产名录；侗戏演唱时伴奏的音乐“咚咚推”则早在2006年被列入第一批国家级非物质文化遗产名录。

阳戏为民间小戏剧种，流行于湘西土家族苗族自治州、张家界市和怀化地区。常以县命名，如凤凰阳戏、吉首阳戏、大庸阳戏、沅陵阳戏、怀化阳戏等。阳戏在傩戏（阴戏）的基础上逐步演进，至清代中叶臻于成熟，成为土家族、苗族、侗族、瑶族、白族人民喜爱的戏剧形式。流行于西南各省的樵歌、秧歌、炉歌、船歌、傩歌、采茶歌，以及其他民族的民间歌舞和一些地方戏曲剧种，都对阳戏的形成产生过影响。曾与傩堂戏、民间花灯同台演出，黔阳一带至今称傩堂戏为“内教”，阳戏为“外教”。传统小戏中不少载歌载舞的剧目具有花灯特点，《捡菌子》等剧直接来自花灯。发展过程中，亦曾受辰河戏影响，吸收了辰河戏一些剧目。传统剧目150余个，多反映家庭、劳动生活和男女爱情以及神妖狐故事。角色以小丑、小生、小旦“三小”为主，大型剧目也有老生、老旦、武旦、花脸；表演以“二小”最具特色，小丑的步法、小旦的身段十分丰富。表演灵活，也有一定程式化。唱腔以正调为主，分单句子与夹句子两种，男女分腔，以瓮琴为主要伴奏乐器。音乐高亢、明亮、朴实，小调轻松、活泼、诙谐，道具布景就地取材，具有浓郁的民族风格及乡土气息。著名艺人有谭文才（1872—1952；又名谭世全）等。2011年，阳戏被列入第三批国家级非物质文化遗产名录。

第二节　质朴清新的湖南民间曲艺

丝弦　弹词　鼓书　曲调　少数民族民间曲艺

曲艺作为说唱艺术始于唐代的“说话”、“变文”。自唐代以降，随着城市经济的不断发展，湖南一些重要城市已是歌伎卖艺之所，除民族民间传统歌调之外，江浙等地时兴的小令、小调也陆续传入。至宋代，曲艺在湖南已相当流行，到清代已形成自己的特色，并趋于更高水平。明末清初湖南著名学者王夫之曾作《愚鼓词》27首。愚鼓即渔鼓，是湖南的主要曲种之一。到清代中叶，不但有了更多的专业艺人，而且出现了印刷唱本的作坊。清代戏曲作家杨恩寿曾为同治年间（1862—1874）长沙唱道情的著名艺人张跛作《小传》，盛赞他所唱《刘伶醉酒》一折“惟妙惟肖”，足见当时的曲艺已具有较高水平。

湖南有38个曲艺种类，大致分为歌唱类和说诵类两个类型。歌唱类曲种32个，分为有伴奏和无伴奏两类。有伴奏的曲种有26个，无伴奏的曲种有6个，说诵类曲种有6个。代表湖南特色和艺术水平的曲艺品种，主要是弹词、丝弦、曲调、渔鼓、杂曲走唱等，以及少数民族的一些曲种。

丝弦为湖南的主要曲种，流行于全省广大城镇。因以扬琴、月琴、琵琶、三弦、胡琴等为主要伴奏乐器而得名。源于明清之际的时调小曲，以唱为主，以说为辅，说、唱交替进行。道白分说白、表白、对白、插白四种。现存曲调240余首。曲目分短篇、中篇和长篇三类。短篇曲目只用一个曲牌反复演唱来表现一个题材，艺人称之为“丝弦小调”或“丝弦乱弹”，如《四季相思》、《小四景》等。中篇又称“单段”，有简易的人物和情节，如《摘葡萄》等。长篇有众多的人物和丰富的情节，如《二度梅》、《秦香莲》等。

在长期的发展过程中，由于地理位置、风土人情和方言音系等原因，湖南丝弦形成许多风格不同的支派，如长沙、常德、邵阳、衡阳、浏阳、武冈、辰溪、湘潭、大庸（今张家界市）等处均有本地特色的丝弦，并以其流行地域命名。如常德丝弦，因演唱时用常德方言和扬琴、琵琶、三弦、胡琴等丝弦乐器伴奏而得名，其特点为说唱穿插，以唱为主，唱词典雅，曲调优美，结构完整，腔系多样，拥有100多个传统曲目，大部分为历史故事和民间传说，传统曲目有《宝玉哭灵》、《鲁智深醉打山门》、《双下山》、《王婆骂鸡》、《昭君出塞》等。武冈丝弦流行于以武冈为中心的邵阳、隆回、洞口、城步、新宁等地，为明代洪熙元年（1425）由被封为岷王的明太祖朱元璋第十八子朱楩从江浙的苏杭一带携来女乐歌伶，将丝弦带入武冈，以江南丝竹与武冈地方民间音乐相糅合，形成了曲调柔腻委婉、词藻雅致抒情的独具一格的武冈丝弦，其曲目多为短篇，音乐结构为单曲反复体，如《四季相思》、《到春来》等；也有用曲牌连缀体演唱一些有故事情节、人物较多的中长篇曲目，如《秋江》、《金莲调叔》、《双下山》、《孟姜女哭长城》等。2006 年，常德丝弦被列入第一批国家级非物质文化遗产名录。2011 年，武冈丝弦被列入第二批国家级非物质文化遗产扩展项目名录。

弹词为湖南的主要曲种，流行于湘中、湘北广大地区。源于渔鼓道情，又称“唱评”、“讲评”、“评讲”、“平讲曲”等。主要有两个流派，分别为“长沙弹词”和“益阳弹词”。

长沙弹词流行于以长沙为中心的益阳、湘潭等湘江中下游和洞庭湖滨地区。采用口语化的长沙方言说唱。因说唱者自弹月琴伴奏，故艺人常说“怀抱月琴，口吐圣贤”。早在宋代，这种曲艺形式就在湖南出现。南宋淳熙七年（1180），著名抗金将领、爱国主义词人辛弃疾任湖南安抚使，与友人在长沙听过弹唱曲目后，作《贺新郎》词，其中有“听湘娥，泠泠曲罢，谁情苦”[②]的咏叹。清代中叶以前，主要演唱“劝世文”之类的短篇曲目，内容多为宣扬道教教义。后逐渐讲唱故事，称为“小本”，稍后有手抄本，到清末始有坊刻本问世。早期多为街头流动演出，称为“打街”，也有清末艺人在长沙至湘潭的轮船上演唱。曲目底本为散文、韵文相间。表演时说唱结合，唱为韵文，说为散白。短篇曲侧重于唱；中长篇侧重于说。唱词多为七字句，也有十字句和长短句的。音乐为上下结构的板腔体，有九板九腔之说。因弹词为一人单独说唱的曲艺形式，故无班社，只有行会组织。著名行会有永定八仙会，亦名“湘子会”，为长沙弹词艺人行会组织，组建于清光绪初年（19 世纪 70 年代中期），长沙的弹词艺人均须入会，并缴纳会费，领取刻有“永定八仙”四个字和编号的小铜牌挂在月琴上，作为公开营业行艺的标志。弹词艺人推崇民间俗信“八仙”中的韩湘子为开派鼻祖，每年农历二月十五日韩湘子寿辰，必集合秉烛焚香设酒菜敬奉“韩湘子菩萨”，向韩湘子画像祝寿叩拜。农历七月十五日，会员亦聚集为去世的祖先焚香化纸以托思念。2008 年，长沙弹词被列入第二批国家级非物质文化遗产名录。

益阳弹词流行于益阳、沅江、南县、桃江、安化及新化、华容等地。采用口语化的益阳方言说唱。其结构由书头、道白、唱词、尾声四个部分组成。唱腔以“平板平腔”为基础，汲取戏曲的演唱精华，以“九板十三腔”为主要的板腔体音乐。传统代表书目有《封神演义》、《隋唐演义》、《西游记》、《说岳》、《陶澍访江南》、《女儿风尘记》、《卖花灯》、《卖水记》、《丢鞋记》、《牙筷记》、《手巾记》、《蓝丝带》、《六庆云》等。著名的行会组织有益阳湘子会，入会艺人月琴上吊有一盏四方小灯，琴身背面火印“天花福”三字。每年农历二月二十五日聚会拜敬“湘子菩萨”，并设酒饭聚餐。次日，艺人一起摊议价目，立规矩，讲道义，随后演唱弹词。

鼓书是湖南的主要曲艺类型，包括有渔鼓、三棒鼓、番邦鼓、说鼓、丧鼓、跳三鼓、对鼓、地花鼓等多种艺术形式，虽然其表演形态相近，但各具特色，一般均单列为独立曲种。

渔鼓为湖南的主要曲种，流行于全省广大城乡。亦称道情、道情渔鼓或渔鼓道情，民间俗称打渔鼓；又因“渔”“愚”谐音而称为“愚鼓”。

渔鼓源于“道情”。道情原为道教音乐（新经韵）流行于民间演唱之称。道情于西晋太康年间（280—289）随道教传入湖南后兴起，明末清初在湖南已极为流行。唱腔风格有多个支派：其一为以衡州渔鼓风格为代表的流行于湘江流域的湘中、湘南渔鼓；其二为以澧州渔鼓风格为代表的流行于澧水、沅水流域的湘北渔鼓、湘西渔鼓；其三为受湘南渔鼓影响较深的流行于湘东一带的渔鼓。各地渔鼓均采用渔鼓筒伴奏，其他伴奏乐器则不尽相同。湘西、湘北渔鼓，除渔鼓筒与筒板外，还加上一副小镲伴奏。湘中、湘南渔鼓受戏曲音乐和民间小调的影响，常使用二胡、月琴或三弦随腔伴奏，常见的曲目有《八美图》、《儿女英雄传》、《天宝图》、《七剑十三侠》、《粉妆楼》、《七侠五义》、《包公案》、《施公案》、《彭玉麟私访广东》等。湘南大部地区，渔鼓多与皮影合流，同一艺人身怀二技者居多，白天唱渔鼓，晚上唱皮影，两种唱腔相互融汇运用，丰富了渔鼓的表现力。又渔鼓与弹词为大致同源的姊妹艺术，许多艺人亦身兼二艺，行会组织也合为一体。

湖南已被批准为非物质文化遗产保护项目的渔鼓有 2 个。其一为属于衡州渔鼓支派的祁东渔鼓，流行于衡阳、邵阳、永州等数十个县市区，随着艺人的外出演出，影响及于广东、广西、江西、山东等省。基本唱腔分为起腔、正腔、尾腔三部分，正文部分故事情节强，说唱并重；音乐曲牌优美动听，地方色彩浓烈。曲目丰富，传统曲目有《岳家将》、《杨家将》、《薛仁贵征西》等400多部。其二为澧州渔鼓支派的九澧渔鼓，流行于澧水流域及周边地区。艺人演唱时，左手抱渔鼓并执牙板和钹，右手大拇指与食指执筷子击钹，其他三指拍鼓。演唱句为上下句结构，全曲分闹台、引腔、正板、尾腔四部分；根据情节又有导板、鸳鸯板、劝夫、骂妻、申冤、对唱调、二流数板、三流数板、课子等板式变化。传统曲目有《封神榜》、《说唐》、《杨家将》等500余部。

由于渔鼓是一种形成历史悠久、流行地域广泛、雅俗共赏尤其是紧贴民间世俗社会生活的曲艺形式，故出现了大批为民众所熟知喜爱的著名艺人。较早见诸记载的是清代张跛（1831？—1874？），长沙人。因幼患足疾，生活贫困，以双膝跪行沿街乞讨，人称张瘸子。咸丰元年（1851）于长沙南郊遇一游方僧医治，左足得愈，右足踩在拐杖横木上，能快步行走。以后习唱渔鼓道情，造诣甚深，常应召入达官显贵府第为喜庆寿诞演唱，所唱代表曲目有《刘伶醉酒》等。当时长沙著名文人杨恩寿十分惊叹，认为其演技可与明末金陵著名说书艺人柳敬亭先后媲美，特为其撰写了《张跛小传》传世，其中详细描绘了他演唱《刘伶醉酒》惟妙惟肖的情状。张跛一生仗义助人，演唱道情所得钱财均散给贫苦乞丐，自己不留一文钱过夜。于同治末年（约1874）去世。渔鼓艺人大都出身贫困，身处社会下层，但均身怀绝技，各擅胜场，对渔鼓艺术的发展与传播作出了较大贡献。

三棒鼓，又名三班鼓、三槌鼓、三杖鼓。流布于全省各地，是明清之际传入湖南的曲种。三棒鼓有单人式、双人式、三人式和四人式四种表演形式。技艺性较强，表演时边唱边耍刀棒，抛刀、抛棒的方法有30多套。三棒鼓以“见子打子”的短

图下4-5　渔鼓演唱

篇曲目占多数，即由表演者即兴编唱。中长篇多演唱传说故事，有《赵五娘》、《杨家将》、《梁祝姻缘》、《三打华府》、《芦林记》等30余部。

说鼓又称唢鼓、说鼓子、说古、合鼓等，流行于常德、临澧、石门、津市、汉寿、安乡和岳阳、华容等地。形成期史籍上无记载。艺人传说始于清顺治年间（1644—1661），由丧鼓（慈利等地称为“大鼓”）衍变而成。开始为一人演唱，名为旱鼓。道光年间（1821—1850），澧县失意秀才苏金福（1779—1842），改为双人演唱，并定名为“说鼓”。后又有人在双人演唱的基础上，增加一人插科打诨。故说鼓有独角、二人说鼓和三人说鼓三种表演形式。没有固定的演出场合。表演时，先吹奏“闹台曲”开场，然后由主唱者念白（讲故事），念完一段，再唱最后两句（或一句），唢呐按腔吹过门。如此循环反复，直至一个故事唱完。唱词写法很独特，每一段的最后一句类似相声的“包袱”，要求生动形象。表演形式以说为主，说白分散白和韵白两种。散白用于叙述故事，韵白多用在引子部分，类似定场诗。曲目多取材于长篇演义小说和传奇故事，如《三国演义》、《七侠五义》、《天宝图》、《安安送米》，约40部。

番邦鼓主要流布于岳阳的华容县，并向周边的安乡、南县和岳阳西部地区传播，故又名“华容番邦鼓”。番邦鼓以唱为主，以说为辅。可坐着唱，也可站着唱；有单人演唱，也有双人演唱。单人演唱时，表演者边唱边敲击扁鼓和马锣；双人演唱时，一人双手击鼓，一人奏马锣伴奏。唱词以七字句居多，也有多达十余字的。其传统保留曲目有40多部，以“三衫九记”、“三公案”最有代表性。“三衫”即《白罗衫》、《珍珠衫》和《捡罗衫》；“九记”即《柜子记》、《借儿记》、《白布记》、《乌龟记》、《戒子记》、《毛巾记》、《金钗记》、《拜月记》、《风筝记》；“三公案”即《包公案》、《乔公案》、《施公案》。

丧鼓又称鼓盆歌、孝歌、跳丧鼓、九槌鼓、夜歌子、丧堂歌、挽歌。为湖南民间闹孝堂时演唱的一种曲艺形式，在全省广泛流布。传说始自庄子。《庄子·至乐》载：“庄子妻死，惠子吊之。庄子则方箕踞鼓盆而歌。”[③]唐代樊绰在《蛮书》中载：“初丧击鼓以道哀，其歌必号，其众必跳。”[④]经过不断的衍变，击鼓跳丧发展为敲击堂鼓伴唱说书讲故事。通常是一领众和的坐唱或立唱形式。演出时有一定的程式。以常德丧鼓为例，其程式为：起鼓—请歌郎—奠酒、劝亡—说书—送歌郎。起鼓即在开唱之前，由慢而快地擂鼓三通，艺人称为“三长板”，借以定堂、驱邪。请歌郎，由演唱者采用唱、做、跳三种方式，礼请歌郎下凡，以保护演出顺利进行。奠酒、劝亡由演唱者将亡者生平事迹编成唱词演唱，以悼念亡灵，安慰孝家。说书是丧鼓的正书部分，演唱中、长篇故事。常用曲目有《十月怀胎》、《九人头》、《彭大人上汉阳》、《怒打马皇亲》等。送歌郎在丧鼓即将结束，或灵柩即将启动时演唱。唱词多为七字句，也有十字句和五字句。除“送歌郎”的唱词是每三句构成一组外，其他曲牌的唱词都是由二句、四句或六句、八句构成一组，多组构成一段。各段都是一韵到底。

跳三鼓流布于常德市的大部分地区，形成期无考。据安乡县艺人称，先辈艺人有两种主要说法：其一，因为是三人同台演出，故名“跳三鼓”；其二，原本称“跳丧鼓”，因“丧”字不吉利，故谐称“跳三鼓”。可坐唱，也可立唱。三个演员三面鼓，排成“品”字形。演唱时，边唱边辅以表情动作，形式非常活跃。唱词是“三句头四句尾”，即七句为一段，一韵到底。艺人将演唱要领归纳为：“三句起，四句落，七句八句要抢过，切记莫唱六句歌，迈步向前走，半后往后梭。”（“梭”为湖南方言，意为快速移动）曲目分正书、散歌两种。正书篇幅较长，情节比较复杂，有《五娘上京》、《雪梅吊孝》、《红石岭》、《山伯访友》、《杏元和番》、《朱砂印》等6本；散歌篇幅短小，如《上江景色》、《下五府》、《下江南》、《八大江湖》、《王婆骂鸡》、《秋江河》、《卖麻糖》等。

地花鼓是湖南省广泛流布的民间艺术形式。大致分为曲艺型、歌舞型和戏剧型三个类型。曲艺型地花鼓主要在汉寿、常德、南县等地流传，约兴起于明代，又称“打花鼓”。相传在明代中叶，安徽凤阳歌女盛氏千里南下寻夫，沿途靠打花鼓谋生，最后在汉寿大屋湾定居。她吸收当地民歌曲调，与凤阳花鼓调糅合，形成风格独特的地花鼓调。汉寿古称龙阳，后人为纪念来自安徽凤阳的盛氏，称汉寿地花鼓为“龙凤花鼓”。曲艺型地花鼓在盛氏家族世代相传，著名艺人盛天保（1835—1911）为盛氏第18代传人，吴神保（1895—1983）则是盛天保的嫡传弟子。曲艺型地花鼓通常由一人表演。演唱时一边击鼓，一边按情节表演不同的角色。以唱为主，有少量的道白，多在春节期间演出。曲目中，一部分是送财、送喜等喜庆内容，唱词可即兴创作；另一部分是有故事情节的，如《白牡丹》、《孟姜女》、《算命》等70余部，均有手抄底本。戏剧型地花鼓为花鼓戏的原始形态，在清末民初之后已逐渐走上舞台，成为花鼓戏的一个组成部分，如著名舞台花鼓戏《讨学钱》、《扯萝卜菜》等就出自戏剧型地花鼓。歌舞型地花鼓每年春节期间有演出活动，以气氛热烈、载歌载舞为主要特点，如《采花》、《采茶》等。2011年，南县地花鼓被列入第三批国家级非物质文化遗产名录。

曲调也是湖南的主要曲艺类型，包括太平南曲、祁阳小调、莲花闹、九子鞭、干龙船等多种艺术形式，各具特色，亦均可单列为独立曲种。

太平南曲为传统曲种，流布于常德市石门县太平街地区。由流传到湘鄂边境的时调小曲与当地民歌结合并经过长期衍变而成。有“南曲头”、“平板”、“悲调”、“紫云开”、“四季花”、“凤阳调”、“半边尾子”等常用曲牌20多首。曲调优美，长于抒情。用石门方言演唱，但受湖北口音影响，当地称为“北河音”。采用坐唱形式。主要伴奏乐器是二胡、三弦。后陆续增加扬琴、板胡等乐器。多在婚丧喜庆及春节期间演出。曲目有两类：其一为由一两首曲牌组成的小段联唱，如《四季风光》、《联唱》等；其二为由两首以上曲牌组成的、有故事情节的大本书，如《四下河南》、《七姐下凡》、《梁山伯与祝英台》等。常演的曲目有10余个。

祁阳小调又称“调子”、“小曲子”等，流布于祁阳、祁东、零陵、东安、新宁、道县、常宁、临武等地。其唱腔音乐的主体，是从祁阳等地的山歌、灯调基础上发展而来的，有时也演唱一部分丝弦曲牌。一般是一人演唱，一人伴奏；也有男女对唱、坐唱、走唱或边舞边唱的。主要伴奏乐器是皮琴、月琴、三弦、扬琴等，个别也有加入笛子、唢呐和锣鼓乐的。演唱时，男的多担任伴奏，女的常用瓷碟、酒杯、竹筷、汤匙作道具敲击节奏，以辅助演唱。唱词通俗易懂，饶有生活情趣，多为七言四句体，也有五字句和长短句式。有的曲目大量使用衬字、衬词，如《五更留郎》、《割韭菜》等曲目的衬词甚至多于唱词。这些衬字、衬词有问有答，有呼有应，中间穿插“哥呀、妹呀”之类亲切的呼唤，生动风趣。2011 年，祁阳小调被列入第三批国家级非物质文化遗产名录。

莲花闹又名莲花落、莲花乐等，流布于全省各地。据说源于唐、五代时的散花乐，最早是僧侣募化时所唱的警言歌曲。莲花闹有喊口和唱口两种类型：喊口是有节奏的吟诵而不歌唱；唱口的旋律性较强。衡阳、衡南、汉寿、邵阳、平江、岳阳等地的“莲花闹”，炎陵、茶陵的“比比歌”，祁阳、零陵、东安、武冈等地的“零零落”，常德的“打漂”，新化、娄底、隆回、冷水江等地的“兴隆山”等，均属唱口。其唱腔因各地方言不同而互有出入，但都以唱词近似朗诵调、衬腔部分热烈欢快为特点。其唱词结构为上下对句，七字句为主，一般是下句押平声，也有句句押韵的段子。内容多为即兴编唱、恭维主家的吉利话，也有演唱古人诗句和民间格言、谚语的。有 10 余部有故事情节的中篇曲目，如《七子团圆》、《雁蚌相争》、《懒大嫂》、《二十四孝》、《八洞神仙》等。

此外，还有一种名为九子鞭的传统曲艺，在全省大部分地区流布。九子鞭又名“金钱鞭”、“霸王鞭”、“金钱棍”、“花棍”、“金钱花”、“耍拉其”等。形成期无考。据清宣统元年（1909）七月四日《长沙日报》报道：“……并有负猿弄蛇，以及三慢鼓、九子鞭，或以僧道鼓板，或以喑哑摇铃……”可见至迟在清末已在我省流传。表演人数不拘，可一人，也可数人。演唱时边唱边舞动一根长约 3 尺的竹竿或木棍，两端串铜钱四五枚，摇动时哗哗作响。有一种基本曲调。曲目内容较广泛，或对主家恭维奉承，或演唱传说故事，如《姜子牙说亲》、《二十四孝》、《孟姜女》、《盘古开天地》等。

干龙船也是一种在衡阳、邵阳、娄底、零陵、怀化、常德、湘潭等地农村广为流布的传统曲种，又称旱龙船、神船、搬干龙船等。由巫事活动“还傩愿”衍变而成。清雍正年间（1723—1735）“改土归流”之后，逐渐传至永顺、龙山等县的土家族地区。由一人表演。演员即巫师，有的地方称“老师子”。每逢春节或端午节期间，表演者扛一木雕船形道具，走村串户演唱，以求施舍。曲目有两类：一是根据主家身份，即兴编唱恭维之词；一是有固定唱本的曲目，如《搬先锋》、《赞百子》等。唱词为七言四句体，词格为二二三。

湖南各少数民族的民间曲艺形式多样，内容丰富多彩，并各自具有

图下 4-6 土家族打溜子

独特的民族风韵。

土家族打溜子为湘西土家族一种古老的曲艺形式，又名打挤钹，流行于永顺、龙山、大庸等县土家族聚居地区。通常由勾锣（马锣）、大锣、头钹、二钹等四件乐器演奏，每件乐器都有多种演奏技巧，故其音色与节奏变化多端。有曲牌近百个，分为绘声、绘神、绘意三大类：绘声类如“鲤鱼漂滩”、“雁儿拍翅”等，绘神类如“小纺车”、“闹年关”等，绘意类如“四季发财”、“观音坐莲”等。代表性传统曲牌有“八哥洗澡”（出门曲）、“画眉跳杆”（行进曲）、“流星赶月”（催轿曲）、“燕拍翅”（拜堂曲）、“双凤朝阳”（闹房曲）等数十首。内容丰富，民族特色浓郁。在我国少数民族器乐艺术中，打溜子以其独特的组合、精湛的演奏技艺自成一体。2006 年，土家族打溜子被列入第一批国家级非物质文化遗产名录。

苗族排话为湘西南苗族特有的一种民间曲艺形式，流行于城步苗族自治县五团、江头司一带和绥宁县的少数苗寨。当地又称“花话”。形成年代无考，据苗族排话艺人称，是从讲古的形式变化出来的。用苗语演唱。除少数曲目有汉字记录的脚本外，大部分由艺人口头相传。唱词以七字句为主，有严格的韵律、固定的唱腔，曲调带有浓郁的苗族山歌的韵味，擅长抒情，也可叙事。演唱时无伴奏。有一种专门演唱古人故事的“搅古嗯”，也属排话类的曲艺形式。曲目有长篇、中篇和小段之分，至今保留下来的代表性曲目有《颂梅伯意》、《文王八卦》、《姜子牙》、《开天辟地》、《轩辕洞》、《卖桃郎》、《白鹭鸶》等20余部。

在湖南的少数民族中，瑶族是一个迁徙性较强的民族，聚居地较为分散，支系也多，故各地的瑶胞在生产生活中创构了许多风格各异的民间曲艺形式。

瑶族谈笑为湘南瑶族特有的一种民间曲艺形式，又名“甘结”，为瑶族“坐歌堂”习俗的组成部分。流行于常宁、祁阳、桂阳、新田等县接壤的瑶族聚居地区。一般在喜庆聚会时演出，有说有唱，无乐器伴奏。演唱时，有时也借助一些诙谐风趣的语言和动作以取得更好的演出效果。唱腔多用平腔瑶“赶从”（讲歌）的曲调。表演者一至二人。当地有“歌母”（会唱瑶歌的老年妇女）时，往往由歌母担任主唱。唱词基本句式是“三七七七”。演唱较自由，先唱后说或先说后唱均可。演唱内容有一定程式：第一晚唱茶歌、酒歌、历史歌、故乡歌等与生产、生活有关的内容答，其间插入说白和笑料；第二晚唱《盘王歌》、《梁山伯与祝英台》等曲目；第三晚唱瑶族民间故事《云梯歌》。现为非物质文化遗产保护项目。

雷却为流行于江华、江永、道县、宁远、蓝山及广西富川等县的瑶族地区的一种民间曲艺形式。“雷”是瑶语的音译，即吟诵的意思；“却”原意为曲。瑶族人民认为歌是抒发感情的，曲是叙述故事的。演唱时不用伴奏，歌者一人自吟自唱。传统曲目有反映瑶民祖源的《千家洞》，有根据汉族地区民间故事改编的《崔文瑞》、《梁山伯》等。雷却有“那罗里”和“嘞哪嘞”两种不同的唱腔，前者在普通场合演唱，后者在还盘王愿时演唱。

嘎堂套为流布于资兴市瑶族聚居地的一种民间曲艺形式，又名“合合充充”，一般在喜庆活动时演出。原是“调王”（即“还盘王愿”）中的精彩段落。形成期无考。据艺人师承关系推算，已有近300年的历史。以唱为主，辅以说白和表情动作。由一男一女表演。男的手持牙简（类似牙笏）、铜铃、牛角和锣鼓乐伴奏。曲目有《开天辟地》、《三妹制歌制舞》、《织箕帽》等10余个，艺人均保存有世代相传的手抄本。

侗族琵琶歌为湖南侗族独有的一种演唱形式，亦名“侗族琵琶弹唱”，侗语称为“嘎琵琶”（侗语“嘎”是歌的意思），“琵琶歌”为其直译名。流行于湖南通道、靖州及与广西、贵州毗邻的侗族地区。演唱者用自制的侗族琵琶边弹边唱。曲目分短篇、中篇和长篇三类。抒情短歌属民歌范畴，在本书的民歌部分介绍；中、长篇属曲艺。中篇只唱不说，称为“嘎常”或“嘎常理”。内容多为劝夫妻和睦，劝孝敬父母、公婆，劝戒烟酒嫖赌等，故称“嘎劝”。长篇有说有唱，以唱为主，称为“嘎经”。“经”，侗语有经传、经典和故事的含意，泛指历来被尊崇的典范故事，如《棉婆孵蛋》、《开天辟地》、《人类祖源歌》、《祖先落坡》、《吴勉王》、《金银王之歌》、《离情》（亦名《人情枉》）、《珠郎娘美》和根据汉族故事改编的《二度梅》、《秦香莲》、《梁山伯与祝英台》、《毛红玉英》等数十部曲目。唱腔音乐源于侗族山歌，只有一个基本曲调，因方言区、曲目和艺人的不同而有多种变化。用侗语演唱，历代艺人都有用汉字记录的手抄底本。唱词一般为七字句、九字句，开头往往用三字句、五字句，最长的句子有35个字。唱词对平仄、韵律有严格的要求。

师门傩歌为流布于会同、靖州、黔阳、芷江、新晃、绥宁、武冈、邵阳等地的一种传统曲种。它是巫师神事活动中的一种说唱形式。形成期无考。其演唱形式和内容，颇似古代以娱诸神的歌乐鼓舞的遗存。师门傩歌的主要曲目有《送下洞》、《傩娘探病》、《和神》、《送子》等数部，均有底本，今新晃侗族艺人姚绍尧尚保存有光绪三十一年（1905）《傩娘探病》的手抄本。师门傩歌的唱词多为七言四句体，偶句押韵。唱腔中，经常使用衬字、衬词。

【注释】

① 引自洪兴祖《楚辞补注》，中华书局1983年版，第55页。

② 邓广铭：《稼轩词编年笺注》。

③ 引自《庄子浅释》，中华书局1982年版，第261页。

④［唐］樊绰：《蛮书》卷一〇，台湾商务印书馆1986年影印文渊阁《四库全书》本。

第五章

异彩纷呈的湖南传统音乐舞蹈

早在春秋战国时期，民间驱疫祭祀娱神仪式中的“歌乐鼓舞”就产生了，湖南出土的楚、汉文物中，有许多造型惟妙惟肖的彩色乐俑和歌舞俑；古代文献中也有许多关于沅湖之间老百姓为祭祀鬼神而搬演“歌乐鼓舞”的生动记载，这些都反映了当时歌舞技艺已具有相当的规模和水平。隋唐时期，潭州（今长沙）已成为全国乐舞交流的胜地之一。唐代诗人殷尧藩《潭州席上赠舞柘枝妓》一诗曰：“姑苏太守青娥女，流落长沙舞柘枝。坐满绣衣皆不识，可怜红脸泪双垂。”[①]唐代另一诗人卢肇也写下了《湖南观双柘枝舞赋》：“潇湘二姬，桃花玉姿，献柘枝之妙舞，佐清宴于良时……”[②]可见在唐代，湖南长沙已流传着柘枝舞。此外，还流行“绿腰舞”，唐代诗人李群玉《长沙九日登东楼观舞二首》诗云：“南国有佳人，轻盈绿腰舞。华筵九秋暮，飞袂拂云雨。翩如兰苕翠，婉若游龙举。越艳罢前溪，吴姬停白纻。”“慢态不能穷，繁姿曲向终。低回莲破浪，凌乱雪萦风。坠珥时流盼，修裾欲溯空。唯愁捉不住，飞去逐惊鸿。”[③]舞步流畅，舞姿优美，动作变幻无穷，并带有旋转、弹跳等丰富的技巧。至宋代，各种形式的歌舞百戏已普遍流行于湖南的城镇乡村，尤其是在民间的岁时节令、婚丧嫁娶、迎神赛会等活动中的演出最为频繁。南宋文天祥《衡州上元记》载：“岁正月十五，衡州张灯火，合乐宴宪若僚于庭，州之士女倾城来观……及献酬，州民为百戏之舞，击鼓吹笛，斓斑而前，或蒙倛（面具）焉，极其俚野，以为乐。”④这表明，当时湖南民间歌舞百戏已具有规模，张灯结彩，鼓乐齐鸣，艺人穿着彩衣，戴着假面，纵情歌舞，虽被文天祥视为“极其俚野”，却深受民众的欢迎。湖南“俗尚弦歌”的风气延续到后世，其中最为风行的是各民族、各地区民间劳动生活中的歌曲，如插秧歌、采茶歌、船歌等。随着社会的发展，经过两千多年的传承、磨洗和改革，具有多民族特点的湖南音乐、舞蹈在与外来乐舞交流融合的过程中，不断推陈出新，而又始终保存着民族的、地域的特色。据统计，现存传统民族民间舞蹈品种有 304 个，民歌、戏曲音乐更为繁多，充分显示出湖南音乐舞蹈资源的无比丰富。

第一节　风格各异的湖南民歌

湖南民歌的类型及地域民族特色　各民族的祭祀古乐舞歌谣　极具特色的劳动生产歌谣

湖南具有特色的传统民歌非常多，涵盖范围极为广泛，既有人们日常生产生活中低吟高唱的山歌、情歌、小调、花灯调、劳动号子、船歌、渔歌、薅草锣鼓调子、仪式歌、挽歌、婚嫁歌、摇篮曲等，也有在各种祭祀活动中伴随舞蹈演唱的祭祀古乐舞歌谣。并且都各自具有不同的地域及民族特色。

按照曲调区分，湖南的民歌大致可以分为高腔山歌、低腔民歌、平腔民歌及放牛山歌等类型。

高腔山歌音调高昂粗犷，节奏自由。多为成年男子在野外用高亢、热情的假嗓演唱，声音远播，故亦称“过山垅”或“钻山垅”。高腔山歌的旋律常使用大跳、倚音和颤音，以“啊”、“呀”等衬词作拖腔，并根据自己的声音条件、地域特征加以润腔，使旋律得以自由变化和发展。如衡山山歌《一塘清水一塘莲》、长沙《播田山歌》等，是农民们一种自娱性的艺术活动。

低腔民歌为妇女们在采茶、织麻、纺棉花等轻松劳动时常哼唱的一种音调低昂婉转、速度徐缓、音域窄小的自娱性“哼歌子”。一般用真声演唱，不追求音量，有时像自言自语，有时像向人低声倾诉，常表现出一种情真意切的效果。如新化《波罗山歌》、祁阳《杨梅好吃树难栽》等。

平腔民歌为一种声音辽阔悠扬、速度较自由、常一字一腔、句尾加拖腔的山歌，多为成年男子在野外用真声（少年用假声）演唱。由于歌词中常夹有一连串的连八字句，或一连串的形容词、排比句，甚至带有绕口令的特点，在湘中地区又称为“数板山歌”，如长沙的《郎在外间打山歌》、耒阳的《三年时间口不渴》等。

按照地域区分，较有特色的民歌有新化山歌、沅陵山歌、炎陵客家山歌、桑植民歌、平江民歌等。

新化山歌为流传在新化县及周边地区的民间歌曲，以口头创作、口头传唱的方式传承于民间。有高腔和平腔（低腔）两大声腔。高腔山歌主要流行在高山区，音调高亢嘹亮，拖长音，节奏自由。低腔山歌多在丘陵平原地带，音调较低，拖音较短。除此之外，还有花腔、弹腔、波罗腔、滚板腔以及锣鼓山歌等多种演唱风格和表现形式。在句式结构上，有四句头、六句头、八句头和长段，也有七字式、五字式和长短相间式。

沅陵山歌流传于沅陵县。其腔调繁多，有“隔山不同调，隔河不同腔”、“一山是一歌，歌要龙船拖”的说法。由于历史、环境、风俗、语音等方面的不同，形成三大色彩区和上河腔、下河腔、北河腔三大腔系，每一腔系又由多种腔调形成同一风格色彩。以节奏旋法又可分为高山山歌、短尾山歌和坐唱山歌三种类型。高山山歌嘹亮奔放，节奏自由，拖腔长，音轻跳度大；短尾山歌节奏较自由，拖腔较短，旋律进行较为平稳；坐唱山歌曲调优美，音域不宽，节奏较规整，多为一字一音，结构短小，往往采取一领众和形式。

炎陵客家山歌是用客家方言吟唱的山歌，流传在炎陵一带。有劳动歌、劝世歌、行业歌、耍歌、谜语歌和猜调、小调、竹板歌等。各种歌词结构大致相同，每首四句，每句七字，逢一、二、四句多押平声韵。曲调丰富，大致有号子山歌、正板山歌、四句八节山歌、快板山歌、叠板山歌、五句板山歌等。几乎所有曲调中都有颤音、滑音、倚音等装饰音，因而使旋律变得回环曲折、委婉动听。调式多为羽调式和徵调式。意境含蓄，善用比兴手法，尤以双关见长，语言通俗生动，押韵上口。词曲不固定，一般为即兴编唱，可以一曲多词，反复演唱。

平江民歌流行于平江县域，用平江方言演唱，遗留了一些古汉语音韵，语音音调大致可分为阴平、阳平、上、阴去、阳去、入六声，六声的音高走向，形成了一种旋律型的音程结构特征，音调色彩具有独特的风格，因受地域影响，唱腔繁多，有高山腔，又称钻山垅、仄音山歌；低音山歌，又叫检板山歌；平腔山歌，又叫田歌等。曲牌丰富，旋律优美，流利畅达，节奏明快。

被列入国家级非物质文化遗产名录的有茶山号子、新化山歌、桑植民歌等。

按照民族区分，主要有汉族民歌、土家族民歌、苗族民歌、瑶族民歌、侗族民歌等。这里只介绍少数民族的民歌。

土家族民歌流传于湘西及周边土家族聚居区。有山歌、小调、劳动号子歌、薅草锣鼓歌、摆手歌、风俗歌等；分高腔及平腔两大类。劳动号子歌分为水上号子和山里号子。薅草锣鼓歌，演唱形式规范完善，分引子、请神、扬歌、送神四部分。摆手歌跳唱结合。风俗歌有《孝歌》、《哭嫁歌》、《跳丧歌》等。其曲式结构多为四句式，大多是将第四句重复或三四句变化的重复。土家族号子及祭祀歌曲大多有引腔、收腔。亦根据不同的曲调、形式和环境，分为真声唱法、真假声结合唱法和轻声唱法等。

苗族民歌流传于湘西、怀化等地的苗族聚居区。可分高腔、平腔、仡佬腔、飞腔、叭固腔五大声腔。在不同的演唱形式及内容上，派生出接亲调、送亲歌调、古歌调、情歌调、工夫歌调、儿歌调、哭嫁调、老司歌调、扛仙歌调、赶秋打秋千时玩调10种常用歌调。另有一种多声部演唱形式的苗族民歌歌种——苗族歌鼟流传于靖州锹里一带的苗族。按风格、旋律、内容、演唱方式及民族习俗可分为茶歌调、酒歌调、饭歌调、山歌调、担水歌调和三音歌调等。其歌词多为七言四句，内容涉及历史传说、祭祀礼仪、生产劳动、婚姻恋爱、劝事说理、唱咏风物诸多方面。其音乐的音律和音程有鲜明的个性和特点。演唱采取由低至高、由轻至重、由少至多的递进形式，多以单人低声部起歌，其他声部先后进入，多个声部相互交替流动。有《山歌》、《担水歌》、《茶歌》、《三歌》等曲目。演唱语言主要使用当地苗族土语（酸话），其旋法、和声和曲式结构具有鲜明的个性和特色。2006 年，苗族歌鼟被列入第一批国家级非物质文化遗产名录。2008 年，苗族民歌（湘西苗族民歌、苗族飞歌）被列入第二批国家级非物质文化遗产名录。

与土家、苗、侗等少数民族相比，瑶族的聚居地较为分散，支系也多，故瑶族民歌因其聚居地的不同而风格各异。主要流传于隆回县虎形山瑶族乡的花瑶呜哇山歌为花瑶在田野山岗劳动时自我愉悦的一种山歌号子，因加衬词“呜哇”而得名。常用瑶语和汉语演唱。内容主要涉及瑶族迁徙、农业劳作、深山狩猎、婚姻嫁娶、傩巫鬼神等等。多为成年男子用真假声结合演唱，曲调节奏自由，音调悠长，声音高亢嘹亮，有较长的甩腔，并常加“呜哇呜哇……”等衬词。歌词结构复杂，一般为四句体、六句体和多偶句体，歌词讲究节奏和押韵，共 24 个韵脚。被称为“民歌中的绝唱”。演唱有独唱、对唱、多声合唱等多种形式，常用大锣大鼓来伴奏。桂阳瑶歌为“过山瑶”的民间歌曲，有独唱、对唱、齐唱、边跳边唱、坐唱等。演唱方法可分为：“吧丛”，即用高音唱；“赶丛”，即用低音唱。演唱时并无特定的时段及地点，也没有特制的道具，但男、女各有特别的服饰。以徵调式为主的大调式较多，宫调式和羽调式较少。装饰音很多，一般歌曲为两个乐句或四个乐句，系一曲多段词的分节歌，易于传唱和流传。流行于江华瑶族自治县与广西毗邻地区瑶族聚居地的民歌称为“梧州歌”，因其地古代曾属梧州管辖，故名。其最大特点是有上下两个声部，除两个声部同度进行外，以不协和的大二度为多，大小三度次之，协和的四、五度进行只偶尔出现。经常使用弱拍起，后半拍起与切分音，特别在切分的重音位置上常使用大二度音程，是中国民歌中独具风格的、少见的二声部歌曲。流行于江华、蓝山、新田、宁远、双牌、道县等县瑶族聚居地的瑶族民歌，称为“拉发”，因歌词中常夹有衬词“拉发”而得名。歌词多为“三、七、七、七”字的四句，曲调多由一句作基础，反复变化发展而成。声音高亢明快，婉转悠长。旋律进行一般较为平稳，音程跳动不大，节奏自由，只有徵、宫两种调式。演唱形式有跟声唱法与无跟声唱法两种。跟声唱法称“跟声拉发调”，二人演唱，一领一跟，领唱者先唱两个字，跟唱者依据领唱者的字、腔模仿，有时还在模仿声部创造性地唱出变化和对比，形成有特色的二声部歌曲；无跟声唱即独唱的“长调”。另外，还有“短调”与“讲歌”两种，短调有时省去拉发的衬词，只唱四句。在这一地区流行的还有一种带说唱性质的叙事歌曲——瑶族雷依却，用于叙唱各种故事，如《盘成豪起义》、《千家洞》等，曲调分两种：“拉啰利”用于平时演唱一般故事；“嘞拉嘞”则须在举行宗教仪式时演唱。由《洪水沙》、《山逢涧》、《莽断》、《荷叶杯》、《兰花子》、《抛江南》、《梅花端碗》等七首曲调组成，演唱时一般不用乐器伴奏。2008 年，瑶族民歌（花瑶呜哇山歌）被列入第二批国家级非物质文化遗产名录。

侗族民歌流行于新晃、通道、芷江、靖州等县的侗族聚居地区。以侗族琵琶歌最为著名。琵琶歌用该民族古老的弹弦乐器——侗族琵琶作伴奏，有长篇叙事歌、劝歌、情歌三类。长篇叙事歌具有说唱音乐的性质，像《梁山伯与祝英台》、《珠郎娘美》等，在本书的曲艺部分有介绍；劝歌有劝夫妻和睦、劝懒汉回头、劝人们重视妇女等内容；情歌多为男青年在夜晚带上琵琶去情人窗下幽会时弹唱的爱情歌曲，是琵琶歌中占比重最大、音乐与歌词最丰富的部分，分为十八歌、新交歌、深交歌、相逢歌、怨情歌、探情歌、绝情歌等。琵琶歌一般只用一个基本曲调，情绪热情奔放，速度自由，优秀的歌手能将一个基调作多种多样的变化，还能弹奏出变化多端、华丽欢快的引子和过门。侗族喉路歌因歌中以“喉路”作衬词而得名，是民族音乐艺术中十分难得的多声部歌曲。用平话和真声演唱，用韵严格。有花歌、俏歌、讲歌三种腔调。每当逢年过节、红白喜事，无论男女老少于白天夜晚、堂前屋外都可以唱。演唱形式主要为二声部合唱或多声部重唱。音调比较低沉，唱词不多，拖腔较长。演唱时按花歌、俏歌、讲歌的顺序进行，声部之间讲究配合。师徒传承，一般十二三岁开始学歌，先学歌词，男女分学。还有一种侗语名为“嘎拉”的单声部民歌侗族小歌，大多由一人小嗓轻声慢唱，或二人对唱，内容以情歌为主，其曲调短小、委婉、缠绵，音程跳动不大，多附有装饰音、下滑音，常使用混合节拍。包括有用乐器伴奏的琵琶歌（嘎琵琶）、牛腿琴歌（嘎地嫩）、笛子歌（嘎滴）和无乐器伴奏的河歌（嘎尼亚）、山歌（嘎摆进）等。

按照内容区分，有情歌、婚嫁歌、儿歌及各种劳动生产歌等，非常有特色。

爱情是人类各种艺术形式中永恒的主题，追求爱情、歌颂爱情的情歌是湖南各地区、各民族普遍流行的一种民歌类型，内容及形式均极为丰富多彩。这里介绍一种流行于株洲醴陵的独特民间小调——思情鬼歌。醴陵语言属赣语系，其民歌音调又是湘中宫、角、羽调式色彩，造成了该地区某些民歌小调有别于湘东、湘中其他地区的特殊风格。思情鬼歌以“鬼”为对“满哥哥”和“妹妹”的爱称，实属罕见，其曲调与地方方言紧密结合，活泼流利，风趣诙谐。音乐进行中的六、八、十度上行大跳和宫、角、徵为骨干音所形成的角调式，具有浓郁的乡土风味，是音乐学家、作曲家和语言学家研究湘东音乐与方言的重要歌曲之一。

湖南的婚嫁歌以“哭嫁歌”最有特色。“哭嫁歌”又称“伴嫁歌”，流行于湘南之嘉禾、永州、桂阳、临武、新田、蓝山、宁远、道县、城步以及湘西之石门、慈利等地的土家、苗、瑶、侗、汉各民族中。这是一种非常特殊的歌谣，是当地婚俗中一道亮丽的风景。其中的土家族哭嫁歌于2011年被列入第三批国家级非物质文化遗产名录。

湘南苗、瑶民族的“伴嫁歌”以嘉禾、桂阳、宁远、城步等地最为流行，又称“唱伴嫁”、“坐歌堂”。传统伴嫁分为两步。新娘出嫁前两晚坐歌堂伴嫁，叫伴“小嫁”，晚饭后开始唱耍歌，半夜即收。出嫁前夕坐歌堂叫“伴大嫁”，亦从入夜开始，上半夜唱耍歌，下半夜唱长歌，次日黎明时跳伴嫁舞，之后新娘始出辞花楼“哭娘”，直至新娘上轿后，还有移轿脚哭娘。歌词即兴编创，多为惜别离情。涉及内容十分丰富，或传播历史、生产知识，或嬉笑逗耍，或歌唱妇女生活、风俗人情、天文地理，无所不包。具体内容有耍歌、安席歌、赞姐妹、交姐妹、送姐、女离娘、哭嫁妆、怨爹娘、怨婚姻、骂媒歌、做媳难、童养媳苦、分离歌、送别歌、射歌等。演唱形式有独唱、轮唱、合唱、坐唱、边说边唱、边舞边唱（伴嫁舞）、哭唱（哭嫁歌）、骂唱（骂媒歌）等。伴嫁歌旋律婉约柔美。伴嫁歌的曲式结构严谨，旋律主音结束在弱拍位置或强拍的非强音位置上，形成频繁而又罕见的“阴性终止”。伴嫁歌为五声调式，常运用移宫犯调手法。伴嫁歌中衬词丰富多彩，几乎所有的伴嫁歌中都有衬词。演唱程式独特完整，至今仍在口耳相传的歌曲大约有 2000 首。唱“伴嫁歌”时所伴之舞蹈称为“伴嫁舞”，包括把盏、香火、走马、划船、卖酒、推磨、娘喊女等舞蹈，舞时，所遇之物皆可作舞具。

湘西“哭嫁歌”主要流行于土家族聚居地区，当地的部分汉族也有这种习俗。“哭嫁歌”大致分为两种，分别为“新娘哭嫁”和“陪十姊妹”哭嫁。土家姑娘在出嫁前的一月或半月，甚至两三个月前就开始哭嫁。开始哭之日称“开哭”，先是半月哭，隔夜哭，而后夜夜哭。何时开哭没有定规，从何人哭起也无一定之规。一般是从“母女哭”、“姊妹哭”或“姑嫂哭”开始。以后来人贺喜或安慰，均须哭唱。哭嫁时村寨里的姑娘们常来伴哭，其内容相当广泛，有敬爱父母的，有倾诉离别之情的，有告别姐妹的，有留恋乡土的，有骂媒人和诉说自己痛楚的……出嫁的先夜，要挨家挨户哭所有亲人和全寨的人，被哭的人陪着哭。哭嫁是土家族人衡量女子才智德能的重要标准，不会哭嫁将受到人们的轻视和责难，故一般女子在十二三岁时就开始学哭嫁，免得出嫁时不会而受人指责。此俗今已淡化，一般只是稍哭一阵以应俗。到了婚期前夜，女方邀集新娘要好的姊妹九人，连新娘共十人，整夜陪新娘，称“陪十姊妹”。晚饭后，在新娘房前烧一盆火，新娘坐床上，众姊妹坐火旁，首先新娘哭一段“辞祖先”，次由新娘母亲、嫂嫂请客。常用词为：“不为烤火不烧柴，不为唱歌不得来，莫让我女（妹）坐冷房，一夜要哭到大天亮。”而后众女友轮流上床，每人哭唱一段，哭词有现编的祝贺词、客套话，也可唱民间小

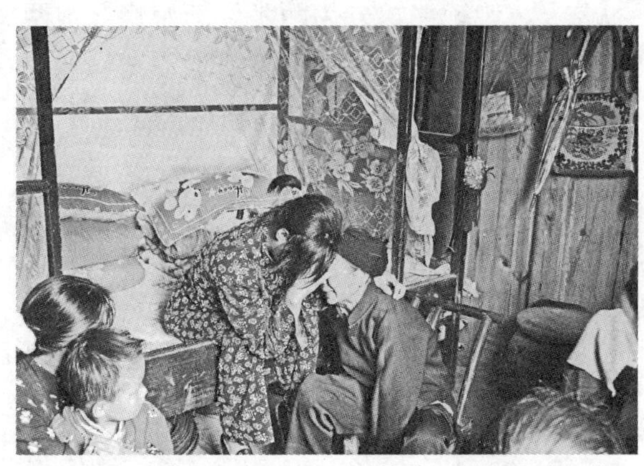

图下 5-1 土家族哭嫁歌

调和定型的“哭嫁歌”。九人哭唱完后，再从头轮起。哭至深夜，吃“陪十碗菜”。厨师每上一道菜，众姊妹要轮流哭唱“陪菜”。可直接描述各种菜肴，也可将菜作成谜语，点名要其他姊妹猜答，亦可赞扬或嘲笑厨师。出到第八碗菜时，厨师故意留两碗主菜不出，待众姊妹凑钱送红包后才端出来。菜上盖着剪刻的红纸花或插上鲜花、纸花。饭后饮茶时又要哭唱“陪茶”，哭唱主家的好客和茶点的精巧。茶后继续陪歌，直唱到东方发白，这时新娘与母亲、嫂嫂及众姊妹一齐哭，为新娘送别，称“闹五更”，此时才是真哭。此俗现偏僻山乡仍存。文化人类学研究者认为“哭嫁歌”的习俗是古代妇女反抗不合理婚姻制度乃至远古时期抢婚的遗响，对研究当地各民族的历史、语言、歌谣、爱情、社会演变、婚俗发展、宗教信仰等均有着十分重要的价值。2011 年，土家族哭嫁歌被列入第三批国家级非物质文化遗产名录。

湖南汉族最有社会历史意义及艺术特色价值的是浏阳文庙祭孔古乐舞，又名“浏阳祭孔乐舞”、“浏阳文庙乐舞”等，是古代融乐、歌、舞、礼于一炉的大型祀孔乐章。源远流长，素负盛名。

清道光九年（1829），浏阳县成立了专门练习礼仪和乐舞的礼乐局，每年举行祭孔活动，分春（每年农历二月上旬）、秋（八月上旬丁日）及八月廿七日孔子生日三次大祭，春、秋称“丁祭”，孔子生日称“诞祭”。浏阳于清同治年间（1862—1874）特建规模宏大的孔庙（又称“文庙”）以进行祭孔乐仪。庙的大成殿前设左右舞亭和钟鼓亭。在每次祭祀之前的半月招收乐舞生 64 人日夜练习。祭孔的场面非常壮观，全国各地均有不少名士前来参加，观礼者达数千人。

祭祀由县官主祭，乐生奏古乐，乐曲优雅古朴，舞生闻声起舞。舞生为 12—14 岁的男童，并要求家世清白，通过考试方可参加习舞演出。入学时须行拜师礼，授以舞生十条守则，如不得高声喊叫，不得教演不到等等。祭祀中演奏的舞蹈为干戚舞和羽龠（乐）舞，前者为“武功舞”，后者为“文德舞”。舞者的动作伴随音乐的缓速、疾驰而舞，动作幅度不大，共 64 人分 8 个纵队面对孔子正殿立于东、西二舞亭，每队人数相等。音乐沉雄、肃穆。共分“迎神昭和”、“初献雍和”、“亚献熙和”、“终献渊和”、“彻馔昌平”、“送神德和”等六章。其中“初献”、“亚献”、

“终献”为配舞。“初献”配舞时左手持“干”（即古代兵器中的盾牌），右手执“戚”（即古代兵器中的斧），为“干戚舞”；“亚献、终献”配舞时，左手执“龠”（龠以竹为之，长一尺二寸，三窍朱饰），右手执“羽”（以木为之，长一尺四寸，其巨细以龠孔足容为度，每羽用雉尾一根插龙口），为“羽龠舞”。整个乐舞动作简朴、典雅。配奏乐器有“八音”，用匏、土、革、木、石、金、丝、竹八种原材料制成，有匏埙、土埙、革鼓、柷、敔、石磬、编钟、琴瑟、箫笛等，通过打击、吹弹调和音阶汇合演奏，其音律雅淡，静穆温和。古乐克服了以往呆板枯燥的祭礼乐章，打破了十二律管风箫定音的传统方式，形成了以二十四管风箫定音的乐制，完善了八音齐全的古乐体系。其乐、舞程序完整，内涵丰富，传统深厚。2009 年 2 月，“浏阳文庙祭孔古乐”以民间音乐类被列入第二批省级非物质文化遗产名录。

土家族梯玛神歌为土家族巫师“梯玛”在祭祀活动中所唱之古歌，故名；因其演唱时所伴舞蹈分为“大摆手”和“小摆手”，舞姿有大方粗犷的单摆、双摆、回旋摆、边摆边跳等动作，又称“摆手歌（舞）”、“社巴歌”（土家语“社巴”意为“摆手”）。流传于湘西酉水流域的土家人聚居区。

梯玛即巫觋，俗称“土老司”。在土家族地区，凡遇丧祭、病疫，择地建房、建陵，甚至求子祈福等活动，往往请梯玛作法。始于何时，无从稽考，但在清同治《酉阳直隶州总志》已有记载，故其历史已有数百年。《古丈坪厅志》记载：“土俗各寨有摆手堂，每岁正月初三至初五、六夜，鸣锣击鼓，男女聚集摇摆发喊，名曰摆手。”梯玛神歌格局宏大，篇幅浩繁，长达数万行。不仅有大量的祭祀内容，还传唱开天辟地、人类来源、土家民族迁徙，以及狩猎捕鱼、桑蚕绩织、刀耕火种等社会生产生活各类题材的古歌，蕴涵了天文、地理、历史、语言、民族、民俗、文学、艺术等多学科的丰富内容，被誉为土家族的百科全书。音乐包括声乐伴唱和器乐伴奏两部分，声乐主要有起腔歌和摆手歌，乐器主要是鼓和锣，曲目根据舞蹈的内容及动作而一曲多变。在表现形式上独特多样，有讲有吟、有歌有舞，形成诗、舞、歌、乐相结合的庞大艺术载体。2008 年，土家族梯玛神歌被列入第二批国家级非物质文化遗产名录。

苗族古老话，苗语直呼为“古根”，是流传于湘西花垣、凤凰等县苗族聚居地区的长篇民族古歌，也是苗族特有的口碑文献。历史悠久，内容丰富，通过历代苗老司（苗巫师）的口耳相传至今。以大型祭祀活动“椎牛祭”为载体，由“匠都”（苗语，指讲古的人）用苗语演唱。

苗族古老话形式上采用对仗句的文体句式，唱词均为七字句，要求句句都押韵，一韵到底，往往是上仄下平，间或有上平下仄。内容包括开天辟地篇、前朝篇和后换篇三大部分。其中开篇《濮斗娘柔》描述天地万物的由来；《奶夔玛媾》描述苗族先民仡索和仡本用自己的智慧挑战命运的故事；《亲言姻语》是苗人迁徙和婚姻的史话；《奶戎仡夔》展现的是苗人抵御外来侵略的悲壮历史。全篇规制宏大，气势磅礴，内容涉及历史文化、伦理道德、宗教信仰，是苗族文化的一部百科全书。2011 年，苗族古歌（古老话）被列入第二批国家级非物质文化遗产扩展项目名录。

瑶族盘王大歌是瑶族祭祀先人时所唱的长篇民族古歌，又称《流乐书下卷》。为每年农历十月十六日过“盘王节”时举行大型祭祀活动“还盘王愿”中师公的主要唱本之一，它是集瑶族社会政治、经济和文化之大成的历史文献。

盘王大歌由序歌、正歌和杂歌组成。序歌既多又杂，往往可以独立成篇，引歌、请神歌为其主要内容；正歌包括人类的创世史、瑶族迁徙史、创业史和祭祀神词，为大歌的主体部分；杂歌的内容更为庞杂，既可以在盘王祭祀中演唱，也可以在平日单独演唱。有 36 段和 24 段两种版本。其中 36 段本全歌计有约 8000 行唱词，篇幅庞大，形式多样，有歌有曲，有讲有唱，集瑶族古歌之大成，是一部瑶族社会生活的百科全书，为研究瑶族文化的历史文本。

款古又称“多源”，为侗族特有的一种吟诵艺术形式，与汉族地区的说书异源同流。主要流行于通道、靖州、湘西、怀化、城步等侗族聚居地区。新晃侗族地区的“刚垒”、“嘎班颂”与“款古”类似。

侗族过去有语言而无文字，有关侗族的历史、故事，往往通过“垒诘”的形式世代相传。“垒诘”又称“讲款”、“讲史”、“刚古”，即由该民族村寨最有威望的长者“寨老”或侗族款组织的首领“款首”，在侗族的祭祀仪典“祭萨”等活动场合，向全寨民众宣讲族源、历史、农事常识、村规民约等，每讲一段，听众即附和以“唏呀”的叫喊声。款古只吟诵，无歌唱。有用汉字诗歌形式记录、用侗语表达的底本。常用文本有《三郎五妹》、《帅哥美娜》、《蓓曼琬玉》、《吴勉和白若》、《吉妮》及根据汉族民间故事改编的《孟姜女》、《梅良玉》、《梁山伯与祝英台》等共100余部，成为反映侗族劳动生活的百科全书。具有约法性民约的篇章称为“侗款”。

民众在劳动生活中，或歌颂劳动，或消除疲劳，或借以规范劳动集体的行动，经常创造吟唱一些歌谣。比较有特色的有洞庭渔歌、澧水及酉水的船夫号子、打硪号子、澧州夯歌、安乡硪歌、放牛山歌等。

洞庭渔歌为湖南洞庭湖区渔民的民歌。旧时代的洞庭渔民们，为消除疲劳，抒发内心的愁苦和对幸福的向往，“只有唱歌不要本，只要舌头滚几滚”，久而久之，形成了湘北地区独具风格的渔歌。

洞庭渔歌大致分为劳动类渔歌、生活类渔歌、爱情类渔歌、送别类渔歌、祈祷类渔歌五种类型。其音乐体裁和形式比较灵活，有的直接采用山歌、小调；有的受山歌、小调的影响，逐渐演变为适应在湖面上、湖岸边生产生活的歌曲新形式。其旋律丰富，节奏自由，曲调流畅婉转，5/8、4/8、3/8节拍交替使用、穿插进行，常一字对一音，词曲结合，每句后增添拖长音，使辽阔歌声在湖上飘扬得更远。曲式结构完整短小，常用“领”、“和”交替出现的演唱形式，一般由领歌人起首，一唱众和，高腔、平腔、哼腔变换使用，曲调优美、柔和，较少使用大跳音程，多用假嗓演唱，调式转换较多，调式色彩变化较大。以地方方言演唱，口耳相传。经常唱的歌曲有《养女莫嫁雷公塘》、《湖风吹老少年郎》、《情妹爱的驾船郎》等，展现出浓郁的水乡地方风情。

湖南多江河，许多河流穿行于崇山峻岭之间，水流湍急，河道滩多，水情复杂，船工（旧称“船夫”）们根据行船时劳动方式的不同，创造出各种各样的水上劳动号子，以协调统一船工的行为，保证行船的安全顺畅。

流传于澧水流域及周边地区的水上澧水船工号子，按唱腔分类，可分为上河腔（上水行船）和下河腔（下水行船）两种。上河腔多为“数板”

和“急板”，亦称“低腔”和“高腔”，声腔铿锵有力，节奏明快，衬词多于唱词，有《拉纤号子》、《扯帆号子》、《换风号子》、《过岗号子》、《收纤号子》等，“三么台”的曲调低沉，速度适中；“平板”曲调高亢，速度较慢；“高腔”的曲调则紧张急促，节奏明快。下河腔多为“平板”，声腔舒畅，节奏稍慢，比较动听，有《装载号子》、《摇櫓号子》、《下滩号子》等。其中以《摇櫓号子》的唱腔最为丰富，有“三么台”、“平板”、“数板”、“高腔”四种。“三么台”的曲调低沉，速度适中；“平板”曲调高亢，速度较慢；“高腔”的曲调则紧张急促，节奏明快。两种声腔常交替运用。澧水船工号子没有固定的唱本和唱词，全凭船工口授，代代相传。歌词大多即兴而作，脱口而出。音调丰富，节奏变化复杂，曲式结构简单。句式分七字、五字两种，一般是由一人领唱，众人合唱，气势磅礴，浑厚有力。2006 年，澧水船工号子被列入第一批国家级非物质文化遗产名录。

流行于湘西山区酉水流域的船工号子也很有特色。酉水又名“北河”，故又称“北河号子”。一般分为桨号子、纤号子、櫓号子、装卸号子四类，其中桨号子节奏平稳，情绪安定；纤号子节奏紧张，情绪激烈；櫓号子则因领唱者与众人和唱之间衔接极紧，几乎各抢占一拍时值，领唱者又常将歌声与口号声夹杂使用，你追我赶，造成紧张、愉快、热烈的气氛。通常一人领唱，众人应和。领句唱歌词，和句唱虚词，由此形成一呼一应、前呼后应的吟唱形式。常见有半句和腔、一句和腔、一小节和腔、联句式和腔、交错重叠和腔等。歌词多为即兴创作，讲究节奏和韵律，多为七言四句和七言六句。调式多以四声羽调式和五声徵调式为主，宫、商调为辅，无角调式。此外，为便于记忆，船工们将沿途各地的地名编成歌谣，称“行船一路歌”，又名“水路歌”、“走水路”等，流行于全省各地。如益阳至南京的水路歌为：“益阳开路下刘公（滩），沙头、羊角、青草坪；毛角（口）子先生算八字（哨），姑嫂（树）二人问关公（庙）；白马（寺）头上生虱子（塞子庙），铃子（临资口）一响到芦陵；芦陵潭上把船（或作排）湾，青竹、云亭、磊石山；磊石山上铜钟响，逍遥快乐南津港；城陵矶、道陵矶，罗山下去是新堤；新堤有个五条街，十个妹子九个乖，又爱耍，又爱玩，鸭塘、茅埠、石头关；嘉鱼、牌州、金口驿，黄鹤楼中吹玉笛；黄鹤楼中鹤不存，一路顺水下南京。”各地各水均有不同的“水路歌”，在民间广泛流传，成为人们的水路知识歌。2008年，酉水船工号子被列入第二批国家级非物质文化遗产名录。

旧时，在修筑塘坝和建筑工地砸实地基时，经常需要使用一种工具，或称“飞硪”，或称“夯”，形制虽然不同，用途一致。“飞硪”是用一块直径约35厘米、高约15厘米的花岗岩，周围凿有8至12个孔，孔上系上粗绳制成。使用时，由8至12人各执一条绳索，由一人喊口令或唱“飞硪号子”指挥，全体人员同时用力将石块扬起，再砸下去，用来砸实地基，最高可扬起一丈多，故名“飞硪”。“夯”也是花岗岩所制，高约70厘米，直径约30厘米，上小下大，将四根竹竿或木棍捆绑在石头稍稍靠上的腰部，由四人分站四方，由一人喊口令或唱“夯歌”指挥，众人抬起石“夯”，又同时松手，让石“夯”自然落下以砸实地基。“夯歌”及“硪歌”便是由一人领、众人和的“劝力之歌”。湖南的打硪（“夯”）号子遍布全省各县市，但因打硪时的快慢不同、硪石的大小不同、方言不同、领唱者即兴发挥的能力不同而形成了众多风格不同的硪歌。

闻名全国的常德《打硪歌》，旋律悠扬，声音高亢，情绪活泼，歌词风趣，领与和之间衔接自然流畅。岳阳的《打飞硪号子》则雄浑有力，节奏规整。流行于澧阳平原及周边地区的澧州夯歌内容丰富，大体可以分为叙事、抒情两大类。叙事类以一些传统戏曲唱本为主；抒情类则可自由发挥，随兴演唱。借鉴了地方民谣、曲艺、戏剧等艺术门类的内容和表现形式，形成高山调、花丘调、平原调、湖乡调四大流派。安乡硪歌分为“飞硪歌”和“抬硪歌”，歌词大多即兴创作，少数源于民间故事和民间传统唱本。安乡硪歌歌词句式为四三结构的七字句，也有少数三三结构的六字句，几乎没有一首硪歌能脱离衬词、衬句单独存在，有的甚至全部是衬词、衬句；旋律优美，音调开阔嘹亮，结实有力；旋律下行，音域不宽。调式为徵调式，在同宫系统内，调式转换交替自然。因社会时代的发展及生产工具的进步，打硪（“夯”）已逐渐退出日常的生产活动中，硪（“夯”）歌也随之走向衰落，现成为亟待保护的非物质文化遗产。

湖南少数民族的劳动生产歌谣挖土锣鼓又称“薅草锣鼓”、“薅草鼓”、“日鼓”、“开荒鼓”、“挖山鼓”、“田歌”等，土家族地区称为“锣鼓哈”。主要流行于湘西、湘西北和湘中的广大山区，为当地土家族民众在农业生产中诵唱，部分当地的汉族同胞也有此习俗。

薅草锣鼓由山区民众为保护庄稼、驱赶野兽而鸣锣击鼓的习俗衍变而成，约形成于明代。清嘉庆《石门县志》有“山妪挝败鼓”的记载。清同治《龙山县志》载：“夏日耘苗，数家人合在一起，彼此轮转，以次而周，往往数日为曹，中以二人击鼓鸣金，迭相歌唱，其余耘者进退作息，皆视二人为节，闻歌欢跃，劳而忘疲，其功较倍。”这里反映的是山区民众进行大面积开荒和山林垦覆等劳动时，生产互助和集体劳动的场景。当乡亲们相聚在某家为其挖地、薅秧、除草时，主家便请村寨中能打会唱的歌手，鸣锣敲鼓唱歌，以消除疲劳，鼓舞干劲，提高效率。

薅草锣鼓的内容相当广泛，以土家族“薅草锣鼓”为例，分为固定和即兴两部分。固定歌有“开声歌”、“请神歌”、“送神歌”三大部分，是带有祭祀性的劳动歌谣。“歌头”悠扬粗犷，神圣而又舒展；“请神”所请之神有歌师歌娘和天地神灵，歌声中天地和谐、古朴而又庄严。“扬歌”穿插在“请神歌”和“送神歌”之间，是锣鼓歌的主体部分，既有固定的唱词，也有即兴的演唱，内容多为劳动、爱情、时政、传说及历史等，还有诵唱传说故事如《孟姜女》、《水浒》、《粉妆楼》、《天宝图》等唱本的。唱词句式以七字句和五字句为主，间或有长短句和垛子句等变化句式。用锣鼓伴奏。鼓师多为半职业性艺人或巫师，担任领唱及劳动现场的指挥；锣和钹的演奏者担任伴唱。是具有较高人文历史价值的土家族文化遗产。

第二节　婀娜多姿的湖南民间舞蹈

湖南各民族的特色民间舞蹈　争奇斗妍舞龙灯　婀娜多姿的花灯舞

湖南具有特色的传统民间舞蹈非常多，既有在生产、生活中产生的诸多舞蹈，如汉族的喜烛舞、螺蛳蚌壳舞，土家族的摆手舞、毛古斯舞、铜铃舞、跳丧舞，苗族的鼓舞、接龙舞、司刀绺巾舞，瑶族的长鼓舞、串春珠舞，侗族的摇摇舞，白族的仗鼓舞等；还有在各种节庆游乐活动中跳的龙灯舞和花灯舞等。

喜烛舞为民间喜庆风俗歌舞，流行于湘南蓝山县一带。《蓝山县志》载："凡人家嫁女，戚族妇女先夕坐大歌堂，初则唱歌，至夜深时，以若干妇女两手执烛，且歌且舞，旋坐嫁娘于庭中，以喜哭声分向四亲六眷诉别。"喜烛舞就是坐歌堂时伴娘跳的歌舞。舞时，庭中摆设大花盆一个，两旁燃红烛一对。伴娘若干人穿大红花大襟衣，着绿色裤，脚穿圆口布鞋，每人手持 2 根小蜡烛，载歌载舞。舞曲音乐柔和优美，共分 11 段，分别为"一树红花红艳艳"、"一根蜡烛照歌堂"、"人情是情花"、"捡田螺"、"手拿一口针"、"插红花"、"正月红绣花"、"吹吹打打到郎家"、"正月推车"、"石头抖墙层层紧"、"手掌手背都是肉"。内容主要表现亲人和新娘的依依惜别之情，规劝公婆要关心、爱惜媳妇，祝愿新娘婚后生活幸福。

螺蛳蚌壳舞为民间舞蹈，流行于永州、冷水滩一带，一般在广场或街头表演。用竹篾扎成能供人舞动的螺蛳、蚌壳各一个，糊上彩纸。女子两人分饰螺、蚌，持壳起舞。饰蚌壳者穿水红绸衣裤，系黑围兜，彩鞋；饰螺蛳者穿水绿绸衣裤，青马甲，彩鞋。两人均头插鲜花。饰渔翁者为男演员，化丑角妆，穿白衣，大脚裤，戴草帽，着草鞋，扎澡布，挎鱼篓，手持渔网。在欢快的打击乐伴奏下，螺蛳出场，与渔翁戏耍，螺蛳夹住渔翁的手，两人进退扭扯，舞出各种动作。螺蛳退场后，蚌壳出场，逗弄渔翁，两人回旋追逐，蚌壳一会儿夹住渔翁脚，一会儿夹住渔翁头，渔翁做出各种滑稽动作，与蚌嬉闹。渔翁把头挣扎出来后，整装，拾渔网撒之，数网撒空。此时螺蛳出场，渔翁最后一网罩住螺与蚌，用网拖着螺、蚌退场，表演诙谐，富有情趣。

摆手舞为土家族特有的传统风俗歌舞，流行于湘西土家族聚居地区。多在农历正月上、中旬举行。摆手舞含"祭把"、"跳摆手舞"、"唱摆手歌"、表演"茅古斯"和游戏等内容，有"大摆手"与"小摆手"之分。其动作主要为模拟农事及狩猎活动，仅仅是农事动作即有 40 多套。跳摆手舞前，人们先聚集在摆手堂内举行"祭把"仪式，祭祀土家祖先

"八部大王"和有关神灵；然后人们身披土锦，手持刀、枪、旗帜扮成甲士举行各种竞技活动；之后开始跳摆手舞。锣鼓放在摆手堂中央，根据人数多少或 2 人或 4 人一排，男女均可参加。行列前有"导摆者"，中间有"示摆者"，其后有"押摆者"。跳时金鼓齐鸣，人们按鼓乐节奏且歌且舞。2006 年，土家族摆手舞被列入第一批国家级非物质文化遗产名录。

土家族毛古斯舞又称"毛猎舞"。主要流行于湘西的龙山、永顺、保靖、古丈等县土家族聚居地区。"毛古斯"相传为茹毛饮血时代的土家先民，土家语为"拔步长"，意为"老公公"、"长毛的人"，舞蹈得名于此；因其舞蹈时身披茅（稻）草，故又称"茅古（谷）斯"，是土家族纪念祖先开拓荒野、捕鱼狩猎等创世业迹的一种最为原始的古典舞蹈。毛古斯舞产生于土家族祭祀仪式中。因这一形式在其他民族比较少见，且有比较完整的情节、固定的场次和对话，被称为古老文化艺术和中国古典戏剧的"活化石"。每于逢年过节、还愿祭祖时跳摆手舞之前进行。表演的人数 10 至 20 人不等，由一人扮演老毛古斯（土家语为"巴普"），另有若干女毛古斯和小毛古斯。除女毛古斯外，全部赤裸上身，头上扎数根大草辫，身穿茅（稻）草衣；男毛古斯腰捆一根用草扎成的"粗鲁棒"，象征生殖器，为远古生殖崇拜的遗风。亦有单独表演者。表演者模拟远古人类古朴粗犷的动作，讲土家语，唱土家歌，融歌、舞、话为一体。一般要跳 6 个晚上，按次序分为"生产"、"打猎"、"钓鱼"、"接亲"、

图下 5-2　土家族摆手舞

“读书”、“接客”。其程序分为“扫堂”（意为扫除一切瘟疫、鬼怪，使后代平安）、“祭祖”、“祭五谷神”、“示雄”（表现全家族人的生存和繁衍）、“祈求万事如意”等几个大段落，每个段落中细节繁多，如在祝万事如意的表演中，有“打露水”、“修山”、“打铁”、“犁田”、“播种”、“收获”、“打粑粑”、“迎新娘”等节目。其动作碎步进退，屈膝抖身，左跳右摆，浑身颤动，摇头耸肩，粗犷豪放，刚劲激昂，形态滑稽，诙谐有趣。其形式相当自由，不受内容的限制：可歌可舞，可做游戏，可玩杂耍、翻跟斗、打秋千等。歌词以对白为主，方式灵活多样，观众也可答话插白。毛古斯舞保留了自然崇拜、图腾崇拜、祖神崇拜等远古信仰符号，使人们领略到洪荒时代的原始艺术之美，既是中国古典民族舞蹈的宝贵遗产，又是土家族文化艺术宝库中的一颗璀璨的明珠。2006 年，土家族毛古斯舞被列入第一批国家级非物质文化遗产名录。

土家族铜铃舞源于土家族梯玛（土老司）的宗教法事活动，因表演时手握梯玛举行法事时使用的一种道具——八宝铜铃，又称“八宝铜铃舞”。流行于湘西及周边土家族聚居地区。舞蹈分梯玛独舞和铜铃群舞两大类。梯玛独舞主要有安神、祭土王、请师傅、请众神、上天坛、求子女等内容。铜铃舞表演时，双膝稍曲，顺拐摇铃，颤抖摆扭，粗犷有力，技巧很高。基本步伐有走十字、踩三角、曲彩辗转、交叉撇步、左右摇铃等。舞蹈音乐多用 2/4 和 3/4 节奏。唱腔曲调优美舒展，唱词古老，史籍性强。梯玛边唱边舞，打铃伴奏。有特定的服装和道具。

跳丧舞是土家族一种古老的群众性祭祀舞蹈，源于原始先民的生产生活，用于悼念阵亡勇士和民间亡灵。主要流行于石门县西北乡大山区的土家族。该地死人后不请佛道，只请人跳“跳丧舞”。跳丧的人可多可少，但至少三人，一人司鼓，二人一组跳舞，跳舞者可多达四组。鼓点敲过前奏，司鼓者发歌领唱，众人合唱，舞者随歌起舞。引子唱过即唱正文，有对死者的悼念，有对生者的劝慰。舞蹈动作粗犷、原始，多蹦跳，有“牛擦痒”、“燕子衔泥”、“犀牛望月”、“四大步”、“风加雪”、“滚身子”、“虎抱头”等动作。风格独特，表演上特别讲究对称、均衡，舞蹈过程中没有静止的造型。跳丧舞往往与做道场交叉进行。无特定服装，有较固定的音乐曲牌。音乐粗犷、热烈，主要曲调有吆吙吙吔、吆娘吔吙、吆姑姐等，有的是直接吸收民间小调或古老的劳动号子，由鼓师发歌，一唱众和。全由鼓师击鼓指挥调整节奏。各套式均无固定唱词，唱词均取自当地山歌、民谣。

土家族的传统民间舞蹈还有流行于湘西土家族地区的祭祀游乐舞蹈“造旗舞”，节日性酬神歌舞盛会上所跳的“跳马舞”等。

鼓舞为苗族传统的舞蹈，因其舞姿多为辗转跳跃，又称“跳鼓”。主要流行于湘西苗族聚居地区。苗鼓是苗家供奉的圣物，是苗族部落的象征；“跳鼓”是苗家男女老少无不喜爱的传统民俗活动。“跳鼓”集体育、娱乐、舞蹈为一体，以其雄浑的旋律、激越的鼓点、粗犷优美的舞姿、多变的套路独树一帜，是苗族同胞在长期的劳动生产、生活和祭祀活动中创造出的一项富有民族特色的传统民间娱乐形式，成为传统节日、隆重聚会和婚嫁仪式中不可缺少的活动内容。“跳鼓”时将一面直径为100至120厘米的大红鼓置于高约60厘米的木架上，另备一对长约一尺、锤端系有红绸的鼓锤，舞跳者双手各持一锤；可由一人、双人或多人舞跳。舞跳者脚跳手击，腰转体旋，屈腰踢腿，急徐应节，时快时慢，时跃时击，若断若续。内容主要以生产、生活中的动作为素材。大致可分为“迎宾鼓舞”、“生活鼓舞”、“丰收鼓舞”、“四面鼓舞”、“猴儿鼓舞”、“老人鼓舞”等几大类；形式则主要有“花鼓”、“团圆鼓”、“筒子鼓”、“单人鼓”、“双人鼓”、“三人鼓”、“四人鼓”、“多人鼓”和“猴儿鼓”等，

图下5-3　苗族鼓舞

分为单打、双打、混合打和团体打等。鼓点分为单点、双点、三点、五点、九点、行步鼓点、转身鼓点等。步伐有走三步、跳三步、绕三步、走三步踩三角、绕九步、虚点步、索滑步、走八步绕转、翻步转身等。妇女最常舞跳的是“花鼓”，有梳头、掸灰、排水、推磨等生活和生产动作，轻松活泼，柔美秀丽。“单人鼓”由一人出场，动作活泼自如，灵活多样，有女子单人、男子单人两种：男子动作如播种、收割、运粮、背柴等，表演热烈激昂、粗犷奔放、淳厚朴实、刚柔兼济，如波涛呼啸、龙腾虎跃。“双人鼓”、“三人鼓”、“四人鼓”及“多人鼓”与“单人鼓”的动作基本相同，只是舞跳形式有所差异：或为多人转着打，或为数人同时争着打，根据不同的鼓点和人数不断地变化节奏和舞跳动作。“团圆鼓”是以打鼓的形式来表示家人团圆和睦共处的生活，以杀猪、宰羊、拜年、取酒、走亲访友等表现团圆之情，舞跳者轻松喜悦、活动自如，鼓点节奏复杂，常见的有 3/4、2/4、4/4 三种，时快时慢，柔和动听。2006 年，苗族鼓舞被列入第一批国家级非物质文化遗产名录。

苗族接龙舞是苗族宗教祭祀舞蹈，流行于湘西苗族聚居地区。“接龙”为苗族信仰习俗。旧时，苗人为求家财兴旺、人寿安康、风调雨顺、年丰畜旺，请求龙神保佑，常在每年农历二月或十月，或者兴土木和办喜事时，进行“接龙”活动。“接龙”必须请两个苗老司（巫师）做法事，请母舅“接龙”，寨中族人都来帮忙。做法事时，苗老司一手摇铜铃，一手敲竹槽，口念敬龙词，唱敬龙歌，边歌边舞。而后由一苗老司带领母舅和主妇等前去离寨三四里路的“龙泉”或“龙溪”边“接龙”。由巫师念《请龙词》、唱《接龙歌》，然后将早已准备好的银壶装满“龙水”，表示接到了龙神。“龙水”交“龙女”带上，在鼓乐鞭炮声中转回。接龙舞就是在法事过程中由参与“接龙”的妇女（“龙女”）所跳。舞者上身穿花衣，下身着百褶裙，脚穿花鞋，全身佩戴银饰，一手撑开青布伞，一手拉白布或青布，伞伞相接，起伏旋伞，队形变化似龙腾欢跃，连成一条五颜六色的彩龙。接龙一般为八人以上，基本舞步多用半圆步行走，表演的动作有龙翻身、龙现爪、龙穿花、龙跳门、龙抢宝、龙护宝、龙进门、龙抱柱、关龙门、龙安家等。伴奏音乐由苗族打击乐、唢呐、苗歌组成。苗歌在接龙仪式中演唱多采用苗歌平腔，在接龙舞中多采用高腔及其他声腔。

苗族司刀绺巾舞源于古老祭祀活动，因以苗老司的师刀和绺巾（又称“绺旗”）为道具，故名；又称“跳香舞”。原为巫师做法事时跳的一种舞蹈，后发展为一种娱乐性民间舞蹈。流行于花垣、沅陵、泸溪、古丈、吉首等市县苗族聚居地区。每年农历十月初一至十五，各寨轮流跳香，一寨跳一天，表示酬谢五谷神赐给一年的丰收果实。相传五谷神属斋菩萨，故不能用荤菜酬祭，只有蒸米酒、打豆腐吃。跳香舞蹈之人走到哪个寨子，就由该村寨请大家吃一餐，以示酬答。领舞者右手拿绺巾，左手持牛角师刀，身穿红、黑、青、白、花五色巫师袍服，头戴巫师五佛冠；后面跟随四个小伙子，身穿白色民族服装，下身着蓝色裤，脚穿绣花布草鞋，每人手持一根长约二尺的竹棍，竹棍两头缠上红色绸子，中间包缠绿绸子。随着音乐节奏或进或退，左旋右旋，屈腿直步，躬身举手，转身舞动。每完成一轮上述动作，舞动师刀绺巾一次。伴奏多用大鼓大锣。舞步变化多端，主要动作有“关公推车”、“美女梳头”、“怀中抱月”、“观音合掌”、“雪花盖顶”等。

长鼓舞是瑶族特有的民间舞蹈，主要流行于湘西、湘南瑶族居住之地，是瑶族民众普遍掌握的一种舞蹈。一般在春节或庆贺丰收、建新房，或在祭祀“盘王”等一些祭祀礼仪中表演。舞蹈的主要道具为长鼓，相传瑶族始祖盘王入山打猎，追赶一只中箭的野羊，因过急而与野羊一同滚下山崖，被梓桐木扎死，子孙以梓桐木挖制而成长鼓以举哀，鼓长约 80 至 100 厘米，鼓腰较小，形似喇叭，两头挖空，蒙以羊皮。舞蹈分单人舞、一男一女对舞、两男两女合舞等类型。舞时，左手持长鼓，右手击

图下 5-4　瑶族长鼓舞

拍，每个动作东、南、西、北各做一次，谓之一套。一般有72套。表现造房的动作为多，也有反映制作长鼓的生产过程及对山区自然界一些生活的模拟。舞蹈动作套路丰富，有盘古长鼓舞、锣笙长鼓舞、桌上长鼓舞、芦笙长鼓舞、羊角短鼓舞等。音乐伴奏以唢呐为主奏，辅以奏鼓，根据场合的需要有“大吹大打”和“小吹小打”之分。2008年，瑶族长鼓舞被列入第二批国家级非物质文化遗产名录。

串春珠是瑶族欢度春节时跳的一种集体舞蹈，又名“跳九州”、“走春潮”、“走线”。流行于江华瑶族自治县及道县的瑶族聚居地区。源于祭祀始祖盘王“奏档”，是瑶族长鼓舞的姊妹篇。参与者男女老少皆可，最少要12以上，一人领舞。有“开锣”、“归龙”等严格的表演程序和隆重的祭拜仪式。舞蹈动作主要有“拜盘王”、“拜四方”、“播种”、“插禾”、“鸡公啄米”、“鸡公摆尾”、“鲤鱼上滩”、“落地开花”、“穿五角梅花”等。表演道具有鼓、锣、钹、唢呐、笙、竹梆、朝牌、彩旗、红布条、树枝等。

摇摇歌舞为侗族的集体歌舞，流行于城步县侗族聚居地区。侗家每逢传统节日，特别是春节期间，全族男女老少聚集在鼓楼里，尽情地跳“摇摇舞”，唱“摇摇歌”，往往通宵达旦，有时连续三天三夜。参加唱歌跳舞的主要是青年男女，他们成双成对，互相手拉手、肩并肩，围成圆圈，采取问答形式对唱《盘歌》。《盘歌》的内容主要是祖先的来历、民族迁徙的过程和对家乡的赞美等。女的以唱歌和表演摇摆动作为主，如扭腰、摆胯、摇颈、便步蹲、手搭肩等。男的以吹芦笙和跳舞为主，动作有抬腿、摆肩、跳跃、旋转等基本动作。女的唱歌时，男的以芦笙伴奏；男的唱歌时，女的帮唱尾句衬词。侗家老人和儿童坐在鼓楼里周围的靠背椅上围观。通过歌舞接触，青年男女可以选择意中人。

白族的传统民间舞蹈有仗鼓舞，又称“跳邦藏”、“跳仗鼓”、“站棰舞”、“站鼓舞”，因主要道具为仗鼓而得名。相传是纪念一次用打糯米粑粑的长杆打败了元军的侵犯。流行于桑植县白族地区。白族民众在插秧上岸，秋收挂镰，或在重要节日，不论男女老少，都要尽情欢跳仗鼓舞，通宵达旦，彻夜不眠。舞蹈者均穿白衣白裤、白巾白袜，外罩一件对襟无袖青上衣，各人手持一根两头大、中间小，长约100至130厘米的长鼓。亦可不受道具约束和限制，羊叉把、火钳、饭篓子等农具和生活用具均可作为道具。跳时三人一组，鼎足而立，舞步为“倒丁字步”，动作以跳、摆、转、举手为主，脚步先左后右，手与脚同向摆动，其特点是顺拐、屈膝、悠放、下沉，围着圆圈转，像打糍粑一样。以二胡、三弦、竹笛、锣鼓伴奏。跳法有“幺二三”、“三二幺”、“硬翻身”、“翻天鹰”、“狮子坐楼台”、“野猪戏虾”、“兔子望月”、“二龙戏珠”、“仙人献桃”、“魁星点斗”、“二十四连环圈”、“四十八花枪”等81套动作，夹杂有“苏公背剑”、“霸王撒鞭”等许多武术招式。边跳边唱，灵巧多变，纯朴优美。2011年，仗鼓舞被列入第三批国家级非物质文化遗产名录。

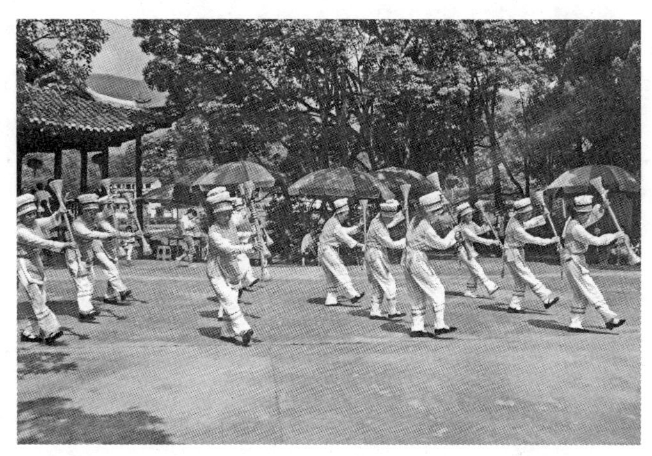

图下5-5　白族仗鼓舞

舞龙是湖南岁时节庆的一种重要的民间祈福游艺活动。因为许多地区的舞龙多在每年农历正月闹花灯时进行，甚至是主要节目，故民间俗称“舞龙灯”。湖南各地区、各民族都有舞龙灯的习俗，在不同社会历史文化的作用下，呈现出异彩纷呈的景观。

汝城香火龙舞流行于湘南汝城县23个乡镇。父老相传，在唐代，汝城曾遭遇连年水灾，乡民扎草龙焚烧，以禳除水患。自此，扎制稻草龙便成为一种习俗沿袭下来，并在民间演变成每年元宵节夜晚举行的传统娱乐活动，以祈求一年风调雨顺，五谷丰登。龙以稻草、竹子等扎制，有扁龙、圆龙之分，最重达1500公斤，龙头高3米，龙身直径约1米，龙身由7节、9节或11节组成，全长20至35米，还附带有尺寸稍小的小龙；龙身遍插特制的龙香，造型粗犷，制作精巧，称为“香火龙”。扎香火龙以村寨为单位。扎制一条香火龙约需近一个月时间。扎成后由组织者选定吉日，挑选精壮劳动力组成舞龙队、仪仗队和锣鼓队等，共约

100 人。舞龙约始于晚上 8 时许。舞龙者头戴草帽，身穿民族服装，腰扎红带，每人手执引火火把聚于香火龙周围。点火令下，鼓乐齐奏，鞭炮轰鸣，焰火腾空，香火龙全身红光闪烁。舞龙时以鞭炮队、牌灯队、龙灯队、鱼虾队、双狮双球队、鼓乐队作先导，舞龙队殿后。香火龙前后摇摆，翻滚腾跃，在漆黑的夜里宛如一条昂首腾飞的火龙，大有呼风唤雨的气势，与狮、鱼、虾及飘闪的龙灯交相辉映，构成一幅壮观美景。小伙子们舞动巨龙，沿着传统的道路，串乡过寨，经过的村寨都燃以热烈的鞭炮接龙。当龙香将近燃尽，便将龙架抬到原来点火之处烧化，整个活动方告结束。2008 年，汝城香火龙舞被列入第一批国家级非物质文化遗产扩展项目名录。

与汝城香火龙相类似的还有流行于茶陵县桃坑乡及其周边地区的客家火龙，在湘南、湘中、湘西等广大地区的舞火龙（又称“舞禾灯”、“舞秧灯”、“耍禾灯”）等。

炎陵三人龙是流行于炎陵县的一种龙舞。炎陵县是中华文明始祖炎帝神农氏的归葬地，每年都要对炎帝神农氏进行祭祀活动，舞龙是其中重要的活动内容。在其他时令节庆、寿丧嫁娶、乔迁新居时，也有舞龙表演，以表达人们祈福求财、企盼丰收、保佑平安等美好愿望。炎陵舞龙多为三人表演，故名“三人龙”。所舞之龙由龙头、龙身、龙尾三节组成，集舞蹈、鼓乐、竞技于一体。有三人布龙、三人火星龙、香火龙、蓼叶龙、竹节龙、草药龙等多种形式。表演形式多样，以白天表演的布龙和夜间表演的火星龙等为常见。

江华人龙舞以由人体组成龙的形象而得名，流行于江华县一带。人龙由 15 至 17 人组成。表演者均上穿白便衣，下着蓝长裤，扎蓝腰带，系红肚兜。前面一人为“龙珠”，用一根长布带牵着龙头在前引路。“龙头”由三人组成，一小孩骑在一大汉身上，双臂张开上举作为“龙角”；另一小孩双腿夹住大汉的腰，大汉咬住系在小孩身上腰带的一端，小孩面朝前悬空俯身，双手握住“龙珠”伸过来的长布带，上身左右摆动，作为“龙嘴”、“龙须”。“龙身”全由大人扮演。第二人与扮“龙头”的大汉背靠背，两人手臂反向挽紧，第三人将第二人的双脚搁在自己双肩上，使第二人成仰卧状，以后均如此构成龙身。最后一大汉肩上骑一小孩，双腿分别掖在大汉的腋下，上身悬空后仰，双手伸掌在后自由摆动，作为龙尾。当地节日喜庆时，先耍布龙，而后做各种小杂技，如窜桌子、翻跟斗、叠罗汉，再表演拳、棍、刀、枪等武术，最后才表演人龙。人龙动作变化不多，主要是通过向上挺腰和向下塌腰造成龙身的伸缩，和在小跑时形成的龙身上下起伏。在大锣大鼓的激越伴奏下，人龙不停地走动，走圆圈，绕 8 字，穿斜角，整个舞蹈粗犷强悍，是一种力的展现。

在慈利县龙潭河镇，每当过春节或其他重大喜庆节日时，表演一种板板龙灯舞。所用木板长约 1.8 米，宽约 15 厘米，上面安有 5 个五方灯笼表示五谷丰登，两头均有圆眼，板与板之间用一根小木棒穿插在圆眼里加以连接，形成一条长龙，龙头约高 4 米。表演时每隔 50 米安排一个乐队。板板灯像蛇一样圈大盘，龙头顺左往内转，又从中间顺右反转向外，慢慢演变成“福禄寿喜”、“太平年”等造型，参加表演少则 300 至 400 人，多则可达 2000 人，场面宏大，蔚为壮观。

城步吊龙舞是用长篙将龙身吊起来进行表演的一种龙舞，流行于城步苗族自治县西岩、丹口一带，是一种集工艺、武术、气功、表演、巫傩和礼仪习俗为一体的龙舞艺术。舞龙前一个月，由村寨群众主动捐物捐钱，集体组织制作。龙身由大家一起扎制，龙头由掌坛龙师亲自动手。在启龙、开光、点睛、接龙、舞龙、送龙、封龙的过程中，形成一套严格完整的程序。其表演者均具有一定的武功，表演套路丰富，以“巨龙出山”、“盘缠养息”等具有较高的技巧性。2011 年，城步吊龙舞被列入第二批国家级非物质文化遗产扩展项目名录。

图下 5-6　城步吊龙舞

雪峰山五溪地区流行

一种断颈龙舞。整条“龙”由用竹子编织成灯笼形制的“万岁牌”、“宝珠”、“龙头”和13节断开的“龙身”组成，断中有连，连中有断，时断时连，自成套路，别具一格。音乐为鼓乐，有原生态的独唱、齐唱等，舞步粗犷。每于正月初四“点灯”，至正月十三结束，为春节期间灯会的组成部分。表演有严格的程序。灯会结束，焚烧龙衣，名为“残灯”，以表达对龙的哀悼。

芷江孽龙舞又称“独龙舞”、“劣龙舞”，为芷江侗族自治县土桥乡富家团村田氏家族所独有。每逢春节表演。从龙的制作、表演到最后“化龙”都有严格的程序和礼俗。舞者为两人，一人舞龙，一人舞宝。有“单宝戏龙”、“双宝戏龙”两种形式。其基本套路有“雪花盖顶”、“古树盘根”、“青山牛摆尾”、“鹞子翻身”、“黄龙缠腰”、“龙盘水”、“龙洗澡”、“龙翻身”、“龙抢宝”等。音乐以打击乐鼓、锣、头钹、二钹、小锣为主，常配以唢呐、号角等。经常数十条“龙”同时起舞，蔚为壮观。2011年，芷江孽龙舞被列入第二批国家级非物质文化遗产扩展项目名录。

流行于平江伍市镇一带的九龙舞亦有特色，传统表演套路有26套之多，如“九龙戏水”、“八宝笼灯”、“金盆吊水”、“老龙脱壳”、“铁龙关象”等，排列有序，变幻莫测，环环相扣，自成体系。表演阵容庞大，

图下5-7 平江九龙舞艺术套路——七层花楼

200 多人同场演出，编排有序，气势磅礴。所使用的大锣、大鼓、大钹、抛天锣等打击乐器均由平江民间铜匠、鼓匠制作，音色浑厚，整套打击乐音差高低可达 16 度，对比非常强烈，形成独一无二的伴舞音乐。2008 年，平江九龙舞被列入第二批国家级非物质文化遗产名录。

衡南七巧龙舞原名“狗婆蛇龙”舞，流行于湖南郴州的桂阳、嘉禾一带。七巧龙精致灵巧，每条龙由 7 节组成，身长约 14 米，身围约 50 厘米。表演套路以缠、绕为主要特点。其动作、套路、组合灵巧多变。基本花样有“龙跃大四门”、“龙跃小四门”、“小龙盘花”、“大龙盘花”、“小龙跃水”、“大龙跃水”、“四龙戏珠”、“五星花”、“单龙滚腰”、“双龙滚腰”、“黄龙花”、“双龙下海”等 12 种。在表演过程中，凡是转圈时，都是往左转。花样一般由单花到双花轮回，每条龙逐一向观众表演一次。每个动作都以“龙腾云”动作收尾。其伴奏音乐为“安仁八板”等民间乐曲，伴奏乐器为唢呐和打击乐器。

流行于长沙市洞井铺的龙舞为湘派龙舞的代表，可视为长沙民间龙舞的缩影。龙舞的种类大致分为布龙、三节龙、人龙、长龙等。各种龙舞都有其不同的流派和风格，表演套路亦不一。布龙的龙头较小，分 9 节和 11 节两种，每节相距为 6 尺，舞法有打纽丝、摆图案、排数字文字等，其中仅摆图案的舞法便有 100 余种。人龙是一种大型徒手舞蹈，不借助任何道具，完全是由成人和孩子连接而成，主要是 S 形行走和起伏行进，造型动作主要是盘旋。长龙又称“摆龙”，龙头庞大，龙身粗壮且体长，一般有 13 节至 15 节，表演展示主要是跑动。三节龙的表演主要是高台上的配合，舞步、动作、玩法与布龙大致相同。

滚珠龙舞流行于江华、宁远等地的壮族乡寨，于农历正月初一至十五日进行。龙头、龙身、龙尾均用细竹篾扎成，糊以彩绸或棉纸，制作十分精细，内置蜡烛或灯泡，恰如颗颗龙珠。每节龙身安 8 个风耳，只要轻轻舞动，风从风耳灌入，龙珠便自行转动起来，故名。整条龙由 13 节以上的龙珠连接而成，多于夜间舞耍，五光十色，光彩夺目。基本舞步为小跑步或小跳步，舞蹈动作和队式有“耍四门”、“五湖四海”、“黄龙褪鳞”、“架桥”、“叠罗汉”、“观音捧印”、“绞麻花”、“螺丝钉”、“穿灯”等。大锣大鼓伴奏。

在张家界永定区尹家溪镇一带流行一种“泼水龙”的习俗，是当地土家族人求雨祈福的一种形式。泼水龙用鲜棕叶做龙须，用葛藤、黄荆条、松树枝做龙身，由9—15人舞动。成人表演叫大龙，小孩表演叫小龙，男人组成的称为公龙，女人组成的为母龙。有“二龙抢宝”、“蛇蜕皮”、“乌龙绞柱”、“蛇钻洞”、“水戏龙”、“龙戏水”等50多种舞法。舞龙时，身着民族服装的民众用盆、瓢、桶端水围绕着龙泼浇，边舞边泼水，越泼水龙舞得越欢，人们以此预祝年年风调雨顺，五谷丰登。

由于舞龙多在节日喜庆进行，民间多有讨彩赞龙祈福的习俗。如湘南的道县、宁远、新田、蓝山等县，元宵节舞龙时，队伍逐家逐户贺年讨彩，龙舞之后即行“赞龙”。“赞龙”为主客对答式，赞词可套用也可即兴创作，均为每方四句，故又称“喊句”。内容为礼节性恭贺祝福之类，如（舞龙贺年者）：“嘿！锣一声来鼓一声，一台兄弟贺新春，一台兄弟不会耍，靠你贵府赏包封。”（主方）：“嘿！锣一声来鼓一声，一台兄弟耍新春，一台兄弟耍得好，远远为你传名声。”在主客对答的间隙，由乐队奏乐伴奏。伴奏乐队一般由五人组成，乐器有唢呐、大鼓、大钹、大锣、小锣等。

闹花灯是中国传统岁时节庆游乐习俗活动，多在农历正月进行。舞花灯是活动期间的一项重要内容。湖南各地区的花灯舞形式多样，异彩纷呈。

高花灯是土家族富有民族特色的舞蹈，又称“跳花灯”，流行于湘西北及张家界土家族聚居地区。在每年春节期间的初三至十五日傍晚开始进行。表演者每人手执一盏灯笼，外粘用五彩纸剪成戏文故事如“八仙”、“瓦岗寨人物”、“梁山英雄”之类，内点蜡烛两根，顶扎一木偶像。一般由12至24人表演。表演者走村串寨、登门到户进行拜年活动。首唱《观灯》祝愿人们新年吉祥、万事如意；继唱《道贺词》向主人道贺新禧、行拜年礼；再唱《开财门》祝贺主人家业兴旺、恭喜发财；后唱《祝寿歌》。表演有一套程序，要求东起西落，进一个“半边月”，出一个“月团圆”，舞一个“太极图”。亦可进民家房屋表演，称为“愿灯”，多为祝福、还愿或为某家房屋喜事凑趣。打吆喝（呼喊）、打口哨则只能到户外表演，称为“众灯”，是让大家观赏。其形式又分“民灯”、“战灯”。前者表演古代先民的迁徙、繁衍、劳动、生活；后者表演打仗破阵。队形变化有“织篱笆”、“滚柱头”、“八卦阵”、“过天星”、“十八斗”、“单八字”、“双八字”、“连八字”、“六耳节”、“四耳节”、“正反推骨牌”、“双龙出洞”、“螺蛳转顶”、“二龙戏珠”、“荷花出水”、“烈马回头”、“一字长蛇”等20余种。如破“象棋盘阵”，主人插三十二根香，摆成棋盘阵，表演时，主人举红伞，舞灯者举黑伞，从河道进，将众“子”一一吃掉（即踩香），这是斗智的竞赛。但见灯火如流星般穿插舞蹈，旁边配以龙灯互舞（配龙玩灯是高花灯的主要特点之一），音乐伴奏为土家族打击乐，以锣、鼓、钹为主，亦配唢呐，那激起的锣鼓声、吆喝声、口哨声，掀起有节奏的声浪，热烈而欢快，保留着古老、原始、粗犷、豪放、悲壮的特色。离开时，主人家要给舞花灯者赠送红包或香烟水果，花灯队“谢主”而退。十五日晚上举行送灯、烧灯仪式，一年一度的新春花灯活动到此结束。

桑植花灯是汉文化歌舞艺术与桑植当地的土家族、苗族、白族等少数民族的生活和风俗习惯相结合而形成的具有独特风格的民间歌舞艺术。其演出形式多为“对子花灯”。表演人数一般为一男一女两个角色，男子形象滑稽诙谐，女子形象优雅端庄。花灯种类繁多，有文花灯、武花灯、丑花灯等。花灯的舞台步法和步位变化丰富多彩，有“踩四门”、“走8字”、“走圆圈”等程式；有“雪花盖顶”、“美女梳头”、“嫦娥奔月”等舞步。音乐唱腔来源于桑植民歌，旋律明快流畅，欢快跳跃。

文武茶灯流行于凤凰县南部，是集歌、舞、戏、杂技、乐于一体的传统民间歌舞。以扇为主要道具，表演身段优美，婀娜多姿。一般为小丑与小旦双人表演，也可四人、六人、八人群体表演。表演的套路有100多种，主要的有30多种，如“燕子衔泥”、“雪花盖顶”、“隔帘相看”、“鳊鱼上滩”、“美女梳头”、“黄龙缠腰”、“鹭鸶踩莲”、“种茶”、“谢茶”、“盘茶”、“内荷花”、“外荷花”、“上荷花”、“下荷花”、“正反云手”等，各套路结构和组成以及表演程序严谨规范，形成一个完整的艺术组合。

蚕灯舞流行于溆浦县大华乡等乡村，原为大华乡小黄、竹园两村张姓家族的族灯，后传播到周边地区。蚕灯用竹篾编织而成，分头、身、尾三部分，相连成串，全长约5.3米，由三人合舞一灯；两串灯为一组，每组一公一母，由6人同舞；组数不限。表演套路主要有“三多财喜”、“比翼双飞”、“恩恩爱爱”、“双蚕抢宝”、“八仙相会”、“抬头见喜”、“莲花盛开”、“宝树采桑”、“展望楼台”、“春蚕吐丝”、“太极图”、“春蚕过桥”、“单关门”、“双关门”、“拜四门”、“礼节舞”、“双鞭炮”等。舞姿婉转灵活，伸曲自如。伴奏乐器为唢呐和锣鼓。

碟子灯为流行于湘南江华、江永、道县一带的民间舞蹈，在节日的晚上演出。演员全部为女性，人数不限，身穿彩色便装，系裙子。每人双手各托一只碟子，碟内点燃一支蜡烛。舞蹈动作主要是捧碟托举、开合、回旋、绕腕等，步伐有踏步、点步、蹉步、小八字步、十字步。伴奏音乐优美抒情，动作柔缓。灯烛象征光明，寄托着人们的美好愿望。

七江炭花舞流行于隆回县七江乡，是一种借鉴夜晚照鱼（民间一种捕鱼的方法）用的炭灯发展而来的民间舞蹈。一般用于为舞龙队伍开路。其表演者一般为两人。表演时，用枞树膏或栗树皮作燃料，装入铁丝网笼中，系于5米长的竹竿上端。炭花点燃后，利用甩、抛、绕、抖、收和弓步、大八字步、蹲柱等肢体动作，甩动灯笼起舞，火星飞溅，宛若游龙夜空翻腾。舞蹈动作有“雪花盖顶”、“黄龙缠腰”、“双龙抢宝”、“8字回纹”、“扫地莲花”、“朝天三炷香”等。以打击乐伴奏，表演不受场地限制。

【注释】

①《全唐诗》，中华书局1960年版，第十五册，第5577页。

②［宋］李昉等：《文苑英华》卷七九，台湾商务印书馆1986年影印文渊阁《四库全书》本。

③《全唐诗》，中华书局1960年版，第一七册，第6579页。

④［宋］文天祥：《文山集》卷一二，台湾商务印书馆1986年影印文渊阁《四库全书》本。

第六章

独具特色的湖南岁时节令习俗

湖南民俗文化中覆盖面最广、影响最大而又最具地域特色和民族风情的，是岁时节令风俗。从发展源流看，有部分传统的岁时节令习俗是产生于包括湖南在内的荆楚地区，然后播散到全国各地，成为流行于全国的传统节日；也有产生于中原及其他地区而后传入湖南的传统节日，但历经长时间与本土文化的交流衍变，也有着浓郁的地域和民族特色。旧时所使用的是农历，是一种产生于传统农业社会并与岁时农事活动密切相关的历法。湖南传统岁时节令习俗活动，几乎全都与这一传统纪年相关。

第一节　湖南的汉族岁时节令习俗

辞岁迎春过大年　龙舟竞赛过端午　“偷瓜送子”过中秋　民俗盛会推庙会

湖南以汉族为主体的春节、端午节、中秋节传统三大节日习俗，虽然就总体而言，其性质内涵与全国其他地区有着许多共性，但仍然有着湖南的历史地域文化特色。此外，各地于节庆期间举行的“庙会”活动，也是传统社会生活习俗的延伸和展示。

在湖南民间，春节的节期包括年前年后两个连为一体的整个时间段，即指新旧年交替之际辞旧迎新的整个时间过程。一般而言，即向年前追溯到腊月二十四日过小年之日，向后延续到正月十五元宵节前后。

从腊月二十四过小年开始，人们就忙着过年了。家家户户打扬尘、洗被褥、除邋遢，还开始杀年猪、打糍粑、办年货。旧时的许多家庭还有在过小年时“祭灶”，即在灶神（又称“灶君菩萨”）的寿诞之日对他进行祭祀的习俗。灶神为华夏神谱中的监察神，俗传其受命于玉皇大帝，职司各家之祸福，监察人们行为之善恶，年底便上天汇报。这就是晋代葛洪《抱朴子内篇·微旨》中所谓“月晦之夜，灶神亦上天白人罪状，大者夺纪，纪者三百日也；小者夺筭，筭者三日也”①。“灶君诞”是华夏诸多民族普遍重视的传统节日，最能展现传统祭祀文化之特征。各地均有此祭祀习俗，因地域之差异而日期稍异，但均在每年新年前的腊月之某日，即所谓“糖瓜祭灶，新年来到”。湖南民间多在腊月二十四过小年时进行。届时，家家均多备祭品，并以糍粑、蜜糖等甘甜粘性之物涂糊于灶君菩萨的嘴上，进行贿赂，使他汇报时不能开口讲坏话，而只能甜嘴蜜舌地为自家美言。

除夕之日，家家贴年画、门神、春联等，将室内外布置一新；出门在外的家庭成员也都要在这一天之前赶回来团聚。除夕夜，旧俗有“接司命”、“吃团年饭”、“辞年”、“守岁”、“关财门”等活动。半夜12时正（旧时称亥、子交接之时辰）交年时，家家争相燃放鞭炮迎接新年，名为“接年”。接年后，便出门祭拜天神，称为“出天行”，又称“出天方”，是一种传统的祈福活动，一般在夜半子时新年到来之际进行。届时，家家都开户出门，鸣放鞭炮，辞旧迎新；人们还以爆竹的声响来预卜新的一年诸事顺遂与否。大年初一，清晨早起开门称为“开财门”，然后回家祭拜祖宗，并向长辈拜贺并与平辈互贺新年，均称为“拜年”。

湖南民间春节的文娱活动非常多，各地区各民族也有一些独特的民俗节庆活动，例如舞狮、舞龙灯、舞春牛、灯会和猜灯谜等活动。其中最热闹的是舞龙舞狮和故事会。

各地的舞龙舞狮活动不尽相同，这里以长沙为例。旧时长沙一般在正月初六、初七日即开始玩龙灯，至元宵夜形成高潮。此即长沙俗语所说的：“三十夜的火，元宵夜的灯”。届时，四周乡民组建龙灯队应商贾之邀麇集省城。龙灯队伍由执事擎“火神庙”大纛前导，旗牌手提长方形灯笼，上书乡村或祠堂庙宇名称，各式牌灯齐列两旁护卫，长号开队，金鼓唢呐齐鸣，龙身蜿蜒翻腾，拼凑各种图案，商贾民家竞相鸣炮迎接龙灯，以求吉祥如意。此外，位于长沙城内的定湘王庙和朗公元帅庙等神庙，每岁新年时都要扎一纸龙，沿街行走，鸣锣击鼓，热闹非常；家家户户烧香顶礼，就像迎接真神一样。如有妇女多年不生育者，每当龙灯游行至其家时，必加送封仪，以龙身围绕妇人一次，再将龙身缩小，上骑一小孩，在堂前绕行一周，谓之“麒麟送子”。这就是 20 世纪初报刊所载《长沙新年纪俗诗》中所说的：“纸扎龙灯奉作神，香花处处表欢迎。堂前一度兜圈子，步步龙行百草生。”“妇女围龙可受胎，痴心求子亦奇哉。真龙不及纸龙好，能作麒麟送子来。”舞龙灯者彻夜狂欢后，便将纸灯烧毁，龙头放庙归位，名曰“完灯”。此外，龙灯队还有“渔翁戏蚌”、彩龙船、高跷、“跳罗汉”等技艺节目。还有舞狮者，舞狮时，各家燃放鞭炮助兴，扮土地菩萨者唱迎春赞词，名为“赞土地”，语多吉祥，且能按所到家户家境应景赞颂，幽默生动，以博主家高兴而获馈赠红包；如家有病人，则迎狮子至病人室内走一圈，谓可祓除灾厄；将初生婴儿置放狮子口中片刻，谓可获狮王庇佑。

故事会又称“扎故事”、“抬故事”等，是一种流行于全省各地，历史悠久，为民众喜闻乐见的民间传统游艺活动，一般在正月十五元宵灯会举行。比较著名的有流行于汨罗县长乐镇的长乐故事会，相传已有千年历史。长乐故事分为“地故事”、“高故事”和“高脚故事”。步行的称“地故事”，抬着走的称“高故事”，踩高跷走的称“高脚故事”。“高故事”基台高约 7 米，由四人肩担，用钢架固定在基台中央，由儿童装扮故事，如《三打白骨精》，即白骨精着戏装居下，双手持双剑向上交叉；孙悟空在上，手执金箍棒，棒击双剑交叉之处，二人打斗形态逼真，动作惊险。“高脚故事”又称“高跷”，高跷 1 米到 4 米不等，表演者用布条捆住双脚，化装成各色人物，徒手自立行走，做出抠、跳、弯腰等惊险动作。长乐故事会现在已成为盛大庆典中必备的节目。马迹塘

图下 6-1 长乐抬阁故事会

扎故事流行于益阳桃江等地，又称“故事会”、“抬故事”。相传为益阳枯杉黄姓迁徙始祖黄孟英于清代乾隆年间从江西带入，历经数百年依然在桃江传承。旧时所扎“故事”多为神汉、巫婆等，后产生了“三打白骨精”、“牛郎织女”、“张羽煮海”等神话故事，以及“打鼓骂曹”、“穆桂英挂帅”、“江姐”、“打铜锣”等戏剧故事题材。表现形式美、奇、特、险，制扎技术精致奇巧。涟源珠梅的“抬故事”也很有特色。相传明洪武十七年（1384）湘中兵燹之后，田亩荒残，人烟稀少，江西吉安、铜鼓、庐陵等地移民逐步迁入涟源，珠梅抬故事被移民带入。珠梅抬故事包括“秋千故事”、“盘故事”、“船故事”、“马故事”和“夜故事”等。前三种“故事”用装有轮子的小车由人推着行进；“马故事”是由五匹马组成马队，每匹马上有一个人物，表达一个故事；“夜故事”是在夜晚举行的抬故事。“故事”形制有“观音坐莲”、“太公钓鱼”、“哪吒闹海”、“唐僧取经”、“许仙游湖”、“桃园结义”、“东吴招亲”、“贞观之治”、“罗通扫北”等。此外，流行于宜章县的“夜故事”、流行于南岳衡山庙会期间的“抬地故事”及“装神考官”等，也都历史悠久、各具特色。2011年，宜章夜故事、长乐抬阁故事会被列入第二批国家级非物质文化遗产扩展项目名录。

湖南民间的春节习俗活动大都具有祈福的意蕴。例如流行于汉族部分地区以及湘西苗族的“抢金银水”。每当除夕之夜，未婚青年争先恐后赶到村寨的水井边，争相在新年到来的那一时刻抢到第一担水，故又称“抢头水”。据说抢到头水象征着新的一年会发财致富。

正月十五日的元宵节，湖南还有一种独特的风俗活动——烧元宵。这天夜里，农家将扎好的草束置于田埂地边焚烧，并在屋角、井旁、猪圈、牛栏、鸡舍、狗窝边点烛。一时间，漫山遍野、房前屋后，星火点点，煞是好看。民间认为，烧元宵可以祛瘟疫、除虫害。湖南民间还有正月十五“偷青”的习俗。元宵之夜，妇女们结伴到菜园“偷”取葱菜，以卜佳兆。资兴地区的妇女们在“偷青”回来后，将青菜拌和糕点煮熟食用，同时由善于弹唱者唱《孟姜女》，众人和之，歌声凄婉，闻之催人泪下、令人心碎。俗传孟姜女千里寻夫，路途饥饿，偷摘青菜充饥。后人怜其身世凄惨，嘉其爱情坚贞，便形成“偷青”缅怀的风俗；当然其中也有着对自身在旧时男权压迫下命运的哀叹和对幸福的向往。

端午节是中国最古老的节日之一，约定俗成地成为纪念先秦时期楚国爱国主义诗人屈原的节日后，便与湖南大地建立了“剪不断，理还乱”的密切联系。唐代诗僧文秀《端午》诗中说：“节分端午自谁言，万古传闻为屈原。堪笑楚江空渺渺，不能洗得直臣冤。”②

龙舟赛无疑是湖南地区历史最为悠久、最有特色而又大众参与性最强的传统民间竞技娱乐活动，又称“龙舟竞渡”，最初源于湖南民众自发地临水祭祀屈原，后来发展成为一项群众性的传统竞技娱乐活动，多在端午节进行，自古至今盛行不衰。唐代诗人张说在《岳州观竞渡》诗中描绘了当时端午节的赛龙舟场面：“画作飞凫艇，双双竞拂流。炫装山色变，急棹水华浮。土尚三闾俗，江传二女游。齐歌迎孟姥，独舞送阳侯。鼓发南湖溠，标争西驿楼。并驱恒诧速，非畏日光遒。”③而描绘龙舟竞渡最为生动的诗作，当推唐诗《竞渡歌》④，其热烈的竞渡气氛真是扣人心弦：“五月五日天晴明，杨花绕江啼晓莺。使君未出郡斋外，江上早闻齐和声。使君出时皆有准，马前已被红旗引。两岸罗衣破鼻香，银钗照日如霜刃。鼓声三下红旗开，两龙跃出浮水来。棹影斡波飞万剑，鼓声劈浪鸣千雷。鼓声渐急标将近，两龙望标目如瞬。坡上人呼霹雳惊，竿头彩挂虹蜺晕。前船抢水已得标，后船失势空挥桡。疮眉血首争不定，输岸一朋心似烧。只将输赢分罚赏，两岸十舟五来往。须臾戏罢各东西，竞脱文身请书上。吾今细观竞渡儿，何殊当路权相持。不思得所各休去，会到摧车折楫时。”请看：不要说繁杂热闹的场景已经引人入胜，仅仅是声音，就有乐声、歌声、桨声、水波声甚至竞渡胜负已分后的打斗之声，无不历历显现，组合成一曲动人的交响乐。刘禹锡在被贬谪担任朗州（今常德）司马时写下的《竞渡曲》，不但生动描绘了端午竞渡的情景，还言明这种习俗与纪念屈原有关：

沅江五月平堤流，邑人相将浮彩舟。灵均何年歌已矣，哀谣振楫从此起。扬桴击节雷阗阗，乱流齐进声轰然。蛟龙得雨鬐鬣动，螮蝀饮河形影联。刺史临流褰翠帏，揭竿命爵分雄雌。先鸣余勇争鼓舞，未至衔枚颜色沮。百胜本自有前期，一飞由来无定所。风俗如狂重此时，纵观云委江之湄。彩旗夹岸照蛟室，罗韈凌波呈水嬉。曲终人散空愁暮，招屈亭前水东注。⑤

上述记载表明，远在唐代，在五月初五日端午节时，环绕洞庭湖区的岳阳、常德等地，民间以龙舟赛纪念屈原已相沿成俗。而后，这一习俗沿着湘、资、沅、澧四水及其支流传播而遍布全省各地区、各民族，并与当地的传统祭祀游艺习俗融合，加入了新的内涵。如湖南西北部沅陵县传统龙舟赛，不止是祭祀屈原，更多的是祭祀与水相关的各种神祇，如龙王、河伯、下元水官大帝、水霄娘娘、游江五娘、伏波将军，甚至包括傩公东山圣公、傩娘南山圣母、神农和土地等。举行赛事的时间也不仅仅局限于五月初五日（旧时湖南民间称“小端午”），在五月十五日（旧时湖南民间称“大端午”）也要赛龙舟，形成了包括有“偷料”、“关头”、“绕河”、“绕庙”、“赏红”、“抢红”、“冲滩”、“毁船”等一系列独具风格和个性的传统文化习俗。湘南道州（今道县）的传统龙舟赛也很有特色。当地俗语云“五月五，龙船下水打烂鼓”，说明比赛的激烈和热闹。该地区龙舟造型奇特，船身长20米，宽1.2米，平头翘尾，头低于尾，船头在竞赛时装上龙头、凤头、虎头等，尾部装饰彩旗。在制作龙舟时，还形成了“选龙头”、“偷龙骨”、“涂鸡血”等许多至今尚存的传统习俗。除了端午节赛龙舟祭祀屈原外，当地还有在中秋节将新打造的龙船首度下水试航、邻村的龙船前来陪伴竞技的习俗。

由于屈原爱国精神的感召，龙舟赛已经成为湖南民众一种极为重要的传统岁时节令文化活动，以致如汨罗江等地还留下了“宁荒一年田，不输五月船”等许多民谣。2009年，湖南的“端午节（含汨罗江畔端午习俗）”被联合国教科文组织列入《人类非物质文化遗产代表作名录》。2011年，赛龙舟被列入第三批国家级非物质文化遗产名录。

图下 6-2　端午节龙舟赛

端午这天，湖南民间还有踢百草、斗百草的习俗。踢百草在初五的早晨进行。人们或赤足或穿上新做的布鞋，在有露水的草丛中行走，直到足部沾满露水为止。民众认为，端午节时百草都是药，草上凝聚的露水也具有祛热毒、去湿热的作用。斗百草一般在野外踏青时进行。大人斗草，或以花草之名相对，以较各人的文化修养之高低，或以各人采集花草的品种多少为胜负；儿童斗草，则比斗草茎的韧性强弱，以屡斗不败者为胜，胜则欢欣雀跃。

中秋节俗称“团圆节”，家家户户多赏月和吃月饼，此为全国汉民族所共有的习俗。此外，在湖南各地还有一些独特的民间习俗。

农历八月十五中秋之夜，在衡阳等地，有一种“偷瓜送子”的祈子风俗活动。届时，凡是家中妇女多年不生育者，其亲友在节前数日从附近菜园中偷窃一个冬瓜，不让菜园主人知晓，将冬瓜彩绘成婴儿模样，裹上衣服，装饰成人形。送瓜时，由一位年长者抱着冬瓜，在锣鸣炮响声中送至其家，置于床上，口中念道：“种瓜得瓜，种豆得豆。”也有在中秋之夜由小孩结伴偷瓜送到某一未育妇女家者。一般被偷人家均知道这一风俗，并不会计较丢失了一个冬瓜。类似的习俗，还有新晃侗族妇女于中秋之夜外出“偷月亮菜”，所“偷”之菜多为南瓜、豆角等，如“偷”到肥硕的南瓜和毛豆，便象征自己家的毛坨（小孩）会长得健壮；如果“偷”到成双生长的豆角或并蒂的瓜果，更认为是喜兆。姑娘们往往爱到自己心上人家的菜地去偷，偷摘完后，还要高声喊园主的姓名并报出自己的名姓说：“某哥哎，你的瓜菜被某偷走了，到她家去吃油茶吧！”被偷的小伙子便会去其家做客，一对男女青年也就在“偷”中间建立了情侣关系。

在湘潭，中秋节时民间有独特的节令习俗“游宝塔”和“烧宝塔”。在湘潭市河东（旧时与河西的县城隔湘江相望）宝塔岭上有一座七层宝塔。中秋之日，宝塔岭上到处张灯结彩，塔旁搭有戏台演戏，玩龙灯、耍狮子、打地花鼓、踩高跷者聚集于此。男女老幼倾城而出，去游宝塔；虽至贫衣衫褴褛者，亦前去一游。故当地留下了“一身如鸟（音diao）啄（音zā），还有闲心游宝塔”的谚语。中秋之夜，小孩们捡来碎瓦片和木材，再向大人要一些煤油、茶油之类，于空地上用碎瓦片砌成一座下大上尖、外圆内空的宝塔，将木材塞入塔中，点燃将瓦片烧红，再浇以油，使之燃烧更旺。如果宝塔烧不红，便认为一境将不会安宁，所以大人往往都会向小孩供给木材和油料。宝塔烧红后，孩子们一边唱着“八月十五烧宝塔，保佑癞子生头发”等歌谣，一边用乱砖将宝塔打倒以取乐。

湖南各地的庙会活动非常多，以衡山的南岳庙会、长沙的火宫殿庙会与郴州耒阳的敖山庙会最有特色，前者已经在第三章第二节“享誉中外的宗教名山南岳衡山”中谈到，这里只介绍后面两个庙会。

火宫殿庙会在长沙市天心区坡子街的火宫殿举行。火宫殿又名乾元宫，原为祭祀火神的庙宇，始建于明代万历五年（1577）。清代乾隆十二年（1747）、道光六年（1826）两次重修。1938年“文夕大火”被毁，仅存庙前牌楼。1941年重建。2001年至2002年大修，同时恢复火神庙、古戏台、观音殿、火宫茶馆，新建石牌坊、水池凉亭、宴会楼、西栋美食街等。与北京天桥、上海城隍庙、天津三不管、南京夫子庙齐名。火宫殿庙会源于我国上古时代人类对火的崇拜，有敬火、拜火、用火、管火的祭祀礼仪。每年农历六月廿三日为火神祭期，民众邀戏班演唱酬神，观众云集，各色零食摊担趁机吆喝贩卖，一些卖艺说书、相面测字者都来此献艺，热闹非常，逐步形成独具风

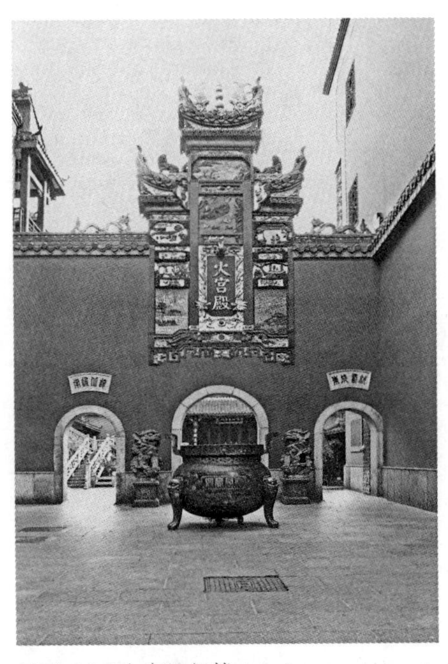

图下6-3　火宫殿门楼

情的集宗教、消防、游艺、娱乐及风味小吃于一体的庙会。主要包括以围绕火神进行的祭祀文化，以唱湘剧、玩杂耍、唱弹词、讲评书、看西洋镜、卖转糖、泥人、面人而形成的民俗文化，以肩挑、摆摊叫卖风味小吃而形成的饮食文化，以防火灾为主而形成的消防文化，延续着千百年来火与人类社会、文明进步的情缘。2008 年，“火宫殿庙会”以民俗类被列入第二批国家级非物质文化遗产名录。2009 年 2 月，“火宫殿八大传统小吃制作技艺”又以传统手工技艺类被列入第二批省级非物质文化遗产名录。

敖山庙会是郴州耒阳比较典型的民间信仰祭祀活动，尊奉佛、道、儒和民间吉祥神（敖王、敖母）于一庙。拜佛祭神既遵佛法，又自成礼数，影响之广波及耒阳全境乃至衡阳、衡南、安仁、永兴、常宁等地。每年举行三次大型活动和十余次小型活动。大型活动为：农历正月初二游船，二月十九日观音菩萨生日拜章，三月初三日“三堂游船”祭礼，四月初八日释迦佛生辰拜章，五月廿三日敖王生日唱戏等。游船是庙会的主要活动，起源何时无法考证，但从残存的古石碑中“雍正二年”（1724）的字样来看，至少在当时已有此活动。庙会活动中的拜章、香会、唱戏、游纸船、扎花亭、香亭、打腰鼓、舞龙灯、舞狮、踩高跷、彩扎戏剧故事等保留了许多传统的民间礼仪、工艺、舞蹈、音乐和表演艺术，对于保护民间艺术有着积极的作用，对于研究地方民俗也有较高的价值。2006 年被列为首批“湖南省非物质文化遗产代表作”名录。

第二节　湖南多民族共有的特色岁时节令习俗

四月八日牛王节　清明后辰日五龙节　四月八日乌饭节　六月六日过半年　庆祝丰收吃新节　苗侗村寨芦笙节　苗族瓦乡跳香节　苗瑶共有盘瓠祭

湖南域内的许多少数民族，或者有着共同的族源，或者因聚居地域的接近在长期的生产生活交往中相互影响，产生了一些多民族共有的特色岁时节令生产生活习俗牛是农业社会最重要的生产资料，人们不但在生产活动中爱惜耕牛，并在农忙时也择期让牛休耕歇息，并形成传统，由此产生了“牛节”或“牛王节”。湘西土家族、洞口瑶族、怀化侗族、邵阳苗族均以农历四月八日为牛的生日，这天各家各户均停止役牛，清扫牛栏，将牛洗刷干净，喂黄豆、谷子、玉米、糯米饭、鸡蛋、泥鳅、菜枯、白酒（或甜酒）蜂糖等最好的饲料，还以酒、肉、粑粑敬“牛王菩萨”（粘贴在牛栏上刻绘有“牛王菩萨”形象的纸马）。当地民谚称：“四月八，牛为大”；“四月八，牛歇驾”；“四月八，牛生日，鸡蛋甜酒送牛食。”这种习俗的来历在不同民族、不同地区有不同的传说，如洞口瑶族相传为，四月八日如来佛生日，于天庭大摆筵席宴请诸神。这天如来佛降临人间，见一头老牛眼泪汪汪，便上前询问，得知老牛十分辛苦，无人敬重，便说：“四月初八是我老佛生日，也是你老牛的生日。”并邀请老牛一同上天庭喝寿酒。从此，牛便和佛祖同一天过生日。湘西土家族的传说为，土家人一次战败，退却时遇大水挡住去路，在此紧要关头，一条水牛游来，大家扯着牛尾巴游过对岸。这天正好是农历四月初八日。以后每到这天，土家人要杀鸡宰猪，蒸糯米饭，祭祀祖先，然后备好丰盛的宴席，诚邀亲朋好友做客，共庆牛王生日，祈愿风调雨顺，五谷丰登；并让牛免耕一日，备受优待。有的地方还传唱“祝牛王词”：“世人听我说根由，兽中最苦是耕牛。春夏秋冬出苦力，四季耕种求全收。奉劝世人爱耕牛，人畜两旺乐悠悠。”

过五龙节是湘西土家族、苗族聚居地的传统岁时节令习俗。据文献记载，此俗至今已有 500 多年的传承历史。每年清明后，凡逢龙日（辰日），禁止动土，并举行集会，到水边赛龙舟、祭祀龙神，俗称“看龙场”。故民间有“辰日看龙场，众人不动土”的谚语。从清明后第一个龙日起，每 12 日为一龙，到春粮进仓时，即到“五龙”日，为诸龙日中最重要的节日。每到“五龙”日，吉首、古丈、泸溪等县邻近土家族、苗族村寨的人聚集到一起，在泸溪武水中游的潭溪设立赛龙潭、耍狮潭和歌坛、舞坛等，热烈庆祝。这天是当地人们尽情玩乐的日子，青年男女也利用这种相聚的日子交友择偶。

怀化地区侗族，绥宁、洞口苗族杨姓人家，以及新宁、绥宁瑶族，于每年农历四月初八过“乌饭节”，又名“黑饭节”；因为是女性专有的节日，又称“姑娘节”。关于乌饭节的来历，各民族有不同的传说。侗族相传是纪念古代侗族女英雄杨八美（《靖州直隶州志》记作宜娘）用计送乌饭给牢中的哥哥，救出哥哥，取得反抗官军的胜利。为纪念杨八美，衍为节日。绥宁、洞口杨姓苗族的传说与侗族大体相同，说哥哥就是杨宗保，妹妹是杨八姐，或说是杨文广与杨金花。新宁瑶族说是纪念古代一位瑶族孝女雷木莲，她每天采集于身体有益的草叶熬汁，做成乌饭给母亲吃。每值节期，出嫁的姑娘都要回娘家与姊妹们团聚，将杨桐、满天星等植物叶揉汁和糯米做成乌饭和乌饭粑粑，共食过节；还要讲一种与平日不同的、仅仅在女子之间交流的语言，叫“姑娘话”。乌饭必须由姑娘亲手做，男人一律不许参加。新宁、绥宁瑶族则于农历正月初八用乌饭草、黄茅草、嫩杉尖等叶，用锅熬成浓黑的浆汁，用纱布过滤后，加入糯米中做成乌饭，还将乌饭捏成鸟、蛇、兔、鼠等形状给小孩吃，相传如此便可使鸟、蛇、兔、鼠等动物不敢伤害庄稼，以保年成丰收。吃乌饭为一种流行于湖南零陵地区渊源甚为古老的适应岁时节令的饮食养生习俗，是用对身体有益的草药杨桐叶等加米制成，古称“青精饭”，为古代道家养生修仙食物。明彭大翼《山堂肆考》称：“《零陵总记》：杨桐叶、细冬青，居人遇寒食，采其叶染饭，色青而有光，食之资阳气，道家谓之青精干石饥。杜诗：‘岂无青精饭，使我颜色好。’郑畋诗：‘圆明青饥饭，光润碧霞浆。”⑥长期食用可以助阳力、壮筋骨、益颜色，流传至今不衰。

六月六日“过半年”为湘西、湘南、湘中等地瑶族、土家族、苗族的重要传统节日。每年农历六月初六，瑶胞们穿上节日盛装，准备丰富的食物，接来岳父母和外祖父母一起欢度节日；有的地方还举行盛大的集会。这种习俗的来源，在各民族中传说不一。瑶族相传古时有专管疟疾和发痧（即中暑）的两个瘟神下界传染疾病，不少瑶民染上瘟疫。瘟神预定在过年后返回天界。瑶民知道了，便商议提前于六月六日过年。他们杀猪宰羊，还将葫芦瓜切断，刮去青皮，代替冬天才有的萝卜；又在田间遍撒石灰，如同下雪，瘟神以为过年了，便离开人间返回天庭，以后便相沿成俗，称腊月三十为“过大年”，六月六日为“过半年”，亦称“半年节”、“小年节”。湘西土家族“过半年”的来源有三种传说：其一，相传其祖先于此日从外地迁徙而来，定居湘西；其二，传说土王覃垕于此日被皇帝杀害；其三，此日为麻麻（姑妈）节，要把出嫁了的姑妈接回来歇伏（避暑）。湘西苗族则相传远古神犬盘瓠与高辛帝之女结婚，生下六男六女，自相婚配，繁衍后代，成为苗族祖先，故于此日进行纪念。

吃新节又称“吃新”、“尝新节”，是湖南许多地区的农家每年举行的一种庆丰收活动。各地区、各民族吃新的日子有所不同，但大都在农历六、七月间新谷刚刚成熟或即将登场之际，多选辛、卯、午、辰之日举行。届时，家家用苞谷或新米煮饭以敬“谷娘（谷神）”；并以鸡、鸭、鱼、酒等祭供土地和祖先，纪念先辈的垦荒拓土之功，预庆五谷丰登和享受丰收的喜悦。瑶族除了过“尝新节”外，还有更为隆重的“丰收节”：江华县一带的瑶家人称为“倒稿节”，在农历十月十六日举行；洞口地区的瑶乡称为“啪嘎节”，在农历十月初二举行。“倒稿”、“啪嘎”均为“丰收”之意。各家都忙着杀鸡、宰猪、做粑粑、酿米酒；全村还合资共杀一头肥猪，买几担鲜鱼，都染成红色。节日的早晨，全村人聚集一堂，由长者主持给每户分一块猪肉和一条染红的鲜鱼，既庆贺当年的丰收，又预祝来年风调雨顺、五谷丰登。然后，老年人便走村串寨，探亲访友，男女青年则唱歌跳舞，尽情玩乐。江华县的“倒稿节”最重要的活动是斗牛。节日这天，瑶胞们吃过“倒稿饭”后，便汇集赛场。斗牛前，寨中长辈给斗牛者头上扎上“英雄结”，并对其祝福；然后斗牛者手持棍棒与牛角斗，直至牛被斗败为止。晚上，男女青年集聚一起唱《倒稿歌》（丰收歌），有的集合在一块坪场，围着篝火唱歌；有的小伙子在心仪的姑娘门前唱“引歌”，姑娘在屋里唱“迎歌”，将小伙子迎进屋内，以瓜瓢酒和土特产款待，边吃边唱，通宵达旦。所唱歌开头一般都带有“咪咪嘿，吔了哦也”的配词，瑶语意为“美好”。

芦笙节是湘西苗、侗等民族最为重要的传统节日之一，又称“芦笙会”。节期中的“吹笙踩堂”最初为祈求风调雨顺、五谷丰登的一种仪式，世代相传而成为民族习俗。湘西苗岭侗乡的各个村寨都有芦笙队，每年农闲时便举行“踩堂”等以演奏芦笙、跳芦笙舞为主的文娱活动。

一般是数十个村寨联合举行，约定日期、地点，届时人们从四面八方涌向笙场。有时则一个村寨的芦笙队到另一个村寨联欢比赛。芦笙队在前边吹边跳，民众跟在后面，或把吹芦笙的人围在中间，随着乐曲的节奏绕圈而舞。各村寨的芦笙队还进行比赛，主要比技术、音响和能演奏的乐曲数量。人们边吹芦笙边做快速旋转、矮蹲、跳跃、倒立等技巧动作，节奏复杂，速度快，动作灵活敏捷，由各村寨推选出的裁判评定，优胜者获奖。芦笙会还举行斗牛、赛马等丰富多彩的活动，直至尽情尽兴，人们才心满意足地吹着芦笙返回各自的村寨。靖州苗族每年都要跳几次芦笙舞，规模最大的为农历七月十五日平茶乡和藕团乡的芦笙节。届时，周围数十里的男女老少均身穿民族盛装，分别会集于两个芦笙场吹笙踩堂。吹笙踩堂舞的舞步是“俯仰三进一退带转体”；曲调为半花调、两边花、六步调等四套。舞姿灵活自如，豪迈粗犷，给人以欢乐、振奋和力量的感受，具有独特的艺术魅力和浓郁的民族风格。正如清代《靖州乡土志》中载诗所咏：“佳日无过春与秋，芦笙堂在四山头，前寨逢迎后寨送，一生不解别离愁。”芦笙节除了举行盛大的“踩芦笙”活动外，还有交友、对歌、赛歌等民俗活动。

图下 6-4　苗侗村寨芦笙节“踩芦笙”活动

跳香节是苗族及瓦乡人共有的传统农业丰产祭祀盛典，流行于泸溪、沅陵、辰溪、溆浦四县相邻处。苗族的“跳香”于每年农历十月初一至十五日进行，各寨轮流，每寨跳一天，表示酬谢五谷神赐给一年的丰收果实；所跳之舞蹈名为“跳香舞”。相传五谷神属斋菩萨，故不能用荤菜酬祭，只有蒸米酒、打豆腐吃。跳香的人走到哪个寨子，就由该村寨请大家吃一餐，以示酬答。跳香同时也敬奉盘瓠和辛女，程序为“请师”、“申法”、“传五谷”、“发童子”、“大旋场”五个主要部分。其中“传五谷”将五谷种子放在一个坛子里，置入跳香殿神台下的土洞内，由巫师以卜来年收成；“发童子”与“大旋场”也与丰产巫术相关。仪式后，群众跳起跳香舞，欢庆丰收，预祝来年风调雨顺、六畜兴旺。瓦乡人则于每年农历十月野菊花盛开之时过“跳香节”，举行“跳香大会”，又称“明香大会”。故当地称野菊花为“跳香花”。具体时间以村寨或宗族姓氏而定，或十月初一，或在初五，或在十五。届时，家家采摘金黄的野菊花挂在房门口或插在姑娘头上；并做香豆腐、香糍粑，还要做一些乌龟、蛇形的糍粑作为供奉天皇大帝的供品，于跳香入场时统一交给“香首”。跳香时，由闹萨（巫师）主持仪式。闹萨身披袈裟，头戴尖帽，先祭祀祖先、神明，感谢天皇大帝，祈求丰收。然后右手舞兰刀，左手舞一串圆链子，脚尖点地，翩翩起舞。接着 8 个男青年出场，排成八字形，跟着闹萨一起欢跳。舞步有“关公推车”、“美女梳头”、“观音合掌”、“怀中抱婴”、“八步罡”、“三步转”等，手势有“海船式”、“阴阳式”等。由傍晚跳到夜深，群众围观和唱“跳香歌”。次日清晨，村寨头人敲响锣鼓，男女老少聚集跳香殿前，吃着分发的香豆腐和香糍粑，据说吃了能驱邪除疾，来年人寿年丰。

盘瓠祭是湖南苗族和瑶族最古老的俗信宗教祭祀之一。盘瓠又称“槃瓠”、“盘护”、“盘王”、“盘瓠大王”，为瑶族、苗族古老神话中的始祖。《后汉书·南蛮西南夷列传》载：“昔高辛氏有犬戎之寇”，帝下令“有能得犬戎之将吴将军头者，赐黄金千镒、邑万家，又妻以少女。时帝有畜狗，其毛五采，名曰‘槃瓠’，……盘瓠遂衔人头造阙下……经三年，生子十二人，六男六女，……其后滋蔓，号曰蛮夷……今长沙武陵蛮是也”[⑦]。其注言盘瓠负辛女入武山，即今之泸溪。北魏

图下 6-5 苗瑶盘瓠庙会

郦道元《水经注》载，沅陵县“西有武溪，源出武山，与酉阳分山。水源石上有盘瓠迹，犹存矣”，“今武陵郡夷即盘瓠之种落也”[⑧]。许多历史文献均称中国南方少数民族多是盘瓠后代。苗族和瑶族都将盘瓠奉为自己的祖神而加以崇拜，实为远古图腾崇拜之遗响。苗族尊盘瓠为先祖，谓其为龙神。瑶族则传说古时评王与高王争天下，神犬盘瓠因咬杀高王而立功，评王实现诺言，将三公主许给盘瓠为妻，生下六男六女，繁衍为瑶人十二姓，瑶族重要历史文献《过山榜》、《评王卷牒》中均有记载。

在苗族聚居的泸溪、沅陵、吉首、花垣等县市都保存有“盘瓠庙”、“辛女祠”、“辛女宫”、“辛女溪”等祭祀盘瓠的遗迹。麻阳县曾建有盘瓠庙18处，其中高村镇的漫水、兰里乡的新营、郭公坪乡的陈家坡等地的盘瓠庙至今依然完整。漫水盘瓠庙又名“龙王庙”、“三座大王庙”，位于麻阳苗族自治县高村镇漫水村，西临锦江河（辰水）。明永乐二年（1404）始建于四星塘驿道旁，清光绪十七年（1891）迁至现址，祀苗族始祖盘瓠。后多次维修。堂屋神案上供奉盘瓠、新息（水神马援）、四官（财神）三位大王的神位。漫水传统的“盘瓠祭”每年分春、秋两次，以每年农历五月的春祭活动最为隆重。其祭法为：首先由德高望重的苗族长辈带领族人于五月初一日集聚盘瓠庙，在神位前摆刀头牙盘，燃钱纸圣香，奠酒献茶各三杯，进行拜叩，并唱《接龙歌》（亦称“开神门歌”）。歌词大意是：“五月初一开神门，敞开神门接祖神。”“盘瓠大王是我祖，从古流传到如今。”“子孙诚意来接龙，锦江河上走一程。”“唯愿我祖多保佑，保佑苗疆永太平。”然后大家从盘瓠庙里抬出一对雕花龙头，外面锣鼓鞭炮迎接，装上花船，便成龙舟，推下水。数十位苗族青年手拿木棹坐于龙舟上，敲锣打鼓在锦江河中来回游荡，邀请各村寨苗族兄弟来参加祭祖赛龙舟活动，参拜各地神灵，并高唱《参神歌》和《根源歌》。至五月初五日，四乡苗胞汇集于锦江两岸，观看龙舟赛；并烧纸焚香，设茶祭祀。龙船上的人高唱《谢茶歌》：“清泉出在深山里，绿茶生在苗寨坡”；“巧手做得浓茶香，大王饮了乐呵呵。”并祝福男女老幼添福添寿，村寨安乐。接着密锣紧鼓，棹飞水溅，开始赛龙舟。赛龙舟从初五到十一日，为时一周。最后化钱纸，烧宝香，奠酒摆肉送神灵，唱送神歌：“祖先送到发源地，一路顺风过洞庭”；“天时地利人又和，保佑人间风雨顺”。唱毕，再齐聚盘瓠庙中同欢共饮。2006 年，“盘王节（麻阳盘瓠祭）”被列入首批省级非物质文化遗产名录。2011 年，“盘瓠传说”以民间文学类被列入第三批国家级非物质文化遗产名录。

第三节　湖南各少数民族的传统节庆习俗

土家族传统岁时节庆习俗　苗族传统岁时节庆习俗　瑶族传统岁时节庆习俗　侗族传统岁时节庆习俗　白族传统岁时节庆习俗

湖南的各少数民族还分别具有一些本民族独有的传统节庆习俗，最能够展现各民族的社会历史概貌和民族乡土风情。

湖南的土家族每年要过三次年，即农历腊月二十九日（或二十八日）“过赶年”，六月二十五日过“六月年”，十月初一日过“十月年”。其中最重要的是“过赶年”，即在汉族传统“过年”的前一天赶着过年。此节俗的来历有三种传说。其一，相传明代嘉靖年间倭（日本）寇入侵中国，骚扰沿海州县，永顺县的土家兵奉旨出征，时值年关，为了不延误战机，于是提前一天过了年，奔赴前线，大败倭寇，立下了“东南战功第一”。为了纪念这次征战胜利，并表达民众对抗倭阵亡将士的深切怀念，永顺县的土家族人就将这一节期确定下来。其二，某年土家人因面临异族的入侵，于是头领便让民众提前一天吃了年饭后主动出击，敌人正忙着过年，毫无戒备，被土家族人打得落花流水，仓皇撤离。其三，土家人祖先因贫困而在地主家帮工，过年期间要为主家忙年，无法按时与家人团聚，便提前一天回家过年，由此便相沿成俗。这一习俗的形成，是与土家族人在其民族形成与发展的历史进程中曾经饱经患难、备受欺压、几度被迫举族迁徙的史实分不开的，因而养成了怀旧、念祖、尚武、齐心的民族精神。这种习俗至今持续了数百年。由于这三种说法都是将“过赶年”设定在一种严峻的情境，故旧时土家人过年呈现一种肃穆紧张的气氛。例如，家中杀了年猪要藏在屋角里用蓑衣盖住，牛羊等牲口要往山洞里赶，家门外要插上削尖的硬木标枪，将大块肉、萝卜、白菜、粉条、豆腐、猪杂等煮成一锅“合菜”当年饭等等；天黑后，由一人手持梭镖站立门后，发现有人路过，立即上前“抓住”，请进屋内一同过年；祭祖和吃年饭每于深夜进行，用竹簟或帐子遮住，表示在营幕之中。这种状况在后来有所改变，主要体现在节庆的欢乐气氛日益浓郁。“过赶年”之夜，土家村寨聚会的禾坪上烧起冲天篝火，“调年旗”高高飘扬，男男女女围着篝火跳摆手舞，唱“调年歌”，舞“茅古斯”，好一派爽快野朴、红火亢奋景象；家里则于火塘中烧枫木树蔸，家人们围炉向火，欢快守岁，彻夜不眠。鸡开叫时即放鞭炮，还要争先到土地堂敬土地神、摆手堂里敬土王，争先去水井挑水和舂碓、推磨等，叫做“抢年”。正月初三到初六，鸣锣击鼓跳摆手舞。正月十五日清早全家聚吃腊猪头，只吃半边，另一半留到清明节吃。晚上守夜，点通宵灯，待到鸡鸣时，收拾敬神供物，表示年已过完。

湘西地区的部分土家族还有在农历七月初一过年的传统习俗，人称“土家族年”。此俗来源，相传是古时土家族一位祖先被迫离家戍守边关，多年不得归还。有一年的七月初一日获准回家，亲友们欢聚庆贺，相沿成俗。节前各家杀猪宰羊、打糍粑、磨豆腐、油炸团馓、酿米酒、贴红联。节中邀请亲友，团聚饮酒，吃坨坨肉和合菜。男女老幼汇集调年坪跳摆手舞。2011 年，土家族年被列入第三批国家级非物质文化遗产名录。

舍（社）巴节为土家族传统年节习俗，亦称“舍（社）巴日”、“调年会”，“舍巴”即土家族语“摆手”之意，故又称“摆手节”，是土家族最为古老隆重的祭祖盛典，流行于湘西土家族聚居地区。以正月初三到初七日为节期；或者在立春后第五个戊日举行。摆手分为两类，其一为“大摆手”，主祀八部大王。“八部大王”又称“八部大神”，传说是靠喝虎奶长大的八个神人，相传为远古时代土家族的八个部落首领，因开辟湘西蛮地有功，土司封他们为“八部大神”，又称“八部大王”，并为他们建立庙宇，又称“八部大福庙”，为土家族俗信宗教圣地，如龙山县马蹄寨、保靖水坝洞和永顺老司城等地尚有遗址。《永顺宣慰司志》载：“古设庙以祀八部大神，每年正月初一，巫祀试白水牛，以祀一年休祥。”“大摆手”规模宏大，以猪、牛、羊、狗血祭祀，参祭者有成千上万人。活动人群分成若干排，由土家族巫师“梯玛”带领，到指定地点会合，军旗招展，军号齐鸣，火炮连天，威震山谷。祭祀时表演古代军事竞技，动作有升龙凤旗、列队、会合、对阵、比武、过沟、登长竿、夺长竿等。祭祀后，众人跳摆手舞，唱摆手歌，表演“茅古斯”、游戏和表演各种文艺节目，成为土家族盛大的民俗宗教活动。其二为“小摆手”，主祀五代时期（907—979）的土王彭公爵主。彭公爵主即彭士愁（903—956），本名彭彦晞，士愁为其字，唐末五代时人。生于庐陵（今江西吉水），长于湘西，公元 938 年至 956 年袭父职任溪州刺史，五代十国时溪州割据政权的首领和湘西土司制度的缔造者，同时也是彭姓土家族的始祖之一和土家族民间传说中“彭公爵主”的历史原型。“小摆手”的规模稍小，旨在祈福禳灾。仪式内容包括迎祖祭祖、跳摆手舞、唱摆手歌、演茅古斯和举行竞技游艺活动等。祭祀程序包括出旗、披甲、起程、闯驾、进堂、扫堂、还愿、谢神等过程。其祭祀仪规和内容完整独特，几乎包含了土家族全部的民族文化遗存。有些地方的“舍巴节”不在正月，而在三月或五月。如古丈田家洞一带土家族便在三月举行。舍巴节也是男女青年谈情择侣的良好机会。

土家族的传统节日还有在每年春节后第一个马（午）日举行的酬神歌舞盛会“跳马节”、于农历七月十五祭祀家族祖先的“七月半节”等。

“四月八节”是湘黔边凤凰、松桃、铜仁、花垣一带苗族重要的传统节日，因节期为农历四月初八日，故名。每至节日，苗胞们身着盛装，从四方八面涌向择定的场所——跳花场，唱歌跳舞、吹芦笙、赛唢呐、跳鼓舞、玩龙灯、舞狮子、上刀梯、表演武术等，欢度佳节。此节来历，相传是古代苗族先后产生过两个著名首领——亚努与亚宜。他俩带领苗民建设自己的家园，率领苗民与来犯的恶势力作斗争，后来都壮烈牺牲。他俩虽不是同时代人，殉难日期却都在四月八日。为了纪念这两位民族英雄，苗族人民每到这天都要举行集会来表示对他们的怀念。绥宁县苗胞又以此日为“姑娘节”，为纪念用“黑饭”救兄而献身的宋代苗族女英雄杨金花，故又称“黑饭节”，流传至今，成为苗族群众一年一度最隆重的民族节庆活动。姑娘节主要习俗有：回娘家、背姐妹、祭先祖、祭狗祭牛、吃黑饭、赶菜、舂糍粑、耍龙舞狮、对山歌、吹木叶、爬藤、逗春牛、抬故事、跳傩舞、跳花跳月等。节庆以吃黑饭、祭女祖为主要内容，保存了苗族古代的祭祀仪式、民俗风情、口头文化、古代音乐，成为集历史文化、民风民俗、艺术娱乐于一体的民族文化空间。2006年，苗族“四月八节”姑娘节被列入第二批国家级非物质文化遗产名录。

图下6-6　苗族“四月八节”

跳跳堂是城步苗族的传统节日。一般是在每年秋收以后举行，是苗家庆祝丰收、祈求来年风调雨顺的一种仪式。大庆三天三夜，小庆一天一晚。各村寨的人们聚集在庙堂或祠堂里，载歌载舞，祭祀祖先和神灵，热闹非凡。

赶歌节为苗族传统节日，流行于湘西、怀化等苗族聚居地区。节期有两个，或为农历六月初六日，或为七月十四日。届时，各村寨青年男女结队成群，小伙子身带乐器，姑娘们精心打扮，盛装赴歌场赛歌。服饰以村寨为区别，极易辨认。在歌场中，青年男女结伴歌舞，孩子们追逐嬉闹，老人们畅谈家常，一片欢乐景象。赛歌是节日主要内容，男女分别为阵，相距两三步，歌声婉转，盘问不辍，通宵达旦。经过反复对唱、比赛淘汰，最后剩下少数歌手，被誉为“歌王”。

龙船节为苗族传统节日，流行于湘西、怀化一带苗族聚居地区。节期为农历五月初一至初三日，历时三天。苗族龙船平日放在船棚或盘瓠庙内。节时，在龙船或盘瓠神位前摆上供品，燃香放鞭炮，高唱《接龙歌》（亦称“开神门”），然后锣鼓开道，从庙中请出两条龙船，一大一小，称“母子龙”。50—100名头包青丝帕，身穿青衣的男青年充当划手，一路上轻摇慢荡，轻锣轻鼓，轻声咏唱《根源歌》。龙船过寨，鸣放铁炮，传告亲友。岸上摆起茶点，插上五彩旗，燃香焚纸，鸣放鞭炮“接龙”。有的还要向船上的人敬米酒，并将鹅鸭彩绸等礼品挂在龙头上，龙船上则唱《谢茶歌》。船游一圈以后，将其送入庙中或龙船棚内，唱《送神歌》，恭请“龙神”归位。

赶秋节为苗族传统节日，又称“秋社节”、“交秋节”，以立秋日为节期，流行于湘西苗族聚居地区。该日，苗胞停止农活，穿上盛装，赶至秋场，跳舞唱歌、吹芦笙、打秋千、玩狮子、耍龙灯，尽情玩乐。赶秋必然逢场，湘西墟场有一六、二五、三八、四九、五十等不同的场期，赶秋日期为五天，每场进行一天。从立秋日起，头天为头秋，二天为二秋，以此类推。头秋人数最多。哪个墟场碰到了头秋，哪里的苗民就最高兴，认为是吉祥如意的征兆。赶秋时，秋场上搭一高台，台上放一只倒在地上的纸老虎，旁边站一些手拿长矛和弓箭的猎人。东道主方面选出两位德高望重的老人妆扮“秋公”、“秋婆”。上午10点左右，“秋公”、“秋婆”上台，他们胸前抱一捆连枝带果实的水稻、包谷、高粱和棉花，以象征丰收，向大家跳跃鞠躬，然后庄重宣布赶秋活动开始。此时鞭炮齐鸣，铳炮连天，龙灯队、狮子队拨开人群向秋场四方舞去，首先是礼节性的表演，而后是各显神通。赶秋中最主要的活动是荡秋千，有“四人秋”、“八人秋”、“十二人秋”。谁要想上秋千，首先要唱歌。歌声最响亮、表现最大方的先上秋千。一轮又一轮，至夜方散。

椎牛祭为湘西苗族最重要的俗信祭典之一。苗语方言称“弄业”，又叫“吃牯脏”。最早是祭祀盘瓠、辛女，后演变成以祭祀盘瓠辛女为中心的综合性宗教祭祀活动。一般因病重或中年无子等原因举行，要先许下椎牛大愿，如病愈转危为安或求子得子等，即举行椎牛大典。先购有四旋及耳、目、口鼻、角、蹄等端正完备的水牛一头，待秋收完毕，即择定吉日椎牛祭鬼。祭期前半个月，请族中兄弟分头至亲戚处报信，最紧要的亲戚为主人的母舅和妻舅，谓之“抬腿”亲戚。届时，“抬腿”亲戚约族中兄弟同去，少则10余人，多则60至70人，并请吹鼓手吹唢呐、打锣、敲鼓，列队前往主家参加椎牛。主家除备水牛一头外，还须购黄牛一头、猪二只，以及香纸、鞭炮、甜酒、酸鱼之类。亲戚族人则须送礼。祭期古代为五日，至民国年间改为三日。第一日为“上客”。该日一早，抬腿亲戚便整队而来，接近主人家时，放鞭炮、作乐，主人出外迎接。至傍晚，所请客人基本到齐，吃过晚饭后，男女客人开始唱歌和击鼓跳舞。同时巫师举行法事，念咒、打卦、献酒，反复几次，直至深夜方才结束。次日为“椎牛”。一早，巫师即吩咐帮忙人至村寨外择一场地（一般为田坪），竖立一根五花柱，将水牛套扣在柱上。然后主人换上节日盛装，用酒肉祭鬼，烧香纸，向牛行三跪九叩礼。同时巫师念咒，叙说椎牛祭鬼的根源。巫师念咒完毕，舅父手执梭镖作追牛欲刺状。然后授梭镖于青年子弟，进行刺牛。同时锣鼓喧天。牛绕花柱旋转挣扎，青年们在后追逐刺杀，直至牛死倒地。牛倒地时，则视牛的倒向以定吉凶：头向主人家宅主吉，向外则主凶。牛既刺死，则分割牛肉，牛头及心、肺、肝等内脏均归主人，用以祭鬼；牛之头腿属母舅，二腿属妻舅，三、四腿赠送给其他至亲；牛胸部归巫师所有。第三日为"收牛柱"、"敬牛头"，欢送舅辈亲朋。是日清晨，众亲族聚集，巫师行法事，舅辈与主家相互祝愿，遂将牛角砍下，捆在堂屋中柱上端，以示纪念。接着将花柱取回，置于家中，以备日后再用。最后吃散客饭，酬谢巫师。

苗族的传统节日还有流行于绥宁、洞口、会同、黔阳等地的"白马节"，流行于湘西吉首、矮寨坡、古丈等地的"开斋节"、"七月七会（节）"、"歌舞节"，流行于沅水上游的"跳花节"，流行于湘西花垣、保靖一带的"樱桃会"等，均各具浓郁的民族风情。

瑶族最为隆重的节日是盘王节，又称"调盘王"、"还盘王愿"、"做盘王"、"做堂"、"搞愿"、"踏歌堂"、"跳鼓坛"、"打鼓堂"、"跳香火"、"耍歌堂"、"调庙"、"跳庙"、"安庙"、"庙会"等，流行于湖南的各瑶族聚居地区，因地域及瑶族支派的不同，名称、时间、形式、内容等稍有差异。据晋代干宝《搜神记》载，瑶族先民"用糁杂鱼肉，叩槽而号，以祭盘瓠"，可知其历史久远。这是一种图腾崇拜与祖先崇拜相结合的原始祭祀活动。大致分为两种：其一以家祭为主择日举行，称为"还家愿"，又称"千年愿"，以户为单位举行。当人丁或家境欠安时，通常在年初许愿，年末还愿。大祭三天三夜或一天二夜，小祭一天一夜。程序为：首先"请圣排鬼上光"（即请外族外姓诸路神灵降坛饮宴），祭五谷兵马，引禾归山，以祈丰收。然后请瑶族祖师前来"流乐"（"玩乐"）。请祖神时，需将先前悬挂的诸神像撤下，供上长鼓、瑶锦；先后由长鼓师跳长鼓舞，歌师、歌娘"围歌堂"，择一最俊俏童女扮作新娘以娱盘王；并设"洪沙大宴"，由众师公与事主一同唱诵《盘王大歌书》；最后送盘王归去。其二为"还大愿"，由一村一寨或几个村寨共同举办，在建于山中的盘王庙里举行。各地祭期不同，有一年一次、二年一次、三年一次或一代人一次等。祭仪与家祭大体相同。这种“大愿”又有大、小之分：三年一小愿，五年一大愿，时间多选农历的十月十六日开始还愿。“还大愿”的活动由“筛翁”主持，视其规模分别请 8 至 16 位长鼓手和 4 至 8 位“歌头”（又称“歌娘”）击鼓、舞蹈、唱歌；“筛翁”唱 36 段“盘王大歌书”。还要抬着盘瓠王的偶像出游，举行祭祀盘王的活动。整个活动要历时七日七夜。活动过程中允许汉族人观看，但严禁讲汉语和讪笑，否则整个活动要推倒重来。还愿时所跳的长鼓舞，反映的内容为原始农耕、畜牧、渔猎生产活动。

“讨念拜”和“讨僚皈”为隆回花瑶每年最盛大、最隆重的特有传统节日，沿袭至今已有上千年历史，是这一瑶族支系区别于全国各地瑶族的独特文化现象，流行于隆回县境西北部的虎形山瑶族乡、小沙江镇、大水田乡、麻塘山乡境内等花瑶聚居区。“讨念拜”和“讨僚皈”均为瑶语音译，“讨”语意为“走”，“念”语意为“可怜”，“拜”语意为祭祀，全句意为走过血泪的祭祀；“僚”语意为“诅咒”，“皈”语意为菩萨，全句意为走过菩萨（逃脱凶恶菩萨）的诅咒。可见“讨念拜”和“讨僚皈”是为了纪念战争和立咒的。在花瑶人各个姓氏代代相传的口述历史中，有许多民族英雄，被记入史册的有奉云、卜前溪等花瑶起义首领。为了告慰先烈、祭奠英灵，花瑶的每个姓氏都选择自己家族英烈的忌日为祭奠日举行祭祀悼念活动，一般为时三天，在上半年举行的叫“讨念拜”，

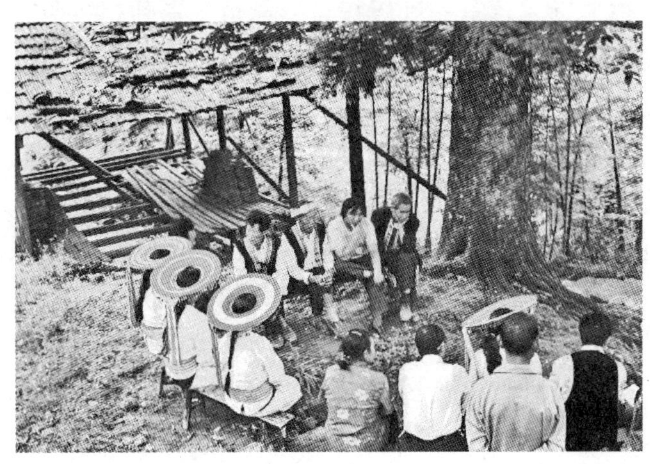

图下 6-7　花瑶“讨僚皈”

下半年举行的叫“讨僚皈”。奉氏于农历五月十五至十七日在水洞坪举行；刘氏于农历七月初二至初四日举行，举办地点最初在大托，清朝末年迁至青山坳，后迁至茅坳；沈氏于农历七月初八至初十日在小沙江举行，近几年迁到崇木凼。还有步氏“讨念拜”的现场在香炉山下的寨家冲，已被后人遗忘。远离腥风血雨的年代后，这一传统节日已经演变成为花瑶人赶集购物、活动聚会、赛歌对舞、谈情说爱的喜庆节日。

仁王节为流行于永州地区各瑶族聚居地的传统节日。每年农历六月六日和十月十六日，永州瑶族中的平地瑶有抬仁王爷神像出游的习俗，祈求仁王爷保佑风调雨顺、人畜平安。抬仁王爷神像出游时，有笙鼓乐队、凉伞旗号队护送，所经村寨均摆设香案，烧纸钱，放鞭炮。出游结束后，将仁王爷像送至庙宇，护送人员要在庙里留宿一夜。十月十六还“仁王愿”，各瑶家吃素三天，开斋时，还要砍牛头祭神。

瑶族的传统特色节日还有“达努节”（又称“祖娘节”、“二九节”和“瑶年”等），流行于湘南江华的“赶鸟节”，流行于湘南江永一带的“姑娘斗牛节”、“敬鸟节”，流行于隆回山区的“坦勒贵节”等。

大雾梁歌会为湘桂黔边境地区侗族最重要的传统节日。又称“大戊梁歌会”或“赶大雾梁”。歌会得名有两个原因，其一，大雾梁为地名，侗语称“梁蒙”，位于通道县城西南；其二，侗族传统习俗，年初六个戊日（戊子、戊寅、戊辰、戊午、戊申、戊戌）不动土，其中戊寅日称为“大戊日”，尤忌动土。是日，老人们在鼓楼闲坐，青年们则盛装来到大雾梁上，对歌、跳哆耶，寻觅知音。在这里举行歌会，相传是为了纪念一对青年男女门（闷）龙与萧女。门（闷）龙为萧家长工，与萧女相

图下 6-8 侗族大雾梁歌会

爱，被萧父发觉，赶出了门，将萧女另许别家。二人决心私奔，不幸途中遇山洪暴发，双双淹死于大雾梁下的伍通河（在今湖南通道牙屯堡地区）中。后人为纪念他们忠贞不渝的爱情，每年于其忌辰到大雾梁唱歌。赴会者都要采摘鲜花投入河中，以奠亡灵。后生们还伺机将花插到姑娘的发髻上，如姑娘假装不知，便是有情意，可以进一步接近，俗称“号花”。歌会中男女青年或坐而盘歌，或立而对歌，歌词题材广泛，歌声清脆悠扬，歌唱竟日，至晚方散。难分舍者，可去寨中行歌坐夜，继续发展感情。歌会期间，附近广西、贵州等省区的侗、苗、壮、瑶、汉各族人民也成群结队前往参加。

三蓉大王又称“三容神”，为侗族侗语南部方言区的一些地方俗信崇拜的祖宗神。旧时，每逢子、午之岁为大祭年。凡大祭年的农历三月初三日，各寨老头人聚集在水口庵中吃庙会许愿。八月十三日、十四日、十五日三天，各寨头人到黄柏河桥上吃斋面，举行还愿会。八月十五中午，请一祭司掌祭，以一头牛为祭牲。祭牛不是杀死而是赶到水里淹死。淹牛时，各寨选出一伙青壮年为淹牛手，列队赶祭牛遍游参加祭祀的各个村寨，掌祭祭司跟随；各寨则敲锣打鼓、吹芦笙送牛。游完村寨，将祭牛赶至黄柏河深潭边，淹牛手齐力将牛推倒，绑牢四蹄，投入潭中，并用杉木条将牛压沉入水中，直至淹死。然后捞出，抬至水口庵前，将牛的外生殖器割下，供奉在三蓉大王前。祭师又念诵祭词，请三蓉大王领受供品，保佑村寨兴隆、人丁兴旺、五谷丰登。祭祀完毕，便开刀割肉。这一祭祀活动称为“沉牛祭神，砍肉祭天”。而后，将牛肉砍碎放入一个大锅中煮熟。舀出两份做祭肉：一份祭三蓉大王，一份祭盘古（盘瓠）、飞山神、雷王、社公等神。祭毕，将牛肉分给祭司一盘，主祭大头领共一盘，各小头领共一盘，其余则分给参祭各寨到场村民。相传吃此祭品，可保安康。若有重大事情需要商议，也往往在这时进行。在大祭三蓉大王神的三天时间内，各户各家都要接亲朋好友来看淹牛；各寨芦笙队吹笙跳舞，青年男女则唱《白日歌》和《夜晚歌》，气氛极为热烈。

莎玛节为侗族传统节日，流行于怀化侗族聚居地区，以农历二月初二日为节期。侗人尊莎玛为远古祖母神，自认为是莎玛的后代，时时受到莎玛的照顾和保佑。侗谚云："寨寨都有猛（头人）管事，家家都有莎补衣。"过节时，要接已嫁女回娘家，先在莎坪祭莎玛，后在家中围炉共餐，老人讲述莎玛故事。因莎玛不吃苦酒，故这天待客均用甜酒。

太公节是怀化芷江一带侗族的节令习俗，节期为农历十月十六至十九日。届时，各村寨杀猪宰羊、挑米酒送至"侗王坐家"（即轮流供奉侗王的人家）。由"寨老"（寨中年老德高的长者）率领全族人丁，鼓乐齐鸣，向侗王行四拜大礼，祭祀侗族英雄杨氏太公，并群唱《太公歌》（历史传说歌），以表不忘祖先大恩大德。阖族聚餐三日后，抬太公神像遍巡诸寨。

侗族的传统节日还有流行于新晃侗乡的"赶坳节"，流行于怀化侗乡的"斗牛节"、"播种节"，流行于怀化、邵阳地区的"燕子节"，流行于通道县侗乡的"冬节"等。

湖南桑植县的白族是宋末元初自云南大理迁徙而来。游神祭是桑植白族的祭祖活动，源于白族民间的"本主会"。本主为白族神灵崇拜，凡在历史上或传说中对白族人民有过贡献的人物，不分民族均被奉为"本主"，白族民谚云："在生有贡献，死后成本主。"民众为"本主"修祠庙，塑金身，长年供奉。平时遇大灾小难，便去"本主"神前磕头烧香，上贡许愿，求其保佑，视其为一方的保护神。对"本主"最大的祭祀，是每年农历春节期间和各"本主"的诞辰日。届时，举行隆重盛大的赶会、赛神和游神活动。游神包括"请神"、"游神"、"安神"三个阶段。祭祀时，将"本主"的雕像抬出出游，称为"游神"。请神时，由宗教神职人员三元老司唱《拜祖词》；游神则由民众抬着"本主"像，跳起仗鼓舞，穿街过市，显示本族人丁兴旺。游神之后，将"本主"安放归原位，再次祭祷，是为安神。

春节期间的游神活动从腊月二十九日开始，由会首派人将应游的"本主"从家庙抬至本村。三十日由三元老司收兵安神。正月初一由三元老司主持开始游神，前面一人持万民伞、二人扛神旗、二人执锣鼓、一人吹横笛，接着是数人抬的神轿，三元老司执海螺、宝铃跟在神轿之后，最后是会首和一收香纸者及民众。每到一地后，由接神人端上粑粑、豆腐、香米等供品，在堂屋前供神迎接。三元老司则请神下马。晚上安神后跳杖鼓舞。民众抬着本主神轿一村一村地遍游，由正月初一游至十四日，一面祭祀祖先，一面请祖先观看各村子孙景况，祈求保佑风调雨顺，五谷丰登，人畜兴旺。祭祀中有唱有跳，有娱有乐，独特的民族乡土文化丰富了白族人民的生活，是白族民间文化艺术的大展示。

【注释】

①［晋］葛洪：《抱朴子内篇》卷一，台湾商务印书馆1986年影印文渊阁《四库全书》本。

②《全唐诗》，中华书局1960年版，第二十三册，第9284页。

③《全唐诗》，中华书局1960年版，第三册，第973页。

④关于《竞渡歌》的作者，历代诗文集记载不一：宋代李昉等编《文苑英华》卷三四八、祝穆撰《古今事文类聚前集》卷九，作“刘禹锡”；宋代蒲积中编《岁时杂咏》，作“薛逢”；明代曹学佺编《石仓历代诗选》卷一一九，作“张建封”；明代周复俊编《全蜀艺文志》卷一七，作“僧鸾”；《御定全唐詩》卷二七五收入“张建封”名下，又在卷五四八“薛逢”名下录有此诗，注云：“一作刘禹锡诗，一作张建封诗。”

⑤《全唐诗》，中华书局1960年版，第十一册，第4002页。

⑥［明］彭大翼：《山堂肆考》卷九，台湾商务印书馆1986年影印文渊阁《四库全书》本。

⑦《后汉书》卷一一六，中华书局1965年版，第2829页。

⑧《水经注》卷三七“沅水”，陈桥驿注释本，浙江古籍出版社2001年版，第578页。

第七章

文化底蕴深厚的湖南名胜古迹

湖南大地的古祠庙、牌坊、书院、民居、寺观、宫观、石窟、古塔、古城、古桥梁、古村落、古陵墓、摩崖石刻等历史遗存和人文景观，是湖南古代历史的物态文化符号，湖南旅游文化的重要组成部分。了解湖南的名胜古迹，是人们阅读湖南历史文化这部大书的一个捷径。

第一节　人文始祖古帝陵

炎帝陵　舜帝陵

人们追溯中华民族的远古历史，总爱说“三皇五帝到如今”。三皇五帝中的大部分帝王，都与湖南有着千丝万缕的联系。三皇中的炎帝神农氏、五帝中的舜帝，相传均巡视南方，并安葬于湖南大地。

炎帝陵，一名炎帝神农氏陵，为中国五大古帝陵之一。传说早于黄帝约数百年，故其陵有“神州第一陵”之誉。位于炎陵县鹿原陂。为全国爱国主义教育示范基地，全国重点文物保护单位。

炎帝姓伊耆，名石年，号烈山氏、厉山氏，生于烈山（今湖北随州），长于姜水。为上古时姜姓部族的首领，后成为中国南方部落联盟的首领，与黄帝轩辕氏、蚩尤并尊为中华民族的人文始祖。因其“以火德王”，故名。《世本·帝系篇》称“炎帝神农氏”，谓炎帝即神农氏，史称他制耒耜，种五谷；立市廛，辟市场；治麻为布，民着衣裳；作五弦琴，以乐百姓；削木为弓；制作陶器；遍尝百草，是中华农耕文明和医药的创始者和倡导者。由此形成的炎帝文化与黄帝文化融合为“炎黄文化”，成为中华文明的主要源头。

炎帝葬何处，东汉以前无考。《太平御览》称：“《郡国志》曰：炎帝神农氏葬于长沙。”[①]南宋罗泌《路史·后纪》云：“崩葬长沙茶乡之尾，是曰茶陵，所谓天子墓者。”[②]元马端临《文献通考》云：“炎帝陵在長沙茶陵，今衡州茶陵县是也，陵庙皆在康乐乡白鹿源（原），距县百里。”[③]白鹿原即鹿原陂，俗称炎陵山、天子坟、皇山。史志称西汉时已有陵，并存古铜碑。西汉末年，邑人为防乱兵发掘而夷为平地。唐时曾在陵前建唐兴寺。北宋乾德五年（967），太祖遣使访得，诏令“立庙陵前，肖像而祀”，禁樵采，置守陵人户。太平兴国年间（976—984）迁庙于县城南隅，陵、庙分隔。南宋淳熙十三年（1186）废唐兴寺重修陵庙。清雍正十一年（1733）按朝廷颁发的古帝王陵殿统一格式重建，奠定前三门、行礼亭、正殿、陵寝四进的基本形制，并改陵庙为陵殿以正其名。道光七年（1827）、十七年（1837）两次维修扩建，逐步形成以陵殿为中心，包括奉圣寺、胡真官祠、崇德坊、天使公馆、县官斋宿之馆、宰牲亭、飞香亭、味草亭、咏丰台等在内的古建筑群。时殿宇轩昂，亭台瑰丽，蔚为壮观。自南宋淳熙年至1949年前近八百年间，修葺可稽者有17次，每次重建规模均胜于前。1954年除夕，主殿、行礼亭因香客祭祀失火焚毁。后修复。“文化大革命”中遭破坏，仅陵墓尚存。1986—1988年按清道光十七年陵殿形制复修。占地面积3836平方米，建筑面积903平方米。

以炎帝陵为核心构成的炎帝陵风景名胜区，为国家4A级旅游景区。境内鹿原陂又名白鹿原，地处罗霄山脉中段，西接衡岳，因古时曾有白鹿出没，故名。自北宋乾德五年宋太祖诏令建庙陵前，奉祀炎帝。清雍正、道光间依朝廷颁发的古帝王陵殿统一格式重修扩建，逐渐形成以炎帝陵殿为中心的规模宏大的建筑群。陵区丘冈透迤，洣水环护，古木荫翳，环境清幽，自然风光引人入胜。“味草凝芳”、“石龙鼓髻”、“云秋雨霁”、“晓阁烟岚”、“芳州春锦”、“禽鹿和音”、“空樟洞明”、“虬张灵木”、“龙潭鱼跃”、“果树飞香”等合称旧“炎陵十景”。

图下 7-1　炎帝神农氏陵墓

史载在唐代炎帝陵已有“奉祠”。自北宋后，历代官府“三岁一举，率以为常”，形成定例。元、明两代未尝中辍，清以后更趋频繁隆重。民间祭祀则千百年来香火不断，经久不衰。成为炎黄子孙谒陵拜祖、寻根探源、纪念缅怀炎帝丰功伟绩的圣地。炎陵祭祖活动主要有正月初一“新年第一炷香”祭祖、清明节民间祭祖、重阳节官方祭祖、炎帝生辰（农历四月廿六）客家人祭祖及国家（朝廷）重大活动举行的祭祖等。炎帝祭祀文化丰厚，形式多样。按内容有祭天、祭祖、祭神，按祭祀主体有御祭、官祭、民祭，按时序节令有春节、清明、重阳祭等，按方式有文祭、舞祭、龙祭、物祭等。场所固定，场面隆重。炎帝陵祭典成为了血缘认同、政治认同和文化认同的盛大仪式。2006 年 5 月，炎帝陵祭典被列入首批国家级非物质文化遗产名录。

舜帝陵，古名“永陵”，又称“舜庙”、“舜祠”，为中国五大古帝陵之一，位于永州市宁远县九疑山瑶族乡九疑山村，是湖南省爱国主义教育基地，省级文物保护单位，国家 4A 级旅游景区。

舜，姚姓，一作妫姓，有虞氏，名重华，史称虞舜。为传说中父系氏族社会后期部落联盟领袖，因德才兼备被尧选为继承人，为华夏始祖五帝之一，被誉为中华民族伦理道德文化的创始人。西汉司马迁《史记·五帝本纪》载，舜“南巡狩，崩于苍梧之野。葬于江南九疑，是为零陵”。

北魏郦道元《水经注》云：“蟠基苍梧之野，峰秀数郡之间，罗岩九

图下 7-2　舜帝陵全景

举，各导一溪，岫壑负岨，异岭同势，游者疑焉，故曰九疑山。”[④]一作“九嶷山”，又名“苍梧山”。属五岭山脉之萌渚岭北段向东延伸部分，呈西南至东北走向，南高北低，横亘于宁远、蓝山、江华、道县 4 县交界处。区内海拔千米以上的山峰有 60 余座，或孤丘独立，或巍巍成列，玉琯岩、紫霞岩、无为洞、飞龙岩、凤凰岩、桃花岩、读书岩、象岩等数百处大小溶洞姿态万千，特色各具，呈现出峻峭秀美的古热带残遗峰林景象。

舜陵位置传说有三：一说在女英峰下，一说在三分石，一说在舜源峰。清吴绳祖等纂《九疑山志》云：“考前代帝王崩，依山为陵，未有所谓冢也。况女英、三峰（三分石），皆非葬所，惟舜源峰虎踞龙蟠，外山拱护周密，舜陵当在此峰。”“舜庙在大阳溪（九疑河流经今天堂镇大阳洞一段），盖三代时祭于此。其遗址在白鹤观前，土人呼为大庙。秦汉以来，立庙在玉琯岩前百步，至唐代旧庙湮废。刺史元结奏立于营道城（今道县道江镇）西。僖宗时，长沙胡曾权延唐令，请复立于玉琯岩下……明洪武四年（1371），遣编修雷燧致祭，乃迁庙于舜源峰下。”[⑤]历代均有修葺增建，至清康熙、雍正、乾隆年间基本奠定今有形制。九疑山的舜帝陵庙，不但载于史籍，还在于 1973 年马王堆汉墓出土的古地图上已经标明。2003 年，湖南省文物考古研究所在九疑山玉琯岩已经发掘出了不晚于东汉早期的舜帝陵寝祭祀坑遗址和建筑物构件，更早的遗址还在继续发掘之中。“舜帝庙遗址”为全国重点文物保护单位。

九疑山不止是华夏始祖五帝之一舜的陵寝所在地，还保存有数量众多的商周时期人类聚落遗址。还有被称为道教三十六小洞天中的“九疑山湘真太虚洞天”（又称“朝真太虚天”）。舜源峰为舜陵，下有舜庙。娥皇、女英二峰依偎两旁。传说舜崩，二妃娥皇、女英千里寻夫，溯潇水而上，又沿大小紫荆河而下。因九峰相仿，令人疑惑，终未得见，悲痛恸哭，“以涕挥竹，竹尽斑”。登舜源峰极目北望，莽莽群山，绵延起伏，构成“万里江山朝九疑”的奇观。司马迁、蔡邕、颜延之、宋之问、李白、元结、柳宗元、刘禹锡、刘长卿、张谓、李商隐、梅尧臣、苏轼、寇准、元好问、方信儒、徐弘祖、王夫之、何绍基等无数名人骚客游山谒庙，留下了大量讴歌九疑的诗赋题刻。千百年来，九疑山以舜帝的遗踪、动人的传说、灿烂的文化和优美的自然风光驰名中外，为无数炎黄子孙所向往。

据史籍记载，对虞舜的祭祀始于夏禹之时。秦始皇、汉武帝皆望祀。唐代或遣官、或诏州县官员致祭。宋代禁樵采，置守陵人户。明代洪武四年（1371）遣官致祭，列入《祀典》。每年春、秋二祭，大体上三年一大祭，如逢国家大事则遣官特祭，典礼庄严隆重。对舜帝陵的祭祀不限于汉族的官方及民间，九疑山当地及周边地区的瑶族同胞也每年进行祭祀并形成传统。正如清人赵有德《观瑶女歌舞》竹枝词所云：“长腰小鼓和笙簧，黄腊梳头竹板妆。虞帝祠前歌舞罢，口中犹自唱槃王。”[⑥]2011 年，舜帝祭典以民俗类被列入第三批国家级非物质文化遗产名录。

第二节　尊师重教的古书院与文庙

岳麓书院　宁远文庙　岳州文庙　浏阳文庙　澧县文庙　石门文庙　汝城濂溪书院

作为中国传统教育机构设施的书院，是从唐朝开始出现的。最初是国家用来藏书和校典的地方，到宋朝时演变为讲学和藏书之处，稍后则具备了讲学、藏书和祭祀三大功能，后者便是独立或与书院相辅相成的教育祭祀场所——文庙。湖南素重文教，自唐代起，各州县就陆续修建了许多著名的书院及文庙。一时间，名师会讲、学子解惑于其中，文脉传承，千年不息。至今，各地还保留了不少古书院、古文庙。

湖南最具代表性的古书院是被称为“潇湘洙泗”的岳麓书院，兴旺时，有“道林三百众，书院一千徒”的盛况。关于岳麓书院的建置沿革，在本书上编第四章和下编第一章、第三章中已经陆续谈到，这里侧重介绍作为名胜古迹的岳麓书院。

岳麓书院，位于长沙市岳麓山东麓清风峡口，全国重点文物保护单位。为庭院式古建筑群。建筑按讲学、藏书、祭祀三大功能布局。四进，中轴线上依次为大门、二门、讲堂、御书楼。大门前部有赫曦台、头门，南北筑风雩亭（饮马池）、吹香亭（黉门池），构成“桃坞烘霞”、“柳塘烟晓”、“风荷晚香”、“桐荫别径”四景。中部半学斋、教学斋分列左右，各成廊院。后部北厢为清代所建的湘水校经堂及船山祠（祀王夫之）、慎斋祠（祀罗典）、六君子堂（祀朱洞、李允则、周式、刘珙、陈钢、杨茂元）、崇道祠（祀朱熹、张栻）、四箴亭（祀程颢、程颐）、濂溪祠（祀周敦颐）、陶侃杉庵旧址；南侧及后院劈池引泉，筑桥、亭、阁、轩、假山，三面走廊萦绕，构成幽雅的园林，有“碧沼观鱼”、“花墩坐月”、“曲涧鸣泉”、“竹林冬翠”四景。文庙居北，与书院平行，自成院落。附近存自卑亭、爱晚亭等古园林遗迹。院前天马、凤凰二山分峙。临湘江古渡处牌楼口立四柱三门三楼石牌坊。横额西面刻“书院”，东面镌“道岸”。附近立表现林则徐与左宗棠见面情景的铜雕“湘江夜话”。书院主体殿堂采用歇山顶，其他皆硬山屏墙，结构以穿斗为主，不施斗拱，灰墙青瓦，琉璃脊饰，墨柱朱枋，栗色门窗装修，略施彩绘雕刻，简洁朴实，淡雅清新。庭院天井按传统组合，青砖地面，楼阁相依，亭台相望，隔连巧妙，独具匠心。院墙起伏连续，突出封火山墙，形成具有动感节奏的轮廓线，使书院建筑整体紧凑规整而又极富变化。头门悬集唐欧阳询手迹“千年学府”匾。门联刻虞愚撰“千百年楚材导源于此；近世纪湘学与日争光”。大门门额悬宋真宗赵恒书“岳麓书院”四字御匾。门联镌清袁名曜、张中阶集句“惟楚有材；于斯为盛”。二门门联为清程颂万集句“纳于大麓；藏之名山”。讲堂面阔七间，进深三间。正中设高约1米的长方形讲坛。坛后木质屏风刊宋张栻撰《岳麓书院记》。堂前悬“实事求是”额，宾步程书。堂内悬清康熙御赐“学达性天”和乾隆亲笔“道南正脉”匾。左右两壁嵌立宋朱熹手书“忠、孝、廉、节”和清欧阳正焕手书“整、齐、严、肃”大字石碑。御书楼为三层楼阁建筑，面阔五间，重檐歇山顶。两侧复廊分立拟兰亭、汲泉亭。园林内有百泉轩、麓山寺碑亭、时务轩、屈子祠、道中庸亭、极高明亭、延宾馆等，碑廊壁上嵌宋、元、明、清各代残碑及新碑 40 余方，再现书院的悠久历史和文化渊源。

赫曦台是岳麓书院建筑群中最有历史文化底蕴的建筑之一，位于岳麓书院大门前古桃李坪。原址在麓山禹碑下。南宋乾道三年（1167），朱熹自闽来访张栻，讲学岳麓、城南书院，两人常晨起结伴登麓山观日出，名山巅为“赫曦”，取日出光明炎盛之意。张遂于山顶筑台，朱熹题额，作跋以碑记之。台后废。明嘉靖七年（1528）建亭。又废。清乾隆五十五年（1790），罗典建前亭于现址，又名前台，并在周围植桃树数百，成为书院八景之“桃坞烘霞”。道光元年（1821），欧阳厚均觅得赫曦台原碑，改前亭为赫曦台，存故迹以示纪念之意。同治七年（1868）重修，台前更置石柱一对，坪铺麻石，增建围墙，又作书院师生游息、观戏或为山长祝寿之用。台内壁左右分别草书“寿”、“福”二字，高丈余。其中“寿”字传为一道人用竹帚蘸黄泥水写成。“福”字为罗典补书。台中央立屏风，上恭录朱熹、张栻联句和明王守仁等人诗词。

岳麓书院文庙位于岳麓书院北侧，为全国规模最大、规格最高的书院文庙建筑之一。岳麓书院祀孔子始于初创时期，北宋时曾于讲堂前筑有礼殿。明正德二年（1507）书院扩建，迁于现址。天启四年（1624）重修，称文庙，规制与各州县文庙相当。后屡毁屡兴，建筑格局未变。1941 年遭侵华日军飞机轰炸，部分被毁。20 世纪 80 年代后逐步维修、重建。2005 年按古代礼制陈设主殿，基本恢复原貌。院坪置明代石狮一对，南北坊门为四柱三门三楼式，青石结构，系明代建筑。大成门建于清同治七年（1868）。门联镌“道若江河，随地可成洙泗；圣如日月，普天皆有春秋”。两庑祀唐开元至明嘉靖年间祀典所定先儒，有供柱 36 块。左右廊柱悬联“吾道南来原是濂溪一脉；大江东去无非湘水余波”，传为清代湖南名儒王闿运撰。

岳麓书院有一著名的碑刻——麓山寺碑，立于教学斋后麓山寺碑亭内，是省级文物保护单位。唐开元十八年（730）九月，著名书法家李邕撰文并书丹，江夏黄仙鹤刻立于麓山寺后。明成化五年（1469）砌亭保护。清咸丰年间（1851—1861）移至岳麓书院。碑螭首蚨座，通高 4 米，宽 1.35 米，青石质。碑额“麓山寺碑”四字为篆书，碑文为行楷书。全文共 1413 字，叙述自晋至唐麓山寺的兴废、历届禅师说法传经的经过，并描写了岳麓风光。以词章华丽、书法沉雄、刻艺精湛素为艺林所推崇，又因李邕曾任北海太守，人称李北海，故习称“北海三绝碑”。碑阴和碑侧有宋、元题记多处，其中以北宋元丰三年（1080）米芾所题最著。

宁远文庙，位于宁远县舜陵镇文庙街。为全国重点文物保护单位，湖南省爱国主义教育基地。又名学宫。相传创于唐。北宋乾德三年（965）迁建于今址。明、清两代多次重建。现存建筑为清同治十二年至光绪八年（1873—1882）重修。文庙前临冷江，三进，中轴线上依次为照壁、泮池、棂星门、大成门、大成殿、启圣祠；东侧有登圣坊、腾蛟门、名宦祠、庑殿、明伦堂，西侧有步贤坊、起凤门、乡贤祠、庑殿、尊经阁。启圣祠与大成门之间东西以通长廊庑相连，构成宽大廊院。大成殿面阔五间，进深三间，砖木结构，抬梁式构架，重檐歇山顶，覆黄色琉璃瓦，周以回廊。檐下无斗拱，作卷棚。殿前有青石月台，须弥座式。殿内悬清嘉庆、光绪御赐“圣集大成”、“斯文在兹”等金字匾额。正中石砌神龛供孔子神位及塑像。殿东、西、北三面外墙绘有《圣迹图》55 幅，记载孔子生平。文庙精华以石雕为最。棂星门雕饰满布，细腻生动。棂星门、大成殿、启圣祠前立狮 3 对，威风凛凛。大成殿前丹墀浮雕云龙，气势雄伟。月台四周的石栏楯、台阶的石脚雕刻花鸟虫兽，多姿多态。特别是大成门、大成殿前后及启圣祠前的 20 根高浮雕蟠龙飞凤石柱，每根均以完整的料石刻成，通高 4.6—5 米，直径 0.4—0.6 米，雕工纯熟，堪称艺术精品。壮观的石雕与红墙黄瓦的宫殿式建筑群相映生辉，

图下 7-3　宁远文庙浮雕石柱

犹如一座规模宏大的艺术博物馆。宁远文庙与山东曲阜孔庙为中国现存最完整、始建年代最早的两处孔庙类建筑。

图下 7-4 岳阳岳州文庙

岳州文庙，又名岳州学宫、岳州府学，位于岳阳楼区郭亮街。为全国重点文物保护单位。北宋庆历六年（1046）由知州滕宗谅奉敕迁建于现址。治平年间（1064—1067）又奉诏重修。后历近 30 次重建、扩建或修葺，至清同治十一年（1872）终成现有形制规模。由泮池（状元桥）、棂星门、大成门（乡贤祠、名宦祠）、大成殿和东西庑房等组成，周以红墙。庙前立孔子行教铜像。棂星门为石砌六柱五门牌坊式，冲天望柱头饰云龙宝珠浮雕。大成殿面阔五间，进深三间，重檐歇山顶，覆黄色琉璃瓦。脊饰双龙戏珠，中置宝葫芦，角饰鳌鱼，殿角翘然如翼，保留宋代建筑风格。前出廊，殿前月台石栏围护，丹墀浮雕云龙。殿内用 14 根楠木大柱构成主架，每柱直顶二层普柏枋，柱下端为莲瓣柱础。柱础在雕写生花石础上加木鼓，使石础上的湿气不会沿木柱上升，为古代建筑中所罕见。周边由 24 根石方柱组成东、西、北三面墙内支柱和南面副阶檐柱，上檐普柏枋上置六铺作斗拱，其上再叠置二层如意斗拱以传承上层檐部荷重，使出檐深远。明弘治元年（1488）八月大修时，在天花板上绘有一幅壁画，蟠龙戏凤，栩栩如生，今仍依稀可辨，为文物中之珍品。岳阳文庙年代较早，规模较大，采用较规范的官式做法，体现了湖南地方建筑风格和工艺特色。

浏阳文庙，位于浏阳市圭斋东路。为省级文物保护单位。始建于南宋嘉定元年（1208），原址在城东红狮桥。明弘治十八年（1505）迁城西。清嘉庆二十三年（1818）移至现址。道光二十三年（1843）重建。中轴线上依次为万仞宫墙（现开券门）、大成门、大成殿、御碑亭，两侧为辕门、钟亭、鼓亭、庑殿、回廊等，周以红墙。大成门为三间单檐硬山，内檐彻上露明造，梁檩做工精细。门前左右有忠孝祠、更衣所、乡贤祠，门后钟、鼓亭旧作置乐器用。东西庑殿原为县学宫和儒学署，现辟为展厅。大成殿面阔五间，进深四间，高 18.3 米，砖木结构，抬梁式构架，重檐歇山顶，覆浅黄色琉璃瓦，翼角起翘，饰以“凤凰”尾，正脊叠以青花瓷砖，中立葫芦宝顶，脊角饰鳌鱼。内外 32 根方石柱分三层排列，正面嵌朱漆镂空槅扇，墙外三面石栏围廊，殿内顶置八方巨型藻井，雕饰彩绘精美绝伦。大殿正中神龛上供孔子、孟子、颜回雕像，上悬清康熙御书“万世师表”匾额。殿前月台高 1.67 米，花岗岩铺地，周护石栏，汉白玉石丹墀浮雕云龙；东西两隅有舞亭、乐亭，均为四角重檐攒尖顶。亭、殿间各有牌楼门。旧时春、秋举行祭孔大典，舞生循蹈古乐，效“八佾舞”于庭，典礼极为隆重。殿后山上有古樟数十株，丛林掩映中的奎文阁为谭嗣同等设立的新算学馆旧址。庙内原有完整的“八佾”古乐器一套和乐谱、舞谱，当年还专门训练了一批乐生和舞生，乐舞水平名冠全国。现浏阳古乐的全套乐器、舞谱存于湖南省博物馆，浏阳古乐谱存于日本，被视为世界文化瑰宝。

澧县文庙，又名澧州文庙、澧州学宫，位于澧县澧阳镇古城东路。为省级文物保护单位。始建于北宋乾德三年（965）。明洪武初由仙眠洲迁建现址。明末毁于兵火。清顺治六年（1649）重修。道光二十一年至二十四年（1841—1844）重建。光绪三年（1877）大修。中轴线上依次为大门、头门、泮池（状元桥）、大成门、大成殿、崇圣殿，红墙围护。头门前一对青石坐狮，方形座，通高 1.9 米，系明华阳王府门前旧物。大成门为硬山顶，须弥座石基，两侧为名宦祠、乡贤祠，中门前后御路饰二龙戏珠和云龙浮雕。大成殿面阔七间，进深五间，砖木结构，内外 48 根杉木圆柱支撑，高 23 米，四周回廊，重檐歇山顶，覆黄色琉璃瓦。殿内置孔子铜像。殿前设月台、东西廊庑和钟楼、鼓楼。布局严谨，檐檐相连，廊廊相通，木雕石刻彩绘工艺精湛，具有较高的艺术和文物价值。

石门文庙，位于石门县楚江镇文庙路。为省级文物保护单位。始建于元代。明洪武四年（1371）重修。清乾隆四十五年（1780）移建长溪北现址。民国末年曾为石门县简易师范学校校址。“文化大革命”中部分建筑被毁。1983 至 1999 年按原貌修葺。中轴线上依次为头门、泮池（状元桥）、棂星门、大成门、大成殿，两侧为道贯古今牌楼、碑廊、钟楼、鼓楼、厢房、礼乐器库等。棂星门为四柱三门三楼式牌坊，木结构，高 8.7 米，宽 8.27 米。大成殿面阔五间，进深三间，砖木结构，重檐歇山顶，覆黄色琉璃瓦，四周回廊，绕以石栏。殿内置金柱 8 根，内外檐柱 16 根，各檐柱有雕花撑木。殿前丹墀浮雕五龙戏珠图案。地坪中央月台上立孔子行教铜像，高 3.14 米。

濂溪书院，位于汝城县城关镇濂溪社区，居金凤岭麓、九塘江北岸。为省级文物保护单位。周敦颐，字茂叔，世称濂溪先生，道州营道（今道县）人。北宋哲学家，理学的开山鼻祖。北宋庆历六年（1046）冬被荐为郴县知县。皇祐二年至至和元年（1050—1054）改知桂阳县（今汝城县）。在郴州生活 8 年。南宋嘉定十三年（1220）始筑濂溪先生祠祀之。后九易其址。明嘉靖三十三年（1554）扩建为书院。后废。清嘉庆九年（1804）移建于现址。光绪三十三年（1907）改为高等小学堂。占地面积 4480 平方米。坐北朝南，依山势而筑。四合院式回廊布局，前栋和左右厢房为二层，希濂堂（后栋）为平房，有大小房屋 49 间，建筑面积 1618 平方米。砖木结构，封火山墙，小青瓦硬山顶。门厅前出廊。门联题："学衍道源；德化苍生。"

第三节　明清至近代的洪江古商城与黔阳古城

洪江古商城　黔阳古城　黔阳芙蓉楼　黔阳万寿宫　黔阳普明寺钟鼓楼

洪江古商城，位于怀化市洪江区沅江路、新民路及沅水、巫水交汇处西南，其古建筑群为全国重点文物保护单位。洪江即巫水，古称"熊溪"、"雄溪"，为"武陵五溪"之一，源出城步东巫山，为沅水一级支流。北宋熙宁八年（1075）在此设洪江铺。元祐五年（1090）置洪江砦，隶属沅州黔阳县。明代景泰年间设洪江驿，属会同县。清康熙二十六年（1687），会同县若水巡检司移驻洪江。1917 年称洪江镇。古镇借水道而得舟楫之便，上通滇黔，下达沪汉，为中原大地通向大西南的重要驿站，有湘、鄂、黔、滇、桂“五省通衢”之誉。明代嘉靖、隆庆之际(1522—1572)，随着资本主义萌芽的产生，洪江作为商埠逐步崛起。明末清初始以集散洪油（桐油）、木材、鸦片、白蜡等闻名于世，时“商贾骈集，货财辐辏，万屋鳞次，帆樯云聚”，“烟火万家，称为巨镇”，成为湘西南经济、文化、宗教中心。据载，至民国时期，城内先后拥有 8 大油号、10 大会馆、17 家报社、23 个钱庄（银行）、34 所学堂、44 个经商码头、48 个半戏台、50 家青楼、60 家烟馆、80 家客栈、上百个作坊、近千家店铺，60 余座宫、殿、祠、寺、庙、院、堂、庵散落其中，形成“七冲八巷九条街”格局，人称“小金陵”、“小重庆”。后因水运衰落而沉寂，但保留有明、清古建筑 380 多栋，总面积 53942 平方米，呈“井”字形布局排列，依山傍水，集中连片，错落有致，规模宏大。蜿蜒纵深的 8 公里青石板路，绵绵耸立的青瓦灰墙，依稀呈现着当时商贸重镇的大气。

图下 7-5　洪江古商城

洪江古商城古建筑中最具特色的是窨子屋，形似四合院，砖木石结构，大多二进二层、二进三层或三进二层，兼有住家和商业双重用途。高高的封火墙内，屋顶从四周往中倾斜，形成天井，上架晒楼，造型巧妙，隐秘幽深。建筑物的细部最能反映古商城的文化内涵，富商的窨子屋铺面连着门墙，正门作几何等边的双斜角开门，与人们的风水观念有关。不少房屋的门楼和照壁上方有色彩鲜艳的壁画，为常见的吉祥富贵图案。不同时期的门匾、门联、石雕、石刻、题字随处可见，内容多为警世、祝福之类。部分墙壁上还留有招牌、广告和不同时代的标语等。洪江作为湖南现存完整而内容丰富的古商城，堪称一幅直观的明、清、民国社会市井全貌的“清明上河图”，是“中国资本主义萌芽时期的活化石”。

黔阳古城，又名“龙标故城”，位于洪江市黔城镇。为省级历史文化名城。黔城地处雪峰山脉中段，为低山丘陵地貌，背倚明山，左挟金鳌，右持金斗，前临赤宝、蟠龙，㵲水北来，清水江西至，二水交汇成沅水，绕城东去。古为“五溪蛮”中心地区。战国时属黔中郡。西汉高祖五年（前202）始设镡成县（后名“镡城县”、“舞阳县”等），属武陵郡。南朝梁时更名“龙檦县”，迁县治于黔城，以后相继为辰州、龙标、巫州、沅州、潭阳、叙州、黔江城、黔阳、洪江等州、郡、县、市治所。是一座具有1500多年历史的湘楚苗地边陲重镇，也是楚南上游多民族文化融汇整合的“活化石”，素有“滇黔门户”、“湘西第一古镇”之称。唐建中二年（781）筑叙州土城，为黔城建城之始。后多次兵毁复筑。明景泰元年（1450）重修，改砌山石，建门楼、哨堡，逐步形成“九街十八巷”格局。

古城现以南正街、西正街、北正街和河街为中心，众多的民居、店铺、客栈、会馆、宗祠、寺庙、亭阁、井泉、过街拱门等罗列有致，独具特色的窨子屋、晒楼鳞次栉比，蔚为壮观，较完整地保存了明清时期的传统街区和历史风貌。城内青石板街巷纵横交错，与两侧敞亮明净的民居，绿意幽幽的庭院、华丽精致的祠庙、檐角高耸的马头墙相辉映，共同构成了古城的秀美画卷。城外龙船坪旧石器时代文化遗址、高庙新石器时代文化遗址和数百座春秋战国至西汉古墓的考古发现，则展示了沅水上游悠久而光辉灿烂的古代文明。

黔阳南正街，位于洪江市黔城镇。为省级文物保护单位。又名“府前街”、“雍熙街”、“中山街”。始建于宋雍熙年间。历代均有修缮。现街巷系清道光十八年（1838）由黔阳县令龙光甸主持修建，旧为县署所在地。街道长217米，宽2.9米。路面中间用1米宽青石板横铺，下有沟渠，两侧以0.36米宽石板作直线连接，上建有过街券门多处。两旁多为两开间三进深、二层穿斗式结构的店铺兼民宅的房屋，大部分为木结构，并夹杂有封火山墙相隔的窨子屋，基本保持了原有风貌。每间檐口几乎全采用卷棚形式，线条优美。二楼伸出饰檐。普遍为万字格窗，并用支撑物开窗。

芙蓉楼，位于洪江市黔城镇西门外香炉岩，居㵲水、清水江交汇处。为省级文物保护单位。唐代著名诗人王昌龄于天宝七年（748）由江宁县丞左迁巫州龙标县尉，居黔城七年，世称“王江宁”或“王龙标”。相传他在东关外金鳌山麓临江处建楼，以丹阳城（今江苏镇江）“芙蓉楼”名之。他撰写有《芙蓉楼送辛渐》诗二首：“寒雨连江夜入吴，平明送客楚山孤。洛阳亲友如相问，一片冰心在玉壶。”“丹阳城南秋海阴，丹阳城北楚云深。高楼送客不能醉，寂寂寒江明月心。”⑦可谓脍炙人口。清乾隆四十年（1775），县令叶梦麟在临江楼遗址筑芙蓉亭，以示纪念。嘉庆二十年（1815），知县曾钰以原处“无山水林木之美”，又非“唐时之旧”，遂移建今址，辟地作园。道光十九年（1839）知县龙光甸重修，增其旧制。光绪二年（1876）至今多次修葺。占地面积4250平方米。由大门、芙蓉楼、千年古柏、芙蓉池、仙人洞、半月亭、圆亭、凌波榭、五子登科树、三角亭、乡贤寺、耸翠楼、碑廊、送客亭等组成一处古典山水园林景观。大门为砖砌四柱冲天式牌坊，券门额浮塑“龙标胜迹”四字，周饰“王少伯送客图”等堆塑彩绘10余幅。

芙蓉楼坐东朝西，面江而立。二层，面阔三间，进深一间，木结构，通柱，抬梁式构架，重檐歇山顶。上下围廊，可供远眺。48幅雕花门窗玲珑剔透，工艺精湛。上檐下悬“芙蓉楼”三字匾额。楼内联镌：“楼上题诗，石壁尚留名士迹；江头送客，冰壶如见故人心。”圆亭又名“冰心玉壶亭”，亭中立王昌龄名句“一片冰心在玉壶”合篆壶形石刻，清龙启瑞镌。碑廊内嵌历代书法、记事碑103方，其中有龙启瑞编《王少伯宦楚诗》29首，颜真卿、黄庭坚、米芾、岳飞、赵孟頫等名家的碑刻和“武陵女史”陈梅仙、黄本骥、邱开来、王继贤、危道丰等人的作品。江岸有钟岩、鼓岩、梅花石等，奇异玲珑。楼亭与周围自然山石、江水巧妙配合，古木翠竹相错，百花丛中芙蓉独艳，构成“登眺则群山拱翠，俯视则万木交阴，㵲水自北来环其下”的壮丽景象，人称“楚南上游第一胜迹”。

黔阳万寿宫，又名“江西会馆”。位于洪江市黔城镇下河街。建于清同治十二年（1873）。光绪元年（1875）重修门楼。七年（1881）增建财神殿。后多次维修。万寿宫为窨子屋式，由门楼（戏楼）、大殿、过厅、内殿和左右观音殿、财神殿等组成，砖木结构，青石板铺设地面，封火山墙，小青瓦硬山顶，周以围墙，建筑面积约1000平方米。大门为石砌四柱牌坊式，门楣刻双龙抢宝，顶梁枋镌双凤朝阳，下嵌“万寿宫”、“西江砥柱”、“烁古”、“炳今”等匾额，四面青石板浮雕龙凤、八仙、山水、花鸟、动物等图案，形象栩栩如生。院内藻井、横梁、椽木等皆有精致木雕，部分尚存。

普明寺钟鼓楼，位于洪江市黔城镇东门龙标山原普明寺遗迹处。普明寺始建于北宋熙宁四年（1071）。明正统十四年（1449）毁于兵火。成化八年（1472）重建。成化二十三年（1487）铸钟于楼。清咸丰十一年（1861）底太平军石达开部攻城，寺毁而楼存。1985年维修。平面呈正方形，边长8米，高18米，三层，木结构，有旋梯可上。通柱，抬梁式构架，三重飞檐，歇山顶，覆小青瓦。各层有矮栏，四面敞开。登高望远，蓉楼春色，雁塔秋风，龙井晨光，虎山夜月，柳溪烟雨，尽纳疏棂短槛之中。附近有一蔸古苏铁，三树连根，高1.5米，树龄约1400年。

第四节　寄托缅怀的古祠庙

汨罗屈子祠　耒阳蔡侯祠　永州柳子庙　长沙贾谊庙

历代许多湖南本土与流寓人士为湖南乃至中华民族经济社会文化的繁荣发展作出了巨大的贡献。祀典称，凡有功于民则民祀之，为此，修建了许多祠堂庙宇，既作为祭祀缅怀的场所，又产生教育仿效之功用。比较重要的有如下数处。

屈子祠，原名屈原庙、汨罗庙，位于汨罗市屈子祠镇屈子祠村玉笥山南，为全国重点文物保护单位，全国爱国主义教育示范基地，全国中小学爱国主义教育示范基地。

屈原被流放于湖南，于楚顷襄王二十一年（前278）自沉汨罗江。人们为纪念这位伟大的爱国诗人，即在南阳里（今农科村）建庙祀之。东晋王嘉《拾遗记》称“汉末犹在”。南朝宋永初三年（422），湘州刺史张邵遣官敬祭，请文学家颜延之代作《祭屈原文》，开官府公祭屈子之先河。唐代御封屈原为“昭灵侯”。宋封“忠洁侯”。元代加封“忠节清烈公”。明代复其号，称“楚三闾大夫屈平氏之神”。历代祭祀不绝，祠庙多加修葺。北宋大中祥符年间至清乾隆年间增建汨罗书院（元代曾改名为“清烈书院”），书院与祠庙一度并行合一。清乾隆二十年（1755）为避水患迁建现址。同治八年（1869）修葺，改现名。抗日战争中部分建筑遭日寇毁坏。后多次维修。

今屈子祠门后中厅照壁悬西汉司马迁《史记·屈原列传》全文巨幅木雕屏，上有“光争日月”四字横匾。中进明间前悬“德范千秋”匾，柱联“哀郢矢孤忠三百篇中独宗变雅开新格；怀沙沉此地两千年后唯有滩声似旧时”为清郭嵩焘撰。附近有独醒亭、招屈亭、骚坛、桃花洞等景点。每年端午节龙舟赛，须先在祠内举行传统的龙头“朝庙”仪式。这种习俗自古流传至今，已成为“岳阳（汨罗江）国际龙舟节”的重要活动。

2006 年，“汨罗江畔端午习俗”入选首批国家级非物质文化遗产。2009 年，“端午节（含汨罗江畔端午习俗）”被联合国教科文组织列入《人类非物质文化遗产代表作名录》。

屈原墓，位于屈子祠汨罗江风景区居范家园镇永青村汨罗山。为省级文物保护单位。唐李吉甫《元和郡县志》载：“屈原冢在（湘阴）县北七十一里。”[8]北魏郦道元《水经注》云：“屈原怀沙自沉于此，故渊潭以屈为名。……渊北有屈原庙，庙前有碑。”[9]《湖广通志》载：“汨罗山在县北七十里汨罗江畔，上有屈原墓。”[10]汨罗山又名烈女岭，为一片连绵起伏的低山丘岗，海拔在 50—100 米之间，自东南向西北倾斜，一直延伸到玉笥山。区内有春秋末年至战国末年楚墓 12 座，传为屈原十二疑冢。其中赵家冲墓封土堆高 6.5 米，底径 44 米，砖墙环护，远望如小阜。墓前石碑镌“故楚三闾大夫之墓”，额题“光争日月”。清同治六年（1867）立（其余墓冢石碑刻“三闾大夫之墓”），光绪二十八年（1902）刊。大墓前石砌三级祭坪建有仿古牌楼、石拜台，立屈原塑像、铜鼎，周以石栏，旁置五轮塔、碑廊等。附近有烈女桥、楚塘等景点。凤凰乡河泊潭村汨罗江与湘江汇合处有河泊潭（又称荷包潭），传为屈原投江处屈潭（又名汨罗渊、沉沙港）。1985 年立标志碑以示纪念。

蔡侯祠，位于耒阳市人民路，为全国重点文物保护单位，全国中小学爱国主义教育示范基地。

蔡伦（61？—121）字敬仲，东汉桂阳郡耒阳人。造纸术的发明者。时“天下咸称蔡侯纸”，对人类文化的传播作出了杰出的贡献。蔡侯祠原为蔡伦故宅。史志记载最早见于东晋南北朝《湘中记》、《湘州记》、《荆州记》和《水经注》等。后人立祠设像，称蔡伦庙、蔡伦祠、龙亭王祠，专祀蔡伦。元至元四年（1338）耒阳知州陈宗义重修。清代重建。抗日战争中遭日寇严重破坏。1953 年依旧制复修。后多次维修。祠宇坐南朝北偏东，四合院式，砖木结构。三进，由过厅、中厅、后厅及两侧厢房组成，廊庑相接，粉墙黛瓦，古朴典雅。祠正门竖额镌“蔡侯祠”三字。门联刻“芳池月映；故宅风存”。过厅和厢房为硬山顶，中厅和后厅为悬山顶。过厅后环天井为廊。后厅面阔三间，进深一间，穿斗式构架。祠内存蔡伦用于造纸的石臼（史载“唐别驾李慭以臼入贡”。此为后人补造）。祠前蔡子池传为蔡伦漂洗纸张处。池长 198 米，宽 45 米，环池砌石，中有纸桥、双月亭（思侯亭）。祠后有一单室券顶砖室墓，传为蔡伦衣冠冢。1938、1944 年遭盗掘，仅存墓室。1955 年修葺。封土堆高 2.2 米，底径 6 米，黄土结顶，青砖围箍，下为方形石围土台。东向石砌墓道有石质墓门。墓室长 4 米，宽 2.3 米，高 2.2 米。墓砖饰东汉墓中常见的几何形花纹。土台前坪建 8 柱庑殿顶护碑亭。“蔡池夜月”为旧耒阳县十景之一。

柳子庙，位于永州市零陵区柳子街，居西山麓愚溪北岸。为全国重点文物保护单位，湖南省爱国主义教育基地。

柳宗元（773—819）字子厚，河东解（今山西运城西）人。唐文学家、哲学家。唐永贞元年（805）九月，柳宗元因与王叔文、王伾、刘禹锡等倡导“永贞革新”失败谪邵州刺史，十一月贬永州司马。柳闲居永州约十年，性爱山水，撰有“永州八记”、《游黄溪记》、《愚溪诗序》和《非〈国语〉》、《封建论》、《天说》、《天对》、《捕蛇者说》等名篇，并确立了山水游记作为独立文学体裁在中国文学史上的地位。

柳子庙原名“柳子厚祠堂”、“柳先生祠”、“柳司马庙”、“柳司马祠”、“柳侯祠”、“柳子祠”等。北宋至和三年（1056）始建于潇水东岸东山南麓华严岩学宫东侧。南宋绍兴十四年（1144）移建现址。明正德八年（1513）、嘉靖三十七年（1558）、清顺治十四年（1657）数度重修。同治年间修葺后改现名。现存建筑为光绪三年（1877）重建。旧时在附近柳宗元到过的地方还建有13座脚庙（小庙）。柳子庙主体建筑由前门、前殿、正殿和后院等组成，周以围墙。砖木结构，小青瓦屋面。庙前院墙高大，辟三门。正门青石额竖刻“柳子庙”三字，环以“五龙双狮”浮雕。石联集唐韩愈《荔子碑》句：“山水来归黄蕉丹荔；春秋报事福我寿民。”清杨翰书。东西门楣分题“清莹”、“秀澈”。门厅三间硬山弓墙，戏台居中，木结构楼阁式，三重檐歇山顶。楼额镌清何绍基书“山水绿”三字。底层架空，为正门进出通道。顶脊、檐角、檐柱间或堆塑云龙、鳌鱼，或雕饰麒麟、凤凰，横坊木雕寿星与八仙图，精巧华丽，巍峨庄严。楼坪前以13级石阶上达前殿，形成极好看台。前殿面阔三间，进深三间，悬“八愚千古”、“都是文章”等匾额；左右厢房各阔三间，低于前殿1.5米，外以通廊相连；硬山顶，每三间立封火山墙。前、正殿间架重檐歇山过亭。正殿面阔三间，进深四间，封火山墙，穿斗式构架，硬山顶，天花有六角藻井。前有轩廊，东西侧院原分设财神庙、柳子娘娘庙（不存）。正殿内供奉柳子汉白玉雕像，悬“文贯八家”匾，后墙书“利民”二字。后院正中建四方亭，三面回廊存历代碑刻10余方，著名的有《荔子碑》，明曹来旬《游愚溪碑》、《重修柳司马先生庙记碑》，严嵩《寻愚溪谒柳子庙诗碑》，刘养仕《重修柳司马祠记碑》，王泮《捕蛇歌碑》，清王日照《愚溪怀

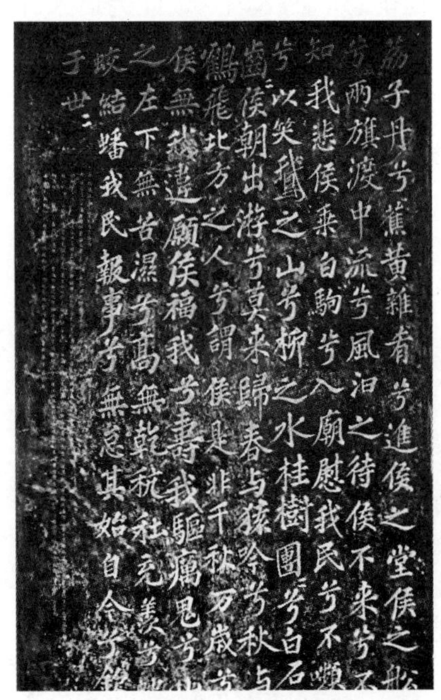

图下7-6　荔子碑　广西柳州市柳侯祠内宋刻原碑

古诗碑》等。庙前柳绿竹翠，拱桥横跨，幽静古雅，风光秀丽。每年农历七月十三、十月初五柳子生卒日，八方士民俱来顶礼膜拜，在此举行隆重的祭祀活动。

荔子碑即《罗池庙迎享送神诗碑》，嵌存于柳子庙后院碑廊正中，为韩愈撰文，苏轼书丹。碑为青石质，4 通，均高 1.2 米，宽 0.8 米。阴刻楷书，竖 10 行，291 字，内容为祭祀柳宗元吟唱的韵赋，颂扬柳子生平业绩。因碑文首句为“荔子丹兮蕉黄”，故名。又因文者、书者、被颂者均是“唐宋八大家”的文坛泰斗，俗称“三绝碑”。南宋嘉定十年（1217）首刻于柳州罗池庙。明万历二十四年（1596），永州司理刘克勤摹刻于永州柳子祠内。后遭兵毁。清顺治十六年（1659）重刻。后漫漶。现碑为同治七年（1868）永州知府廷桂摹刻并题跋。

贾谊庙，位于长沙市天心区太平街（古名“濯锦坊”、“太傅里”），为湖南省级文物保护单位，湖南省爱国主义教育基地。

贾谊（前 200—前 168 年）为西汉初年洛阳（今河南洛阳东）人。世称“贾生”、“贾长沙”。著名政论家、思想家、文学家。18 岁即有才名，年轻时由河南郡守吴公推荐，20 余岁被文帝召为博士。不到一年被提为太中大夫。23 岁时因遭群臣忌恨，于汉文帝三年（前 177）被贬为长沙王太傅。与屈原一样，贾谊虽遭贬谪，但心忧天下，最著名的《吊屈原赋》、《鵩鸟赋》两篇辞赋均作于长沙；散文如《过秦论》、《论积贮疏》、《陈政事疏》等都很有名。湖南因而有“屈（原）贾（谊）之乡”的美誉，又被称为“屈贾伤心之地”，千百年来，激励着湖南无数仁人志士的爱国奋进之心，成为湖南人精神传统的重要渊源之一。

贾谊庙，即贾谊故宅。史志记载最早见于晋《湘州记》、《湘水记》和南朝宋盛弘之《荆州记》。东晋咸康年间（335—342）改为陶侃庙。南朝刘宋时又复旧名。梁武帝大同九年（543），张缵任湘州刺史，“寻太傅之故宅，令筑室以安禅”，“修定祀于北郭”，“祀琼茅而沃酹”。考古发掘表明这一时期修葺甚多，且魏晋以后文人墨客前来凭吊、歌咏和官方修缮的记载不断见诸文献，成为江南最重要的一处人文胜地。明成化元年（1465），知府钱澍“募郡人以财赎其宅地为祠”，“诏以仲春秋祭”，设专户掌管，始成祠宅合一格局。万历八年（1580）增祀屈原，名“屈

图下 7-7 长沙贾谊庙

贾二先生祠”。清顺治、康熙、乾隆、嘉庆年间均予修葺。光绪元年(1875)大修，恢复万历前旧制。时门二重，堂二进（治安堂、正殿）。头门署“贾太傅祠”，二门题“贾太傅故宅”。祠右筑蔡周二公祠（祀明末蔡道宪、周二南）。祠左增建园林“清湘别墅”，内有怀忠书屋、忠雅楼（专祀屈原）、大观楼、小沧浪馆、佩秋亭、寻秋草堂等，叠石造池，曲栏回廊，环境古朴清幽。由门楼、贾太傅祠、太傅殿、寻秋草堂和贾谊井、古碑亭、碑廊等组成。院墙内西北角有一井，名“贾谊井”，又名“长怀井”、“太傅井”。北魏郦道元《水经注》载：“贾谊宅地中有一井，是谊所凿，极小而深，上敛下大，其状似壶。傍有一脚石床，才容一人坐，形（制甚古）。流俗相承云谊宿所坐床。又有大柑树，亦云谊所植也。”[11]现井上筑方亭，旁新植柑树一株。亭联镌唐杜甫诗句：“不见定王城旧处，长怀贾傅井依然。”原石床在 1958 年后不见下落。古碑亭内存清顺治《屈贾双祠序碑》、乾隆《重修贾谊故宅记碑》2 方。

第五节 恬静质朴的“苗疆边城”

凤凰古城　湘西“苗疆边墙”遗址　黄丝桥古城　舒家塘城堡遗址　老司城遗址　溪州铜柱

湘西是土家族、苗族等少数民族的传统聚居地，以其恬静安谧的乡土气息、厚实质朴的文化氛围、多彩多姿的少数民族风情、古香古色的传统民族建筑，吸引着众多的中外游客流连忘返。代表性的古迹遗址有如下数处。

凤凰古城，位于凤凰县沱江镇，为国家历史文化名城，国家4A级旅游景区。2006年1月列入首批向联合国教科文组织世界遗产中心申报的《中国世界文化遗产预备名单重设目录》。新西兰作家路易·艾黎称其与福建长汀为中国“两个美丽的小城”，素有“画乡”之誉。原名“黄茅坪”。唐代以来属“下五峒”，为“五溪苗蛮”的“熟苗”地。元代至元中（1264—1294）设五寨长官司，始在此筑五寨司城。明袭旧制，设五寨长官司和箪子坪长官司。明清之际，随着中央政府对西南边地少数民族地区的开发和民族社会矛盾的不断激化，这里的区位日显突出。明嘉靖三十三年（1554），为防备镇溪所、箪子坪两地“苗乱”，将原设驻麻阳县治（今锦和镇境内）的参将移至五寨司城，改称镇箪参将。嘉靖三十五年（1556）易土城为砖城。隆庆三年（1569）又在城西凤凰山（今落潮井乡境内）设凤凰营。清顺治八年（1651）裁镇箪营参将，改设镇箪协副将。康熙三十九年（1700）升协为镇。故五寨司城又称作镇箪五寨司城、镇箪城。康熙四十三年（1704）废土司，移辰沅靖道佥事驻镇箪，添设凤凰营通判等管理地方行政。五十四年（1715）改造城池，“修甃以石”。雍正四年（1726）改凤凰营吏目为巡检，与通判署同驻镇箪。雍正七年（1729），辰沅靖道改为辰永靖道（后又改为辰沅永靖道），道员驻镇箪。乾隆五十二年（1787）改凤凰营为凤凰厅（散厅），升通判为

图下7-8　凤凰古城

同知。嘉庆元年（1796）升为直隶厅。镇筸遂成为统辖“大湘西”二十余州、县（厅），辐射影响至湘鄂川黔边区的一个政治、军事、经济、文化中心。1913 年废厅，改名凤凰县。1942 年设沱江镇。

古城四周群山环抱，满目翠绿，清浅的沱江九曲回肠，从西向东穿城而过。江畔有形态嵯峨的丹霞地貌，青石台阶是旧时洗衣浣纱和船只停泊的码头。虹桥连跨三拱，似彩虹卧江，与虎啸滩新、老“跳岩”相映成趣。南岸古城楼、古城垣、吊脚楼群沿江排列，气派的龙凤鳌头，镂雕的花格亮窗，耸拔的封火砖墙，高高低低，鳞次栉比，构成一道迷人的风景线。江北沙湾背靠东山，庵馆寺庙、楼阁亭塔棋布，宁静安谧，素有“朗苑”之称。在古城区内，较完整地保留了明清时期形成的传统格局和历史风貌。一条条红砂石铺就的石板路光滑发亮，纵横交错，曲径通幽。古民居和特色吊脚楼沿街悬河铺陈，顺地势高低曲回，布局巧妙，风格多样。姜糖、米酒、扎染、蜡染、纸扎、玻璃吹画、印花布店、古玩字画、银饰作坊的各种招牌林立，货品琳琅满目。

古城为苗、土家、汉等民族杂居地，数百年来人文荟萃，英才辈出。原汁原味的楚巫文化，韵味独特的凤凰土话，别具一格的苗族服饰，苦辣咸酸的饮食习惯，原始戏剧活化石傩堂戏，地方风味十足的阳戏，散发着泥土清香的文茶灯，格调清新的各种民间工艺，边城恬静、质朴、野性的神韵，构成了凤凰独具特色的民族民俗风情，使古城成为人们心中“远去的家园，梦里的故乡”。

湘西“苗疆边墙”遗址，俗称“中国南方长城”、“湘西长城”，明代称“土墙”，清代“土墙”、“关墙”并用。系明清统治者为控制“黔楚苗疆”和推行民族隔离政策而建造的特殊军事设施，有着严疆界、巡逻、瞭望、堵截攻战之功能。缘于明永乐三年（1405）湖广都指挥佥事谢凤提出的“屯堡”之策。宣德年间（1426—1435），湘西、黔东苗民因干旱和饥荒举行起义，并以腊尔山（一作“腊耳山”）为据点和屏障。都督萧授统兵镇压，“筑二十四堡环其地，分兵以戍”。嘉靖苗民大起义失败后，总督张岳废湾溪等堡，改设 13 营哨，后增至 23 营哨。嘉靖三十三年（1554），原设麻阳的参将移驻五寨司城（今沱江镇），参将孙贤悉筑自五寨司奇梁隘至乾州哨望城坡止边墙七十里，立烽建营，为“苗疆边墙”兴建之始。后因“不缮修，倾颓殆尽”。万历四十三年（1615），湖广参政蔡复一动支公帑银四万三千余两，修筑王会营（今阿拉营镇黄合营村）至镇溪所（今吉首市乾州）边墙300余里。天启年间，辰沅兵备道副使胡一鸿委游击邓祖禹，复添筑镇溪所至喜鹊营（今吉首市马颈坳镇团结村）边墙60里，完成了对腊尔山“生苗”聚居区的半环封锁体系。崇祯年间，苗民一举将边墙推倒，湘西明长城随着明王朝的崩溃而告消失。清顺治、康熙年间，贵州铜仁府率先重启境内营汛的修筑。乾嘉苗民起义后，清廷起用凤凰厅同知傅鼐为总理边防同知，自嘉庆二年至五年（1797—1800）在今凤凰境内湾溪到四路口一带依山踞险，修筑墙濠百余里，并在所辖的凤凰、乾州、永绥三厅及古丈坪连保靖县境内构筑汛堡、屯卡、哨台、炮台、碉楼、关厢、关门等工事，总计1232座（其中凤凰厅835座），再度对以腊尔山为中心的“苗疆”进行严密的军事封锁。

湘西边墙呈南北走向，由一条高约3米、底宽约2米、顶端宽约1米的开放式墙及依据地形成“一”字、“品”字或梅花形排列的城堡、屯堡、碉楼、营汛、哨卡等组成。材料因地制宜，有土有石，或土石混合。据初步调查，现凤凰县境尚有各类遗存点591处，其中边墙墙体遗存85处（段），总计长度13185米。沱江镇凤凰古城、阿拉营镇化眉村亭子关、舒家塘、王坡屯、黄丝桥古城、都里乡营盘寨、廖家桥镇全石营、鸭堡洞、林峰乡黄罗寨村骆驼峰和麻阳县郭公坪乡抱木山、吉首市乾州古城、马颈坳镇喜鹊营、花垣县吉卫镇老卫城村崇山卫城故城、保靖县葫芦镇葫芦寨、印山台、枫香坡、木耳等地均保留有较为完整的景观。百里边墙遗址散落在崇山峻岭和田野村寨之间，时断时续，堡台孤耸，瓦砾满地，饱含着历史和岁月的无尽沧桑。

黄丝桥古城，位于凤凰县阿拉营镇黄丝桥村，为全国重点文物保护单位。始建于唐垂拱三年（687），为渭阳县县治。明隆庆三年（1569）在凤凰山（今落潮井乡境鸡公山）设凤凰营。清代雍正年间实行“改土归流”后，“添设凤凰营通判一员、吏目一员”，于是在渭阳县故城旧址筑石城，设衙署，称“新凤凰营”。咸丰九年（1859）为防太平军，进行维修加固，成为“苗疆边墙”的一大屯兵城堡。古城占地面积约29000平方米。平面呈长方形，南北长190米，东西宽153米。城墙周长686

米，高5.6米，宽2.9米，巡道宽2.4米，以青石砌筑，每块重约500—1000公斤。上有300座矮堞箭垛、2座炮台、1处瞭望台。古城开东、西、北三个城门，名“和育门”、“实城门”、“日光门”。门洞为券顶。三门上均建二层城楼，砖木结构，穿斗式构架，重檐歇山顶，覆小青瓦。城内以长街为中轴，小巷交织，旧时的石板街、衙门、老兵营、演武场遗址等尚存。

舒家塘城堡遗址，位于凤凰县阿拉营镇舒家塘村，居湘黔两省交界处双凤山，为苗疆边墙汛堡遗址，全国重点文物保护单位。原名“书架堂”、“书家堂”。据《杨氏族谱》记载，北宋皇祐年间，“飞山蛮”部落首领杨再思后人奉旨平“蛮”，在此安营扎寨，屯兵驻守，其后裔繁衍至今。明万历年间重新筑固堡门、堡墙及各种防御设施，至清代形成现有规模。城堡依山而建，平面略呈圆形，山下建兵营，山顶建连环屯，周围城墙围护，随地势曲折蜿蜒，极富变化。城墙总长1500余米，残高6—8米，宽2米，墙顶每隔3米开一瞭望口，内可行人跑马。墙体由大小不均的石块加石灰糯米浆垒砌，最重石块达750公斤。全城设东、南、北三个大门。东门规模最大，门分两进，上建楼阁，原用作驻兵日夜守护。堡内青石板铺就的巷道错落有致，连通上、中、下寨。巷道多作“丁”字形，呈间隔式循环，设计巧妙，仿若迷宫。房舍庭院深深，宽敞明亮，窗棂、槅扇雕饰寓言故事，工艺精美。现存的13座石门皆由整块条石建造。寨堡下东、南、西三面有山溪环绕，旧时与堡外48口水塘一道形成天然屏障。现寨前有古井和清光绪举人旗杆碣，附近茶树垴有练兵场遗址。

图下7-9　老司城遗址

老司城遗址，又名“福石城”，俗称“旧司城”、“司城”，位于猛洞河风景名胜区老司城景区，地处灵溪镇老司城村、博射坪村、上河村，是全国重点文物保护单位。唐天授二年（691）置溪州。五代后梁开平四年（910）彭瑊占据溪州，始为“彭氏世有”。北宋熙宁九年（1076），诏下溪州刺史彭师晏筑城，名“会溪城”。南宋绍兴五年（1135），彭福石迁州城于现址。清雍正五年（1727）“改土归流”后废。经过23代土司近600年的拓展营建，福石城成为古代土家族地区政治、经济、军事、文化的一个重要中心，同时也是西南少数民族地区最具典型的民族古文化遗存。

古城居于“万马归槽”的一个小盆地中，背靠三星山，前拱玉屏峰，东依太平山，牛路河（司河）由北向南环绕而过，虽无正式城垣，但设有东、南、西、北四门，环境据险又十分清幽。城内衙署区有金銮殿、密室通道、避暑御寒的凉洞与温洞、彭氏宗祠、贵族与官员的住所等，宏伟高大，金碧辉煌。市井区有正街、左街、右街、河街、鱼肚街、半坡街、武童街、紫禁街等8街9巷，卵石铺路，排列规范。方圆五里内原有大小道观、寺庙20余座，佛、道、巫教并存共荣。古城鼎盛时称“城内三千户，城外八百家”，并被赞为“巍巍乎五溪之巨镇，郁郁乎百里之边城”。现存遗址以老司城为中心，分布在东西宽约2公里、南北长约20公里的牛路河流域一带。核心区面积约2平方公里，由衙署区、居住区、墓葬区、祭祀区等四大区域组成。主要遗迹有老司城宫殿区清理出的一处完整的明代建筑遗址，墙体、地面、火塘、卵石路面、排水设施均保存良好。区内另有福石山、绣屏山、美女梳头、自生桥、土司王钓鱼台岩等景点。2010年10月，国家文物局公布“老司城考古遗址公园”为首批国家考古遗址公园立项。

溪州铜柱，古称“铜柱铭”，现存于王村古镇湘西民俗风光馆，为全国重点文物保护单位。五代后晋天福五年（940）由楚王马希范铸立。北宋天禧元年（1017）重立。铜柱高约4米（入地约2米），上半部呈八方形，边长0.17米；下半部呈圆形，直径0.39米，中空，上覆铜顶，内实钜钱，重约2.5吨（清代中叶铜顶被盗，钱亦被人掏尽）。柱上阴刻《复溪州铜柱记》，竖41行，约2000余字。内容为马希范在“溪州之战”中击败溪州刺史彭士愁的经过，以及彭臣服归顺后双方订立的罢兵盟誓。铜柱在中国古代常作划分疆界的标志。此柱被誉为中国第一部形物化的民族区域自治法典，是研究中国民族历史和民族关系的重要实物史料，也是湘西历史的见证和探索湘西冶炼业的重要物证。铜柱原立于酉水河岸会溪坪野鸡坨。清光绪十一年（1885）建亭保护。民国年间亭毁。因酉水下游修建凤滩水电站，铜柱处于水库淹没区，1971 年迁至王村镇（今芙蓉镇）花果山，重筑亭。1990 年 4 月移入现址。

第六节 旧貌依然的名村古镇

上甘棠村古建筑群 高椅村古建筑群 张谷英村古建筑群 芋头侗寨古建筑群 王村古镇 靖港古镇 里耶古城

湖南的古镇名村非常之多，至今仍保留着原生态形式的，往往是那些地处偏僻、较少受到近代以降商品经济浪潮冲击的村。许多已经被列入国家级或省级的文物保护单位，被评为中国历史文化名镇名村。旧貌依然并各具地域民族特色的名村古镇建筑群有如下数处。

上甘棠村古建筑群，是明清时期的民居建筑群，位于江永县夏层铺镇上甘棠村。为中国历史文化名村，全国重点文物保护单位。

据史志和周氏族谱记载，自西汉元鼎六年（前 111）设谢沐县至隋开皇九年（589）并谢沐、营浦为永阳县，前后 700 年，上甘棠村所在地一直为县治所在地。隋末唐初，原籍山东青州的周氏先祖自湖广襄阳再迁营道（今宁远）大阳洞。唐大和二年（828），周氏第五世、高州刺史周如锡第十五子周弘本移居于此，建房立宅，取名“甘棠”，世代繁衍，延续到今。

图下 7-10 上甘棠村古建筑群

村落呈半月形，坐东朝西，背倚屏峰山脉，栖凤山、昂山分立南北，前以龟山当近案，以西山当远案。沐水纳谢水于村北，似玉带缠绕村前，向西南注入桃水。南北村口设置栅门，村后掘石壕，河岸石砌防洪墙，石桥、凉亭、宗坊、庙宇、祠堂、店铺等点缀其中，形成山水相夹的城池格局。永（明）恭（城）古驿道青石幽幽，穿村而过，旧为湘南通往粤桂的交通要道。路两边建有铺店，明、清时期，这里是农村集市贸易中心，至今还有浓厚的集贸商贾气息，昔日酒肆之店迹犹存，游人到此自然会联想到杜牧的“水村山廓酒旗风”的诗句。村中有200多栋明清和民国时期古民居，依自然山水之势梯次排列，中轴对称，纵深布局，青石巷道相通，构成“九家门楼十家村”，规划严谨有序。民居多为二三层砖木结构楼房，各户以天井组合形成住宅单元，灰墙黛瓦，鳞次栉比，层次分明。宽阔气派的大门、巍峨壮观的马头墙与门楼、梁枋、窗棂、槅扇、栏杆、廊桥、柱础、石墩等木石构件上的彩绘、雕饰交相辉映，各呈异彩。门户、院落宅壁依稀可见“爱敬堂”、“翰里故”、“厚德祥”、“是吾家”、“植桂培兰”、“海阔天空”、“尚行”、“尚上”、“光风”等题额，隐显着昔日的辉煌和“耕读文化”传统。古村历经千年风雨，村名、位置、居住家族始终不变，基本保存了唐宋时期的坊里制度，表明农耕社会里的血缘村落是一个独立完整的生活圈或文化圈，是保持着社会各项特征的最小的单元，为学者从普通自然人与社会人的角度研究历史提供了一个完整的组织细胞。

步瀛桥又名“度仙桥”，位于上甘棠村西南沐水之上。半圆拱联拱石桥。建于北宋靖康元年（1126）。南宋绍兴五年（1135）、元至元二年（1336）、明成化四年（1468）及清乾隆年间均有修缮。因朝上游方向的部分桥面、桥墩被洪水损毁，成为半边桥。桥长27米，宽4.5米，三孔等跨，跨度9.5米。拱净高原8米，因河床抬高，现为5米。造型小巧别致，古朴典雅，与桥旁文昌阁的庄重高耸互为衬托，构景成图，相映成趣。

月陂亭，位于上甘棠村西南古驿道旁，东临沐水和步瀛桥。巨岩悬空，自成天然石凉亭，为过往行人歇息佳处。石壁长20余米，上存唐至清代摩崖石刻24通（唐碑1通、宋碑6通、元碑1通、明碑10通、清碑3通，余3通因字迹漫漶而年代不详）。其中有唐周如锡诗碑、《颂彭公平瑶功德歌碑》、《先贤嘉言事亲碑》、《步瀛桥记碑》、《甘棠八景诗碑》和“忠孝廉节”、“月陂亭”等题刻。书体有楷、行、隶、草等。内容主要为历代各项建设纪事、劝谕警示文和讴歌当地风光的诗文等，是周氏家族绵延千年历史的宝贵记录，对于研究宋元明清时期的乡村历史、民俗，尤其是本地的历史、文化和宗教具有重要的参考价值。“忠孝廉节”四字相传系南宋邑人周德源知临安府（今杭州）时由文天祥书赠，清乾隆二十八年（1763）永明县知县令人镌刻于此。每字宽1.3米，高1.8米，遒劲壮观，引人注目。

寿萱亭，位于上甘棠村西南，为路亭。清光绪三十三年（1907）邑人周际隆为其庶母陈氏诰封、胞嫂何氏赐封“宜人”而建。亭长10米，宽8米，高4.7米，石木结构，抬梁式构架，硬山顶，覆小青瓦。两面山墙作牌坊式，对开券门。亭内墙壁嵌青石碑2通，均高2米，宽0.7米，厚0.2米。一为神道碑，一为《慈悲佛母他字歌》碑。后者俗称“八十一个他字歌”，楷书，叙述为人处世之哲理，尚未在存世的文献中见到过，可能是古代当地乡儒所编撰，为研究中国传统乡土社会民间教育思想与习俗的宝贵资料。

寿隆桥位于上甘棠村东北隅，青石平桥，始建于北宋，明成化八年（1472）重修。桥长约30米，宽约1米。九墩十孔，由单面平梁和双面平梁两部分组成，南北横跨沐水。单面平梁有五个双石柱桥墩，均由子母榫上下、左右拼拢围砌，形似八字形板凳腿，上以单面青石压合。双面平梁有四个桥墩，方形青石堆砌，每段以双条青石压面。该桥系湖南仅见的一座采用木建筑常用的榫卯结构来建造的石桥，在中国南方地区实属罕见。

高椅村古建筑群，为明清时期民居建筑群，位于会同县高椅乡高一、高二村，居巫水西北岸台地上。为中国历史文化名村，全国重点文物保护单位。

高椅村原名“渡轮田”。现存明洪武十三年（1380）至清光绪七年（1881）间所建民居104栋，总建筑面积19415平方米。呈梅花状布局，以五通庙为中心点，不疏不密、自然丛簇成五个自然村落。西面俗称“老屋街”，主要为明代早期建筑；北面俗称“坎脚”，主要为明代晚期建筑；东面俗称“大屋巷”，主要为清前期建筑；南面俗称“田段”及“上下寨”，主要为清中晚期建筑。各院落均为典型的窨子屋，坐北朝南。房屋一般为穿斗式木构二层楼房，两侧砖砌封火山墙，三合土地面，白墙黑瓦，巍峨高耸。房屋建筑注重细部装饰，照壁、墙头和门窗、栏杆、梁柱等石木构件或绘或雕，内容为民间常见的吉祥富贵图案，色彩斑斓，工艺精湛。青石巷道依地形纵横交错，连通各户，与相对封闭的庭院组成“八卦阵式”，防风、防火、防盗功能兼备，幽深静谧，恍若迷宫。全村居民大多姓杨，侗族。

据《杨氏族谱》记载，元至大四年（1311），杨盛隆、杨盛榜兄弟落居此地，开创基业。高椅杨氏自称为东汉名臣杨震的后裔，常以“关西世家”自居。村中庭院大门上多留有“关西门第”、“清白家声”、“清白堂”、“四知堂”、“耕读传家”等匾额，楹联题咏不计其数，表现出浓厚的儒家文化和农耕文化传统。古村三面环山，水绕前方，宛如一把稳当的“太师椅”。南来的巫水蜿蜒到山堂山脚，兀地一“弓”，弯成一张巨大的“牛轭”，银光闪闪地摆在一块平阳地前。意喻“读书”、“耕田”，构成极好的风水闭合。高椅以杨公为河神，演唱傩戏“杠菩萨”的历史已有数百年。2006 年 6 月，该项目以戏剧类被列入首批省级非物质文化遗产名录。

张谷英村古建筑群，为明初至清中叶时期民居建筑群，位于岳阳县张谷英镇（原渭洞乡）张谷英村。为中国历史文化名村，全国重点文物保护单位。

该村又名“张谷英大屋”，由当大门、王家塅、上新屋等主宅组成，自东南向西北纵横铺陈。建筑结构以木为主，青砖花岗岩为辅，门庭严谨，高墙耸立，青瓦鳞栉，石刻木雕，质朴无华，呈现出明清古庄园风格。屋场内有 1 个礼堂、10 间教室、206 个天井、237 个厅堂、1484 间民房，大小房屋总计 1732 间，建筑面积 35950 平方米。

据张氏族谱载，明洪武年间，世祖张谷英“由吴入楚”，避兵罹于渭洞。又传张谷英系元末农民起义军领袖张士诚之子。万历年间，第八代孙张思南始在现址营造住宅，首建当大门、西头岸。明末清初续建东头岸、铺门口、石大门。清乾隆、嘉庆年间又陆续增建王家塅、上新屋等。历时百余年，相继建成 12 个门头，并以“张谷英”名传世。屋场居幕阜山余脉大峰尖、旭峰尖、笔架尖三峰环绕的盆地中。因地处山根隐蔽，几百年来避过兵火之劫，现存完整的建筑为当大门等三片。当大门建筑群居龙头山前，整体状如一把打开的折扇，有大小堂屋、天井各 24 个，房屋 422 间，建筑面积 9200 平方米。主宅前“当大门”存明代花岗岩石凿成的大门门框。门顶雕饰太极图，寓意天地一体，富贵绵长。大门门联书“耕读继世；孝友传家”。大门后坪内 2 口石砌池塘名烟火塘，传系龙眼，分列左右，既防烟火，又壮瞻观。二大门内五井五进，高堂深巷，形似迷宫。王家塅建筑群地处龙头山西侧。大门后坪 2 口水塘内植荷花。房屋为三井四进，加东西横堂，共有天井 24 个、房屋 468 间，建筑面积 9474 平方米。上新屋建筑群在龙头山尾。六进七井八横堂，有房屋 172 间，建筑面积 7560 平方米。大屋各片均呈“丰”字形平面布局，中轴线一般由四至六进堂屋组成，两边并列伸出二至四道横向的分支，规格不等，每一分支又由三至四进堂屋组成，各个单元自成庭院，各个庭院贯为一体。一般每一分支的一组堂屋即为家族的一支居住，而一组堂屋中的每一间堂屋及两边的厢房即为一个家庭所居。各进堂屋之间由天井和屏门隔开，堂屋两边为厢房。堂屋中轴天井处设精美的木质屏风，在若干进长的中轴线上形成序列空间的分割。砌墙的青砖经打磨后平整光滑，灰缝整齐细密。梁枋上花纹雕饰，屏门挂落，窗棂屏格间饰有龙凤走兽等图案，情趣盎然。柱下均有雕刻精致的花岗石柱础，有的还垫有木櫍。每片房屋和每组堂屋之间均有巷道。屋场 62 条巷道总长 1459 米，最长巷道 74 米，直通 10 个高堂。巷道幽深，纵横交织，既是不同建筑单元的分割线，又兼具通风、防火、交通三大功能。由于大片房屋相连，采光和排水全靠天井，因而天井在此起着极重要的作用，不仅堂屋之间有天井，厢房、厨房等处亦均有天井。厕所、畜圈则择边隅设置，使用方便卫生。屋场的这种空间布局形式和建筑风格，既包含了中国古代哲理的象数观念，又寓意着家族紧紧相连的血脉关系与和谐统一，体现了中国古建筑独特的审美功能，具有较高的历史、人文、艺术与科学价值。

芋头侗寨古建筑群，位于通道侗族自治县双江镇芋头村。为全国重点文物保护单位。

村寨地居一条西东走向的丝瓜形长谷，四面环山，一弯溪水自谷底蜿蜒流出。溪岸一山巍峨而立，状若芋头，名“芋头界”，寨、溪因此而名。明洪武年间始建寨。嘉靖三年（1524）户增人旺，建筑规模扩大，形成村落。清顺治年间遭火灾，复建后以芋头溪为轴线，向两侧冲岔布置民居，逐渐形成 7 个聚居点。属典型的山地沟谷侗寨。村寨因山就势，采用山脊型和山谷型两种建筑模式布局。现存建筑大部分建于清代中晚期，共有鼓楼 4 座，风雨桥 3 座，门楼 1 座，古井 2 口，萨岁坛 2 个，古墓葬群 6 处，民居楼屋 78 幢。其中有建于清乾隆四十二年（1777）的寨脚桥和龙氏鼓楼、牙上鼓楼，嘉庆五年（1800）的中步花桥和塘坪桥。建筑一般为木构，壁面装档均采用传统的开槽密槛的工艺作法，结构造型因功用而异，呈现出多姿多彩的侗民族风格。民居以干栏式为多，依山则用半干栏式的吊脚楼，以适应南方山区气候湿润、多蚊虫的特点。屋顶悬山式，施小青瓦或覆盖杉皮。始建于明万历年间的驿道全部用青石板铺垫，长 1.6 公里，宽 1 米，高低弯曲，通达各门各户。数百年来，村民谨守本民族生活习俗，将建筑、服饰、民俗风情等人为创造与自然风光结成天、地、人三位一体，体现出天人合一的侗家才智，汇成一部全面反映侗族民族史、建筑史和民俗史的生动历史教科书，具有很高的历史人文及艺术价值。

王村古镇，位于猛洞河风景名胜区王村景区，为中国历史文化名镇。

传说西汉初王村古镇曾为武陵郡酉阳县治。清雍正七年（1729）“改土归流”，置王村巡司。雍正九年（1731），猛洞河“开浚，通舟楫”，王村借酉水之便，“上达川黔，下通辰常，为水陆要津”，逐发展为湘鄂川（渝）黔四地重要的物资集散地和武陵山中著名的商埠，与浦市、里耶、茶峒并列为湘西四大名镇。

古镇依山面水而建，地势自东北向西南倾斜，两侧山高坡陡，中间为带状形峡谷，蜿蜒 3.5 公里，犹如“青龙戏水”。青石板铺砌的五里长街从江边顺坡而上，狭窄迂回，直贯山腰，形成奇特别致的“天街”。来自东北的泽木溪在街东突然失去河床的依托，层层跌落，飞入酉水。街道两旁庭院深深，店铺拾级相递，粉墙黛瓦，檐牙高啄，古色古香。各种各样的风味小吃和竹器、土家织锦等土特名产琳琅满目。江岸吊脚楼高高挺立，鳞次栉比，参差错落，别具韵味。石板街尽头的码头古称王村渡，是酉水流域仅次于保靖迁陵、龙山里耶的第三大码头。由此泛舟酉水平湖（凤滩水库），东可见王村特大桥、武陵峡等若干景观。

靖港古镇，位于望城区靖港镇芦江社区，居沩水入湘江故道口。为中国历史文化名镇。

靖港总面积 0.76 平方公里。原名“芦江”，又称“沩港”。因地扼湘江逆上长沙之要冲，昔为天然良港，又是历代兵家必争之地。清雍正《湖广通志》载：“靖港在县西北五十里。《明一统志》：李靖讨萧铣驻兵于此。”⑫为纪念李靖，后改现名。清咸丰四年（1854），太平军在此大败湘军水师。清末民初，随着航运业的日趋发达，洞庭湖区的湘阴、益阳、宁乡及本地粮食土产多在此集散，靖港遂成为湖南四大米市之一和省内淮盐主要经销口岸。一时商贾云集，帆影不绝，古镇餐饮、娱乐业各具特色，民间艺术丰富多彩，油纸伞、圆木、剪纸、布鞋、纸风筝、香干、“八大碗”等远近闻名，有“小汉口”之美誉。后因兵、火、水灾频生，逐渐衰落沉寂。

里耶古城，位于龙山县里耶镇。为中国历史文化名镇，全国特色景观旅游名镇。

图下 7-11 里耶古城

“里耶”在土家语中意为“拖犁耕地”。古镇居里耶盆地北侧和湘、渝两省（市）交界处，西靠八面山，东南隔水与保靖县清水坪（历史上统称“里耶”）相望，地势西高东低。酉水西来，至此划出一道弧线，在镇北接纳长潭河后悠然东去，波澜不惊。河道两岸有官山堡旧石器时代文化遗址、溪口新石器时代文化遗址、里耶战国秦汉古城遗址、魏家寨汉代古城遗址、大板汉代古城遗址和分布在麦茶、清水坪、大板的战国至东汉时期古墓葬704座，彰示着酉水流域一段久已消失的辉煌文化。清雍正七年（1729）“改土归流”，置里耶巡司，业已形成的墟场贸易逐步发展为湘川（渝）边区重要的物资集散地和武陵山中著名的商埠，与茶峒、浦市、王村并列为湘西四大名镇，人称“金里耶”、“小南京”。时古镇由后街（今里耶）、前街（清水坪）和上、中、下及落洞湾等码头组成，北岸（后街）有青石板铺成的中孚街、稻香街、辟疆街、万寿街、江西街、四川街和德油巷等七街十巷。今老街巷区保留有910栋清代和民国时期古建筑，三合土泥鳅背街面，每条街道都可直通河码头，两侧转角楼、窨子屋、四水屋比比皆是，极富土家民族特色。房舍庭院深深，造型巧妙，沿街望去，屋檐高挑，百物杂陈，铺台货柜，琳琅满目。每逢农历每月一、六墟场，街头巷尾人来人往，熙熙攘攘，南腔北调的叫卖声与浓浓乡音交织在一起，构成了古城商通四海的热闹景象。

2002年，在里耶古城遗址中发掘出37000余枚秦简牍。这是继西安秦兵马俑之后秦代考古的又一里程碑式的重大发现，被誉为“进入21世纪以来中国考古学上最为重要的发现”。古城遗址为全国重点文物保护单位。

第七节　别具一格的民族建筑——侗寨的风雨桥与鼓楼

通道坪坦河风雨桥群　马田等地侗寨的鼓楼

侗寨即侗族村落，大多就其地形依山傍水而建，整体布局在大致分为平坝型、山麓型、山脊型和山谷型种。侗寨一般由风雨桥、鼓楼、凉亭、寨门、吊脚楼、井亭、晾天架及萨殿等组成。其中最为重要、最具特色的是风雨桥和鼓楼，前者横卧溪河，是侗乡的重要交通设施，也是侗民祈福护寨的精神寄托；后者是村民集会、娱乐、议事的重要场所。

坪坦河风雨桥群为通道侗族自治县坪坦乡侗寨多座风雨桥的统称，包括有永定桥、回福桥、永福桥、中步二桥、中步头桥、观月桥等，2006年被批准为全国重点文物保护单位。

永定桥，位于通道侗族自治县坪坦乡高团村西北。该桥为石墩木廊风雨桥。始建于清嘉庆十年（1805）。清光绪三十二年（1906）、1936 年重修。1968 年维修。桥长 26.4 米，面宽 3.55 米，南北横亘坪坦河西源小溪。单孔，叠梁式结构，净跨 15.3 米。桥廊 11 间，重檐悬山顶，白色檐口，小青瓦屋面。脊饰“双龙抢宝”堆塑，脊角高翘。北门直通大路，南门随地形石砌台阶。

回福桥，位于通道侗族自治县坪坦乡高楼村东，居对门山与茶油山交口处。该桥为石墩木廊风雨桥。始建于清道光二十年（1840）。同治九年（1870）、1946 年重修。1984 年大修。桥长 42.5 米，面宽 3.86 米，东西横跨坪坦河西源小溪。桥面距枯水位 4.8 米。三墩两孔，叠梁式结构。桥廊 18 间，四坡顶。桥中部建攒尖顶亭，五叠四层，下层四坡，上三层六角，顶置复钵、宝瓶、青鸟。鸟嘴含簧片，迎风可鸣。两端桥亭为重檐歇山顶，白色檐口，小青瓦屋面，脊、檐角高翘。桥亭之间的廊屋脊上各置有“双龙抢宝”堆塑。桥廊北面装修齐檐板壁，悬挂人物故事图画；南面为通长直棂窗；两边置长木板凳。中亭内设神龛，供奉关羽画像。

永福桥，位于通道侗族自治县坪坦乡高上村北。该桥为石墩木廊风雨桥。始建于清乾隆五十年（1785）。嘉庆十年（1805）重修。道光十五年（1835）、同治三年（1864）、光绪二十年（1894）维修。1936 年大修。桥长 19.32 米，面宽 3.8 米，自西北向东南横跨坪坦河西源小溪。桥面距枯水位 4.6 米。单孔，叠梁式结构，净跨 16.2 米。桥廊 11 间，重檐悬山顶，顶中部加小双坡檐，中置宝瓶。东端方亭二层，三重檐歇山顶，顶檐下施如意斗拱，二楼围栏板下设披檐。白色檐口，小青瓦屋面，脊、檐角高翘。桥西门随地形石砌台阶。

中步二桥，又名“中步人畜分道桥”，位于通道侗族自治县陇城镇中步村北村口。该桥为石墩木廊风雨桥。始建于清嘉庆二年（1797）。后圮于水。1921 年重建。桥长 14.2 米，面宽 5.35 米，南北横亘坪坦河东源小溪。单孔，叠梁式结构。桥廊五间，重檐悬山顶，小青瓦屋面，脊角高翘。桥廊辟有人行道和牲畜行道，中以木栅栏隔开。人行道宽 4.01 米，东侧牲畜行道宽 1.34 米。

中步头桥，又名“济众桥”，位于通道侗族自治县陇城镇中步村北，南距中步二桥 160 米。该桥为石墩木廊风雨桥。始建于清咸丰二年（1852）。光绪二十年（1894）重建。1923 年大修。桥长 28 米，面宽 3.52 米，南北横亘坪坦河东源小溪。单孔，叠梁式结构。桥廊 10 间，重檐悬山顶，小青瓦屋面，脊角高翘。北端有悬山顶桥亭，檐口重叠于桥廊屋顶之上。

观月桥，位于通道侗族自治县陇城镇路塘村西北。该桥为石墩木廊风雨桥。始建于清乾隆二十年（1755）。1921 年重修。1985 年大修。桥长 24.1 米，面宽 5.38 米，南北横亘坪坦河东源小溪。一墩两孔，叠梁式结构。桥廊为四坡顶。桥中部建攒尖顶亭，屋面六叠四层，下二层四坡，上二层六角，顶置复钵、宝瓶。两端方亭为三重檐歇山顶。白色檐口，小青瓦屋面，脊、檐角高翘。

被列为全国和省级文物保护单位的侗寨鼓楼有马田鼓楼、横岭鼓楼和阳烂鼓楼等。

马田鼓楼，原名“田心寨鼓楼”。位于通道侗族自治县坪阳乡马田村。为全国重点文物保护单位。始建于清顺治年间（1644—1661）。咸丰三年（1853）重建。原为正方形，三重檐。1948 年重修，改为九重檐。1978 年于左右两侧增建辅楼。2002 年维修。干栏式建筑，二层，南北宽 19.2 米，东西深 12.5 米，通高 18.72 米。木结构，穿斗抬梁式混合构架。底层设火塘，四周置木凳。二楼正中西面系活动板壁，可兼作戏台。辅楼南北对称，为歇山顶式。中为九重塔式密檐，下宽上窄，层叠而上。第一至八层为四角形，第九层为八角攒尖葫芦顶。白色檐口，小青瓦屋面。楼内挑枋、柱、瓜拱，形式各异，分布参差，错落有致。梁枋及外部封檐板上彩绘花卉、鸟虫图案，线条明快，色彩艳丽。翘角上分别饰飞龙、麒

图下 7-12　马田侗族鼓楼

麟、凤凰、孔雀、鳌鱼、雄狮、奔鹿等泥塑，神态各异，栩栩如生。

横岭鼓楼，位于通道侗族自治县坪坦乡横岭村南，前临坪坦河。为省级文物保护单位。俗称“河边鼓楼”。坐东北朝西南，由鼓楼和楼前寨门Ⅰ号（右）、寨门Ⅱ号（左）组成，建筑面积360平方米。木结构，白色檐口，小青瓦屋面，屋脊、檐角高翘。鼓楼建于清咸丰五年（1855），Ⅰ号寨门建于同治三年（1864），Ⅱ号寨门建于光绪九年（1883）。三十一年（1905）、1931、1953、1983、1992年维修。Ⅰ、Ⅱ号寨门西东平行，平面略成弧形，均为重檐庑殿顶，顶檐下施如意斗拱。底层架空通道是进寨的入口，恰好形成寨门；二层廊、二檐相接，装修齐胸栏板，上通敞，下设披檐，使两座门楼融会贯通，形如廊桥，浑然一体。鼓楼建在一个石砌高台上，高8米，方形，重檐歇山顶。楼前与Ⅰ号寨门以二檐相交，檐下用排水天沟连接，形成稍呈弧线的建筑整体，具有鲜明的本土特色和民族建筑风格。附近有南岳宫、圣母庙和款场坪，西南有风雨桥横跨河面。

阳烂鼓楼，位于通道侗族自治县坪坦乡阳烂村西村口。为省级文物保护单位。门阙式鼓楼，左临小溪，下有石阶导入溪中，前有石桥横跨。始建于清乾隆五十二年（1787）。自道光二十年（1840）后经常予以维修。由门楼、主楼、后楼组成。木结构，白色檐口，小青瓦屋面，脊、檐角高翘。门楼为二阙重檐式，庑殿顶，檐下施如意斗拱，主柱均用穿枋与主楼檐柱连接成一个整体。主楼通高8.2米，内部两层，通柱，抬梁式构架，三重檐歇山顶。后楼底层架空，二层开敞，周置“美人靠”，右以连廊与主楼二层相通，屋顶则用大、小两个悬山相叠作法。三楼屋顶式样各异又连成一体，前呼后应，典雅端庄。

第八节　传统乡土社会活化石的汝城古祠堂建筑群

李氏宗祠　卢氏家庙　叶氏家庙　周氏宗祠　太保第　绣衣坊　八角楼　文塔

在以血缘宗法关系维系的自家庭、家族乃至整个传统社会国家和谐稳定的古代中国，作为氏族活动中心的家祠家庙，十分普遍。但像湖南汝城那样一个多民族居住的偏邑山县，只有36万人口，却至今还保留着始建于宋元、兴盛于明清的710余座大小不一、风格各异的古祠堂，其中部分还与其中辅助建筑一道构成了建筑群，却不多见。这些华丽、庄严、古朴的古祠堂，与当地相辅相成的牌坊、书院、文塔、义井等一道，是中国古代传统乡土社会的文化、建筑、民俗、宗法、迁徙等的历史见证及活化石。

李氏宗祠，位于汝城县土桥镇土桥村广安所。为省级文物保护单位“汝城祠堂群”的代表性祠堂之一。所在的土桥村为省级历史文化名村。明洪武二十九年（1396），陈友谅余部钟均道等倡乱桂邑，骠骑将军李兴（湖北襄阳府人）奉调剪除。三十年置广安所，设“千户”，钦赠铁券，敕令李兴“永镇兹土，子孙袭之”。正统二年（1437）敕封“元勋第”。至五世李安，有文德，多善政，又赠“文武世家”匾额。该宗祠始建于永乐二十二年（1424）。乾隆、嘉庆、道光、光绪、民国及2007年先后六次维修。坐北朝南偏东。三进，由前厅（门楼）、中厅（元勋第）、后厅（世美堂）和厨房等组成，建筑面积364平方米。砖木结构，面阔三间，抬梁式构架，封火山墙，小青瓦硬山顶。前厅前出廊，廊顶施卷棚，二柱歇山顶木构牌坊式门楼，横额楷书“李氏宗祠”四字，额下鸿门梁镂雕双龙戏珠。大门悬“钦赠铁券”竖匾，门神彩绘，高大威武。祠堂墙壁上镶嵌有17块碑记，另存石雕“圣旨”碑等。附近有八角楼、何氏宗祠、虞公祠堂、辅公祠堂、登贤坊，土桥庙（文昌阁）、惜字亭、文明塔、何其朗家宅、何作霖故居等景点。

卢氏家庙，又名“叙伦堂”、“南楚名家”。相传因宋太宗赐卢氏先人诗中有“楚国之南皆名家”句得名。位于汝城县土桥镇金山村。为省级文物保护单位“汝城祠堂群”的代表性祠堂之一。所在金山村为省级历史文化名村。卢氏家庙始建于明万历三十三年（1605）。清道光、光绪朝，以及民国年间均有修葺。坐西南朝东北。三进，由前厅（门楼）、中厅、后厅等组成，建筑面积366.8平方米。砖木结构，面阔三间，抬梁式构架，封火山墙，小青瓦硬山顶。前厅前出廊，廊顶施卷棚，二柱庑殿顶木构牌坊式门楼，檐下施七层如意斗拱。横额阳刻“南楚名家”四字，额上饰木雕寿星、八仙，额下鸿门梁镂雕双龙戏珠。柱联书“君峰右列锦屏近；源水中环玉带长”。正门悬“解元”匾额。后厅神龛为刻有“寿”字的五对槅扇，上悬“叙伦堂”三字匾。门楼前有八角形池塘。附近有李氏家庙（陇西堂）等景点。

叶氏家庙，又名“敦本堂”。位于汝城县土桥镇金山村，居卢氏家庙东北。为省级文物保护单位“汝城祠堂群”的代表性祠堂之一。所在金山村为省级历史文化名村。家庙始建于明弘治元年（1488）。清乾隆二十四年（1759）、道光元年（1821）、宣统三年（1911），1928 年四次维修。坐西朝东。三进，由大门、前厅、后厅（享堂）组成，建筑面积 178 平方米。砖木结构，封火山墙，硬山顶，覆小青瓦。大门前出廊，鸿门梁三层镂雕双龙戏珠，龙身腾跃，云卷波涌，堪称湘南雕刻艺术中的精品。享堂神龛为五对槅扇，上刻字体各异的 50 个“寿”字，工艺精湛。庙右前方设朝门，周环以青砖青瓦民宅。朝门前有明塘。塘岸置旗杆碣一对，上刻“大清乾隆丁未科（1787）翰林院叶有声立”等字样。

朱氏祠堂，位于汝城县城郊乡津江村学堂下，前临津江。卢阳朱氏源于安徽砀山，传为唐末朱诚后裔。朱诚以授徒为业，被尊为“五经先生”。祠堂始建于明嘉靖三十六年（1557），原名“朱氏家庙”。清康熙五十七年（1718）重修。乾隆五十六年（1791）、道光二十九年（1849）、光绪十五年（1889）、1943 年、1994 年维修。坐西朝东。三进，由前厅（门楼）、中厅、后厅（享堂）等组成。砖木结构，面阔三间，抬梁式构架，封火山墙，小青瓦硬山顶。前厅居东头北向，前出廊，二柱庑殿顶木构牌坊式门楼，檐下施九层如意斗拱，横额阳刻“朱氏祠堂”四字。额上饰木雕寿星、八仙等，额下鸿门梁镂雕双龙戏珠。正门门额墨书“五经世第”。中厅挂“敬教劝学”匾，厅前照壁做成六柱五楼牌坊式（棂星门）。

周氏宗祠，又名“宝善堂”、“诏旌第”。位于汝城县永丰乡先锋村。南宋庆元年间（1195—1200），先锋周氏始祖自江西永丰卜居于此。宗祠所在地先锋村为省级历史文化名村。宗祠始建于清康熙初年。乾隆四十年（1775）、嘉庆二十四年（1819）、光绪二十三年（1897）、1937 年四次大修。坐北朝南。三进，由前厅（门楼）、中厅、后厅（享堂）和厢房等组成。面阔五间，砖木结构，封火山墙，硬山顶，覆小青瓦。前厅前出廊，二柱庑殿顶木构牌坊式门楼，檐下施九层如意斗拱。横额阳刻“诏旌第”三字，额上饰木雕八仙，额下鸿门梁镂雕双龙戏珠。祠内藻井、雀替等处雕饰莲花图案，象征其尊奉北宋理学家周敦颐为先祖。楼前有明塘，后有秀溪流贯。附近有周氏家庙（序伦堂）、永宁寺、花木桥水库、东岩等景点。

太保第，位于汝城县外沙乡外沙村。为省级文物保护单位“汝城祠堂群”的代表性祠堂之一。原名“朱氏家庙”，为纪念明代著名监察官员、太子太保朱英改现名。所在地外沙村为省级历史文化名村。太保第建于明嘉靖元年（1522）。清乾隆、同治年间两次修葺。1989 至 1991 年维修。三进，由前厅（门楼）、中厅、后厅（享堂）等组成，建筑面积 336 平方米。砖木结构，面阔三间，抬梁式构架，封火山墙，小青瓦硬山顶。前厅前出廊，二柱歇山顶木构牌坊式门楼，横额阳刻“太保第”三字，额下鸿门梁镂雕双龙戏珠。楼前地坪宽阔。中厅内悬明代著名学者陈献章、清代名臣张廷玉手书“世臣故家”、“柱石名家”等匾额。附近有竹园书屋旧址、朱良才故居、惠德桥、福主庙、白石书院、太保墓等景点。

绣衣坊，位于汝城县城郊乡益道村，居寿江东岸。为中国现存最早的专门表彰监察官员的牌坊。省级文物保护单位。系明正德十四年（1519）巡按湖广监察御史毛伯温领衔率郴州和桂阳县（今汝城）地方官员，为邑人、曾任监察御史等职的范辂建造的功德牌坊。绣衣坊为四柱三门四楼石牌坊，青石结构，通高 6.86 米，面宽 6.5 米。正中为重檐，左右为单檐，歇山式，檐下施斗拱，脊角饰鳌鱼。中门横额阳

图下 7-13 汝城绣衣坊

刻楷书“绣衣坊”三字（“绣衣”为古代监察御史别称）。柱、枋、梁雕饰有“双凤朝阳”、“双狮滚球”、“双猴摘桃”、“马上封侯”、“凤穿牡丹”等吉祥图案。护柱石卷云鼓挟足，前置石狮两尊。上下结构稳重，造型精巧，堪称明代中期具有代表意义的石坊艺术杰作。坊侧有范氏家庙、中丞公祠、范家石拱桥等景点。

八角楼，又名“文武世家牌坊”。位于汝城县土桥镇土桥村广安所，居李氏宗祠东北侧。为省级文物保护单位。所在的土桥村为省级历史文化名村。八角楼建于明弘治二年（1489）。木结构牌坊。面阔三间，高 7.4 米，宽 9 米，进深 5.3 米，12 根圆木柱支撑楼身。重檐，主楼、边楼均为歇山式，黄、绿琉璃瓦屋面、瓦当。主楼檐下施七层如意斗拱，顶脊两端饰以陶质鳌鱼，中央置葫芦宝顶。边楼衬四层如意斗拱，底檐四翘角与顶檐四翘角互相呼应，蔚为壮观，故称“八角楼”。横额阳刻“文武世家”四字，款署“李安”。中间为木板墙，正中设大门，旁置抱鼓石。形制古朴，造型典雅，当属中国古典门楼精品。

文塔，俗称“汝城宝塔”，位于汝城县城关镇中大街东北，居九塘江、寿江汇合处。为八角七级楼阁式砖石塔。始建于明成化五年（1469）。清道光三十年（1850）毁。光绪六年（1880）建一层工辍。二十二年（1896）续建。1984 年维修。塔高 39.75 米，底径 14 米。底层东向辟券门。二层以上每层四窗对开（余作假窗），交替相错。每层叠涩出檐，铁葫芦宝顶，上覆琉璃瓦。塔内设石梯盘旋至第二层，以上置钢梯达顶。塔壁嵌光绪年石碑一通，载建塔缘由及年月。前坪有《乾坤合德碑》，高 2.16 米，清康熙三十五年（1696）立。内容为知县鹿宾撰禁溺女婴告文。两水交汇处以大通桥、惠通桥等连通三岸，意寓政通人和，商运亨通。

此外，汝城的名胜古迹还有列为省级文物保护单位的“濂溪书院”等，是在南宋嘉定十三年（1220）创建的为纪念曾任桂阳县（今汝城县）知县、理学开创者周敦颐的濂溪先生祠基础上改建而成的。已于上述。汝城浓郁的中国传统乡土社会“忠孝廉节”教化之乡的特征保留至今，是与周敦颐所开创的理学思想在当地的影响密不可分的。这也是湖南古代乡土社会形态的缩影。

第九节　“摩崖三绝”古石刻

浯溪摩崖石刻　阳华岩摩崖石刻　南岳摩崖石刻　九龙岩摩崖石刻　寒亭暖谷摩崖石刻　法相岩摩崖石刻　朝阳岩摩崖石刻

湖南境内的摩崖石刻很多，其中被列入国家级和省级文物保护单位的摩崖石刻有浯溪摩崖石刻、阳华岩摩崖石刻、玉琯岩摩崖石刻、南岳摩崖石刻、九龙岩摩崖石刻、寒亭暖谷摩崖石刻、法相岩摩崖石刻、朝阳岩摩崖石刻等。

浯溪摩崖石刻，位于祁阳县浯溪镇浯溪岸边，为全国重点文物保护单位。浯溪原为源出三泉岭麓双井的一条无名小溪，长约 2.5 公里，北流至此，注入湘江。溪口东岸一片岩溶低丘连绵百米，临江处三峰拔起，怪石嶙峋，古木荫翳，下有溶洞深潭，漩洑洄流，水波澄澈，景象出绝。唐永泰二年（766），文学家元结再为道州刺史，返任途中舟经此地，爱其山水胜异，“遂家溪畔”，拦坝引水，建屋修路，布置亭台，以为将来退隐终老之地。大历三年（768），元进授容管经略使，不久因母丧守制，又在此卜居守孝三年。寓居期间，元结名小溪为“浯溪”，称中峰为“峿台”，在西峰之顶筑有“㾶庼”，并各撰铭文，交人分别用“玉箸篆”、“悬针篆”、“钟鼎篆”书写，镌刻于崖壁上。后人称之为“三吾”、“浯溪三铭”（亦称“老三铭”）。自唐代以降，历代文人骚客纷至沓来，题名刻石遍布石山崖壁，以致“无崖不刻文，有石就题诗”，流派荟萃，名家辈出，形成中国规模最大的露天诗海碑林之一。元和十三年（818），元结季子友让过境浯溪，出资修复旧宅。宋代改故宅为元颜祠，建三绝堂、笑岘亭、中宫寺、渡香桥。元代筑浯溪书院、千佛阁、观音阁。明代建望中兴亭。清代更多次修缮扩建，终成浯溪十二景，有亭、轩、阁、院 30 多处。峿台另有镜石、窊尊，传为元结遗迹。

浯溪摩崖现存唐至民国时期的诗词、赋记、绘画、联语、榜书、题名等石刻 505 通，总面积 631.7 平方米。有 393 通保存基本清晰。其中唐碑 17 通，宋碑 116 通，元碑 5 通，明碑 84 通，清碑 92 通，民国碑 9 通，时代不明碑 182 通。篆、隶、楷、行、草等书体齐备。颜体、二王体、褚体、玉箸篆、悬针篆、钟鼎篆、黄体、米体、欧体、魏碑体、八分体等均有代表人物的代表性作品。其中名家有唐代颜真卿、李谅、韦瓘、皇甫湜、季康、袁滋、瞿令问、李阳冰，宋代黄庭坚、陈从古、李若虚、邢恕、米芾、张孝祥、吴潜、范成大、秦观、陈与义、汪藻、易祓、邹浩、曾焕、沈绅，明代董其昌、王锡爵、沈周、曹来旬、许岳，清代何绍基、钱沣、吴大澂、杨翰、阮元、郑怀德（安南使臣）等。内容涉及政治、经济、文化等诸多方面，既可补史，又可证史。最大者为"圣寿万年"四字，字径 2.3 米，镌于 30 多米高的悬崖之上。最小者则字细如蚊蚁。最著名的当为唐《大唐中兴颂碑》。堪称书法石刻宝库、文学艺术殿堂，有"南国摩崖第一家"之誉。

《大唐中兴颂》摩崖石刻位于浯溪海拔 104.5 米的峿台绝壁之上。唐大历六年（771），元结将上元二年（761）自撰《大唐中兴颂》一文补充定稿，请好友颜真卿楷书，镌刻于此。文述"安史之乱"因果，以史为鉴，名颂肃宗中兴，实讥玄宗中衰，为元结代表之作。石刻高 2.84 米，宽 3.5 米，21 行，332 字，每字直径约 0.15 米，笔力遒劲，珠圆玉润。北宋黄庭坚《论作字》评："大字无过《瘗鹤铭》，晚有石崖颂中兴。"[13]元郝经《书磨崖碑后》称："书至于颜鲁公。鲁公之书又至于《中兴颂》。故为书家规矩准绳之大匠。"[14]明王世贞赞曰："字画方正平稳，不露筋骨，当为鲁公法书第一。"[15]元文、颜字、奇岩交相辉映，世称"摩崖三绝"。刻石之后千百年来，引得无数杰士名流接踵而至，运笔抒怀，吟诗作赋，打碑刻石。今石刻周围 120 平方米的摩崖上留有米芾、黄庭坚、何绍基、吴大澂等名家名刻 95 通，如众星拱月，蔚为大观。北宋皇祐五年（1053）始建"三绝亭"以护碑。

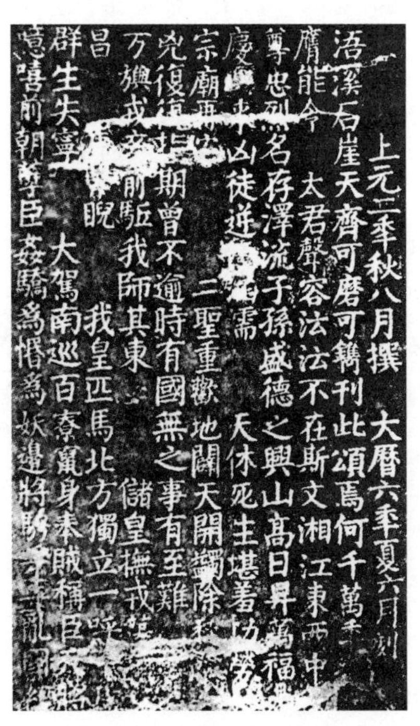

图下 7-14 《大唐中兴颂》摩崖石刻

历代六次重修。现亭为1990年重建。

阳华岩摩崖石刻，位于江华瑶族自治县沱江镇竹园寨村，居回山山麓，为全国重点文物保护单位。南宋祝穆《方舆胜览》记载："阳华岩在营道县东南七里，山下有大岩向东，元次山名之，作铭，命邑大夫瞿令问以二体篆书刻之崖石。元次山《招陶别驾家阳华》诗云：'海内厌兵革，骚骚二十年（按：元结原诗作"骚骚十二年"）。阳华洞中人，似不知乱焉。'"⑯阳华岩为石灰岩溶洞。洞内怪石嶙峋，中有石磬，下有寒泉，风物宜人。唐武德四年（621）置江华县，以县治在阳华岩前东河南岸而名。永泰二年（766），道州刺史元结巡视江华游此，作《阳华岩铭（有序）》。序中赞曰："道州江华县东南六七里有回山，东面峻秀，下有大岩，岩当阳端，故以'阳华'命之。吾游处山林几三十年，所见泉石如阳华殊异而可家者未也，故作名称之。县大夫瞿令问艺兼篆籀，俾依石经刻之岩下。"铭曰："九疑万峰，不如阳华。阳华巉巉，其下可家。洞开为岩，岩当阳端。岩高气清，洞深泉寒。阳华旋回，岑颠如辟。沟塍松竹，辉映水石。尤宜逸民，亦宜退士。吾欲投节，穷老于此。惧人讥我，以官矫时。名迹彰显，丑如此为。於戏阳华，将去思来。前步却望，踟蹰徘徊。"⑰自县令瞿令问以篆籀书体抄录该文并摩之于崖后，历代游人题咏甚多。今崖壁存有唐至清石刻42通，其中唐宋碑刻38通，排列端整。内容为题记、游记、叙事、诗词、图铭等。书体有篆、隶、楷、行、草等。大者高2米、宽1米，小者0.3米见方。"阳华胜览"为旧江华县八景之一。

南岳摩崖石刻，位于南岳衡山风景名胜区，为省级文物保护单位。南岳是中国历代帝王封祀名山，又为道家渊薮、佛教圣地。魏晋以来，名道高僧、诗人学者纷纷登临，吟诗作赋，铭碑勒石，难以计数。区内摩崖石刻虽历尽风雨沧桑，目前仍存不下400处。主要集中分布在水帘洞、百步云梯、半山亭、湘南寺、福严寺、南台寺、黄帝岩、高台寺、会仙桥、祝融峰、黑沙潭、方广寺等地，其余散落各处。书体行、草、楷、隶、篆俱全，内容涉及宗教、文化及历史人物等，具有较高的学术与艺术价值。据载朝代明晰可考的唐及唐以前的有3处，宋14处，明54处，清27处，民国31处。崖刻中年代最早的为南台寺后"南台寺"三字，款署“梁天监中（502—519）沙门海印”。字数最多的为南岳镇泗塘村弥陀寺遗址西南石壁上的宋代崖刻《还丹赋》。全文共353字，阴刻隶书，内容系赞颂道家修身炼丹术的赋文。独具特色的是对寿、福文化的表达。黄帝岩台上有传为北宋徽宗题“寿岳”二字，书体大气磅礴。南台寺山门前坪下原登山古游道边山壁上有两处“寿”字，整体尺寸达11.16平方米，为南宋嘉定元年（1208）探花黄桂手迹。烟霞峰谷兜率寺遗址存明嘉靖三十五年（1556）李一经书“寿”、“福”二字，每字高1.8米。

九龙岩摩崖石刻，位于东安县芦洪市镇九龙岩村九龙山，为省级文物保护单位。《明一统志》载，九龙山“山形斗起，奇石错立，物象古怪。相传尝有樵者遇黄衣九士，谓曰：‘吾九龙居此久矣。’语讫，莫知所在”⑱。九龙岩为石灰岩溶洞。岩口东向，有两处洞门。主洞高15米，宽10米。侧洞高10米，宽5米。内分九洞，长约1000米。洞与洞之间有小洞相连，循磴而下，隙仅可容身。洞内钟乳石林立，千姿百态，构成奇丽景观。洞外有池，可以垂钓。山下有泉，四季不竭。北宋景祐元年（1034），僧人元喜在此建寺。治平元年（1064）赐名寿圣院。历代游人不绝，吟诗作文，题刻留名，盛极一时。1944年，寺院被日寇烧毁。九龙岩洞口四壁现存北宋至清摩崖石刻43通，其中宋刻30通。年代最早的为北宋淳化三年（992）县令张太年题“平将寇”、“芦洪置司”。著名的有宋代周敦颐、蒋忱、陶弼、曾布、阮之武、胡寅、胡宁、胡宏，明代黄岩，清代王渭等人的诗词游记。书体有行、楷等。

寒亭暖谷摩崖石刻，位于江华瑶族自治县沱江镇，为省级文物保护单位。该山山势险峻，风景奇秀，岩石千姿百态，树木郁郁苍苍，一条清末修造的运河擦境而过。唐代县令瞿令问爱其山水，“得洞穴而入，栈险以通之，始得构茅亭于石上”。唐大历元年（766），瞿令问延请巡视江华的道州刺史元结作《寒亭记》，摹刻于亭北墙。《记》云：“今大暑登之，疑天时将寒，炎烝之地而清凉可安，不合命之曰‘寒亭’欤！乃为寒亭作记刻之亭背。”⑲暖谷又名“朝阳岩”，居亭西数十米处。峭壁突兀，古木盘缪，严冬入之，温暖如春。南宋祝穆《方舆胜览》载，北宋“治平四年（1067），邑尉李伯英得之。邑大夫蒋祺名之。蒋颢叔（蒋之奇）作记。”⑳自此亭、洞相邻，寒暖异时，相映成趣，历代游人不绝，被视为夏日纳凉、冬日避寒的胜地。今东南峭壁上存有唐、宋、明、清摩崖石刻 71 通。石刻内容丰富，形式多样，诗、词、铭、赋、文齐全，行、楷、隶、篆、草俱备，成为石刻书法长廊。“寒亭秋色”、“暖谷春容”均列入旧江华县八景。山西麓有江华故城遗址，系唐宋时江华县治。

法相岩摩崖石刻，位于武冈市法相岩路，为省级文物保护单位。据清乾隆《大清一统志》载：“宝方山在武冈州东南五里。一名宝胜山，亦名资胜山，又名法相岩。”洞名源自佛典《大乘义章》句“一切世谛有为无为，通名法相”。由栖真、上屏、太保、朝阳、迎阳、芙蓉、隐仙、花乳等八洞组成。除花乳洞外，其余七洞相连，回曲幽邃，四通八达。洞外古木参天，绿荫如盖，石壁陡峭。洞中钟乳倒悬，怪石嶙峋。芙蓉洞口有溪流潺潺而入，与岩内泉水相接，贯岩向西，可泛小舟。各洞洞壁及岩外莽林之中存宋至清代摩崖石刻 70 余处，草、楷、隶、篆、行齐全。“碧玉簪”三字如斗，系南宋隆兴元年（1163）著名学者楼钥书丹。开禧三年（1207）都梁郡幕官吴中书《金刚经》偈语 40 字，书法隶中带篆，拔俗而独成一家。岩旁原有宝方山寺，1958 年被毁。“法相洞天”为古都梁十景之一。

朝阳岩摩崖石刻，位于永州市零陵区萍阳南路，居潇水西岸，又名西岩，为省级文物保护单位。唐永泰二年（766），道州刺史元结途经此地，爱其山水佳绝，名之“朝阳岩”，作《朝阳岩铭》和《朝阳岩下歌》赞其胜。柳宗元谪永州时常游，留有《游朝阳岩遂登西亭二十韵》、《江雪》、《渔翁》等。柳诗中有“渔翁夜傍西岩宿”句，“西岩”之名因此。历代文人骚客闻名而至，亦步亦趋，赋诗作文，累镌于石。明万历年间，丁懋儒知永州，增建亭阁，布置一新。崇祯十年（1637）三月，地理学家徐弘祖游此，在《徐霞客游记·楚游日记》中将其列为“永南”十二名洞之第五。“朝阳旭日”为旧永州八景之一。历代均有修葺。分上、中、侧三洞。由岩顶东北行，循石级下至入门处为上洞。洞口岩壁镌“何须大树”四字。洞东侧有篆石亭。中洞又名流香洞，左右石壁如半环，泉自岩出，冬夏不涸。洞口壁刻北宋嘉祐五年（1060）张子谅书“朝阳洞”等字。前人就岩底左侧凿石为曲，用以泛觞。洞后为阴潜涧。侧洞在中洞左上方，居高临水，古称“尺五天”。岩西侧零虚山顶有寓贤祠，原为元结所建茅阁，明正德中改称“元刺史祠”，专祀元结。嘉靖二十二年（1543）重修，合祀宋谪官黄庭坚、苏轼、苏辙、邹浩、范纯仁、范祖禹、张浚、胡铨、蔡元定、杨万里、杨长儒等诸贤。朝阳岩内外崖壁尚存元结、柳宗元、苏轼、程颢、周敦颐、黄庭坚、张浚、丁懋儒、徐弘祖、王夫之、何绍基、杨翰、吴大澂、林绍年、邓守之等名家诗词题刻152通，篆、隶、行、草、楷齐全，成为书法宝库。

【注释】

① [宋] 李昉等：《太平御览》卷一七一，台湾商务印书馆1986年影印文渊阁《四库全书》本。

② [宋] 罗泌：《路史》卷一二，台湾商务印书馆1986年影印文渊阁《四库全书》本。

③ [元] 马端临：《文献通考》卷一〇三，台湾商务印书馆1986年影印文渊阁《四库全书》本。

④《水经注》卷三八“湘水”，陈桥驿注释本，浙江古籍出版社2001年版，第588页。

⑤ 清吴绳祖重编，樊在廷纂辑：《（嘉庆）九疑山志》卷一。

⑥ 民国三十一年《宁远县志》卷二二《文摭下》。

⑦《全唐诗》，中华书局1960年版，第四册，第1448页。

⑧ [唐] 李吉甫：《元和郡县志》卷二八，台湾商务印书馆1986年影印文渊阁《四库全书》本。

⑨《水经注》卷三八“湘水”，陈桥驿注释本，浙江古籍出版社2001年版，第593—594页。

⑩ [清] 迈柱等：《（雍正）湖广通志》卷一一《山川志》，台湾商务印书馆1986年影印文渊阁《四库全书》本。

⑪《水经注》卷三八“湘水”，陈桥驿注释本，浙江古籍出版社2001年版，第592页。

⑫ [清] 迈柱等：《（雍正）湖广通志》卷一一《山川志》，台湾商务印书馆1986年影印文渊阁《四库全书》本。

⑬ [宋] 黄庭坚：《山谷别集》卷六，台湾商务印书馆1986年影印文渊阁《四库全书》本。

⑭ [元] 郝经:《陵川集》卷一二，台湾商务印书馆 1986 年影印文渊阁《四库全书》本。

⑮ [明] 王世贞:《弇州四部稿》卷一三五，台湾商务印书馆 1986 年影印文渊阁《四库全书》本。

⑯ [宋] 祝穆:《方舆胜览》卷二四，台湾商务印书馆 1986 年影印文渊阁《四库全书》本。

⑰ [唐] 元结:《元次山文集》卷六。

⑱ [明] 李贤等:《明一统志》卷六五，台湾商务印书馆 1986 年影印文渊阁《四库全书》本。

⑲ [唐] 元结:《元次山文集》卷九。

⑳ [宋] 祝穆:《方舆胜览》卷二四，台湾商务印书馆 1986 年影印文渊阁《四库全书》本。

第八章

深蕴审美情趣的湖南民间工艺品

勤劳智慧的湖南民众在源远流长的湖南文化的熏陶下，结合不同时代、不同地域、不同民族各具特色的生产、生活实践，匠心独运，巧夺天工，创造了绚丽多彩的湖南民间工艺美术品，并且与其他精神文化与物质文化的有机互动而影响和丰富着湖南的文化，成为湖南文化中一枝怒放的奇葩。通过湖南民间工艺美术品，可以结合实用功能领略其造型美、装饰纹样的韵律美、材料质地的肌理美和制作工艺的精致美，并通过这些美的感受去理解湖南民众的文化精神和审美情趣。

第一节　服饰编织刺绣印染工艺品

湘绣　各少数民族的织锦、刺绣与挑花　蓝印花布及其制作工艺

编织刺绣印染工艺品为民间传统工艺品中之大宗，她产生于民众的日常生活并美化着生活。湖南各地区、各民族的特色服饰编织刺绣印染工艺品种类繁多，既蕴含了民众的文化精神和审美情趣，又展现能工巧匠们代代相传的精湛技艺。

湘绣是以长沙为中心的湖南地方传统的刺绣工艺品的总称，与苏

绣、粤绣、蜀绣并誉为中国汉族的四大名绣。

1958 年，在长沙楚墓中出土了龙凤图案的绣品，其图案之精美，绣工针法之细腻，令世人叹为观止。表明早在 2500 多年前的春秋时代，湖南地方的刺绣就具有一定的水平。1972 年又在长沙马王堆西汉古墓中出土了 40 余件精美的刺绣衣物，这些绣品图案多达 10 余种，绣线有 18 种色相，并运用了多种针法，达到针脚整齐、线条洒脱、绣工纯熟的境界。说明远在 2100 多年前的西汉时代，湖南地方刺绣技艺已发展到了较高的水平。这种刺绣技艺在民间不断传承，并逐渐形成了质朴而优美的艺术风格。明末清初，长沙已有经营刺绣品的商店和作坊。清嘉庆年间(1796—1820)，长沙县即有许多农家妇女从事商品刺绣，以致有“绣乡”之称。据清同治《长沙县志》载：“省会之区，妇女工刺绣者多，事纺织者少，大家巨族或以锦铀相尚。”此时长沙刺绣遍及城乡。光绪二十四年（1898)，著名湘绣艺人胡莲仙及其子吴汉臣在长沙开设了第一家自产自销的“彩霞吴莲仙女红”绣坊，以湖南民间刺绣为基础，吸收苏绣、粤绣的优点，逐渐演变发展，形成具有独特风格和浓厚地方色彩的湘绣。此后，长沙城内绣庄不断涌现，到清末有 26 家，绣工逾万，年产绣品 2 万多件。绣品以被面、枕套等日用品为主，也有少量高档画屏。由于作品精良，传播广泛，湘绣开始享誉全国。光绪年间（1875—1908)，宁乡画师杨世焯大力倡导发展湘绣，长期深入绣坊，绘制绣稿，创造各种针法，培养刺绣人才，并将绘画雕刻技艺引入到湘绣艺术中来，进一步提高了湘绣艺术水平，丰富了湘绣技艺，使湖南的民间刺绣发展成为一种独特的刺绣工艺系统，成为一种具有独立风格和浓厚地方色彩的手工艺商品走进市场。“湘绣”专门称谓亦应运而生。此后，湘绣在技艺上不断提高，自 20 世纪初叶开始，湘绣工艺品不断在欧、美各国的国际博览会上展出并获奖，成为蜚声中外的、享誉世界的传统高档艺术品。

随着湘绣商品生产的发展，经过广大刺绣艺人的辛勤创造和一些优秀画家参与湘绣技艺的改革提高，将中国画的许多优良传统移植到绣品上，巧妙地将我国传统的绘画、刺绣、诗词、书法、金石各种艺术融为一体，从而形成了湘绣以中国画为基础，加之具有 70 余种针法和 200 多种颜色的绣线，使湘绣的表现力得到充分发挥，精细入微地刻画物象外

图下 8-1 湘绣 双面绣

形内质的特点，绣品色彩丰富鲜艳，色泽阴阳浓淡自然，形态生动逼真，形神兼备，质感强烈，风格豪放，素有“绣花能生香，绣鸟能听声，绣虎能奔跑，绣人能传神”之美誉。

湘绣的传统工艺首先是用线极有特点，丝线轻过荚仁液蒸发处理后再裹竹纸拭擦，使丝绒光洁平整不易起毛，便于刺绣操作。还有织花线，每根线染色都有深浅变化，绣后出现自然晕染效果。湘绣的擘丝技术极为精细，细若毫发，从而超越顾绣中的“发绣”，绣件绒面花型具有真实感。湖南俗称这种极为工细的绣品为“羊毛细绣”。湘绣的针法汲取苏绣的套针加以发展，以掺针为其特色。掺针俗称“乱插针”，掺针体系又细分为多种，如接掺针、拗掺针和直掺针等，另外还有湘绣特有的旋游针和盖针等多种针法。绣图常以中国画为蓝本，以针代笔，以线晕色，既有绘画之笔墨神韵，又有刺绣的特有表现力，加之具有 70 余种针法和 200 多种颜色的绣线，使湘绣的表现力得到充分发挥。早期湘绣以绣制日用装饰品为主，以后逐渐增加绘画性题材的作品，举凡花鸟、山水、人物、走兽各种题材的画稿均能绣，还发展了异形异色的双面绣。2006 年，湘绣被列入第一批国家级非物质文化遗产名录。

土家锦。湖南土家族传统编织工艺品，又称“打花”、“土花”。因主要用作铺盖（被面），土家语称“西兰卡普”，“西兰”意为“铺盖”，“卡普”意为“花。当地汉语通常以“土花铺盖”、“打花铺盖”作为土家锦的代称。

土家锦源于古代湖南少数民族的溪峒（洞）“溪布”、“峒布”等，在北宋时已为朝贡之物，宋代正史及各种笔记、文集中多有记载。如《宋史·西南溪峒诸蛮下》记载：“前知辰州章才邵上言：辰之诸蛮与羁縻保静南谓永顺三州接壤，其蛮酉岁贡溪布，利于回赐。”[①]至今已有1000多年历史。

传统土家锦以红、蓝、白色棉线为经，各色棉、毛、丝等纤维为纬，斜形腰机，通经断纬手工挑织，彩纬满铺显花。纹锦大多采用各种花鸟虫草或生活用具，共有100多种图案。主要图案有“阳雀花”，一种几何形鸟纹图案，通常用黑或深色作底，两鸟间用菱形小花连接，鸟色多变。“土皮八勾”为土家锦的典型纹样，八勾即八个勾形组成的菱形图案。关于这种图案的来源说法不一，或称来源于汉族的云勾纹，或称是土家族自己的蟹纹，因图案颇似竹编土皮箱的编织图案，故名。还有一种称之为“台台花”的传统织锦图至今仍然流行，纹样呈菱形，像一只装饰形的虎头或动物头。原始土家族先民以狩猎为生，人们认为这一图案可能是其远古先民图腾的演化。2006年，土家锦被列入第一批国家级非物质文化遗产名录。

苗锦。湘西苗族传统编织工艺品，与银饰、刺绣、蜡染被称为苗族四大服饰工艺。据文献记载至今已有2000余年历史。如清代《皇清职贡图》记载：“苗人相传为盘瓠之种，楚、粤、黔皆有之……妇女束发，戴五色花冠，耳缀银环，著紫布短衣，系绣花布裙，跣足，能织苗锦。”[②]

织锦用经线作底，纬线起花，通经断纬方法织成。经线多用自纺白纱，纬线则视图案花纹需要选用适合的各色丝绒线或丝线，数经纬排织。基本组织为“人”字斜纹、菱形斜纹或复合斜纹，多用小型几何纹样，图案结构严谨，由直线、短直线构成的曲线及点、线、面组合而成。一种为“之”字形两方连续反复结合；一种为菱形四方连续。色彩多用桃红、粉绿、湖蓝、青紫等，色泽瑰丽，具有强烈的民族风格。

花带为湘西苗族传统编织工艺品，苗语称“腊繁”，用途极广，除作裙带、腰带、袜带、小孩背带、斗笠带等外，还作礼物馈赠贵宾，或作定情信物。花带系经纬线交织而成，经线分单经（单线）与束经（三线）两种。单经与纬线同色，做底；束经用异色线，织花纹。牵带时，经线一上一下，间隔并列，长度一般四至八尺。束经数目视带之宽窄和花纹繁简而定。然后结耳做综，套上小木架，用牛骨或铜质板筘编织。织时并无底样，随梭而成，是难度较大的手工艺术。同一条花带上可有多种不同图案出现。常见纹饰有：双龙吐珠、喜鹊闹梅、鲤鱼跳龙门、双蝶扑花、双狮抢珠、喜字和几何图案，也有鱼、虫、鸟、花卉等。构图巧妙，色彩富丽，明朗雅致，立体感强，给人以欢愉明快之感，具有独特的民族艺术风格。

刺绣为苗族传统工艺品，分绣花和挑花两类。苗族姑娘从五、六岁即开始学习挑花刺绣，至十四五岁，运针配色已非常熟练。苗绣一般应用于衣襟、袖口、衣领、衣边、后肩、围裙、围腰、裤脚、脚套等处，以及头巾、手帕、荷包和小孩的背带等生活用品上。绣地多用粗纱棉布、绸布和丝绒等材料。图案题材比较广泛，除几何纹，也有龙凤狮虎、花鸟虫草以及人物等。色彩一般用红、黑、蓝等深色底，花纹用色异常丰富，以红、绿色为主调，配以玫瑰红、黄、黑、白等。花纹结构严密，花样朴实精巧，色彩鲜明秀丽，构思大胆而又富于浪漫色彩，具有浓郁而又独特的民族风格和艺术技巧。

绣花分剪绣与绘绣两种。剪绣先剪纸花贴于绣布上，再用彩色丝线刺绣。针法丰富多样，有挑纱绣、平绣、结绣、粘绣、绕绣、花籽绣、米粒绣等。枝蔓部分用齐针包花即针脚并列；花鸟虫鱼的主体部分则多用镶针，即将齐针变为长短针，用异色丝线相对交错再绣一次。绣品色彩鲜艳，深浅自然和谐，为青年人喜欢。绘绣不贴剪纸花，直接绘画图案于地布上，花样和绣法与剪绣相同，但针法一般先沿着画线套连环针，绣出花样的轮廓，然后在较大块面处运用游针、打子等针法，造成花瓣、花蕊、叶脉效果。绘绣用线以单色为主，多用绿色或黄色，花纹素雅，别有风致，为中年妇女所喜爱。

挑花又名“挑纱”、“数纱”。其针法有十字针和回复针两种。十字针即在经纬线上数纱挑“十”字，再由若干个“十”字构合成各种图案。“十”字形大小视地布粗细而定，质细五、六纱，质粗最多挑四纱。回复针又称“双面针”，即按图案形状，每隔四线挑一针，当部位初形挑出后即回针，由原针脚逆向复挑一次，回线恰好盖住原线迹空间，故花纹匀紧，正反两面显现同样花纹，称为“两面花”，湘西盛行的桃花手帕和假袖即用这种针法，白底黑花，对比强烈，清秀雅致。挑花不在布底起样，只凭记忆或看“花种”，用线从中心向两面或四面挑开，俗称两方连续或四方连续花纹图案。构图严谨，数纱精确，一般应用于手帕、假袖、手笼等。2011 年，湖南苗族挑花被列入第二批国家级非物质文化遗产扩展项目名录。

图下 8-2　苗族刺绣龙凤

瑶锦是瑶族民间传统编织工艺品，流行于湘南、湘西南瑶族聚居地。主要用于各种装饰花带及用作床毯、被面、肚兜、背袋、背兜等日用物品。多为棉经丝纬，用腰机织造。纹样主要为方形、菱形、三角形等几何形作对称式波浪状两方连续排列，组合成山峰、巨龙等象征性图案。用色主要分两类：一种用黑、白两色丝线织成，图案秀丽雅致；一种以大红等暖色调为主，配以蓝、绿、白、紫、黑等，色彩鲜明强烈。花纹端庄艳丽，风格多样，具有浓厚的民族特色。最具特色的是“八宝被”，被面用棉线织成，图案块面大，包括有犀牛望月、双狮戏球、麒麟送子、金龙出洞、丹凤朝阳等几种传统图案，故名。也有编织成福、喜字等图形。还有织出十字四句回文诗，文字为香、莲、碧、水、风、洞、凉、夏、日、长；诗文横竖正反均可读，如读为“香莲碧水风洞凉，水洞风凉夏日长，长日夏凉风洞水，凉风洞水碧莲香”，极为别致有趣。瑶家姑娘婚前都亲手编织多床八宝被，待订婚后，将被从楼上丢下，以示辞别少女时代，谓之“丢包袱”。

瑶族刺绣。湖南瑶族民间传统工艺品，分手绣和打结子两种。绣底一般用自制的棉布，也有用丝缎的。常绣于衣服、鞋、腰带、头巾、手帕、背袋、荷包上。色彩多为大红大绿，纤细秀丽，美观大方，鲜艳夺目，极富民族风采。常见图案为方格、喜字格、卍字格等，亦有飞禽走兽、花草虫鱼及传说中的龙、凤、麒麟等。瑶族姑娘多以精心自绣品作为信物以赠情人。

挑花为湖南瑶族民间传统刺绣工艺品。挑花为瑶族妇女传统技艺，

图下 8-3 瑶族挑花经典图案

女孩长至十来岁都要掌握挑花技术。其特点为：不用模具，不需描图，直接将丝线或毛线挑织成各种绚丽多彩的图样。图案多为飞禽走兽、花卉草木等，由直线、直角、菱形、三角形等几何图形构成，色彩艳丽，构图明快，具有独特的民族风格。挑花多为日常服饰、装饰用品，亦作为姑娘们赠送恋人的定情信物。2006 年，湖南花瑶挑花被列入第一批国家级非物质文化遗产名录。

侗锦。侗族传统纺织工艺品，与土家锦一样源于古代湖南少数民族的溪峒（洞）“溪布”、“峒布”等，古称“纶织”，又名“侗毯”。北宋时即已负盛名，成为贡品。侗锦系用棉纱、棉纱夹丝线或纯用彩色丝线纺织，用斜形腰机，以经线作底，纬线起花，通经断纬织造。花纹有织花和挑花两种；有“素锦”和“彩锦”之分。用黑白棉线织成的称为“素锦”，用黑白线和彩线交织成花的称为“彩锦”。根据用途的不同，可分为日用锦、寿锦、法锦等。织造时按布纹纱路的走向穿梭引线。花纹呈直线，以人字形、十字形、口字形、米字形、卍字形、之字形等巧妙地组成一幅幅简练明快的图案。图形大多取材于侗乡常见的植物、动物和器物等。植物花纹主要有芙蓉、牡丹、月季、玫瑰等；动物花纹主要有对凤、鸳鸯、麻雀、春燕、牛、羊等；器物主要有花桥、鼓楼、月亮、星星、水波、银钩等；还有

图下 8-4 侗锦 侗族图腾图案“月亮花”

常见的几何图案。色彩绚丽，结构精密严谨。近年出现大型的侗锦工艺品，除传统图案外，还以神话故事、山水画为题材。产品也从传统的腰带、头巾、袖口装饰、花边等发展到制作台布、几垫、提包和戏装等。2008 年，湖南侗锦织造技艺被列入第二批国家级非物质文化遗产名录。

蓝印花布为湖南汉族及部分少数民族的传统日用工艺品，又名“靛蓝花布”、“药斑布”、“浇花布”等。史籍记载，瑶族是最早掌握纺织蜡染工艺的民族之一，故史称“瑶斑布”。如南宋周去非《岭外代答》记载：“猺（瑶）斑布，猺（瑶）人以蓝染布为斑，其纹极细。其法以木板二片镂成细花用以夹布，而镕蜡灌于镂中，而后乃释板取布，投诸蓝中，布既受蓝，则煮布以去其蜡，故能受成极细斑花，灿然可观。故夫染斑之法莫猺（瑶）人若也。”③

古代蓝印花布的印染技术称为“灰缬”，现代称为“白浆防染”，远在秦汉时期已经出现。至南北朝时期，工艺已经成熟。明清时期，工艺技术进一步发展。工艺为：以油纸等镂刻成花版，蒙在白布上，然后用石灰、豆粉和水调成防染粉浆，刮印、晾干后，用蓝靛染色，再晾干，刮去浆粉，即成一种花布。湖南蓝印花布为蓝地白花和白地蓝花两种，随民族和地区不同而纹样风格各有特色。由于花纹清晰，经久耐用，民间大部分用作被面、蚊帐、门帘、衣料、包袱、围腰等。近年来出现了衣裙、鞋、领带、装饰、壁挂、挎包等旅游工艺品和日常装饰品内销或出口，以其独特的艺术魅力和乡土气息，受到人们的欢迎。

除“灰缬”外，湖南蓝印花布的制作还有扎染、蜡染及夹染等方法及工艺，其历史渊源及具体工艺方法流程分述如下：

扎染又名“撮缬”、“绞缬”。早在东晋时期（公元 4 世纪），已能运用扎染技术生产富有艺术性的花色织物。其工艺方式古代也有记载。元胡三省《资治通鉴音注》：“缬，户结翻撮綵以线结之，而后染色。既染则解其结，凡结处皆原色，余则入染色矣。其色斑斓，谓之缬。”④湖南汉族和各少数民族民间都能熟练运用这种技艺染制纺织品。操作时，按一定规律将坯布或衣物折叠用线进行扎结；也有用谷物等作垫衬物，在外部以线扎结。染后晒干，拆去线结，即显出各种花纹图案。由于织物纤维的毛细管效应，扎染的花纹带有特殊的艺术化的无级层次色晕（又称“摄晕”）。纹样主要有梅花纹和鱼子纹。染品清新雅致，别有韵味。民间多用作日用衣被帐、头巾等。

蜡染又名“蜡缬”，现代印染学称为“蜡防染色”。其渊源可追溯至秦汉时期的湖南及中国西南地区的少数民族。当时，已经熟悉蜂蜡、虫蜡和松脂等物质的防水特征，并用于织物的印染。湖南土家、苗、瑶等少数民族及部分汉族地区民间都能熟练地运用这种印染技法。蜡染使用的主要原料有蜂蜡（或虫蜡、松脂）、蘑芋、蓝靛、白布等。工艺操作视地区不同而略异，一般为：将融化的蜂蜡（或虫蜡、松脂）或煮熟的蘑芋糊抹在白布背面，晒干，用铜蜡刀在布壳上点绘各式图案花纹，然后放入蓝靛液中浸染，清漂晒干，用沸水脱蜡即成。浸染工艺有两种方式：一种使织物在绷挺状态下浸染，染品画面整洁；另一种使织物处于松弛状态下浸染，因织物在皱折时容易导致蜡膜龟裂，渗入微量染液，产生无规律的“冰纹”，形成一种独特的装饰效果。蜡染色彩主要为蓝色，间或亦有红、草绿、黄、赭石等色。图案纹样多为民间喜闻乐见的题材。蜡染布主要用于制作服装、被面、床单、头帕、背包等日用品。

夹染又称“夹缬”，是蜡染及灰缬染印工艺的另一发展，秦汉时期已经产生。主要流行于瑶、苗、土家等少数民族地区。此即上述周去非《岭外代答》所记载的方法，这是镂空型版双面防染印花技术与蜡染技术的有机结合，它以镂空版代替蜡绘法复制花样，为古代瑶族人民所创造。所染成品为著名土产贡品“徭（瑶）斑布”。除瑶族外，苗族也能熟练地运用这种技术。2008 年，湖南的蓝印花布印染技艺被列入第一批国家级非物质文化遗产扩展项目名录。

第二节　竹木雕刻编织工艺品

翻簧竹雕　竹艺竹编　木雕

竹木雕刻编织工艺品是从实用竹器工艺中脱胎出来的一种集观赏与实用于一体的民间工艺品。

邵阳翻簧竹雕。驰名中外的地方传统雕刻制品，主产于湖南省邵阳

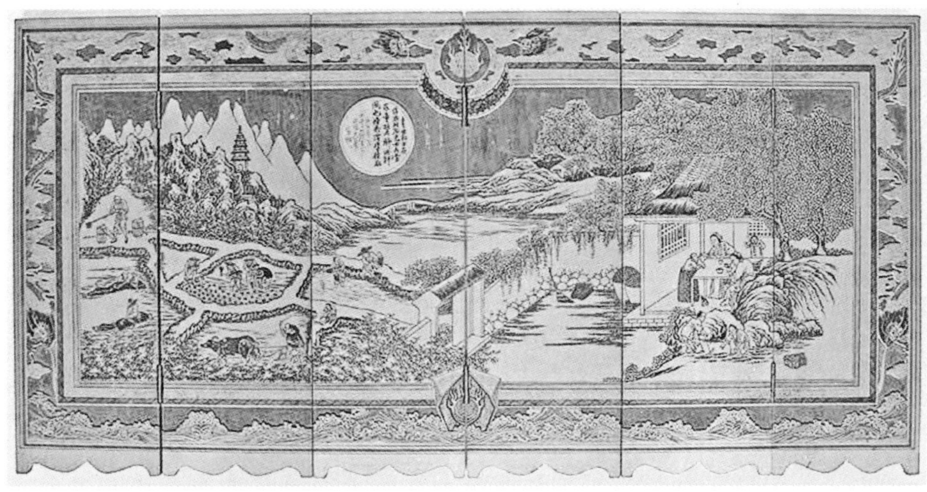

图下 8-5　邵阳翻簧竹雕

市一带，故名。据史载，明代中叶已形成了以浙江嘉定、江苏金陵（今南京）、湖南宝庆（今邵阳）为中心的竹刻派别。宝庆竹刻兼具嘉定派竹刻“高、深、透”和金陵派竹刻“浅浮雕”的技法特点。清代康熙年间（1662—1722），宝庆竹刻艺人王尚智发明了翻簧工艺和翻簧竹刻。即将楠竹去青去节，剥出竹簧，经煮、晒、碾等工序后，压平贴于木胎或竹胎之上，再抛光打磨，雕刻人物、山水、花鸟。竹簧色泽犹如象牙，格调高雅，便于平面和立体运刀，突破了传统竹刻工艺受圆竹材质的限制，拓展丰富了宝庆竹刻的表现力。清代乾隆年间（1736—1795），翻簧竹雕工艺得到进一步的发展，采用楠竹与红木（或乌木）为原料，黏合造型后再施以雕饰技艺精制而成。从原料至成品需经过 80 余道工序。雕刻技法有线雕、浮雕、镂空、电绘、着色、压烫、腐蚀、镶嵌等。其中以阴纹素雕最具特色，它借鉴中国画的白描技法，以《芥子园画谱》等名作为画稿，以刀代笔，浅刻作画，充分利用竹簧表面性脆坚硬的特点，运用单、回、排、划、点、颤、转等 20 余种刀法，以及运刀中的偏锋、中锋的灵活变化，刚柔相济，疾徐相辅，疏密相间，虚实相依，赋予作品艺术生命。器型品种以盒、瓶、屏风、相架为主，还有盘、碟、筒、架、大型挂屏及其他装饰品等百余种。图案多为兰竹花卉、鸟兽虫鱼、仕女人物、山川胜迹等，并成功地将传统国画和金石技法移植到竹刻上。作品工艺精巧，风格典雅，清新明快，赏心悦目，具有极强的艺术魅力。2006年，邵阳翻簧竹雕（宝庆竹刻）被列入第一批国家级非物质文化遗产名录。

与邵阳翻簧竹雕制作工艺相同并且驰名于世的地方传统雕刻工艺品还有南岳竹雕。南岳竹雕多用粗犷的块面体现透视，用凹凸线条刻画细部。题材多为羽毛、花卉、走兽和山水建筑及雕刻历史、戏曲、民间传说中的人物等。产品多为日常用品，主要有插花筒、茶叶筒、量米筒等。

湖南地处江南，各地盛产的竹子种类繁多，湖南先民自古便利用竹子制作各种生产、生活器具。远在唐宋以前，许多竹器、竹艺产品便以“湘”字命名，成为湖南特产的标志，享誉于世，有些还成为贡品。如用湘竹编成的竹席“湘簟”，在唐代已经是非常名贵的日用品。如唐韦应物《横塘行》诗云：“玉盘的历双白鱼，湘簟玲珑透象床。”[⑤]唐韦庄《和薛先辈见寄初秋寓怀即事之作二十韵》诗云：“露白凝湘簟，风篁韵蜀琴。”[⑥]用湘妃竹（斑竹）制作的帘子，也因其工艺精致而成为宋代名贵的日用品。如宋范成大《夜宴曲》诗云：“明琼翠带湘帘斑，风帏绣浪千飞鸾。”[⑦]宋方岳《春思》诗云：“杨柳生寒莫上楼，夕阳芳草泥人愁。情知社近迎新燕，尽卷湘帘不下钩。”[⑧]用竹编的书套“湘帙”，宋代已经常见诸诗文中，可见其普及程度。如宋林逋《和酬周启明贤良见寄》诗：“治世谁能吊屈平，且披湘帙散幽经。”[⑨]宋陆游《读史》诗：“湘帙牙签满架书，流泉决决竹疏疏。”[⑩]

湖南最有特色的传统竹编工艺制品是益阳小郁竹艺品，包括小郁竹器和水竹凉席。

益阳是中国有名的竹器之乡。益阳小郁竹器为著名的民间传统编织工艺品，古代文献中的“湘帙”当属于此类。所谓“郁”，是将竹材构件通过烧烤水煮加热，使其纤维软化，再在外力的作用下使其弯曲变形（即为“郁”），使之符合造型需要的形状，在此基础上再进行加工成各种竹器具的一种民间传统手工制作工艺。“郁”制工艺分为“大郁”、“小郁”两类，大郁为楠竹骨架的粗糙制品；小郁为麻竹骨架的精工制品。小郁竹器始于元代，至今已有600多年历史。选用优质楠竹、麻竹、篙竹、水竹和黄斑竹等为原料，运用郁制、拼、嵌、榫合四大传统技法和竹材着色、竹青贴画、竹头镶边、竹枝郁花四项新工艺，创造出造型各异、品种繁多、物美质优的产品。制品主要有桌、椅、凳、架、柜、床、枕、灯具、屏风、鸟笼、装饰厅、小儿车 12 大类 200 多个花色。产品造型美观，做工精细，富有独特的民族风格和浓厚的地方色彩，因其美观大方、轻巧适用而深受海内外欢迎。

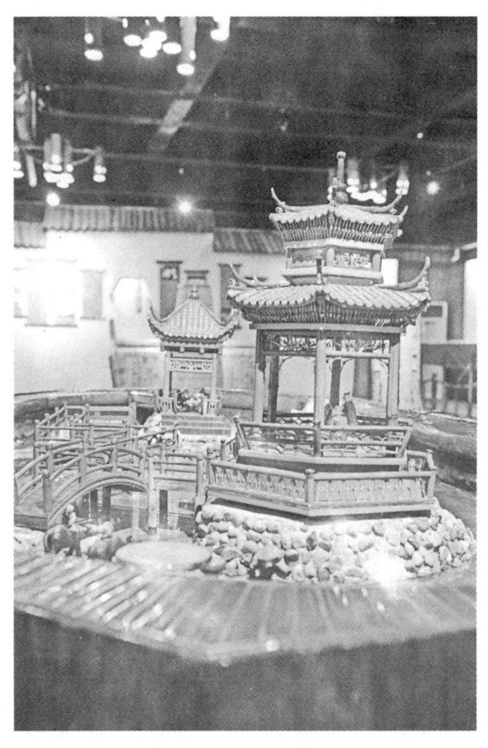

图下 8-6　益阳小郁竹艺　竹郁园林

益阳水竹凉席为地方传统著名竹编日用品和工艺品，即古代诗文中常见的“湘簟”，至迟在唐代已经制作生产，已有一千多年历史。主要原料是水竹，也有用小楠竹编织的。益阳、桃江一带的水竹生长在水边和潮湿的地方，表皮平滑，纤维柔软坚韧，节稀而平，适于编织。织前需经破篾、高温蒸煮、清水浸泡、粗制、细刮、去表皮等多道工序。经艺人织成人字形、卍字格、凤尾图、梅花景、连环锁式等花纹以及花鸟、虫鱼、人物、山水、书画等各种花席。主要有卧席、枕席、椅垫等十多个品种。经过精工制作的水竹凉席，历来有“薄如纸、明如玉、平如水、柔如帛”的美誉。具有篾纹纤细、光亮平滑、图案美观、色泽雅素、消汗散热、舒适凉爽、坚韧柔软、经久耐用的特点，不仅是精美的日用品，也是可供陈设的艺术品。2011 年，益阳小郁竹艺被列入第二批国家级非物质文化遗产扩展项目名录。

湖南的传统特色木雕工艺制品非常之多，最具盛名的有如下数种。

南岳木雕为驰名的地方传统雕刻工艺品，历史悠久，在清代光绪年间就享誉于世。其特点是造型优美、工艺精致、实用性强。艺人根据不同的木质、木色，用各种不同类型的刻刀，制作不同的产品，然后稍加点缀，或人物，或鸟兽，或神话故事，形态逼真，栩栩如生；也有仿建筑造型的，如古塔、罗汉门塔等，品种达一千余种，主要有木盒、棕碗、葫芦、台灯、床柱、桌柱、鼓形象棋、算盘、玩具及各种人物雕像（主要为各种宗教神偶、民间传说人物）等。

保靖木雕为民间传统雕刻工艺品，多用作建筑装饰（如门窗、封檐板、屏风等）或家具装饰（如茶几、桌、橱、柜等），也有专供欣赏的陈设品。

洞口木雕的雕刻技艺独具特色，圆雕、透雕、高浮雕、阴阳线刻、多层镂雕等技法交互使用。题材广泛，诸如飞禽走兽、草木花鸟、田园山水、小说戏剧、历史典故、神话传说、才子佳人、神灵鬼怪、宗教礼仪等莫不展现于雕刀之下，既有现实生活的反映，又有传统文化的再现。自宋以后，除用于建筑物的装饰外，还广泛应用于日常生活器物如床、柜、箱、笼、桌、神龛、供桌、文房四宝、案头摆设与神佛造像等。

湘西木雕普遍应用于民间建筑物，以镂雕窗棂最具特色。分大雕菩萨、小雕花鸟人物两大类，有动物花草、佛八宝等百余种图案。有线刻、阳刻、阴刻、单面刻、双面刻等雕刻技法，浮雕、透雕，有散点式、鸟瞰式透视等构图。尤其是天、地、神、龙形象展现了土家族人的信仰习俗。

第三节　石雕工艺品

菊花石雕　湖南名砚

湖南的石材资源非常丰富，其中不乏“得天地钟灵之气”而生成的“奇石”，如菊花石、墨晶石、明山石、溪石等。千百年来，能工巧匠利用这些石材创作出许多蜚声于世的特色石雕工艺品。

湖南最负盛名的传统石雕工艺品是浏阳与泸溪特产的菊花石雕。菊花石为两亿多年前中生代三叠系地质演化而自然生成的具有白色菊花状矿物集合体的一种石材，因其纹饰宛如朵朵绽放的白菊花而得名。“菊花”由花蕊和花瓣两部分组成，以花蕊为中心，向三度空间作放射状排列，花形鬼斧神工、千姿百态。主要出产于长沙市浏阳市永和镇芙蓉河中以及湘西自治州的泸溪县。清代乾隆年间（1736—1795），人们在浏阳永和镇芙蓉河中偶然发现这种石材，采之以雕饰，自此即有浏阳菊花石雕，迄今已有200余年历史。泸溪菊花石雕继之而起。

石雕艺人利用石材天然之形、纹和色，运用平雕、浮雕、圆雕、透雕、线刻和立体多层镂空雕等技法，依据花形和题材运用适当的雕刻技法进行创作，精心雕琢出各种生动形象的艺术形象，造型别致，且因花形绝无雷同，每件石雕作品都独一无二。主要工序分开粗、打平、找花、清空、通眼、修饰、磨光、上色、配座等。最初多雕制石砚、图章、印盒等小型文房用具以及茶具、酒具等，后创刻了花屏、镜屏等观赏品。至清末，发展为大花瓶、假山、桌面椅靠以及花草虫鱼和人物等。清乾隆年间被作为宫廷贡品。1910年，菊花石雕参加南京南洋劝业会展览，获得两枚奖章。2008年，湖南浏阳菊花石雕被列入第二批国家级非物质文化遗产名录。

其他传统著名的石雕工艺品，还有主产于邵阳市洞口县和娄底市新化县（原属邵阳）等地的墨晶石雕。至迟在宋代，墨晶石制品已经为世人所熟知，南宋赵世鹄《洞天清录》中记载："劭石，宝庆府所出，色黑，多以作博棋子，刻作笔架。"[11]清代同治年间（1862—1874）已经对墨晶石进行商业性的批量采掘和开发，畅销国内并远销日本。此外，还有常德市桃源县的地方传统雕刻工艺品桃源石雕，也历史悠久，享誉于世。

砚台为文房四宝之一，也是传统石雕工艺品。自唐宋至今，有许多名砚便产于湖南。例如黎溪砚、谷山砚、五盖山砚、舞凤砚等。

黎溪砚为历史名砚，取怀化市芷江县黎溪所产石材制作，故名。又大溪、深溪、竹寨溪、水林岗等处亦产石，质近似，统称"黎溪砚"或"溪砚"。已有800余年历史。宋张世南《游宦纪闻》称："沅芷黎溪砚，紫者类端石而无眼。有金束腰、眉子纹，间有润者。其初甚发墨，久而复滑，或磨以细石，乃仍如新。有色绿而花纹如水波者，有色黑而金星者，有生自然铜于石中琢以为北斗三台之类者，有生白线当中而为琴样者，其类不一。庆元间（1195—1200），单路公炜字丙文始创为砚，以遗故旧，今遂盛行。”[12]明曹昭《格古要论》称：“辰沅州出一种石，色深黑，质粗燥，或有小眼。端溪人贩归刻作端溪样，称为黑端。辰沅州人自制者，多作犀牛、八角等样。又有一种溆石出九溪溆溪，表淡青，内深紫而带红，有极细润者，久用则光如镜面。或有金线及黄脉相间者，号为‘紫袍金带’。”[13]清孙承泽《砚山斋杂记》称：“砚材……但云上品更多，有紫袍玉带者，何其与楚中浰溪石相类也。”[14]黎溪又作“溆溪”、“浰溪”，所产砚石类似广东端溪砚石，无眼，石表淡青色，内深紫而带红。其金线及黄脉相间者，号为“紫袍金带”；紫、绿二色围黄线者，名为“金丝带”；还有“金束腰”、“眉子纹”等名目。石质均匀细润，纹理清晰，色彩纷呈，软硬适度，成板性能好，久用则光滑如镜，磨以细石仍复如新。为制砚佳石。制砚工匠即视坯石自然花纹而琢为形状各异之砚，以主体浮雕为主，其图案结构复杂，有动物、人物、山水、花鸟虫等，如犀牛望月、二龙戏珠、丹凤朝阳、凤穿牡丹、荷花戏鱼等。具南北各砚之优点，集观赏、实用、收藏于一体，深受历代文人墨客喜爱，成为各界名流佳士相互馈赠之佳品。

湖南出产的历史名砚还有长沙谷山砚、郴州五盖山砚及桃江舞凤砚等。如北宋米芾《砚史》记载：“潭州谷山砚，色淡青，有纹如乱丝理，慢扣之无声，得墨快，发墨有光。”

第四节　陶瓷工艺品

铜官陶瓷　醴陵陶瓷　岳州陶瓷

湖南制陶业的源头可以追溯到新石器时代。1993 年，在湖南永州道县玉蟾岩的新石器时代遗址中发现了距今至少约有 1.2 万年至 1.4 万年的用于烹煮稻谷等食物的陶器。此外，在澧县彭头山新石器时代遗址、澧县八十垱遗址、石门皂市下层新石器遗址等处，也发现了大量陶器。这表明，陶器的制作技艺已经被湖南的先民普遍掌握。随着社会经济的发展，湖南陶瓷的生产制作技艺不断发展。历史悠久且最具盛名的有长沙铜官窑、醴陵窑、岳州窑等。

铜官窑为唐代名窑，位于湖南长沙铜官镇瓦渣坪。亦称“长沙窑”、“瓦渣坪窑”。是中国陶瓷釉下多彩工艺的发源地，为全国著名的五大陶都之一，已有一千多年的生产历史，远在唐宋时期，产品就远销东南亚、阿拉伯各国。

该窑打破了“南青北白”一统天下的局面，开创了陶瓷装饰艺术之先河。所产陶瓷为纯手工制作，龙窑烧制。采用孔雀石、洞庭潮泥、山坡黄泥、铜粉、柴灰、石灰等基料相互搭配，产生青、黄、蓝、绿、褐、黑、铜红等多种釉色。通过将陶泥搓、揉、捻、塑、雕、贴花、画花、堆花、刮花等多种复杂工序，采用釉下彩和在瓷器上彩绘的装饰技法，即在青釉下用褐色或绿色斑点组成几何图案，在白釉或青黄釉下用笔绘云彩和几何纹，形成釉下多彩，塑造出人物山水、飞禽走兽等精美的造型，时有“湘瓷泛轻花”的美誉。早期的造型有壶、瓶、杯、盘、碗、灯等生活用品及生动可爱的鸟、狮、猪、鱼、青蛙等玩具。明代以后，产有大缸、酒瓮和广钵、茶壶等日用陶器。在唐宋时期，铜官窑陶瓷还根据海外客商的需要，设计出具有异域形制风格的陶器，并上绘当地图案及文字。1988 年，长沙铜官窑遗址被列入第三批全国重点文物保护单位。2011 年，长沙窑铜官陶瓷烧制技艺被列入第三批国家级非物质文化遗产名录。

醴陵窑。中国名窑之一，位于湖南株洲醴陵。与江西景德镇窑、福建德化窑鼎足而立，是举世闻名的釉下五彩瓷原产地，享有“瓷城”的美誉。

醴陵盛产陶土、瓷土等多种陶瓷原料。在东汉时期，醴陵就有大规模的陶器作坊。清雍正七年（1729），廖仲威在醴陵沩山开设陶瓷厂，产品以白瓷和釉下彩瓷见著，青花亦颇盛行。醴陵窑的白瓷胎质细润，釉面光洁，在当时赢得“白如玉、明如镜、薄如纸、声如磬”美誉。

醴陵釉下彩瓷最初用单一的氧化钴（俗称土墨）作彩饰原料，手工描绘粗犷花草图案后，施釉覆盖，烧成釉下青花瓷。1904 年，湖南凤凰人熊希龄（辛亥革命后担任北洋政府总理）与曾参与“公车上书”的醴陵举人文俊铎，提出了“立学堂，设公司”等主张，得到了湖南官府的大力支持。当年，湖南官立瓷业学堂在醴陵正式开办；次年，湖南瓷业

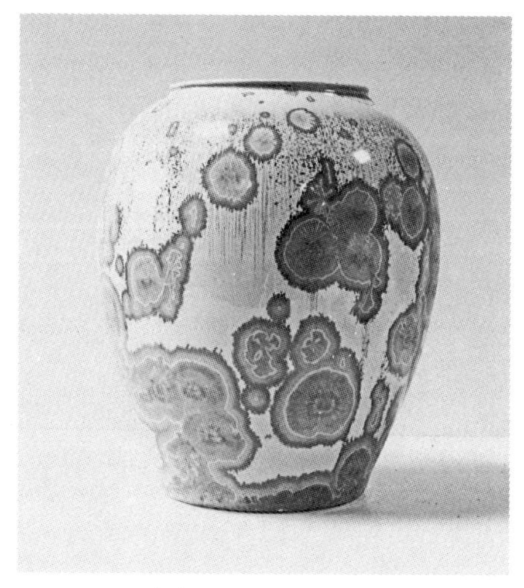
图下 8-7 醴陵釉下五彩瓷

制造公司在醴陵成立，熊希龄任公司总经理，文俊铎任学堂监督，开启了醴陵由粗瓷生产到细瓷开发的新纪元。1907 年至 1908 年，湖南瓷业学堂研制出草青、海碧、艳黑、赭色和玛瑙红等多种釉下颜料。湖南瓷业制造公司的绘画名师和瓷业学堂陶画班的毕业生，经过反复研制，采用自制釉下色料，运用国画双勾分水填色和“三烧制”法，生产出令人耳目一新的釉下五彩瓷器。产品瓷质细腻，画工精美，清新雅丽，别具一格，釉层下五彩缤纷，呈现出栩栩如生的画面，具有较高的艺术价值和使用价值。它的问世，立即得到业内人士和国内外舆论的极大关注和好评。1909 年到 1911 年，醴陵釉下五彩瓷分别参展武汉劝业会、南洋劝业会和意大利都朗国际赛会，连续获得金牌奖，醴陵瓷器开始名扬华夏，走向世界。2008 年，醴陵釉下五彩瓷烧制技艺被列入第二批国家级非物质文化遗产名录。

岳州窑。唐代窑场，位于湖南岳阳湘阴县铁罐嘴窑头山一带，唐属岳州，故名。所产瓷器世称“岳州瓷”，为驰名中外的中国六大名瓷之一。始烧于隋代，至唐代已达全盛时期，远销欧、亚各地。釉色以米黄、红棕和靛青三色为主，与长沙市郊新中国成立后唐墓中经常发现的带青（俗称蟹壳青）、带黄的器物一致。传统产品造型极多，有壶、罐、碗、盘等器物。胎土稍粗松，故较轻。早期胎多红色或米黄色，晚期多灰白色。明清以降，随着工艺技术的不断进步，所制瓷器坯质透明，烧烤充分，结构细密坚固，断面光亮，造型新颖，寓意深刻，各种花色图案覆盖于如冰似玉的釉面之下，层次分明，浓淡柔和，晶莹润泽，清秀雅致。艺术瓷更是精雕细镂，巧夺天工。瓷器饰画多以岳阳楼、洞庭湖、君山等名胜古迹，当地神话传说故事及洞庭风光为题材，造型生动活泼，栩栩如生。

第五节　其他工艺美术制品

浏阳烟花鞭炮　滩头年画

湖南的其他传统民间工艺美术品还有许多，其技艺精湛并被列入国家级非物质文化遗产的有浏阳烟花鞭炮和滩头年画等。

浏阳烟花鞭炮为驰名传统特产。浏阳素有“鞭炮之乡”、“浏阳鞭炮响天下”之盛誉。浏阳生产鞭炮迄今已有近千年历史。据湖南省经济调查所研究室于民国二十三年（1934）赴浏阳、醴陵等地进行调查后所撰写的《湖南之鞭爆》调查报告中记载：“鞭爆为湖南之特产，尤以浏阳所产，具有历史上之信誉，盖湘省鞭爆之制造，发源于浏阳也。然鞭爆究系何人所发明，又创造于何时，揆诸典籍，已难稽考，惟湖南鞭爆之出口，在光绪初年已有之。当时爆庄有培德厚者，经营广庄鞭爆，运销广东，因广东为当时洋庄鞭爆交易之中心也。从此以后，浏阳鞭爆名扬海外，销路亦远达外洋。厥后有刘人熙者，于汉口设庄，牌名绥丰永，推销汉庄鞭爆。继设者又有数家，谦达利、瑞华祥，其最著者。自是湖南鞭爆之国内销路，亦渐见推广，故湖南之鞭爆业，于清朝末年民国初年，已称发达矣。此由当时湖南鞭爆之海关出口情形观之，可资证明，自长（沙）、岳（阳）两关开关之始，鞭爆即为重要土货出口之一，如光绪三十年（1904），其出口数量一万余担，值达七万关平两，至宣统二三年（1910—1911），出口数量增至五万担，价值亦增至九十余万两，前清季年爆业发展之情形，已可想见。民国以后，爆业更有蒸蒸日上之势……湘省鞭爆，成本低廉，品质精美，久具盛名，销路之广，冠于全国。或谓鞭爆已不啻湖南独占商品之一，且宜急谋救济与发展者，信可征也。”⑮

浏阳烟花鞭炮以工艺精湛、配方科学、造型独特、质量优异、燃放安全、音响洪亮、花色艳丽、气味芬芳著称，驰名中外。旧时浏阳当地几乎家家户户都有生产，有“十家九爆”之称。2006 年，浏阳花炮制作技艺被列入第一批国家级非物质文化遗产名录。

滩头年画。湖南惟一的民间传统手工木版水印风俗画，出产于湖南

图下 8-8　滩头年画

邵阳市隆回县滩头镇，为中国四大年画之一，以浓郁的楚南地方特色自成一派。滩头镇自古巫风炽盛，民间祭祀活动甚为流行，用于祭祀的纸马品种繁多，其制作工艺与木版年画有着一定的传承关系。滩头木版年画历史悠久，据考，早在元代在江南一带的赵公元帅像就是滩头刻印的。后发展成套色水印木刻。年画从造纸原料选择、纸张制造、刷底，到刻版、七次印刷、七次手绘，需经过二十多道工序。所用纸为土纸，吸色性强，长期使用不易褪色，质地柔韧耐磨，涂上一层白粉后，用 6—7 块木刻色板套印，再用手工刻画细节。年画内容多取材于民间故事和民俗风情，分神像、吉祥图案和戏文故事三大类，如老鼠嫁女、和气致祥、门神、财神、关公、年年发财、金玉满堂等。构图简洁，造型古拙夸张，色彩艳丽润泽，富有浓郁的乡土气息，成品整体具有浮雕效果。为制作年画，滩头镇历史上曾出现过造纸村、雕刻村、色纸巷、花纸巷、香粉纸巷和年画街，工艺发达，分工明确，相互配套。2006 年，滩头木版年画被列入第一批国家级非物质文化遗产名录。

苗族银饰。湖南享有盛名的特色传统实用工艺品。湖南苗家妇女佩戴的首饰种类繁多、造型美观，有金饰、银饰、铜饰、玉饰之分，以银饰最为普遍。苗家认为银饰不仅可以避邪，更可给人带来吉祥幸福，同时也是财富的象征，故苗家少女全身佩戴的银饰，多的可达数公斤乃至 10 余公斤。苗族银饰种类繁多，造型奇特，工艺精致，在中国各民族中首屈一指。银饰有银帽、银盆、凤冠、耳环、项圈、手镯、戒指、牙签、扣绊、银花、银牌、披肩之别，以耳环、项圈、手镯、戒指为常戴之物。各种银饰还有不同造型，如项圈有轮圈、扁圈、盘图等；耳环有瓜子耳环、石榴耳环、梅花针耳环、圆圈耳环、龙头耳环、粑粑耳环等。苗族妇女每当出嫁、串亲、做客、赶集、节日赴会等均佩戴银饰。

图下 8-9　苗族银饰

旧时的苗族银饰多为民间银匠制作。最初的苗族银匠大多挟铁匠之技艺改行拜师，向汉族工匠学习打制银饰，技艺精熟后，便子承父业，世代相袭，手艺极少外传，以家庭作坊内的手工操作完成。其工艺，先将熔炼过的白银制成薄片、银条或银丝，利用压、刻、搂等工艺，制出精美纹样，然后再焊接或编织成型。工艺流程非常复杂，精益求精，一件银饰多的要经过一二十道工序才能完成。造型设计，则善于从妇女的刺绣及蜡染纹样中汲取创作灵感，根据传统习惯、审美情趣，对细节或局部的刻画注重推陈出新，使苗族银饰日臻完美。苗族银饰以其多样的品种、奇美的造型和精巧的工艺，不仅向人们呈现了一个瑰丽多彩的艺术世界，而且也展示出一个有着丰富内涵的精神世界。2006 年，湖南苗族银饰锻制技艺被列入第一批国家级非物质文化遗产名录。

【注释】

①［元］托克托等：《宋史》卷四九四，台湾商务印书馆 1986 年影印文渊阁《四库全书》本。

②《皇清职贡图》卷七，台湾商务印书馆 1986 年影印文渊阁《四库全书》本。

③［宋］周去非：《岭外代答》卷六，台湾商务印书馆 1986 年影印文渊阁《四库全书》本。

④［宋］司马光撰，［元］胡三省音注：《资治通鉴》卷二三二，中华书局 1956 年版，

第十册，第 7494 页。

⑤ [明] 高棅：《唐诗品汇》卷三三，台湾商务印书馆 1986 年影印文渊阁《四库全书》本。

⑥《全唐诗》，中华书局 1960 年版，第二十册，第 8003 页。

⑦ [宋] 范成大：《石湖诗集》卷三，台湾商务印书馆 1986 年影印文渊阁《四库全书》本。

⑧ [宋] 方岳：《秋崖集》卷一，台湾商务印书馆 1986 年影印文渊阁《四库全书》本。

⑨ [宋] 林逋：《林和靖集》卷三，台湾商务印书馆 1986 年影印文渊阁《四库全书》本。

⑩ [宋] 陆游：《剑南诗稿》卷七七，台湾商务印书馆 1986 年影印文渊阁《四库全书》本。

⑪ [宋] 赵世鹄：《洞天清录》，台湾商务印书馆 1986 年影印文渊阁《四库全书》本。

⑫ [宋] 张世南：《游宦纪闻》卷七，台湾商务印书馆 1986 年影印文渊阁《四库全书》本。

⑬ [明] 曹昭：《格古要论》卷中，台湾商务印书馆 1986 年影印文渊阁《四库全书》本。

⑭ [清] 孙承泽：《砚山斋杂记》卷三，台湾商务印书馆 1986 年影印文渊阁《四库全书》本。

⑮ 湖湘文库编辑出版委员会编：《湖湘文库（乙编）》第 116 册，《湖南民国经济史料选刊（二）》，第 620 页，湖南人民出版社 2009 年 1 月。

附 录

一、湖南省国家级重点文物保护单位

第一批全国重点文物保护单位（180处）：　　中华人民共和国国务院1961年3月4日公布

<table>
<tr><th>类别</th><th>序号</th><th>分类号</th><th>名称</th><th>时代</th><th>地址</th></tr>
<tr><td rowspan="2">一、革命遗址及革命纪念建筑物（33处）</td><td>4</td><td>4</td><td>韶山冲毛主席旧居</td><td>1893年</td><td>湘潭县韶山冲</td></tr>
<tr><td>14</td><td>14</td><td>秋收起义文家市会师旧址</td><td>1927年</td><td>浏阳县</td></tr>
<tr><td>四、石刻及其他（11处）</td><td>132</td><td>8</td><td>溪州铜柱</td><td>五代</td><td>永顺县</td></tr>
</table>

第二批全国重点文物保护单位（62处）：　　中华人民共和国国务院1982年2月24日公布

类别	序号	分类号	名称	时代	地 址
四、石刻及其他（共2处）	44	1	常德铁幢	宋	常德市

第三批全国重点文物保护单位（258处）：　　中华人民共和国国务院1988年1月13日公布

<table>
<tr><th>类别</th><th>序号</th><th>分类号</th><th>名称</th><th>时代</th><th>地址</th></tr>
<tr><td rowspan="4">一、革命遗址及革命纪念建筑物（41处）</td><td>7</td><td>7</td><td>黄兴故居、墓</td><td>1874年、1917年</td><td>长沙县、长沙市</td></tr>
<tr><td>15</td><td>15</td><td>刘少奇故居</td><td>1898—1916年</td><td>宁乡县</td></tr>
<tr><td>16</td><td>15</td><td>任弼时故居</td><td>1904—1915年</td><td>汨罗市</td></tr>
<tr><td>27</td><td>27</td><td>平江起义旧址</td><td>1928年</td><td>平江县</td></tr>
<tr><td rowspan="2">三、古建筑及历史纪念建筑物（111处）</td><td>66</td><td>14</td><td>岳阳楼</td><td>清</td><td>岳阳市</td></tr>
<tr><td>75</td><td>23</td><td>岳麓书院</td><td>清</td><td>长沙市</td></tr>
<tr><td>四、石刻及其他（17处）</td><td>173</td><td>10</td><td>浯溪摩崖石刻</td><td>唐至清</td><td>祁阳县</td></tr>
<tr><td>五、古遗址（49处）</td><td>224</td><td>44</td><td>长沙铜官窑遗址</td><td>唐至宋</td><td>望城县</td></tr>
</table>

第四批全国重点文物保护单位（250处）： 中华人民共和国国务院1996年11月20日公布

类别	序号	分类号	名称	时代	地址
一、古遗址（56处）	17	17	城头山遗址	新石器时代	澧县
二、古墓葬（22处）	78	22	炎帝陵	清	炎陵县
三、古建筑（110处）	108	30	龙兴寺	宋至清	沅陵县
	178	100	马田鼓楼	清	通道侗族自治县
	179	101	宁远文庙	清	宁远县
五、近现代重要史迹及代表性建筑（50处）	207	9	谭嗣同故居	清	浏阳市
	208	10	魏源故居	清	隆回县
	217	19	向警予故居	1895年	溆浦县
	230	32	湘南年关暴动指挥部旧址	1928年	宜章县
	239	41	南岳忠烈祠	1938-1942年	衡阳市

第五批全国重点文物保护单位（520处）： 中华人民共和国国务院2001年6月25日公布

类别	序号	分类号	名称	时代	地址
一、古遗址（144处）	91	Ⅰ-91	玉蟾岩遗址	新石器时代	道县
	92	Ⅰ-92	彭头山遗址	新石器时代	澧县
	93	Ⅰ-93	八十垱遗址	新石器时代	澧县
	94	Ⅰ-94	老司城遗址	五代至清	永顺县
三、古建筑（248处）	363	Ⅲ-169	柳子庙	清	永州市
	364	Ⅲ-170	屈子祠	清	汨罗市
	365	Ⅲ-171	邵阳北塔	明	邵阳市
	366	Ⅲ-172	岳阳文庙	宋至清	岳阳市
	367	Ⅲ-173	张谷英村古建筑群	明、清	岳阳县
	368	Ⅲ-174	芋头侗寨古建筑群	明、清	通道侗族自治县
五、近现代重要史迹及代表性建筑（40处）	499	Ⅴ-26	彭德怀故居	近代	湘潭县
附：2002年11月22日国务院通知增补					
古遗址	520	Ⅰ-145	里耶古城遗址	战国至秦、汉	龙山县

第六批全国重点文物保护单位（1080 处）：　　中华人民共和国国务院 2006 年 5 月 25 日公布

类别	序号	编号	名称	时代	地址
一、古遗址（220 处）	165	Ⅰ-165	高庙遗址	新石器时代	洪江市
	166	Ⅰ-166	炭河里遗址	周	宁乡县
	167	Ⅰ-167	舜帝庙遗址	宋	宁远县
三、古建筑（513 处）	670	Ⅲ-373	上甘棠村古建筑群	明至清	江永县
	671	Ⅲ-374	高椅村古建筑群	明至清	会同县
	672	Ⅲ-375	桃花源古建筑群	明至清	桃源县
	673	Ⅲ-376	南岳庙	明至清	衡阳市
	674	Ⅲ-377	洪江古建筑群	明至民国	怀化市
	675	Ⅲ-378	坪坦风雨桥	清	通道侗族自治县
	676	Ⅲ-379	蔡侯祠	清	耒阳市
	677	Ⅲ-380	余家牌坊	清	澧县
	678	Ⅲ-381	凤凰古城堡	清	凤凰县
四、石窟寺及石刻(63 处)	848	Ⅳ-8	阳华岩摩崖	唐至清	江华瑶族自治县
五、近现代重要史迹及代表性建筑（206 处）	1003	Ⅴ-130	沈从文故居	清	凤凰县
	1004	Ⅴ-131	贺龙故居	清	桑植县
	1005	Ⅴ-132	富厚堂	清	双峰县
	1006	Ⅴ-133	齐白石故居	清	湘潭县
	1007	Ⅴ-134	东山书院旧址	清至民国	湘乡市
	1008	Ⅴ-135	蔡锷故居、公馆和墓	清至民国	邵阳市、洞口县、长沙市
	1009	Ⅴ-136	湖南省立第一师范学校旧址	民国	长沙市
	1010	Ⅴ-137	树德山庄	民国	东安县
	1011	Ⅴ-138	中共湘区委员会旧址	1922—1923 年	长沙市
	1012	Ⅴ-139	湘鄂川黔革命根据地旧址	1934—1935 年	张家界市、永顺县、龙山县
	1013	Ⅴ-140	塘田战时讲学院旧址	1938—1939 年	邵阳县
	1014	Ⅴ-141	抗日胜利芷江洽降旧址	1945 年	芷江侗族自治县
与现有全国重点文物保护单位合并的项目（106 处）	96		韶山冲毛泽东旧居增补点	1873—1962 年	韶山市

续表

类别	序号	编号	名称	时代	地址
增补：2009 年 8 月 20 日			安江农校纪念园		怀化市安江镇

二、全国十大考古新发现湖南省入选项目

国家文物局 1991 年开始举办

年度	项目名称	年代	备注
1991	安乡县刘弘墓	西晋	
1992	澧县城头山古城（屈家岭文化部分）	新石器时代	入选“中国 20 世纪 100 项考古大发现”
1994	长沙“渔阳”王后墓	西汉	
1995	道县玉蟾岩洞穴遗址	新石器时代	入选“中国 20 世纪 100 项考古大发现”
1996	长沙走马楼吴简	三国	入选“中国 20 世纪 100 项考古大发现”
1997	澧县城头山古城（大溪文化、汤家岗文化部分）	新石器时代	入选“中国 20 世纪 100 项考古大发现”
1999	沅陵县虎溪山 1 号汉墓	西汉	
2002	龙山县里耶古城及出土秦简牍	战国末年，秦，西汉	
2004	宁乡县炭河里西周城址	西周	
2005	洪江市高庙遗址	新石器时代	

注：2001 年 1—3 月，在由中国社会科学院考古研究所《考古》杂志社组织的“中国 20 世纪 100 项考古大发现”评选活动中入选的还有“长沙马王堆汉墓的发掘”、“城头山新石器遗址的发掘”合并一项入选。

三、湖南省国家级非物质文化遗产名录

第一批国家级非物质文化遗产名录（518 项）： 中华人民共和国国务院 2006 年 5 月 20 日公布

类别	序号	编号	项目名称	申报地区或单位
民间音乐（共计 72 项）	41	Ⅱ -10	桑植民歌	湖南省桑植县
	54	Ⅱ -23	靖州苗族歌鼟	湖南省靖州苗族侗族自治县
	64	Ⅱ -33	澧水船工号子	湖南省澧县
	85	Ⅱ -54	土家族打溜子	湖南省湘西土家族苗族自治州

续表

类别	序号	编号	项目名称	申报地区或单位
民间舞蹈（共计41项）	120	Ⅲ-17	土家族摆手舞	湖南省湘西土家族苗族自治州
	133	Ⅲ-30	湘西苗族鼓舞	湖南省湘西土家族苗族自治州
	134	Ⅲ-31	湘西土家族毛古斯舞	湖南省湘西土家族苗族自治州
传统戏剧（共计92项）	145	Ⅳ-1	昆曲	湖南省
	151	Ⅳ-7	高腔（辰河高腔、常德高腔）①	湖南省辰溪县、泸溪县、常德市
	157	Ⅳ-13	湘剧	湖南省衡阳市
	178	Ⅳ-34	巴陵戏	湖南省岳阳市
	179	Ⅳ-35	荆河戏	湖南省澧县
	231	Ⅳ-87	目连戏（辰河目连戏）	湖南省溆浦县
	233	Ⅳ-89	傩戏（侗族傩戏、沅陵辰州傩戏）②	湖南省新晃侗族自治县、沅陵县
	236	Ⅳ-92	木偶戏（邵阳布袋戏）	湖南省邵阳县
曲艺（共计46项）	263	Ⅴ-27	常德丝弦	湖南省常德市
民间美术（共计51项）	307	Ⅶ-8	滩头木版年画	湖南省隆回县
	318	Ⅶ-19	湘绣	湖南省长沙市
	324	Ⅶ-25	挑花（花瑶挑花）	湖南省隆回县
	345	Ⅶ-46	竹刻（宝庆竹刻）	湖南省邵阳市
传统手工技艺（共计89项）	368	Ⅷ-18	土家族织锦技艺	湖南省湘西土家族苗族自治州
	390	Ⅷ-40	苗族银饰锻制技艺	湖南省凤凰县
	436	Ⅷ-86	浏阳花炮制作技艺	湖南省浏阳市
民俗（共计70项）	451	Ⅸ-3	端午节（汨罗江畔端午习俗）③	湖南省汨罗市
	481	Ⅸ-33	炎帝陵祭典	湖南省炎陵县
	517	Ⅸ-69	女书习俗	湖南省江永县

注：①② 在公布的第一批518项名录中，湖南为26项28个，其中辰河高腔、常德高腔和侗族傩戏、沅陵辰州傩戏各并为一个编号。

③ 2009年9月28日至10月2日，在阿拉伯联合酋长国阿布扎比市举行的联合国教科文组织保护非物质文化遗产政府间委员会第四次会议上，中国申报的“端午节（含汨罗江畔端午习俗）”等22个项目入选《人类非物质文化遗产代表作名录》。

第二批国家级非物质文化遗产名录（510 项）： 中华人民共和国国务院 2008 年 6 月 7 日公布

类别	序号	编号	项目名称	申报地区或单位
民间文学（共计 53 项）	567	Ⅰ-80	土家族梯玛歌	湖南省龙山县
传统音乐（民间音乐，共计 67 项）	588	Ⅱ-89	茶山号子	湖南省辰溪县
	594	Ⅱ-95	新化山歌	湖南省娄底市
	597	Ⅱ-98	江河号子（酉水船工号子）	湖南省保靖县
	608	Ⅱ-109	苗族民歌（湘西苗族民歌、苗族飞歌）	湖南省吉首市
	609	Ⅱ-110	瑶族民歌（花瑶呜哇山歌）	湖南省隆回县
	624	Ⅱ-125	土家族咚咚喹	湖南省龙山县
	628	Ⅱ-129	芦笙音乐（侗族芦笙）	湖南省通道侗族自治县
传统舞蹈（民间舞蹈，共计 55 项）	657	Ⅲ-60	瑶族长鼓舞	湖南省江华瑶族自治县
传统戏剧（共计 46 项）	713	Ⅳ-112	花鼓戏	湖南省岳阳县、邵阳市、常德市
	728	Ⅳ-127	湘剧	湖南省湘剧院、长沙市、桂阳县
	729	Ⅳ-128	祁剧	湖南省祁剧院、衡阳市、祁阳县
曲艺（共计 50 项）	744	Ⅴ-51	长沙弹词	湖南省长沙市
传统美术（民间美术，共计 45 项）	832	Ⅶ-56	石雕（菊花石雕）	湖南省浏阳市
	842	Ⅶ-66	彩扎（凤凰纸扎）	湖南省凤凰县
传统技艺（传统手工技艺，共计 97 项）	878	Ⅷ-95	醴陵釉下五彩瓷烧制技艺	湖南省醴陵市
	887	Ⅷ-104	侗锦织造技艺	湖南省通道侗族自治县
	935	Ⅷ-152	黑茶制作技艺（千两茶制作技艺、茯砖茶制作技艺）	湖南省安化县、益阳市
传统医药（共计 8 项）	971	Ⅸ-11	传统中医药文化（九芝堂传统中药文化）	湖南省九芝堂股份有限公司
民俗（共计 51 项）	984	Ⅹ-77	苗族四月八姑娘节	湖南省绥宁县
	991	Ⅹ-84	庙会（火宫殿庙会）	湖南省长沙市

第一批国家级非物质文化遗产扩展项目名录（共计 147 项）：

中华人民共和国国务院 2008 年 6 月 7 日公布

类别	序号	编号	项目名称	申报地区或单位
民间文学（共计 5 项）	8	Ⅰ-8	孟姜女传说	湖南省津市市
传统音乐（民间音乐，共计 17 项）	68	Ⅱ-37	唢呐艺术（青山唢呐）	湖南省湘潭县
传统舞蹈（民间舞蹈，共计 13 项）	107	Ⅲ-4	龙舞（汝城香火龙、九龙舞）	湖南省汝城县、平江县
传统戏剧（共计 33 项）	227	Ⅳ-83	侗戏	湖南省通道侗族自治县
	235	Ⅳ-91	皮影戏（湖南皮影戏）	湖南省木偶皮影艺术剧院、衡山县
	236	Ⅳ-92	木偶戏（湖南杖头木偶戏）	湖南省木偶皮影艺术剧院
传统美术（民间美术，共计 16 项）	315	Ⅶ-16	剪纸（踏虎凿花）	湖南省泸溪县
	324	Ⅶ-25	挑花（花瑶挑花）	湖南省溆浦县
传统技艺（传统手工技艺，共计 24 项）	374	Ⅷ-24	蓝印花布印染技艺	湖南省凤凰县、邵阳县
民俗（共计 15 项）	513	Ⅹ-65	苗族服饰	湖南省湘西土家族苗族自治州

注：本扩展项目名录的序号、编号均为第一批国家级非物质文化遗产名录的序号和编号。

第三批国家级非物质文化遗产名录（191 项）： 中华人民共和国国务院 2011 年 5 月 23 日公布

类别	序号	编号	项目名称	申报地区或单位
民间文学（共计 41 项）	1037	Ⅰ-93	盘瓠传说	湖南省泸溪县
	1056	Ⅰ-112	土家族哭嫁歌	湖南省永顺县、古丈县
传统舞蹈（共计 15 项）	1087	Ⅲ-98	仗鼓舞（桑植仗鼓舞）	湖南省桑植县
	1088	Ⅲ-99	南县地花鼓	湖南省南县
传统戏剧（共计 20 项）	1119	Ⅳ-157	张家界阳戏	湖南省张家界市永定区
曲艺（共计 18 项）	1131	Ⅴ-107	祁阳小调	湖南省祁阳县
传统体育、游艺与杂技（共计 15 项）	1148	Ⅵ-65	赛龙舟	湖南省沅陵县
传统美术（共计 13 项）	1155	Ⅶ-98	苗画	湖南省保靖县
传统技艺（共计 26 项）	1171	Ⅷ-191	长沙窑铜官陶瓷烧制技艺	湖南省长沙市望城区
	1191	Ⅷ-211	土家族吊脚楼营造技艺	湖南省永顺县
民俗（共计 23 项）	1203	Ⅹ-128	土家年	湖南省永顺县
	1207	Ⅹ-132	舜帝祭典	湖南省宁远县

第二批国家级非物质文化遗产扩展项目名录（共计164项）：

中华人民共和国国务院2011年5月23日公布

类别	序号	编号	项目名称	申报地区或单位
民间文学（共计8项）	1	Ⅰ-1	苗族古歌	湖南省花垣县
传统舞蹈（共计16项）	107	Ⅲ-4	龙舞（芷江孽龙、城步吊龙）	湖南省芷江侗族自治县，湖南省城步苗族自治县
传统戏剧（共计28项）	233	Ⅳ-89	傩戏（梅山傩戏）	湖南省冷水江市
	713	Ⅳ-112	花鼓戏（衡州花鼓戏、临湘花鼓戏、长沙花鼓戏）	湖南省衡阳市，湖南省临湘市，湖南省花鼓戏剧院
曲艺（共计10项）	263	Ⅴ-27	丝弦	湖南省武冈市
传统美术（共计19项）	324	Ⅶ-25	挑花（苗族挑花）	湖南省泸溪县
	350	Ⅶ-51	竹编（益阳小郁竹艺）	湖南省益阳市
	832	Ⅶ-56	石雕（菊花石雕）	湖南省工艺美术研究所
传统医药（共计7项）	975	Ⅸ-15	苗医药（癫痫症疗法、钻节风疗法）	湖南省凤凰县、花垣县
民俗（共计24项）	984	Ⅹ-77	苗族四月八	湖南省吉首市
	994	Ⅹ-87	抬阁（宜章夜故事、长乐抬阁故事会）	湖南省宜章县，湖南省汨罗市

注：本扩展项目名录的序号、编号均为第一、二批国家级非物质文化遗产名录的序号和编号。

四、湖南省国家级历史文化名城

中华人民共和国国务院批准公布

批次	批准公布日期	名称
第一批历史文化名城（24个）	1982.2.8.	长沙
第三批历史文化名城（37个）	1994.1.4.	岳阳
	2001.12.17.	凤凰县城

五、湖南省中国历史文化名镇

行政区划	名称	所在地	公布日期
长沙市	靖港镇	望城县	2008.10.14.
邵阳市	寨市镇	绥宁县	2010.7.22.

续表

行政区划	名称	所在地	公布日期
湘西土家族苗族自治州	浦市镇	泸溪县	2010.7.22.
	芙蓉镇	永顺县	2008.10.14.
	里耶镇	龙山县	2005.9.16.

六、湖南省中国历史文化名村

行政区划	名称	所在地	公布日期
岳阳市	张谷英村	岳阳县张谷英镇	2003.10.8.
郴州市	板梁村	永兴县高亭乡	2010.7.22.
永州市	涧岩头村	零陵区富家桥镇	2007.5.31.
	上甘棠村	江永县夏层铺镇	2007.5.31.
	坦田村	双牌县理家坪乡	2010.7.22.
	龙溪村	祁阳县潘市镇	2010.7.22.
怀化市	五宝田村	辰溪县上蒲溪瑶族乡	2010.7.22.
	高椅村	会同县高椅乡	2007.5.31.

七、中国国家自然遗产、国家自然与文化双遗产、世界文化遗产预备名录（湖南部分）

批　　次	公布日期	名　　称
首批中国国家自然遗产预备名录（17处）	2006.1.12.	湖南省崀山风景名胜区
首批中国国家自然与文化双遗产预备名录（13处）	2006.1.12.	湖南省南岳衡山风景名胜区
		湖南省紫鹊界·梅山龙宫风景名胜区
中国世界文化遗产预备名单重设目录（35项）	2006.12.15.	凤凰古城
第二批中国国家自然遗产预备名录（18处）	2009.9.10.	万佛山—侗寨省级风景名胜区

注：1996年，中国向联合国教科文组织递交了首批《中国世界遗产预备名单》。根据该组织《保护世界文化和自然遗产公约》的规定，2006年，国家文物局将修订后的《中国世界文化遗产预备名单（重设目录）》公布，再提交中国联合国教科文组织全委会，由其报送联合国教科文组织世界遗产中心。

主要参考文献

1. 《辟邪纪实》，同治元年初刻本
2. 《陈天华集》，湖南人民出版社 1982 年版
3. 《畴人传三编》，诸可宝，见万有文库本《畴人传》（八），商务印书馆 1935 年版
4. 《楚辞补注》，洪兴祖，中华书局 1983 年版
5. 《船山全书》，王夫之，岳麓书社 1988 年版
6. 《郭嵩焘日记》，岳麓书社 1982 年版
7. 《海国图志》，魏源，中州古籍出版社 1999 年版
8. 《衡山县志》，清光绪版
9. 《衡湘稽古》，[清] 王万澍，齐鲁书社 1997 年版
10. 《后汉书》，中华书局 1965 年版，岳麓书社 1998 年版
11. 《胡林翼集》，岳麓书社 1999 年版
12. 《湖南通志》，清光绪版
13. 《晦庵集》，[宋] 朱熹，台湾商务印书馆股份有限公司 2008 年版
14. 《嘉禾县学记》，[清] 王应章
15. 《晋书》，岳麓书社 1997 年版
16. 《葵园四种》，岳麓书社 1986 年版
17. 《礼记》，郑玄注，中华书局 1980 年版
18. 《李鸿章全集》，上海人民出版 1986 年版
19. 《刘禹锡集》，上海人民出版 1975 年版

20. 《柳河东集》，上海人民出版 1974 年版
21. 《瞑庵二识》，朱克敬，岳麓书社 1983 年版
22. 《墨余录》，毛祥麟，上海古籍出版社 1985 年版
23. 《南岳总胜集》，[宋] 陈田夫，上海古籍出版社 1989 年版
24. 《农书》，王祯，《四库全书》本
25. 《潜研堂文集》，钱大昕，民国十八年（1919）上海商务印书馆影印嘉庆丙寅刊本
26. 《清史稿》，赵尔巽，中华书局 1977 年版
27. 《全上古三代秦汉三国六朝文》，[清] 严可均辑，中华书局 1958 年版
28. 《全唐诗》，中华书局 1960 年版
29. 《善化县志》，清光绪版
30. 《拾遗记》，[晋] 王嘉，中华书局 1981 年版
31. 《史记》，岳麓书社 1988 年版
32. 《水经注》，陈桥驿注释本，浙江古籍出版社 2001 年版
33. 《四库全书》（文渊阁），台湾商务印书馆 1986 年影印
34. 《宋史》，中华书局 1977 年版
35. 《宋元学案》，黄宗羲，中华书局 1986 年版
36. 《谭嗣同全集》，中华书局 1981 年版
37. 《唐才常集》，中华书局 1982 年版
38. 《魏源集》，中华书局 1976 年版
39. 《文献通考》，[元] 马端临，中华书局 2011 年版
40. 《文忠集》，[宋] 周必大，台湾商务印书馆股份有限公司 2008 年版
41. 《湘绮楼日记》，王闿运，岳麓书社 1997 年版
42. 《湘学略》，李肖聃，岳麓书社 1985 年版
43. 《小畜集》，[宋] 王禹偁，吉林出版集团 2005 年版
44. 《新书》，[汉] 贾谊，岳麓书社 2010 年版
45. 《杨毓麟集》，岳麓书社 2008 年版
46. 《元次山文集》，[唐] 元结，中华书局上海编辑所 1960 年版
47. 《沅湘耆旧集前编》，邓显鹤，岳麓书社 2007 年版

48. 《岳麓书院志》，[清] 赵宁，岳麓书社 2012 年版
49. 《曾国藩全集》，岳麓书社 1984 年版
50. 《曾惠敏公遗集》，曾纪泽，岳麓书社 1983 年版
51. 《庄子浅释》，中华书局 1982 年版
52. 《资治通鉴》，[宋] 司马光撰、[元] 胡三省注，中华书局 1956 年版
53. 《左宗棠全集》，岳麓书社 1996 年版

54. 《陈独秀文章选编》，三联书店 1984 年版
55. 《湖南近现代史》，林增平、范忠程主编，湖南师大出版社 1991 年版
56. 《湖南历史资料》，1959 年第一期
57. 《湖南省志》湖南人民出版社 2003 年版
58. 《湖南通史》，伍新福，湖南人民出版社 2008 年版
59. 《湖湘文库》，湖湘文库编辑出版委员会编，湖南人民出版社 2009 年版
60. 《黄兴集》，刘泱泱编，湖南人民出版社 2008 年版
61. 《近百年湖南学风》，钱穆，岳麓书社 1986 年版
62. 《宁远县志》，民国版
63. 《宋教仁传》，李元灿等著，国际展望出版社 1992 年版
64. 《谭嗣同传》，中华书局 1981 年版
65. 《汪辟疆说近代诗》，汪辟疆，上海古籍出版 2001 年版
66. 《文心雕龙注》，范文澜，人民文学出版社 1958 年版
67. 《辛亥革命史料选辑》，邱权改、杜春和，湖南人民出版 1981 年版
68. 《续湘军志》，朱德裳，岳麓书社 1983 年合刊本
69. 《杨度集》，湖南人民出版社 1986 年版
70. 《中国苗族通史》，伍新福，贵州民族出版 1999 年版
71. 《中国书院史》，邓洪波，东方出版社 2004 年版
72. 《中国书院史资料》，陈谷嘉、邓洪波，浙江教育出版社 1998 年版
73. 《中国书院制度研究》陈谷嘉、邓洪波，浙江教育出版社 1997 年版
74. 《中国文学发展史》，刘大杰，百花文艺出版 1999 年版
75. 《周恩来手迹选》，中央文献出版社 1981 年版

索 引

说 明：

一、本索引是主题词索引。原则上，作为索引条目的主题词是本卷的研究对象、重点展开论述或详细介绍的内容，分为以下几类：1. 人名。包括本省籍文化名人，非本省籍但曾居于本省、对本省文化产生重要影响者；2. 地名。只录本省内对文化产生过重大影响的地名。文中人物籍贯的古今地名均不收录；3. 篇名。包括有重要影响的著作、诗文、书画等；4. 文化遗产名（包括非物质文化遗产）或遗迹名；5. 其他专有名词，包括器物名、学派名以及具有地域文化特色的文化现象等。

二、索引条目按第一个字的汉语拼音（同音字按声调）顺序排列，同声同调按笔画顺序排列；第一个字相同，按第二个字音序排列。以下据此类推。

三、条目后的阿拉伯数字表示该条目所在的页码。

四、总绪论、绪论、注释、参考文献、图注、后记、跋不做索引。

A

B

C

D

F

G

H

J

K

L

M

N

O

P

Q

R

S

T

W

X

Y

Z

后 记

《中国地域文化通览·湖南卷》（以下简称《通览·湖南卷》）的编撰工作历时两年多。此项工作得到了在省委省政府领导的高度重视，省委常委、常务副省长于来山同志亲自担任编撰委员会主任和主编，省财政及有关部门给予了大力支持。在两年多的编撰工作中，室馆党组一直把《通览·湖南卷》的编撰工作作为室馆重点工作，严密组织、精心筹划；严格按照国务院参事室、中央文史研究馆《中国地域文化通览》编撰委员会的要求，成立我省编撰委员会、审读小组和办公室，确定由党组成员、副主任副馆长阳盛海负责主抓此项工作。党组多次召开专题会议研究编撰工作，从写作班子到编撰工作计划，从经费保障到章节目录、样稿的报送，从分篇文稿的统稿到审稿，党组都及时听取汇报，提出要求。原室馆党组书记、主任孙海，现室馆党组书记石华清和副书记、主任姚正先多次参加章节目录和文稿评审会，并就落实国务院参事室主任陈进玉和中央文史馆馆长袁行霈在各次会议的讲话精神以及十次中国地域通览编撰工作会议精神提出具体意见和要求。为确保《通览·湖南卷》成为“传世精品”，我们选调了熊治祁、伍新福、陈书良、王兴国、刘泱泱、左汉中、万里、邓洪波、周柳燕、徐美辉等十名文史专家作为本书的编著者。经过反复的商讨、研究、修改、调整，他们完成了“章节目录”和样稿的撰写。在“章节目录”和样稿报送并得到批复后，于2010年3月开始进行全稿的编撰。王兴国和万里负责绪论的写作。伍新福负责上编第一章，第二章的一、三、四节，第三章的第二、五节，第四章的第三、五、六节，第五章的第三、五、六节，第六章的第四、五、六节的文稿写作。陈书良、周柳燕负责上编第二章第二节，第三章第三、四节，第四章第四节，第五章第二节，第六章第三节，第七章的第三、四节的写作。王兴国负责上编第四章第二节，第五章第四节，第六章第二节的写作。刘泱泱负责上编第七章第一、二、六、七节，下编第二章的文稿写作。邓洪波负责上编第三章第一节、第四章第一节、第五章第一节、第六章第一节、第七章第五节和下编的第一章的文稿写作。熊治祁与徐美辉负责下编第三章至第八章的编撰。统稿期间，陈书良负责上编的统稿和修改，熊治祁负责下编的统稿和修改，万里负责下编第三章至第八章的改写任务。图片绝大部分系左汉中提供。所有文稿都几易其稿，进行了多次研讨与修改，得到中央文史馆《中国地域文化通览》编撰委员会的充分肯定。尤其是2010年3月，《中国地域文化通览》编撰委员会派出薛永年、陈祖武馆员、唐华东副司长来我省检查督促编撰工作，对我们的工作给予了“政府领导重视，室馆组织有力，写作班子很强，工作处于上流”的高度评价，有力地促进了《通览·湖南卷》的编撰工作。

《中国地域文化通览》的编撰不同于普通的书籍整理和编写，在《通览·湖南卷》的编撰中，我们既要把握我省文化产生、发展、繁荣的特殊性，写出我省的文化特性及其特点外，还要注意学术性与可读性的有机结合、上下编以及各章节的文风统一，并严格落实《中国地域文化通览》的体例要求。为此，在编撰过程中，为一段文章、一个人物、一件历史事件的史料准确，表述正确、文笔流畅，专家们都要多次商量和研讨。尤其进入统稿和修改后，各章节的撰写者和统稿人员都付出了艰辛劳动。在学术问题上，相互尊重，诚恳相商，力争达成一致。负责审读的刘泱泱、万里同志以其严谨的学术态度和高度负责的精神，对文稿提出了很多宝贵的意见和建议。上下编主编陈书良、熊治祁在自身业务工作繁忙的情况下，边统稿边改稿，及时与写作人员沟通，为提高文稿质量和编撰工作的有力推进做出了贡献。在编撰工作中，编撰办公室全体同志特别是李治湘、刘杰同志为此书的编撰做了大量的组织协调、编务服务、文稿整理与校对等具体工作。

湖南省文史研究馆

2013年5月

跋

《中国地域文化通览》34 卷系国家重点文化工程。经过六年的努力，终于出版发行。我谨代表《通览》组委会和编委会，向参与《通览》撰稿的 500 多位专家，参加讨论和审稿的各位专家，以及以各种方式给予本书关心、支持和帮助的领导及朋友们，向精心编校出版本书的中华书局，表示衷心的感谢和崇高的敬意！

在这部约 1700 万字的巨著公开发行之际，我有三点想法愿向读者请教：

《通览》是我国第一部按照行政区划梳理地域文化，学术性、现实性和可读性兼备的大型丛书。在大量可信资料的基础上，《通览》各分卷纵向阐述本地文化发展的历史脉络，横向展示各地独具魅力的文化特色和亮点，可视为系统、准确地了解我国地域文化底蕴的读物。2008 年 7 月，在确定《通览》作为国家重点文化工程时，国务委员兼国务院秘书长马凯明确指出："希望精心准备，通力合作，成为立意高远、内容殷实、史论结合、特色鲜明的传世精品。"本着这一指导方针，中央文史研究馆和各省、自治区、直辖市文史研究馆、文化机构或文化组织，均高度重视、精心组织实施，并在当地政府的指导下，聚集各领域的专家学者，协力攻关。这是《通览》编写工作得以顺利推进的重要原因。香港卷、澳门卷、台湾卷亦在各方社会贤达和学界名家的参与和支持下完成。

《通览》编撰历时六年，先后召开规模不同的各种论证会、研讨会、审读会上千次。袁行霈馆长亲任主编，国务院参事室原副主任陈鹤良和12位中央文史研究馆馆员任副主编，主编统揽全局，副主编分工联系各分卷，从草拟章节目录到审定修改书稿的各个阶段，他们均亲自参与，非常认真负责，严守学术规范。全书普遍进行了“两上两下”的审改，有些分卷达三四次之多。各卷提交定稿后，编委会还进行了集体审读，各卷根据提出的意见做了最终的修订。贡献最大的还是各位撰稿人与各卷主编，他们研精覃思，字斟句酌，不惮其烦，精益求精，这是本书水平的保证。中华书局指定柴剑虹编审提前参加审稿讨论，收到书稿后又安排了三审三校。中华书局的一位编审感慨地说：“像《通览》这样集体编撰的大部头著作，能有如此严肃认真的态度，近年来确实不多见。”

建议各地运用电视、广播、网络、报刊等，对本书加以必要的推介、宣传、加工和再创作。可根据《通览》的内容，改编为中小学的乡土教材，以加强对青少年了解家乡、热爱家乡的教育。可用人民群众喜闻乐见的多种形式，让中华优秀传统文化滋润民众的心田。地域文化所蕴含的优秀传统文化基本元素，更普遍更有效地融入社会道德文化建设，必将有助于提升全体国民的道德素质和文化修养。

当前，地域文化研究如何深入？一是可对近百年来地域文化的发展脉络做出梳理，也就是撰写《通览》的续编。我们鼓励有条件的地方政府，率先独立负责地启动《通览》续编的工作。若能为《通览》补上1911年后的百年之缺，无疑是件大好事。二是拓展地域文化的科学研究，进一步探讨中国地域文化发展变化的规律，努力建设扎根于民间、富有时代特征、紧密服务于经济社会发展的地域新文化。文化大发展大繁荣，不能割断历史，不能超越历史，而只能在继承优良传统的基础上有所创造、有所创新。三是要探讨中华地域文化同世界文明的关系。今日之中国已同世界各国一道进入了经济全球化和信息化快速发展的新时期，只有放眼世界，博采众长，才能建设好我国的新文化。

总之，我们希望各地重视这部书，充分利用它，并进行地域文化的更深入研究。

《通览》生动展现了中华地域文化的多样性，揭示了中华文明多元一体的大格局。正确认识和处理统一性和多样性的关系，非常重要。这不仅是发展地域文化的要求，也是中国现代化建设的基本要求。一个国家、一个民族，尊重和倡导多样性，才能源源不断地激发全社会的创新活力，否则势必导致单一、呆板、停滞和退化。历史和现实表明，尊重和倡导多样性，对今天的国人来说，实在是太重要、太紧迫了。无庸置疑，社会主义为经济、文化、社会发展的多样性，开辟了前所未有的巨大空间。一方水土养一方人，一方水土孕育一方文化。当地域文化所蕴含的中华民族固有的道德、智慧和审美，渗透到人们的思想、行为、情感和性格中去，渗透到经济活动、城乡建设、社会管理等领域中去，那么我们的经济建设、政治建设、文化建设、社会建设、生态文明建设必将呈现出更加生机勃勃的繁荣景象。我们期待着，无论是历史名城还是新兴城市，都拥有自己的独特风格和文化内涵，如城市建筑再也不要从南到北都是“火柴盒”式的高楼林立。我们还期待着，在文化和艺术领域能涌现出越来越多植根于乡土的传世佳作，使中华文明的百花园更加绚丽多姿。当神州大地现代化建设万紫千红、异彩纷呈的时候，也就是中华民族真正强大和受人尊敬的时候。

综观数千年，中华文化不仅源远流长，博大精深，而且峰峦迭出，代有高峰。弘扬中华文化是21世纪的中华儿女共同肩负的神圣使命。我们愿为此贡献绵薄之力。

陈进玉
2012年11月21日